Elisabetta Jurone Leopardi

RICETTARIO DI SCRITTURA CREATIVA

di Stefano Brugnolo
e Giulio Mozzi

Seconda edizione
in volume unico riveduta e aumentata

ZANICHELLI

[9951]

Seconda edizione in volume unico, riveduta e aumentata, del *Ricettario di scrittura creativa,* degli stessi autori, in due volumi pubblicati da Edizioni Theoria, vol. 1. *le narrazioni*, 1997, vol. 2. *scritture giocose e in versi*, 1998

Redazione: Beata Lazzarini

Progetto grafico e copertina: Anna Maria Zamboni

Immagine di copertina: Ugo Nespolo, *Non ce n'è più per Nessuno* (particolare), 1984

Coordinamento della stampa e confezione: Giovanni Santi, Mauro Stanghellini

Prima edizione Zanichelli: aprile 2000

Ristampe:

11 10 2008

Stampa: Tipografia Babina
Via Aldo Moro 18, San Lazzaro di Savena (BO)
per conto di Zanichelli editore S.p.A.
Via Irnerio 34, 40126 Bologna

Indice

Introduzione

> Questo libro vale un'intiera biblioteca. Per quanto, a primo aspetto, tale giudizio possa sembrare da parte mia enormemente pretenzioso, non si troverà tuttavia esagerato quando si sarà constatato che non è facile trovare un altro libro pieno come questo di sapienza ed anche, come appunto avviene nelle grandi biblioteche, di corbellerie.[1]

Questa è un'introduzione a due voci.

Dice Stefano: L'idea di questo libro è nata nelle aule di scuola. L'intenzione era: invogliare i ragazzi alla scrittura. Anziché fare tanti discorsi e prediche al vento (e al muro) ho pensato di proporre alle classi qualche esempio accattivante di poesia, racconto o altro che servisse da modello: per poi *fare come*. Si leggeva un brano divertente (il divertimento è importante), e io spiegavo com'era fatto e come funzionava; poi spiegavo quali erano le regole del gioco (da rispettare se si voleva produrre un testo simile) e buttavo lì qualche istruzione pratica; infine invitavo i ragazzi a impossessarsi della specifica tecnica usata in quel brano e a farne l'uso che più a loro pareva e piaceva.
Mi accorsi che il trucco funzionava, che i ragazzi se la spassavano, che ci tenevano a leggere i loro testi, che si dimenticavano almeno per un poco che scrivere è difficile e noioso...

Dice Giulio: Stefano era stato compagno di classe di mio fratello maggiore. Lo conoscevo da qua fin là. Nel 1996 ci incontrammo, e ri-conoscemmo, alla libreria Feltrinelli, nell'angusta e poco frequentata stanzetta della poesia. Poco dopo Stefano mi rifilò un paccone di fogli. Era non l'embrione, ma la sostanza, di questo *Ricettario*. Io strabiliai.

Dice ancora Stefano: Giulio, che da un po' aveva cominciato a insegnare in questi misteriosi «corsi di scrittura creativa», fiutò l'affare e mi tirò dentro. Così cominciai a lavorare anche con allievi adulti. E anche lì la ricetta funzionò.

Stefano e Giulio dicono insieme: Nelle nostre intenzioni questo *Ricettario* è, prima di tutto, un libro divertente. L'abbiamo chiamato *Ricettario* perché vogliamo che nessuno lo confonda con un "manuale". I "manuali" hanno la pretesa di insegnare per filo e per segno come si fa una cosa. Noi non abbiamo pretese di questo genere. Questo *Ricettario* è solo un libro di esempi, istruzioni ed esercizi. Tutti sanno che non basta un libro di ricette – fosse pure l'Artusi – per diventare cuochi provetti. Occorre passione (e questa dovete darvela da voi), talento

1 A. Scarlatti, *Et ab hic et ab hoc*, v. III: *Corpusculum inscriptionum*, Utet 1920, p. XI.

(e questo forse è un fatto di natura), esercizio (e questo dipende dalla vostra costanza), e magari un pizzico di fortuna (e a questa signora non si comanda).
Di consigli veri e propri ne abbiamo solo due: *a.* scrivete; *b.* leggete. Se volete scrivere bene, dovete allenarvi: esattamente come fareste per giocare bene a scacchi o a pallavolo. È importante scrivere molto e rileggere molto ciò che si scrive. È importante leggere attentamente, cercando di capire come è fatto il testo che state leggendo.
E se il nostro lavoro tornerà utile a qualcuno, ne saremo felici.

Stefano Brugnolo
0498930940@iol.it

Giulio Mozzi
giuliomozzi@libero.it

L'ideazione del *Ricettario* e la sua prima redazione sono di Stefano Brugnolo. Giulio Mozzi ha contribuito un po' a tutti i capitoli, soprattutto per gli esercizi; sua è la prima redazione del capitolo sulle forme del verso. Il tutto è stato riveduto, rifatto e ridiscusso insieme più volte. Questo *Ricettario* riunisce in un solo volume i due *Ricettari* già pubblicati dalle Edizioni Theoria nel 1997 e nel 1998. Questa nuova edizione è stata riveduta e aumentata di numerosi esempi ed esercizi. Esempi e traduzioni, qualora l'autore non sia indicato, sono originali.
Ringraziamo: *a.* tutti i nostri allievi: senza l'esperienza fatta con loro questo libro non sarebbe mai stato scritto; *b.* i "complici" della Piccola scuola di scrittura creativa di Padova: Monica Benucci, Morena Tartari, Angelo Ferrarini, Fabio Fracas; *c.* Tiziana Agostini e Annalisa Bruni del circolo Walter Tobagi di Mestre; *d.* Valerio Fiandra e Pietro Spirito della "palestra di scrittura" Parola per Parola di Trieste; *e.* Giampiero Dalle Molle della rivista *Inchiostro*; *f.* Beniamino Vignola, primo editore di questo *Ricettario*; *g.* Gian Mario Villalta per aver letto il dattiloscritto.
Un ringraziamento particolare, da parte di Stefano, a Donatella Brugnolo e a Pier Vincenzo Mengaldo: per i consigli, per i suggerimenti di lettura, per i libri prestati e per tutto. Un ringraziamento particolare, da parte di Giulio, a Stefano Dal Bianco e a tutti coloro che parteciparono nel 1988, in un seminterrato alla periferia di Padova, a un curioso seminario fai-da-te sulla poesia contemporanea.
Errori, imperfezioni e semplicismi sono imputabili solo ai due autori. Correzioni, integrazioni e suggerimenti d'ogni genere saranno bene accolti.

1

Le scritture dell'intimità

1.1 Diari e epistolari

1.1.1 Il diario immaginario

Questo *Ricettario* (come tutti i ricettari) non ha un vero inizio e una vera fine: ma da qualche parte bisogna pur cominciare. Cominciamo allora con un tipo di scrittura ingenua e con un genere per definizione intimo e segreto: il diario. Spesso chi per la prima volta si mette a scrivere se ne vergogna un po': scrive per se stesso, dialoga con se stesso, si ritira dal mondo in un suo luogo privato. Nel diario la persona parla di sé senza pudori (o con meno pudori del solito), cerca di catturare la propria immagine interna. Il diario è la forma di scrittura che assomiglia di più a una *presa di coscienza*. Ma a questo ci arriveremo; cominciamo, anche per divertirci un poco, con un diario veramente particolare: quello di una persona letteralmente appena nata, che sente il bisogno urgente di capire il mondo e di capirsi, di descrivere il mondo e di descriversi, tanto sono nuove per lei le sensazioni che prova. Si tratta di Eva, la prima donna del mondo. Quelli che seguono sono brani del suo diario.

> SABATO. Anche le stelle sono belle. Ne vorrei un paio, me le metterei nei capelli. Ma ho la sensazione che non riuscirò mai ad averle. Vi sorprenderebbe scoprire quanto distino, perché non sembrano così lontane. Quando la notte scorsa per la prima volta sono apparse, ho provato a tirarne giù qualcuna con un bastone, ma con mia grande sorpresa non sono riuscita a toccarle; poi ho provato con zolle di terra, ci ho provato e riprovato tanto da restare, alla fine, senza forze, ma non sono riuscita a colpirne una, mai. Il fatto è che sono mancina e non mi riesce di tirare come si deve. Anche quando prendevo per bene di mira la stella che volevo colpire, colpivo l'altra, sebbene qualche volta ci sia arrivata vicinissima, perché ho visto la macchia nera della zolla penetrare le aureole dorate delle stelle, credo quaranta o cinquanta volte e mancarle per un'inezia; se solo fossi riuscita a resistere appena un poco di più, una forse sarei riuscita a colpirla.
> Così per un po' ho pianto, reazione naturale, credo, per una della mia età, poi, dopo essermi riposata, ho preso un cestino e mi sono incamminata alla volta di un punto, sul bordo estremo del cerchio, là dove le stelle erano vicine alla terra e dove avrei potuto raccoglierle con le mani e sarebbe stato meglio così, perché in quel modo avrei potuto coglierle amorevolmente, senza spezzarle. Ma era più lontano di quanto pensassi e alla fine dovetti rinunciarvi; ero stanca al punto da non riuscire a trascinarmi un passo più in là; e avevo un gran male ai piedi.[1]

■ **1.** Apparentemente questo è un gioco semplice: basta immaginare una persona per la quale il mondo sia *come nuovo*, oppure una persona che si trovi in un

1 M. Twain, *Il diario di Eva*, tr. B. Lanati, Feltrinelli 1993, pp. 17 sgg.

ambiente del tutto sconosciuto. In sostanza, la persona *nuova al mondo* osserverà il mondo con uno sguardo del tutto innocente (è il caso di Eva) oppure con uno sguardo pieno di pregiudizi ma, e qui sta il bello, dei pregiudizi *sbagliati*.
2. Ma a che cosa serve, esercitarsi in una scrittura di questo genere? Serve innanzitutto ad entrare nella pelle di un personaggio. Tutti abbiamo la tendenza a costruire dei personaggi che ci somigliano, che hanno all'incirca la nostra stessa sensibilità, le nostre stesse cognizioni, i nostri stessi pregiudizi ecc. L'esercizio di scrivere il diario di Eva o di Garibaldi o semplicemente di un coetaneo che fa una vita simile alla nostra ma *non siamo noi*, ci insegna a modificare la nostra sensibilità; è il primo passo per imparare a costruire un autentico personaggio.

Esercizi **1**. Fingete di essere Eva e scrivete un po' di pagine del suo diario; poi andate in libreria, sbirciate il *Diario di Eva* di Mark Twain e guardate le differenze: non tanto le differenze nei fatti raccontati, quanto le differenze nel modo di considerare le cose che la *vostra* Eva e l'Eva di Twain eventualmente hanno.
2. Fingete di essere: un bambino appena nato (e poi guardatevi la cassetta di *Senti chi parla*), un extraterrestre "buono" o un extraterrestre "cattivo" da poco sbarcati sulla terra, un cieco, un barbaro che viene arruolato nell'esercito di Roma imperiale.
3. Fingete di essere l'imperatore Augusto e di tenere un diario (poi cercate in biblioteca, se avete tempo e voglia, le *Res gestae* di Augusto); o Giuseppe Garibaldi (oppure, meglio ancora: Anita Garibaldi, sua moglie); o un personaggio importante del nostro secolo come Albert Einstein, Iuri Gagàrin (il primo uomo che volò nello spazio), Jimi Hendrix, Winston Churchill...
4. Un consiglio. È bene tener d'occhio ambientazione e fatti storici importanti, ma è bene anche inventare liberamente fatterelli, aneddoti, ecc.; oppure provare a "ribaltare" l'immagine corrente del personaggio, attribuendogli comportamenti non in sintonia con essa (ad es.: Anita Garibaldi si lamenta perché il marito è troppo poco attivo sessualmente...).

1.1.2 Il diario intimo

Passiamo adesso a un diario vero; e quindi usciamo decisamente dal *gioco letterario* per entrare nella realtà. Vi proponiamo una pagina dal diario più noto e più letto del nostro secolo: quello di Anna Frank, ragazza ebrea tedesca la cui famiglia, durante le persecuzioni naziste, visse insieme ad altre nascosta in una soffitta (la porta celata dietro una libreria). In effetti il nascondiglio fu scoperto, tutti vennero deportati, solo il padre di Anna sopravvisse al lager; tornò sul posto, scoprì il diario e lo pubblicò.

> LUNEDÌ, 24 GENNAIO 1944
> Cara Kitty,
> mi è accaduta (ma non è la parola giusta) una cosa che trovo molto strana. Prima, a casa e a scuola, di argomenti sessuali non si parlava che con aria di mistero o in modo da suscitare disgusto. Le parole che vi si riferivano venivano mormorate e se qualcuno non ne sapeva nulla lo si canzonava. Io trovavo strano tutto ciò e pensavo: «Perché si parla di tutte queste cose in modo così misterioso e sgradevole?». Ma siccome sembrava che non ci si potesse fare nulla, tenevo la lingua a freno oppure, qualche volta, chiedevo spiegazioni alle amiche.

Quando fui un po' più edotta e ne avevo già parlato anche coi miei genitori, mia madre mi disse un giorno: «Anna, ti do un buon consiglio, non parlare mai di questo argomento coi giovanotti e non rispondere se cominciano loro a parlartene». Ricordo benissimo che risposi: «No, naturalmente, figurati!».
Ed ero rimasta a questo punto.
Al principio della nostra vita nascosta il babbo raccontò qualche volta cose che avrei preferito udire da mamma; il resto lo imparai dai discorsi dei grandi o leggendolo nei libri. In questo Peter van Daan[2] non fu mai così fastidioso come i ragazzi di scuola; all'inizio forse una sola volta, ma non cercò mai di avviare quel discorso con me. [...] Ieri, mentre Margot, Peter e io stavamo pelando patate, il discorso cadde su Moffi. «E allora, continuiamo sempre a ignorare di che sesso è Moffi?» domandai io.
«Macché» rispose lui «è un gatto». Io mi misi a ridere: «Bel gatto, che aspetta i gattini!». Peter e Margot risero con me del buffo abbaglio. Un mese o due prima, infatti, Peter aveva constatato che Moffi doveva aver presto dei piccini, perché la sua pancia era palesemente ingrossata. Ma la grossezza doveva provenire dalle molte porzioni di carne rubata, perché la gravidanza non andò avanti.
Peter dovette difendersi dall'accusa. «No» disse «potete venire con me e guardare anche voi. Una volta, giocando con lui, ho visto bene, è un maschio». Io non potei frenare la mia curiosità e andai con lui nel magazzino. [...] «Dunque, vuoi vederlo?». Senza tanti complimenti afferrò l'animale, lo rovesciò sul dorso, gli tenne ferme le zampe e cominciò la lezione: «Questo è l'organo sessuale maschile, questi sono alcuni peli sparsi e questo è il deretano». Il gatto fece un altro mezzo giro e si rimise sulle sue bianche zampe.
Se un altro ragazzo mi avesse indicato "l'organo maschile", non lo avrei più guardato in faccia. Ma Peter continuava a parlare con tanta franchezza di quell'argomento così scabroso, e senza alcun secondo fine, che tutto sommato mi trovai anch'io a mio agio e non ci feci più caso. [...]
Come si cambia! Davvero, non avrei mai parlato di queste cose con tanta indifferenza nemmeno con una ragazza. Sono anche certa che mamma non si riferiva a questo, quando mi diceva di guardarmi dai giovanotti. Nonostante tutto fui per tutto il giorno un po' fuori del mio solito, e quando riflettevo alla nostra conversazione la ritrovavo assai singolare. Ma una cosa almeno ho imparato: ci sono dei giovani, e anche dell'altro sesso, che sanno parlare naturalmente e senza scherzare.

La tua Anna[3]

■ **1**. Innanzitutto: questo è sì un diario vero (tragicamente vero), ma è organizzato in forma narrativa: la pagina che abbiamo letta potrebbe essere un raccontino a sé stante. Anna immagina di scrivere lettere a Kitty, un'amica inesistente (un *alter ego*, ossia una persona alla quale Anna ritiene di potersi aprire completamente). Gli avvenimenti del giorno sono raccontati per esteso, in forma di racconto e con tutti i particolari del caso. Quindi: questo è un *diario di avvenimenti*, la forma della lettera corrisponde a una scelta di narratività.

2. Tuttavia il diario di Anna non è solo racconto; è una specie di sismografo dei turbamenti del cuore, spesso collegati ai moti profondi della sessualità e del-

2 Ospite con i genitori in casa Frank.
3 *Il diario di Anna Frank*, tr. A. Vita, Mondadori 1971 pp. 143 sgg.

l'amore; e questa è una delle caratteristiche fondamentali del diario moderno, che dall'Ottocento in poi prende sempre più la forma del cosiddetto *journal intime* (diario intimo).
3. Un vero *journal intime* mostra spesso emozioni, sensazioni e sentimenti allo stato nascente o latente, non ancora ben compresi dalla persona. Il diarista si misura con una cosa, il suo "mondo interno", che non è ancora definita, alla quale cerca di assegnare nomi, contenuti precisi, definizioni, ragioni.

Esercizi **1.** Provate a tenere un diario, magari solo per una settimana o due. L'importante è ritagliare, dentro la giornata, un tempo per il diario: es. l'ora prima di andare a letto, oppure (se siete mattinieri) mentre la caffettiera è sul fuoco. Prima annotate brevemente i fatti del giorno, poi decidete qual è il più importante, e infine raccontatelo per esteso. Riguardate i giorni precedenti e controllate se fatti già raccontati hanno avuto sviluppi, poi rileggete il tutto e pensate se avete voglia di scrivere qualcosa d'altro (un pensiero, una poesia...), infine chiudete il quaderno.
2. Se avete un partner adatto, provate a tenere un diario in due (ciascuno il suo, o un giorno a testa, oppure ogni giorno decidete assieme di che cosa scrivere...). Scoprirete come anche una persona vicina a noi e alla quale siamo legati abbia uno sguardo sulla vita molto diverso dal nostro.
3. Se avete tempo, cioè a es. se siete in vacanza o in viaggio o se lavorate da soli in un ufficio ecc., provate a scrivere un *minutario*, ossia un diario minuto per minuto. Tenete penna e quaderno sempre a portata di mano, e scrivete le cose man mano che accadono. Scoprirete che gli eventi e le sensazioni diventeranno più sottili (ma non per questo meno interessanti).

1.1.3 Il diario per appunti

Leggiamo ancora un diario vero, ma del tutto diverso. È il diario di Cesare Pavese, pubblicato postumo con il titolo *Il mestiere di vivere*:

> 21 marzo. Giornata dura. Situazione internazionale, situazione italiana di latente guerra civile, voci varie di reazione atomica a catena per aprile. Tutto tende a separarmi da lei, rimandarla in America, a bloccare Roma, a sbaraccare tutto. Soffrivo così *prima*? Sì, allora soffrivo per la paura di morire. Ora, per quella di perderla. È sempre un soffrire. Rassegnati. Stoicismo, *questo* conta. Si fractus illabatur orbis...
>
> 22 marzo. Nulla. Non scrive nulla. Potrebbe esser morta.
> Devo avvezzarmi a vivere come se questo fosse normale.
>
> Quante cose non le ho detto. In fondo il terrore di perderla ora, non è l'ansia "del possesso" ma la paura di non poterle più dire queste cose. Quali siano queste cose ora non so. Ma verrebbero come un torrente quando fossi con lei. È uno stato di creazione. Oh dio, fammela ritrovare. [...]
>
> 25 marzo. Non ci si uccide per amore di una donna. Ci si uccide perché un amore, qualunque amore, ci rivela nella nostra nudità, miseria, inermità, nulla. [...]

> 16 agosto. Cara, forse tu sei davvero la migliore – quella vera. Ma non ho più il tempo di dirtelo, di fartelo sapere – e poi, se anche potessi, resta la prova, la prova, il fallimento. [...]
>
> Perché morire? Non sono mai stato così vivo come ora, mai così adolescente.
>
> Nulla si assomma al resto, al passato. Ricominciamo sempre.
>
> Chiodo scaccia chiodo. Ma quattro chiodi fanno una croce.
>
> La mia parte pubblica l'ho fatta – ciò che potevo. Ho lavorato, ho dato poesia agli uomini, ho condiviso le pene di molti. [...]
>
> 18 agosto. La cosa più segretamente temuta accade sempre.
>
> Scrivo: o Tu, abbi pietà. E poi?
>
> Basta un po' di coraggio.
>
> Più il dolore è determinato e preciso, più l'istinto della vita si dibatte, e cade l'idea del suicidio.
>
> Sembrava facile, a pensarci. Eppure donnette l'hanno fatto. Ci vuole umiltà, non orgoglio.
>
> Tutto questo fa schifo.
> Non parole. Un gesto. Non scriverò più.[4]

■ **1**. Il diario di Pavese non è narrativo: non racconta mai episodi interi, piuttosto vi allude. I riferimenti a fatti e persone non vengono esplicitati. Questo diario è ricco di *impliciti* e di *non-detti*; sia perché, ovviamente, fatti e nomi sono ben noti allo scrivente; sia perché esiste un nucleo misterioso proprio della vita e dell'anima del diarista, che non può essere svelato e chiamato con il suo nome, nemmeno qui, nello spazio intimo del diario. C'è un minimo di forma dialogica, compare un "tu"; ma questo "tu" è senz'altro un "io".
2. L'*a capo* e lo spazio bianco sono importantissimi. Si ha l'impressione di leggere una raccolta di massime o una lunga poesia in prosa. È importante proprio lo stacco: è la riga bianca che guida la nostra attenzione di lettori, ci impone un ritmo e ci fa soffermare sulle frasi isolate. Ad es.: «Basta un po' di coraggio» è di per sé una frase fatta, ma è la *pausazione* che le dà un senso forte. Il diario di Pavese è un libro di sensazioni e di istanti, espressi in forma sintetica, lapidaria, attraverso frasi brevi, spesso prive di verbo o costruite su di un verbo all'infinito o al participio passato.

Esercizi **1**. Sarebbe un bello sbaglio se cercaste di metter giù sulla pagina una bella sequenza di frasi ad effetto e pensieri profondissimi. Una scrittura quotidiana e breve ha lo scopo di conservare l'emozione più intensa o il pensiero più improvviso della giornata.
2. Le domande retoriche sono una trappola. Bisogna partire dalle risposte. Pavese scrive: «Perché morire?», perché ha una risposta (benché questa non gli sia bastata a sopravvivere). Se un giorno ci sentiamo particolarmente vivi/morti, o

4 È l'ultima pagina del diario. Poco dopo Pavese si uccise. C. Pavese, *Il mestiere di vivere*, Einaudi 1952.

particolarmente innamorati/aridi, o particolarmente in armonia/disarmonia con il cosmo, allora possiamo chiederci in che consiste questa sensazione, e poi la forma per annotare la nostra conclusione potrà essere quella della domanda retorica: «Che cos'è l'amore? Mi sembra sempre che lei/lui sia qui, accanto a me, se mi girassi di scatto la/lo vedrei».
3. Riflettete sulla serietà di questa pagina di Pavese così prossimo al suicidio e poi ascoltate questo consiglio: abolite l'autocommiserazione.

1.1.4 Diari di viaggio

Non può mancare qui un esempio di diario di viaggio, una delle forme più diffuse di scrittura in quest'epoca di grande mobilità individuale. Ecco un esempio ottocentesco: il francese Alexis de Tocqueville racconta il suo viaggio negli Stati Uniti:

> 26 luglio. Saginaw. Un punto coltivato in mezzo a popolazioni selvagge e impenetrabili foreste. Bellezza del fiume solitario che scorre ai suoi piedi. Andiamo a trovare Mr. Williams. Commercia con gli indiani. Ci mostra una gran quantità di piccoli oggetti destinati al loro uso, che essi pagano con i soldi che gli Stati Uniti danno loro come prezzo delle terre, oppure con le pellicce. Evidentemente, li deruba. Ciò che dicono lui e tutti gli altri europei sui selvaggi: gente eccellente. Buoni e dolci. Più sicuri che i bianchi. Testimonianza unanime. Di ritorno da lì, entro nella casa di uno dei francesi. Sua moglie simile a una indiana, che lavora su una stuoia. Le chiedo se è francese. No. Inglese? No. Che sangue? Mi risponde abbassando la testa: una selvaggia. Razza straordinaria, miscuglio del selvaggio e dell'uomo civile, non conosce bene nessuna lingua, parla l'inglese, il francese, l'indiano. Prova attrazione per il deserto ed è ancora legata alla vita cittadina. Caccia alle anitre in una canoa indiana. Rimontiamo accovacciati il Saginaw in mezzo a foreste impenetrabili. Alcuni selvaggi ci abbordano. Invidia che fa loro il mio fucile, che, dicono, spara quando piove. [...] La sera, verso il tramonto del sole, risaliamo da soli nella canoa e imbocchiamo un braccio del Saginaw. Serata come non se ne vedono quasi mai. Aria immobile, atmosfera senza una sola nube. La nostra canoa scivola senza fare il minimo rumore. Remiamo lentamente e ci godiamo lo spettacolo. Superficie trasparente e immobile. Meravigliosa vegetazione che la borda. Foreste immense che si specchiano, sole calante che le fende di traverso e ne rischiara l'interno. Tra vent'anni, tutto questo sarà sostituito da villaggi, cambiamento futuro e vicino che rende lo spettacolo presente ancora più grande. Risonare di un colpo di fucile. Facciamo ritorno a notte fonda. Nostri sforzi per ripararci dalle zanzare.[5]

■ Apparentemente si tratta di una scrittura impressionistica e slegata. In realtà Tocqueville coglie, sia pure *en passant*, una serie di dati interessanti della realtà americana. Il bello di un diario di viaggio consiste infatti proprio nella curiosità, nel desiderio di capire, sia pure con umiltà, la realtà nuova con cui ci confrontiamo. Perché ciò accada dobbiamo formarci una mentalità comparatistica, cioè lavorare sulle differenze tra *noi* e *loro*, collocandoci in una specie di ideale pun-

5 A. de Tocqueville, *Viaggio in America 1831-1832*, tr. A. Maggi e F. Pietranera, Feltrinelli 1990, pp. 60 sgg.

to fuori campo, per ricavare dalla nostra equidistanza il massimo di conoscenza "differenziale". Per riuscirci dobbiamo mescolare – come fa Tocqueville – vari punti di vista: quello storico, quello geografico, quello paesaggistico, quello politico ecc. Ma soprattutto dobbiamo perdere un po' delle nostre sicurezze, metterci in gioco e non limitarci a portare a casa cartoline già prefabbricate. Insomma: capire l'altro, in questo caso, equivale a capire un po' meglio noi stessi.

Esercizi **1**. Per fare un buon diario di viaggio devi sia tenere un quadernetto o un notes a portata di mano (per annotare ad es. nomi, date, brevi descrizioni ecc.), sia trovare ogni tanto il tempo per fare il punto e legare ben bene tra loro le annotazioni. Naturalmente poi, quando sarai tornato a casa, potrai riscrivere tutto e trasformarlo in un vero e proprio racconto: senza esagerare, però, perché il bello dei diari di viaggio è spesso proprio la freschezza impressionistica. **2**. Non è necessario andare fino in America per scrivere un diario di viaggio. La nostra vita quotidiana è fatta di spostamenti, pendolarismi, percorsi. Prova ad es., con una piccola finzione, a considerare come un viaggio nell'ignoto la strada che fai ogni giorno per andare al lavoro o alla scuola, e come abitanti di un continente sconosciuto i tuoi colleghi o compagni di studio.

1.1.5 Quaderni d'appunti

Lasciamo che a spiegarci questa modalità di scrittura sia Elias Canetti, che l'ha praticata sistematicamente: «Sono spontanei e contraddittori», e chi li si scrive «deve cedere alla molteplicità delle sue inclinazioni e mettere giù, senza selezionarle, le cose che gli passano per il capo. Mette per iscritto cose che non avrebbe mai sospettato in sé, che contraddicono la sua storia, le sue convinzioni, il suo modo di fare, il suo pudore, il suo orgoglio e la sua verità, altrimenti difesa con ostinazione». Più chiaro di così non si può; e adesso ecco qualche estratto da uno dei quaderni d'appunti di Canetti stesso:

> Che tipo questo B., che pretende di disciplinare la morte mediante il suicidio. Se prima non ha convinto tutti che la cosa migliore è la morte, lui non si ammazza.
>
> Parlava sempre d'amore e non permetteva a nessuno di avvicinarsi.
>
> Non ho abbracciato un solo animale. Per tutta una vita ho pensato agli animali con tormentosa commiserazione, ma non ho abbracciato un solo animale.
>
> In cinque minuti la Terra potrebbe essere un deserto, e tu te ne stai attaccato a qualche libro.
>
> Magari Dio non ci fosse mai stato e fosse sorto adesso!
>
> Devi diventare così vecchio da non accorgerti più di esserlo.
>
> Laggiù fa così freddo che i nomi gelano.
>
> Perché sopporti ogni essere umano? Perché la sua vita è così breve.[6]

6 E. Canetti, *Il cuore segreto dell'orologio*, tr. G. Forti, Adelphi 1987, *passim*.

■ I quaderni d'appunti non raccontano fatti intimi, ma pensieri e sensazioni; abbozzano idee senza approfondirle, pongono questioni senza rispondere, divagano, associano liberamente. Li possiamo anche considerare diari, ma diari della mente, scritti in totale libertà e irresponsabilità intellettuale, senza preoccuparsi di fili logici e di coerenze. In essi vanno accolti gli scarti delle teorie, delle ideologie, dei sistemi.

Esercizi **1**. Un quaderno d'appunti non è necessariamente un quaderno. Molti annotano i propri pensieri su foglietti sparsi, scontrini del supermercato, post-it, bustine di fiammiferi. L'importante, allora, è avere una scatola (o una cartella, o un cassetto) dove conservare il tutto. Se vuoi tenere costantemente sott'occhio i tuoi pensieri, puoi anche usare una parete di casa, dove con nastro adesivo o puntine appenderai le tue frasi migliori.
2. Un tipo particolare di quaderno d'appunti è il *quaderno delle citazioni*. Se hai l'abitudine, mentre leggi un libro, di sottolineare o segnare le frasi che ti impressionano di più, puoi decidere anche di ricopiarle in un quaderno apposito (ricordando di citare il libro e la pagina).
3. Se usi un quaderno ad anelli, con facilità puoi ordinare le tue note secondo gli argomenti e/o le occasioni.

1.1.6 La lettera "resa dei conti"

Con la lettera l'io esce dalla sua stanza segreta ed affronta il tu; nella lettera c'è il confronto (talvolta la lotta) tra il soggetto e l'interlocutore; scrivendo penetriamo nel mondo dell'altro e/o lo attiriamo nel nostro. L'arte dello scriver lettere è gioco sottile e insidioso, simile alle partite di scacchi, gioco nel quale costringiamo l'altro (può essere anche una costrizione amorosa, beninteso) ad essere nostro testimone o complice o antagonista, senza che lui possa sottrarsi (almeno per tutto il *tempo* della lettera) come invece potrebbe fare in un dialogo faccia a faccia nel quale si può interrompere, interloquire, contrastare, piantare in asso. Questo è il segreto della lettera: parlare all'altro nella sua assenza, parlare quasi al fantasma dell'altro; e poter dire perciò tutto quello che, avendo l'altro davanti a noi, vedendo le sue smorfie facciali, aspettandoci le sue reazioni e i suoi contrattacchi, non riusciremmo a dire o non oseremmo dire. La lettera vera, forte, è questo: *dire qualcosa di più*, comunicare oltre le convenienze, trovarsi con l'altro dentro uno spazio immaginario dove vigono regole e possibilità che siamo noi, che scriviamo, a determinare. Ecco a es. come Franz Kafka prova a *dire tutto* al padre, tutto quello che stava fra loro, che impediva un rapporto autentico:

> Alla Tua superiorità fisica faceva riscontro quella spirituale. Tu Ti eri innalzato con le Tue sole forze, di conseguenza avevi una fiducia illimitata in Te stesso. Per il bambino ciò era meno evidente di quanto non lo fu per il giovane che si faceva adulto. Dalla Tua poltrona Tu governavi il mondo. La Tua opinione era giusta, ogni altra cosa era assurda, stravagante, pazza, anormale. La Tua sicurezza era così grande che potevi anche essere incoerente e tuttavia non cessavi di aver ragione. Accadeva anche che su certe questioni Tu non avessi opinione alcuna, e allora tutte le opinioni possibili intorno a quel tema dovevano essere sbagliate senza eccezione. Per esempio insultavi prima i cechi, poi i tedeschi, poi ancora gli ebrei, e ciò non a proposito di alcunché in particolare, ma sotto tutti

i riguardi, tanto che alla fine Tu solo rimanevi. Acquistasti ai miei occhi un alone misterioso, come tutti i tiranni, il cui diritto si fonda sulla loro persona, non sul pensiero. A me, almeno, pareva così.
In verità succedeva con straordinaria frequenza che contro me Tu avessi ragione; discorrendo era ben naturale, perché raramente si giungeva a un dialogo; ma era così anche di fatto. In questo non v'era nulla di incomprensibile: tutti i miei ragionamenti subivano la Tua greve pressione, anche quelli che non concordavano con i tuoi, anzi, quelli soprattutto. Il mio pensiero, in apparenza da Te indipendente, era gravato a priori dal Tuo giudizio contrario; sopportare questo peso fino allo svolgimento completo e definitivo del pensiero era quasi impossibile. Non parlo qui di idee sublimi, ma di tutte le piccole imprese dell'infanzia. Bastava essere felici per qualcosa, averne l'animo pieno, venire a casa e esprimerlo, e la risposta era sempre un sospiro ironico, un crollare del capo, un tamburellare delle dita sul tavolo: «S'è già visto qualcosa di meglio». Oppure: «Ho ben altro da pensare, io!». O anche: «Sono tutte qui le tue preoccupazioni?». Certo non potevo pretendere che Ti entusiasmassi per ogni bambinata, mentre poi vivevi tra crucci e fastidi. Non di questo si trattava ma del fatto che Tu per la Tua indole contraddittoria, infliggevi sempre e per principio al bambino simili delusioni, e così questo spirito di contraddizione si rinforzava sempre più tanto che alla fine era giocoforza avesse il sopravvento. [...]
Ma tutto questo era il Tuo sistema d'educazione. Credo che Tu possegga la vocazione dell'educatore; applicata a un uomo della Tua specie l'educazione come tu la intendi avrebbe certo potuto giovare; egli avrebbe riconosciuto la ragionevolezza di quel che gli dicevi, non si sarebbe curato d'altro e avrebbe fatto tranquillamente ciò che doveva. Per me, bimbo, tutto quello che mi ingiungevi era senz'altro un comandamento divino, io non lo dimenticavo mai, rimaneva per me il mezzo ideale per giudicare il mondo, innanzitutto per giudicare Te; e qui Tu fallivi completamente. Quando, bambino, mi trovavo con Te, specialmente durante i pasti, mi istruivi soprattutto sul modo di comportarsi a tavola. Quello che compariva sulla mensa doveva essere mangiato, non era permesso parlare della bontà dei cibi. Tu però li trovavi sovente immangiabili e li chiamavi «buoni per la stalla»; la «cretina» (la cuoca) aveva rovinato tutto. Mentre Tu, grazie al tuo gagliardo appetito e al Tuo amore della rapidità, mangiavi tutto bollente e a grossi bocconi, il bambino doveva affrettarsi; e intanto sulla tavola incombeva un tetro silenzio interrotto da ammonimenti: «Prima mangia, parlerai dopo»; «Più presto, più presto!», oppure: «Guarda, io ho già finito da un pezzo». Non era permesso rosicchiare le ossa, ma Tu lo facevi. L'aceto non si poteva assaggiare, ma a Te era consentito. La cosa più importante era di tagliare il pane diritto; ma che poi tu lo facessi con un coltello sporco di sugo era indifferente. Bisognava badare di non lasciar cadere le briciole sul pavimento, ma sotto la Tua sedia ce n'era un'infinità. Ti prego, papà, cerca di capirmi: per me sarebbero state tutte cosette insignificanti, ma diventavano opprimenti per il fatto che Tu, l'uomo per me così autorevole, non Ti attenevi ai precetti che mi imponevi. Perciò il mondo era diviso per me in tre parti: nell'una vivevo schiavo, sottoposto a leggi inventate solo per me e alle quali io, non so per quali ragioni, non sapevo pienamente assoggettarmi; nella seconda, infinitamente lontano dalla mia, vivevi Tu, partecipe al governo, occupato a dare ordini e a irritarti quando non erano obbediti; e infine c'era un terzo mondo dove la gente viveva felice e libera da comandi e obbedienze. Io vivevo sempre nella vergogna, sia che eseguissi i Tuoi ordini, e ciò era un'onta perché valevano per me solo, sia che mi ribellassi, perché come osavo oppormi a Te? sia che non mi fosse possibile obbedirTi perché non avevo, mettiamo, né la

> Tua forza né il Tuo appetito né la Tua abilità, benché Tu le pretendessi da me come qualcosa di ovvio; questo, naturalmente, era la vergogna più grande. In tal modo si eccitavano non le riflessioni ma i sentimenti del bambino.[7]

■ **1**. Questa lettera è una *resa dei conti*. Si compone quindi di due parti (distinguiamo per semplificare): *a.* una parte *riepilogativa*, nella quale tutto ciò che sta tra lo scrivente e il destinatario viene raccontato dal punto di vista dello scrivente: si tratta, in sostanza, di stabilire qual è la realtà dei fatti, se la realtà nostra o quella dell'altro; *b.* e una parte *argomentativa*, nella quale lo scrivente stabilisce che cosa è giusto e che cosa no, naturalmente appellandosi a una giustizia sovrastante tanto sé quanto l'interlocutore.
2. Nella lettera di Franz al padre la parte riepilogativa è particolarmente sviluppata, perché Franz è convinto che suo padre *non si sia mai accorto* di che cosa veramente accadeva nel loro rapporto.
3. Lo scopo è, naturalmente, *mettere il padre dalla parte del torto*. Ma Franz non agisce frontalmente, non fa gesti aggressivi; anzi, si mette deliberatamente lui dalla parte del torto, tuttavia frase per frase *tesse una rete* per imprigionarvi il padre. Il padre alla fine, avrà due scelte: non farsi minimamente impressionare, negando ogni valore alla ricostruzione della realtà fatta dal figlio (cioè, in realtà, *non leggere* la lettera, rifiutare la comunicazione) o riconoscere la propria colpa (senza mai essere stato esplicitamente invitato a farlo). È importante mettere a fuoco questo procedimento: la lettera di sfogo-accusa-resa-dei-conti deve colpire l'altro nella parte ritenuta sicura, deve prevedere le obiezioni e smontarle in anticipo. Chi scrive deve con logica inesorabile mostrare all'altro qual è l'unico posto che gli si addice: quello del colpevole.

Esercizi **1**. Provate a scrivere una lettera a una persona alla quale siete stati appassionatamente legati e dalla quale, ora, vorreste prendere le distanze (un genitore, un fratello, un professore, un padre spirituale, un partner in amore, un amico d'infanzia ecc.). Suggeriamo un ordine nello svolgimento: *a.* racconto di come è iniziato il rapporto; *b.* condizione iniziale del rapporto (ossia: quali erano gli impegni reciproci); *c.* racconto di episodi nei quali la condizione iniziale del rapporto è stata snaturata; *d.* descrizione di alcuni vostri tentativi di ristabilire la condizione iniziale e delle eventuali reazioni negative dell'altro; *e.* dimostrazione che l'altro, violando ripetutamente e/o gravemente le condizioni iniziali del rapporto, si è messo da solo dalla parte del torto.
2. Attenzione, però. L'ultima parte della lettera, quella che ne contiene lo scopo, deve essere chiarissima. Se scrivete a un partner d'amore con il/la quale i rapporti si siano raffreddati, dovete sapere bene se intendete troncare, recuperare le condizioni iniziali, ristrutturare il rapporto in forma diversa, farvi perdonare la vostra parte di errore, o uccidere moralmente il partner.
3. Una lettera di questo tipo può anche essere una lettera amorosa. Riepilogare e argomentare serve anche ad aumentare la vitalità di un rapporto già positivo, o a toglierne le poche macchie.

7 F. Kafka, *Lettera al padre*, tr. A. Rho, Mondadori 1988, pp. 8-13.

1.1.7 La lettera seduttiva

Altra lettera avviluppante è quella seduttiva. Il seduttore vuole convincere il *seducendo* (colui che si vuol sedurre) a lasciarsi sedurre (la seduzione contempla *sempre* il consenso della persona sedotta). Di solito il *seducendo* oppone resistenza; una lettera avviluppante ben fatta può smantellarla. Vediamone una, di queste lettere pericolose. L'autore è il visconte di Valmont, un libertino (di fine Settecento) che con spirito cinico e quasi per scommessa ha deciso di conquistare la signora Tourvel, donna sposata e virtuosa. La lettera che riportiamo, scritta quando l'opera di seduzione è già molto avanzata, risponde a una lettera nella quale la donna ha debolmente tentato di imporre una separazione definitiva.

> *27 settembre, di sera.* Sono costernato dalla vostra lettera e non so ancora quale risposta darò. Senza dubbio se c'è da decidere fra la vostra infelicità e la mia, tocca a me sacrificarmi; non ho un istante di esitazione, ma cose così importanti meritano, mi pare, d'essere discusse e chiarite, e come potremmo farlo se non dovremo più parlarci, più vederci?
> Ma come! I sentimenti più dolci ci uniscono e un vano terrore basterà a separarci, forse per sempre? Invano la più affettuosa amicizia, l'amore ardente reclameranno i loro diritti: le loro voci cadranno nel vuoto; perché? Qual è questo grande pericolo che vi minaccia? Oh, credete a me, simili timori, così profondi e radicati, sono già, mi pare, un saldissimo argine di sicurezza..
> Mi pare, permettetemi di dirvelo, di rintracciare nelle vostre parole tracce delle cattive informazioni che vi hanno dato su di me. Non si trema accanto a un uomo che si stima: soprattutto non si allontana colui che è stato da noi giudicato degno di stima: si teme e si sfugge solo l'uomo pericoloso.
> Eppure, chi mai è stato più rispettoso e sottomesso di me? Come vedete, già mi controllo nell'uso delle parole e non mi permetto più quei dolci vocaboli, così cari al mio cuore, il quale pur non cessa di dirveli nel suo segreto. Non si tratta più, ora, dell'innamorato fedele e infelice che riceve consigli e consolazione da un'amica affettuosa e sensibile: è l'accusato di fronte al suo giudice, lo schiavo
> di fronte al suo padrone. Questa nuova situazione impone doveri nuovi, e io m'impegno ad adempierli tutti. Ascoltatemi; e se verrà la condanna, l'accetterò e partirò. Ma vado oltre; preferite il dispotismo senza ascoltare? Vi sentite di avere il coraggio di essere ingiusta? Ebbene, ordinate, e io vi ubbidirò ancora. Ma che questo giudizio, quest'ordine, io lo senta proferire dalle vostre labbra. E perché mai? voi mi direte. Oh, se fate una domanda simile, vuol dire che conoscete poco l'amore e il mio cuore! Forse non significa nulla rivedervi ancora una volta? Quand'anche gettaste nella disperazione il mio cuore, forse uno sguardo consolatore potrebbe impedirgli di soccombere. Infine, se dovrò rinunciare all'amore e all'amicizia per cui soltanto io esisto, per lo meno vedrete da voi l'effetto della vostra opera e mi rimarrà almeno la vostra pietà; è ben poca cosa, eppure, quand'anche non la meritassi, mi pare di essere pronto a pagarla ben cara per la sola speranza di poterla ottenere. [...] Già cominciate a dire che li sostituirete con la riconoscenza, sentimento che desterebbe in voi per un piccolo favore qualsiasi sconosciuto, oppure un nemico che cessasse di farvi del male: ecco cosa mi offrite! E pretendete che il mio cuore se ne contenti! Interrogate il vostro: se il vostro amante – il vostro amico o amante? – venisse un giorno a parlarvi di riconoscenza, non gli direste

> indignata: «Andatevene, ingrato!»? Non dico altro e reclamo la vostra indulgenza.
> Perdonate l'espressione di un dolore che voi avete suscitato, ma che non toglierà nulla alla mia completa sottomissione ai vostri voleri. Vi scongiuro, a mia volta, in nome di quei sentimenti così dolci cui voi stessa fate appello, non rifiutate di ascoltarmi e, almeno per compassione del turbamento mortale in cui mi avete piombato, non vogliate procrastinare il momento di questo incontro.
> Addio Signora.[8]

■ Questa lettera è un esempio di strategia retorica. Con essa lo scrivente *irretisce* e si direbbe quasi *contamina* la destinataria.
1. Prima di tutto Valmont sembra accettare la decisione della donna di rompere con lui; tuttavia pone delle condizioni che invalidano quella decisione: «Tocca a me sacrificarmi; non ho un istante di esitazione, ma cose così importanti meritano, mi pare, d'essere discusse e chiarite, e come potremmo farlo se non dovremo più parlarci, più vederci?».
2. In altre parole finge di accettare le nuove regole poste dalla donna e poi continuamente le infrange nel suo discorso seduttivo. Nel suo agire da seduttore Valmont dichiara di non agire da seduttore. Per fare questo spesso si avvale della *litote*, la più insinuante tra tutte le figure. Es.: «...non mi permetto più quei dolci vocaboli, così cari al mio cuore, *il quale pur non cessa di dirveli nel suo segreto*».
3. La lettera è piena di difese che diventano accuse, di ritirate che si trasformano in attacchi, di atti di sottomissione che diventano pretese di dominio. Insomma la lettera di seduzione è un atto comunicativo assai sottile che spinge lentamente, implacabilmente l'altro a volere quello che vogliamo noi.

Esercizi **1**. Scriviamo una lettera di seduzione a una persona che per ora ci resiste ma che noi desideriamo intensamente. Separiamo le due ipotesi: *a.* i nostri sentimenti sono sinceri, *b.* si tratta di un gioco o di un'azione interessata. Nel primo caso dobbiamo far risaltare molto il nostro vero *io*, nel secondo caso dobbiamo occultarlo quanto più possibile.
2. Immaginiamo le resistenze che l'altra persona dovrà vincere per darsi a noi: resistenze virtuose, morali, politiche, sociali, ecc.; le smonteremo pezzo per pezzo. Scrivete una lettera d'amore a: la donna del vostro migliore amico; la vostra/o capoufficio; la vostra/o segretaria/o; il vostro professore/essa; un vostro alunno/a; un prete, una suora; ecc.

1.1.8 La lettera formale

Il prossimo esempio è un esempio di *lettera formale*: quelle che scriviamo per rivolgerci ad autorità, istituzioni, enti o altri interlocutori con cui non siamo in confidenza. Di solito sono lettere noiose. Noi però qui vi proponiamo di *giocare* a scrivere una lettera formale: il che è anche un modo per liberarsi da certi vizi di formalismo linguistico molto diffusi presso gli italiani. Un esempio:

8 Ch. de Laclos, *Le amicizie pericolose*, tr. F. Giani Cecchini, Sansoni 1965, pp. 232 sgg.

> Gentile Signor Cane,
> è tanto tempo che io e lei condividiamo la stessa casa e mai, dico mai, le ho fatto mancare nulla. Eppure non ero tenuto a ciò, visto che lei non coopera per nulla al suo mantenimento e tanto meno collabora alla manutenzione della casa. No, lei si comporta come se tutto le fosse dovuto, facendosi forte di una sua appartenenza a una razza rara e di gran pregio. Ho accettato tutto questo per tanto tempo, ma è giunto ormai il momento di chiarire la nostra situazione e di prendere delle decisioni irrevocabili...

Esercizi **1**. Prova a continuare tu.
2. Prova dunque a scrivere una lettera – piuttosto delirante nella sostanza ma formalmente ineccepibile – in cui ti rivolgi a un interlocutore improbabile (oltre al vostro cane: i piccioni che tubano sulla grondaia, il palo della luce contro cui vai immancabilmente a sbattere facendo manovra, lo specchio, il tuo letto che da un po' di tempo ti pare scomodo...), e protesti sentitamente, vibratamente, chiedendo la soddisfazione di un tuo urgente bisogno o diritto. Devono ricorrere tutte le formule tipiche della lettera del cittadino che si sente leso nei suoi diritti (esercitati leggendo le *lettere al direttore* di un quotidiano). Usa ogni argomento, minaccia, promessa, sentimento pur di arrivare ai tuoi fini. Cerca di anticipare le obiezioni e di rispondere in anticipo, così da non lasciare all'interlocutore alcuna via di scampo.

1.1.9 La lettera di protesta

A chi non è mai capitato di scrivere una lettera di vibrata protesta? Si tratta di una delle modalità più tipiche dello stile epistolare. C'è addirittura gente che perde un sacco di tempo a scrivere tali lettere a destra e a manca. Anche questi testi, di solito, sono noiosi e lagnosi: perciò proponiamo nuovamente un gioco. Immaginiamo che i personaggi di un romanzo si ribellino contro il loro autore e protestino. In effetti i personaggi sono i figli di quel padre-padrone che è l'autore. Egli fa di loro ciò che vuole. Spesso li bistratta, a volte fa loro intravedere la felicità e poi la fa sparire d'improvviso. Diamo ai personaggi la possibilità di liberarsi dalla tutela dell'autore e di reclamare per sé un più giusto e umano trattamento. Ecco un'autentica lettera di Pinocchio al giudice incaricato del contenzioso esistente tra Pinocchio stesso e Collodi (l'autore vero è Beniamino Placido):

> DOSSIER PINOCCHIO, DOCUMENTO N. 1 DEL 25 FEBBRAIO 1990.
> AL TRIBUNALE PER I MINORENNI, VIA DEI BRESCIANI 32, 00186 ROMA.
>
> Illustrissimo Signor Presidente, io sottoscritto Pinocchio, burattino (e tale voglio restare) nato a Roma (ma di babbo toscano) nel *Giornale per i bambini* il 7 Luglio 1881, non voglio diventare "un ragazzino per bene" come tutti gli altri. Prima di tutto perché così voleva il mio babbo. Signorsì, il mio povero babbo Collodi, che mi ha inventato, smise subito di raccontare la mia storia: il 27 ottobre di quello stesso anno. Mi lasciò impiccato all'albero dove mi avevano appeso quei due malvagi che poi erano il Gatto e la Volpe (ma allora non lo sapevo).
> Però è sempre meglio restare impiccato nel campo dei miracoli che diventare ragazzino in questo mondo. E lì mi avrebbe lasciato appeso il mio povero babbo, ma c'erano i lettori che protestavano, il Direttore che insisteva. Così mi

> fece scender giù – ma solo dopo quattro mesi – e mi rimise in movimento, il 16 febbraio 1882. Poi si fermò un'altra volta (meno male) l'1 giugno '82 quando il Pescatore Verde mi voleva friggere nella sua padella. «Sono fritto!» dissi (che era poi un gioco di parole: l'avete capito?)
> Magari fossi rimasto lì fritto. Invece i lettori tanto fecero e tanto scrissero che il mio babbo mi fece resuscitare di nuovo, e mi rimise per strada. Su una strada mi ritrovai, il 23 novembre 1882. Finché come Dio volle, nella puntata finale del 25 gennaio 1883, mi ritrovai trasformato in un bel bambino, che io proprio non volevo.
> Chiedo di stracciare (no, no: non di stralciare, proprio di stracciare) quell'ultimo capitolo, Illustrissimo Presidente. Voglio restare, Presidente, voglio restare burattino. Per quali ragioni? Non mi garba di dirlo. Ma se proprio ci tiene a saperlo, mi mandi a prendere. Non dai gendarmi, però (o Carabinieri, come voi li chiamate). Lo sa che con i gendarmi non ci vado d'accordo. Rispettosamente
> Pinocchio[9]

■ La lettera di protesta parte sempre dalla contestazione di un torto. Perciò, anche se rivolge a un interlocutore particolare, si appella sempre a un'istanza superiore. Da qui il tipico tono enfatico. Il nostro gioco si presta bene a immaginare simili lettere. Ogni personaggio, in fondo, subisce angherie e ingiustizie da parte dell'autore: noi dobbiamo solo immaginare per lui un diritto di appello. Diamo la parola a quei personaggi che l'autore s'è ostinato a trattare come cattivi o sfortunati o stupidi, e offriamo loro una possibilità di riscatto.

Esercizi Un personaggio di romanzo (o di film), uno di quelli che fanno una brutta fine, scrive all'autore. Emma Bovary scrive a Gustave Flaubert: «Non avevo nessuna voglia di morire». Lolita scrive a Nabokov: «Mi hai fatta diventare il simbolo della perversione». Don Abbondio scrive a Manzoni: «Non sono poi così codardo». Freddy Kruger scrive ai suoi registi: «Mi farete morire per sempre, prima o poi?». Obi Wan scrive a Lucas e Spielberg: «Mi avete raccontato prima da adulto e poi da giovane: la mia vita è sconvolta».

1.1.10 La lettera anonima

La lettera anonima ha una grande tradizione letteraria. È la lettera scritta dal signor Nessuno: arriva all'improvviso, ci turba, ci riempie di domande senza risposta (chi sarà? perché lo fa? qual è il suo vero scopo?), ci costringe a un imbarazzante dialogo/non dialogo. Il signor Nessuno ci parla all'orecchio, e noi non possiamo replicare nulla. Scrivere lettere anonime (non parliamo, ovviamente, di quelle minatorie od oscene) è molto divertente, addirittura euforizzante: possiamo dire all'altro tutto ciò che da sempre pensiamo (di lui, di noi, di lui e noi) e che mai abbiamo osato dire. Come in questo esempio, dove borseggiatore scrive a una ragazza che ha derubata:

> Gentile signorina,
> le restituisco le due lettere qui allegate (immagino che le avrà riconosciute subito) essenzialmente perché credo di non correre nessun rischio. Non le

9 B. Placido, in *La Repubblica*, 17/2/90.

> restituirò invece il denaro, che d'altra parte ho già quasi tutto impiegato per le mie necessità, né la borsetta che ho distrutta, né gli altri oggetti, spero di poco valore pratico e affettivo, che c'erano nella sua borsetta. [...] Io sono nella condizione particolare di dover sostenere una conversazione con lei senza potere incontrarla e senza poter veramente dialogare. Una conversazione è possibile solo tra persone che si siano riconosciute e accettate reciprocamente; questa reciprocità si esclude nel nostro caso particolare. Le assicuro che mi dispiace, e se questa lettera è in realtà una specie di monologo per iscritto, la prego di credere che la mia intenzione non è mai stata quella di toglierle la possibilità di replica, ma semplicemente quella di tutelare la mia sicurezza personale. [...] Non voglio comunicarle impressioni sbagliate, e per questo, lei mi perdonerà, la mia esposizione è così prolissa. Devo dirle che ho una certa ripugnanza a pensare a me stesso come a un ladro. Io ho deciso di vivere in questo modo perché lo preferisco, ma non ho antipatia per chi preferisce in un altro modo. Credo che nel mondo ci sia una certa quantità di ricchezza, sufficiente per tutti, e che non si possa rimproverare chi si limita ad appropriarsi della quantità che gli è necessaria. [...] Io faccio un lavoro alla settimana, perché di solito mi basta, e così posso farlo con cura. Faccio una vita modesta. Lei sa quanto denaro c'era nella sua borsetta, e spero voglia credermi se le dico che mi è bastato per una settimana, compresa una piccola quota che regolarmente metto da parte. [...] Ho bisogno di provare una certa simpatia per quelle che io chiamo tra me e me, e ora anche con lei, le mie clienti. [...] Lei è una giovane donna molto graziosa, mi permetta di dirlo, e credo sia difficile non provare per lei una simpatia istintiva.[10]

■ La lettera anonima nasce da due desideri opposti: quello di svelare un segreto, e quello di mantenerlo. Pertanto essa dirà tutto ciò che deve dire, ma sempre e comunque tacerà, o nasconderà dietro un velo, l'essenziale (non solo l'identità del mittente, ma anche il suo vero scopo). Da un lato, quindi, la lettera anonima è un vero e proprio "istante di verità", un improvviso ritorno di una verità accuratamente nascosta (e perciò assomiglia a una confessione). Dall'altro, è un colossale esercizio di menzogna: l'autore infatti, per non essere riconosciuto, dovrà non solo nascondere la propria identità, ma addirittura confezionarsene una ad hoc. Infine, la lettera anonima è un momento di sconvolgente e spudorata intimità: protetto dal segreto, l'autore può scrivere qualunque cosa: svelare abiezioni, proclamare amori, lodare il male e accusare il bene.

Esercizi **1.** Hai ucciso l'amante di tua moglie, con tanta abilità che tutti pensano a una morte accidentale. Ma tu vuoi che tua moglie sappia che l'amante è stato ucciso per punizione: così starà punita anche lei. Allora, in una lettera anonima, fingendo di essere l'assassino (che sei davvero: ma creandoti un'altra identità), le spieghi come e perché l'amante è stato ucciso: ma in modo tale che tu (tu "vero", tu suo marito) non possa essere accusato.
2. Hai un impiego al Ministero delle Tasse. Il tuo capufficio è un uomo stupido e crudele. Ti tratta male e tu vuoi vendicarti. Decidi di scrivergli (in stile perfettamente burocratico) una lunga lettera-rampogna, firmata da un immaginario dottor Fiscaletti, capo di un inesistente Ufficio Controllo Qualità.

10 G. Mozzi, *Questo è il giardino*, Mondadori 1998, pp. 20 sgg.

1.1.11 La lettera aperta

Di solito la *lettera aperta* si rivolge a una personalità eminente con la quale l'autore (o gli autori: spesso la lettera aperta è collettiva) non intrattiene rapporti di familiarità. Essa inoltre non prevede una vera e propria risposta: chiede, piuttosto, che il destinatario prenda determinate decisioni, o assuma determinati comportamenti, o consideri certe questioni trascurate. Il nostro ideale interlocutore può essere chiunque: il Presidente degli Usa, il Papa, una grande attrice, un grande criminale. Il destinatario, proprio per la pubblicità e rilevanza della sua figura, ci farà – volente o nolente – da spalla, ci permetterà di mettere a fuoco alcune questioni importanti che lo coinvolgono, e che possono coinvolgere più o meno vaste comunità. Nel nostro esempio, un intellettuale laico ebreo si rivolge al Papa chiedendogli "ingenuamente" conto delle colpe della Chiesa nella plurisecolare persecuzione degli ebrei:

> Santità, quando, il 13 aprile 1986, l'ho vista nella sinagoga di Roma abbracciare il rabbino Toaff, mi son venute le lacrime agli occhi. Vedevo i gesti misurati di Lei e del rabbino in sovrimpressione a immagini di ebrei costretti ad assistere alle funzioni della Sua religione, o di predicatori della Sua religione che alzavano la voce contro la «sinagoga di Satana», dato che la sinagoga era considerata l'epicentro di una lebbra immonda. [...] Il mio primo ragionamento concerne qualche punto della storia della Sua Religione, dal messaggio di Gesù alla vittoria del Cristianesimo. [...] Le ricordo brevemente la famosa scena della condanna di Gesù al martirio della croce. [...] Ormai il processo di Gesù è stato esaminato da ogni lato e in ogni aspetto, e so di non dire nulla di nuovo se sottolineo che le scelte della folla eccitata non possono riversarsi su tutti gli ebrei che furono amici e fautori di Gesù. [...] Mi permetto solo di ricordarLe, ma Lei, Santità, lo sa benissimo, che per duemila anni tutto un popolo è stato condannato per colpa di qualche centinaio di scalmanati che, proprio a detta di Gesù, «non sapevano quello che facevano». Questa enorme ingiustizia non può non scandalizzare una mentalità laica, secondo la quale ognuno risponde solo delle proprie colpe, non di quelle dei genitori o degli avi dei suoi vicini. [...] A me pare che l'insegnamento biblico non preveda una maledizione che duri millenni. Eppure, questa maledizione è stata fatta valere sino ad oggi. Come se Gesù stesso non avesse proclamato, nelle sue «beatitudini», la benevolenza celeste per quelli che soffrono e sono perseguitati. [...] Mi sa spiegare come abbiano potuto restare così a lungo in auge interpretazioni faziose che contraddicono tutto un insegnamento di amore per gli uomini? [...] Il comune richiamo al Vecchio Testamento non avrebbe dovuto rendere lo scontro tra cristiani ed ebrei meno aspro? L'ethos che questo legame implica non è sensibilmente affine? I dieci comandamenti, non valgono, e valgono sino ad oggi, come sintesi di moralità pratica sia per gli ebrei, sia per i cristiani?[11]

■ **1**. L'efficacia della lettera aperta dipende molto dalla nostra abilità nello scegliere un interlocutore che rappresenti e, per così dire, "incarni" un certo modo – da noi avversato o parzialmente condiviso – di intendere una questione che ci sta a cuore. Noi dichiareremo il massimo rispetto per l'interlocutore, e tuttavia

11 C. Segre, *Per curiosità. Una specie di autobiografia*, Einaudi 1999, pp. 76-79.

esprimeremo la nostra posizione con grande fermezza, sottolineando le nostre contrarietà o perplessità.

2. Non è indispensabile rivolgersi a uomini e donne di successo e fama; può essere opportuno scegliere un rappresentante tipico, magari anonimo o ipotetico, della categoria che ci interessa. Se a es. vogliamo affrontare la questione del suicidio, ci inventeremo un interlocutore immaginario: l'aspirante suicida *tipico*. Così la nostra lettera diventerà più drammatica, meno accademica, meno generica, più vera. Mentre esponiamo le nostre ragioni possiamo infatti immaginare – e anticipare – ragioni obiezioni argomenti dell'interlocutore. Il discorso sarà più incalzante e persuasivo: il monologo si arricchirà della forza del dialogo.

Esercizi A nome di tutti quelli che non ne possono più di doversi comperare un software nuovo ogni due anni, scrivi una lettera aperta a Bill Gates. A nome dei piccoli commercianti di alimentari della tua città scrivi una lettera aperta al sindaco e ai cittadini, protestando per l'apertura di nuovi ipermercati. A nome di quelli che amano dormire fino a tardi, scrivi una lettera aperta a un immaginario professor La Veglia, salutistico sostenitore delle alzate all'alba. A nome tuo, e di nessun altro, scrivi una lettera aperta all'anonimo malparcheggiatore che ti ha strisciato l'automobile.

1.2 Confessioni memorie ricordi

1.2.1 Confessioni

Scrivere un'autobiografia è già un po' meno naturale che scrivere diari o lettere. Si esce dal presente concreto e si entra in una dimensione più sottile, in uno spazio alternativo a quello attuale, che è appunto lo spazio-tempo del passato. La letteratura si occupa spesso di mondi paralleli a quelli esistenti: il passato è il primo di questi mondi paralleli, il più prossimo a noi tra tutti i mondi inesistenti che ci circondano. Per poter scrivere di e sul passato bisogna avere accumulato almeno un po' di tempo dietro di sé. Ma non è necessario averne ammucchiato molto. Spesso è sufficiente essere usciti dall'infanzia, sentire l'infanzia come un tempo lontano o comunque finito. Ogni moderna autobiografia ha il suo cuore nei ricordi infantili, perché in questo periodo la persona si forma e si delinea. Il modo di trattare e evocare questi ricordi cambia, secondo che li vogliamo mettere in relazione con tutta la nostra vita (cioè se vogliamo scrivere una vera e propria *autobiografia*) oppure che ci limitiamo a evocare i ricordi come schegge, *flash*, immagini che vagano nella nostra mente, come brani isolati di un film che il tempo ha danneggiato. Immagini che non intendiamo connettere in una storia, ma solo evocare, trascrivere, quasi come si fa con i sogni. Vediamo tutt'e due i casi. Il primo esempio è tratto dalla grande opera autobiografica di Jean Jacques Rousseau *Le confessioni*.

> Così come aveva per noi l'affetto d'una madre, la signorina Lambercier ne aveva anche l'autorità, e talvolta la spingeva sino al punto, avendola meritata, da infliggerci la punizione che si suole coi bambini. Per molto tempo si limitò a minacciarcela, e la minaccia di un castigo tanto nuovo per me mi sembrava spaventevole; ma dopo l'esecuzione la trovai meno tremenda alla prova che non nell'attesa, e ciò che v'ha di più strano si è che quel castigo mi legò anche di più

a chi me l'aveva imposto. Dovevo persino ricorrere a tutto il reale affetto e alla mia naturale dolcezza per evitar di ricercare tale trattamento, col meritarlo; poiché avevo provato nel dolore, nella vergogna stessa, un miscuglio di sensualità che m'aveva lasciato più desiderio che non paura di riceverlo daccapo dalla stessa mano. È vero che, mescolandosi indubbiamente qualche istinto precoce del sesso, lo stesso castigo ricevuto da suo fratello non mi sarebbe riuscito piacevole affatto; ma, conosciutone l'abituale umore, tale sostituzione non era affatto da temersi, e se evitavo di meritarmi la correzione era solo pel timore di offendere la Lambercier; ché tale è in me la dose di comprensione, persino di quella suscitata dai sensi, ch'essa mi dettò sempre legge al cuore.

La recidiva, che discostavo senza temerla, giunse senza colpa da parte mia, vale a dire senza la mia volontà, e ne approfittai, posso dirlo, con tranquillità di coscienza. Ma quella seconda volta fu anche l'ultima, poiché la signorina Lambercier, essendosi indubbiamente accorta da qualche indizio che il castigo non compiva l'effetto voluto, dichiarò di rinunciarvi poiché l'affaticava troppo. Fin allora avevamo dormito nella sua camera e talvolta, d'inverno, persino nel suo letto; due giorni dopo ci sistemarono in un'altra stanza, ed ebbi da allora l'onore, cui avrei volentieri rinunciato, di vedermi trattare da lei come un giovanotto.

Chi crederebbe mai che quel castigo infantile, ricevuto a otto anni dalla mano d'una donna di trenta, ha deciso dei miei gusti, dei miei desideri, delle mie passioni, di me stesso per il resto della vita, e precisamente nel senso contrario a quello che avrebbe dovuto naturalmente derivarne? Nel preciso momento in cui i sensi mi si accendevano, i desideri si ingannarono a tal punto che, limitati a quanto avevo provato, non pensarono affatto a cercare qualcos'altro, e, pur con un sangue ardente di sensualità si può dire dalla nascita, mi mantenni puro d'ogni macchia fino all'età in cui si sviluppano i temperamenti più freddi e tardi. Tormentato gran tempo senza sapere da che, divoravo con occhio infiammato le belle creature; l'immaginazione me le richiamava senza tregua, solamente per farle agire a modo mio e farne altrettante signorine Lambercier.[12]

■ **1**. Rousseau s'impone di essere sincero a tutti i costi, anche a costo di narrare episodi che non gli faranno onore. Non a caso ha intitolato *Confessioni* questa sua opera. Confessioni sì, ma non più a Dio, bensì al lettore, a un lettore amico che saprà comprenderlo e amarlo.

2. In questo caso Rousseau ha raccontato un episodio "vergognoso" (ricordiamoci che siamo nel Settecento) della sua fanciullezza. Presupposto della sua sincerità a tutti i costi è che il senso segreto della nostra vita si trovi negli episodi mancati, devianti, oscuri del nostro passato: e non nei momenti riusciti, "monumentali". Come a dire che nella contraddizione tra l'essere e il voler essere sta il bandolo della matassa esistenziale.

3. Rousseau non solo ricorda, ma anche ricostruisce. La sua grande invenzione letteraria (ma anche etica) è appunto questa: con un singolo episodio egli cerca di spiegare una tendenza forte della sua esistenza. La scrittura va continuamente dal dettaglio al tutto.

12 J.-J. Rousseau, *Le confessioni*, tr. F. Filippini, Rizzoli 1978, v. I, pp. 33 sgg.

Esercizi **1**. Ripesca un episodio un po' *oscuro* della tua infanzia e connettilo con il tuo carattere attuale, adulto, o con qualche tua abitudine o tendenza. Meno significativo (in apparenza) è questo episodio, e meglio è. Non ti chiediamo di farti psicoanalista di te stesso: niente ti impedisce di inventare, o di usare ricordi altrui...
2. Ti sarai accorto che Rousseau presenta se stesso come completamente innocente. Che si sentisse veramente tale? C'è chi ne dubita. Prova a raccontare un tuo episodio *vergognoso* fingendoti altrettanto innocente. Scoprirai che questo tipo particolare di menzogna può rivelare delle strane verità.

1.2.2 Anamnesi

L'anamnesi, lo sappiamo tutti, è una ricostruzione della "storia del nostro corpo" che si fa, di solito, con l'aiuto di un medico. Il medico ci interroga, facendo domande via via sempre più meticolose e precise: bisogna infatti evitare (ne va della nostra salute) che un qualsiasi avvenimento risulti, nella deformazione tipica del ricordo, esagerato o minimizzato. Noi useremo la parola, invece, secondo la definizione che ne ha dato Roland Barthes: «Chiamo anamnesi l'azione – miscuglio di godimento e di sforzo – che guida il soggetto per ritrovare *senza ingrandirlo né farlo vibrare*, una tenuità del ricordo».[13] Ecco un esempio fornito dallo stesso Barthes:

> A merenda, latte freddo, zuccherato. C'era in fondo alla vecchia scodella bianca un difetto nella ceramica: non si capiva se il cucchiaio, girando, toccasse questo difetto o una chiazza di zucchero non sciolto o mal lavato.
>
> Ritorno in tram, la domenica sera, dalla casa dei nonni. Si mangiava in camera, vicino al focolare, brodo e pane abbrustolito.
>
> Nelle sere d'estate, quando il giorno non finisce mai, le madri passeggiavano per stradelline, i bambini svolazzavano intorno, era la festa.
>
> Un pipistrello entrò nella stanza. Temendo che si attaccasse ai suoi capelli, sua madre lo prese in spalla, si avvolsero in un lenzuolo e scacciarono il pipistrello con le molle.[14]

■ **1**. Questi ricordi sono come *fotogrammi* isolati. Non c'è storia, non c'è narrazione, non viene dato il contesto, il prima e il dopo, la causa e l'effetto; niente viene spiegato, interpretato. Questa loro sospensione li rende affascinanti e misteriosi. Si tratta di irripetibili istanti estatici, in un certo senso eterni (il tempo si è come fermato, coagulato intorno a dei *punti*).
2. Notiamo che Barthes racconta in terza persona. È una scelta di pudore e di distanza, che rende meno sentimentale, più oggettiva e nitida la rammemorazione del passato.

---

13 R. Barthes, *Barthes di Roland Barthes*, tr. G. Celati, Einaudi 1980, p. 126.
14 *Ivi*, pp. 124 sgg.

Esercizi **1**. Per ottenere questi "ricordi anamnestici" bisogna rinunciare sia alla rappresentazione delle emozioni sia alla costruzione di una storia. A questo scopo può essere utile, come ha fatto Barthes, adottare la terza persona: proprio la freddezza della scrittura produrrà una speciale "aura" attorno al ricordo.
2. Quand'eri bambino andavi tutti i giovedì pomeriggio al parco giochi. Vacci, e porta con te un quaderno. Guarda gli oggetti, le cose. Segna al volo i ricordi che ti vengono in mente. Se la malinconia ti prende, chiudi il quaderno e torna a casa.
3. In sostituzione del parco giochi puoi usare: un album di fotografie; una casa dove hai abitato per un certo tempo; un armadio pieno di vestiti che non adoperi più; una vecchia agenda piena di appuntamenti e numeri di telefono.

1.2.3 Miniricordi

Ci sono ricordi che non sono ricordi intimi e personali, ma ricordi comuni a una generazione, o a chi sia vissuto in certi luoghi. A chi non è successo, es., in compagnia di amici coetanei, di mettersi a elencare vecchie canzoni, o vecchi cartoni animati, o vecchi telefilm? Si tratta di ricordi particolari: quasi neutri, istantanee di cose viste a volte solo con la coda dell'occhio, frammenti che messi insieme costituiscono un piccolo universo – peraltro perduto. Un esempio da Georges Perec:

> 2. Mi ricordo che mio zio aveva una 11 CV immatricolata 7070 RL2.
>
> 4. Mi ricordo di Lester Young al Club Saint-Germain; portava un completo di seta blu con una fodera di seta rossa.
>
> 8. Mi ricordo di un inglese monco che batteva tutti a ping-pong a Château d'Oex.
>
> 10. Mi ricordo che un amico di mio cugino Henri quando preparava gli esami restava tutto il giorno in vestaglia.
>
> 14. Mi ricordo del pane giallo che c'è stato per qualche tempo dopo la guerra.
>
> 16. Mi ricordo i vecchi numeri dell'*Illustration*.
>
> 22. Mi ricordo che un giorno mio cugino Henri visitò una fabbrica di sigarette e ne riportò una sigaretta lunga come cinque sigarette.
>
> 27. Mi ricordo di avere ottenuto al Parc des Princes un autografo di Louison Bobet.
>
> 30. Mi ricordo gli spettacoli del giovedì pomeriggio al cinema Royal-Passy. C'era un film che si intitolava *I tre desperados*, e un altro, *Le cinque pallottole d'argento*, che prevedeva cinque episodi.
>
> 33. Mi ricordo i foulard in seta di paracadute.
>
> 39. Mi ricordo che un atleta che correva i 400 metri fu sorpreso mentre rubava negli spogliatoi d'uno stadio (e che, per evitare la prigione, fu obbligato a arruolarsi in Indocina).
>
> 40. Mi ricordo del giorno in cui il Giappone capitolò.

70. Mi ricordo delle rubriche «Vero o falso?», «Lo sapevate?», «Incredibile ma vero» nei giornali per bambini.[15]

■ C'è in questo semplice elenco un curioso effetto tra la nostalgia e il modernariato. Si tratta di miscelare con cura ricordi che appartengono a tutta una generazione (es. la capitolazione del Giappone) e ricordi molto personali (il cugino Henri), cose importanti e cose da nulla. L'effetto paradossale è che le avventure minimali del cugino Henri diventano importanti quanto la resa del Giappone: il che ci restituisce, forse, la percezione del mondo che ha un bambino. Notiamo la ripetizione della formula «mi ricordo»: con questo effetto di "accumulazione" Perec ci fa sentire quanto questi minimi ricordi siano importanti: per lui e, forse, anche per il cugino Henri.

Esercizi **1**. Scegli un interlocutore (es. la persona che ami, o che non ami più, o che non ti ama più) e dà a tutti i ricordi la forma di una domanda: «Ti ricordi quella volta che mangiammo il gelato seduti sugli scalini sotto il monumento a Cavour?», «Ti ricordi che io portavo sempre i maglioncini con la scollatura a V?». In questo modo potremmo anche tentare di raccontare una storia.
2. Decidi di iniziare ogni frase con la formula paradossale «Non mi ricordo più»: «Non mi ricordo più quale fosse il tuo profumo preferito», «Non mi ricordo più se fui io a prestarti *Va' dove ti porta il cuore*, o tu a prestarlo a me». Anche così si racconta una storia (tendenzialmente triste).

1.2.4 Frammenti biografici o biografemi

Non sono molte le persone le cui esistenze vengono narrate da un biografo. Come ha scritto una volta Jurij Lotman, una cultura prevede «uomini con una biografia» e «uomini senza biografia». Si scrive la biografia degli uomini e delle donne "importanti". Se una persona cara ci viene a mancare, difficilmente pensiamo di scriverne una biografia: non è una persona "importante" (anche se era importante per noi), quindi non ne è "degna". Potremmo però scrivere su un quaderno una lista di *biografemi*, di frammenti biografici, magari slegati tra loro, ma che messi insieme costituiscono un'immagine viva e coerente della persona ricordata. Ecco come Robert Camus ricorda l'amico Roland Barthes:

> Che una sera in cui cenavamo al Sept, Fabrice s'avvicinò al nostro tavolo per informarci che Georges Pompidou era morto; e che con mia relativa sorpresa egli parve molto impressionato.
>
> Che detestava le minime incertezze quando bisognava scegliere un ristorante; che bisognava sempre, in questo campo, sapere precisamente dove si andava; che aveva orrore, a questo proposito, del "girovagare" (mi pare che usasse questa parola) e dell'improvvisazione.
>
> Che amava molto il vino di Morgon.
> Che spediva molte cartoline, qualche volta illustrate da lui stesso, minuscoli biglietti piegati e ripiegati che servivano per esempio per spostare o confermare un appuntamento; che faceva grande uso personale – spesso buffo per il

15 G. Perec, *Je me souviens*, Hachette 1978, pp. 13-33.

> contrasto tra la trivialità del messaggio, da una parte, e la nobile intestazione – della carta ufficiale e delle buste della École des Hautes Études, e più tardi del Collège de France.
>
> Che al telefono era piuttosto spiccio.
>
> Che era spesso in anticipo, e che allora s'aggirava nei dintorni, con l'aria d'essere molto annoiato.[16]

■ **1**. Non sono grandi e memorabili ricordi ma piccoli episodi, gesti, frasi spesso quasi insignificanti. Eppure, proprio grazie a questi frammenti di esistenza colti al volo, noi possiamo rivedere quella persona *viva*, che agisce, parla, si muove, c'è.
2. Anche Camus usa la ripetizione di un attacco sempre identico: «Che». La meccanicità del metodo ci protegge dagli inutili intenerimenti e sentimentalismi: ci permette di essere sobri, essenziali, diretti.

Esercizi **1**. I biografemi sono particolarmente adatti a raccontare le persone che abbiamo conosciuto non troppo approfonditamente. Puoi esercitarti ricordando i gesti e i comportamenti tipici di un tuo vecchio professore, di un nonno morto quand'eri piccolo, ecc. È importante scegliere bene la formula da ripetere: oltre che con il «Che...» o il «Mi ricordo», puoi tentare con «Una volta...», «Quella volta che...», «Non ho mai detto a nessuno che...», «Non ti avevo mai detto che...».
2. Puoi arricchire l'esercizio combinando il ricordo con l'occasione del ricordo, ad esempio con la formula doppia: «Ogni volta che... mi viene in mente che...»: «Ogni volta che passo per via San Benedetto mi viene in mente che lì mi hai baciato per la prima volta», «Ogni volta che mangio un gelato al pistacchio mi viene in mente che tu lo detestavi», ecc.

1.2.5 Idiosincrasie

Un'altra forma di memoria per frammenti è il catalogo delle idiosincrasie. La narrazione si ottiene elencando appunto le nostre idiosincrasie, cioè le cose che ci piacciono e quelle che non ci piacciono. Serviamoci ancora di Barthes:

> Mi piace: l'insalata, la cannella, il formaggio, i condimenti, le paste di mandorle, l'odore del fieno tagliato (mi piacerebbe che un profumiere fabbricasse un profumo simile), le rose, le peonie, la lavanda, lo champagne, le posizioni leggere in politica, Glenn Gould, la birra freddissima, i cuscini piatti, il pane tostato, i sigari Avana, Händel, le passeggiate moderate, le pere, le pesche bianche o di vigna, [...] camminare coi sandali di sera nelle stradine del Sud-ovest, la curva dell'Adour vista dalla casa del dottor L., i Marx Brothers, il serrano alle sette del mattino mentre si esce da Salamanca, ecc. Non mi piace: i cagnolini lulù bianchi, le donne coi calzoni, i gerani, le fragole, il clavicembalo, Mirò, le tautologie, i cartoni animati, Arthur Rubinstein, le ville, i pomeriggi, Satie, Bartok, Vivaldi, telefonare, i cori di bambini, i concerti di

16 R. Camus, «Inventaires», cit. in A. Duchesne e Th. Leguay, *Les petit papiers*, Magnard 1991, pp. 170 sgg.

> Chopin, le bransles della Borgogna, le danze rinascimentali, l'organo, [...] il politico-sessuale, le scene, le iniziative, la fedeltà, la spontaneità, le serate con gente che non conosco ecc.[17]

■ È importante comporre una lista pura e semplice, e non spiegare niente. Sono davvero gusti o disgusti su cui non è il caso di disputare. Forse proprio così noi cogliamo meglio una personalità: attraverso le sue reazioni immediate e irrazionali alle cose. Una narrazione vera e propria, infatti, è inevitabilmente anche un rifacimento – se non una falsificazione – di ciò che davvero siamo. Barthes: «*Mi piace, non mi piace*: il che non ha nessuna importanza per nessuno; il che, apparentemente, non ha senso. E però tutto questo vuol dire: *il mio corpo non è lo stesso del vostro*. Così, in questa schiuma anarchica di gusti e disgusti, si disegna a poco a poco la figura di un enigma corporeo, che chiama complicità o irritazione».[18]

1.2.6 Piccole biografie portatili

Il mondo brulica di storie. A ogni vita, anche la più normale e tranquilla, corrisponde una storia. Ogni uomo ha diritto alla *sua* storia: non ogni uomo però ha la capacità o la voglia di narrarla. Eppure questo è alla fin fine il sogno di tutti: lasciare una traccia prima di sparire per sempre, conquistare un frammento d'immortalità. Molti cercano narcisisticamente di narrare la propria storia; altri, più umili, raccolgono le storie degli altri. Nuto Revelli ha dedicato la vita ad ascoltare la cosiddetta gente umile, si è fatto raccontare centinaia di storie "ordinarie" e irripetibile. Ecco una storia dal suo libro *Il mondo dei vinti*:

> [Qui a parlare è Caterina Chiapasco, nata a Monesiglio, frazione Ceriola, classe 1882, contadina, sarta; la storia è stata raccolta nel 1973.]
>
> Avevamo poca terra, ventiquattro *mine*[19] di terra, la *mina* era la quarta parte di una giornata. Nella stalla due vacche. Mangiavamo castagne e polenta. La fame non l'ho mai fatta. C'era chi stava meglio e chi stava peggio di noi. [...] Da bambina sono andata a lavorare alla Filanda di Monesiglio, ottantaquattro le *filere* e quaranta le *sbatose.*[20] A rigore non avrebbero potuto assumere noi bambine di età inferiore ai dodici anni, ma qualcuna la assumevano. Come arrivava un ispettore ci nascondevamo, poi restavamo otto giorni a casa. Le *filere* dormivano nella fabbrica, così al mattino sentivano tutte assieme la campana e tutte assieme erano pronte a cominciare il lavoro. Il mangiare ognuno se lo portava da casa. La campana suonava alle quattro del mattino, alle quattro e trenta incominciava il lavoro tanto d'inverno che d'estate. Alle otto di sera finiva l'orario di lavoro, ma alle otto e trenta eravamo ancora tutte attorno alle bacinelle a filare. Eh, i padroni si sono fatti ricchi in fretta con gente come noi! [...] Avevamo sempre le mani nell'acqua calda che quasi

17 R. Barthes, *op. cit.*, p. 133.
18 *Ivi*, pp. 133 sgg.
19 Unità di misura basata su di un recipiente cilindrico, la *mina*, dove si mettevano i semi di grano.
20 *Sbatosa*: l'operaia che cerca i capofili dei bozzoli e li porge alla *filera*, alla filandina.

bolliva, le nostre povere mani erano cotte, la pelle bianca e sottile come un foglio di carta. Facevano male le mani, erano sensibili.
Lavorando cantavamo, pregavamo, dicevamo il rosario. Cantavamo canzoni d'amore e di guerra, cantavamo le litanie. Cantavamo *La Traviata*. Ogni gruppo cantava la sua canzone. Il padrone era contento se cantavamo, se pregavamo. Era invece proibito parlare, chi parlava si distraeva e veniva punita con la multa. Se pregavamo era meglio perché il padrone sperava che noi pregassimo anche per lui!
La sorella del padrone era una monaca, una madre badessa, e ogni estate veniva in fabbrica a farci gli esercizi spirituali. Dopo gli esercizi andavamo a confessarci e a fare comunione.
A sedici anni sono andata in Francia, a Nizza. Mia sorella lavorava da commessa in un magazzino, io invece ho imparato il mestiere da sarta. Mi piaceva, vestivamo le grandi signore e le grandi *cocotte*, vestivamo la principessa di Guglielmo e la principessa russa Markopa. Eravamo una ventina di lavoranti. Guadagnavo tre lire e cinquanta al giorno. A Nizza ho conosciuto la vita della città, e all'inizio mi piaceva. Poi l'ho conosciuta meglio la città, e allora ho incominciato a sentire la nostalgia del mio paese. Ho trovato marito a Mombarcaro, ho ripreso a fare la contadina pur lavorando anche da *sartora*. [...] Che cosa era la donna in campagna? La donna era forse più sacrificata dell'uomo. Io di notte facevo la sarta. Di giorno, mentre tiravo i buoi, riuscivo a lavorare a maglia: infilavo il braccio nella corda dei buoi, le mani restavano libere, le calze le facevo tutte tirando i buoi, camminando. Ho avuto *tre fanciot e na matota*,[21] e prendevo ancora *'n beilot* dall'ospizio, nel 1929 mi davano centosettanta lire al mese *'d beilage*.[22] [...] Che cosa ricordo dell'ultima guerra? Quando i tedeschi sono arrivati la prima volta a Mombarcaro i nostri uomini sono scappati tutti. Io sono rimasta sola in casa. I tedeschi rubavano le galline, aprivano i pollai e strappavano la testa alle galline. I tedeschi mi sono entrati in casa, hanno preso il vino in cantina, hanno preteso che gli facessi da mangiare. Mi hanno chiesto se avevo dei figli. Ho risposto che mio figlio era prigioniero in Germania, che l'avevano catturato a Chiusa d'Isarco. Io parlavo francese, e uno di loro mi capiva. Gli ho domandato: «Quando tornerà mio figlio?» E lui mi ha detto: «Prima che torni suo figlio a casa questo galletto sarà grosso così».
Qui la gente aveva paura di tutti. Non aveva paura dei partigiani, che erano giovani del posto. La gente teneva per diventare libera.
Che cosa penso della situazione di oggi? Quando saranno morti i contadini anziani e vecchi verranno poi i professori e gli avvocati a lavorare la campagna. Adesso chi lavora ancora la terra ha più di cinquant'anni di età, e questi anziani hanno i figli che lavorano in fabbrica. Io mi tengo aggiornata sulla vita di oggi, sulla vita moderna. Mi piace leggere, leggo tutto il giorno, anche se ho fatto solo la seconda elementare. [...] Sono vecchia, ho superato i novant'anni, ma ho ancora gusto alla vita.[23]

■ Qualche consiglio per farsi raccontare storie.

1. La curiosità deve essere concreta, rivolta a *quella* persona che ci sta davanti, e non generica. Verso la persona dovete provare un autentico interesse. Di fronte al suo pudore dovete fermarvi immediatamente.

---

21 Tre bambini e una bambina.
22 Di baliatico.
23 *Il mondo dei vinti*, a c. N. Revelli, Einaudi 1977, v. II, pp. 180 sgg.

2. Strumenti come registratori, videocamere ecc. mettono spesso a disagio l'intervistato: non limitatevi a chiedergli se lo imbarazzano, verificatelo. Mai usarli di nascosto. Conviene comunque prendere appunti, che consulterete durante la conversazione per approfondire, farvi rispiegare ecc.
3. Lasciate che l'intervistato parli a ruota libera, ma fatevi spiegare subito, interrompendolo, ciò che non capite al volo. Se vi sembra che l'intervistato divaghi, non bloccatelo ma chiedetegli perché vi sta raccontando la tal cosa. Periodicamente fate un breve riassunto orale delle ultime cose dette: l'intervistato correggerà se avrete capito male, e spesso aggiungerà particolari. Non stancatevi mai di chiedere particolari.
4. La riscrittura segue alcuni principi: eliminare le ripetizioni; montare le storie raccontate per frammenti; tradurre la conversazione, se si è svolta in dialetto o in italiano dialettale, in italiano medio; non introdurre abbellimenti né formule dell'italiano letterario; controllare le date, i nomi, i luoghi; se si riassume, indicarlo (es. con il corsivo, o mettendo il riassunto tra parentesi quadre); se possibile, far leggere o leggere il testo finale all'intervistato.

1.2.7 Piccole interviste fatte in casa

Di solito le interviste vere si fanno a personaggi importanti difficilissimi da avvicinare. In effetti però si possono concepire interviste altrettanto se non più interessanti con persone che vivono accanto a noi. È quel che ha fatto Alain Elkann intervistando Emma, una bambina di undici anni. Ecco uno stralcio di questa lunga intervista:

> *È noioso fare i compiti?*
> Dipende. Per esempio, io odio la matematica, però fare le espressioni è divertente.
> *Fai i compiti, appena torni a casa?*
> Non è proprio la prima cosa che faccio. Quando arrivo a casa, alle quattro e mezzo, mi rilasso un po'; guardo la tivù per un'oretta e poi vado in camera mia, dove c'è anche il computer, ma quello lo uso per giocare. Di solito prima studio e poi faccio gli esercizi.
> *Ti fai aiutare da qualcuno, magari dai tuoi genitori?*
> Sì qualche volta, quando non ci riesco.
> *Nella tua classe c'è qualcuno che copia?*
> Sì qualcuno sì
> *E tu?*
> Io? Mai! Però, se un mio compagno me lo chiede, io lascio copiare.
> *La cosa non ti dà fastidio?*
> No, perché tanto la prof sa chi sono quelli che copiano.
> *Sono più bravi i maschi o le femmine?*
> Le femmine.
> *Perché?*
> Perché... Non lo so. Forse perché i maschi a casa non studiano. Che cosa ne so, pensano a giocare con le macchinine oppure a calcio.
> *Tra voi compagni di classe, c'è solidarietà?*
> Mah, non so, i maschi aiutano i maschi e le femmine le femmine.
> *Non ci sono scambi?*
> Sì, per esempio alcune bambine giocano a pallone con i maschi, però il mio gruppetto non sta mai con i bambini.

Il tuo gruppetto?
Sì siamo in cinque.
E c'è un capo?
No, siamo tutte uguali.
Cosa fate?
A scuola andiamo a mangiare insieme, per esempio. Oppure durante le lezioni cerchiamo di metterci vicine, magari in due per banco, per commentare quello che dice la prof. Durante la ricreazione, andiamo al bagno. Dove ci sono i gabinetti ci sono tre porte e una specie di grande atrio. Noi stiamo a raccontarci le nostre cavolate.
Di solito, di cosa parlate?
Dipende dal momento. Parliamo di un sacco di cose. Ci raccontiamo i telefilm che abbiamo visto, le cose che abbiamo fatto, i vestiti che abbiamo comprato oppure consoliamo quelli che hanno preso brutti voti nei compiti o spettegoliamo su quelle antipatiche della nostra classe.[24]

■ Per un'intervista "fatta in casa" è consigliabile:
1. Mirare a un rapporto rilassato con l'intervistato, ma non senza rispettare una certa distanza e una certa forma.
2. Chiedere cose normali cercando però di fare emergere i tratti più personali.
3. Essere pronti ad accettare qualsiasi risposta, anche la più strana e disturbante, senza mostrare troppo stupore e senza polemizzare.
4. Mostrarsi ed essere realmente curiosi dell'altro impostando il colloquio secondo un clima di franchezza e di onestà.
5. Ricordare che una buona domanda solletica l'intervistato e lo induce a dire cose vere e perciò interessanti.
6. Alternare domande semplici e frivole con le domande importanti, forti o imbarazzanti.
7. Muoversi con flessibilità, usando un elenco di domande essenziali ma lasciandosi volentieri guidare dall'ispirazione e dalla curiosità.
8. Far sì che l'intervista sia, per l'intervistato, un'occasione per riflettere su di sé, quasi per scoprire cose nuove di sé.

1.2.8 Biografie immaginarie

Vi proponiamo un esempio di *biografia immaginaria*, ossia quel genere di biografia per la quale non serve documentarsi, visto che ci inventiamo tutte le informazioni che ci servono rispettando solo esigenze minime di verosimiglianza. Ci sono almeno tre generi di biografia immaginaria:
1. Il personaggio è del tutto inventato: pensate a Zelig, protagonista di un film di Woody Allen girato in forma di documentario con finti filmati d'epoca, finte interviste ai parenti...
2. Il personaggio è esistito, ma di lui sappiamo così poco da poter inventare senza tema d'essere smentiti.
3. Il personaggio è esistito e la sua vita è ben conosciuta; tuttavia è sempre possibile inventare episodi appartenenti a fasi meno note della sua vita (es. l'infan-

24 A. Elkann, *Emma*, Bompiani 1995, pp. 37 sgg.

zia). Leggiamo un esempio del secondo caso: è un biografia immaginaria di Petronio, l'autore presunto del *Satyricon*, vissuto alla corte di Nerone, scritta dal francese Marcel Schwob:

> Nacque in giorni in cui i guitti vestiti di vesti verdi facevano passare dei giovani maiali addestrati attraverso dei cerchi di fuoco, in cui dei portieri barbuti, con la tunica color ciliegia, sgusciavano piselli in un piatto d'argento, davanti i mosaici galanti all'entrata delle ville, dove i servi affrancati, pieni di sesterzi, trafficavano servizi municipali nelle città di provincia, dove degli attori recitavano dopo mangiato dei poemi epici, il cui linguaggio era tutto infarcito di parole da ergastolo e di gonfie ridondanze venute dall'Asia. [...]
> Così Petronio visse mollemente, pensando che l'aria stessa che aspirava fosse profumata per il suo piacere. Quando fu pervenuto all'adolescenza, dopo aver chiuso la sua prima barba dentro uno scrigno ornato, cominciò a guardarsi intorno a lui. Uno schiavo di nome Siro, che aveva servito nell'arena, gli mostrò delle cose sconosciute. [...] Conobbe dunque dei gladiatori barbari e dei fanfaroni di strada, degli uomini dagli sguardi obliqui che sembrano spiare i legumi e intanto spiccano i pezzi di carne, dei bambini pettinati che facevano passeggiare dei senatori, dei vecchi chiacchieroni che discutevano degli affari della città agli angoli delle strade, dei valletti lascivi e delle prostitute che avevano fatto carriera, dei mercanti di frutta e dei padroni d'albergo, dei poeti cagionevoli e delle serve furbastre, delle sacerdotesse equivoche e dei soldati erranti. Teneva su di essi il suo occhio strabico e studiava esattamente le loro maniere e i loro intrighi. Siro lo conduceva nei bagni degli schiavi, nei bordelli e nei ridotti sotterranei dove gli artisti del circo si esercitavano con le loro spade di legno. [...] Verso il trentesimo anno, Petronio, avido di questa multiforme libertà, cominciò a scrivere una storia di schiavi erranti e debosciati. Riconobbe i loro costumi fra le trasformazioni del lusso; riconobbe le loro idee e il loro linguaggio fra le conversazioni educate dei festini. Solo, davanti alla sua pergamena, appoggiato su di un tavolo odoroso di legno di cedro, disegnò con la punta del suo calamo le avventure d'un popolino ignorato. Alla luce delle sue alte finestre, sotto i rivestimenti delle pareti, s'immaginò le torce fumose delle locande, e dei ridicoli combattimenti notturni, dei mulinelli di candelabri di legno, delle serrature forzate a colpi di ascia dagli schiavi di giustizia, delle obiurgazioni di procuratori di isole fra truppe di povera gente vestita di tende strappate e di stracci sporchi.
> Si dice che quando egli ebbe compiuto i sedici libri di sua invenzione, fece venire Siro, per leggerglieli, e che lo schiavo rideva e gridava ad alta voce battendo le mani. In quel momento concepirono il progetto di mettere in esecuzione le avventure immaginate da Petronio. Tacito racconta falsamente che egli fu arbitro di eleganze alla corte di Nerone, e che Tigellino, geloso, gli fece inviare l'ordine di morte. Petronio non si spense delicatamente in una vasca da bagno, mormorando dei piccoli versi lascivi. Fuggì con Siro e finì la sua vita percorrendo le strade.[25]

■ Se i fatti sono inventati, la descrizione d'ambiente deve essere attendibile. Qui Schwob ha il gioco facile, perché l'ambiente nel quale fa vivere Petronio è appunto quello che Petronio descrive nel suo *Satyricon*. L'abile falsario però

25 M. Schwob, «Vies imaginaires», in *Oeuvres complètes*, v. I, Slaktine Reprints 1985, pp. 67-70.

deve inventare piccoli dettagli originali: questi daranno al testo il "gusto" del *veramente falso*. Una civetteria tradizionale della falsa biografia è la discussione (magari nelle note a piè di pagina) con gli altri veri o presunti biografi del nostro personaggio: possiamo correggerli, smentirli, o accusarli di falsità.

Esercizi Racconta la vita di Jim Morrison o di Elvis Presley *dopo* la loro morte (tutti sanno che in realtà non sono morti, vero?). Racconta la vita di Giuda prima che conoscesse Gesù. Racconta un episodio segreto della vita di Dante Alighieri: quella notte che, in aperta campagna, lui e Beatrice...

1.2.9 Album fotografici

L'album fotografico di famiglia (ormai: la nastroteca di famiglia) costituisce una sorta di muto romanzo familiare: al quale però possiamo in ogni momento dare voce. Questo ha fatto Lalla Romano scrivendo *Romanzo con figure*. Ha recuperato un pacco di fotografie scattate da suo padre, ne ha selezionate alcune, le ha disposte per temi e poi ha scritto dei brevi testi, uno per ciascuna foto, non didascalici ma liberamente associativi. Il libro quindi è una specie di album fotografico commentato. Ecco qualche esempio:

> Figura misteriosa, che sembra sottintendere una storia – è un pomeriggio afoso; la luce viene da destra, dove tramontava il sole – il cane Murò è accanto a lei [*la madre dell'autrice*, ndr], la lingua penzoloni – la strada è arida, polverosa – le ombre vi disegnano una trama leggera, immobile: non una foglia si muove – anche l'ombra scura è leggera, e in fondo la strada scompare in una luce tenera – la figura è quasi assorbita dall'ombra – lui [*il padre dell'autrice, l'autore delle fotografie*] non le aveva detto di uscire dall'ombra, di avvicinarsi, dunque gli era piaciuta così – o forse significa che la sentiva ancora lontana? – lei è come sospesa, e insieme arresa – è stanca, l'ombrellino è rovesciato, con un gesto d'abbandono – fa pensare a una figura di romanzo (jamesiana, ibseniana), una "signora" non felice –
>
> – ordine sparso: l'insieme sembra causale – il tema è l'orgoglio dei lavori: scavi per la costruzione di una strada – il tema è evidente nella posizione eretta di ognuno su un masso, e chi non è salito si appoggia alla pala – il lavoro eccezionale, la pausa e l'importanza della fotografia rende ognuno consapevole di una sua particolare dignità – importanza gerarchica dei capi: in primo piano il Direttore dei lavori; è un Comandante (infatti assomiglia a Nino Bixio) – dietro a lui il Capocantoniere – è una composizione scenica, un balletto solenne fissato nell'immobilità – l'apertura del paesaggio amplifica il coro –
>
> – immagine "nuova" di lei – il sorriso è aperto, quasi un riso, gli occhi senza malinconia – la bambina è tutt'uno con lei – il balcone dava sulla valle, aveva il sole al mattino – loro (moglie e bambina) sono accolte, protette, nella casa aerea: solo la testa di lei sovrasta il sottile ma fermo riparo (simbolico) della ringhiera lineare – lo stile è quello che va da Renoir (e Monet) a Matisse – la vestaglia a righe, luminosa nel controluce, il fiocco sui capelli scomposti – il déshabillé è un motivo (pittorico) di naturalezza: visto, vale a dire: creato –[26]

26 L. Romano, *Romanzo di figure*, Einaudi 1986, pp. 43, 65, 95.

■ **1**. Ogni fotografia contiene una storia implicita che si distende in avanti e in indietro; nostro compito è *liberarla*, aiutandoci con i ricordi e la fantasia. Se la persona fotografata guarda con intensità un certo punto *fuori* dall'inquadratura, ci chiediamo: «Chi c'è lì?», e così cominciamo a raccontare una storia. Oppure possiamo (come Lalla Romano fa) solo *alludere* alla storia implicita nella foto, evocarla magari per dettagli apparentemente inessenziali, senza veramente raccontarla.
2. Inoltre la fotografia – e la sua descrizione, e il suo commento – può essere introdotta in varie situazioni narrative. Es.: un colloquio tra genitore e figlio, la visita a una vecchia casa di famiglia con dagherrotipi alle pareti, il racconto di un viaggio.

Esercizi Bisogna innanzitutto imparare a guardare le fotografie. Suggerimenti: *a.* guarda lo sfondo, non le figure in primo piano; *b.* guarda le mani e i piedi, non i visi; *c.* guarda i corpi, non i vestiti; *d.* guarda come le persone ritratte sono in relazione tra loro, non come sono in relazione con te che le guardi; *e.* guarda le destinazioni degli sguardi, non gli occhi; *f.* guarda il pavimento, non il cielo; *g.* guarda la persona entrata nell'immagine per caso, non quella in posa; *h.* guarda gli altri, non te stesso; *i.* guarda tutta la fotografia, non i particolari. Mentre guardi, prendi nota.

1.2.10 Fotografie immaginarie

Non è detto che si possano descrivere solo le fotografie che realmente esistono. A volte possiamo, per descrivere un personaggio (o noi stessi), inventare di sana pianta una fotografia. Otterremo così un particolare effetto: anziché un ritratto fluido e in movimento, un ritratto istantaneo e come bloccato, più solenne. Così fa Marguerite Duras: racconta sé stessa adolescente descrivendo una fotografia, scattata in un momento particolare della sua vita; solo che «la foto non è stata fatta. Chi avrebbe potuto pensarci? Per fare quella foto, bisognava prevedere l'importanza di quell'avvenimento nella mia vita». A distanza di anni è la stessa autrice a scattarla, retrospettivamente, per immaginazione. Eccola:

> Ho un vestito di seta naturale, lisa, quasi trasparente, prima era di mia madre, un giorno ha smesso di portarlo perché le sembrava troppo chiaro, e me lo ha regalato. È un vestito senza maniche, molto scollato, di quel color bistro che prende la seta naturale usata. [...] Quel giorno dovevo avere quel famoso paio di scarpe di lamé dorato, con i tacchi alti. Non so che altro avrei potuto calzare quel giorno, allora porto quelle, saldo di saldi che mi ha comprato mia madre. Porto scarpe di lamé per andare al liceo, vado al liceo con scarpe da sera decorate con un motivo di strass. [...] Ma quel giorno non sono le scarpe la nota insolita, inaudita nell'abbigliamento della ragazza. Quel giorno porta in testa un cappello da uomo con la tesa piatta, un feltro morbido color rosa, con un largo nastro nero.
> A creare l'ambiguità dell'immagine è quel cappello.
> Come fosse capitato in mio possesso l'ho dimenticato. Non vedo chi potrebbe avermelo dato. Credo che me l'abbia comprato mia madre, e su mia richiesta. Unica certezza: è un saldo di saldi. Come spiegare quell'acquisto? Nessuna donna, nessuna ragazza porta cappelli da uomo nella colonia, a quei tempi.

> Neppure le indigene. Ecco come deve essere successo: mi sono provata quel cappello, tanto per ridere, mi sono guardata nello specchio del negozio e ho visto, sotto il cappello maschile, la magrezza ingrata della mia persona, difetto dell'età, diventare un'altra cosa. Ha smesso di essere un dato grossolano e fatale della natura. È diventato l'opposto, una scelta che contrastava la natura, una scelta dello spirito. [...] Ormai posseggo un cappello che, da solo, mi trasforma tutta, non lo abbandono più. Per le scarpe deve essere successa più o meno la stessa cosa, ma dopo il cappello. Lo contraddicono come il cappello contraddice la figura gracile, quindi fanno per me. Anche quelle non le abbandono più, vado ovunque con quelle scarpe, quel cappello, fuori, con ogni tempo, in tutte le occasioni, in città.[27]

■ **1**. Mentre noi descriviamo, il lettore immagina; la fotografia deve apparire pian piano nella sua mente, più o meno come, nelle istantanee, la fotografia appare pian piano, prima livida e poi con i colori giusti, grazie all'azione della luce solare. C'è come un effetto, potentemente suggestivo, di svelamento del mistero, di emersione di una figura dall'oscurità.
2. L'espediente della fotografia permette a Duras di proporre al lettore una descrizione molto minuziosa. Senza l'espediente, il lettore medio probabilmente la rifiuterebbe, trovandola noiosa e pedante. La descrizione "sub specie fotografica" ci permette di soffermarci con estrema lentezza sulle immagini del passato, esaminandole quasi con la lente d'ingrandimento.

Esercizi Un gioco, ma un gioco serio. Tu, come tutti, avrai le foto dei momenti solenni della vita: battesimo, prima comunione, prime gite da solo, fidanzate o fidanzati, ecc.; e per te, come per tutti, i veri momenti importanti della vita saranno stati altri. Procedi nel seguente modo: *a.* fa' un elenco di tutti i momenti importanti della tua vita (belli o brutti) che non sono stati consacrati da una fotografia (quella notte che ti sei chiusa in camera a piangere, quella volta che osservando una vite ti sei scoperto la vocazione dell'ingegnere...); *b.* procurati dei cartoncini bianchi in formato 10 × 15 cm (il più comune formato delle stampe fotografiche amatoriali); *c.* scrivi le fotografie dei momenti importanti di cui sopra: ogni testo deve stare esattamente dentro un cartoncino, sennò non vale; d. acquista un album e applica le fotografie con i tradizionali angolini; e. sprizzando orgoglio da tutti i pori, mostra la tua opera ad amiche e amici.

1.3. Monologhi e flussi di coscienza

1.3.1 Il dibattito interiore (tra l'Io e la sua coscienza)

Secondo Freud ognuno di noi è un "signor Ego", suddito di due padroni: il Super-ego, ossia la nostra coscienza, che ci vieta o rimprovera le azioni trasgressive; e l'Es, ossia l'inconscio, che verso le azioni trasgressive ci spinge. Queste parti di noi non agiscono astrattamente, ma sempre nelle sembianze fisiche di una persona significativa per noi. E allora tanto vale evocarla direttamente, questa persona, e confrontarci faccia a faccia. Una volta Francesco Petrarca ebbe l'idea di impersonare il proprio Super-ego nientemeno che in sant'Agostino: che comin-

27 M. Duras, *L'amante*, tr. L. Prato Caruso, Feltrinelli 1985, pp. 19 sgg.

ciò subito ad andare giù durissimo. Petrarca raccontò questa immaginaria e violenta conversazione in un libro detto *Secretum*. Nel frammento che leggiamo, Sant'Agostino lo sta accusando di lussuria:

> AGOSTINO Quant'è la lussuria che t'accende?
> FRANCESCO A volte in verità è tanta, che molto mi rammarico di non essere nato privo di sensibilità. Preferirei essere un qualsiasi sasso inerte, anziché essere scosso da tanti sussulti della carne.
> AGOSTINO Hai dunque ciò che ti allontana quanto più non si potrebbe da ogni considerazione del divino. La sublime dottrina di Platone non c'insegna che questo: l'animo va tenuto lontano dai piaceri della carne, di cui bisogna distruggere le immagini perché esso possa elevarsi, libero e puro, alla visione dei misteri della divinità, cui è legato il pensiero della propria mortalità. [...]
> FRANCESCO Codesta massima che tu mi citi mi è notissima, sia attraverso gli scritti tuoi, sia attraverso le esposizioni degli altri Platonici.
> AGOSTINO Non importa da chi tu abbia appreso la verità; per quanto spesso l'autorevolezza sia di grande giovamento. [...]
> FRANCESCO Sia la logica che l'esperienza mi raccomandano da tempo a tal punto questa massima di Platone che, da rendermi certo che non si può fare affermazione più vera né più santa. E infatti qualche volta, con l'aiuto di Dio, mi sono elevato fino al punto da riconoscere, con una sorta di incredibile e incommensurabile dolcezza, che cosa mi faceva bene allora, che cosa mi aveva fatto male prima; e ora, caduto di nuovo col mio peso nelle miserie antiche, riconosco, gustando nell'animo un sapore amarissimo, quello che mi ha condotto di nuovo alla rovina. Te l'ho detto appunto perché tu non ti meravigli di sentirmi affermare la conoscenza di questo precetto di Platone.
> AGOSTINO Non me ne meraviglio davvero! Ho assistito ai tuoi travagli, ti ho visto cadere e rialzarti, e ora, mosso a pietà del tuo abbattimento, ho deciso di portarti aiuto.
> FRANCESCO Ti ringrazio della tua benevolenza così generosa. Ma che aiuto mi può ancora venire dagli uomini?
> AGOSTINO Nessuno; ma uno grandissimo te ne può venire da Dio. Casto, certo, non può essere se non quello cui egli lo concede; a lui dunque bisogna chiedere questo dono, anzitutto con umiltà e spesso con lagrime. Egli in genere non rifiuta ciò che gli viene chiesto come si conviene.
> FRANCESCO L'ho fatto tante volte, che ora ho quasi paura di essergli molesto.
> AGOSTINO Ma non l'hai fatto con sufficiente umiltà, con sufficiente modestia. Hai sempre lasciato un posticino ai desideri futuri; hai sempre procrastinato l'esaudimento delle tue preghiere.[28]

■ La struttura è questa: *lui*, la nostra coscienza incarnata, ci attacca; noi ci difendiamo come possiamo. *Lui*, che in realtà è una parte di noi, conosce i nostri punti deboli e smantellerà le nostre difese. Noi comunque ci impegniamo al massimo nell'autodifesa. Si tratta di un buon esercizio mentale che addestra le capacità dialettiche. Inoltre la voce della coscienza, una volta messa per iscritto, è meno fastidiosa di quando ci parla silenziosamente nel cervello. Se la impersoniamo in qualcuno, poi sappiamo almeno con chi dobbiamo fare i conti e impariamo a conoscere questo amico-nemico che ci abita dentro.

---

28 F. Petrarca, *Opere latine*, tr. A. Bufano, Utet 1975, v. I, pp. 135 sgg.

Esercizi Prendi in considerazione un tuo idolo, qualcuno che ammiri per ciò che ha fatto: da San Francesco a Ayrton Senna, da Stefano Benni a Grazia Di Michele, da Madre Teresa a Francesco Guccini (evita però di sceglierti un noioso grilloparlante). Costui o costei farà da Super-ego. Individua poi una caratteristica (positiva) che l'idolo possiede massimamente, e tu minimamente. Immagina che l'idolo ti appaia in sogno e ti rimproveri aspramente. Tu ti difendi: così inizia il dialogo.

1.3.2 Il dibattito interiore (tra l'Io e il suo inconscio)

Spesso però il nostro guaio è l'opposto: non sappiamo dare ascolto alla voce dei desideri, non sappiamo osare, non sappiamo peccare o facciamo solo peccati piccoli, al di sotto delle nostre potenzialità. In *Provaci ancora, Sam* Woody Allen ha messo in scena proprio il dilemma tra timidezza e desiderio, rispetto delle convenienze e passione trasgressiva. Allan, un giovane e bruttino critico cinematografico, è innamorato della moglie del suo migliore amico: ma non osa corteggiarla fino in fondo. A ciò invece lo spinge il fantasma di Bogart, il duro per eccellenza, grande amatore di donne, un ideale per Allan. In questa scena Allan sta preparandosi all'appuntamento con una ragazza:

> ALLAN Detesto gli appuntamenti alla cieca, il momento in cui lei posa gli occhi su di me la prima volta. E se, come mi vede, si mettesse a strillare oppure a ridere? Ma di', vuoi rilassarti! Quando mai una ragazza ha reagito a urli e sghignazzi? Una volta. Quella studentessa del Brooklyn College... viene ad aprire la porta... mi vede... sviene. Però era indebolita dalle diete. Che diamine. Bogart era basso... e mica la faceva tanto lunga!
> BOGART (*comparendo sotto l'arcata*) Stai partendo col piede sbagliato, ragazzo.
> ALLAN Una falsa partenza, vuoi dire?
> BOGART Sicuro. Ecco, lasci che lei prenda il sopravvento prima ancora che la partita cominci. Cos'è quella roba che ti sei dato in faccia?
> ALLAN Una lozione per dopo-barba. Marca Canoa.
> BOGART E quell'altra roba?
> ALLAN Deodorante a spruzzo Mennen, e acqua di lavanda Lavoris e, poi, talco per bambini Johnson and Johnson.
> BOGART Perbacco, puzzerai come un bordello francese!
> ALLAN Ne ho bisogno.
> BOGART E perché? Ti vergogni di sudare?
> ALLAN Voglio fare una buona impressione.
> BOGART Senti, nino, mi sa tanto che tu hai capito male. A un certo punto nella vita, hai preso la svolta sbagliata. Spetta a *lei* profumarsi per te. Eppoi non dirle che sei astemio. Sennò quella ti prende per un boy-scout. Eppoi, non innervosirti. Può andarti storta solo in due casi: se risulta ch'è vergine, o una donna-poliziotto.
> ALLAN Con la fortuna che mi corre dietro, risulterà una poliziotta vergine.[29]

■ Il procedimento è simile e opposto a quello usato da Sant'Agostino. Scegliti un personaggio che possa funzionare da eroe negativo, e nella conversazione

29 W. Allen, *Provaci ancora, Sam*, tr. P. F. Paolini, Feltrinelli 1992, pp. 28 sgg.

fatti spingere da lui a fare ciò che mai oseresti fare. Naturalmente l'eroe negativo dev'essere in ugual misura attraente e repellente: tu (il "tu" che metti nel racconto) devi esserne affascinato, anche se sostanzialmente lo odii. E probabilmente per odio, per fargliela vedere, commetterai un'azione così trasgressiva da lasciarlo senza parole.

Esercizi **1**. Un trucco: scegli un eroe convenzionalmente positivo, e presentalo come negativo. Evochi San Francesco, e lui si presenta con sigaro in bocca e sbraitando: «Chi me l'ha fatto fare, di dar via tutto quel bendidio ai poveri...». Evochi Einstein, e lo sorprendi mentre è intento a copiare la formula della relatività dagli appunti riservati di un collega. L'eroe positivo, rivelatosi negativo, ti spingerà proprio nella direzione nella quale non volevi andare...
2. Convoca i tuoi tre "ii" (plurale di "io"): quello del passato, quello del presente e quello del futuro. Stappa una bottiglia, offri da bere e poni la questione: «Ii miei, quale di voi è il mio vero io?». Ciascuno risponderà: «Io sono, io!», e qui comincerà il dibattito.
3. In questi dialoghi, benché possano apparire surreali, bisogna curare bene l'ambientazione. Trova un luogo adatto, vesti come si deve i personaggi evocati, crea una situazione (una cena, una passeggiata, una visita a un museo...). Una buona ambientazione diminuisce il rischio che il dialogo appaia ingessato e generico.

1.3.3 Il flusso di coscienza

Il cosiddetto *monologo interiore* (che viene chiamato anche *flusso di coscienza*, dall'inglese *stream of consciouness*) è considerato un'invenzione moderna ed è attribuito (lasciando perdere i precursori) a James Joyce. Prima di Joyce gli scrittori rendevano il *pensato* dei loro personaggi allo stesso modo del *parlato*. Ma i pensieri sono – o immaginiamo che siano – molto più disordinati, sgrammaticati e fluenti delle parole dette a voce alta. Questo disordine Joyce ha voluto ricreare. Vedremo ora, leggendo una scena dell'*Ulisse*, come ha fatto. Questi sono i pensieri nel dormiveglia di Molly (moglie di Leopold Bloom, protagonista del romanzo). La sera prima Leopold le ha chiesto di avere la colazione a letto: una cosa insolita, una cosa (ricorda Molly) che faceva un tempo per impietosire la vecchia e bigotta Mrs. Riordan, nella speranza che lei lo ricordasse nel suo testamento. Da questa connessione i pensieri di Molly partono senza freni.

> Sì perché prima non ha mai fatto una cosa del genere chiedere la colazione a letto con due uova da quando eravamo all'albergo City Arms quando faceva il pascià per rendersi interessante con Mrs. Riordan vecchia befana e lui credeva d'essere nelle sue grazie e lei non ci lasciò un baiocco tutte messe per sé e per l'anima sua spilorcia maledetta aveva paura di tirar fuori quattro soldi per lo spirito da ardere mi raccontava tutti i suoi mali aveva la mania di far sempre i soliti discorsi di politica e i terremoti e la fine del mondo divertiamoci prima Dio ci scampi e liberi tutti se tutte le donne fossero come lei a sputar fuoco contro i costumi da bagno e le scollature che nessuno avrebbe voluto vedere addosso a lei si capisce dico che era pia perché nessun uomo si è mai voltato a guardarla spero di non diventare come lei miracolo che non voleva che ci si coprisse la faccia ma certo era una donna colta e quelle buggerate su Mrs.

Riordan qua e Mrs. Riordan là io dico è stato felice di levarsela di torno e il suo cane che mi odorava la pelliccia e cercava di infilarmisi tra le sottane specialmente quando eppure questo mi piace in lui così gentile con le vecchie e i camerieri e anche i poveri non è orgoglioso di nulla proprio ma non sempre se mai gli capita qualcosa di grave è meglio che vadano all'ospedale dove tutto è pulito ma io dico mi ci vorrebbe un mese per cacciarglielo in testa sì e poi ci sarebbe subito un'infermiera tra i piedi e lui ci metterebbe le radici finché non lo buttan fuori o una monaca forse come quella di quella fotografia schifosa che ha che è una monaca come lo sono io sì perché sono così deboli e piagnucolosi quando son malati ci vuole una donna per farli guarire se gli sanguina il naso c'è da credere che sia un dramma in piena regola e quell'aria da moribondo scendendo dalla circolare sud quando s'era slogato una caviglia alla festa della corale di Monte pan di zucchero il giorno che avevo quel vestito Miss Stack gli portò i fiori i peggio che aveva trovato appassiti in fondo al paniere cosa non avrebbe fatto per entrare in camera di un uomo con quella voce da zitella cercava di immaginarsi che stesse morendo per amor suo non più mai rivederti benché avesse l'aria più da uomo con la barba lunga un po' lunga a letto papà era lo stesso e poi non mi andava di fasciarlo e dargli pozioni quando si tagliò il dito del piede col rasoio a spuntarsi i calli paura di un avvelenamento del sangue ma se ci fossi per esempio ad ammalarmi allora vorrei vedere un po' solo che la donna lo nasconde si capisce per non dare tante seccature come loro sì ha fatto qualcosa in qualche posto me ne accorgo dall'appetito comunque non è amore sennò non mangerebbe per pensare a lei così o è stata una di quelle nottambule se è davvero laggiù che è stato e quella storia dell'albergo ha inventato un sacco di bugie per nascondere i suoi maneggi è stato Hynes a trattenermi chi ho incontrato ah sì ho incontrato te lo ricordi Menton e chi altri guardiamo un po' quella faccia da bambinone l'ho visto e lui che non era sposato da molto a fare il pollo con una ragazzina al Myriorama di Poole e gli ho voltato le spalle quando lui se la svignava con l'aria colpevole poco male ma ha avuto la faccia tosta di farmi la corte un volta ben gli sta bocca irresistibile e occhi sporgenti di tutti gli imbecilli che ho trovato e lo chiaman procuratore c'è che io non posso sopportare i battibecchi a letto o se non è questo è magari qualche puttanella o roba simile raccattata vattelapesca dove o pescata di nascosto se lo conoscessero come lo conosco io sì perché l'altrieri scribacchiava qualcosa una lettera quando entrai nella stanza sul davanti per i fiammiferi per fargli vedere la morte di Dignam nel giornale come se me l'avesse detto l'uccellino e lui la coprì con la carta assorbente facendo finta di pensare al lavoro e probabilmente era questo a qualcuna che si crede di aver trovato l'America con lui perché tutti gli uomini diventano così alla sua età specialmente sui quaranta come lui in modo da pappargli quanti più soldi possibile non c'è peggior sciocco di un vecchio rimbambito e poi il solito bacio sul sedere tutto per nascondere non me ne importa un fico secco con chi lo fa [...].[30]

■ **1**. Niente punteggiatura: il discorso è come un enorme pastone senza articolazioni né giunture. Sembra facile; in realtà bisogna mantenere una *ritmo interno* molto serrato, soprattutto appoggiandosi ai connettivi (*se*, *ma*, *benché...*) che fungono come da accenti e evitano che il monologo diventi insopportabile.

30 J. Joyce, *Ulisse*, tr. G. de Angelis, Mondadori 1978, pp. 983 sgg.

2. Le frasi si incastrano una nell'altra, spesso un'altra comincia prima che la precedente sia conclusa, ma un discorso improvvisamente interrotto può essere ripreso poco più avanti. Spesso un monologo interiore è fatto di *motivi* che si ripetono continuamente variati.
3. Ci sono continue *digressioni*: da un pensiero ne nasce un altro, poi si ritorna al precedente, poi di nuovo si divaga...
4. Non vengono mai chiariti i riferimenti a fatti e persone poiché il personaggio non ha certo bisogno di farlo con se stesso.

Esercizi Per costruire un monologo interiore bisogna mettere il personaggio (o un "io") in una situazione in cui la mente possa vagare, es.: a letto (come Molly), nella vasca da bagno, in uno scompartimento di treno, ai giardini pubblici in un pomeriggio agostano, ecc. Poi bisogna scegliere i *motivi ricorrenti* ai quali appoggiare le divagazioni continue: il monologo interiore, infatti, è come uno yò-yò: vaga di qua e di là, anche allontanandosi parecchio, ma torna regolarmente al punto di partenza. Alcuni espedienti: *a.* immagina degli oggetti sui quali si posi casualmente lo sguardo del personaggio (cosa facile a es. durante una passeggiata): ogni oggetto darà il via a una divagazione; *b.* fa' rievocare al personaggio una scena animata, con molta gente e vari avvenimenti (una festa, un supermercato, un autobus affollato...): ogni personaggio o avvenimento fornirà l'esca per una divagazione; *c.* fa' oziare il personaggio davanti alla televisione accesa: battute di telefilm, notizie di telegiornali, slogan pubblicitari ecc. entreranno dentro la sua testa e produrranno associazioni e divagazioni.

1.3.4 Il flusso dell'incoscienza

Molly Bloom era nel dormiveglia, e questo spiega la relativa sconnessione del suo discorso. Ma se volessimo rappresentare uno stato mentale ancora più lontano dalla lucidità (estasi, ipnosi, dissociazione, "viaggio"), come potremmo fare? Più ci si allontana dalla lucidità, più si sprofonda in una condizione "prelinguistica": Molly Bloom costruisce ancora delle frasi, per quanto sconnesse, e racconta bene o male delle storie, benché centrifugate; ma come possiamo rappresentare – per mezzo di parole – l'interiorità di un personaggio ancora più sprofondato in se stesso? Ecco come Yehoshua ha tentato di raccontare gli "stati d'incoscienza" d'una donna vecchia che sta uscendo dal coma:

> Una pietra posata su un lenzuolo bianco. Una grossa pietra. Rivoltano la pietra, lavano la pietra, le dànno da mangiare e la pietra piscia adagio. Rivoltano la pietra, puliscono la pietra, le dànno da bere e la pietra piscia di nuovo. Sparito il sole. Buio. Silenzio. Pietra piange perché – sono solo una pietra – piange la pietra. Non ha pace comincia a muoversi si rivolta senza rumore vola sopra un terreno grigio sporco deserto immenso non c'è nulla gigantesca palude terra morta bruciata. Vaga finché inciampa in corde tese si trova nella tenda buia tocca la zappa. La pietra si ferma la pietra sprofonda. Radice brulica nella pietra la stringe la sgretola si dirama dentro. La pietra non è pietra la pietra agonizza e comincia a vegetare la pietra vegeta la pietra è pianta, pianta tra le piante, nel silenzio si fa strada nel terreno, sale, mette fuori un ramo forte, un altro ramo. Crescita forte, crescita turbinosa, foglie su foglie. Fuori un gran sole. È giorno.

> Una pianta grande e vecchia sul letto. Rivoltano la pianta ripuliscono la pianta dànno da bere tè alla pianta e la pianta è ancora viva.[31]

■ **1**. Yehoshua ha scritto un monologo in terza persona, il che può parere una contraddizione in termini; ma in effetti questa donna sta passando da una condizione di *cosa*, di pietra, a una condizione di *persona*.
2. Il linguaggio adoperato è quello metaforico, onirico, e ci segnala una tormentata presa di coscienza: lentamente le immagini virano dall'inorganico all'organico (cioè la donna ritorna a vivere).
3. Le frasi sono brevi e spesso nominali (senza verbi) o si reggono su participi passati (che sono per definizione impersonali).

Esercizi **1**. Immagina il percorso inverso: un donna muore, e da *persona* diventa *cosa*. Puoi usare, nell'ordine inverso, le stesse metafore usate da Yehoshua; oppure puoi cercarne altre. Immagina che a tornare alla vita, oppure a morire, sia un uomo: cerca le metafore adatte.
2. Immagina un risveglio dall'anestesia, dopo un'operazione non banale: nella mente del personaggio si mescolano varie sensazioni *a.* la paura di morire; *b.* il senso di violazione del proprio corpo ad opera dei ferri chirurgici; *c.* un sogno sulla vita oltre la vita; *d.* una profonda angoscia di origine indeterminata, forse legata ai cattivi rapporti tra il personaggio e il coniuge; *e.* l'eco indistinta di una violenta discussione, avvenuta in sala operatoria, tra il chirurgo e un aiuto; *f.* immagini da telefilm di medici, *E.R.* o cose simili. Tutto questo si frulla nella mente del povero personaggio, incapace di instaurare connessioni logiche.

1.3.5 Il monologo esteriore rivolto agli altri

Il monologo esteriore è una specie di sfogo o di esternazione con cui il soggetto tira finalmente fuori il rospo e cioè tutto quello che aveva tenuto dentro di sé e non aveva mai osato dire. Nel monologo esteriore dunque il soggetto si rivolge al mondo a voce alta come se si trattasse di *una resa dei conti tra lui e gli altri, tutti gli altri*. Lo fa in modo disordinato, irruento, quasi gridando. L'inventore del monologo esteriore può a buon diritto essere considerato il Fëdor Dostoevskij dei *Ricordi del sottosuolo*, dove un «uomo malato» si rivolge così ai suoi immaginari interlocutori: «Voglio ora raccontarvi, signori, vi piaccia o non vi piaccia sentirlo, come mai io non sia riuscito nemmeno a diventare un insetto». Ecco l'inizio di questo lungo e straordinario sfogo:

> Sono un malato... Sono un malvagio. Sono un uomo odioso. Credo di aver male al fegato. Del resto non so un corno della mia malattia e non so con precisione dove ho male. Non mi curo, né mi son mai curato, sebbene tenga in gran conto la medicina e i medici. Inoltre sono estremamente superstizioso, comunque abbastanza superstizioso da tener in gran conto la medicina. (Son colto quanto occorre per non esser superstizioso, ma lo sono). No, non voglio curarmi per malvagità. Ecco una cosa che certo voi non vi degnerete di capire. Bè ma io la capisco. S'intende che non vi so spiegare a chi appunto faccia dispetto in questo

31 A.B. Yehoshua, *L'amante*, tr. A. Baehr, Einaudi 1990, pp. 20 sgg.

> caso con la mia malvagità; so perfettamente che non faccio un torto ai medici col non andarmi a curare da loro; so meglio di chiunque che in questo modo faccio male soltanto a me stesso e a nessun altro. Tuttavia se non me ne curo è ugualmente per malvagità. Ho male al fegato; ci ho gusto, possa venirmi male ancor di più![32]

■ **1**. Il monologo esteriore non è rivolto a qualcuno in particolare, ma agli "altri": a tutti gli "altri". Il personaggio che si sfoga non ci tiene ad essere simpatico e grazioso – né tanto meno razionale e coerente: parla e parla, si ripete, si contraddice, accusa e si autoaccusa. Non c'è dubbio che la sua personalità sia sadico-masochistica, a ogni attacco sferrato corrisponde prima o poi un'autodenigrazione.
2. Un monologo esteriore assomiglia al monologare del paziente sul lettino dello psicanalista: nessun criterio di logica e pertinenza, ma *libere associazioni* e continui salti di palo in frasca.
3. Mentre nel monologo interiore joyciano il personaggio è solo, qui egli *sta lottando* accanitamente contro i suoi simili. Perciò nei monologhi esteriori si deve sentire come il monologante risponda e quasi anticipi le obiezioni e le osservazioni degli immaginari interlocutori (gli "altri"); e si deve sentire come questa lotta sia disperata (poiché, come dice il personaggio di Dostoevskij: «Io sono solo, gli altri sono tutti quanti».
4. Un monologo esteriore richiede che si lasci libero corso alle parti peggiori, agli odii, alle fantasie più bizzarre, ai risentimenti più ingiustificabili. Prendiamo tutte queste schifezze, e *gettiamole addosso al mondo*!

1.3.6 Il monologo esteriore rivolto a se stessi

Chi non ha mai parlato a voce alta con se stesso, magari davanti allo specchio o sotto la doccia? In questo caso il monologo è più organizzato, rispetta regole minime di consequenzialità logica e di grammatica; ma volentieri salta di palo in frasca. Il monologo esteriore rivolto a se stessi ha poi spesso una certa andatura "teatrale": il monologante si fa ventriloquo e dà voce anche ad altri personaggi più o meno immaginari. Come questa giovane donna immersa nella vasca da bagno, che parla tra sé ad alta voce senza sapere che qualcuno – non visto – la ascolta:

> Adoro l'acqua troppo calda, aspetta carina aspetta, ne farò scorrere giusto un filino perché il bagno diventi bollente pian piano, quando sono in imbarazzo pare che io guardi storto per qualche secondo ma è attraente, la Gioconda ha una faccia da domestica a ore, non capisco perché si facciano tante storie per quella donnetta, la disturbo signora? Ma per null'affatto signore, solo si volti perché non sono molto presentabile in questo momento, con chi ho l'onore? Il mio nome è Amundsen signora, lei è norvegese suppongo? Sì signora, benone mi piace moltissimo la Norvegia, ci è stata signora? No ma sono attirata dal vostro paese, i fiordi le aurore boreali le foche paciose e poi ho bevuto olio di fegato di merluzzo da piccola veniva dalle isole Loften mi piaceva molto l'etichetta della bottiglia, e il suo nome di battesimo qual è? Eric signora, il mio

32 F. Dostoevskij, *Ricordi dal sottosuolo*, tr. T. Landolfi, Rizzoli 1975, pp. 21 sgg.

> Ariane, lei è sposato signore? Sì signora ho cinque figli tra cui un negretto, molto bene signore i miei complimenti a sua moglie e ama le bestie? Certamente signora, allora andremo d'accordo signore, ha letto il libro di Gray Owl? È un meticcio indiano del Canada un uomo ammirevole che ha dedicato la sua vita al popolo castoro le manderò il suo libro sono certa che le piacerà ma i canadesi bianchi li detesto per via della loro canzone sa alouette gentille alouette je te plumerai, dire bella lodoletta e poi subito dopo ti spennerò è rivoltante...[33]

■ Per scrivere monologhi come questo bisogna essere davvero ventriloqui: l'io monologante si sdoppia o moltiplica in tanti io, l'uno dialogante con l'altro. È un teatro tutto interno all'io, ma non per questo è meno teatro: ciascuna voce deve essere ben caratterizzata e distinguibile, benché tutte siano eseguite materialmente da un solo personaggio. Se la scena avviene davanti allo specchio, non vanno dimenticate le imitazioni e le boccacce.

1.3.7 Lo *skaz* o il monologo gergale

Inseriamo a questo punto qualche esempio di *skaz*, visto che quasi sempre i testi scritti con questo stile sono monologhi esteriori, anche se di un tipo tutto speciale. Lo *skaz*, spiega David Lodge, «è una parola russa piuttosto affascinante, usata per designare un genere di narrazione in prima persona che ha la caratteristica della parola parlata piuttosto che scritta. [...] L'autore o l'autrice fa uso di lessico e sintassi caratteristici del linguaggio colloquiale e dà l'impressione di riferire la storia con spontaneità, piuttosto che di offrirne un elegante resoconto scritto, elaborato con cura. Più che leggere, ascoltiamo».[34] Quasi sempre i monologhi sotto forma di *skaz* appartengono al gergo giovanile. Un esempio notissimo è quello del giovane Holden Caufield:

> Se davvero avete voglia di sentire questa storia, magari vorrete sapere prima di tutto dove sono nato e com'è stata la mia infanzia schifa e che cosa facevano i miei genitori e compagnia bella prima che arrivassi io, e tutte quelle baggianate alla David Copperfield, ma a me non mi va proprio di parlarne. Primo, quella roba mi secca, e secondo, ai miei genitori, gli verrebbero un paio d'infarti per uno se dicessi qualcosa sul loro conto. Sono tremendamente suscettibili su queste cose, soprattutto mio padre. Carini e tutto quanto – chi lo nega – ma anche maledettamente suscettibili. D'altronde, non ho nessuna voglia di mettermi a raccontare tutta la mia dannata autobiografia e compagnia bella. Vi racconterò soltanto le cose da matti che mi sono capitate verso Natale, prima di ridurmi così a terra da dovermene venire qui a grattarmi la pancia.[35]

Vale la pena riportare un altro esempio di *skaz*, quello parlato dai giovani teppisti protagonisti di *Un'arancia a orologeria*, il romanzo di Anthony Burgess da cui fu poi tratto il film *Arancia meccanica*. Il bello è che si tratta di un gergo inventato di sana pianta da Burgess:

---

33 A. Cohen, *Bella del signore*, tr. E. Rizzi, Rizzoli 1997, pp. 26 sgg.
34 D. Lodge, *L'arte della narrativa*, tr. M. Buckwell e R. Palazzi, Bompianì 1992, p. 27.
35 J. D. Salinger, *Il giovane Holden*, tr. A. Motti, Einaudi 1980, p. 3.

Fu sotto la Centrale elettrica municipale che incontrammo Billyboy e i suoi cinque soma. Dovete sapere, fratelli, che in quei giorni le squadre erano quasi tutte di quattro o cinque ragazzi e si chiamavano tutte auto-squadre perché quattro era un numero comodo per un'automobile, e sei era il numero minimo per la ganga.
A volte delle ganghe si univano come per fare un migno esercito per le grandi battaglie notturne, ma in genere era meglio andare in giro in numero ridotto. Billy-boy era qualcosa che mi faceva venir voglia di rigettare solo a locchiargli quella grassa biffa ghignante e ci aveva sempre addosso quella sniffa d'olio rancido e rifritto anche quando era vestito con le bucce buone come quella sera. Loro locchiarono noi come noi si locchiò loro, e da tutt'e due le parti ci fu come una specie di tranquillo stato d'allarme. Perché quello sarebbe stato vero, quello sarebbe stato forte, quello voleva dire la lisca, lo sgarzo, la cricchia non soltanto pugni e stivali. Billyboy e i suoi soma smisero quello che stavano facendo, e cioè di prepararsi a eseguire qualcosa su di una giovane mammola piagnucolante che s'eran presa, di non più di dieci anni, lei che scricciava a più non posso ma ancora con le palandre, Billiboy che la teneva per una granfia e il suo numero uno, Leo, che la teneva per l'altra. Probabilmente avevano fatto solo la prima parte delle mottate prima di darsi a un piccolopoco di ultraviolenza. Quando ci locchiarono venire lasciarono la piccola boccalona, perché tanto ce n'erano un mucchio dove avevan preso quella, e lei corse via con le gambette bianche che spiccavano nel buio senza smettere i suoi «Oh oh oh». Io dissi, tutto somesco e sorridente: «Guarda chi si vede, il nostro grasso fetente Billibestia in pisciona! Vieni a prendertene uno nelle berte, se le berte ce l'hai, vecchia gelatina d'eunuco». E così cominciammo.[36]

■ Le caratteristiche dello *skaz* sono:

1. il narratore è un marginale (un ragazzo ribelle, un vecchio irato, un piccolo delinquente ecc.), oppure appartiene a una precisa sottocultura: un militante, un metallaro, un burocrate, un venditore ecc.;

2. il narratore fa riferimento a se stesso con il pronome "io" e si rivolge al lettore con il "tu" o con il "voi";

3. il narratore parla una propria lingua, più o meno densa di espressioni gergali, ripetizioni insistite, iperboli («fumava da restarci secco»), frasi brevi e nominali, errori veri e propri (soprattutto sintattici: anacoluti), neologismi veri o inventati: tutto questo darà al lettore la sensazione di star *leggendo* un discorso *parlato*.

Esercizi **1**. Fate parlare il nonno. Mettetelo a suo agio, in modo che parli come gli viene, senza badare alla forma, magari scivolando nel dialetto. Fategli raccontare qualcosa di triste, qualcosa di allegro, qualcosa di serio e qualcosa di osceno. Registrate tutto senza farvi notare. Poi ascoltate e, senza trascrivere, cercate di riprodurre quel tipo di parlata.

2. Guardate Mtv (o almeno ascoltatela) per cinque giorni di fila. Poi, esattamente come avete fatto per il nonno, provate a riprodurre la "tipica parlata Mtv".

3. Inventate un gergo. Si procede così: *a.* scegliete un certo tipo di persona, reale o immaginaria; *b.* immaginate quali potranno essere, nei normali discorsi di questa persona, le trenta parole più frequenti; *c.* inventate trenta parole gergali,

36 A. Burgess, *Un'arancia a orologeria*, tr. F. Bossi, Einaudi 1972, p. 72.

attingendo al dialetto (anche a più di un dialetto), a lingue straniere o antiche, a gerghi che già conoscete: le migliori parole gergali saranno quelle che in qualche modo rimanderanno allo stile di vita del personaggio; *d.* scrivete il monologo stabilendo il tasso di frequenza delle parole gergali, es.: non più di una ogni riga, oppure non meno di una ogni due righe ecc. (la ripetizione delle parole, nell'imitazione del parlato, è fondamentale); *e.* inventate un tic linguistico specifico del personaggio, legato a un suo aspetto caratteriale (es.: il personaggio frettoloso "mangerà" le parole, quello precipitoso le "fonderà" tra di loro, ecc.).

1.3.8 Gli slittamenti dell'anima, ovvero: i tropismi

Tropismi: Nathalie Sarraute ha dato questo nome a quei piccoli ma potenti moti psico-corporei che ci attraversano allorché entriamo in una relazione difficile, ambigua, sottilmente tormentata con qualcuno. Qui siamo al di là o al di qua delle parole. La Sarraute esplora i margini del pensiero, cerca di descrivere stati dell'anima sfuggenti e labili. Ecco un esempio. Qualcuno – non importa chi, i personaggi della Sarraute sono sempre e solo *qualcuno* – va a trovare una coppia di vecchi amici:

> Erano brutti, erano piatti, comuni, senza personalità, erano veramente troppo datati, dei cliché, pensava, che essa aveva visto tante volte descritti dappertutto, in Balzac, Maupassant, in Madame Bovary, dei cliché, delle copie, la copia d'una copia, pensava.
> Avrebbe tanto voluto respingerli, agguantarli e rigettarli lontano. Ma la circondavano tranquillamente, le sorridevano, amabili, ma degni, molto decenti, tutta la settimana essi avevano lavorato, non avevano durante tutta la loro vita contato che su se stessi, non domandavano niente, niente altro che di vederla di tempo in tempo; di rinsaldare tra lei e loro il legame, per sentire che era là, sempre al suo posto, il filo che li legava a lei. Non volevano null'altro che domandare – com'era naturale, come tutti facevano, quando ci si rendeva visita fra amici, fra parenti – domandarle ciò che aveva fatto di bello, se aveva letto molto negli ultimi tempi, se era uscita spesso, se per caso aveva visto quello, quei film, se non li trovava anche lei buoni... A loro, oh, a loro erano talmente piaciuti Michel Simon, Jouvet, essi avevano riso così tanto, passato una serata così divertente... [...] La circondavano, tendevano verso di lei le mani: «Michel Simon... Jouvet...». Ah, certo, avevano dovuto preoccuparsi molto per tempo per trovare dei posti... «Dopo, non si sarebbero più potuti trovare biglietti se non a prezzi esorbitanti e per giunta in loggione...». Stavano stringendo il legame un poco più forte, molto dolcemente, discretamente, senza fare male, aggiustavano il filo con cui la tenevano, tiravano...
> E poco a poco un debolezza la prendeva, una mollezza, un bisogno di avvicinarsi a loro, di essere approvata da loro, la faceva entrare con loro nel cerchio. Sentiva come saggiamente (Oh, sì... Michel Simon... Jouvet...) molto saggiamente, come una ragazzetta docile, gli dava la mano e tornava da loro.
> Ah, eccoci finalmente insieme tutti riuniti, bravi bravi, che facciamo ciò che i nostri genitori avrebbero approvato, eccoci *finalmente* tutti, corretti, che cantiamo in coro come bravi bambini che un adulto invisibile sorveglia mentre fanno il girotondo dandosi una manina triste e umida.[37]

37 N. Sarraute, *Tropismes*, Editions de Minuit 1957, pp. 133 sgg.

■ Concentriamo l'attenzione su *tropismi* particolari come l'imbarazzo, il fastidio persistente, la timidezza, la vergogna, il disagio indefinito, la sensazione d'essere rifiutati ecc. Il *tropismo* va poi trattato come un'incognita, come una *x* da evocare attraverso analogie, approssimazioni, avvicinamenti esitanti, slittamenti. *X* è qualcosa che sentiamo crescere in noi senza riuscire a definirlo, comprenderlo, fissarlo...

Esercizi Qualche situazione esemplare:
1. Aldo, un signore sulla sessantina, è sempre *troppo* gentile con Giuseppe, figlio dodicenne dei vicini di pianerottolo. Giuseppe risponde sempre ad Aldo con educazione, ma ad ogni incontro si sente più disagio...
2. Luisa sente che suo marito Silvano non l'ama più, ma non riesce a capire perché (il rapporto è logorato? ha un'altra? lei è diventata troppo massaia?...). Tuttavia Silvano si comporta come il più placido e convinto dei mariti, vede il turbamento di Luisa e non sa come prenderla...
3. Antonio incontra casualmente in treno Fernanda, che anni prima era stata sua amante. Costretti a stare nello stesso scompartimento (posti prenotati, è un rapido) si guardano e non sanno che dirsi, ciascuno vorrebbe sapere dell'altro ma non vorrebbe scoprirsi...

1.3.9 Le fantasticherie

Ognuno di noi fantastica. Da bambini lo si fa a tempo pieno. Da grandi ci moderiamo, ma non rinunciamo mai del tutto a questo svago: soprattutto quando la realtà non ci piace. Una fantasticheria è come un romanzo che percorriamo di corsa fino al lieto fine (quasi obbligatorio: ma c'è anche chi ha le fantasticherie tragiche, chi gode a morire da eroe...). Forse fantasticar troppo può far male: a meno che non trasformiamo le fantasticherie in storie scritte. Se ne facciamo un racconto, la fantasticheria ci apparirà più reale e, nel contempo, cesserà di tormentarci. Vi presentiamo un grande fantasticatore: il ragazzo Jacques L'Aumône, personaggio inventato da Raymond Queneau. In casa di Jacques L'Aumône i genitori parlano d'un comune amico: il Conte Des Cigales, appartenente ad una famiglia di antica e pregiata nobiltà. Da qui scattano le fantasticherie di Jacques:

> Non essere conte o duca o principe stupisce Jacques L'Aumône. Nulla si oppone al fatto che un giorno diventi papa re di Francia o gran lama, ma è stupefacente pensare di non essere nato principe duca o conte eppure eppure perché io no perché io no. Essere conte per esempio non sembra in fondo tanto sensazionale dal momento che lo è Des Cigales. [...] Jacques lo trova un bel po' ridicolo quel conte, pensa che gli andrebbe meglio a lui il titolo nobiliare invece che a quel brav'uomo, ha sempre avuto coscienza della propria aristocrazia. Perciò il giorno in cui alzatosi di tavola al momento dell'insalata forzò lo stipetto della mamma e vi scoperse un epistolario comprovante in modo certo la propria filiazione adulterina e descigaliana, non ne fu punto meravigliato. Così dunque era imparentato anche lui coi Broyes e coi Noyes. Con l'ausilio della genealogia, risaliva ai duchi di Saint-Simon, poi a qualche bastardo regale, infine a Filippo il Bello che piaceva molto a Jacques l'Aumône, soprattutto come antenato. Di qui era facile arrivare a Ugo Capeto. In tal modo lui, Jacques L'Aumône, si trovava

ad essere di sangue non soltanto blu ma regale. Appena maggiorenne, eredita il castello d'Amboise e non tarda a prendere in moglie la figlia del re d'Italia. Intanto il conte di Parigi riconosce i suoi diritti alla corona, abdica in suo favore, ha luogo un colpo di stato ed ecco Jacques L'Aumône salire al trono di Francia col nome di Jacques I, primo del nome e fondatore della dinastia dei Laumoningi. Si fa incoronare come Carlo X e Carlo VII le cui assunzioni al trono figurano a diversi titoli nelle storie di Francia. Ma a questo punto suo padre non il suo vero padre Des Cigales ma quello falso: Théodore L'Aumône dice sospirando davanti alla crema vanigliata:

«E dire che quel povero Des Cigales, poeta e nobile com'è, la moglie lo ha cornificato, e in modo buffo per giunta»

«Sst! Sst! Davanti al piccino!».

Jacquot abbassa il naso sul piatto, non ignora il significato di quella parola e certo non lo sarà mai, lui, un cornuto. La principessa italiana per esempio non lo inganna. Lo ama alla follia. Morto il re d'Italia, ne è lui l'erede, manco a dirlo, e diventa anche König dei Lombardi. Questa volta è il papa a incoronarlo, proprio a Roma, come Carlomagno. Trasforma l'isola d'Elba in regno indipendente dove installa il pretendente bonapartista e concede alla Corsica l'autonomia; ne diventa re col nome di Jacopo Primo.[38]

■ **1**. Qualsiasi fantasticatore è capace di *performance* equivalenti a quelle di Jacques. L'importante è non fermarsi davanti a niente. Regalatevi qualunque cosa di cui abbiate voglia. Andate sulla Luna, conquistate tutte le donne (gli uomini) che volete, diventate Miss (Mister) Universo, diventate ricchissimi, ringiovanite ecc. È fondamentale il ritmo: da una fantasticheria all'altra si passa sempre a gran velocità.

2. Tuttavia, non prendetevi troppo sul serio. La storia di Jacques è molto ironica, e proprio l'ironia le permette di essere sfrenata e spudorata senza cadere nell'illeggibile. Raccontate il vostro io fantasticante, ma nel contempo prendete le distanze da lui. Parlatene come di un fanciullone al quale vi sentite superiori.

3. Notiamo come Queneau faccia largo uso del *discorso libero indiretto*, passando spesso dall'imperfetto al presente («appena maggiorenne, *eredita* il castello, ecc.»), e dalla terza persona alla prima («eppure perché *io* no perché *io* no»).

38 R. Queneau, *Suburbio e fuga*, tr. C. Lusignoli, Einaudi 1982, pp. 27 sgg.

2

Descrivere e spiegare

Che cosa è più importante? La descrizione o la narrazione? Rispondiamo: descrizione e narrazione insieme. A chi dice che quando legge un libro *salta le descrizioni*, rispondiamo che spesso è proprio dai luoghi, dagli oggetti, dalle immagini che la storia nasce. Ed è descrivendo, e lavorando sul materiale della descrizione, che si capisce che cosa vuol dire quelle frase trita e ritrita che dice: «Il romanziere dà una visione del mondo». Ricordiamoci che anche Dio, quando fece il mondo, cominciò dal paesaggio: l'uomo e la donna arrivarono, buoni ultimi, nel sesto giorno. Se vogliamo imparare a raccontare dobbiamo comportarci un po' come Dio: cominciare dal paesaggio...

2.1 Descrivere luoghi

2.1.1 Appunti descrittivi

Chiunque voglia scrivere e non sappia da dove cominciare sappia che ha una grandissima opportunità: può partire dal pezzettino di mondo che ha sotto il naso, può prendere un quaderno e cominciare a descrivere questo pezzettino di mondo con la pazienza di un bambino che stila i suoi primi pensierini: dalla mia finestra vedo un albero e un gatto e una donna che passa e... Sembra una sciocchezza, e invece non lo è: niente è più difficile che descrivere il mondo. Lo scrittore francese Georges Perec tentò una volta di descrivere (anzi di «esaurire», ossia descrivere completamente) un luogo di Parigi: piazza Saint-Sulpice. Si è seduto al tavolino d'un bar, ha ordinato qualcosa, ha tirato fuori il taccuino e ha cominciato a nominare ed enumerare tutto ciò che vedeva, tutto ciò che passava di là. Sentiamolo:

> il giorno: 18 ottobre 1974
> l'ora: 12 e 40
> il luogo: Bar del Municipio
>
> diverse decine, diverse centinaia di azioni simultanee, di microeventi, ognuno dei quali implica delle posizioni, degli atti motori, dei dispendi specifici di energia:
>
> discussioni a due, discussioni a tre, discussioni a più persone: il movimento delle labbra, i gesti, le mimiche espressive
>
> forme di locomozione: cammino, veicolo a due ruote (senza motore, con motore), automobili (macchine private, macchine aziendali, macchine da noleggio, autoscuola), utilitarie, servizi pubblici, trasporti cumulativi, pullman di turisti
>
> forme di trasporto (in mano, sottobraccio, sulla schiena)

forme di trazione (carrellino per la spesa)

gradi di determinazione o di motivazione: aspettare, bighellonare, andare piano, vagabondare, andare, correre verso, precipitarsi (verso un taxi libero, ad esempio), cercare, oziare, esitare, camminare con passo deciso

posizioni del corpo: seduti (negli autobus, nelle macchine, nei bar, sulle panchine, in piedi (accanto alle fermate dell'autobus, davanti a una vetrina (Laffont, pompe funebri), accanto a un taxi (nell'atto di pagare)

Tre persone aspettano accanto alla stazione dei taxi. Ci sono due taxi, i conducenti non ci sono (taxi con l'insegna coperta da un cappuccio)

Tutti i piccioni si sono rifugiati sulla grondaia del municipio

Passa un 96. Passa un 87. Passa un 86. Passa un 70. Passa un furgone «Grenelle Interlinge».

Momento di calma. Non c'è nessuno alla fermata degli autobus.

Passa un 63. Passa un 96.

Una giovane donna è seduta su una panchina, di fronte al negozio di tappezzerie «La demeure»; sta fumando una sigaretta.

Ci sono tre motorini parcheggiati sul marciapiede davanti al bar.[1]

■ **1.** All'inizio siamo disorientati, poi ci prende una strana emozione: l'emozione che ci cattura davanti alle istantanee che fissano i momenti banali ma irripetibili della vita: quell'uomo che sorride, quella donna che si sistema una scarpetta, quel gesto, quell'incontro, quel bacio, quell'espressione *sono esistiti*, ci sono stati *una volta almeno* nel tempo e nello spazio. Descrivere tutto ciò con pazienza ed umiltà è già un gesto d'amore verso il mondo "che passa", verso tutti noi "che passiamo".

Esercizi **1**. Il consiglio perciò è semplice: provate a fare come Perec. Dovunque voi siate, in qualsiasi luogo del globo (anche sul terrazzino di casa), mettetevi comodi e annotate tutto quello che i vostri occhi vedono. Tornate magari più volte nello stesso luogo, in stagioni diverse, in ore diverse, in anni diversi. Potrete stabilire degli utili raffronti (magari avvalendovi anche di una macchina fotografica).
2. Ciò che Perec in realtà descrive è, più che la piazza Saint-Sulpice, il suo modo di osservare il mondo. La descrizione mette in luce, nascostamente, il descrittore. Provate a descrivere lo stesso luogo in più persone, senza consultarvi, e poi confrontate i vostri testi. Farete scoperte.

2.1.2 Istantanee

La definizione è di Robbe-Grillet che alle *istantanee* ha dedicato un libro. Se la descrizione secondo Perec è essenzialmente l'osservazione di un luogo *nel tem-*

1 G. Perec, *Tentativo di esaurire un luogo parigino*, tr. E. Romano, Baskerville 1989, pp. 33 sgg.

po, Robbe-Grillet ci propone invece di inquadrare una scena e di *scattare una foto*. Questa è stata "scattata" in un corridoio sotterraneo della metropolitana di Parigi:

> Una folla rada di gente affrettata che cammina tutta alla stessa velocità, lungo un corridoio sprovvisto di passaggi laterali, limitato da una parte come dall'altra da un gomito, ad angolo ottuso, che però maschera interamente le uscite terminali, e i cui muri sono ornati da manifesti pubblicitari tutti identici che si succedono a intervalli regolari. Essi rappresentano tutti un volto di donna, alto lui solo quasi come una delle persone di taglia comune che gli sfilano davanti, con un passo rapido, senza voltare lo sguardo.
> Questa figura gigante, dai capelli biondi e ricciuti, dagli occhi inquadrati da ciglia molto lunghe, dalle labbra rosse, dai denti bianchi, si presenta di tre quarti, e sorride guardando i passanti che si affrettano e la sorpassano l'uno dopo l'altro, mentre al suo fianco, sulla sinistra, una bottiglia d'una bibita gassosa, inclinata di quarantacinque gradi, gira il suo collo verso la bocca semiaperta.
> La legenda è scritta in corsivo su due linee: la parola «ancora» posta al di sopra della bottiglia, e le due parole «più pura» al di sotto, nella parte bassa del manifesto, su di un'asse obliquo leggermente ascendente.
> Sul manifesto seguente si ritrovano le stesse parole allo stesso posto, la stessa bottiglia inclinata il cui contenuto è pronto a riversarsi, lo stesso sorriso impersonale. Poi, dopo uno spazio vuoto coperto di ceramica bianca, la stessa scena ancora, fissata nel medesimo istante in cui le labbra s'avvicinano al collo della bottiglia e al liquido che sta per scorrere, davanti al quale le stesse persone affrettate passano senza voltare la testa, continuando il loro cammino verso il manifesto seguente.
> E le bocche si moltiplicano, e le bottiglie, e gli occhi grandi come delle mani in mezzo alle lunghe ciglia curve. E, sull'altra parete del corridoio, gli stessi elementi si riproducono ancora con esattezza (con questa differenza che le direzioni dello sguardo e del collo della bottiglia vanno nel senso inverso), mentre dall'altra parte si succedono a intervalli costanti le sagome scure dei viaggiatori, che continuano a sfilare, in ordine sparso ma senza interruzione, sul fondo blu-cielo dei pannelli, fra le bottiglie color rossastro e i volti rosa dalle labbra disgiunte. Ma, proprio un po' prima della svolta a gomito, il loro passaggio è disturbato da un uomo immobile, a un metro circa dal muro di sinistra.
> Il personaggio è abbigliato d'un abito grigio, un po' stinto, e tiene nella mano destra che pende lungo il corpo un giornale piegato in quattro. Sta contemplando la parete. Nonostante la taglia enorme del disegno e gli scarsi dettagli di cui s'orna, il volto dello spettatore si sporge in avanti, come per veder meglio.
> I passanti devono scostarsi un poco dalla loro traiettoria rettilinea al fine di aggirare questo ostacolo inatteso; quasi tutti passano per dietro, ma alcuni, accorgendosi troppo tardi della contemplazione che stanno per interrompere, o non volendo cambiare direzione di marcia per così poco, o perché non si rendono conto di nulla, si fanno avanti fra l'uomo e il manifesto, del quale intercettano allora lo sguardo.[2]

■ **1**. L'importante è essere indifferenti. Tutti gli oggetti cadono dentro il nostro campo visivo come cadrebbero dentro l'obiettivo fotografico: noi non stabilia-

2 A. Robbe-Grillet, *Instantanés*, Editions de Minuit 1962, pp. 85-88.

mo gerarchie, siamo più passivi che possiamo. Guardiamo la scena come se fosse un universo a sé stante, del quale ignoriamo la forma e le leggi. Degli oggetti coglieremo la superficie, ma non il significato. L'effetto finale è di piattezza e, stranamente, di quasi incomprensibilità.
2. In modo molto evidente Robbe-Grillet cerca di far sparire il descrittore. Tuttavia riesce a farci sentire in modo molto forte una cosa: che è appunto il descrittore a mettere ordine nel mondo, ad assegnare il significato ad ogni oggetto che appare. Il mondo abbandonato a se stesso, è un caos.

2.1.3 L'illuminazione, ovvero: l'epifania

Somigliano alle istantanee ma sono altra cosa; le ha teorizzate nientemeno che James Joyce e sono le *epifanie*. Il senso originario della parola «epifania», che è greca, è: «manifestazione». Mentre l'istantanea si limita volontariamente alla superficie delle cose, l'epifania sembra voler cogliere un senso nascosto. Ci presenta una scena di per sé insignificante, ma vi si sente dentro la prossimità di una illuminazione improvvisa, della *manifestazione* d'un qualcosa ignoto. Così lo stesso Joyce tenta di spiegare la faccenda: «Un'improvvisa manifestazione spirituale, o in un discorso o in un gesto o in un giro di pensieri, degni di essere ricordati». E in un altro luogo definisce le epifanie «attimi assai delicati e evanescenti». Altrove ancora Joyce parlerà di «drammi minimi», istantanee colte al volo e in cui l'osservatore crede di potere avere un'intuizione piena e completa di una realtà, per banale che sia. Si tratta di cogliere la scena come un'unità, una *cosa* organizzata, che ha un suo *punto speciale* intorno a cui ruota tutto. Di questo punto speciale il poeta T.S. Eliot ha detto che si tratta del «punto fermo del mondo che ruota». In parole più semplici diremo che si tratta di istanti in cui ci pare di cogliere la bellezza e purezza del mondo *che è quello che è*. Alcuni brevi esempi di epifanie joyciane:

> I ragazzi rimasti per ultimi si infilano le loro cose per tornare a casa poiché la festa è finita. Questo è l'ultimo omnibus. Gli ossuti cavalli rossicci lo sanno e scrollano le campanelle nella notte limpida, come avvertimento. Il bigliettaio parla con il conducente; tutti e due accennano spesso col capo alla luce verde del fanale. Non c'è nessuno vicino. Sembriamo in ascolto, io sul gradino più alto e lei sul più basso. Diverse volte, fra una frase e l'altra, lei sale sul mio gradino e ridiscende, e un paio di volte mi rimane accanto, dimenticandosi di ridiscendere, e poi scende di nuovo...
>
> Nuvole grevi hanno coperto il cielo. All'incrocio di tre strade, davanti a un greto paludoso, è sdraiato un grosso cane. Di quando in quando alza il muso al cielo ed emette un lungo ululato doloroso. La gente si ferma a guardarlo e poi prosegue; alcuni sostano, trattenuti. forse, da quel lamento in cui credono di udire l'espressione del loro stesso dolore che un tempo ebbe voce ma che ora è muto, servo della fatica quotidiana. Comincia a piovere.
>
> Due donne in lutto si fanno strada fra la gente. La ragazzina, aggrappata con una mano alla sottana della donna, si spinge avanti. La sua faccia è una faccia di pesce, scolorita, cogli occhi obliqui; la faccia della donna è piccola e quadrata, la faccia di una che tira sul prezzo. La ragazzina, storcendo la bocca, alza gli occhi verso la donna per vedere se è il momento di piangere; la donna,

rassettandosi un cappelluccio schiacciato, si affretta verso la cappella del cimitero.[3]

■ Cerchiamo nella nostra memoria un avvenimento non importante di per sé ma che ci sia rimasto impresso. Proviamo a raccontarlo con il minimo di parole possibile e in termini puramente descrittivi (senza, per così dire, metterci del nostro). Forse lì c'è (può esserci) un'epifania.

2.1.4 Quadri di ambienti esterni

Passiamo adesso ai *quadri d'ambiente* e cioè a quelle descrizioni che mirano a restituire un paesaggio complesso: non solo fisico, ma anche morale. Vi proponiamo un esempio di Gianni Celati. Un giorno questo scrittore si è munito pure lui di un quaderno e ha percorso a piedi, in pullman e in autostop, un tragitto che snodandosi lungo il Po porta fino alla sua foce. Ne ha riportato una serie di bozzetti ambientali molto vividi. Si crede spesso che solo i viaggi esotici siano interessanti; invece un viaggio in territori vicini può riservarci sorprese anche più grandi.

> Raggiunto San Daniele Po, passando accanto a suinifici, macelli di polli, allevamenti industriali di bovini. Sbarcato nel bar centrale ho telefonato agli amici dell'insegnante di matematica, per dire che arrivo presto. Ma sono solo le quattro e mezza, ho voglia di starmene per conto mio.
> La piazzetta con gli alberelli stenti e un distributore di benzina chiuso, sulla destra il CINEMA SPLENDOR in una malmessa palazzina con facciata a gradini (aperto il giovedì), e l'altro bar proprio attaccato sulla sinistra con ragazzi stravaccati nelle sedie all'aperto. Accanto a me una ragazza punk molto grassa, jeans stracciati e giubbetto di cuoio, beve Cocacola in lattina; un vecchio contadino dalle guance rubizze la guarda; un bambino anche lui molto grasso si succhia in solitudine un enorme gelato; il barista, giovane, baffuto, arriva con scritto sulla maglietta: FROM THE EAST COAST OF AMERIKA.
> Intorno c'è un grande sonno che avvolge quartieri di villette a forma di modellini, una chiesa falso-gotica forse costruita in epoca fascista, le due strade dove passano poche macchine. C'è sonno nelle rogge e sulle sponde invase dalle ortiche, negli alberi avvolti dal rampicante convolvolo, in un cimitero di morti dimenticati che ho visto passando, e anche nelle decalcomanie attaccate ai vetri di questo bar, con le facce di Marilyn Monroe, Jim Morrison, David Bowie.
> Ho sfogliato un giornale locale abbandonato sul tavolo: non riporta nessuna notizia, parla solo di nascite, morti, battesimi, matrimoni, bandi d'asta. Mi è venuto da voltarmi per vedere che tipi sono i i lettori di quel giornale, ed era gente che sta quieta in un bar di campagna aspettando che passi il tempo.[4]

■ **1.** Ha scritto Celati: «Un'intensa osservazione del mondo esterno ci rende meno apatici (più pazzi o più savi, più allegri o più disperati)». Ecco la formula giusta: osservare *intensamente* il mondo; non distogliere gli occhi. Se la noia o la distrazione non ce lo impediscono, noi *vediamo* davvero le cose e i nostri simili, e l'impressione sarà volta a volta di fascinazione o repulsione, mai di indifferenza.

3 J. Joyce, «Epifanie», in *Poesie e prose*, tr. G. Melchiori, Mondadori 1992, pp. 195, 189, 225.
4 G. Celati, *Verso la foce*, Feltrinelli 1989, pp. 30 sgg.

2. Celati ha adottato una forma di descrizione più articolata di quella di Perec. Il suo è infatti un discorso ampio e organizzato. Inoltre non rinuncia ad una forma sia pur minima di interpretazione del reale; non rinuncia cioè a far trapelare i suoi sentimenti di osservatore coinvolto dalle cose che osserva.

Esercizi Prendetevi qualche giorno di vacanza e andate in luoghi vicini a casa vostra, ma che non siano però proprio casa vostra. Andate a piedi, in bicicletta, in corriera; entrate nei bar, sostate nelle piazze, gettate uno sguardo dentro ai giardini, ai cortili, ai cimiteri; ascoltate ciò di cui la gente parla, ma soprattutto cercate di osservare tutto con *occhi estranei*: con gli occhi di uno straniero; o, se preferite, con gli occhi di uno che torna a casa dopo anni di lontananza. Astenetevi però dal giudizio. Riconoscete e abbandonate i pregiudizi (non i sentimenti, che però devono essere trattenuti, appena accennati). E guardate, guardate...

2.1.5 Quadri di ambienti interni

Passiamo adesso agli interni. Gli oggetti che abbiamo in casa a noi racchiudono una sostanza indefinibile fatta di tempo passato, ricordi, immagini che agli oggetti si sono appiccicate. Per mezzo dei nostri oggetti possiamo, se vogliamo, raccontare il romanzo (o i romanzi) della nostra vita. Ecco come ci ha provato lo scrittore settecentesco Xavier de Maistre, il cui romanzo si intitola programmaticamente: *Viaggio intorno alla mia stanza*:

> Ho iniziato e portato a termine un viaggio di quarantadue giorni in giro per la mia stanza. Le interessanti osservazioni che ho fatto, e il piacere continuo provato lungo il cammino, mi facevano desiderare di renderlo pubblico; la certezza d'essere utile mi ci ha spinto. Provo un sentimento di soddisfazione inesprimibile quando penso all'infinito numero d'infelici ai quali offro un rimedio sicuro contro la noia, e un lenitivo per i mali che devono sopportare. Il piacere che si gode viaggiando nella propria stanza è al riparo dall'inquieta gelosia degli uomini; è indipendente dalla fortuna. [...]
> Quando viaggio nella mia stanza, raramente percorro una linea retta: vado dal tavolo verso un quadro posto in un angolo; da là mi muovo in senso obliquo per andare alla porta; ma, benché partendo la mia intenzione sia proprio quella di recarmici, se lungo il percorso incontro la poltrona, non faccio complimenti, e mi ci accomodo all'istante. – Una poltrona è davvero un arredo magnifico; in particolare è della massima utilità per ogni uomo meditativo. Nelle lunghe serate invernali, è qualche volta dolce, e sempre prudente distendervisi mollemente, lontano dal chiasso delle riunioni numerose. – Un buon fuoco, qualche libro, delle penne; quante risorse contro la noia! E ancora che piacere dimenticare libri e penne per attizzare il fuoco, abbandonandosi a qualche dolce meditazione, o buttando giù qualche verso per rallegrare gli amici! Le ore scivolano allora su di voi e cadono in silenzio nell'eternità, senza farvi sentire il loro triste passaggio.
> Dopo la poltrona, procedendo verso il nord, si scopre il letto, che è posto in fondo alla stanza, e crea la più gradevole delle prospettive. È disposto nel modo più felice: i primi raggi del sole vengono a trastullarsi sulle cortine. – Nelle belle giornate d'estate, li vedo avanzare lungo la parete bianca, man mano che s'alza il sole: gli olmi che stanno davanti alla mia finestra li rifrangono in mille modi, e li fanno ondeggiare sul mio letto color di rosa e bianco, che diffonde dappertut-

> to una luce incantevole nata dal loro riverbero. – Sento il garrire confuso delle rondini che si sono impossessate del tetto di casa, il cinguettio degli altri uccelli che abitano negli olmi: allora mille idee ridenti colmano il mio spirito; e, nell'universo intero, nessuno ha un risveglio altrettanto piacevole e tranquillo del mio.[5]

■ De Maistre ottiene l'effetto di dilatare lo spazio della sua stanza, ricavandone in continuazione materia descrittiva e narrativa. Come ha fatto?
1. Innanzitutto ha diviso il viaggio in tappe. Non esiste viaggio senza tappe: le tappe scandiscono lo spazio, il tempo, i ritmi narrativi e descrittivi.
2. Ha diviso lo spazio in regioni, e ogni regione in parti più piccole: la moltiplicazione delle divisioni permette di isolare gli oggetti e i luoghi, così da dedicare a ciascuno un'adeguata quota di attenzione.
3. Ogni oggetto che compare nella narrazione è carico di tempo trascorso, di sentimenti e immagini. De Maistre non rinuncia a nulla, *spreme* i suoi oggetti fino a cavarne tutta la materia interna.
4. De Maistre sa benissimo che il viaggio dentro la stanza è, in realtà, un semplice pretesto, una struttura per raccontare qualcosa. Pertanto è sempre pronto alla divagazione e non si fa ossessionare dall'angustia dello spazio e dall'incombere degli oggetti.

Esercizi **1**. Ecco un programma di viaggio proposto dalla nostra agenzia e suddiviso per tappe: *a.* la stanza da letto, cioè il risveglio, ma anche la notte, dunque un luogo di sogno, d'amore, d'ozio; *b.* il bagno, luogo di intimità, di segreti, di concentrazione, di letture; *c.* la cucina e cioè il piacere del cibo, il confronto-scontro con gli altri familiari, i muri impregnati di odori; *d.* il salotto e cioè le conversazioni, gli incontri con gli amici, le feste, la grande e comoda poltrona, i tappeti morbidi, i quadri appesi alle pareti.
2. Nei viaggi domestici è molto importante la storia degli oggetti. Da dove viene questa sedia? Chi mi ha regalato questo soprammobile? Perché mai ho acquistato questo paralume? Quali ricordi sono legati a ogni singolo oggetto?
3. Una variante estrema (consigliata soprattutto ai maschi): il viaggio nell'armadio. Rovistiamo nei cassetti e tra gli appendini: scopriremo calzini che non usiamo da anni, camicie che ignoravamo di possedere. Un'avventura.

2.1.6 Impressioni sparse

Il viaggio di De Maistre si teneva insieme grazie al suo ordine: un ordine proprio da viaggio organizzato. Ma si può fare anche il contrario, e procedere per impressioni descrittive sparse e (almeno apparentemente) disordinate. Per descrivere una certa regione dell'America Sam Shepard ammucchia sensazioni e immagini. Ciò che le lega è appunto il tema: tutte quelle cose prese insieme *fanno* quel posto.

> Ilinois lussureggiante e verde granoturco bagnato bacon e pomodori grossi come un pugno litigi a tavola liti di fratelli liti di padre e madre liti di padre e

5 X. de Maistre, *Viaggio intorno alla mia stanza*, tr. R. M. Losito, Guida 1987, pp. 25-29.

> figlio liti di sorelle e fratelli il prete fa la sua visita interrompe la partita di pallone si siede a consumare un pasto che esige solo in virtù del suo collare sopra Gesù sanguina da diverse posizioni sulle croci inchiodate a travi e intonaco vecchie radio a transistor riecheggiano dixieland nella stalla lo Springer Spaniel ha la cuccia bagnata e lecca latte da vecchi cappelli di paglia e cavezze ritagli di giornale Truman Roosevelt autocarri rombano sul fiume camion del latte e della benzina e del sidro per il vecchio che attraverso i vetri della veranda di legno osserva il vento che passa e i vicini che ritirano la posta un battito d'ali di corvo che lascia penne nere sul ghiaietto del prato canto di cavi ad alta tensione palle di baseball che marciscono tra le foglie mazze rotte e guantoni di gomma fil di ferro che cresce tra gli alberi e il nonno muore in pantofole e il nonno muore col suo cappello da baseball in testa e il nonno muore seduto ritto sulla sua poltrona.[6]

■ Per definizione, le impressioni descrittive non intendono essere oggettive: mescolano fatti ed emozioni, paesaggi e azioni, pensieri e parole. Inoltre non dovrebbero mai essere tipiche, folcloristiche o esotiche, ma sempre individuali, assolutamente singolari. L'Illinois che Shepard ci rappresenta è del tutto personale e però alla fine molto più vivido e attendibile di qualsiasi descrizione puramente referenziale (tipo guida turistica). In questi casi è importante creare una specie di atmosfera o *aura*, che si ottiene generalmente in tre modi: *a.* sottraendo l'elemento umano, cioè presentando scene piene di cose e vuote di persone; *b.* accostando cose disparate (se ho nella scena sedie, tavoli, cicogne e aironi, scriverò sedie cicogne tavoli aironi *e non* sedie tavoli cicogne aironi) e quindi spingendo il lettore a fare associazioni incongrue; *c.* introducendo elementi misteriosi o inspiegati, generalmente nella forma di storie appena accennate e non concluse (vedi l'immagine finale del nonno morto).

Esercizi Scegli un tema: un periodo (gli anni Sessanta, il tempo delle mele, il liceo...) o un luogo (il quartiere, la città, una zona periferica, un luogo di vacanze...) o un periodo della vita (il primo amore, il militare, l'ingresso del lavoro...) e comincia ad accumulare note (eventualmente con i metodi autobiografici o diaristici descritti nel primo capitolo). Poi prova, anziché a ordinare i tuoi materiali, a disordinarli, in maniera da produrre l'effetto emotivo più forte possibile: un'impressione, appunto, e non più una mera descrizione.

2.1.7 Caratterizzazioni di ambienti

Veniamo adesso alla descrizione come tecnica specifica della narrazione. Soprattutto dall'Ottocento in poi caratterizzare un ambiente significa preludere alla storia vera e propria. Le grandi introduzioni descrittive di Balzac sono da intendere letteralmente come preludi all'entrata in scena dei personaggi: che spesso risultano essere funzioni, escrescenze degli ambienti in cui vivono (il personaggio spiega l'ambiente, l'ambiente spiega il personaggio). Ecco come nelle prime pagine del *Papà Goriot* Balzac ci descrive la pensione della vedova Vauquer:

6 S. Shepard, *La luna del falco*, tr. D. Vezzoli, Feltrinelli 1987, pp. 67 sgg.

> La prima stanza emana un odore che non ha nome nel linguaggio, e che bisognerebbe chiamare odor di pensione: tanfo di rinchiuso, di muffa, di rancido; fa rabbrividire, è umido all'olfatto, penetra attraverso gli indumenti; ha il sentore di un locale in cui si sia mangiato; puzza di gabinetto, di cucina, d'ospizio di vecchi. [...] E tuttavia, nonostante questi orrori, se paragonaste la stanza in parola alla contigua sala da pranzo la trovereste elegante e profumata come il salottino di una dama. La sala, interamente foderata di pannelli di legno, un tempo era dipinta di un colore che oggi è divenuto indefinibile e che forma un fondo sul quale il sudiciume ha deposto vari strati, tracciandovi bizzarre figure. [...] Questa stanza è in tutto il suo splendore nel momento in cui, verso le sette del mattino, appare [...] la vedova, agghindata nella sua cuffietta di tulle sotto la quale pende un treccia finta, malamente appuntata. Essa cammina strascicando le ciabatte grinzose. Il viso vecchiotto, tondo, in mezzo al quale s'erge un naso a becco di pappagallo, le manine paffute, la persona grassoccia come un topo di chiesa, il seno troppo colmo e ballonzolante, sono in armonia con quella sala che trasuda miseria, dove la speculazione si è rincantucciata, e di cui la signora Vauquer respira l'aria calda e fetida.[7]

■ Facciamo commentare a Erich Auerbach questo testo:

1. «Da tutto l'insieme nasce l'impressione profonda d'una povertà, d'un vecchiume e d'un abbandono disperati, e veramente con la descrizione materiale viene insieme suggerita l'atmosfera morale».

2. «Il ritratto della padrona è legato alla sua apparizione nella sala da pranzo. [...] La descrizione si muove lungo un motivo principale: il motivo della consonanza della sua persona e del luogo, la pensione, da un lato, e la vita che lei conduce dall'altro; in breve, l'armonia fra la persona e [...] il suo *milieu*».

3. «Balzac ha sentito i luoghi come un'entità organica, anzi demoniaca, e ha cercato di trasmettere questa sensazione al lettore; [...] ogni spazio si tramuta per lui in un'atmosfera morale e sensibile di cui s'imbevono il paesaggio, la casa, i mobili, le suppellettili, gli abiti, i corpi, il carattere, il comportamento, il sentire, l'agire e la sorte degli uomini, e in cui poi la situazione storica generale a sua volta appare come un'atmosfera totale abbracciante tutti i singoli spazi di vita».[8]

4. Concludendo: la descrizione diviene un crocevia densissimo di tutti valori, anche contradditori, che la narrazione intende sviluppare; ecco perché una buona descrizione dovrebbe essere intimamente drammatica e mai puramente ornamentale.

Esercizi Scrivi tanti incipit di romanzo cominciando da una descrizione di un luogo sentito come «un'entità organica, anzi demoniaca»; ecco qualche proposta: la città del futuro; l'appartamento del serial killer; il palazzo diroccato; il grande magazzino; il deserto; ecc. Concludi ogni volta la descrizione con l'apparizione del personaggio che riassume quell'ambiente.

---

7 H. Balzac, *Papà Goriot*, Rizzoli 1978, pp. 7 sgg.

8 E. Auerbach, *Mimesis. Il realismo nella letteratua occidentale*, tr. A. Romagnoli e H. Hinteräuser, Einaudi 1956, pp. 494 sgg.

2.1.8 Descrizioni perturbanti

L'osservazione accurata può svelare il lato inquietante degli oggetti. Gli scrittori del genere cosiddetto nero (o *noir*, o *thriller*...) sono maestri in questo tipo di descrizioni, e il loro padre e maestro è Edgar Allan Poe. Ecco una classica descrizione "da paura" dal suo racconto *La caduta della casa degli Usher*. Il protagonista si è recato in visita ad un amico. Arriva davanti alla casa:

> Non so come, ma appena la ebbi guardata una sensazione di insopportabile tristezza mi prese l'anima. [...] Guardavo la scena che mi stava davanti: e lo spettacolo della casa e del paesaggio all'intorno, le fredde mura, le finestre come vuote orbite, i radi filari di giunchi e alcuni bianchi tronchi rinsecchiti, mi davano un avvilimento estremo. [...] Era un gelo nel cuore; e una oppressione, un malessere, e nella mente un invincibile orrore, che la rendeva inerte ad ogni stimolo della fantasia. Che cosa, dunque, mi soffermai a pensare, rendeva tanto penosa la contemplazione della casa degli Usher? Ma rimaneva un mistero insolubile. [...] Condussi il cavallo sulla riva scoscesa d'un lugubre stagno d'acque morte che si stendeva, nel suo nero luccicore presso la dimora; e guardai, ma ne ebbi un tremito ancora più profondo; guardai, riflesse, capovolte, le immagini dei giunchi di cenere, dei tronchi sinistri e delle finestre simili ad occhi vuoti. [...] Cercai di esaminare meglio l'aspetto reale dell'edificio. Carattere principale ne pareva un'eccessiva antichità. I secoli l'avevano profondamente scolorito, e minute fungosità ricoprivano la facciata, fino al tetto, come un delicato intreccio di tessuto. Ma tutto questo non aveva provocato deperimenti straordinari; la fabbrica era intatta, e c'era una contraddizione violenta fra il consistere ancora perfetto delle sue parti e il deperimento delle singole pietre, che mi faceva pensare all'integrità speciosa di qualche vecchia tavola di legno rimasta lungamente a marcire in una cantina dimenticata. Ma, a parte questa corrosione di tutta la superficie, la casa pareva ancora abbastanza salda; forse l'occhio d'un puntuale osservatore avrebbe scoperto una quasi impercettibile fessura, che, partendo dall'alto della facciata, percorreva il muro a zigzag perdendosi infine nelle acque malsane della palude.[9]

■ **1**. L'effetto inquietante deriva da tanti *piccoli indizi* (la corrosione delle pietre, la «quasi impercettibile fessura», ecc.) che accumulandosi ci conducono a un *apice di tensione*. A questo punto ci aspettiamo ormai l'evento orribile, che puntualmente arriva.
2. Nella *Caduta della casa degli Usher* è come se assistessimo a una lenta metamorfosi: un ambiente familiare assume progressivamente tratti inquietanti. Nel caso di Poe (e in moltissimi altri casi) questa metamorfosi è una antropomorfizzazione: la casa si sta animando (e contemporaneamente decomponendo) e diventa simile ad un morto-vivente. E il paesaggio circostante partecipa della stessa metamorfosi.
3. È molto importante mostrare la resistenza del soggetto che assiste alla scena, i suoi pensieri pieni di buon senso, la sua incredulità davanti alla manifestazione del fantastico. Questo procedimento rende molto più credibile l'avvento dell'incredibile.

9 E.A. Poe, *Opere scelte*, tr. E. Vittorini, Mondadori 1977, pp. 263-266.

Esercizi Prova a descrivere come luoghi inquietanti: una cava abbandonata (è la porta dell'inferno? il ventre di un grande animale?...), l'interno di un ascensore (perché non si arriva mai? non resteremo mica chiusi dentro? chi è che lo governa?...), una piazza vuota (dove sono finiti tutti? c'è stata una strage? la peste?...). Descrivi come oggetti inquietanti: una caffettiera, un cavallino a dondolo (questo è un classico dell'orrore), una sedia a sdraio, un panettone farcito di cioccolato.

2.1.9 Descrizioni ineffabili

Sono le più difficili. Riguardano le sensazioni difficilmente oggettivabili. Per spiegarci, pensiamo alla degustazione dei vini. Non è facile descrivere quel che si prova quando si beve un vino: si è costretti a ricorrere ad analogie, metafore, sinestesie. Per render conto delle fuggevolissime sensazioni del palato mancano i termini primi e propri, e bisogna perciò chiederne in prestito ad altri campi semantici. Es.: vivace, avvolgente, tenace, caparbio, esile, pungente, garbato, allegro, giovane, aggressivo, morbido, austero, corposo, magro, rotondo, ecc. Non solo: di un vino puoi dire che ha una personalità particolare, che è di molta comunicativa, che in lui struttura e razza si uniscono, che nell'equilibrio è un po' cedevole, ecc. Ascoltare o leggere un degustatore è un esperienza interessantissima sul piano letterario: egli lotta per tradurre un'esperienza da un codice a un altro codice, per rendere effabile (cioè «dicibile») un'esperienza ineffabile (cioè «non dicibile»). Noi ci troviamo spesso in situazioni simili, cioè a dover tradurre *in altre parole* esperienze musicali, visive, emotive, corporee che non possono essere rese se non in modo trasposto. Difficoltà simili le deve affrontare il mistico allorché si trova a dover dare conto della più ineffabile tra tutte le esperienze, quella di Dio; anche lui deve lottare con la lingua e chiedere in prestito parole che almeno lo aiutino ad avvicinarsi alle impressioni originarie. Non scomoderemo però i mistici e ci accontenteremo di citare Huysmans, che descrive le impressioni olfattive prodotte da raffinati profumi trasponendole sul piano letterario (a ogni profumo corrisponde uno stile):

> La sua storia [*la storia della profumeria*] seguiva, a passo a passo, quella della nostra lingua. Lo stile profumato Luigi XIII, composto degli elementi cari a quell'epoca, polvere di iris, muschio, zibetto, acqua di mirto già designata sotto il nome di acqua degli angeli, era appena sufficiente per esprimere le grazie sguaiate, le tinte un po' crude del tempo, che ci hanno conservate alcuni sonetti di Saint-Amant. Più tardi, con la mirra, l'olibano, gli odori mistici, potenti e austeri, lo stile pomposo del gran secolo, gli artifici ridondanti dell'arte oratoria, lo stile largo, sostenuto, ritmato, di Bossuet e dei maestri dell'eloquenza religiosa, furono quasi possibili; più tardi ancora, le grazie stanche e sapienti della società francese sotto Luigi XV trovarono più facilmente il loro interprete nella frangipana e nella marescialla che fornirono in qualche modo la sintesi stessa dell'epoca; poi, dopo la noia e l'incuriosità del primo impero, che abusò delle acque di colonia e dei preparati al rosmarino, la profumeria si lanciò, dietro Victor Hugo e Gautier, verso i paesi del sole; creò delle orientali, dei mazzi simbolici folgoranti di spezie, scoprì intonazioni nuove, antitesi finora inosate, scelse e riprese antiche sfumature che complicò, che affinò, che assortì.[10]

10 J.-K. Huysmans, *Controcorrente*, Einaudi 1989, tr. G. Posani, p. 105.

■ Qual è il trucco? Scegli una dimensione A (materiale o immateriale) e descrivila con le parole tipiche della dimensione B (materiale o immateriale). È utile adoperare la tecnica della *metafora filata* (serie di metafore strettamente collegate le une alle altre). Più in generale diremo che esercitarsi con questo tipo di giochi aumenta la nostra abilità di creare immagini originali.

Esercizi **1**. Considera un pezzo musicale, una cena, un allenamento, un dolore, un piacere, ecc. e descrivilo trasponendolo in un'altra chiave: in chiave geometrica, matematica, paesaggistica, sportiva, letteraria, erotica, ecc. Invertendo il procedimento adoperato da Huysmans sarà per esempio possibile descrivere le varie esperienze di lettura (di questo o quell'autore) descrivendole come se fossero degustazioni di vini.
2. Prova a fare l'esercizio inverso: leggi a es. la descrizione di un vino (in una guida enologica) o di un tessuto (in un catalogo di moda) o di un brano musicale (in una rivista specializzata) e cerca di definire esattamente qual è l'"altra dimensione" che l'autore adopera per descrivere ciò che non si può dire a parole. Quindi, nei limiti del possibile, "traduci" il testo in una lingua comune. Vedrai com'è difficile.

2.1.10 Animazioni di oggetti e ambienti

Gli oggetti e gli ambienti, anche i più domestici e consueti, possono sviluppare una certa tendenza «demoniaca» (Auerbach), ossia animarsi e diventare personaggi. Succede spesso nelle favole: anche nelle favole moderne. Non è vero infatti che le favole debbano avere per forza un sapore d'antico. Non abbiamo bisogno di cavalli bianchi, diligenze, spade, focolari, scrigni ecc.: Gianni Rodari, forse il maggiore inventore di favole del nostro secolo, suggerisce proprio di inventare favole a partire dagli oggetti moderni, quelli che si trovano in qualunque casa:

> La luce elettrica, il gas, il televisore, la lavatrice, il frigorifero, l'asciugacapelli, il frullino, il giradischi sono solo alcuni tra gli elementi del paesaggio domestico che il bambino d'oggi conosce. [...] Ci sono prese e interruttori su tutti i muri e per quanto egli sappia di non doverci mettere il dito non si può pretendere che egli non faccia le sue deduzioni sull'uomo e i suoi poteri, sulle forze che accendono luci, provocano ronzii e fruscii di motori, trasformazioni di caldo in freddo, di crudo in cotto, eccetera. [...] Il mondo di fuori penetra nella casa stessa in molti modi che ai bambini di cinquant'anni fa erano ignoti. [...] Abbiamo così a disposizione una più ampia materia per fabbricare storie e possiamo usare un linguaggio più ricco. L'esemplificazione, a questo punto, sarebbe superflua. Ogni oggetto, secondo la sua natura, offre appigli alla favola. Anch'io ho appeso qualche storia a questi attaccapanni della fantasia. Per esempio, ho inventato un Principe Gelato, abitante in un frigorifero; ho fatto precipitare nel suo televisore un personaggio troppo attaccato al teleschermo; ho combinato un matrimonio tra un giovanotto – precedentemente innamorato della sua motocicletta rossa giapponese – con una lavatrice; ecc.[11]

11 G. Rodari, *La grammatica della fantasia*, Einaudi 1973, pp. 104 sgg.

2.2 Descrizioni di descrizioni, ovvero: transcodificazioni

2.2.1 Raccontare la pittura

Se un quadro è una descrizione (di un luogo o oggetto reale, oppure – non solo nei quadri astratti, ma anche in quelli mitologici, metafisici o fantastici – di un'immagine mentale), la descrizione di un quadro sarà un curioso esercizio: la descrizione di una descrizione. Parliamo anche di *transcodificazioni*, intendendo con ciò il passaggio da un codice linguistico a un altro codice linguistico. Ecco a es. come il grande critico d'arte Roberto Longhi descriveva alcune tele di Caravaggio:

> LA CROCIFISSIONE DI SAN PIETRO. Le cose accadono con un'evidenza incolpevole dove ognuno attende all'opera sua. La desolazione insomma è nel fatto stesso su cui sta allo spettatore di giudicare. Sulle rocce brune che saranno (con quella luce negli occhi) l'ultimo ricordo del martire, presso la cava di pozzolana o la calcara di San Pietro in Montorio, il pittore, impassibile, "gira" la fatica dei serventi (il cui gesto, è doveroso riconoscerlo, è di operai che si affaticano e non di carnefici che incrudeliscano nella bisogna), tutti in giubboni e brache frusti, baveri sgualciti (e pur rifiorenti nel lume), piedi fangosi e con pochi attrezzi. E riprende da vicino il santo, forse notissimo modello buono di via Margutta, che, già infitto alla croce, ci guarda calmo, cosciente come un moderno eroe laico; mentre il mantello bigioazzurro va scivolando in angolo sotto l'ombra del badile brunito, accanto al pietrone friabile e caldo come un pane ancora impolverato dalla cenere del forno.
>
> LA MORTE DELLA VERGINE. In realtà il quadro sembra raccontare in che modo, entro la stanzaccia d'affitto, spartita alla meglio dal tendone sanguigno che penzola dalla volta a travicelli e senz'altre suppellettili che una branda, una scranna e la bacinella per le pezzuole bagnate, si lamenti la morte di una popolana del rione. Una scena, quasi, da asilo notturno. Ma l'angoscia di questi astanti sembra prender senso e autorità infinita dal chiarore devastante che, irrompendo da sinistra nella cerchia di colori già stranamente fiammanti e pur combattendo con tutte le specie dell'ombra, sosta per un attimo sul viso arrovesciato della madonna morta, sulle calvizie lunate, sui colli pulsanti, sulle mani disfatte degli apostoli; fende di traverso il viso dolente di Giovanni; fa della Maddalena seduta in pianto un solo massello luminoso; della sua mano sul ginocchio un grumo solo di luce rappresa.[12]

■ Soffermiamoci su alcuni trucchi messi in atto da Longhi per "dar vita" al quadro.

1. Lo statico è reso dinamico, teatrale, drammatico, in qualche occasione perfino cinematografico.

2. Attraverso una specie di dissolvenza incrociata alla scena sacra viene sovrapposta una scena profana (es.: alla Madonna la popolana del rione, ecc.).

3. L'antico viene reso attuale con il ricorso all'anacronismo, cioè con riferimenti a situazioni e comportamenti contemporanei.

12 R. Longhi, *Caravaggio*, Editori Riuniti 1982, pp. 56 e 63.

4. Le cose e gli oggetti vengono nominati, individuati a uno a uno, e diventano protagonisti essi stessi della scena.
5. Infine la luce; la luce che diventa colore assume un forza drammatica; si può addirittura dire che è lei la vera protagonista del dramma.

2.2.2 Storie tratte da quadri

Italo Calvino a sua volta ha tentato questa operazione: entrare in un quadro, muoversi dentro i suoi paesaggi, parlare con i personaggi dipinti. Ha preso spunto da una serie di dipinti di Giorgio De Chirico – le notissime «Piazze d'Italia» – che ben si prestavano, per la loro enigmaticità, a questa esplorazione:

> Non so come sono arrivato qui. [...] La verità è presto detta: da quando sono entrato in questa città, la città è entrata in me; dentro di me non c'è posto per nient'altro. Da allora il mio sguardo scorre su superfici levigate, sgombre, che il sole fa dorate, l'ombra nere; ma a dire il vero io non so se il sole ci sia" dove sia, perduto dietro lo spessore d'un cielo verde-bottiglia, o sfoggiando la sua giovinezza mattutina in nuvole leggere e bianche. [...] Piazze, vie, spianate s'estendono davanti a me ostentando un'apparente accessibilità, come a dire: siamo lisce e sgombre, percorretemi. [...] Gli spazi vuoti mi paiono ardui da attraversare; preferisco strisciare dietro gli spigoli degli edifici, tra i pilastri dei portici, senza avventurarmi allo scoperto; tanto più che non saprei dove dirigermi. A chi potrei chiedere la strada? A quei due passanti laggiù in fondo? Mi sembrano lontani, troppo lontani; anche se adesso sono fermi e sembra che parlino tra loro, prima che io sia arrivato là certo si saranno allontanati. Potrei invece interrogare una statua? Se ne incontrano molte e paiono più facilmente raggiungibili. Ma quello che le statue insegnano, senza che io lo chieda, è una linea di condotta: devi stare immobile, lasciare che lo spazio circoli intorno a te; se ti situi nel modo giusto nello spazio, il tempo non avrà più presa su di te, la clessidra resterà sospesa. [...] In cima alle torri sventolano bandiere appuntite, stendardi, orifiamme d'ogni colore: se è per una festa, è soltanto lassù che essa viene celebrata; qua sotto tutto tace. O sarà per indicare ai naviganti da che parte tira il vento? Ma quaggiù non vola neanche un granello di polvere; solo l'alto cielo è trascinato dalle correnti. D'altronde non si vede anima viva sulle torri, dalla base alla vetta.
> Da ogni parte mi giri, continuo a vedere quei due signori laggiù in fondo. Saranno sempre gli stessi, o in ogni via, in ogni piazza, deserte, c'è un passante che incontra un altro passante e si fermano un momento a conversare? E cosa si staranno dicendo? Posso solo fare delle congetture: non arriveranno mai a portata del mio orecchio.
> «La città» dice uno «non è disabitata, dato che ci siamo noi due».
> «La città» dice l'altro «è estesa nello spazio, dato che siamo visti da lontano».
> [...] A questo punto, non sono più tanto sicuro che quei due conversatori stiano conversando, che quei due passeggiatori stiano passeggiando, che quei due abitanti stiano abitando. Forse essi vogliono solo dimostrare che se la città è silenziosa, immobile, lo è proprio perché qualcuno possa abitarvi, passeggiarvi, conversarvi. Qualcuno. Chi? Non io, non loro. Chi è l'ospite ideale che la città attende?[13]

13 In *FMR*, n. 13, 1983, pp. 44-51.

■ La tecnica, per Calvino come per Longhi, consiste principalmente nel trattare il quadro come un teatro: solo che Longhi lo guarda con l'occhio, per così dire, del coreografo e del tecnico delle luci; Calvino con l'occhio dell'autore del testo che si recita, che ha bisogno di un paesaggio, sì, di una scenografia, ma anche di una vicenda. Esiste poi, in questo pezzo di Calvino, un puntiglio: quello di usare tutti gli elementi che compaiono nel quadro, nessuno escluso. Perciò la "descrizione" del quadro diventa un complicato gioco narrativo pieno di vincoli e di obblighi. Tutto deve trovare un senso, incastrarsi nella narrazione. È un po' come se volessimo, con i pezzi di un *puzzle*, costruire un altro *puzzle* differente.

Esercizi Scegliti un quadro (uno che ti piace).
1. Entraci dentro e guardati attorno, esplora lo spazio bidimensionale, oltrepassa le soglie, scavalca i muri, interpella i passanti, immagina di parlarci, immagina di ascoltare ciò che si dicono tra loro. Domanda, interroga, fa' supposizioni: considerati un viaggiatore in un mondo incantato del quale ignori la storia, pieno di oggetti dei quali ignori il senso e l'utilità. Immagina di essere capitato in un mondo alternativo, in un mondo alla rovescia, all'altro mondo.
2. Fa' un tentativo con un quadro astratto. Immaginalo come una carta geografica, o come la raffigurazione di un processo mentale, o come un software...
3. Nelle copertine dei libri ci sono spesso immagini: prova a raccontare la storia contenuta in un libro "entrando" nell'immagine della copertina. Puoi divertirti a fare prima l'esercizio, e solo dopo leggere il libro.

2.2.3 Raccontare una statua

Si tratta dello stesso gioco proposto per i quadri: animare una statua, narrandola. L'esempio che vi proponiamo è quanto mai classico. Si tratta della straordinaria descrizione del Laocoonte effettuata da Winkelmann:

> Il Laocoonte è la statua del più forte patimento, e ci dà l'immagine d'un uomo che, per opporsi ad esso, tenta di raccogliere tutte le forze dello spirito; e mentre il dolore gli gonfia i muscoli e gli tende i nervi, mostra il suo coraggio sulla fronte corrugata. Il petto è sollevato dalla respirazione impedita e dallo sforzo di reprimere il grado di dolore e chiuderselo dentro. Il gemito soffocato e il respiro trattenuto gli ritirano il ventre e gli incavano i fianchi, così che ci sembra vedere la contrazione degli intestini. La propria pena pare lo preoccupi meno di quella dei figli che fissano in lui sguardo chiedendogli soccorso; l'affetto paterno si rivela negli occhi dolenti: su di essi si stende la compassione come cupa nebbia. Dal volto si sprigiona un lamento, non un grido; lo sguardo implora l'assistenza del cielo. La bocca è piena d'angoscia, e il labbro inferiore ne è appesantito; angoscia e dolore si mischiano, invece, sul labbro superiore contratto; dolore che, assieme a un moto di indignazione per un castigo indegno e non meritato, appare anche nel naso rigonfio e nelle narici aperte e sollevate. [...] Nel dolore e nel patimento di Laocoonte, fattosi sensibile in ogni muscolo e in ogni tendine, si manifesta il contegno di un uomo grande, il quale lottando coi tormenti, si sforza di soffocarne il tumulto, e di reprimerli dentro di sé.[14]

14 J.J. Winckelmann, *Il bello nell'arte. Scritti sull'arte antica*, tr. F. Pfister, Einaudi 1973, pp. 126 sgg.

■ **1**. Per raccontare questa statua Winkelmann si è prima di tutto *identificato* con il protagonista. La narrazione che ne segue è fatta perciò adottando un punto di vista interno anziché esterno. Ciò ne accentua la forte drammaticità.
2. Naturalmente per leggere meglio una statua occorre scegliere un principio unificatore, un'idea-forza, che si suppone stia alla base del suo concepimento. Nel nostro caso si tratta dell'idea di autodominio: la grandezza della lotta qui rappresentata consiste nell'autocontrollo di cui anche nel momento estremo Laocoonte dà prova.

Esercizi Le statue, oltre che essere raccontate, possono raccontarsi da sé. Immagina il monologo d'una statua (o il suo dialogo con un passante) in una gelida sera d'inverno, provando ad alternare contenuti contrastanti: la narrazione della vita e delle imprese della persona (reale o mitologica) ritratta, le lamentele per la dura vita della statua (esposta ai quattro venti, sofferente di artrite"), i ricordi di «quand'ero ancora un masso, e me ne stavo al calduccio nel ventre della montagna», l'insofferenza della continua esposizione («...m'hanno pure fatto nudo, e tutti mi guardano...»), l'invettiva contro i vandali («...VIVA INTER, m'hanno scritto qua: e che è?...»). In alternativa, anima una statua felicissima d'esser tale.

2.2.4 Raccontare i film

Un caso di transcodificazione più facile degli altri, visto che il film è tradizionalmente già una storia. Tuttavia, è vero o no che alcuni tra i più bei film che ricordiamo non li abbiamo veramente visti, ma ci sono solo stati raccontati? Esiste un'arte orale della narrazione del film che è vecchia almeno quanto l'arte cinematografica vera e propria, e dalla quale si può imparare. Ci sono stati tempi in cui dopo aver visto un film era bello poterlo raccontare a pubblici curiosi. Si può anzi dire che queste narrazioni riportate fungevano da favole per adulti. Spesso non era la bellezza del film a renderlo più interessante ma la sua fantasmagoricità, la presenza di scenografie lussuose, la stranezza della sua trama, la partecipazione di dive e divi bellissimi. Ecco come in una prigione argentina Molina, un grande appassionato di film *kitsch*, racconta a Valentin, un rivoluzionario tutto d'un pezzo, trame di film poco o niente conosciuti, riuscendo a coinvolgere e addirittura sedurre il suo compagno. L'autore è Manuel Puig:

> Com'era?... Ah, sì. Adesso mi ricordo. Comincia che una ragazza di New York prende la nave per un'isola dei Caraibi dove l'aspetta il fidanzato per sposarsi. Ha l'aria di una ragazza molto brava, e piena di illusioni, che racconta tutto al capitano della nave, che è un superfigo, e lui guarda l'acqua scura del mare, perché è notte, e poi guarda lei come per dire «questa non sa cosa l'aspetta», ma non le dice niente, fin quando stanno già per attraccare all'isola, e si sentono i tamburi degli indigeni, e lei è come rapita, e il capitano allora le dice di non lasciarsi ingannare da quei tamburi, che a volte quello che trasmettono sono sentenze di morte. [...] La ragazza incontra il marito, con cui s'è sposata per procura, e si viene a sapere che si sono conosciuti a New York solo per pochi giorni. Lui è vedovo e anche lui americano. Allora, l'arrivo all'isola, quando attracca la nave, è straordinario, perché l'aspetta il fidanzato con tutta la comitiva di carri ornati con fiori, e tirati da asinelli, e su certi carri c'è l'orchestra, suonano canzoni dolci dolci con quegli strumenti che sono come delle

> tavolette fatte di asticciole su cui battono con dei bastoncini, insomma, non so, ma è una musica che mi tocca il cuore, perché quelle note hanno un suono così bello, come bolle di sapone che scoppiano una dopo l'altra. [...] E arrivano alla casa, che è lontana dal villaggio, è in campagna, fra le palme, sai, un'isola stupenda tutta con collinette basse, e lì ci sono i bananeti. E il ragazzo è molto gentile, ma si vede che ha un dramma dentro, sorride un po' troppo, come una persona debole di carattere... E qui c'è una cosa particolare che ti fa vedere che gli sta succedendo qualcosa, perché la prima cosa che lui fa è presentare la ragazza al maggiordomo, che avrà un cinquant'anni, ma è francese, e il maggiordomo chiede al ragazzo che gli firmi sui due piedi dei documenti, dell'imbarco di una partita di banane sulla stessa nave che ha portato la ragazza, e il ragazzo vuole rimandare a più tardi, ma il maggiordomo insiste, e il ragazzo lo guarda con odio e quando va a firmare i documenti si vede che non ce la fa quasi a scrivere, la mano gli trema da matti. Intanto è sempre giorno, e tutta la comitiva che è arrivata sui carretti infiorati aspetta in giardino la coppia per brindare, e portano ogni sorta di succhi di frutta, ed ecco arrivano alcuni delegati dei peones negri delle piantagioni di canna che portano un barilotto di rum in regalo al padrone, ma il maggiordomo li vede e monta su tutte le furie, e con una scure che c'è lì vicino si mette a dare colpi a più non posso al barile e tutto il rum si rovescia per terra.[15]

■ Per raccontare film occorre mimare il parlato, anzi un certo tipo di parlato: il parlato degli affabulatori. Si tratta di un ottimo esercizio in quanto, come già diceva Benjamin, nei nostri tempi «il narratore non ci è più presente nella sua viva attività. È qualcosa di remoto che continua ad allontanarsi. [...] Capita sempre più di rado d'incontrare persone che sappiano raccontare qualcosa come si deve».[16] Raccontare un film implica più che mai la coltivazione di questa dote in via di estinzione. Puig ci fa sentire il piacere dell'affabulazione proprio insistendo sui tratti orali della scrittura: *a.* paratassi accentuata (e cioè poche subordinate); *b.* uso del tempo presente (molto più coinvolgente); *c.* mescolanza di espressioni denotative («una ragazza di New York prende la nave per un'isola dei Caraibi») e connotative («è una musica che mi tocca il cuore»), di resoconto e commento (i film una volta, come i melodrammi, erano vissuti dall'interno, identificandosi con tutta l'anima, tanto che gli spettatori intervenivano spesso durante la proiezione). L'effetto finale è di magia fiabesca, di sogno a occhi aperti.

Esercizi **1.** Niente è più triste di un narratore che non sa narrare; ma una cattiva narrazione fatta apposta può diventare una specie di indovinello. Prova a raccontare un film notissimo in maniera così ingarbugliata – usando tutti gli stratagemmi che hai visto in Puig – da renderlo irriconoscibile.
2. Nel raccontare un film bisogna tenere d'occhio non solo la storia, ma anche la scenografia, la musica ecc.: prova a raccontare un film mettendo al centro del discorso (o usando come filo del discorso) non l'azione del protagonista, ma lo svolgersi dei temi musicali o il succedersi dei colori. Oppure prova a trascurare del tutto la trama e a proporre il film come una successione di scene-chiave: a

---

15 M. Puig, *Il bacio della donna ragno*, tr. A. Morino, Einaudi 1978, pp. 125 sgg.
16 W. Benjamin, *Angelus novus*, tr. R. Solmi, Einaudi 1962, p. 247.

seconda dei gusti, potranno essere gli inseguimenti, i combattimenti, le scene di massa, le scene di sesso, i panorami...

2.2.5 Raccontare l'architettura

Adesso diventa tutto più difficile. L'architettura è un'arte funzionale e comunque non rappresentativa, non mimetica (nel senso che, generalmente, non imita la realtà: al massimo, un edificio può imitare un altro edificio). Raccontarla è dunque una bella sfida. Sfida che John Ruskin ha accettato, come in questo caso in cui racconta la basilica di San Marco:

> E in fondo a questa fila di ben disposti archi sorge dalla terra una visione e tutta la grande piazza sembra che si apra in atteggiamento di rispetto perché noi possiamo meglio bearci in essa. Una moltitudine di pilastri e cupole bianche raccolte in una lunga e bassa piramide di un colore ardente, simile a un reliquario, in parte d'oro ed in parte d'opale e di madreperla. Ed in basso cinque grandi arcate ricoperte nella parte superiore di mosaici magnifici e nella inferiore di sculture di un alabastro chiaro come l'ambra e delicato come l'avorio; sculture fantastiche a foglie di palme e gigli, grappoli d'uva e granati, uccelli in riposo o svolazzanti tra i rami, il tutto legato insieme in una trama di piume e di germogli, e nel mezzo solenni forme di angeli scettrati e con vesti lunghe fino ai piedi, rese incerte per lo splendore di un fondo d'oro che appare dietro di loro a traverso il fogliame, interrotto ed oscurato come la luce del mattino che passava attraverso i rami degli alberi dell'Eden, quando le porte ne erano guardate dagli angeli molto tempo fa, e lungo le pareti del portico vi sono sette pilastri di pietre variegate, diaspro, porfido, serpentino grigio-scuro, e i marmi che ora concedono e ora rifiutano al sole, come Cleopatra, «di baciare le loro vene azzurre», quando l'ombra si ritira da loro mettono in ombra lentamente le ondulazioni azzurre, così come una marea quando si ritira lascia vedere la sabbia rigata dalle onde. I capitelli a volute di foglie d'acanto e di vite, pieni di segni mistici, cominciano e terminano con la croce; e sopra, nell'ampio archivolto una ininterrotta catena di parole e di angeli e i segni del cielo, poi i lavori degli uomini secondo l'ordine delle stagioni e ancor più in su una fila di pinnacoli rilucenti, uniti da archi bianchi terminati da fiori scarlatti: una confusione deliziosa, in mezzo a cui il petto dei cavalli greci si distende nella forza della sua forza dorata ed il leone di San Marco riposa su un fondo azzurro disseminato di stelle; e infine le creste delle arcate, come se rapite in estasi, si frangono quasi spuma di marmo e si slanciano nel cielo azzurro in fiamme ed in corone di spuma scolpita, come se le onde che si sollevano sulle rive del Lido si fossero gelate prima di ricadere e le ninfe del mare le avessero incrostate di coralli e di ametiste.[17]

■ Le case sembrano mute, ma interrogate parlano, anzi *raccontano*. Intanto, diversamente dai quadri e dalle sculture, implicano una fruizione in movimento, nel senso che ci devi girare intorno, le devi attraversare ed esplorare se le vuoi capire. Non solo: a seconda del punto di vista da cui le osservi o del percorso che fai per attraversarle ti si rivela sempre un'altra storia (per esempio Ruskin sceglie una certa prospettiva particolarmente scenografica, ma erano possibili vi-

17 J. Ruskin, *Le pietre di Venezia*, tr. A. Tomei, Rizzoli 1987, pp. 131 sgg.

sioni più laterali e scorciate). Scrivere l'architettura è dunque un utile esercizio narrativo oltre che descrittivo. Come ci mostra Ruskin è importante adoperare analogie se si vuole tradurre da un linguaggio all'altro (il linguaggio tecnico è asettico). Bisogna poi sentire fortemente il valore della luce. È infatti la luce che scrive l'architettura. La pietra è muta finché non interviene la luce («e i marmi ora concedono e ora rifiutano al sole di baciare le loro vene azzurre...»). È grazie alla luce che possiamo diventare coscienti del gioco dei contrasti, dei pieni e dei vuoti, delle linee e delle curve, ecc. che anima l'architettura. Occorre sentire infine che qualsiasi abitazione corrisponde a un'idea e che questa idea, se è una buona idea, è un'idea drammatica, fondata com'è sul dialogo serrato con l'ambiente esterno (e con l'interlocutore-osservatore). Una casa non è infatti un oggetto compatto e rigido, è un oggetto in movimento, è una struttura piena di contraddizioni che tendono a un'armonia sempre difficile. Per venire a capo con le parole di un'architettura dobbiamo perciò lottare con la lingua, così come l'architetto ha lottato con lo spazio.

2.2.6 Raccontare la musica

Come è noto la musica è un'arte asemantica (cioè: le sue varie parti, melodie armonie ritmi, non hanno significati precisi; un do diesis è un do diesis e basta) e aconcettuale (cioè: è priva di un contenuto certo); essa è dunque la più lontana da significati razionali evidenti e oggettivamente descrivibili. Il significato che noi eventualmente attribuiamo alla musica («è commovente», «è divertente», «è entusiasmante», ecc.) è una faccenda più legata ai nostri codici culturali che alla musica in sé e per sé (tant'è che una melodia araba allegrissima – per un arabo – può apparire a un ascoltatore italiano come una nenia noiosissima). Tuttavia la musica indubbiamente "racconta": solo che ogni ascoltatore ci "sente dentro" (ma è lui a produrla, con la sua fantasia) una sua storia, magari ogni volta (è questo il bello) differente. Ecco la storia vagamente onirica che si racconta una protagonista di Forster, mentre ascolta la quinta sinfonia di Beethoven:

> ...la musica ricominciava con un folletto che vagabondava tranquillamente per l'universo, da un capo all'altro. Altri lo seguirono. Non erano creature aggressive; era questo che li rendeva così terribili per Helen. Si limitavano a osservare en passant che cose come lo splendore o l'eroismo non esistevano nel mondo. Dopo l'interludio degli elefanti che danzano i folletti tornarono e osservarono la stessa cosa per la seconda volta. Helen non poteva contraddirli, perché una volta aveva fatto la stessa osservazione e aveva visto i saldi muri della giovinezza crollare. Panico e vuoto! Panico e vuoto! I folletti avevano ragione. [...] Come se le cose stessero andando troppo oltre, Beethoven afferrò i folletti e fece far loro quello che voleva. Intervenne di persona. Diede loro una piccola spinta ed essi cominciarono ad aggirarsi per l'universo in chiave maggiore, invece che minore, poi... egli soffiò e i folletti si dispersero! Vampate di splendore, dei e semidei che si battono con enormi spade, colore e fragranza diffusi sul campo di battaglia, magnifica vittoria, magnifica morte! Oh, tutto questo esplose davanti alla fanciulla che tese perfino le mani inguantate, come se fosse tangibile. Ogni fatto era titanico; ogni lotta desiderabile; conquistatore e conquistato sarebbero stati ugualmente applauditi dagli angeli delle stelle più eccelse.
> E i folletti... in realtà non c'erano stati? Erano soltanto i fantasmi della codardia e dell'incredulità? Un sano impulso umano poteva disperderli? Uomini come i

> Wilcox, o il presidente Roosvelt, direbbero di sì. Beethoven la sapeva più lunga. I folletti c'erano stati davvero. Potevano tornare... e lo fecero. Fu come se lo splendore della vita potesse traboccare, consumarsi in vapore e schiuma. Mentre si dissolveva risuonò la terribile nota infausta e un folletto, con accresciuta malignità, si aggirò tranquillamente per l'universo, da un capo all'altro. Panico e vuoto! Panico e vuoto! Persino i fiammeggianti bastioni del mondo potevano crollare.
> Infine Beethoven sceglieva di mettere tutto a posto. Ricostruì i bastioni. Riportò le vampate di splendore, l'eroismo di gioventù, la magnificenza della vita e della morte e, tra immensi scrosci di gioia sovrumana, portò a conclusione la sua Quinta sinfonia. Ma i folletti c'erano. Potevano tornare. Egli lo aveva detto coraggiosamente, e per questo si può credere a Beethoven quando afferma altre cose.[18]

■ Se si vuole raccontare la musica bisogna stabilire delle analogie, grazie alle quali un certo motivo o tema "rappresenta" una qualche entità o un personaggio. Si è molto liberi, in quanto non esiste nessun vocabolario che ci aiuti a tradurre da un codice all'altro. Bisogna lasciarsi andare alle libere associazioni, certo, ma sulla base di uno o più fili conduttori: anche la musica infatti è costruita secondo una certa sequenza, e come quasi tutte le narrazioni preme per una soluzione, per una catarsi. Per farlo deve lottare. Quasi sempre infatti in un pezzo musicale ci sono temi o motivi in contrasto che si contraddicono ma che anche pervengono ad accomodamenti, a soluzioni di compromesso: si accavallano, si scambiano le parti, ecc. E a questi motivi bisogna dare volto e figura se si vuole narrare la musica. Certo, come ci dimostra la fantasticheria musicale dell'eroina forsteriana, per farlo abbiamo bisogno di movimenti più liberi, di personaggi meno vincolati di quelli a cui ci ha abituato la narrativa vera e propria (è notevole il fatto che i cartoni animati si prestino più della parola scritta a rappresentare una musica). Tuttavia, quando il pezzo musicale termina la fantasticheria non può semplicemente interrompersi: deve trovare una catarsi narrativa.

2.3 Ritratti

2.3.1 Ritratti di tipi

Pian pianino siamo arrivati dall'altra parte. All'inizio del capitolo parlavamo di descrizioni puramente "dall'esterno", ora affronteremo il problema di "descrivere l'anima" di un personaggio. Esiste tutta una tradizione di ritrattistica letteraria: in poche righe dare non solo l'aspetto fisico d'una persona ma (come se la guardassimo ai raggi X) anche il suo aspetto interiore. Che naturalmente non può che apparire dall'esteriore: dal comportamento, dai gesti, dal vestire, dalla voce, dalla fisionomia ecc. Ecco un ritratto eseguito da La Bruyère, uno scrittore francese del diciassettesimo secolo:

> MENIPPO è l'uccello ornato di varie piume che non gli appartengono. Non parla, non sente; ripete sentimenti e discorsi, si serve anche dello spirito degli altri in modo così naturale che egli è il primo ingannato, e che crede spesso di

18 E.M. Forster, *Casa Howard*, tr. P. Campioli, Mondadori 1989, pp. 57 sgg.

> esprimere una sua preferenza o spiegare un suo pensiero, quando non è che l'eco di qualcuno che egli ha appena lasciato. È un uomo che è accettabile per tutto un quarto d'ora, che il momento dopo peggiora, degenera, perde il poco di lustro che un po' di memoria gli prestava, e mostra la corda. Lui solo ignora come è al di sotto del sublime e dell'eroico; e, incapace di sapere fino a dove si può avere dello spirito, crede ingenuamente che quel che lui possiede equivale a tutto quello che gli uomini saprebbero avere: così ha l'aria e il portamento di colui che non ha niente da desiderare a questo proposito, e che non nutre invidia per nessuno. Parla spesso a sé stesso, e non lo nasconde, quelli che passano lo vedono, e lui sembra sempre prendere una decisione, o decidere che una tal cosa non ammette replica. Se per caso lo salutate, lo gettate nell'imbarazzo: deve rendervi il saluto o no? E mentre lui delibera voi siete già lontani. La sua vanità l'ha promosso uomo di corte, l'ha messo al di sopra di lui stesso, l'ha fatto divenire ciò che lui non è. Si crederebbe, vedendolo, che non si occupa che della sua persona; che è consapevole che tutto gli dona e che la sua parrucca è ben assortita; che è convinto che tutti gli occhi sono aperti su di lui, e che gli uomini si facciano in quattro per contemplarlo.[19]

Ecco adesso un esempio contemporaneo tratto da *L'essere e il nulla* di Jean Paul Sartre:

> Consideriamo questo cameriere. Ha il gesto vivace e pronunciato, un po' troppo preciso, un po' troppo rapido, viene verso gli avventori con un passo un po' troppo vivace, si china con troppa premura, la voce, gli occhi esprimono un interesse un po' troppo pieno di sollecitudine per il comando del cliente, poi ecco che torna tentando di imitare nell'andatura il rigore inflessibile di una specie di automa, portando il vassoio con una specie di temerarietà da funambolo, in un equilibrio perpetuamente instabile e perpetuamente rotto, che perpetuamente ristabilisce con un movimento leggero del braccio e della mano. Tutta la sua condotta sembra un gioco. Si sforza di concatenare i movimenti come se fossero degli ingranaggi che si comandano l'un l'altro, la mimica e perfino la voce paiono meccanismi; egli assume la prestezza e la rapidità spietata delle cose. Gioca, si diverte. Ma che cosa gioca? Non occorre osservare molto per rendersene conto; gioca ad *essere* cameriere.[20]

■ **1**. È evidente che La Bruyère ha in mente più un *tipo* che una persona reale; probabilmente il suo Menippo nasce da un "remix" di persone diverse e accomunate da alcuni tratti caratteriali; e il tutto è incollato insieme con uno spirito abbastanza teatrale. È importante che il nostro tipo venga *messo in situazione*: dobbiamo vedere il gesto caratteristico, un tratto fisionomico peculiare, un'espressione ricorrente.
2. Ogni carattere, per essere ben tipizzato, deve contenere qualcosa di deviante e di, alla fin fine, un po' mostruoso. Nella descrizione del nostro tipo dobbiamo mettere un certo spirito crudele, come se guardassimo il mondo attraverso una lente deformante.
3. Il tipo di Sartre contravviene apparentemente a questa regola in quanto punta a una sorta di normalità da automa, da *cosa*: è questa se vogliamo la sua stranez-

19 J. De La Bruyère, *Les caractères*, Garnier-Flammarion 1965, pp. 111 sgg.
20 J.-P. Sartre, *L'essere e il nulla*, tr. G. Del Bo, Il Saggiatore 1964, p. 100.

za. L'esercizio di Sartre d'altra parte assomiglia a uno *schizzo* fatto dal vivo (mentre è seduto al bar) e in modo quasi caricaturale: ma in effetti, attraverso una serie di messe a punto, il soggetto osservato è ridotto al rango di insetto, fino ad essere infilzato con quella tremenda e bellissima chiusa: «gioca a *essere* cameriere» (a rigore, dovremmo dire che quel cameriere, poiché gioca a essere cameriere, è già di per sé una descrizione di un cameriere-tipo: quindi Sartre ci ha descritto una descrizione). Qualsiasi ritratto è animato da questa volontà sadica di fissare l'altro e di trasformarlo in una macchina, in un meccanismo.

Esercizi **1**. Ritratto classico. Prendete in considerazione un vostro conoscente che possieda un tratto caratteriale preciso (positivo o negativo che sia). Descrivete i comportamenti che esprimono questo tratto. Poi provate a collegare questo tratto con l'aspetto fisico di costui, con il suo modo di vestire, di gestire, di portare il bicchiere alla bocca, di guardare l'orologio. Infine, citate alcune frasi da lui dette che confermino e concludano la descrizione.
2. Ritratto sartriano (o quasi). Prendete in considerazione una persona che deliberatamente tenda a proporsi in un certo modo: uno che posa, insomma. Ritraetelo cercando di far stridere il contrasto tra ciò che egli è e ciò che egli vuole apparire.

2.3.2 Ritratti di individui

Adesso passiamo a considerare quei ritratti che descrivono singoli individui. Ecco l'indimenticabile e tragico ritratto che Elias Canetti ci ha lasciato di Klaus Mann (fratello del più famoso Thomas, e anche lui scrittore):

> Ho visto Klaus Mann una sola volta, parlava di letteratura americana, a Vienna.
> Ogni frase gli era già fuggita via prima che l'avesse pronunciata, sembrava molto disinvolto e, proprio per questo, infelice. Non diceva niente che non fosse stato già detto, tutte le frasi gli sembravano già occupate, perciò le buttava da parte e se ne cercava delle altre. Queste altre le aveva ancora in bocca e già le riconosceva per vecchie. Ciò che capiva a fondo era proprio questo, la provenienza delle sue frasi. Tutta la sua disinvoltura stava nel fatto che le frasi gli fuggivano via. Avrebbe dato volentieri la vita per accollarsi una frase che fosse sua. La vita, perché allora non avrebbe voluto morire. Ma non gli era dato di riconoscere frasi che fossero sue. Forse ne aveva qualcuna, ma non se ne accorgeva, si accorgeva soltanto delle altre, continuamente.
> Più tardi, a una riunione, tutti eravamo seduti, ma non si può dire che lui stesse seduto, scivolava avanti e indietro, schizzava in piedi, correva via, si rivolgeva ora a questo ora a quello, lo guardava di sfuggita e parlava a qualcun altro senza però vedere nessuno, per quante cose vedesse. Nulla di ciò che diceva restava nell'orecchio dell'ascoltatore, quasi non restava neanche lui, figurarsi se poteva rimanere negli altri: non credo che da solo si comportasse diversamente; era, penso, sempre con tutti e con nessuno.[21]

21 E. Canetti, *op. cit.*, pp. 47 sgg.

■ Anche nel ritratto individuale ricompare la terribile dote propria della letteratura occidentale moderna – ma anche della grande pittura coeva – di trafiggere i soggetti cogliendone il carattere essenziale, unico, demoniaco. Il Klaus Mann di Canetti è un personaggio contradditorio, perfino tragico, e tutti i grandi ritratti letterari lo sono: gli individui rappresentati dai ritrattisti perspicui sono campi di forze, sono sbilanciati, incompiuti, spaccati al loro interno. Questa drammaticità del ritratto costituisce anche la sua bellezza. Per poterci riuscire occorre cogliere il *demone* del personaggio in questione, il demone che lo abita e che lo caratterizza fin nei dettagli corporei e nei gesti. Senza questa capacità introspettiva il risultato risulterà fiacco e insipido.

2.3.3 Ritratti di animali

Si tratta di un genere che ha avuto una notevole fortuna soprattutto nel Settecento (ne fu maestro il naturalista Buffon), ma le sue radici sono antiche. L'animale ritratto si trasforma spesso (anche sulla scorta della tradizione favolistica, da Esopo a La Fontaine) nell'emblema d'una certa tendenza morale: l'aggressività, l'astuzia, ecc. Qui proponiamo un ritratto più recente e ironico, tratto dalle *Storie naturali* di Jules Renard:

> IL PAVONE. Sicuramente oggi si sposa. [...] Glorioso, passeggia con un'aria da principe indiano e porta su di sé i ricchi doni d'uso. L'amore ravviva lo splendore dei suoi colori e il suo pennacchio trema come una lira.
> La fidanzata non arriva.
> Sale sopra il tetto e guarda dalla parte del sole. Getta un grido diabolico: Leon! Leon!
> È così che chiama la sua fidanzata. Non arriva nessuno, nessuno risponde. Le galline abituate non alzano nemmeno la testa. Sono stanche d'ammirarlo.
> Ridiscende nella corte, così sicuro d'essere bello che è incapace di rancore.
> Il matrimonio sarà per domani.
> E, non sapendo cosa fare per il resto del giorno, si dirige verso la scalinata. Sale i gradini, come fossero gradini d'un tempio, con un passo solenne.
> Solleva l'abito a strascico carico del peso degli occhi che non hanno potuto distaccarsi da esso.
> Ripete un'altra volta la cerimonia.[22]

■ Il pavone è tradizionalmente l'emblema della vanità. Renard, senza tradire o contraddire la tradizione, introduce (e quasi incorpora nell'animale) un elemento nuovo: la solitudine del non amato, o forse addirittura l'"inamabilità". Il pavone è troppo bello, e troppo consapevole d'esser bello, per essere guardato ancora con interesse. È come se perfino le galline gli dicessero: «Sì, va bene, sei bello. Ma chi se ne frega?». L'effetto è prodotto da Renard con mezzi molto semplici: il pavone è bello, quindi è desiderabile, quindi avrà una fidanzata, quindi dovrà prima o poi sposarla – ma la fidanzata non arriva, il matrimonio è rinviato, o forse (come noi cominciamo a sospettare) una vera fidanzata non è mai esistita, e il pavone è, e sempre sarà, solo.

22 J. Renard, «Histoires naturelles», in *Oeuvres*, Gallimard 1971, p. 103.

Esercizi Descrivendo gli animali in questo modo è facile cadere nella banalità.
1. Considera un animale al quale si annettano, tradizionalmente, certi contenuti: a es. il gatto (furbo, infido, pigro, crudele) o la formica (modesta, previdente, non aggressiva) o l'asino (molto stupido o molto saggio, secondo le tradizioni) o il ragno (aggressivo, paziente, ingegnere). Modifica leggermente queste qualità: immagina a es. che il gatto sia silenzioso per discrezione e non per astuzia, o che la formica sia previdente per avarizia e non per saggezza: e poi tenta la descrizione.
2. Oppure immagina, per i comportamenti degli animali, cause mai supposte: il ragno, a es., potrebbe aggredire tutti i poveretti che incappano nella sua rete non per mangiarseli, ma perché gli rovinano il capolavoro: il ragno infatti è un artista, e la rete è la sua opera. Poi, dopo che li ha ammazzati, tant'è, se li mangia.

2.3.4 Autoritratti

Ecco due *autoritratti*. Nel primo, Francesco Petrarca – convinto com'era di essere un artista immortale – si rivolge direttamente ai posteri per, diciamo così, promuovere la propria immagine.

> E forse ti piacerà sapere che uomo fui: [...] sono stato uno della vostra specie, un pover'uomo mortale, di classe sociale né elevata né bassa; di temperamento per natura né malvagio né senza scrupoli, se non fosse stato guastato dal contatto abituale con esempi contagiosi. [...] Da giovane m'era toccato un corpo non molto forte, ma assai agile. Non mi vanto di aver avuto una grande bellezza, ma in gioventù potevo piacere: di colore vivo tra bianco e bruno, occhi vivaci e per lungo tempo di una grandissima acutezza, che contro ogni aspettativa mi tradì passati i sessanta, in modo da costringermi a ricorrere con riluttanza all'aiuto delle lenti. [...] Ho avuto sempre un grande disprezzo del denaro; non perché non mi piacesse essere ricco, ma perché detestavo le preoccupazioni e le seccature che sono compagne inseparabili dell'essere ricchi. Non ebbi la possibilità di lauti banchetti. [...] Ma pranzare con gli amici mi è sempre piaciuto, tanto che nulla mi è stato più gradito che averli come commensali, e mai di mia volontà ho mangiato senza compagnia.[23]

Il secondo autoritratto è di Montesquieu, e il suo stile è molto più impressionistico e libero:

> Io non ho quasi mai sofferto di cattivo umore, e ancor meno di tedio. La mia complessione naturale è così felicemente organizzata che sono colpito piuttosto vivacemente da tutti gli oggetti che mi danno piacere, ma non abbastanza da farmi soffrire. [...] Mi sveglio la mattina con una gioia segreta; vedo la luce con una specie di rapimento. Per il resto del giorno sono contento. [...] Passo la notte senza svegliarmi; e, la sera, quando vado a letto, una specie di stordimento mi impedisce di fare delle riflessioni. [...] Vedendo la maggior parte dei grandi, ho avuto, dapprima, una paura puerile. Dopo che io ebbi fatto la loro conoscenza sono passato, quasi senza transizione, fino al disprezzo. [...] Non ho mai visto scorrere delle lacrime senza esserne intenerito. Perdono facilmente perché non

23 F. Petrarca, «Posteritati», cit. in C. Segre e C. Martignoni, *Testi nella storia*, v. I, Bruno Mondadori 1994, pp. 690 sgg.

> so odiare. Mi sembra che l'odio sia doloroso. Quando qualcuno ha voluto riconciliarsi con me, ho sentito la mia vanità solleticata, e ho cessato di guardare come nemico un uomo che mi rendeva possibile di avere una buona opinione di me stesso.[24]

■ L'autoritratto di Petrarca è tutto "al passato", perché egli vuole dare l'immagine definitiva di un uomo ormai del tutto maturo e realizzato. Anche per questo, ci dà alla fin fine un ritratto stilizzato, non "a tutto tondo". Montesquieu invece procede per associazioni, per proposizioni successive quasi irrelate tra loro: è evidente che vuole rappresentarsi come un essere "incompiuto", in movimento, soggetto a trasformazioni. Sono due tecniche di autorappresentazione alternative.

Esercizi Un esercizio in quattro fasi: *a.* scrivi un tuo autoritratto fisico; *b.* scrivi un tuo autoritratto caratteriale; *c.* trova le connessioni tra i due autoritratti e sovrapponili; *d.* decidi qual è il tipo di frase che più *somiglia* al tuo autoritratto e applicalo al testo: frase quieta se sei quieto, frase spezzata se sei nevrastenico...

2.3.5 Caricature

Il ritratto caricaturale esaspera i tratti morali e fisici del personaggi portandoli a una specie di punto di non ritorno, un punto in cui la persona diviene mostro. Come nel caso della principessa d'Harcourt vista da Saint-Simon:

> Questa principessa d'Harcourt fu una specie di personaggio che sarà bene far conoscere, per ritrarre con più precisione una corte che non si faceva scrupolo di ospitare gente del genere. Era stata molto bella, e galante, ma, benché non fosse ancor vecchia, le grazie e la beltà l'avevano abbandonata da un pezzo. Essa era ormai un donnone grande e grosso, molto alla buona, color del pancotto, con grosse e brutte lerfie, e dei cernecchi di canapa sempre in disordine e pendenti qua e là, come tutto quello che aveva indosso. Sporca, trascurata, sempre intrigando, pretendendo, macchinando, lamentandosi sempre; e bassa come l'erba, o camminando sopra le nubi, secondo le persone con cui aveva da fare. Era una specie di furia bionda, coi modi di un'arpia: sfrontata, malvagia, falsa e violenta, avida e avara, aveva anche delle arpie la leggendaria ingordigia e la prontezza a evacuare quanto aveva mangiato; e metteva alla disperazione quelli da cui andava a pranzo, perché non mancava mai di correre al comodo uscendo di tavola, al punto che spesso non faceva neppure in tempo ad arrivarci, e segnava tutta la strada con un'orrida striscia, il che le attirò spesso le malevolenze dei servitori.[25]

■ Procedimento per scrivere una caricatura: *a.* identificare pochi tratti salienti (e quasi "sporgenti") nella persona da caricaturare: tratti evidentemente anormali, in senso fisico o morale (la bassezza come l'altezza, l'avarizia come la prodigalità, ecc.); *b.* usare l'iperbole, cioè esagerare i difetti fino all'inverosimile (o anche oltre); *c.* ridurre l'altro a un segno, a un meccanismo, a un

---

24 Cit. in A. Lagarde e L. Michard, *XVIII Siècle. Anthologie et histoire littéraire*, Bordas 1985, pp. 77 sgg.
25 L. de Saint-Simon, *Memorie*, tr. M. Bonfantini, Einaudi 1973, pp. 14 sgg.

pittogramma, a uno – e a un solo – schema fisico o comportamentale. Ciò che "rende persona" una persona è proprio la sua complessità, la sua fluidità e ricchezza; la persona caricaturata diventa una "non persona" perché viene fissata in uno schema rigido.

Esercizi È divertente parlar male di coloro di cui tutti parlano bene. Perciò scegliamo una vittima celebre (un divo dello *show-business*, un politico, un atleta") e lavoriamo scientificamente: *a.* facciamo un elenco delle ragioni per cui la vittima è lodata; *b.* troviamo per ciascuna lode un biasimo corrispondente, secondo una tecnica a scelta: il troppo-è-troppo («è lodato per la qualità X; ce l'ha, è vero, ma in dose esagerata»), il non-poi-così-tanto («è lodato per la qualità X, ma non la possiede poi in dose rilevante»), il forse-una-volta («forse una volta aveva la qualità X, ma ora"»), il chi-l'ha-detto («ma chi l'ha detto che ha la qualità X?»), ecc.; *c.* troviamo per ogni biasimo un'azione o un gesto o un comportamento tipico che ben lo rappresentino; d. scriviamo il nostro ritratto al vetriolo.

2.3.6 Ritratti *post mortem*, ovvero: le orazioni funebri

Dispiace ricordarlo in un libro giocoso come questo nostro, ma gli uomini muoiono e il compito di chi sopravvive è di ricordarli, anche attraverso la scrittura, a noi stessi e agli altri. L'orazione funebre o il discorso commemorativo è il momento in cui tentiamo di costruire un primo ritratto del nostro caro da tramandare. Quando un uomo muore infatti egli può essere trattato come una totalità conclusa, non più come una potenzialità ancora aperta e non del tutto definita. L'orazione funebre è perciò anche un tentativo di afferrare sinteticamente il senso d'una esistenza compiuta. Ecco un brano da un discorso tenuto da Pier Vincenzo Mengaldo per ricordare l'amico studioso Giancarlo Mazzacurati da poco scomparso:

> Negli ultimi tempi, nelle ultime telefonate Giancarlo mi ha detto, e non una volta sola, che tanto spesso aveva sbagliato nella vita, ma che era più che compensato, in quei duri mesi, dal sentire quanti veri amici aveva. E io sforzavo la sua modestia e gli replicavo che non doveva affatto meravigliarsi, perché questa ricchezza e intensità di amicizie era esattamente ciò che gli *spettava* (è proprio il verbo che ho usato, ne sono certo). E tornando al rapporto fra uomo che studioso, come non mettere in relazione questa sua socialità con le grandissime doti di maestro che possedeva e con la stessa sua idea della letteratura come moneta circolante? [...] Quanto ho detto finora, ma piuttosto accennato, era necessario se non altro per suggerire che Giancarlo è stato uno dei critici e degli intellettuali più importanti della mia generazione, uno degli ultimi temo di queste dimensioni. Ma nel mio ricordo di amico ci sono cose che importano di più. Per esempio l'autentica *gioia* che mi prendeva, e non me solo in famiglia, tutte le volte che saliva le scale della nostra casa di Padova. [...] Saliva naturalmente, quasi senza essere sentito, e compensava questo silenzio felpato incominciando il dialogo, con i suoi caratteristici borbottamenti, sul penultimo pianerottolo o giù di lì. È difficile dire perché e come Giancarlo era un uomo eccezionale, anzi unico, senza adoperare etichette di comodo; se non che è queste etichette, riferite a lui, credo che riacquistino una specie di verginità. Grandissima e quasi spericolata intelligenza, sempre speziata di paradossi, sì, ma anche una generosità mai programmata e perciò perfettamente laica e

un'ironia che (come dicevo) essendo anzitutto autoironia lo rendeva immune da qualsiasi cattiveria ed aggressività; e quanta amabilità, nel senso prima di tutto etimologico: era impossibile non amare Giancarlo, per la sua fedeltà agli uomini anche. E poi qualcosa che non posso fare meno di chiamare signorilità, una signorilità – del tutto aliena da questi tempi volgari – che si rifletteva immediatamente nella sua affascinante voce *fânée*, incapace di azzannare l'oggetto del proprio discorso, ma fatta piuttosto per circuirlo. Tutto questo non rendeva, ah no, Giancarlo una persona serena, ma sì una persona, come avrebbe detto Montale, *intonata*. Inquieto, ma di un'inquietudine costante, direi a temperatura costante. Io che sono inquieto e anche incostante, mi placavo un po' alla sua presenza. Forse mi posso considerare un essere passabilmente civile, eppure di fronte a Giancarlo, ve l'assicuro, mi sono sempre sentito un buzzurro, cercando magari di controbattere la sua *souplesse* con la mia nota perentorietà, che lui mi passava per buona con un sorriso benevolo, o con finta serietà. E forse il fascino di Giancarlo stava anche nel fatto che era difficile per non dire impossibile *conoscerlo*; [...] forse lui stesso non si conosceva molto e preferiva, a scanso di quello che avrebbe trovato dentro di sé, guardarsi dal di fuori un po' di sbieco, al modo col quale riguardava inclinando con grazia sorridente la testa.
Posso però giurare di non aver mai provato invidia per Giancarlo. Come si poteva? Non si può provare invidia, ma solo ammirazione e quasi stupore per chi incarna in modo così integro e insieme fuori di squadra l'umanità al migliore, forse quell'umanità che i grandi utopisti, compreso il nostro Marx, hanno intravisto nel futuro, socchiudendo gli occhi. A mia figlia bambina e poi ragazza mi è capitato spesso di domandare, un po' per scherzo ma un po' sul serio: «Secondo te, qual è il nostro amico più simpatico?» Risposta invariabile: «Giancarlo», col tono di chi intende: «Ma Giancarlo naturalmente, chi altri mai?». Così era ed è.[26]

■ Ciò che è interessante in questo ritratto è la sua complessità umana. La persona ricordata non è rappresentata in chiave agiografica – cioè solo per lodarla –, ma come un essere contradditorio, vivo nel senso più completo del termine. Occorre infatti resistere con tutte le forze alla tentazione di situare la persona cara in una sorta di limbo, dove tutte le asprezze e le contraddizioni d'una esistenza vengono cancellate di colpo. Questo è l'ultima, la più terribile offesa che possiamo fare a un morto: mostrarlo come una persona risolta, completa, che sapeva sempre quel che faceva. E invece il bello degli uomini è proprio anche la loro imperfezione e la ricerca da essi compiuta per venirne a capo. Nel ritratto post-mortem è giusto anche rappresentare il morto come uomo del suo tempo, attraversato dalle passioni del suo tempo, partecipe delle grandezze e delle miserie del suo tempo. Da questo punto di vista il modello (inarrivabile) è pur sempre Dante: che non cedette mai alla tentazione di depurare, di togliere alle sue ombre la ricchezza creaturale della loro vicenda temporale. Infine c'è una cosa che sarebbe bello poter restituire della persona che non c'è più: la sua *grazia*, il particolarissimo e unico modo di incedere, di muoversi, di essere: «Giancarlo non era una persona serena, ma sì una persona intonata...».

26 P. V. Mengaldo, «In memoria di Giancarlo Mazzacurati», in *Il personaggio romanzesco. Teoria e storia di una categoria letteraria*, a c. F. Fiorentino e L. Carcereri, Bulzoni 1998, pp. 19 sgg.

2.4 Istruzioni per l'uso ricette stratagemmi

2.4.1 Ricette ovvie

In una narrazione gli oggetti non vengono solo descritti: i personaggi li adoperano, ci fanno delle cose, interagiscono. Per imparare come funziona l'interazione personaggi/oggetti, niente è meglio che dedicarsi alle *istruzioni per l'uso*, cioè a quei testi il cui scopo è di spiegarci come interagire con gli oggetti. Naturalmente vi proporremo delle istruzioni per l'uso divertenti e paradossali. Cominciamo con questa ricetta per cucinare un uovo sodo, scritta da Jonesco:

> Chiedete un uovo sodo al vostro lattaio. Pregatelo di sperarlo, cioè di guardarlo contro luce, per controllarne la freschezza. Di solito l'uovo sarà di gallina... Ritornate a casa cercando di mantenere l'uovo intatto. È consigliabile preparare l'uovo in cucina, su un fornello. Attenzione! non mettere l'uovo direttamente sul fornello, ma dentro una casseruola. In precedenza versare nella casseruola una quantità d'acqua sufficiente a coprire l'uovo... Potrete ottenere l'acqua anche girando la chiavetta collocata, nella maggioranza dei casi, sopra l'acquaio; sul fuoco dovrete mettere la casseruola contenente l'acqua nella quale è immerso l'uovo. Se l'acqua è fredda potrete farla scaldare dopo aver acceso il fuoco del fornello. Si accende il fornello mediante un fiammifero estratto da una apposita scatoletta, avendo cura di strofinare uno dei due lati ricoperti di fosforo rosso...[27]

■ Jonesco presenta – anzi presuppone – un personaggio del tutto inetto (se non fosse inetto non gli servirebbero tante istruzioni) mentre, per contrasto, l'uovo appare estremamente sicuro di sé: è l'unica cosa che non si insegna né si discute. L'effetto comico è raggiunto grazie alle pedanti *istruzioni per l'uso*. Ogni azione è scomposta in sotto-azioni, e così via; si raccomanda estrema attenzione e consapevolezza per azioni che chiunque di noi compie automaticamente. Al di là dell'effetto divertente, qui viene raffigurata una relazione abbastanza malsana tra il personaggio e l'oggetto.

Esercizi Scrivete le istruzioni per comporre il numero del telefono (è meno facile di quel che credete). Scrivete le istruzioni per prendere l'ascensore, soffermandovi sull'argomento: «Attività che si possono intraprendere mentre si aspetta che l'ascensore arrivi».

2.4.2 Ricette arricchite

Le ricette vere e proprie di solito sono telegrafiche: comunicazioni di servizio. Le *ricette arricchite* si chiamano così perché sono appunto arricchite da digressioni, specificazioni, commenti, ecc. Come in questa ricetta che ci viene proposta da Carlo Emilio Gadda:

> L'approntamento di un buon risotto alla milanese domanda riso di qualità, come il tipo Vialone, dal chicco grosso e relativamente più tozzo del chicco di tipo Carolina, che ha forma allungata, quasi di fuso. [...] Recipiente classico per

27 Jonesco, *Teatro 2*, tr. G. Morteo, Einaudi 1969, p. 118.

la cottura del riso alla milanese è la casseruola rotonda, e la ovale pure, di rame stagnato, con manico di ferro: la vecchia e pesante casseruola di cui da un certo momento in poi non si sono più avute notizie: prezioso arredo della vecchia, vasta cucina. [...] La casseruola, tenuta al fuoco, pel manico e per una presa di feltro con la sinistra mano, riceva degli spicchi o dei minimi pezzi di cipolla tenera, e un quarto di ramaiolo di brodo, preferibilmente brodo al foco, e di manzo: e burro lodigiano di classe. [...] Al primo soffriggere di codesto modico apporto butirroso-cipollino, per piccoli reiterati versamenti sarà buttato il riso. [...] I chicchi dovranno pertanto rosolarsi e a momenti indurarsi contro il fondo stagnato, ardente, in codesta fase del rituale, mantenendo ognuno la propria "personalità": non impastarsi e neppure aggrumarsi.
Burro, quantum sufficit, non più, ve ne prego; non deve far bagna, o intingolo sozzo: deve untare ogni chicco, non annegarlo. Poi a poco a poco si rigonfia, e cuoce, per l'aggiungervi a mano a mano del brodo, in che vorrete esser cauti, e solerti: aggiungete un po' alla volta del brodo, a principiare da due mezze ramaiolate di quello attinto da una scodella «marginale», che avrete in pronto. In essa sarà stato disciolto lo zafferano in polvere, vivace, incomparabile stimolante del gastrico, venutoci dai pistilli disseccati e poi debitamente macinati del fiore. [...] Per lo zafferano consiglio Carlo Erba Milano in boccette sigillate: si tratterà di dieci dodici, al massimo quindici, lire a persona: mezza sigaretta! Non ingannare gli dèi, non obliare Asclepio, non tradire i familiari, né gli ospiti che Giove Xenio protegge, per contendere alla Carlo Erba il suo ragionevole guadambio. No! Per il burro, in mancanza di Lodi potranno sovvenire Melegnano Casalbuttano Soresina; Melzo, Casalpusterlengo; tutta la bassa milanese al disotto della zona delle risorgive, dal Ticino all'Adda e insino a Crema e Cremona. Alla margarina dico no! E al burro che ha il sapore delle saponette: no![28]

■ **1**. Il bello delle ricette arricchite è che ci si può ficcare dentro di tutto. Esse diventano un piccolo crocevia dove convergono le linee della vostra personale enciclopedia fatta di nozioni geografiche, economiche, storiche, ecc. Come a dire che spiegando una ricetta si spiega (e dispiega) un intero modo di vedere il mondo.
2. Clara Sereni ha scritto *Casalinghitudine*, un bel libro dove ogni capitolo corrisponde a una ricetta, e ogni ricetta a un ricordo. Il polpettone di tonno, a es., veniva preparato durante i pranzi di Natale; dopo averne fornita la ricetta, Sereni ricorda alcuni di questi pranzi, con tutto ciò che ne segue: le persone che vi partecipavano, le discussioni, i problemi, ecc. Insomma ogni ricetta è un filo, uno spunto per iniziare a raccontare.

Esercizi È fin troppo facile individuare un piatto del quale siamo ghiotti – o al contrario, che ci repelle – e descriverne la preparazione e le modalità di consumo evocando ricordi grati o ingrati: sul grasso della carne si potrebbe scrivere un'epopea collettiva. Ma si può seguire anche il procedimento inverso: raccontare a es. un'amicizia, o la storia d'un amore, come un'ininterrotta sequenza di pasti e spuntini: «Ci conoscemmo al McDonald's... Mi diede appuntamento allo Spizzico... Passeggiammo a lungo, in silenzio, ciascuno succhiando il suo Calippo...»).

28 C.E. Gadda, *Le meraviglie d'Italia*, Einaudi 1964, pp. 205 sgg.

2.4.3 Guide sentimentali

La guida turistica è per definizione un testo descrittivo neutrale e asettico. Per *guide sentimentali* intendiamo invece quei testi che raccontano – più che descrivere – itinerari artistici o paesaggistici puntando a diventare quasi un compagno di viaggio del lettore: un compagno affabile, divagante, magari un po' chiacchierone, grazie al quale veniamo a conoscere più intimamente gli ambienti che attraversiamo. Qui proponiamo un brano da una guida alle trattorie e alle osterie del Veneto, scritta da Paolo Gobbi. Siamo a Treviso:

> Vi trovate nel pieno centro storico appena dietro alla bella Piazza dei Signori, stretti tra vecchie case risparmiate non si sa come dagli ordigni bellici, copiosamente caduti sulla capitale della Marca trevigiana durante il secondo conflitto mondiale. Ma prima di essere incalzati dalla fame che non dà tregua, allontanatene, per quel poco che vi sarà possibile, la minaccia andando a sorseggiare un bicchiere di fresco prosecco seduti sotto la grande loggia che sta al pianterreno del Palazzo dei Trecento: all'ombra di quelle volte possenti, protetti e invisibili per la ressa che, un po' in piedi e un po' seduta, preme intorno a voi, occhieggerete, attraverso quell'unico angusto pertugio che si è miracolosamente creato, il passo felpato di quella giovane donna, elegante nel suo tailleur di gabardine color fucsia al pari del cappello e delle scarpe, che avanza ancheggiando tra ali attonite di maschi imbambolati; ne seguirete, sempre più appassionandovi, il procedere lento ed elegante fino a quando come un miraggio non scomparirà in fondo a Cal Maggiore, sfuggente e oramai inafferrabile, e solo una precisa, ben assestata pedata sui vostri stinchi vi desterà dall'incantesimo. Soltanto allora capirete appieno perché Pietro Germi abbia scelto Treviso per girare quello splendido film che è *Signore e signori*, immortalando vizi (e virtù?) di alcuni tipici personaggi della piccola provincia veneta degli anni '60 che, da queste parti, non sono ancora scomparsi ma si ripropongono, malcelati, al vostro sguardo complice e indagatore. Dopo aver dunque ammirato lo charme delle signorine trevigiane e prima di scovare il fascino della cucina che contribuisce a renderle così seducenti, potete inoltrarvi, passando per il sottoportico dei Soffioni, nella zona dei Buranelli, la più affascinante della città, così ricca com'è di tanti canali, ponticelli, vecchi mulini, vicoli stretti e belle piazzette, case affrescate lambite dallo scorrere pigro dei tanti rivoli del Cagnan, solitario per poco ancora perché prossimo al Sile che *l'accompagna.* Ritornati quindi nella via Inferiore che sta alle spalle del Palazzo del Podestà e della Piazza dei Signori, troverete a metà della stessa un'insegna di ferro posta appena sopra l'entrata che segnala il posto di ristoro. La trattoria offre ospitalità solo all'interno e in spazi un po' stretti, ma è indubbiamente suggestivo il semplice decoro ricco di varie testimonianze del passato, qualche vecchia foto, un piatto dipinto, un lume polveroso. I cibi offerti sono generalmente quelli della tradizione veneta, con una attenzione particolare per i dolci. Sempre presenti sono le ottime zuppe d'orzo o comunque altri tipi di minestre, ma potete trovare gli spaghetti conditi con una salsa di acciughe, il baccalà alla vicentina, il fegato alla veneziana, delle buone verdure cotte e crude e, per ritrovare infine quella dolcezza che s'era smarrita in fondo a Cal Maggiore, fatevi servire una deliziosa crema di mascarpone, nella quale potrete inzuppare le impalpabili, fragili ma quanto mai fragranti lingue di gatto. Prezzo indicativo: lire 30-35000.[29]

29 P. Gobbi, *La gran tua gola. Piccola guida all'allegro desinare nel Veneto agreste*, Achab (di prossima uscita).

■ **1**. L'autore d'una guida sentimentale è un *aficionado*, più che un esperto o un reporter: ma soprattutto è un complice del lettore. Perciò la prima cosa da decidere è: chi è il nostro lettore, e quali cose possono interessarlo, affascinarlo o ingolosirlo. Anche il tono amichevole e confidenziale può essere "tarato" diversamente, tenendo conto di chi leggerà.
2. Una tecnica importante – per non dire sovrana – è quella della digressione: cioè del parlare d'altro, del contorno, dell'inessenziale, del curioso e dello strano. Il lettore va guidato a ficcare il naso ovunque, soprattutto lì dove mai avrebbe immaginato.

Esercizi **1**. Ognuno di noi è esperto di certi luoghi, ambienti, negozi, ecc. Scrivete dunque una piccola guida sentimentale su uno di questi soggetti: osterie; librerie; gelaterie; monumenti della prima guerra mondiale; luoghi segreti dove potersi infrattare in compagnia del proprio partner; piazzette; ville moderne particolarmente brutte; ecc.
2. Immaginate che il vostro lettore sia uno squatter, e scrivete una guida sentimentale agli edifici industriali dismessi; che sia un alcolista, e scrivete una guida ai bar dove non si va tanto per il sottile; che sia una ragazzina modaiola, e scrivete una guida ai negozietti delle cosucce carine; che sia un lettore voracissimo, e scrivete una guida alle bancarelle di libri usati...

2.4.4 Istruzioni per l'uso paradossali

Dopo questo bagno di realtà, torniamo alle soluzioni più surreali. Ecco le accuratissime *Istruzioni per scendere dal letto* della scrittrice argentina Peri Rossi:

> Quando si sta per scendere dal letto, bisogna fare molta attenzione. Non si possono lasciare bambini o cani sciolti e i mobili devono essere in ordine, perché scendere è molto pericoloso. È necessario che il luogo sia ben sgombro, bisogna togliere lampade, armadi, tavoli e tutti quegli inutili oggetti che si mettono nelle case per sfuggire al vuoto. Perciò avverto con molto anticipo. Dico, per esempio: «Domani scendo dal letto, attenti. Scenderò alle nove e cinque minuti. Sincronizzare gli orologi, assicurate la mobilia, agganciate le cinture». Scelgo sempre un'ora con cinque minuti di scarto, perché nessuno è in grado di essere puntuale se non ha cinque minuti di tolleranza. Mi preparo bene, per scendere. Fin dal giorno precedente son preso da tutte quelle minuziose pratiche di cui non si può non tener conto per una buona discesa. In primo luogo faccio mettere un cartello alla porta perché nessuno mi disturbi... Prima di scendere studio bene l'area della stanza, cerco di memorizzare il posto occupato dagli oggetti – che dovrò fronteggiare una volta raggiunto il pavimento.[30]

■ Va segnalata una differenza tra il gioco di Peri Rossi e quello di Jonesco (vedi qualche paragrafo indietro). Rossi non ci dà una ricetta ovvia, ma piuttosto tenta di rivelarci il mistero – e addirittura i gravissimi pericoli – che si celano negli ambienti e nei comportamenti più quotidiani. Specchi, tappeti, prese elettriche possono diventare feticci strani e enigmatici.

30 C. Peri Rossi, *Il museo degli sforzi inutili*, tr. V. Spada, Einaudi 1990, pp. 86 sgg.

Esercizi Incrocia la tecnica di Peri Rossi con la tecnica inquietante di Poe, e prova a scrivere le istruzioni per: attraversare la strada in prossimità di un grande incrocio, cucinare il riso con la pentola a pressione, pulire gli specchi del bagno. Di ogni situazione sottolinea gli aspetti pericolosi, ed eventualmente tenta le due diverse realizzazioni: quella comica e quella inquietante.

2.4.5 Istruzioni controproducenti

Sono davvero sorprendenti le *Istruzioni per rendersi infelici* di Paul Watzlawick. Già il titolo suona incongruo, parodia di quella manualistica che pretende di insegnarci come vivere in pace con noi stessi, come avere una vita sessuale meravigliosa, come raggiungere tutti i nostri obiettivi, insomma: come rendersi felici. L'originalità di Watzlawick consiste proprio nel paradossale obiettivo: renderci infelici! Qualche esercizio pratico:

> Esercizio n. 2. Rimanete nella poltrona, tenete ancora gli occhi chiusi; spostate adesso la vostra attenzione [...] alle scarpe. Ben presto vi accorgerete di quanto scomodo sia portare delle scarpe. Per quanto comode vi sembrassero finora, comincerete a sentirle strette in qualche punto e immediatamente diverrete consapevoli di altri fastidi, come bruciori, sfregamenti, dita ricurve, caldo o freddo, e cose del genere. Esercitatevi finché il portare scarpe, cosa finora ovvia e banale, divenga per voi particolarmente spiacevole. Acquistate poi delle scarpe nuove e notate come esse, che in negozio calzavate alla perfezione, divengono dopo un po' scomode quanto le altre.
>
> Esercizio n. 3. Rimanendo nella poltrona, osservate il cielo attraverso la finestra. Con un po' di abilità scorgerete ben presto nel vostro campo visivo numerosi, minuscoli punti rotondi che, mantenendo fisso lo sguardo, scendono lentamente verso il basso; strizzando però gli occhi, tornano su velocemente. Notate inoltre che, quanto più vi concentrate su di essi, sembrano diventare sempre più grossi e numerosi. Considerate le possibilità che si tratti di una grave malattia, perché se i puntini arrivano a occupare interamente il vostro campo visivo, per voi sarà molto difficile vederci ancora bene. Andate dall'oculista. Egli cercherà di spiegarvi che si tratta di innocue *mouches volantes*. Considerate allora la possibilità o che egli avesse il morbillo quando questa malattia è stata spiegata agli studenti di medicina del suo corso alla clinica oculistica universitaria, oppure che non vi voglia informare, per pura pietà, dell'incurabile decorso della vostra malattia.
>
> Esercizio n. 4. Se l'espediente delle *mouches volantes* non avesse successo, non dovrete darvi per vinti. I nostri orecchi offrono una possibilità equivalente. Andate in una stanza il più possibile silenziosa; vi accorgerete di udire improvvisamente un ronzio, un fruscio, un leggero sibilo o un altro simile suono invariabile. Normalmente questo suono è coperto dai rumori ambientali; ma con una adeguata attenzione potrete percepirlo sempre più forte e più spesso. Andate allora dal medico. A questo punto vale quanto detto all'esercizio n. 3, con la differenza che il medico vorrà minimizzare il fatto, facendolo passare per un normale *tinnitus*.
>
> Esercizio n. 5. Ora siete sufficientemente preparati, e evidentemente anche dotati di talento, per trasferire la vostra abilità dal proprio corpo all'ambiente circostante. Cominciamo con i semafori. Dovreste già aver notato che questi

> hanno la tendenza a rimanere verdi finché vi avvicinate, per passare dal giallo al rosso nel preciso momento in cui voi non potete più arrischiarvi ad attraversare l'incrocio. Resistete alla vostra ragione, la quale vi suggerisce che come minimo trovate con la stessa frequenza il rosso e il verde, e il successo è garantito. Senza esserne consapevoli, sommerete ogni semaforo rosso alle pene già subite, ignorando al contrario tutti quelli verdi. Ben presto non riuscirete più a respingere l'impressione che ostili potenze superiori si accaniscano su di voi, e il cui influsso non si limita affatto al vostro luogo di residenza, ma vi segue a Oslo o a Los Angeles. Nel caso non andiate in automobile, potreste sempre scoprire che alla Posta o in banca la coda in cui vi mettete è la più lenta, o che il vostro aereo attende sempre all'uscita più distante della sala sportelli.[31]

■ Il gioco è il seguente: si tratta di insegnare al "cattivo" tutti i trucchi per essere "cattivo" così che lui, sentendo che la cattiveria può essere costruita e programmata a tavolino, perderà la voglia d'essere spontaneamente cattivo... In altre parole: il ricercatore di felicità a tutti i costi dovrebbe rinsavire vedendosi rispecchiato alla rovescia nel ricercatore di infelicità; il lamentoso, a sua volta, dovrebbe saper sorridere di sé... vedendo scoperti i trucchi che mette in atto pur di lamentarsi.

Esercizi Scrivete le istruzioni (con annessi esercizi pratici) per: farsi piantare dal partner, farsi negare un prestito dalla banca, farsi negare le ferie dal datore di lavoro, non essere invitati al matrimonio di vostro/a figlio/a, essere visitato per ultimo al pronto soccorso. Ricordatevi che, se volete far ridere, dovete essere assolutamente seri.

2.4.6 Cattivi consigli e stratagemmi ad uso improprio

Un altro genere di parodia basato sul rovesciamento è quello adoperato da Swift nelle celebri *Istruzioni alla servitù*. Swift consiglia ai servi di fare esattamente ciò che solitamente viene sconsigliato o proibito. Alcune di queste azioni sono veramente lerce. Ecco i consigli alla cuoca:

> Non servirti mai di un cucchiaio in tutto ciò che puoi fare con le mani, per lo scrupolo di non consumare l'argenteria del tuo padrone.
> Quando ti accorgi che il pranzo non può essere pronto all'ora stabilita, metti indietro l'orologio, dopodiché sarà pronto allo scoccare del minuto.
> C'è solo un'operazione di toilette che ti consento di fare mentre le vivande stanno lessando, arrostendo, o stufando, cioè pettinarti la testa, che non fa perder tempo, perché puoi seguire la cottura, e curarla con una mano, mentre stai usando il pettine con l'altra.
> Quando hai fretta di tirar giù i piatti, dagli una spintarella che ne faccia cadere una dozzina sulla credenza, giusto a portata di mano.
> Per risparmiare tempo e fatica, taglia le mele e le cipolle con lo stesso coltello, perché ai signori di buona famiglia piace il sapore di cipolla in ogni cosa che mangiano.[32]

31 P. Watzlawick, *Istruzioni per rendersi infelici*, tr. F. Fusaro, Feltrinelli 1984, pp. 31 sgg.
32 J. Swift, *Istruzioni alla servitù*, tr. L. Terzi, Adelphi 1981, pp. 52 sgg.

Non meno cinici sono i consigli che il filosofo Schopenhauer offre a chi vuole aver ragione a tutti i costi.

> Stratagemma n. 26. Un tiro brillante è la *retorsio argumenti*: quando l'argomento che l'avversario vuole usare a proprio vantaggio può essere usato meglio contro di lui. Per esempio egli dice: «È un bambino, bisogna pur concedergli qualcosa»; *retorsio*: «Proprio perché è un bambino bisogna castigarlo, affinché non perseveri nelle sue cattive abitudini».
>
> Stratagemma n. 27. Se, di fronte a un argomento, l'avversario inaspettatamente si adira, allora bisogna incalzare senza tregua con quell'argomento: non soltanto perché va bene per farlo montare in collera, ma perché si deve supporre di avere toccato il lato debole del suo ragionamento, e di potergli nuocere ancor più di quanto si possa credere in un primo tempo.[33]

■ **1**. Che cosa vuole veramente fare Swift? Vuole dare cattivi consigli ai servi? No: solo un servo pazzo li seguirebbe. Vuole svelare ai padroni i trucchi dei loro sottoposti? No: è evidentissimo che Swift tifa per i servitori. E allora? Swift si limita a sovvertire – per gioco – l'ordine costituito, facendo vedere come la stessa lingua e lo stesso tono con cui si insegnano le buone maniere possono servire a insegnare le cattive maniere: il che mostra la vanità della distinzione morale tra queste e quelle, nonché l'inquietante ambiguità della lingua.
2. Meno sovversivo, e forse più moralista, è Schopenhauer: i suoi stratagemmi sono sì degli inviti alla mistificazione; ma più facilmente possono essere intesi come demistificanti, perché rivelano quanto spesso nelle discussioni la pura e semplice capacità linguistica trionfi sulla logica.

Esercizi Osservate attentamente questo *Ricettario*. Poi scrivete venti geniali consigli per scrivere male, sciatto, noioso e scorretto: ma con il tono, ci raccomandiamo, di chi insegna a fare la cosa giusta.

2.4.7 Consigli assurdi e surreali

Approdiamo infine alle più pazzesche istruzioni per l'uso: quelle inventate dai due poeti surrealisti francesi Eluard e Breton. Non si capisce che cosa insegnino a fare, né a che serva ciò che (forse) insegnano a fare. Comunque leggiamole:

> Non leggere. Fissa le bianche figure disegnate dagli spazi fra le parole di diverse righe dei libri e trai da esse ispirazione.
> Da' agli altri la tua mano da conservare.
> Se sanguini e sei un uomo, cancella l'ultima parola dalla lavagna.
> Abita le case abbandonate. Non sono state abitate altro che da te.
> Fa' un letto di carezze alle tue carezze.
> Non bere acqua.
> Vesti di colori splendenti, è cosa insolita.
> Sappi aspettare, coi piedi in avanti. È così che uscirai tra poco, ben coperto.
> Vendi di che mangiare, compra di che morire di fame.
> Separa il gesso dal carbone, i papaveri dal sangue.

33 A. Schopenhauer, *L'arte di ottenere ragione*, tr. N. Curcio e F. Volpi, Adelphi 1998, pp. 48 sgg.

> Fammi il piacere di entrare e di uscire sulla punta dei piedi.
> Sdraiati, alzati e ora sdraiati.
> Regola il passo su quello delle tempeste.
> Opera miracoli per negarli.
> Guardati dai carrettieri di buon gusto.
> Disegna nella polvere i giochi disinteressati della tua noia.
> Scrivi l'imperituro sulla sabbia.
> Punisci i tuoi genitori.
> Sigilla le vere lettere d'amore che scrivi con un'ostia profanata.
> Non aspettarti mai.
> Pensa a me che ti parlo, mettiti al mio posto per rispondere.
> Prendi la terza via a destra, poi la prima a sinistra, arrivi a una piazza, giri accanto al caffè che sai, prendi la prima strada a sinistra, poi la terza strada a destra, butti la tua statua per terra e restaci.
> Senza sapere che cosa ne farai raccogli il ventaglio che quella donna ha lasciato cadere.
> Bussa alla porta, grida: *Avanti*, e non entrare.
> Non hai niente da fare prima di morire.[34]

■ Eluard e Breton scrivono queste frasi come se fossero dei consigli: in effetti hanno quasi tutte un tono da consiglio, alcune sembrano perfino massime morali. Tuttavia, solo la forma è quella del consiglio: il contenuto invece è o assurdo o paradossale o tautologico. Se proviamo a continuare la lista, scopriremo che è difficile difendersi dalla tentazione di dire comunque qualcosa che abbia senso. E allora che senso ha il tutto? Diciamo che queste scritture ci aiutano a liberarci dal "senso pratico" e a sviluppare un "senso poetico". In fondo, la grande rivoluzione nell'arte moderna è avvenuta quando qualcuno ha pensato che si potevano fare quadri che non rappresentavano niente: allora anche noi possiamo esercitarci a dire frasi che non significano niente.

2.5 Esplorazioni divagazioni meditazioni note in margine

2.5.1 Piccoli saggi quasi scientifici

Questo è un approccio diverso a una materia che abbiamo già esaminata. Non più istruzioni per l'uso, ma *saggi quasi scientifici* sulle cose comuni e sulle azioni che si compiono quotidianamente: «delle quali», ha scritto Perec, «di solito non si sa gran che, ma di cui si sospetta che vi si potrebbero scoprire tante cose se solo ci prestassimo attenzione: fatti banali, passati sotto silenzio, che vanno da sé, di cui non ci facciamo carico».[35] Così lo stesso Perec descrive, da un punto di vista sociofisiologico, l'attività della lettura:

> Ciò che in effetti mi colpisce di più nei modi di leggere: non che la lettura sia considerata una attività oziosa, ma che generalmente essa non possa essere esistere da sola; bisogna che sia inserita in un'altra necessità; bisogna che un'altra attività la supporti: la lettura è associata a l'idea di un tempo da riempire, un tempo morto di cui bisogna approfittare per leggere. Forse questa

34 A. Breton e P. Eluard, *L'immacolata concezione*, tr. G. Agamben, Forum Editoriale 1968, pp. 103-112.
35 G. Perec, *Penser/classer*, Hachette 1985, p. 109.

attività che supporta la lettura è essa stessa il pretesto per leggere, ma come fare a saperlo? Un signore che legge in ispiaggia è in spiaggia per leggere, o legge perché è in spiaggia? In ogni caso conviene interrogare i dintorni della lettura: leggere, non è solamente leggere un testo, decifrare dei segni, esplorare delle pagine, attraversare un senso; non è solo la comunione astratta dell'autore e del lettore, le nozze mistiche dell'Idea e dell'Orecchio, è, contemporaneamente, il rumore del metrò, il dondolio del vagone, o il calore del sole sulla spiaggia e le grida dei bambini che giocano un po' più lontano, o la sensazione dell'acqua calda nella vasca da bagno, o l'attesa del sonno...
Tempi morti: Si possono classificare le letture secondo il tempo che occupano. I tempi morti verrebbero per primi. Si legge attendendo, dal barbiere, dal dentista (lettura distratta dall'apprensione); facendo la coda davanti al cinema; negli uffici (assicurativi, postali, degli oggetti smarriti, ecc.) aspettando che chiamino il vostro numero.
Il corpo: Si possono classificare le letture secondo le funzioni corporali:
I pasti: Leggere mangiando. Scartare la propria corrispondenza, spiegare il giornale, mentre si fa colazione.
La pulizia personale: Leggere nel proprio bagno è considerato da molti un piacere supremo. Spesso, però, l'idea è più attraente della sua realizzazione; la maggior parte delle vasche da bagno si rivelano scomode e, a meno di un'attrezzatura speciale – leggio, cuscino galleggiante, asciugamani e rubinetti facilmente accessibili – e altre precauzioni particolari, non è più facile leggere nella vasca da bagno che fumarci una sigaretta: è un problema della vita quotidiana che i designer farebbero bene a porsi.
Bisogni naturali: Luigi XIV dava udienza sulla sua seggetta forata. Era in quell'epoca un fatto normale. Le nostre società sono divenute molto più esigenti. I cessi restano comunque un luogo privilegiato di lettura. Fra la pancia che si sgrava e il testo, si instaura una relazione profonda, qualcosa come un'intensa disponibilità, una recettività amplificata, una felicità di lettura, un incontro del viscerale e dello spirituale
Il sonno: Si legge molto prima di addormentarsi, e spesso per addormentarsi, e più ancora quando non si riesce a trovare il sonno. Un grande piacere è scoprire in una casa dove si è stati invitati a passare un week-end, dei libri che non si sono mai letti ma che abbiamo sempre desiderato leggere, o dei libri familiari che non rileggevamo da tanto. Ce ne portiamo una decina nella camera, li leggiamo, li rileggiamo, quasi fino al mattino.[36]

■ Questi esercizi stanno in sospeso tra la scienza (la sociologia? l'antropologia? la psicologia?) e la letteratura, in un territorio dove ci si muoviamo con grande libertà e curiosità, in quanto siamo sia gli indagatori sia l'oggetto dell'indagine. Potremmo addirittura coniare la definizione di *scienza dei comportamenti ordinari.* Il piacere viene proprio dal prendere sul serio attività e comportamenti che appartengono a un sapere latente e comune. Attività e comportamenti oggi inconsapevoli, che in tempi antichi (preistorici o infantili) sono stati frutto di un difficile apprendistato, e che oggi costituiscono i fondamenti sepolti del nostro essere: camminare, mangiare, dormire, parlare, baciare, guardare, gesticolare, ecc. Ognuno di noi può fermarsi, autosservarsi e cercare di chiarire che cosa facciamo (o siamo) quando camminiamo, mangiamo ecc., e come, dove, e perché lo facciamo.

36 *Ivi*, pp. 123-127.

2.5.2 Esplorazioni di esperienze comuni

Chiamiamo *esplorazioni* quei brevi saggi che cercano di descrivere – un po' razionalmente, un po' poeticamente – la bellezza e l'intensità di momenti o esperienze minimali su cui solitamente non ci soffermiamo. Philippe Delerme è addirittura diventato famoso esplorando il piacere infinitesimale ma acutissimo che consiste nella degustazione della prima sorsata di birra:

> È l'unica che conta. Le altre, sempre più lunghe, sempre più insignificanti, danno solo un appesantimento tiepido, un'abbondanza sprecata. L'ultima, forse, riacquista, con la delusione di finire, una parvenza di potere... Ma la prima sorsata! Comincia ben prima di averla inghiottita. Già sulle labbra un oro spumeggiante, frescura amplificata dalla schiuma, poi lentamente sul palato beatitudine velata di amarezza. Come sembra lunga, la prima sorsata. La beviamo subito, con una avidità falsamente istintiva. Di fatto tutto è scritto: la quantità, né troppa né troppo poca che è l'avvio ideale; il benessere immediato sottolineato da un sospiro, uno schiocchiar della lingua, o un silenzio altrettanto eloquente; la sensazione ingannevole di un piacere che sboccia all'infinito"Intanto, già lo sappiamo. Abbiamo perso il meglio. Abbiamo preso il meglio. Riappoggiamo il bicchiere, lo allontaniamo un po' sul sottobicchiere di materiale assorbente. Assaporiamo il colore, finto miele, sole freddo. [...] Ma niente si riprodurrà più. Ci piacerebbe conservare il segreto dell'oro puro e racchiuderlo in formule. Invece, davanti al tavolino bianco chiazzato di sole, l'alchimista geloso salva solo le apparenze e beve sempre più birra con sempre meno gioia. È un piacere amaro: si beve per dimenticare la prima sorsata.[37]

■ Le esplorazioni sono esercizi di bravura nell'arte di afferrare il fuggevole. Esse si applicano infatti a piccole esperienze spesso trascurate e non messe a fuoco. Per portare a termine queste esplorazioni degli istanti intensi e brevi della vita è necessaria molta pazienza e umiltà, e una ideale lente d'ingrandimento da applicare alle sensazioni (tattili, gustative, coloristiche, ecc.) fino a riuscire a vederne la grana sottile. È importante però lavorare con *leggerezza*: non impiegare troppe parole, e non impiegarne di pedanti o grevi.

2.5.3 Meditazioni sugli oggetti

Come ci si può dedicare con atteggiamento scientifico o quasi-scientifico ai comportamenti, così ci si può rivolgere alle pure inanimate cose. Ecco qualche passo da un saggio dedicato all'ombrello da Marcel Schwob:

> Avevo un ombrello, la morte me l'ha tolto. Se l'è portato via all'inizio della sua carriera; era giovane ancora, e un giorno avrebbe probabilmente spiegato l'ala per involarsi sulle grandi cime; un colpo di vento l'ha spezzato; non c'è più. Mi sento attratto dagli ombrelli perché un po' li commisero; li ho amati molto, ed ho ancora per loro un debole che mi preoccupa. Quell'ombrello mi aveva sedotto con la sua eleganza, la sua linea aggraziata, la sua leggiadra testina d'avorio; le ossa erano minute, slanciate, la sua carne di taffettà aveva dei riflessi incantevoli e, quando s'apriva, si librava come fosse una calza azzurra all'altezza

37 Ph. Delerme, *La prima sorsata di birra*, tr. L. Prato Caruso, Frassinelli 1997, pp. 31 sgg.

> delle finestre a pianterreno. [...] Lo rimpiango, perché in lui sentivo davvero un'anima d'ombrello. [...] L'avevo avuto da una gran dama che spesso ha la bontà d'invitarmi a cena; per lei, cercherò di registrare lo snobismo di quell'ombrellino.
> *Prima Meditazione*. Ci troviamo di fronte, qui, a un singolare caso morale. Non so se quell'ombrello appartenesse davvero alla dama che me lo regalò. Certe persone prendono gli ombrelli senza pensarci. Qual è lo stato d'animo di questo povero essere che cambia proprietario? Non ridete: perché gli oggetti non dovrebbero avere confusi sentimenti? Ad esempio l'ombrello, storico compagno dell'uomo e della donna; le deliziose coppette di terracotta, in equilibrio sulle figurine di Tanagra o sulle statuine cipriote; i grandi cappelli di paglia intrecciata, posti in cima alla testa, come ombrelli dal manico vivente, e più tardi i baldacchini purpurei e viola, con le loro stelle e i loro fiori d'oro e d'argento; e, spingendoci oltre, verso la Cina e l'India, quelle volte d'esili asticelle verdi, fitte, che s'aprono al sole come cupole ambulanti e variopinte, – altrettanti antenati, e tradizioni e costumi e sentimenti, che il corso oscuro dell'eredità ha portato fin dentro di lui. [...]
> *Terza Meditazione*. A volte, gli ombrelli sono vittime di strane perversità. Un giorno, in mia presenza, il mio amico C... d'O... raccontava al dottor M... di essere posseduto dalla mania di portar via gli ombrelli ai suoi migliori amici. Poi – e in ciò risiede l'interesse di questa particolare psicologia – andava in un negozio, faceva svitare e cambiare la testa dell'ombrello. Qualche giorno dopo, incontrando l'amico derubato, gli faceva ammirare il nuovo acquisto, gli illustrava le sue qualità, gli svelava le sue meraviglie, glielo faceva palpare, accarezzare e lisciare con la sua mano, gli dava dei colpetti sulla gamba con la punta, dicendogli: «Non è carino, quest'ombrello? L'ho comperato da poco. Voi non avete abbastanza gusto per prenderne uno così. Pfui, com'è grossolano il vostro! Guardate il mio: non ha un corpo aggraziato? E docile al tocco, e leggero, e ben fatto».[38] [...] C'è un raffinato gusto di perversità in questo. Notate che quel gusto è esterno all'essere cui si rivolge, il quale però ne soffre. Forse è così che quella misteriosa depravazione si introduce, grazie a noi, in quelle anime steccate.

■ **1**. L'atteggiamento, nel comporre un breve saggio parascientifico su un oggetto (o su una categoria di oggetti) non è tanto diverso da quello proposto nei due esempi precedenti. In questo caso potremmo parlare di *scienza delle cose comuni*. Qui Schwob usa il trucco di dotare il suo ombrello di una sorta di autocoscienza: un'idea divertente certo, ma non è indispensabile far così.
2. È opportuno scegliere un determinato punto di vista scientifico o pseudoscientifico (anatomico, sociologico, ingeneristico, filologico...) e mantenerlo con coerenza, anche se non senza ironia. L'effetto di distacco sarà più forte se terremo ben distinte (in paragrafi diversi, ecc.) la descrizione dell'oggetto, la spiegazione delle sue funzioni, e il trattamento dei rapporti tra noi e l'oggetto.

2.5.4 Elogi (dell'apparentemente insignificante)

Il genere *celebrazione* ha avuto una grande fortuna fin dall'antichità. Citiamo il panegirico greco-latino, le laudi, gli inni, gli elogi dei santi, ecc. È esistito poi un

38 M. Schwob, *Il terrore e la pietà*, tr. N. Muschitiello, Einaudi 1992, pp. 3-7.

genere detto *blasone* che prevedeva la celebrazione del corpo femminile, membro dopo membro. Ma qui ci occuperemo degli elogi delle cose piccole (piccolo è bello!), strane, rare. Il genere fu molto coltivato in epoca barocca ma soprattutto in ambito poetico. Qui preferiamo proporvi un testo moderno e in prosa, l'elogio dell'erba scritto da Lacarrière:

> L'erba. Ciò che c'è di più banale in fatto di piante, di più diffuso, perfino di più abbondante. Il luogo del comune, dell'ordinario, dell'insipido e dell'elementare. L'insignificanza fatta verdura , l'anonimato fatto clorofilla. Quasi invisibile – o al contrario esasperante – a forza di essere là. A forza di crescere dappertutto senza che mai la si veda crescere. Senza il minimo complesso. Buona o cattiva, cresce. Indifferente al bene, indifferente al male. Non è sulla terra che per questo: espandersi, insinuarsi, intromettersi. Con una ostinazione che sfida i secoli e le ere, perché è sulla terra da tempi immemorabili. Strani mammiferi del genere *Teleloceras*, *Gomphoterium*, *Metamynodon*, se ne cibavano molto prima che l'uomo apparisse sulla terra. Fu per milioni d'anni il cibo degli erbivori. Essa è – da sempre – tutta la ruminazione del mondo. Tuttavia io non mi propongo di proporre qui una filosofia erbacea. Anche se l'erba ha molte cose da dirci. Senza di essa tutta la vita terrestre e animale sarebbe stata impossibile. È la cellula di base del grande partito degli erbivori. Senza di essa, niente carnivori, niente evoluzione, né storia naturale, né avventura umana. Erba e Storia sono i due irrecusabili testimoni del cammino fatto dagli ominidi. Nessuna trascendenza in noi senza la sua derisoria ascensione. E nessuna meditazione senza la sua verde assunzione. Erbivori, carnivori, ruminanti, digerenti, nomadi, sedentari, siamo tutti figli dell'erba.[39]

■ È bello elogiare una cosa *umile*. Siamo tutti capaci di elogiare la bontà, l'amore, il grano, la vita, ecc. No, l'elogio in questione deve soffermarsi sulle cose trascurate e rivelarne il valore. Così esprimeremo anche la nostra *gratitudine* verso gli aspetti misconosciuti ma fondamentali della vita. Si tratta dell'esatto opposto delle *vanità* barocche: mentre in esse si mostra quanto poco durino e contino le grandi cose del mondo, gli elogi rivelano quanto contino le piccole cose, quanto valga la pena amarle e goderne.

2.5.5 Il tema

E veniamo ora al tanto bistrattato *tema*. Sì, ci riferiamo a questo genere umilissimo, criticatissimo, e che tuttavia è sicuramente l'unico genere di scrittura che tutti, ma proprio tutti, hanno praticato. Il tema prevede che lo scrivente esprima, sia pure con prudenza e rispetto, una propria opinione personale circa un argomento dato (un tema è sempre calato dall'alto). Un'opinione non basata su uno studio specialistico, ma su una sorta di naturale e ingenua capacità di riflettere sul mondo. Il tema è per statuto un genere praticato dagli apprendisti del mondo, cioè dai giovani, da coloro che non conoscono per esperienza diretta le complessità della vita e della società. In ciò consiste la sua freschezza un poco desueta. Robert Walser ha scritto un intero libro di temi; leggiamo *La professione*:

39 J. Lacarrière, *Sourates*, Fayard 1982, cit. in A. Duchesne e Th. Leguay, *op. cit.*, p. 101.

> Per poter condurre a questo mondo una vita onorata bisogna avere una professione. Non si può lavorare solo così, alla giornata. Bisogna che il lavoro abbia un suo preciso carattere e uno scopo a cui questo deve condurre. Per ottenere questo si sceglie una professione. Ciò avviene quando si lascia la scuola, e con tale avvenimento si è una persona adulta, vale a dire che si ha davanti a sé un'altra scuola: la vita. La vita è una maestra severa, ci dicono, e deve essere vero perché è una opinione generale. Possiamo scegliere la professione a nostro piacimento, e dove ciò non è consentito si patisce un torto. Io ho voglia di fare ogni sorta di professioni. E allora scegliere è difficile. [...] Spetta assolutamente ai nostri genitori sceglierci una professione secondo il loro gusto. Essi sanno meglio di ogni altro a che cosa siamo adatti. [...] A me piacerebbe fare il capitano di mare. Ma mi domando se i miei genitori approvano questo mio desiderio. Mi vogliono molto bene e starebbero in pena per me se mi sapessero esposto alle furie del mare. La cosa migliore sarebbe senza dubbio scappare di nascosto. Di notte, dalla finestra, calarsi con una fune e – addio! Ma no! Non ho il coraggio di ingannare i miei genitori, e chissà poi se ho la stoffa per fare il capitano. Il fabbro, il falegname o il tornitore non li voglio fare. A uno che scrive dei temi come i miei non si addice un mestiere così. [...] Ma ho ancora una cosa nella mente: sarebbe bello fare il saltimbanco. Un famoso funambolo, con i fuochi artificiali sul dorso, le stelle per sopravvivere, un abisso accanto, e davanti una via così piccola, così sottile, cui avanzare. – Il clown? Sì, sento che ho attitudine a fare il buffone. Ma per i miei sarebbe un dispiacere sapermi sulla scena con un nasone dipinto di rosso e le guance infarinate e con un ampio e ridicolo costume. – E allora? Starsene a casa a piagnucolare? Questo mai. Una cosa è sicura, delle professioni non mi preoccupo. Ce ne sono tante.[40]

■ Walser amava scrivere queste composizioni perché riteneva che praticare il tema fosse una scelta sì di umiltà, ma anche di rigore stilistico. Scrivere un tema è in effetti un buon esercizio per praticare la scrittura semplice, o povera, o ingenua, che dir si voglia. Scrivere temi è come riconoscere la nostra fondamentale condizione di apprendisti, inesperti del mondo, ma pieni di buona volontà e anche di rispetto verso le istituzioni già date e i fenomeni riconosciuti (ma pieni anche di domande fondamentali e ultime). C'è una retorica dell'iperbole e dell'esasperazione linguistica di ascendenza romantica da cui tutti siamo contaminati e da cui possiamo guarirci frequentando questo genere minore, naturalmente con una nuova consapevolezza.

40 R. Walser, *I temi di Fritz Kocher*, tr. V. Rovelli Ruberì, Adelphi 1993, pp. 43 sgg.

3

Dibattiti litigi invettive paradossi invenzioni assurde ed altro

È utile, in un ricettario di scrittura creativa, dedicare uno spazio ai discorsi? Senz'altro. Innanzitutto perché buona parte della nostra tradizione narrativa è composta da libri nei quali gli autori intendono dirci qualcosa, ossia far passare idee, convinzioni, visioni del mondo ecc. Quindi un certo contenuto *argomentativo* è molto frequente nella narrazione. Poi perché, anche se a prima vista non pare, l'esercizio dell'argomentazione è importante per costruire bene il personaggio. Un personaggio potrebbe essere definito come un "complesso" di dati di fatto, opinioni (su sé, sul mondo...), modi di reazione, capacità percettive, intenzioni e così via. E costruire un buon personaggio non richiede abilità tanto diverse da quelle con le quali si costruisce un'argomentazione. La cosa più importante, infatti, è la *coerenza*: come dev'essere coerente l'argomentazione, così dev'essere coerente il personaggio. E il personaggio più importante di tutti, anche se spesso non ci si rende conto che è un personaggio, è il narratore: ossia quell'immagine di noi che proiettiamo in un testo mentre lo scriviamo. Gli esercizi di questo capitolo ruotano tutti attorno all'argomentazione, o comunque a quei discorsi che mirano a convincere, a persuadere, magari a suggestionare gli interlocutori. Naturalmente, poiché a nessuno piace essere noiosi, abbiamo scelto testi paradossali, divertenti e, in qualche caso, anche un po' inquietanti.

3.1 Discorsi dialettici

3.1.1 Il dialogo maieutico

Leggiamo un passo dal *Simposio* di Platone. Siamo a un banchetto tra amici e d'un tratto ci si mette a discutere su che cosa sia e che cosa non sia l'amore. Il tema è affascinante e tutti prendono la parola. Interviene anche il filosofo Socrate, che adotta una strana tecnica di discussione: finge di non avere un'opinione propria, fa domande a destra a manca, costringe gli interlocutori a giustificare le proprie affermazioni, mette in evidenza le loro contraddizioni: quasi attendendosi che dalla conversazione sorga spontaneamente la verità:

> «In verità, caro Agatone, mi sembra che tu abbia iniziato bene il tuo discorso, dicendo che bisogna mostrare anzitutto quale natura abbia Amore, come tale, e in seguito le sue opere. Suvvia dunque, riguardo ad Amore, dato che per il resto hai spiegato in modo bello e magnifico la sua natura, dimmi anche questo: Amore è di natura tale da essere amore di qualcosa, oppure di nulla?...».
> «Di qualcosa, non c'è dubbio».
> «Orbene» disse Socrate «questo tienilo per te, ricordandoti di che cosa si tratta. Mi basta, ora, che tu dica se Amore, quello di cui è amore, lo desidera oppure no».
> «Certamente» rispose.
> «Forse che, possedendo appunto ciò che desidera ed ama, tuttavia lo desidera e lo ama, oppure invece lo desidera e lo ama non possedendolo?».

«Non possedendolo» rispose «a giudicare secondo ciò che è verosimile».
«Considera ora» disse Socrate «se, anziché verosimile, quanto segue non sia piuttosto necessario, che ciò che ha desiderio desideri quello di cui è mancante, e non lo desideri se non ne è mancante...».
«Sembra anche a me» disse.
«Dici bene. Uno che è grande desidererà forse di essere grande, o uno che è forte, di essere forte?».
«Da quello che si è ammesso, risulta impossibile».
«Chi già è qualcosa, non può certo esserne mancante».
«È la verità». [...]
«Piuttosto, quando qualcuno dica: "Io, essendo sano, voglio altresì essere sano, ed essendo ricco, voglio altresì essere ricco, e desidero proprio ciò che possiedo", gli potremmo rispondere: [...] "guarda dunque – quando dici questo: desidero le cose presenti – se intendi dire qualcos'altro: voglio che le cose presenti mi siano presenti altresì nell'avvenire". Non lo concederà forse?».
Agatone disse di sì.
E Socrate continuò: [...] «Suvvia dunque, ricapitoliamo quello su cui ci siamo accordati. Amore non è forse, anzitutto, amore di certe cose, e, in secondo luogo, di quelle cose di cui al presente egli manca?».
«Sì» disse.
«Dopo di che, ricordati ora a quali oggetti hai detto, nel tuo discorso, che si rivolge Amore. Credo invero che tu ti sia espresso all'incirca come segue, dicendo che i dissidi degli dei furono composti grazie all'amore delle cose belle, poiché di quelle brutte non potrà esserci amore».
«Ho parlato così, infatti» disse Agatone. [...]
«Se le cose stanno a questo modo, Amore sarà dunque amore di bellezza, non già di bruttezza?».
Lo ammise.
«Ma non è stato concesso che ami ciò di cui è mancante, e che non possiede?».
«Sì» disse.
«Amore manca dunque di bellezza, e non la possiede».
«Per forza» disse.
«Ma come? Ciò che manca di bellezza e in nessun modo possiede bellezza, tu dici forse che è bello?».
«Certo che no».
«Orbene, dichiari ancora che Amore sia bello, se le cose stanno a questo modo?».
E Agatone disse:
«C'è pericolo, Socrate, che io non abbia approfondito nulla, di ciò che ho detto allora».[1]

■ Questo tipo di dialogo, in cui Socrate era specialista, viene appunto chiamato *socratico*. In un dialogo socratico si parte dal presupposto che una verità sicura non esiste, ma si tratta appunto di cercarla.

1. Il dialogo socratico si basa sulla tecnica della domanda e della risposta intorno a concetti da definire. Definizioni assodate o date per scontate vengono portate alle estreme conseguenze per dimostrarne la contraddittorietà e/o insuffi-

1 Platone, *Simposio*, tr. G. Colli, Adelphi 1979, pp. 63 sgg.

cienza; ad esse si contrappongono altre definizioni, magari sorprendenti e perfino paradossali, ma logicamente coerenti.
2. Ma nei dialoghi socratici non trovate solo ragionamenti ma anche personaggi. Infatti: ogni personaggio ha un suo proprio carattere e *una sua propria inconfondibile voce*. Ciò rende la discussione molto più vivace e interessante.
3. Si procede per gradini. Ogni tappa dev'essere ben fissata prima di passare alla successiva.
4. Ci sono un maestro e un allievo. Il maestro conduce l'allievo verso il vero sapere e per fare ciò deve saper trovare esempi concreti su cui appoggiare il suo discorso puramente logico.

Esercizi **1**. Scegli un contesto preciso nel quale il dialogo ha luogo: un'aula scolastica, un bar, uno scompartimento di treno, una cena tra amici, una riunione politica o di condominio, ecc.
2. Scegli con cura i personaggi: meglio se il "maestro" sarà una persona apparentemente trascurabile, mentre i suoi interlocutori ingenui saranno convinti di essere persone importanti e competenti.
3. È bene inventare un fatterello a partire dal quale si svilupperà la discussione: il fatterello sarà commentato da ciascuno dei personaggi secondo i suoi propri pregiudizi; il maestro interverrà portando la discussione su temi generali e mostrando infine l'infondatezza dei pregiudizi.

3.1.2 Il dibattito intellettuale

Questo è un esempio più recente di dialogo socratico: è un passo dal *Dialogo dei massimi sistemi* di Galileo Galilei. Tre personaggi discutono intorno a due «sistemi» atti a pensare il cosmo (per questo Galileo li chiama «massimi»): il sistema tolemaico e quello copernicano. In questo momento Sagredo (alter ego di Galilei e copernicano di ferro) sta contestando a Simplicio (ostinatamente tolemaico) l'idea aristotelica secondo cui gli astri sarebbero fatti d'una sostanza incorruttibile:

> SAGREDO In oltre a me pare che mentre che i corpi celesti concorrano alle generazioni ed alterazioni della Terra, sia forza che essi ancora sieno alterabili; altramente non so intendere che l'applicazione della Luna o del Sole alla Terra per far le generazioni fusse altro che mettere a canto alla sposa una statua di marmo, e da tal congiungimento stare attendendo prole.
> SIMPLICIO La corruttibilità, l'alterazione, la mutazione, ecc. non son nell'intero globo terrestre, il quale quanto alla sua integrità è non meno eterno che il Sole o la Luna, ma è generabile e corruttibile quanto alle sue parti esterne; ma è ben vero che in esse la generazione e corruzione son perpetue, e come tali ricercano l'operazioni celesti eterne; e però è necessario che i corpi celesti sieno eterni.
> SAGREDO Tutto cammina bene; ma se all'eternità dell'intero globo terrestre non è punto pregiudiziale la corruttibilità delle sue parti superficiali, anzi questo esser generabile, corruttibile, alterabile, ecc. gli arreca grand'ornamento e perfezione, perché non potete e dovete voi ammetter alterazioni, generazioni, ecc. parimente nelle parti esterne de i globi celesti?
> SIMPLICIO Questo non può essere, perché le generazioni, mutazioni, ecc. che si facesser, verbigrazia, nella Luna sarebber inutili e vane, et *natura nihil frustra facit*.

SAGREDO E perché sarebbero elleno inutili e vane?
SIMPLICIO Perché noi chiaramente veggiamo e tocchiamo con mano, che tutte le generazioni, mutazioni, ecc., che si fanno in Terra, tutte, o mediatamente o immediatamente, sono indirizzate all'uso, al comodo ed al benifizio dell'uomo. [...] Or di quale uso potrebber esser mai al genere umano le generazioni che si facessero nella Luna o in altro pianeta? se già voi non voleste dire che nella Luna ancora fussero uomini, che godesser de' suoi frutti; pensiero, o favoloso, o empio.
SAGREDO [...] Come io son sicuro che uno nato e nutrito in una selva immensa, tra fiere e uccelli, e che non avesse cognizione alcuna dell'elemento dell'acqua, [...] non si potrebbe già mai figurare i pesci, l'oceano, le navi, le flotte e le armate di mare; così, e molto più, può accadere che nella Luna, per tanto intervallo remota da noi e di materia per avventura molto diversa da la Terra, sieno sustanze e si facciano operazioni non solamente lontane, ma del tutto fuori da ogni nostra immaginazione, come quelle che non abbiano similitudine alcuna con le nostre, e perciò del tutto inescogitabili.[2]

■ Questo dialogo è basato più apertamente sullo scontro tra tesi opposte. Potremmo definirlo *un dibattito*. Ovviamente Galileo sposa una delle due tesi, tuttavia sembra permettere all'avversario di esporre e difendere la propria. In questi dialoghi-dibattito:
1. Non vi è un "maestro" riconosciuto, ma i contendenti si affrontano alla pari. Se Sagredo-Galileo è destinato a vincere il confronto, tuttavia Simplicio non è affatto un avversario morbido e usa con competenza tutte le risorse della filosofia e della fisica scolastico-aristotelica.
2. Quindi l'argomentazione di tutti i contendenti deve essere ben curata, logica e stringente.
3. La combattività dei contendenti può trasformare il dialogo in una sorta di azione teatrale. Caratterizzare bene come *personaggi* i contendenti (attribuendo loro qualità come insofferenza, permalosità, desiderio di vittoria, pignoleria, ecc.; o regalandogli piccoli tic linguistici, fissazioni, ecc.) serve a vivacizzare il tutto, fermo restando che la logica del ragionamento deve sempre prevalere.

Esercizi Questi dialoghi-dibattiti sono utili soprattutto se si mettono a confronto personaggi provenienti da culture (relativamente) diverse, che possono avere su uno stesso argomento opinioni contrapposte. Per esercizio puoi provare a costruire un dibattito: tra un sacerdote e uno psicologo a proposito della fedeltà coniugale; tra un commerciante e un metalmeccanico pensionato a proposito della riforma previdenziale; tra un violoncellista classico e un dj a proposito di "che cos'è la bellezza nella musica"; ecc.

3.1.3 Il dialogo tra le cose

Già Leopardi aveva preferito toccare certi argomenti in forma dialogica invece che monologica. Potremmo a questo proposito parlare di *saggi sotto forma di dialogo* (un genere che data da Platone). E lo aveva fatto proprio dando voce

2 G. Galilei, *Dialogo sopra i massimi sistemi del mondo*, Studio Tesi 1992, pp. 76 sgg.

alle cose. Diamo dunque loro la parola, finalmente. Gli oggetti parlanti non appartengono infatti solo alle favole: con effetti molto suggestivi ne ha introdotti anche Paolo Volponi, uno dei nostri maggiori romanzieri, nel romanzo "industriale" *Le mosche del capitale*. Ecco un brano di conversazione tra Computer e Luna:

> «Tu sei un calcolatore?» domanda la luna.
> «Sì, un calcolatore elettronico».
> «Non ti conoscevo, ma ho sentito parlare di te».
> «Tu sei la luna?».
> «Sì».
> «Anch'io ho sentito parlare di te, alcuni dei miei sono stati programmati per la tua conoscenza. Anch'io ho qualche dato su di te. Potrei dirti con precisione dove sarai fra trecento anni a quest'ora».
> «Lo so anch'io».
> «Ma non conosci la curva dei tuoi luoghi praticabili, approdi possibili, ora per ora, e nemmeno l'esatta dislocazione dei medesimi. Dove accoglierai domani, a quest'ora, un'astronave?».
> «Non lo so. Ma io non devo accogliere nessuno, e il mio corso ha una fissità più grande di me e di qualsiasi calcolo tu possa fare».
> «Cosa credi di sapere e di fare?»
> «Poco. Devo girare e guardare correre il mondo. La corrente dei miei sguardi lo influenza senza nemmeno che io lo voglia».
> «Anch'io guardo correre il mondo, i suoi capitali, e influenzo l'uno e gli altri con dati e proiezioni. Tu sai che una navicella è atterrata su di te? Con tre uomini a bordo? Ed è già ripartita?».
> «Una navicella giunta in volo dalla terra e che poi vi è ritornata?».
> «Sì, con navigatori a bordo, tornati in buona salute. Hanno parlato bene di te. Veramente più di se stessi che di te. Ti hanno visto soprattutto come un traguardo, una misura già presto superabile».
> «Ma perché sono venuti?».
> «Appunto, non certo per toccare il tuo viso, ma per prepararsi ad andare ancora più lontani».
> «Ah, dunque, nel loro solito modo. Dovevo immaginarlo».
> «Ma tu, più di loro, ti comporti nel solito modo».
> «Ma io sono un cardine dell'ordine generale. Un principio e uno specchio. Non sono soltanto un abitatore come loro, e nemmeno destinata a morire così rapidamente come loro».
> «È per questo che viaggiano, per studiare. Ogni viaggio è uno studio. Ogni scoperta è uno strumento».
> «E tu servi loro per studiare?».
> «Sì».
> «Che cosa hanno da studiare? Li vedo sempre così ugualmente inquieti, così infelicemente indaffarati».
> «Studiano proprio per poter cambiare, loro stessi e la terra, e forse perfino il tuo giro, il tuo specchio».
> «E tu li aiuti?».
> «Sì». [...]
> «Ma, dimmi, per conoscere gli uomini debbo passare attraverso di te, oppure, per conoscere te è meglio passare attraverso la conoscenza degli uomini?».
> «Ma tu cosa sai di loro?».
> «Nulla. Li vedo. Vedo come occupano la terra, come la dividono e la lavorano.

Vedo come spasimano e crescono le loro città, anche la tua, come dormono e sfriggono».
«Sì, così dicono anche i ficus qui davanti. Specie quando parlano fra loro, e soprattutto adesso, per l'ondata di pessimismo che li ha travolti, dal momento in cui vennero tolti dall'ufficio del dottor Astolfo. Invece io posso dire molto di più, e con precisione posso calcolare quanti siano gli uomini che dormono e quanti quelli che vegliano, occupati nei lavori notturni... Posso anche analizzare e specificare cos'è la sfriggitura di cui vai parlando, fumosa, che tanto ti commuove. Forse è dovuta allo sfrido della crescita del capitale... Devi sapere che ogni cosa appartiene al capitale... aumenta con un tasso di valore che io sono in grado di calcolare esattamente insieme con la velocità stessa dell'aumento della sua accumulazione».
«E che cos'è il capitale?».
«La ricchezza la moneta il potere, ecco, più di ogni altra cosa è il potere».
«E a chi appartiene?»
«Agli eletti, ai migliori, alla scienza».
«E tu fai parte di questa schiera?».
«Certo».[3]

■ Sia Computer che Luna sono autocoscienti: però in modo molto diverso; e dalla sua diversità ciascuno guarda diversamente gli uomini. Trasparentemente qui Computer e Luna allegorizzano due diversi ed estremi modi di consapevolezza umana: Luna rappresenta un principio naturale e eterno, in grado di relativizzare il punto di vista umano, mentre Computer rappresenta la forza del sistema sociale, sistema alienante che ha trasformato gli uomini in cose e che può perciò essere degnamente rappresentato da una cosa.

Esercizi Scegli due oggetti che siano carichi di significati simbolici forti, e mettili a confronto. Alla fine ne uscirà una tua "operetta morale" intorno a un certo tema che ti sta a cuore. Non è necessario che litighino: è sufficiente che ciascuno esprima nella conversazione il suo punto di vista sul mondo e sugli uomini. Es., Rubinetto e Sapone potrebbero discutere dell'igiene umana: Rubinetto ne sarà entusiasta, tutto fiero di gettar fuori acqua su acqua; Sapone la disapproverà, perché gli uomini lavandosi lo consumano e lo fanno morire... Varianti: dialoghi tra uomini e oggetti (Uomo e Automobile; Donna popputa e Reggiseno...); tra parti del corpo (Bocca e Stomaco di un gaudente: Bocca è felice di gustare continuamente, Stomaco non ne può più di digerire...); tra oggetti e parti del corpo (Piede e Scarpa, Testa e Cappello...).

3.2 Discorsi suggestivi

3.2.1 L'imbonimento

Passiamo dai dialoghi, dove si cerca di scoprire la verità, ai monologhi: dove la verità si cerca piuttosto di nasconderla, oppure la si dà per scontata. Come esempio del primo genere leggiamo lo sproloquio d'un venditore di unguenti mira-

3 P. Volponi, *Le mosche del capitale*, Einaudi 1991, pp. 78 sgg.

colosi, così come lo ritroviamo in una commedia di un commediografo elisabettiano:

> No, no, è questo unguento benedetto, questo raro estratto, che solo ha potere di disperdere tutti gli umori maligni che procedono vuoi da cause calde, fredde, umide, o ventose... Di fortificare lo stomaco più indigesto e crudo, sì, foss'anche di uno che, per estrema debolezza, vomitasse sangue, con l'applicare soltanto un panno caldo alla parte, dopo l'unzione e la frizione; per lo stordimento di capo, mettendo solo una goccia nelle vostre narici, come pure dietro le orecchie; rimedio eccellente e approvato per il mal caduco, i crampi, le convulsioni, paralisi, epilessie, tremorcordia, nervi ritratti, esalazioni maligne della milza, oppilazioni del fegato, calcoli renali, la stranguria, l'ernia ventosa, iliaca passio; blocca immediatamente la dissenteria; addolcisce la torsione degli intestini; e cura la melanconia ipocondriaca, se preso e applicato secondo la mia ricetta stampata. [...] Insomma... Signori, vorrei aver tempo per elucidarvi i miracolosi effetti di questo mio olio, soprannominato Oglio del Scoto, con l'innumerevole catalogo di coloro che ho curato delle malattie sopra elencate e molte altre; i brevetti e i benefici di tutti i principi e potentati della Cristianità, o anche solo le deposizioni di coloro che comparirono a mio favore davanti alla Signoria della Sanità e al preclaro Collegio dei Dottori; dove io fui autorizzato, preso atto delle mirabili virtù delle mie medicine, e della mia eccellenza per quanto riguarda rari e ignoti segreti, a distribuirle pubblicamente in questa famosa città.[4]

■ Il primo scopo del discorso d'*imbonimento* è nascondere la verità, ossia che ciò che si offre non serve a nulla.

1. L'imbonitore fa un uso accurato della *menzogna*. La menzogna non è fine a sé stessa, ma corrisponde alle attese e alle speranze del pubblico: in questo caso far ricrescere i capelli, cancellare le rughe, ecc.

2. Tutti siamo disposti a credere a una cosa poco credibile se già altri ci hanno creduto. Perciò è importante citare testimonianze (false? non importa), successi raggiunti altrove (immaginari? non importa), elogi ricevuti da persone illustri.

3. All'uomo colto si crede di più che all'ignorante: l'imbonitore quindi userà in parte la lingua comune (perché tutti capiscano), e in parte la lingua (o una pseudolingua) degli uomini colti: anche inventando, mentendo, storpiando e così via.

4. Perché non si vedano le "falle" logiche del discorso, è importante che l'esposizione sia accuratamente disordinata (vedi, nel nostro esempio, come sono fatti gli elenchi di malattie).

Esercizi **1**. Guardate un po' di televendite e cercate di descrivere lo stile tipico di ciascun venditore.

2. Provate a scrivere dei discorsi per vendere: una pallina di gomma antistress, un unguento per evitare la crescita delle orecchie, un casco asciugacapelli a pedali (casco + cyclette), l'enciclopedia in 24 volumi *Le meraviglie dell'antonomasia* (prezzo: 2. 400. 000 lire, oppure 26 rate da 122. 000 lire).

4 B. Johnson, *Volpone*, tr. N.E. Condini, Tea 1988, pp. 37-41.

3.2.2 Lo sproloquio

È una variante della tecnica precedente: ma la sua enorme fortuna nell'ambito della letteratura occidentale ci costringe a trattarlo a parte. Sono *sproloqui* tutti quei discorsi bislacchi e gonfi che mirano a impressionare l'altro facendo uso, in modo approssimativo e sconclusionato, della retorica e dell'enfasi. Di solito sproloquiano i personaggi umili che vogliono farsi credere di più di quel che sono: ci sono esempi innumerevoli, da Shakespeare a Totò. Il nostro lo prendiamo da Cohen. Il protagonista della performance oratoria è un povero ebreo sempre affamato che si presenta in casa di un borghese svizzero per consegnare a nome del suo padrone una lettera (diretta a una donna imparentata con il tipo). Nel far questo si dà arie di grande ambasciatore, e così riesce a farsi servire un pranzo luculliano:

> Le concederò purtuttavia fiducia e le rimetterò quindi la lettera per la maliarda del sesso sunnominatamente designata. Quando rincaserà gliela consegni senza sporcarla, è inutile aprirla fuor della sua presenza mediante gesti illeciti e contrari all'ordine pubblico. Intesi? [...] La consegna della lettera non è che la prima parte della mia missione. V'è di più e di meglio. Di fatto, non essendo potuto venire a mangiare da voi l'altra sera per ragioni di Stato, come mi diceva familiarmente scherzando tra intimi quali siamo, il mio sovrano mi ha delegato a quel medesimo effetto di mangiamento secondo l'abitudine del gran mondo, consulti pure le opere del protocollo al capitolo intitolato: «Dell'inviato plenipotenziario in pappatorie». In breve, Sua Altezza mi ha incaricato d'una rappresentanza mangereccia e di un mandato di degustazione, il che vuol dire in linguaggio volgare, il che vuol dire più accessibile alle plebi, che vengo a sostentarmi un tantinello in vece sua, per rendermi conto e far rapporto. È quanto si pratica negli ambienti autorizzati e solitamente ben informati.[5]

1. Si tratta di fare un uso citato e parodistico del discorso retorico classico. I personaggi che adoperano tanta magniloquenza lo fanno per motivi molto poco sublimi (per interesse, per fame, ecc.). Nel farlo compiono continuamente errori, strafalcioni. Noi ridiamo di loro, della loro scarsa competenza retorica, ma in effetti ridiamo ancor più della tradizione retorica che essi stessi demistificano proprio stravolgendola, abbassandola e ridicolizzandola.
2. Non solo la retorica gonfia può essere parodiata in questo modo, ma anche tutti i linguaggi propri di una comunità di persone che si ritengano "superiori" all'uomo comune – e che l'uomo comune, di tanto in tanto, può trovarsi a imitare maldestramente. Considera a es. i linguaggi degli esperti di computer, dei critici d'arte, degli enologi e dei gastronomi di grido, degli uomini di partito, e così via. Ciascuno di questi linguaggi può essere parodiato e demistificato.

3.2.3 Il manifesto

Un testo scritto per proporre un programma politico, sociale, culturale o artistico, viene spesso chiamato *manifesto*. Si può dire che ogni manifesto potrebbe

5 A. Cohen, *op. cit.*, p. 213.

essere intitolato: «Poche, semplici ed efficaci idee per cambiare il mondo a modo nostro». Celebre fra tutti il *Manifesto del partito comunista* di Marx e Engels. Il nome deriva, ovviamente, dall'idea che dovrebbe trattarsi di un testo abbastanza breve, esplicito e "sensazionale", tale da potere essere stampato su manifesti ed affisso in giro. Leggiamo un celebre manifesto scritto da alcuni artisti futuristi (Marinetti, scrittore; Boccioni, pittore e scultore; Carrà, pittore; Russolo, musicista) all'inizio del Novecento.

> CONTRO VENEZIA PASSATISTA. Noi ripudiamo l'antica Venezia estenuata e sfatta da voluttà secolari, che noi pure amammo e possedemmo in un gran sogno nostalgico.
> Ripudiamo la Venezia dei forestieri, mercato di antiquari falsificatori, calamita dello snobismo e dell'imbecillità universali, letto sfondato da carovane di amanti, semicupio ingemmato per cortigiane cosmopolite, cloaca massima del passatismo.
> Noi vogliamo guarire e cicatrizzare questa città putrescente, piaga magnifica del passato. Noi vogliamo rianimare e nobilitare il popolo veneziano, decaduto dalla sua antica grandezza, morfinizzato da una vigliaccheria stomachevole ed avvilito dall'abitudine dei suoi piccoli commerci loschi.
> Noi vogliamo preparare la nascita di una Venezia industriale e militare che possa dominare il mare Adriatico, gran lago Italiano.
> Affrettiamoci a colmare i piccoli canali puzzolenti con le macerie dei vecchi palazzi crollati e lebbrosi.
> Bruciamo le gondole, poltrone a dondolo per cretini, e innalziamo fino al cielo l'imponente geometria dei ponti metallici e degli opifici chiomati di fumo, per abolire le curve cascanti delle vecchie architetture.
> Venga finalmente il regno della divina Luce Elettrica, a liberare Venezia dal suo venale chiaro di luna da camera ammobiliata.[6]

■ Un manifesto è sempre *contro* qualcosa e *per* qualcosa; ha sempre un avversario e cerca sempre degli alleati.

1. La distinzione tra ciò che si vuole e ciò che non si vuole è nettissima. Ciò che non è approvato è respinto. Ciò che è apprezzato dall'avversario è ferocemente disprezzato. L'insulto va usato senza risparmio. Tutti i valori comunemente accettati (o accettati da colui che si sceglie per avversario) vanno rovesciati.

2. Il manifesto è per definizione collettivo (cioè scritto con il «noi»). Chi lo scrive immagina sempre di parlare a nome di una comunità di persone che non ne possono più, o che hanno deciso di agire, o che vogliono farsi valere. In questo modo il manifesto trova subito degli alleati: chiunque non stia con l'avversario automaticamente sta con il redattore del manifesto.

3. Il manifesto non argomenta, non giustifica le sue affermazioni. È una sequenza di frasi non legate tra loro. È una presa di posizione che si impone per la sua violenza e per la sua capacità di suggestione.

Esercizi **1**. Prova a scrivere dei brevi manifesti (eventualmente in forma di sequenza di aforismi: è più facile). Ricorda di non risparmiare la violenza.

6 Marinetti, Boccioni, Carrà, Russolo, in *Per conoscere Marinetti e il futurismo*, a c. L. De Maria, Mondadori 1973, pp. 26 sgg.

Es.: manifesto per l'abolizione della musica classica (da sostituire con l'hip-hop); per l'abolizione del pop-corn al cinema (da sostituire con piadine romagnole); per l'abolizione delle scuole (da sostituire con saune); per la legalizzazione della violenza sui bambini; per lo sterminio dei pensionati; per la cancellazione dai programmi scolastici di qualunque nozione risalente a più di vent'anni fa, ecc.
2. Per apprendere a ragionare (e a far ragionare un personaggio) è utile esercitarsi nel confronto con i valori dati per certi e acquisiti. Il personaggio di una narrazione, anche il più quieto e tranquillo, ha sempre in sé un certo carattere estremo e paradossale, ed è sempre pronto a compiere azioni immorali, vergognose o terrificanti. Per costruire dei personaggi bisogna quindi imparare a fare, per così dire, degli "esercizi di immoralità". Bisogna abituarsi a sostenere posizioni controcorrente, e che magari noi stessi non condividiamo affatto.

3.3 Testi che commentano altri testi

3.3.1 Rifiuti

Proponiamo adesso un esercizio curioso. Proviamo a recensire un romanzo di quelli che ormai si considerano patrimonio della letteratura universale. Ma proviamo a recensirlo come se fossimo un consulente di una casa editrice che ha ricevuto il manoscritto e deve decidere se proporlo o no per la pubblicazione, e come se l'autore fosse per noi un perfetto sconosciuto. Forniamo un esempio dovuto alla brillante penna di Umberto Eco: il manoscritto in questione è addirittura la *Bibbia*.

> Devo dire che quando ho cominciato a leggere il manoscritto, e per le prime centinaia di pagine, ne ero entusiasta. È tutto azione e c'è tutto quel che il lettore oggi chiede a un libro di evasione: sesso (moltissimo) con adulteri, sodomia, omicidi, incesti, guerre, massacri, e così via. L'episodio di Sodoma e Gomorra con i travestiti che vogliono farsi i due angeli è rabelaisiano; le storie di Noè sono del puro Salgari, la fuga dall'Egitto è una storia che andrà a finire presto o tardi sugli schermi... Insomma, il vero romanzo fiume, ben costruito, che non risparmia i colpi di scena, pieno di immaginazione, con quel tanto di messianismo che piace, senza dare nel tragico. Poi andando avanti mi sono accorto che si tratta invece di una antologia di vari autori, con molti, troppi, brani di poesia, alcuni francamente lamentevoli e noiosi, vere e proprie geremiadi senza capo né coda. Ne viene fuori così un *omnibus* mostruoso, che rischia di non piacere a nessuno perché c'è di tutto. E poi sarà una grana reperire tutti i diritti dei vari autori, a meno che il curatore non tratti lui per tutti. Ma di questo curatore non trovo mai il nome, nemmeno nell'indice, come se ci fosse ritegno a nominarlo. Io direi di trattare per vedere se si può pubblicare a parte i primi cinque libri. Allora andiamo sul sicuro. Con un titolo come *I disperati del Mar Rosso.*[7]

7 U. Eco, *Diario minimo*, Bompiani 1972, pp. 147-148.

3.3.2 Recensioni anomale

Stavolta Eco immagina di scrivere per un quotidiano la recensione del libro d'esordio di un autore sconosciuto. In realtà si tratta di *L'amante di Lady Chatterley* di Lawrence: un romanzo che quando uscì fu addirittura processato per oscenità, ed ebbe non pochi problemi di diffusione (da notare che la pretesa oscenità di Lawrence oggi non fa più caldo né freddo a nessuno: altri tempi, altra sensibilità).

> Non è senza una casta emozione che il recensore vi parla di questo libro, che appare come una stella di Betlemme nel cielo offuscato dell'erotomania contemporanea. In una galassia di Giustine macerate da nuovi marchesi d'O, di Emanuelle penetrate nei modi più orrendi, di coppie che si scoppiano e si raccoppiano, di novelle per riviste per uomini soli, di fumetti sadomasochistici, [...] ecco finalmente una limpida, inequivocabile, sincera "love story" o, come direbbero gli anglosassoni, una storia d'amore.
> Una signora della buona società, disgustata dalla civiltà industriale e dalla aridità dei sentimenti del mondo contemporaneo; un guardacaccia abituato a vivere in un eden non ancora contaminato dalla polluzione atmosferica e dalla tragedia ecologica: e un amore puro, senza perversioni, il mio sesso con il tuo sesso, come nei romanzi di una volta. Un libro che i giovani dovrebbero leggere, per capire che i buoni sentimenti, il retto modo di intendere la vita, il gusto delle cose semplici e sane non sono morti. Un libro per le mamme e per le spose. Un libro per le coppie stanche, che impareranno su queste pagine terse e immuni da ogni compiacenza morbosa, ad apprendere un modo onesto e sano per risolvere il loro rapporto avvelenato. [...] Un libro forte, sano, romantico, che vedremmo con piacere adottato nelle scuole per ricordare ai giovani contestatori che esistono ancora dei Valori sacri e immutabili, come la Natura e il Sesso.[8]

■ In questa e nella precedente "falsa recensione" Eco adopera alcuni trucchi.
1. L'*anacronismo*: si parla di argomenti antichi con linguaggio e atteggiamento deliberatamente moderno.
2. L'*equivoco*: si prendono a bella posta fischi per fiaschi.
3. Il *ribaltamento*: si scambia ogni valore con il suo contrario, così che il puro sesso diventa tenero affetto, l'immoralità diventa moralità, la perversione diventa natura, e così via.
4. L'*ingenuità*: bisogna esibire un candore assoluto per mantenere in piedi anacronismi, equivoci e ribaltamenti. Il recensore immaginario si entusiasma o prova ribrezzo senza sfumature, in maniera del tutto istintiva.
5. L'*enfasi*: proprio dove più forte ed evidente è l'"errore" del recensore immaginario, lì va mostrata, anche con la scelta delle parole, la massima convinzione.

Esercizi Un esercizio sadico: scrivi la recensione negativa di un qualche classico della letteratura, dall'*Iliade* di Omero a *La storia* di Elsa Morante. Scegli un libro con il quale sei in cattivi rapporti, e sfogati. Un esercizio masochistico: scegli un libro che ami molto, un libro importante per la tua vita, e fanne la recensione negativa, cercando di individuarne tutti i limiti. Un esercizio divertente: prova a fare la recensione entusiastica di un libro che ti è sembrato orribile.

8 *Ivi*, pp. 127 sgg.

3.3.3 Recensioni immaginarie

Ma a volte la falsa recensione può essere un metodo divertente per raccontare in poche righe (o in poche pagine) una storia lunga e complicata. Potremmo allora parlare di *recensioni di libri che non sono mai stati scritti*. Eccone un esempio straordinario firmato da Jorge Luis Borges:

> Philip Guedalla scrive che il romanzo *The approach to Al Mu'tasim* dell'avvocato Mir Bahadur Al, di Bombay, «è una combinazione piuttosto disagevole (*a rather uncomfortable combination*) di quei poemi allegorici dell'Islam che mancano raramente di interessare i loro traduttori, e di quei romanzi polizieschi che inevitabilmente superano John Watson e perfezionano l'orrore della vita umana nei più distinti alberghi di Brighton». In precedenza, Mr. Cecil Roberts aveva denunciato nel libro di Bahadur «la duplice, inverosimile tutela di Wilkie Collins e dell'illustre poeta persiano del XII secolo, Farid ad-din Attar»: pacata osservazione che Guedalla riprende senza novità, ma con linguaggio incollerito. In sostanza, i due critici sono d'accordo; entrambi segnalano il meccanismo poliziesco dell'opera, e la sua *undercurrent* mistica. Questo ibridismo potrebbe farci supporre una parentela con Chesterton, ma, come vedremo, la supposizione sarebbe errata. [...] Il protagonista visibile – di cui non ci viene mai detto il nome – è uno studente di legge di Bombay. Sacrilegamente, costui ha rigettato la fede islamica dei suoi padri; ma ecco sul declinare della decima notte della luna di muharram, si trova nel centro di una zuffa tra musulmani e indù. [...] Attonito, libero pensatore lo studente entra nel tumulto. Con le disperate mani uccide un indù (o pensa d'averlo ucciso). Tonante, equestre, mezzo addormentata, la polizia del Sikar interviene con grandi scudisciate imparziali. Fugge, quasi da sotto le zampe dei cavalli, il nostro studente. Raggiunge l'ultima periferia. Scavalca due scarpate di ferrovia, o due volte la stessa scarpata. Scala il muro di un giardino in isfacelo, con una torre circolare nel fondo. Un branco di cani color di luna (*a lean and evil mob of moon-coloured hounds*) emerge dai neri rosai. Lo studente braccato cerca rifugio sulla torre. S'arrampica per una scala di ferro (mancano alcune traverse) e sull'ultima piattaforma – che ha un pozzo annerito al centro – s'urta in un uomo squallido, che sta orinando vigorosamente al chiaro di luna. Costui gli confida la sua professione: rubare i denti d'oro ai cadaveri vestiti di bianco che i parsi lasciano su questa torre. Dice altre cose nefande e fa capire che, da quattordici notti non si purifica più con sterco di bufalo. Parla con evidente rancore di certi ladri di cavalli di Guezart, «mangiatori di cani e di lucertole, uomini insomma così infami quanto noi due». Ragiona; nell'aria, un volo basso di avvoltoi. Lo studente, stremato, s'addormenta. Quando si sveglia il sole è già alto, e il ladro è sparito. Di fronte alle minacce proiettate dalla notte precedente, lo studente decide di perdersi per le strade dell'India. Pensa che s'è mostrato capace di uccidere un idolatra, ma non di sapere con certezza se il musulmano ha più ragione dell'idolatra. Ha ancora nell'orecchio il nome di Guezart, e quello di una *malkasansi* (donna della casta dei ladri) di Palampur, oggetto preferito delle imprecazioni e dell'odio del profanatore di cadaveri. Ragiona che il rancore d'un uomo così nefando onora la donna che n'è oggetto. Risolve – senza grande speranza – di cercarla. Qui finisce il secondo capitolo del libro.
>
> Le peripezie dei diciannove capitoli restanti, è impossibile riassumerle. [...] L'argomento è questo: un uomo – lo studente incredulo e fuggiasco che conosciamo – cade tra la gente della classe più vile, e si adatta ad essa in una specie di gara di infamie. D'un colpo – con lo spavento miracoloso di Robinson dinanzi

all'orma di un piede umano sulla sabbia – s'accorge d'una certa attenuazione di questa infamia: d'un intenerimento, d'una esaltazione, d'un silenzio, in uno di quegli uomini abominevoli. «Fu come se fosse entrato nel dialogo, come terzo, un interlocutore più complesso». Sa che l'uomo vile con cui sta conversando è incapace di questo momentaneo decoro; ne deduce che quel che ha scorto in colui è il riflesso d'un amico, o di un amico d'un amico. Ripensando il problema, giunge a un convincimento misterioso: «In qualche punto della terra v'è un uomo da cui procede questa chiarità; in un qualche punto della terra sta l'uomo che è uguale a questa chiarità». Risolve di dedicare la propria vita alla sua ricerca.
Già s'intravede l'argomento generale: l'insaziabile ricerca d'un'anima attraverso i delicati riflessi che essa ha lasciato nelle altre: al principio, la traccia tenue d'un sorriso o d'una parola; poi, splendori diversi e crescenti della ragione, dell'immaginazione e del bene. A misura che gli uomini interrogati han conosciuto più da presso Almotasim, è maggiore in essi la proporzione divina, ma si comprende che restano semplici specchi. La tecnica matematica è qui applicabile: il denso romanzo di Bahadur è una progressione ascendente, il cui termine finale è il presentito «uomo che si chiama Almotasim». L'antecedente immediato di Almotasim è un libraio persiano di somma cortesia e letizia; il predecessore di questo libraio è un santo... Dopo lunghi anni lo studente giunge a una galleria, in fondo alla quale è una porta; e «da quella porta, attraverso una tenda a perline da pochi soldi, filtrava uno splendore».
Lo studente batte due volte le mani, chiede di Almotasim. Una voce d'uomo – l'incredibile voce di Almotasim – lo invita ad entrare. Lo studente scosta la tenda e avanza. Qui termina il romanzo.[9]

■ **1**. In realtà, le recensioni di libri immaginari sono utili esercizi per prendere coscienza del ruolo del narratore. Recensendo un libro immaginario noi narriamo di un narratore che narra una narrazione; se riferiamo l'opinione di altri recensori, narreremo di narratori che narrano di un narratore che narra una narrazione; e così via.
2. Se pensiamo all'autore del nostro romanzo immaginario come a una persona immaginaria, ci rendiamo conto che autore e romanzo sono inestricabilmente legati. Ma ci rendiamo conto anche che l'autore appare sempre *dentro* il proprio romanzo. Così come il lettore si immagina un certo romanziere al di là delle pagine, così in realtà il romanziere immette una propria immagine dentro il romanzo: anche questa immagine è *fiction*, anche il romanziere è un personaggio.
3. Il romanzo è (anche) un gioco di scatole cinesi. Il narratore si mostra e si nasconde, si identifica e si disidentifica con i personaggi. Questo gioco può diventare evidente nella recensione a libri immaginari.

Esercizi Sorpresa! Non ti proponiamo di recensire un libro immaginario. Ti proponiamo di ripescare dal cassetto uno dei tuoi tentativi di scrivere un romanzo (o un racconto, o un gruppo di poesie...), e di scriverne una recensione: come se l'opera fosse finita, come se fosse stata pubblicata, e soprattutto *come se tu non conoscessi l'autore*. Rileggi il tuo testo, e prova a inventarti un autore a partire da ciò che hai scritto; dopodiché scrivine una piccola biografia, descrivilo

9 J.L. Borges, *Finzioni*, tr. F. Lucentini, Mondadori 1974, pp. 24-30.

fisicamente, parla delle sue passioni e tendenze letterarie... e metti tutto questo dentro la recensione. Prendilo come un esercizio di autocoscienza.

3.3.4 Esercizi di erudizione immaginaria

Saccheggiamo ancora l'inventiva di Umberto Eco. Vi proponiamo non più una recensione, ma un vero e proprio breve saggio di critica letteraria e filologica. Oggetto: la filastrocca *Tre civette sul comò*. Qui Eco ci parla di un oggetto umile usando la lingua alta della scienza filologica e semiologica. È un altro modo di inventarsi un narratore e di adottare un punto di vista originale sulla letteratura. Notiamo l'uso delle note, che rimandano a testi inesistenti ma attribuiti ad autori reali, con relativo (anche se riservato agli specialisti) effetto comico.

> La letteratura sulla sestina dell'Anonimo delle Civette[10] riempie ormai non pochi scaffali, sì che lo storico di questa fortuna critica non può esimersi da una certa qual umbratile peritanza nel consacrarsene dossografo.
> Ma tant'è, e per quanto cauto e discreto sia l'omaggio ai nostri maggiori, non sarà indarno ripetere qui il testo in cui si sono inscritte tante differenze interpretative, scarno simulacro delle *jouissances* che vi sono eluse, scrittura e traccia, varco significante, imago, forse fantasma.[11]
> Fissiamone la text-tura nella versione che il Segre,[12] con puntigliosa acribia, ne stabiliva – nel non lontano 1970:
>
> *Ambarabà ciccì coccò,*
> *tre civette sul comò*
> *che facevano l'amore*
> *con la figlia del dottore.*
> *Ma la mamma le chiamò...*
> *Ambarabà ciccì coccò.*
>
> Di questa sestina esistono non poche versioni in altra lingua, *à savoir* quella francese, prodotta dall'Ouvroir de Littérature Potentielle, che recita:
>
> *Ambaraba cici coco,*
> *trois chouettes qui font dodo*
> *en baisant sur la commode*
> *une fille très à la mode.*
> *Mais maman cria aussitôt:*
> *Ambaraba cici coco!*
>
> Dove si nota la perdita della «figlia del dottore», recuperata a livello connotativo attraverso l'allusione a una ragazza di non tradizionali costumi.[13] Per passare poi all'anonima versione tedesca, non immune da influenze di Hugo Ball e forse, per un orecchio attento è sensibile, dal magistero di Christian Morgenstern:

10 Cf. M. Corti, «Le civette e gli Skiantos», in *Alfabeat*, 35, 1977.

11 M. Cacciari, «Drei Kauze: il comò e la crisi del fallo nel mondo di ieri», in *Laboratorio Pielitico, rivista di sessuologia catastrofica*, 1, 2, 1980.

12 «Testo, contesto, co-testo e cocòtesto», in *Strumenti Criptici*, 3, 9, 1970.

13 Cf. F. Alberoni, «Amore e movimento sul comò», in *La grotta dell'ovipara*, 2, 1979.

Ambaraba Zi Zi Koko,
Drei Kauze auf dem Vertiko,
Die legten sich aufs Ohr
Mit der Tochter vom Doktor.
Doch da schrie die Mutter so.
Amabaraba Zi Zi Koko!

Più interessante, come esito poetico, ma certamente *extra-moenia* per quanto riguarda le leggi di genere e il complesso di rinvii extratestuali, la versione inglese che l'Almansi[14] attribuisce al Count Palmiro Vicarion:

There were three old Owls of Cochoers
screwing a girl into a big Chest of Drawers.
But the Maid was the Daughter
of a Doctor, and their Mother
cried: «Come back, lousy old Owls of Cochoers»

Tornando al testo italiano originale, il problema che ha attraversato la critica è certamente quello della sua datazione. Benché le allitterazioni del primo e dell'ultimo verso abbiano tempo fa inclinato il Vossler a citare riverberi della letteratura protolatina, massime il *Carmen Fratrum Arvalium*, è certo che la sestina non può essere datata prima della fondazione dell'università di Bologna, dato che non si vedrebbe come la ragazza potrebbe essere altrimenti designata come figlia del dottore.[15] È pur vero che nel suo splendido studio sulle varianti del carme il Contini ha messo in luce che in un manoscritto più antico il terzo verso non dice «che facevano l'amore» bensì «che facevano l'errore», dove – se la connotazione sessuale del *crimen* non viene per nulla attutita, e anzi è rinforzata dall'allusione sottilmente moralistica – non è chi non veda come solo nella versione successiva, sostituendo *amore* a *errore*, l'Anonimo abbia realizzato la mirabile paronomasia con il *chiamò* del quinto verso, creando un'antitesi metaplastica (feconda di esiti metasememici, anche a livello di strutture attanziali) tra l'amore ansioso e protettivo della madre e l'amore sconsiderato e possessivo delle civette.[16]

■ Ciò che ci interessa in questo esercizio è, ancora una volta, la creazione di un personaggio: qui Eco, brillante ma serissimo professore, ha messo alla berlina se stesso (e i suoi colleghi) creando un immaginario *arciprofessore*, il cui modo di procedere è una parodia continua della vera e propria letteratura scientifica. Quanto al metodo, si tratta: *a.* di considerare un testo o un fenomeno banali e di trattarlo con grande serietà, utilizzando importanti strumenti concettuali; *b.* di applicare la tecnica della *sovrainterpretazione*, consistente nel trovare nel testo significati e implicazioni molto profondi e del tutto improbabili; *c.* di usare infine le procedure tipiche del linguaggio erudito: citazioni, note, polemiche con colleghi, ecc.

14 G. Almansi, «Parlare d'uccelli», in *Nuovi Orcomenti*, 6, settembre 1976. Sul mito della civetta nelle società amerindie, si veda il n. 8 della rivista cheyenne *Augh-Augh!*
15 Vedi il numero speciale de *il Mulino*, «Ibridazioni linguistiche», 1978.
16 U. Eco, *Il secondo diario minimo*, Bompiani 1992, pp. 164 sgg.

Esercizi **1**. Immagina di essere un antropologo giapponese, oppure un giurato di un concorso di poesia, oppure un recensore di canzonette, e rileggi le *Tre civette*.
2. Metti alla prova le tue capacità analitiche su altri testi “banali”: un proverbio qualsiasi, l’inno di Mameli, uno slogan pubblicitario, una cartolina d’auguri, l’ultima canzone di Sanremo, ecc.
3. Esercizio masochistico: scegli come oggetto della tua analisi una tua poesia di qualche anno fa, quand’eri perdutamente innamorato di quella certa lei o di certo quel lui. Immagina di essere un commentatore di antologia, oppure uno psicologo dell’età evolutiva, o una giornalista in stile *Donna moderna*.

3.4 Discorsi quasi logici

3.4.1 Il discorso d’accusa

Un’altra forma forte della retorica del discorso è l’atto d’accusa. Esso nasce in ambito giudiziario ma poi lo travalica espandendosi dappertutto, divenendo una delle modalità ricorrenti di qualsiasi attitudine critica verso il mondo. Noi vi daremo ora un esempio di discorso d’accusa fatto da una vittima verso il suo carnefice. Si tratta del povero signor Charles Bovary, il marito della più celebre Emma, che si rivolta contro Gustave Flaubert e lo accusa formalmente, davanti a un tribunale ideale, di avergli fatto del male per il solo gusto di farglielo. Charles Bovary è un personaggio fittizio, ma ciò nulla toglie alla forza del discorso:

> Ho subito un’ingiustizia che grida vendetta, alla quale mi ribello in nome dei diritti dell’uomo e del borghese. Accuso quel mio cattivo compagno di scuola. Il tu non mi è più consentito, osservando quindi le convenzioni voglio quindi, nel mio discorso, usare la forma di cortesia, pur ribellandomi alla falsa realtà del testo scritto.
> *Je vous accuse*, Monsieur Flaubert!
> La accuso perché ha fatto di me un babbeo incapace di unire *passion et vertu*.
> La accuso perché della mia stupidità, o di quanto lei ritiene tale, ha fatto una colpa, con la stessa severità di Lheureux, lo strozzino.
> La accuso perché mi ha negato i miei legittimi diritti di uomo e di borghese trasformandomi in uno schiavo privo di volontà, come se vivessimo ancora negli infausti giorni in cui il signore era ancora signore e il servo servo, e questi non osava ribellarsi a quello.
> La accuso di avere infranto il patto che prima di accingersi a narrare la mia storia aveva stretto con la realtà: perché io ero più di quel che ero, al pari di ogni essere umano che, giorno dopo giorno, ora dopo ora, opponendosi al mondo e agli altri, esce da se stesso, per negare ciò che era e divenire ciò che sarà.
> La denuncio perché nel suo insulso eremitaggio ha rivolto la sua attenzione solo alle sue parole e alla loro melodia, e non ha osservato me con gli occhi di uomo compassionevole.
> *Liberté*: lei me l’ha negata.
> *Égalité*: lei non tollerava che io, il piccolissimo borghese, fossi pari all’alto borghese Gustave Flaubert.
> *Fraternité*: lei non ha voluto essere mio fratello nella disperazione, e anzi le è piaciuto calarsi nel ruolo del giudice tollerante. Di fronte al tribunale del mondo levo il mio lamento per la spregevole indifferenza con cui alla fine mi ha

> gettato via, come faceva Emma con i suoi vestiti che gettava nel letamaio o dava alla sua complice, la serva Félicité.[17]

■ **1**. Il discorso d'accusa è tanto più appassionato e appassionante se viene pronunciato da una vittima che decide di alzare la voce.
2. Esso è tanto più sorprendente se viene pronunciato da una vittima quasi indifendibile (la stupidità del dottor Bovary era fino a questo momento ritenuta indiscutibile).
3. Esso è tanto più emozionante se invece di rifarsi formalmente a *istanze di legge* si rifà sostanzialmente a *istanze di giustizia*; e cioè si appella a valori umani ultimi, non scritti, ma da tutti sentiti.
4. Esso è tanto più convincente se non si basa solo sulla sollecitazione delle emozioni ma solleva argomenti razionali.

3.4.2 Il discorso di difesa

Adesso tocca naturalmente alla difesa. Diamo la parola a Socrate che – accusato di corrompere i giovani, coinvolgendoli nelle sue indagini sul valore e il senso delle cose – pronunciò un'autodifesa divenuta poi un modello per qualunque discorso di giustificazione del proprio operato.

> Andando attorno, ricerco e indago, in base a ciò che ha detto il dio, se io possa giudicare sapiente qualcuno dei cittadini e degli stranieri. E, dal momento che non mi sembra che siano tali, venendo in soccorso al dio, dimostro che non esiste un sapiente. Proprio a causa di questo mio impegno, non ho avuto a disposizione il tempo di fare alcunché per la Città che fosse degno di considerazione e neppure per me privatamente. [...] Per giunta i giovani che mi seguono di loro spontanea volontà, quei giovani che più di tutti hanno tempo libero e che sono figli dei più ricchi, gioiscono nell'ascoltare come gli uomini vengano da me sottoposti ad esame, e più volte essi stessi mi imitano, e cercano di sottoporre ad esame anche altri. E allora – credo – trovano una grande abbondanza di uomini che sono convinti di sapere qualche cosa e che, invece, sanno poco o niente. Di conseguenza, quelli che vengono sottoposti ad esame da loro, si adirano contro di me e non già con sé medesimi, e affermano che Socrate è in sommo grado abominevole e che corrompe i giovani. E allorché uno domanda a loro cosa fa e che cosa insegna Socrate, non hanno nulla da dire e non lo sanno. E per non far la figura di non saperlo, dicono le solite cose che si dicono contro tutti i filosofi, e cioè che «fa ricerche sulle cose che stanno sotto terra», che «non crede nell'esistenza degli dèi»... [...] La verità – mi pare – essi non la vorrebbero dire, ossia che è risultato evidente che hanno la presunzione di sapere tutto e, invece, non sanno nulla.[18]

■ **1**. Il miglior discorso di difesa è in realtà un discorso di attacco o contrattacco.
2. Le argomentazioni dell'accusa non vanno negate, bensì ribaltate attraverso la *ritorsione dell'argomento* (es.: non sono io che dico di saper tutto, siete voi che lo dite: ma in realtà non sapete nulla).

17 J. Améry, *Charles Bovary medico di campagna*, tr. E. Ganni, Bollati Boringhieri 1992, pp. 137 sgg.
18 Platone, *Apologia di Socrate*, tr. G. Reale, Rusconi 1993, pp. 53 sgg.

3. Colui che si difende non deve scusarsi o giustificarsi, bensì rivendicare il suo operato fino in fondo, dimostrando dignità e fermezza, anche a costo d'essere condannato (ciò dà all'autodifesa un nobile accento).
4. Vanno messi in discussione, ed eventualmente ridefiniti, gli stessi criteri di bene e male con i quali si pretende di giudicare l'imputato. Egli dovrà poter dire: mi state giudicando in base a leggi insensate.

Esercizi I discorsi d'accusa e di difesa, soprattutto quando hanno carattere fittizio (come nel precedente esempio) o semi-fittizio (come nell'esempio di Socrate: quello che leggiamo come discorso suo, è stato in realtà scritto dall'allievo Platone), spesso servono non a difendere o accusare effettivamente quella tal persona, ma a difendere o accusare un principio, un costume, una tradizione, un valore acquisito o un valore nuovo. Pertanto ci si può esercitare così: *a.* scegliere una "cosa" il cui valore sia controverso (es.: l'hamburger); *b.* individuare un personaggio, sufficientemente simbolico, che possa sostenerne il valore (es.: Poldo Sbaffini, oppure Ronald McDonald), e scrivere la difesa; *c.* individuare un personaggio che possa sostenerne il disvalore (es.: l'autore del *Cucchiaio d'argento*, il libro di cucina più diffuso in Italia) e scrivere l'accusa.

3.4.3 Il discorso di autoaccusa

Il discorso di autoaccusa è tipico della tradizione cristiana, nella quale confessare il proprio peccato o il proprio errore, e manifestare il sincero pentimento, sono condizioni necessarie e sufficienti per accedere al perdono. È proprio la necessità di esprimere il pentimento, unita alla fiducia nel perdono, danno al discorso di autoaccusa il suo grande e inconfondibile pathos: del quale peraltro risentono anche i laici allorché si dispongono a fare i conti con se stessi. Come in questo brano di Oscar Wilde, tratto da un testo che significativamente si intitola *De profundis*, e venne scritto in carcere (nel quale Wilde era finito con l'accusa, allora infamante, di omosessualità):

> Devo dire a me stesso che fui io a rovinarmi, e che nessuno, grande o meschino che sia, può essere trascinato nella rovina se non per sua propria mano. Sono pronto, prontissimo a dirlo. E cerco di dirlo, anche se m'è difficile esser creduto, ora. Questo spietato atto d'accusa lo rivolgo spietatamente contro me stesso. Per quanto sia stato terribile quello che m'ha fatto il mondo, quello che io ho fatto a me stesso è ben più terribile ancora. [...] Gli dèi mi avevano concesso tutto. Possedevo la genialità, un nome illustre, un'alta posizione sociale, una mente brillante e ardimentosa. [...] Ma mi lasciai adescare in lunghi incanti di torpore voluttuoso e irragionevole. Mi divertii a fare il flâneur, il dandy, l'uomo di mondo. Mi circondai di persone dalla natura troppo infima, dalla mentalità troppo volgare. Diventai il dissipatore del mio stesso genio e provai un singolare piacere nel distruggere un'eterna giovinezza. Stanco di star sulle cime, deliberatamente sprofondai negli abissi alla ricerca di nuove sensazioni. Quanto era stato per me il paradosso nella sfera del pensiero diventò la perversità nella sfera della passione. Il desiderio, alla fine, fu una malattia, o una pazzia o tutt'e due. Non mi curai più della vita degli altri. Prendevo il piacere ovunque lo trovavo e passavo oltre. Avevo scordato che ogni piccolo atto costruisce o rovina un carattere. [...] Persi il domino di me stesso. Non ero più io a guidare la mia anima, e non lo sapevo.

> Lasciai che il piacere mi dominasse. Finii nell'infamia più orrenda. E un'unica cosa mi resta, ormai: un'assoluta Umiltà.[19]

■ Hegel amava dire che nel nostro mondo «nemmeno le pietre sono innocenti». L'atto di autoaccusa (e di pentimento) è dunque alla portata di tutti, perché tutti davvero hanno peccato contro qualcuno o qualcosa. Il testo di Wilde contiene una quota notevole di letterarietà – o addirittura di teatralità – che in un *Ricettario* come il nostro non guasta affatto. In questo testo – e in tutti testi simili – viene messa in scena una *lotta interna* all'io: viene rappresentato il tentativo nobile, a volte disperato, della persona di riconoscere e chiarire a se stesso le proprie colpe, e dunque di giungere a una qualche intesa o pace tra sé e il mondo (o tra sé e Dio): «E un'unica cosa mi resta, ormai: un'assoluta Umiltà...». Ma ricordiamo che, di solito, le colpe che noi stessi ci addebitiamo sono ben diverse da quelle che ci addebita il mondo: sono meno visibili, spesso non formalmente perseguibili, ma più sostanziali e terribili.

3.4.4 Apologie pericolose

Ci sono i vizi e ci sono le virtù. I vizi sono da condannare, le virtù da raccomandare. Però... a ben guardare, dentro ogni vizio c'è un vantaggio, un pregio; così come dentro ad ogni virtù c'è un difetto, un limite. Consideriamo l'abitudine di contrarre debiti, che la comune opinione di solito stigmatizza; ebbene: siamo proprio sicuri che il mondo senza debitori funzionerebbe meglio?

> Cribbio! a pensarci bene, voi, a rimproverarmi così i miei debiti e i miei creditori, volete mettermi con le spalle al muro. E io che mi credevo augusto, temibile e rispettabile proprio per questo, che contrariamente alla opinione di tutti i filosofi, i quali affermano che dal niente non si cava niente, io pur non avendo niente, né materia prima né altro, riuscivo ad essere artefice e creatore. Artefice di che? Ma di tanti creditori belli e buoni! I creditori – io lo sosterrò fino alla prova del fuoco, esclusa – son le più belle e brave creature di questo mondo. Creatura laida e cattiva è invece chi rifiuta il prestito: creatura dello schifosissimo demonio d'inferno!
> E creatore di che? Di debiti, naturalmente! [...] E se voi stimerete la perfezione dei debitori dal gran numero dei rispettivi creditori, avrete compiuto una corretta operazione di aritmetica pratica.
> Ma ve l'immaginate voi la mia felicità al mattino, quando mi vedo attorno tutta una corte di tanti bei creditori, così umili e servizievoli, così prodighi di riverenze; quando noto che, mostrando ad uno viso più aperto e facendogli cera migliore che ad altri, il miserabile si lusinga di essere in testa alla lista, e crede che sarà pagato per primo, e tiene i miei sorrisi in conto di moneta sonante? [...]
> E provatevi a immaginare con spirito sereno l'idea e la forma di un qualche mondo nel quale non vi siano debitori né creditori: un mondo senza debiti! Gli astri se ne andranno a ramengo ognuno per conto proprio. Giove, non più debitore a Saturno, lo sbalzerà fuori della sua sfera. [...] Fra gli elementi non vi sarà alcuna intesa, né alternanza né trasmutazione, poi che l'uno non si sentirà tributario dell'altro che non gli ha prestato niente. [...] Gli uomini più non si aiuteranno l'un l'altro, e uno avrà un bel gridare «Aiuto! Al fuoco! All'acqua!

19 O. Wilde, *De Profundis*, tr. O. Del Buono, Mondadori 1998, pp. 73 sgg.

> Al ladro! All'assassino!». Nessuno accorrerà. Perché non ha prestato niente e niente gli è dovuto. A nessuno interessa la sua conflagrazione, il suo naufragio, la sua rovina, la sua morte: nulla ha prestato prima, nulla presterà poi.[20]

■ Anche in questo caso funzionano i trucchi già citati a proposito dei testi di Eco: il ribaltamento, l'equivoco deliberato, l'enfasi sui punti in realtà più deboli, ecc. Qui la differenza sta nel fatto che i giudizi espressi non sono di tipo estetico bensì morale, e che quindi la loro componente logica è più importante. Non basta quindi inventarsi un personaggio che manifesti queste opinioni: bisogna costruirgli tutta un'impalcatura (apparentemente) razionale. Questo tipo di testo è differente dal *manifesto* per due ragioni sostanziali: uno, è più un testo di difesa che d'attacco; due, è evidentemente un testo che parlando di una cosa intende dirne un'altra (potremmo considerare il nostro esempio come una critica al vizio dell'avidità?).

Esercizi **1**. Prova a trasformare l'elogio del far debiti in un dibattito, nel quale al nostro personaggio rispondano: un banchiere (che dal prestare soldi trae profitto, ma non può nemmeno rischiare più che tanto), un avvocato specializzato nel recupero di crediti (che ovviamente vede i facitori di debiti come il fumo negli occhi), un moralista astratto.
2. Esercitati a criticare (in forma di discorso o di dibattito) le più comuni virtù: l'amore per i genitori, la puntualità, la fedeltà a un solo partner, le buone maniere a tavola, la discrezione; e tenta l'elogio dei vizi speculari.

3.4.5 Attacchi impossibili

È il gioco opposto e complementare a quello appena proposto. Per capirlo meglio diamo la parola al poeta Paul Valéry, che una volta fece una strana fantasia:

> Supponete che una specie di malattia misteriosa attacchi e distrugga tutta la carta che esiste nel mondo. Nessuna difesa, nessun rimedio. Impossibile trovare il sistema di eliminare il microbo o di opporsi al fenomeno fisico-chimico che attacca la cellulosa. L'ignoto agente corrosivo penetra nei cassetti e nelle casse, riducendo in polvere il contenuto delle nostre cartelle e delle nostre biblioteche. Tutto quel che fu scritto svanisce.[21]

■ **1**. A questo punto possiamo solo decidere che la nostra società è una società di pazzi, se si è tanto fidata d'un bene così deperibile come la carta. Immaginate: niente più biglietti di banca, titoli, tratte, atti, certificati di nascita, istruzioni per l'uso degli elettrodomestici, codici, poemi, elenchi del telefono, giornali, ricettari di scrittura creativa, ecc. La vita sociale è sconvolta: non essendoci più libri di storia siamo senza storia, non essendoci più né Bibbie né Corani siamo senza religione, non essendoci più manuali tecnici dimentichiamo l'impiego delle macchine... Bene: possiamo metterci a scrivere (rigorosamente su supporto magnetico) una storia.

---

20 F. Rabelais, *Gargantua e Pantagruele*, tr. A. Frassineti, Rizzoli 1984, v. II, pp. 605-609.
21 Cit. in M. Fustier, *Pratique de la créativité*, Esf 1976, pp. 19 sgg.

2. Abbiamo scoperto una nuova scienza: la *difettologia*, cioè la scienza che osserva i *difetti* (i punti deboli) riscontrabili in oggetti o istituzioni o pratiche ritenuti utili e indispensabili, addirittura inattaccabili. Es. nell'oggetto "libro", da un punto di vista difettologico, possiamo notare: è fragile; è combustibile; non ha o ha troppo poche immagini (perciò non stimola l'immaginazione); la lettura pagina dopo pagina rende difficile una visione globale del contenuto; non è aggiornabile; se l'inizio è noioso si rischia di non arrivare in fondo; non c'è dialogo con l'autore; non fa distinzioni fra i suoi lettori; dice a tutti la stessa cosa, ecc.

Esercizi **1.** Possiamo costruire invettive difettologiche contro l'impiego di certi oggetti, o la sopravvivenza di pratiche o istituzioni, così sfacciatamente pieni di difetti. Proviamo ad argomentare contro l'uso delle penne a sfera, delle sedie impagliate, delle scarpe di scamosciato blu, o contro l'esistenza dei giudici di pace, dei veterinari, delle autostrade. Procedura: *a.* scegliamo l'oggetto o istituzione, ecc. contro il quale vogliamo scagliarci; *b.* facciamo un elenco dettagliato di tutti i difetti che troviamo nel nostro oggetto; *c.* mettiamo in ordine i difetti, lungo una scala ideale, dai più veri e credibili ai più assurdi e incredibili, d. scriviamo la nostra invettiva usando prima le argomentazioni più credibili e poi via via spostandoci su quelle più incredibili; *e.* infine, come fuoco d'artificio finale del nostro discorso, spariamo il difetto più incredibile.

2. Possiamo immaginare delle storie a partire dalla realizzazione d'un difetto. Es.: poiché la medicina ha il difetto di prolungare la vita umana, aumentando così il deficit del sistema pensionistico, immaginiamo un mondo nel quale: *a.* la vita umana sia lunghissima; *b.* l'Inps sia caduta nelle mani della mafia russo-giapponese; *c.* le masse di lavoratori giovani si sollevino in rivolta contro la casta medica; *d.* la legge incentivi il suicidio dei vecchi.

3.4.6 Modeste proposte

In questo celebre testo l'arte del paradosso raggiunge il suo culmine. Jonathan Swift scrisse nel 1723 un libello per protestare contro la politica sfruttatrice dell'Inghilterra nella sua vicina colonia, l'Irlanda. Siamo nei decenni che precedono la rivoluzione industriale, quando il principio dell'utile stava affermandosi come criterio di valore unico e assoluto. Swift immagina che un ipotetico difensore di questo principio, per risolvere il problema della miseria in Irlanda, proponga di rendere commerciabile per uso alimentare la carne umana (degli uomini, anzi dei bambini *poveri*, naturalmente). Tutti ne trarrebbero giovamento!

> Ho già calcolato che il costo di allevamento per un infante di mendicanti (nella quale categoria faccio entrare tutti i contadini, i braccianti ed i quattro quinti dei mezzadri) è di circa due scellini l'anno, stracci inclusi; ed io penso che nessun signore si lamenterà di pagare dieci scellini il corpo di un bambino ben grasso che, come ho già detto, può fornire quattro piatti di ottima carne nutriente per quando abbia a pranzo qualche amico di gusti difficili, da solo o con la famiglia. Il proprietario di campagna imparerà così ad essere un buon padrone ed acquisterà popolarità fra gli affittuari, la madre avrà otto scellini di profitto netto e sarà in condizione di lavorare finché genererà un altro bambino. I più parsimoniosi (ed io confesso che la nostra epoca ne ha bisogno) potrebbero scuoiare il corpo, la cui pelle, trattata artificialmente, dà meravigliosi guanti per

> signora e stivaletti estivi per signori eleganti. Per quanto concerne la nostra città di Dublino, nelle parti più acconce, potrebbero apprestarsi mattatoi per codesta bisogna; e possiamo star certi che non mancheranno i macellai; anche se io vorrei raccomandare di comperar vivi i bambini e di prepararli caldi, appena finito di usare il coltello, come si fa per arrostire i maiali.[22]

■ **1**. Il primo trucco di Swift consiste nel prendere alla lettera una metafora: *i ricchi mangiano i poveri*.
2. Il secondo consiste nel dire il contrario di quel che si pensa. Questa è l'*ironia*: dico «bravo» e intendo dire «buono a nulla». Invece di protestare direttamente contro le ingiustizie economiche Swift decide di esaltarle per mostrare meglio la loro negatività.
3. Il procedimento argomentativo è quello del *ragionamento per assurdo*: si ammette come provvisoriamente vera la tesi dell'interlocutore («nel mondo tutto è merce e può essere comperato») e la si sviluppa fino alle estreme conseguenze, forzando i passaggi logici; così si arriva alle conclusioni assurde («si possono mangiare i bambini») che mostrano la falsità della tesi di partenza.
4. È importante il tono ordinario di questo testo: Swift non ci dà mai l'impressione di star dicendo qualcosa di strano. Questa è una delle regole fondamentali dell'umorismo: se volete che il lettore sorrida dovete adottare uno stile normale (serio, pacato, modesto) anche se raccontate o esponete fenomeni e idee anormali (assurdi, scandalosi, pazzi).

Esercizi **1**. Usa un'espressione metaforica abusata (o un proverbio) per raccontare una storia che la prende alla lettera. Esempi: la moglie fa la guerra al marito; il marito fa le corna alla moglie; quello lì ha le mani bucate; ho una fame che mi mangerei un vescovo; si sono dati botte da orbi; un sole che spaccava le pietre; ecc.
2. Prova a costruire un articolato ragionamento per assurdo. Scegli una tesi qualsiasi che appaia perfettamente credibile, come a es.: l'aria di montagna fa bene ai polmoni, le persone anziane vanno rispettate, i bambini devono ascoltare gli adulti, ecc.; e portala alle estreme conseguenze. Ad es., se «i bambini devono ascoltare gli adulti», la *privacy* degli adulti ne risulterà distrutta: dovranno portare addosso cimici-microfoni perché i bambini (dotati di cuffie-ricevitori) possano ascoltarli ad ogni ora del giorno, qualunque cosa gli adulti stiano facendo (magari mentre tradiscono il partner, imbrogliano negli affari, insultano l'automobilista che li ha sorpassati...): alla fin fine si scoprirà che «è bene che i bambini *non ascoltino* gli adulti».

3.5 Esercizi di stile intellettuali

Ora vi presenteremo alcuni *esercizi di stile intellettuali*, cioè testi che mettono in scena prestazioni mentali complesse e richiedono un'alta capacità logica – messa però al servizio di scopi perversi e cioè inutili e capziosi. Come tutte le acrobazie, anche queste si fanno spesso sopra il vuoto assoluto.

---

22 J. Swift, *Una modesta proposta e altre satire*, tr. B. Armellin, Rizzoli 1977, p. 145.

3.5.1 Esercizi di scetticologia e credulonogia

La *scetticologia* è quell'operazione mentale che consiste nel mettere in dubbio qualsiasi fenomeno, anche quello più evidente e certo. Es. quale avvenimento storico è stato più evidente e pesante del fenomeno-Napoleone? Eppure lo scetticologo non si scoraggia e riesce a mettere in dubbio che un tale personaggio sia mai esistito:

> «Ma che diremo di quelle tanto rispettabili persone che andarono a Plymouth di proposito, e videro Bonaparte con i loro occhi? Non dovevano forse credere ai loro sensi?». In ogni caso, non nego né la testimonianza oculare né la buona fede di questi gentiluomini. Anzi, sono pronto ad ammettere che siano andati a Plymouth col proposito di vedere Bonaparte; perché è vero che si sfiancarono a remare nel porto per sfilare accanto ad una nave da guerra sul cui ponte videro un uomo con un cappello bicorno che, *fu loro detto*, era Bonaparte. Questo mi sembra il limite massimo, cui possa spingersi il valore della testimonianza. Ma nessuno ci ha detto come quegli uomini, sfiancati dalla remata, abbiano potuto verificare che quell'uomo in cappello bicorno avesse partecipato a tutte quelle meravigliose avventure con le quali per tanto tempo ci hanno deliziato. Hanno per caso letto quei signori, nei suoi tratti fisionomici, il suo vero nome e la sua autentica storia? In realtà questa prova ci sembra molto simile a quella che riferiscono i contadini, quando ci parlano di storie di fantasmi. [...] Essi vi additano trionfalmente la casa esatta nella quale il fantasma si aggirava; il preciso angolo buio dove egli era solito svanire; e forse, persino, la tomba della persona la cui morte lo spettro aveva predetto. [...] Un'altra circostanza specifica, nella storia di questo impareggiabile personaggio, è che talvolta si ritiene opportuno darlo per vinto (e mai sconfitto a metà, ma travolto in una rovina improvvisa e totale più di quanto non accada ai personaggi della storia vera); eppure, se torna funzionale una sua reintegrazione, essa viene effettuata con tale rapidità e assolutezza, manco si avesse la bacchetta del Mago Merlino. Napoleone penetra in Russia con un'armata prodigiosa, che viene decimata da un inverno di durezza inaudita. (Tutto ciò che riguarda quest'uomo è *prodigioso* e *senza precedenti*). Tuttavia, in un paio di mesi, lo ritroviamo impegnato in Germania con un altro grande esercito a sua volta sbaragliato a Lipsia. E con questa – considerando anche quella della campagna d'Egitto – ammontano a tre le armate andate completamente distrutte! [...] Certo è che gli uomini, quando si abbandonano alle loro inclinazioni per il meraviglioso, mostrano sempre una forte propensione ad accumulare sopra un solo individuo (reale o immaginario) le imprese di molti; e dunque a moltiplicare per mille e ad esagerare queste imprese.[23]

■ **1**. Il patrono di tutti gli scettici è naturalmente san Tommaso, un empirista estremista che credeva solo a quello che toccava: già il semplice vedere gli pareva poco. Lo scetticologo si diverte a mettere in crisi tutte le presupposizioni di realtà su cui si regge il nostro mondo. Nessuno di noi può controllare in proprio *tutte* le credenze che ha ereditate, e se dovessimo veramente credere solo a ciò che tocchiamo l'ambito delle nostre certezze si restringerebbe enormemente.

23 R. Whately, *Dubbi storici su Napoleone Bonaparte*, tr. C. Guarrera e S. Rapisarda, Sellerio 1991, pp. 74-95.

2. La *credulonologia* è il contrario e il complementare della scetticologia: se la realtà assoluta dei fenomeni è difficilmente dimostrabile, allora si può credere a fatti incredibili ma tuttavia possibili. Si potrebbe affermare che la scetticologia è una buona scuola per diventare credulonologi, e cioè specialisti nella dimostrazione simil-logica di falsità enormi.

Esercizi **1**. Prova a sostenere *scetticologicamente* e *credulonologicamente*: *a.* che Mike Bongiorno non esiste (è un personaggio virtuale); *b.* che nessun astronauta è mai andato sulla Luna (in tv abbiamo visto delle animazioni); *c.* che la sanità pubblica è in attivo: gli scantinati degli ospedali sono tutti pieni di soldi. **2**. Prova a sostenere *credulonologicamente* e *scetticologicamente*: *a.* che Babbo Natale esiste e abita in un'isola dei Caraibi insieme a Elvis Presley e a Jim Morrison (i quali naturalmente non sono mai morti); *b.* che tutta la provola in commercio, dal maggio 1977 a oggi, non è fatta col latte ma prodotta direttamente dalla Montedison riciclando manici d'ombrello.

3.5.2 Esercizi di equivocologia

L'*equivocologia* è l'arte di prendere fischi per fiaschi, e cioè di equivocare (intenzionalmente o no) le parole altrui ricavandone significati magari molto intelligenti e sofisticati, ma del tutto estranei alle intenzioni del parlante. È un'arte sottile, perché sfrutta un grande potere della mente umana: quello d'interpretare. L'equivocologo, consapevole o inconsapevole che sia, interpreta abilmente il testo e lo forza a dire quel che a lui pare e piace: ma la sua suprema abilità consiste nel far tornare i conti. Spesso quindi è anche un grande *metaforologo*, poiché per far tornare i conti interpreta il testo (o il parlato) altrui non letteralmente ma metaforicamente. Pertanto è costretto a veri e propri *tour de force*. Avviene così nel nostro esempio, tratto da un romanzo di Kosinski, dove un idiota che per tutta la vita ha fatto il giardiniere si trova, per una serie di fortunose combinazioni, a dover rispondere a un'impegnativa domanda di economia rivoltagli dal presidente degli Usa. Non sapendo parlare d'altro, tira in ballo le sue piante e i suoi fiori, che in effetti in quel momento non c'entrano proprio nulla. Ma il presidente è un equivocologo eccezionale...

> Il Presidente si rivolse a lui: «E lei, signor Gardiner? Cosa pensa della brutta stagione nella Street?».
> Chance si fece piccolo piccolo. [...] Fissò il tappeto. Infine parlò. «In un giardino» disse «ogni pianta ha la sua stagione. C'è l'estate e la primavera, ma c'è anche l'autunno e l'inverno. E poi, ancora, la primavera e l'estate. Purché le radici non vengano recise, tutto va bene e tutto andrà bene». Alzò gli occhi. Il Presidente pareva molto soddisfatto.
> «Devo ammettere, signor Gardiner» disse il Presidente «che quella che lei ha appena fatto è una delle dichiarazioni più ottimistiche e stimolanti che da un pezzo io abbia sentito. [...] Molti di noi dimenticano che la natura e la società sono tutt'uno! Sì, pur avendo cercato di isolarci dalla natura, continuiamo a farne parte. Come la natura, il nostro sistema economico rimane, a lungo andare, stabile, e razionale, ed è per questo che non dobbiamo temere né essere alla sua mercé. [...] Diamo il benvenuto alle inevitabili stagioni della

natura, ma ci lasciamo turbare dalle stagioni della nostra economia! Com'è stupido da parte nostra!»[24].

■ **1.** Noi ci serviamo tutti i giorni di metafore che ormai non percepiamo nemmeno più come tali, come a es. «grande vecchio», «burattinaio», «regia occulta», che afferiscono tutte allo stesso ambito. L'equivocologo le interpreta alla lettera e pensa a es. che il capo di tutti i commercianti di droga del mondo sia una persona molto alta e anziana che si diverte a organizzare spettacoli di burattini senza far sapere che il regista è lui. Analogamente, l'equivocologo tratta metaforicamente le espressioni più semplici e chiare: «c'è l'estate e la primavera».
2. Notiamo che, nel racconto di Kosinski, il presidente non equivoca per stupidità ma quasi intenzionalmente: egli desidera sentirsi dire una certa cosa («il futuro sarà migliore») ed è pronto a dare questo significato a qualunque cosa Gardiner gli dica.

Esercizi Adoperiamo alcuni testi fuori del loro giusto contesto. Leggiamo una circolare amministrativa, un dépliant turistico, un libretto d'istruzioni per un elettrodomestico, e interpretiamolo come se fosse il messaggio cifrato d'una spia, un'allegoria dell'attuale situazione politica, un testo misterioso prodotto da una civiltà scomparsa, il testo sacro d'una setta segreta.

3.5.3 Esercizi di interpretologia

L'*interpretologia* è uno sviluppo dell'equivocologia: l'equivocologo si fissa su una singola chiave di lettura del testo e da quel momento non molla più la presa, convinto che quella sia l'unica interpretazione possibile e autorizzata; l'interpretologo invece parte dal presupposto dell'infinita interpretabilità del mondo, non si accontenta d'una sola interpretazione ma ne propone cento, mille, trattando il testo come un trampolino per le sue capriole interpretative. Come in questo caso in cui un gruppo di filosofi spaccacapellinquattro si confronta con un testo minimo e ne estrae significati imprevedibili e fantastici:

> Una volta un filosofo, mentre si avviava al caffè dove si sarebbe incontrato con altri filosofi suoi amici, trovò lungo la strada un biglietto. Sul biglietto c'era scritto: *Un giorno un uomo passò per la strada. Poi svoltò dietro l'angolo e sparì.* Il filosofo fu molto colpito e decise di invitare gli altri filosofi a discutere circa il senso da dare a questo testo enigmatico.
> Cominciò Uguccione: «Si può dire che sia una storia? No; non succede niente; c'è solo un uomo che passa e scompare dietro l'angolo. Ora, di uomini che passano e girano dietro l'angolo è pieno il mondo, ma non basta questo a fare una storia. Io lo definirei un appunto estemporaneo di cui non vale la pena occuparsi».
> Parlò Bernardo: «Non sono d'accordo. Ci sono due proposizioni interrotte da un punto che in fondo è uno snodo drammatico. Immaginiamoci la scena: la strada è vuota quand'ecco un uomo *passa* di lì. Si tratta di un'azione a suo modo memorabile che interrompe il niente di quella strada deserta, si tratta di un'azione epica».

24 J. Kosinski, *Oltre il giardino*, tr. V. Mantovani, Feltrinelli 1996, pp. 57 sgg.

Intervenne Lamberto: «Ti faccio però notare che niente ci impedisce di pensare che altri uomini in quel preciso istante attraversassero la strada insieme al nostro uomo. Se le cose stanno così, e nulla ci vieta di pensarlo, allora l'azione del protagonista perde di incisività».
Ma Lelio si ribellò: «Io mi ribello davanti a simili insinuazioni. Stiamo ai fatti! L'unico uomo ad essere nominato è proprio lui, il misterioso protagonista. D'altra parte se la strada fosse stata affollata lui non avrebbe potuto né comparirvi né disparirvi, si sarebbe perduto nella folla».
Pensosamente gli fece eco Leonio: «Eh già, eh già: Qui sta scritto *un uomo* e non *l'uomo*. Ma vi immaginate come sarebbe stata diversa la storia se fosse stato scritto *l'uomo*. In quel caso egli avrebbe perduto l'aura di ignoto che lo avvolge mentre incede solitario».
Gervaso riprese questi ultimi concetti: «Sì, è stata una scelta felicissima. E badate: *un uomo* significa *qualcuno* ma significa anche *tutti*. Sì, in fondo tutti noi potremmo essere quell'uomo che avanza».
S'oppose Vitaliano: «Non sono d'accordo. Volutamente il narratore ha descritto la scena dall'esterno. Il personaggio che vediamo avanzare è l'Estraneo per eccellenza, colui che è venuto dal nulla e ritornerà al nulla, scomparendo dietro l'angolo».
Agostino però ebbe un'idea: «E se fosse il contrario? E se fosse qualcuno che è venuto apposta per noi? Un angelo o un messaggero che ci cerca? Quando lui avanza inevitabilmente ci chiediamo: chi è? che cosa vuole da noi? Stiamo in attesa con il cuore in gola. Ma poi lui passa e nulla accade».
Giambattista parve illuminato da questa interpretazione: «Allora si può dire che la colpa è nostra, che noi non abbiamo fatto il gesto di corrergli incontro. L'autore usando il verbo *passare* insiste proprio su questo concetto. La felicità, o, se preferite, la Grazia, è un'occasione fuggevole, che appunto se non viene colta passa. Così se non saremo stati capaci di farlo ci ritroveremo con il nulla tra le mani».
La discussione durò parecchi giorni.

■ L'interpretologia è una scienza inebriante perché dà la sensazione d'essere onnipotenti e di poter far significare i segni del mondo (lettere, numeri o cose) quel che ci pare e piace. Come l'equivocologia si avvale della tecnica della libera associazione e cioè della possibilità di collegare tutto con tutto: gioca bene chi ha almeno annusato le scienze umane (psicologia, sociologia, teologia...) e può divertirsi a impiegarle una alla volta o tutte insieme in una specie di sarabanda interpretologica. Utili anche i giochi etimologici.

Esercizi Interpreta questi testi: «C'è un fiore nel campo», «La palla rotolava lungo la strada», «Giovanni è un uomo, Maria è una donna». Procedimento: *a.* valuta i possibili significati metaforici di ogni singola parola (fiore = donna, sesso, amore; palla = mondo; campo = foglio su cui si scrive; ecc.); *b.* valuta i possibili significati metaforici delle singole frasi («Maria è una donna» = «Anche la madre di Gesù aveva appetiti sessuali», «C'è un fiore nel campo» = «In questo libro c'è una bella poesia», ecc.); *c.* prova a combinare e ricombinare i vari significati metaforici, scrivendo frasi che ne adoperino volta per volta uno diverso e cercando di montarle in un discorso: «C'è un fiore in questo campo. C'è una bella poesia in questo libro. C'è una donna amata nella vita di quest'uomo. C'è un sesso delizioso nel corpo di questa donna. Quindi la frase significa: un poeta, autore di tante poesie non particolarmente belle, ne ha scritta però una di eccezionale, nella quale celebra il sesso della donna amata».

3.5.4 Esercizi di ovviologia, ovvero: le tautologie

L'*ovviologia* è una scienza nella quale, ahimè, molti uomini e donne sono, magari senza saperlo, espertissimi: la scienza di parlare e parlare dicendo continuamente cose ovvie. Se però siamo consapevoli di questo carattere dell'umana natura anche dall'ovvio possiamo trarre effetti speciali e piacevoli. È il caso di Bernard de La Monnoye, autore della *Canzone del famoso La Palisse* (dal nome di questo leggendario personaggio deriva l'aggettivo "lapalissiano", che significa appunto: "ovvio").

Un carattere pacato
Da suo padre avea sortito;
Mai mostravasi arrabbiato
Se non era incollerito.

Dalla botte, ogni mattino,
Un buon dito ne spillava;
E mangiava dal vicino
Solamente se ci andava. [...]

Se bel tempo era all'esterno,
Alla brezza si beava;
Senza attendere l'inverno
In autunno vendemmiava. [...]

Ragionando da buon logico
Elencò ragioni a josa
Per provare che uno strabico
Ha la vista difettosa.

Un saper tanto palese
Dagli astanti fu applaudito;
E ciascuno che l'intese
Non avea perso l'udito.[25]

■ L'ovviologia sfrutta intensivamente il *principio d'identità*, secondo cui un cavolo è un cavolo e non una rapa, e pertanto si comporta da cavolo. Tecnicamente si tratta di *tautologie.* Sembra facile e invece, come è ovvio anche per essere ovvii ci vuole arte e, talvolta, coraggio. Di Monsieur De La Palisse si dice che «un quarto d'ora prima di morire era ancora in vita». Ora: questa constatazione è tanto logicamente inoppugnabile quanto umanamente scema; eppure ci colpisce, magari un po' ci sorprende, ci fa addirittura riflettere: spesso dimentichiamo che la differenza tra morte e vita è spesso minima, affare di secondi; forse gli stessi morti si stupiscono d'essere tali, visto che appena un secondo prima erano

25 Cit. in P. P. Rinaldi, *Il piccolo libro del nonsense*, Vallardi 1997, pp. 102 sgg.

ancora vivi... L'ovviologia (se, ovviamente, bene adoperata) può farci scoprire cose che avevamo sempre sapute e non avevamo mai osato dirci.

Esercizi Scegli uno di questi temi: «La vecchiaia segue la maturità, e la maturità la giovinezza», «Mangiare bene fa bene», «Quando si è felici si sta meglio di quando si è infelici», «Al termine d'una lunga camminata si è stanchi», «A volte si ritrovano le cose perdute, altre volte no». Tenta uno svolgimento ovviologico.

3.5.5 Esercizi di nullologia

Ecco una bella poesia:

> Quando talor frattanto,
> forse, sebben così,
> giammai piuttosto alquanto
> come perché bensì?
>
> Ecco repente altronde
> quasi eziandio perciò
> anzi, altresì laonde
> purtroppo invan; però...
>
> Ma se per fin mediante,
> quantunque attesoché,
> ahi! sempre nonostante,
> conciossiacosaché.[26]

Cosa abbiamo capito? Nulla di nulla: e infatti non c'era nulla da capire, visto che questa è una poesia costruita sul nulla, un esercizio di acrobazia verbale che chiameremo: *variazioni sul nulla*. Si tratta di dire senza dire, di mimare una frase affermativa e di non affermare un bel niente. Uno specialista in questo campo è il signor Peeperkorn, un indimenticabile personaggio di Thomas Mann. Il suo discorso sembra sempre sul punto di asserire qualcosa d'importante e invece si avvita su se stesso: così che, alla fine, stringiamo il vuoto. Eppure il suo modo di non dire nulla ci lascia l'impressione di avere udito «cose notevolissime»:

> Egli diceva con voce piuttosto bassa: «Signori... bene. Tutto bene. Chiuso, e non parliamone più. Ma prego di considerare e di non trascurare, nemmeno un istante, che... Ma lasciamo questo punto. Ciò che spetta a me di dire non è tanto questo quanto piuttosto e soprattutto che abbiamo l'obbligo... che ci è imposto l'imprescindibile... ripeto e metto in rilievo questa parola... l'imprescindibile dovere di... No! Nossignori, non così! Non già che io... Chiuso, signori, chiuso e liquidato. So che in tutto ciò siamo d'accordo. Dunque: veniamo all'argomento!».
> Non aveva detto un bel niente, ma la sua testa aveva senza alcun dubbio un aspetto così importante, la mimica e i gesti erano stati talmente decisi, penetranti, espressivi che tutti, Castorp compreso, credevano di aver udito cose notevo-

26 C. Ferrigni detto Yorick, *Mistero*, cit. in *ivi*, p. 219.

lissime o, anche avendo notato l'assenza di una comunicazione oggettiva e portata a termine, non ne sentivano la mancanza.[27]

■ Si tratta di mimare la forma esterna d'un discorso affermativo, svuotandolo dalla sostanza di significato. Il nullologo è un abilissimo giocoliere dei connettivi, cioè delle parole che indicano gli snodi del discorso. Le frasi vengono piantate a metà come se agli ascoltatori fossero noti i contenuti atti a riempire gli improvvisi vuoti. Il bravo nullologo dà poi al discorso ritmo e colore emotivo, usando esclamazioni, allusioni, interrogazioni nonché i puntini di sospensione indicanti contenuti sottintesi che, in realtà, non ci sono...

Esercizi Procedere nel modo seguente: *a.* comperare un giornale; *b.* comperare un pennarello nero grosso; *c.* leggere gli articoli d'opinione (editoriale, corsivi, ecc.) cancellando sistematicamente le parole significative e mantenendo solamente i connettivi; e infine, *d.* ricopiare in bella copia tutte le parole rimaste, ottenendo così un es. di discorso nullologico semiautomatico dadaista.

3.6 Invettive maledizioni profezie

3.6.1 Invettive contro le persone

Anche l'invettiva rientra tra le scritture paradossali. Infatti, niente di più facile che esagerare, quando ce la prendiamo con qualcuno. Leggiamo un esempio da Shakespeare. Il principe (e futuro re) Enrico V e il suo amicone Falstaff stanno facendo il gioco delle parti. Il principe fa la parte dell'attuale re Enrico IV, mentre Falstaff fa la parte del principe stesso. Il principe, fingendo di rimproverare il proprio figlio (cioè se stesso) ne approfitta per coprire d'insulti Falstaff.

> D'ora in poi non farti più vedere. Ti sei violentemente allontanato dalla grazia di Dio. C'è un diavolo che ti travia sotto l'aspetto di un vecchione grasso, un otre d'uomo ti è compagno. Perché ti intrattieni con quel baule di bizze, quel recipiente di bestialità, quel fagotto rigonfio di idropisie, quella grossa bigoncia di vino secco, quel valigione imbottito di budella, quel bue arrostito di Manningtree col ripieno nel ventre, quel reverendo vizio, quell'iniquità dai capelli grigi, quel vecchio mascalzone, quel padre ruffiano, quella vanità carica d'anni? A cosa è buono se non a gustare vino secco e berlo? In cosa è pulito e abile se non a tagliare un cappone e mangiarlo? In cosa è destro se non nella scaltrezza? In cosa è scaltro, se non nella malvagità? In che cosa è malvagio, se non in tutto? In cosa meritevole, se non in nulla? Quel malvagio abominevole traviatore di giovani, Falstaff, quel vecchio Satana con la barba bianca.[28]

Ma può essere interessante leggere un esempio contemporaneo di invettiva: il formidabile attacco che l'atrabiliare scrittore austriaco Thomas Bernhard portò contro il più noto filosofo del Novecento, Heidegger:

> Heidegger era un imbonitore della filosofia, uno che portava al mercato solo merce rubata, tutta la merce di Heidegger è di seconda mano, Heidegger era ed

27 Th. Mann, *La montagna incantata*, tr. B. Giachetti-Sorteni, Corbaccio 1992, pp. 925 sgg.
28 W. Shakespeare, *Enrico IV*, tr. M. Bacigalupo, Garzanti 1991, p. 93.

> è il prototipo del pensatore per imitazione al quale mancava tutto, ma proprio tutto, per pensare con la propria testa. [...] Heidegger ha rimpicciolito ogni cosa grande per ridurla alla portata dei tedeschi, mi capisce, alla portata dei tedeschi. Heidegger è il piccolo borghese della filosofia tedesca che ha messo in testa alla filosofia tedesca il suo nero berretto da notte kitsch, quel nero berretto da notte kitsch che Heidegger, com'è noto, portava sempre, in ogni occasione. Heidegger è il filosofo dei tedeschi in pantofole e berretto da notte, nient'altro che questo. [...] Perché in Heidegger mi ha sempre disgustato tutto, non soltanto il berretto da notte in testa e i mutandoni invernali tessuti a mano e stesi sulla stufa che lui stesso si accendeva a Todtnauberg, non soltanto il suo bastone da passeggio della Foresta Nera tagliato in casa, ma per l'appunto la sua filosofia della Foresta Nera fatta in casa, tutto in quest'uomo tragicomico mi ha sempre disgustato, tutto mi ha sempre profondamente ripugnato al solo pensiero; mi è bastato conoscere una riga per esserne disgustato. [...] Ho sempre avuto la sensazione che Heidegger fosse un ciarlatano, il quale per tutta la vita non ha fatto altro che sfruttare tutto quanto gli stava intorno, e sfruttando a destra e a manca egli si abbronzava sulla sua panchina di Todtnauberg.[29]

Esercizi **1**. Scegliete qualcuno che odiate davvero (preferibilmente una figura pubblica che funge meglio da punching-ball) e rovesciategli addosso la vostra ira. Ma attenzione: non potete limitarvi alle contumelie; dovete essere taglienti, ironici, beffardi, ecc. Altrimenti la vostra ira sarà solo cieca e linguisticamente monotona.
2. Fingete di essere uno dei vostri genitori, o il vostro datore di lavoro, o il vostro partner, e rimproverate a voi stessi le vostre manchevolezze. Fingete di essere uno dei vostri genitori e di rivolgervi al vostro partner compatendolo per la fatica che gli costerà sopportarvi.

3.6.2 Invettive contro il mondo e profezie

Non sempre *l'invettiva* è rivolta a una sola persona. Può capitare di prendersela, a volte, con il mondo intero. Sono testi di sfogo, rabbiosi, in cui l'ira s'allarga per cerchi concentrici e non risparmia nulla e nessuno. La *Bibbia* è molto ricca d'invettive; eccone una:

> Sciagura su chi ammucchia casa su casa
> Su chi attacca campo a campo
> Finché lo spazio sparisca
>
> Per farsi della terra
> Padroni solitari
>
> Maledetti voi già all'aurora
> In piedi per trincare e crapulare...[30]

Spesso all'invettiva si unisce la *profezia negativa*, con la quale si augurano all'insultato tutte le peggiori disgrazie:

29 Th. Bernhard, *Antichi maestri*, tr. A. Ruchat, Adelphi 1992, pp. 62 sgg.
30 *Libro del profeta Isaia*, tr. G. Ceronetti, Adelphi 1981, pp. 34-61.

> Quante case saranno spopolate
> Grandiose ben costruite
> Nessuno le abiterà
> Dieci iugeri di vigna
> Daranno un solo bàt[31]

Vediamo anche un'invettiva profetica in prosa, prendendola da un grande scrittore nichilista e visionario del Novecento: Louis-Ferdinand Céline. A parlare è lo psichiatra Baryton, che preannuncia un'epoca di follia generalizzata:

> Per cominciare ogni cosa non riesce forse a equivalersi in presenza di una intelligenza realmente moderna? Niente più bianco! Nemmeno niente più nero! Tutto si sfilaccia! ...È il nuovo genere! È la moda! Perché a questo punto non diventare folli anche noi? Immediatamente! Per cominciare! E vantarcene per giunta! Proclamare il gran casino spirituale! Farci réclame con la nostra demenza! Chi può fermarci? Glielo chiedo Ferdinand! Qualche estremo e superfluo scrupolo umano! [...] Ossessi, viziosi, capziosi e retorici, questi beniamini della nuova psichiatria, a colpi di analisi supercoscienti ci gettano negli abissi... Semplicemente negli abissi... Semplicemente negli abissi! Un bel giorno, se voi non reagite, voi giovani, saremo tagliati fuori, mi senta bene, tagliati fuori! [...] D'altronde si direbbe già che ci stanno rinchiusi questi superfurbi nella gabbia dei dannati, a forza di masturbarsi il comprendonio giorno e notte! [...] E non resta, intorno a loro, che un guazzabuglio schifoso di detriti organici, una marmellata di sintomi di deliri in macedonia che gli trasudano e schizzano dappertutto... Ne abbiamo le mani piene di quel che resta dello spirito, siamo tutti invischiati, grotteschi, sprezzanti, puzzolenti. Va tutto a catafascio Ferdinand, tutto crolla, glielo predico io, il vecchio Baryton, e non ci vorrà mica molto... E lei lo vedrà quello, lei, Ferdinand, lo squagliamento generale! Perché lei è ancora giovane! Lo vedrà... Ah! Le garantisco io un bel programmino! Finirete tutti dal vicino! Hop! Con un bel tocco di delirio in più! Uno di troppo! E vrrum! Dritto dai matti! Finalmente! Sarete liberati come dite voi! Vi ha troppo tentato da tanto di quel tempo! Quanto a temerarietà non ci sarà niente da dire! Ma quando ci sarete coi pazzi, tesorini! Vi assicuro che ci resterete![32]

Le profezie negative soddisfano il bisogno di vendetta che c'è in ognuno di noi. Tuttavia per realizzare questi sogni bisogna sentirsi più o meno come Dio: solo Dio ha la forza di incenerire l'umanità corrotta. In tempi antichi era abbastanza naturale, per i fustigatori dei costumi, mettersi dalla parte della giustizia divina. In tempi moderni la cosa è più rara. L'ha fatto, in maniera sorprendente, un celebre cantautore, Giorgio Gaber, nella sua canzone *Io se fossi Dio*.

> Io se fossi Dio farei quello che voglio,
> non sarei certo permissivo,
> bastonerei mio figlio,
> sarei severo e giusto,
> stramaledirei gli inglesi,
> come mi fu chiesto,

---

31 *Ivi*, pp. 34-38.
32 L.-F. Céline, *Viaggio al termine della notte*, tr. E. Ferrero, Corbaccio 1997, pp. 466 sgg.

e se potessi anche gli africanisti e l'Asia,
poi gli americani e i russi,
bastonerei la militanza come la misticanza,
prenderei a schiaffi i volterrani e i ladri,
gli stupidi e i bigotti;
perché Dio è violento,
e gli schiaffi di Dio appiccicano al muro. [...]
Io se fossi Dio maledirei i giornalisti
e specialmente tutti,
che certamente non son brave persone
e dove cogli, cogli sempre bene. [...]
Come siete coraggiosi voi
che vi buttate senza tremare un momento,
cannibali! necrofili! deamicisiani astuti!
e si direbbe proprio compiaciuti. [...]
Vi buttate sul disastro umano
col gusto della lacrima...
in primo piano. [...]
Io se fossi Dio naturalmente
chiuderei la bocca a tanta gente,
nel regno dei cieli non vorrei ministri
e gente di partito a rompere le palle,
perché la politica è schifosa e fa male alla pelle
e tutti quelli che fanno questo gioco,
che poi è un gioco di forze
ributtante e contagioso come la lebbra e il tifo,
e tutti quelli che fanno questo gioco
c'hanno certe facce che a vederle fanno schifo,
che siano untuosi democristiani
o ligi compagni del PCI
sono nati proprio brutti
o perlomeno finiscono così.

■ **1**. Nell'invettiva contro una persona determinata è importante *l'accumulazione di epiteti* negativi: devono cadere addosso alla vittima come una valanga. Anche i suoni devono essere violenti: devono conservare la forza dell'invettiva orale, come se fossero "sputati" fuori dalla bocca.
2. Nell'invettiva (e nella profezia) contro molti o contro tutti bisogna invece variare i sostantivi, per accumulare tutte le categorie d'uomini che si vogliono maledire. Essi devono essere identificati con pochi tratti significativi, che li incastrino per sempre in una postura detestabile e canagliesca. Anche in questo caso però conta la capacità di "vomitare" epiteti ingiuriosi. L'energia che anima questo tipo di testo è quella dell'*io segreto*, quell'io che ha sempre dovuto subire tacendo la forza dei vincoli sociali e che ora finalmente può ottenere una rivincita, sia pure solo a livello verbale.

3.7 Invenzioni progetti esperimenti immaginari

3.7.1 Macchine impossibili

Un bizzarro inventore scrive a un collega non inferiore a lui per bizzarria:

> La vostra idea di un orologio-revolver è molto seducente a prima vista.
> Tra l'altro è pratica, il che non guasta. [...] Tutto il giorno, voi portate il vostro orologio nella tasca del vostro gilet. Lo guardate, sapete l'ora, è molto comodo.
> Arriva la sera e qualcuno vi aggredisce, con il pretesto ingannevole di chiedervi l'ora, per l'appunto. Voi gli mostrate il vostro orologio, tirate dieci o dodici colpi, ed ecco dei bambini orfani (o almeno un padre gravemente ferito).
> E purtuttavia, a vederlo, l'oggetto è un semplice orologio, come voi e me.
> È meraviglioso, ecco. Ma c'è un inconveniente. Ogni volta che voi sparate l'orologio si ferma. Mi pare naturale. Sarebbe difficile che fosse altrimenti. D'altra parte voi lo confessate, questo inconveniente, invece di cercare il rimedio; e quanto avete ragione! Infatti un inconveniente a cui si rimedia non è più tale.
> Ma io mi chiedo: è necessario cercare un rimedio? Ebbene io, tutt'al contrario, trovo qui un grande vantaggio. Penso infatti che se si potesse fare adattare il vostro orologio al revolver dagli assassini, ciò sarebbe molto utile ai fini delle constatazioni giudiziarie. Si potrebbe immediatamente fissare, solo guardando lo strumento del crimine, l'ora precisa della morte. L'espressione usuale: l'*Ora della Morte*, cesserebbe da quel momento d'essere una vana metafora, per divenire una palpabile realtà. Ora, io vi chiedo, ogni volta che si ha l'occasione di realizzare una metafora, bisogna forse esitare un solo istante?[33]

■ Qui il gioco è di inventare oggetti grotteschi per soddisfare desideri strampalati: l'invenzione, quindi, nasce dalla formulazione del bisogno. Non basta inventarsi lo champagne a pile (peraltro utilissimo); occorre fornire buone ragioni per inventarlo (ad es. il contemporaneo bisogno di smaltire una sovrapproduzione di pile e di rendere lo champagne più *elettrizzante*). Gli oggetti grotteschi sono insieme complicati e semplici, futuristi e arcaizzanti (ad es. preferiscono le manovelle ai video, la meccanica al software); solo in apparenza rispettano le leggi della scienza e della logica, ma spesso i problemi più tecnici sono "risolti" con l'uso letterale (o idiota) di una metafora. E spesso possono essere inventati con un puro gioco di parole. L'orologio-revolver non è forse un semplice rovesciamento della bomba ad orologeria?

3.7.2 Soluzioni immaginarie

Alfred Jarry è l'inventore della *patafisica*, ossia la *scienza delle soluzioni immaginarie*. Ecco un suo contemporaneo, lo scrittore Allais, risolvere patafisicamente un problema di interesse nazionale: quello delle spie straniere che s'aggirano in Francia:

> Ci sono troppe spie che studiano il sistema stradale francese. Come risolvere questo problema? Ecco una soluzione proposta da un ingegnoso patriota francese:
> I nostri segreti militari sono da molto tempo preda dello straniero, e i nostri nemici possiedono carte della Francia quali io mi augurerei avessimo noi. Mi è venuta un'idea che mi sembra geniale. Giudicatene:
> Gli stati maggiori stranieri conoscono la Francia meglio di noi: è un fatto.
> Possiedono carte del nostro paese d'una spaventosa precisione e d'una messa a punto terrificante: nessuno può negarlo! Ebbene! con un po' di buona volontà

33 A. Allais, *Deux et deux font cinq*, Union Génèrale d'Editions 1985, pp. 186-187.

> da parte di tutti i francesi, si potrebbe ridurre a niente questa formidabile documentazione. Si tratta di cambiare dalle fondamenta l'organizzazione stradale della Francia.
> Mi seguite?
> Bisognerebbe che, da domani, tutti ci si mettessero: lo Stato, i dipartimenti, le circoscrizioni, i cantoni, i comuni, i singoli individui. Le strade nazionali verrebbero ristrette fino a trasformarsi in sentieri. [...] Le semplici vie comunali, verrebbero trasformate in vie di grande comunicazione, ecc. Certe strade verrebbero soppresse completamente, altre verrebbero create dal nulla. Senza contare che si potrebbe cambiare l'orientamento di tutte queste strade: quelle che vanno dall'Ovest all'Est, andrebbero dall'Est all'Ovest. E reciprocamente. Ve lo immaginate voi lo Stato Maggiore tedesco davanti a questo caos stradale? [...] Da morire dal ridere.[34]

■ Qui la comicità sta nel proporre una soluzione onerosissima e assurda (in luogo di una economica e logica) a un problema probabilmente inesistente. L'esistenza del problema viene data per scontata («lo sanno tutti»), la soluzione immaginaria è presentata come semplice ed economica (benché non lo sia affatto). Volendo, la soluzione proposta da Allais potrebbe essere resa ancora più assurda: per disorientare il nemico basterebbe cambiare nome a tutte le città, le strade, le vie, ecc.; oppure invertire tutti i sensi di marcia; oppure dipingere le strade di verde affinché dall'alto sembrino campagna, e così via.

Esercizi **1**. Scrivi i pieghevoli pubblicitari per prodotti e macchine in grado di accontentare le seguenti esigenze: una macchina per far piangere i bambini troppo allegri; un agitatore di coda per cani pigri; un ombrello subacqueo; un computer capace di guastarsi a comando; uno spaventatore di elefanti, ecc.
2. Scrivi un progetto per la soluzione dei seguenti problemi: come impiegare utilmente le superfici celesti; spianare le montagne; svuotare i mari; costruire case sui cocuzzoli delle montagne; rendere irrigui i deserti; ecc.

3.7.3 Teorie strane

Noi ci fidiamo degli scienziati e degli studiosi, dei cosiddetti esperti? Per necessità sì. Tuttavia, il cittadino comune non ha alcun controllo sul loro lavoro. E se tutto quello che ci raccontano fosse un inganno? Se altre teorie, proibite nella nostra società, fossero però quelle vere? Se la loro verità fosse stata repressa e perseguitata proprio perché troppo scandalosa? Vi proponiamo un caso di *teoria mostruosa*; è una teoria teologica escogitata da Nils Runeberg (secondo la quale il vero Messia fu Giuda, e non Gesù) e presentata in un suo libro recensito dal solito Borges:

> Il tema generale non è complesso, ma la conclusione è mostruosa. Dio, argomenta Runeberg, s'abbassò alla condizione di uomo per la redenzione del genere umano; ci è permesso di pensare che il suo sacrificio fu perfetto, non invalidato o attenuato da omissioni. Limitare ciò che soffrì all'agonia d'un pomeriggio sulla croce, è bestemmia. Affermare che fu uomo e che fu incapace

34 A. Allais, *Ne nous frappons pas*, Union Générale d'Editions 1985, pp. 263 sgg.

di peccato, implica contraddizione: gli attributi di *impeccabilitas* e di *humanitas* non sono compatibili. Kemnitz ammette che il redentore poté sentire fatica, freddo, turbamento, fame e sete; è anche lecito ammettere che poté peccare e perdersi. Il famoso passo: «Salirà come radice da terra arida; non v'è in lui forma, né bellezza alcuna... Disprezzato come l'ultimo degli uomini; uomo di dolori, esperto in afflizioni» (Isaia, LIII, 2-3), è per molti una profezia del crocifisso, nell'ora della sua morte; per alcuni (per Hans Lassen Martensen, ad esempio) una confutazione della bellezza che per volgare consenso s'attribuisce a Cristo; per Runeberg, la puntuale profezia non d'un momento solo, ma di tutto l'atroce avvenire, nel tempo e nell'eternità, del Verbo fatto carne. Dio interamente si fece uomo, ma uomo fino all'infamia, uomo fino alla dannazione e all'abisso. Per salvarci, avrebbe potuto scegliere uno qualunque dei suoi destini che tramano la perplessa rete della storia; avrebbe potuto essere Alessandro o Pitagora o Rurik o Gesù; scelse un destino infimo, fu Giuda.[35]

■ **1**. Un modo semplice per inventare una teoria strana è di *ribaltare* una teoria accreditata, ortodossa: prima dimostrandone l'infondatezza (evidenziando contraddizioni interne, difetti logici, ecc.), e poi proponendo *l'altra verità* attraverso l'uso di false generalizzazioni e ragionamenti apparentemente corretti.
2. È importante, per ingannare bene il lettore, proporre all'inizio l'altra verità come semplice ipotesi, e poi gradualmente confermarla usando eventualmente documenti d'appoggio (veri o falsi).

Esercizi Ti proponiamo alcune teorie strane.
1. Un musicologo dimostra, attraverso l'analisi delle partiture, che l'autore delle opere di Mozart è in effetti Salieri; Salieri aveva compiuto in gioventù un orribile delitto, Mozart l'aveva scoperto e lo ricattava imponendogli di scrivere per lui...
2. Uno storico rumeno dimostra che Stalin era in realtà un feroce anticomunista che voleva dimostrare, portandola al parossismo, la crudeltà implicita nel sistema sociale comunista; questa missione era stata affidata a Stalin, quando da ragazzo studiava in seminario, dal Patriarca di Costantinopoli in persona... Da notare che Stalin studiò effettivamente in seminario.
3. Un filologo turco, attraverso un complicato ma geniale metodo di lettura cifrata, dimostra che il Canzoniere di Petrarca è in realtà un libello osceno dove il poeta racconta in forma mascherata il suo amore libertino e ricambiato per un giovane pescivendolo veneziano...

3.7.4 Leggi e teoremi immaginari

Arthur Bloch è il fortunato autore delle «leggi di Murphy»: una sorta di teorizzazione sfrenata della sfortuna. In una serie di divertenti libretti Bloch ha dato sfogo, in forma di leggi "scientifiche" e perciò "ineluttabili" ai più terrificanti istinti pessimistici dell'Occidente civilizzato.

LEGGE DI MURPHY SULLA TERMODINAMICA
Sotto pressione, le cose peggiorano.

35 J. L. Borges, *Finzioni*, cit., pp. 125 sgg.

PRIMA LEGGE DI ZYMURGY SULLA DINAMICA DEI SISTEMI IN EVOLUZIONE
Una volta aperta una scatola di vermi, l'unico modo di rimetterli in scatola è usarne una più grande.

QUATTORDICESIMO COROLLARIO DI ATWOOD
Non si perde mai nessun libro prestandolo, a eccezione di quelli cui si tiene particolarmente.

TERZA LEGGE DI JOHNSON
Se si perde un numero di una qualsiasi rivista, sarà il numero che conteneva l'articolo che si era tanto ansiosi di leggere.

LEGGE DEGLI OGGETTI SMARRITI
L'unica maniera per ritrovare un oggetto smarrito è comprarne uno nuovo.[36]

■ Qui il gioco è molto semplice e insistito.
1. Si usa una formulazione che fa la parodia delle formulazioni scientifiche, in modo da ottenere un "effetto di credibilità".
2. Si fanno affermazioni in realtà assolutamente non provabili, alle quali tuttavia i nostri istinti pessimistici sono pronti a concedere credito.
3. Il gioco si fa bello quando si riesce a concatenare effettivamente le affermazioni, facendo apparire ciascuna come la conseguenza della precedente.

Esercizi Inventare «leggi di Murphy» a ruota libera è abbastanza facile. Possiamo indicare alcune forme di base: *a.* se si prevede che tutto vada bene, andrà male; *b.* se si prevede che tutto vada male, andrà peggio; e così via. Possiamo provare, per gioco, a inventare le «leggi di Felicity», secondo le quali: *a.* se si prevede che tutto vada bene, andrà meglio ancora; *b.* se esiste una minima probabilità che un colpo di fortuna si produca, questo si produrrà sicuramente; e così via.

3.8 Inchieste impossibili

3.8.1 L'archeologia immaginaria

Anche l'archeologia immaginaria può essere un gioco divertente. In poche parole: si tratta di: *a.* prendere un brano, un frammento *leggibile* (il brano di una canzone, un rubinetto: ma non una pietra) appartenente alla nostra epoca; *b.* spostarsi in avanti di due o tremila anni, fingere che quel frammento sia l'unica testimonianza rimasta della nostra civiltà; *c.* mettersi nei panni di un archeologo futuro e ricostruire con lui, attraverso il meccanismo della generalizzazione e sulla base di quell'unico frammento, i tratti della civiltà che ha prodotto quel frammento. Ecco un esempio basato sul ritornello reso celebre da Orietta Berti («Fin che la barca va, lasciala andare; fin che la barca va, tu non remare»):

Si tratta di una civiltà dai caratteri indubbiamente marinareschi, che però aveva sviluppato tecniche di navigazione piuttosto rudimentali: il remo ma non la vela.

36 A. Bloch, *La legge di Murphy*, tr. L. Spagnol, Longanesi 1977, *passim*.

Inoltre è piuttosto improbabile che essi conoscessero la bussola. Più in generale dobbiamo concludere che questa civiltà preferiva affidarsi ad una sorta di religione del Caso (o della Fortuna) piuttosto che mettere a punto vere e proprie tecniche di manipolazione del mondo esterno. Si tratta però ora di capire se questo atteggiamento fosse l'esito di una rozza imperizia, tipica dei popoli primitivi, e non piuttosto il frutto di una mentalità raffinata e profondamente pessimista, per non dire disperata, circa il senso della vita e dell'universo. I toni semplici ma raffinati del ritornello ci fanno propendere per la seconda ipotesi. Potremmo parlare a questo proposito di una civiltà compiutamente nichilista: la prima forse mai esistita nella storia dell'universo (e, si spera, l'ultima). Il brano prezioso da noi miracolosamente recuperato è la testimonianza di una visione radicalmente negativa dell'esistenza, anche se poi non priva di elementi e inflessioni di paradossale allegria, che in questo caso ci piacerebbe definire *allegria di naufraghi*, l'allegria cioè di un mondo che va lentamente alla deriva e ciò non ostante ostenta disprezzo e noncuranza verso il suo tragico destino.

■ Nei paragrafi precedenti abbiamo già incontrato quasi tutti gli elementi che servono a cucinare testi come questo: la generalizzazione esagerata, la falsa induzione, l'equivoco, la sovrainterpretazione, ecc.

Esercizi Supponete che della civiltà occidentale restino, dopo duemila anni, solo questi reperti: una scarpa Nike (sinistra), un fumetto di Alan Ford, un magazzino con un milione di copie di *Va' dove ti porta il cuore*, una videocassetta di *Chi l'ha visto?* e, naturalmente, una lattina di Pepsi. Che cosa ne penseranno gli archeologi futuri?

3.8.2 Metodi indiziari

Ma il procedimento indiziario può avere esiti più seri. Ecco come Sherlok Holmes lo ha trasformato in una vera e propria arte divinatoria. L'incredulo Watson sottopone l'amico a una prova del fuoco; sortisce dalla tasca un orologio e lo invita a dirgli che cosa può stabilire sul proprietario di quell'orologio. Holmes ci pensa su, osserva per bene l'orologio, e poi dice:

> «Ritengo che l'orologio appartenesse a suo fratello maggiore, che l'aveva ricevuto in eredità da vostro padre... Era un uomo disordinato – molto disordinato e trascurato. Aveva buone prospettive davanti a sé, ma si lasciò sfuggire ogni buona occasione, visse per un certo tempo poveramente con brevi intervalli di benessere e, infine, si diede a bere e morì. È tutto quanto posso capire».

Watson non può crederci e sospetta che Holmes abbia preso informazioni precedentemente. Ma non è così. Ecco come Holmes spiega il suo procedimento di ricostruzione indiziaria:

> 1. Il nome del proprietario l'ha ricavato dalle sigle. W. sul retro: «La W. indica il vostro cognome. La data dell'orologio risale a circa cinquant'anni fa e le iniziali sono della stessa epoca; quindi è stato fatto per l'altra generazione. I gioielli vanno al figlio maggiore, il quale di solito porta il nome del padre. Suo padre,

se ben ricordo, è morto parecchi anni fa. Quindi, l'ha avuto in mano suo fratello maggiore».
2. «Osservando la parte inferiore della cassa di quell'orologio, si nota che non è questione soltanto di un paio di ammaccature, ma è segnato un po' dappertutto, per via dell'abitudine di tenere nella stessa tasca altri oggetti duri, come monete o chiavi. [...] Un uomo che tratta con tanta noncuranza un orologio da cinquanta ghinee, deve essere un tipo trascurato. Né bisogna andare troppo lontano per concludere che un uomo che eredita un oggetto di questo valore sia fornito anche di un buon patrimonio».
3. «In Inghilterra, è abitudine di chi presta denaro su pegno incidere, quando ricevono un orologio, il numero del biglietto nell'interno della cassa, con la punta di uno spillo. Ci sono almeno quattro numeri del genere visibili con la mia lente, all'interno della cassa. Conclusione: suo fratello navigava spesso in cattive acque».
4. «Seconda conclusione: godeva di tanto in tanto di periodi di prosperità, altrimenti non avrebbe potuto riscattare il pegno».
5. «Infine, dia un'occhiata alla piastra più interna, dove c'è la serratura. Come avrebbe potuto la chiave di un uomo sobrio tracciare quei solchi? Ma non vedrà mai orologio di ubriaco che non ne abbia. Lo carica di notte e lascia queste tracce della mano malsicura».[37]

■ **1**. Holmes si avvale di un'osservazione accuratissima dei dettagli. Usa argomenti probabilistici spacciati però per certi: ad es. che la sigla W. stia per il nome di Watson è *altamente probabile*, ma non è *certo*; che l'orologio sia stato impegnato dal fratello del dottor Watson, e non dal padre dello stesso, è *possibile* ma, ancora, tutt'altro che *certo*; ecc. Inoltre Holmes propone ipotesi molto "ricche" sulla base di indizi "poveri", e ci spinge ad accettarle perché le organizza in una logica di tipo narrativo, in cui ogni elemento sostiene l'altro.
2. In realtà, l'autore delle avventure di Holmes ha costruito *prima* la storia, e *poi* l'indizio. È questo che dà così forte credibilità al tutto.

Esercizi **1**. Prendete un oggetto di famiglia qualsiasi, purché con segni di usura, e tentate di costruirne la storia. Eventualmente tentate di costruire due storie molto differenti ma che entrambe sembrino spiegare perché l'oggetto attualmente è in quelle determinate condizioni.
2. Prendete da un romanzo un personaggio qualsiasi, e immaginatevi come dev'essere il suo orologio. Ripetete l'esercizio più volte, con più personaggi, cambiando oggetto (l'abitazione, le scarpe, l'ombrello, l'accendino...).

37 A. Conan Doyle, *Il segno dei quattro*, tr. M. Buitoni Duca, Rizzoli 1980, pp. 20 sgg.

4

Antimondi terre fantastiche isole non trovate

4.1 Il mondo alla rovescia

4.1.1 Gli antimondi

Una funzione ironica e critica simile a quella della *parodia straniante* ce l'hanno i *viaggi nell'altro mondo*, e cioè in un mondo alla rovescia, un mondo dove le nostre abitudini sono rivoltate, rovesciate, ecc. Spesso questo mondo alla rovescia è inteso però come utopicamente giusto, mentre è in effetti il nostro mondo a scoprirsi – specchiandosi in questo mondo alternativo – come innaturale, storto, ingiusto. In quest'ultimo caso comunque possiamo parlare di parodia solo in un senso lato in quanto che ad essere parodiate sono le regole fondamentali (scritte e non scritte) che reggono la vita della nostra società. Vi proponiamo qualche scena tratta dal Viaggio sulla Luna di Cyrano de Bergerac. Dopo aver scoperto che sulla Luna i vecchi rispettano i giovani e li obbediscono, che le guerre tra gli stati si decidono attraverso dispute di filosofi, che le donne possono denunciare gli uomini che "non ci stanno", ecco che il viaggiatore incantato si imbatte in un funerale. Gli viene detto che si tratta del funerale malvagio e che solo i malvagi sulla Luna vengono sepolti. Il visitatore è stupito visto che sulla terra la sepoltura è considerata un segno di benedizione.

> «Come, voi considerate la sepoltura un segno di benedizione?» replicò quell'uomo. «Eh! in fede vostra, come potete immaginare qualcosa di più spaventoso di un cadavere che si muove per i vermi di cui trabocca? alla mercé dei rospi che gli divorano le guance? la peste, insomma, vestita del corpo d'un uomo? Mio Dio!... Quel miserabile che vedete trasportare, oltre all'infamia di venir gettato in una fossa, è stato condannato ad essere accompagnato al suo funerale da centocinquanta amici suoi, con ordine a loro, per punizione di aver amato un invidioso e un ingrato, di mostrarsi alla cerimonia funebre con un viso addolorato; e i giudici avrebbero imposto loro di piangere, se, imputando parzialmente le sue colpe a mancanza di spirito, non fossero stati mossi a pietà. Tranne i criminali, tutti vengono bruciati... Questo tuttavia non è ancora il nostro modo migliore di lasciare il mondo: allorché uno dei nostri filosofi giunge a un'età in cui sente il suo spirito indebolirsi, e il ghiaccio degli anni intorpidire i moti dell'animo, egli riunisce gli amici in un banchetto sontuoso; quindi, dopo che ha esposto i motivi che lo inducono a prendere congedo dalla natura, nonché la scarsa speranza che ancora nutre di poter aggiungere alcuna cosa alle sue nobili azioni, gli si fa grazia, ossia gli si ordina la morte, oppure si impone a lui severamente di vivere. Quando dunque, a maggioranza di voti, gli si è rimesso il respiro nelle mani, egli avvisa gli intimi del giorno e del luogo stabiliti: quelli si purificano e si astengono dal cibo durante ventiquattro ore. Poi, arrivati alla dimora del saggio, dopo aver reso sacrificio al sole, entrano nella camera, dove il generoso attende su un letto di cerimonia. Ognuno accorre a turno ad abbracciarlo, e quando è la volta di quello che predilige, egli, baciatolo teneramente, lo

> appoggia sul suo stomaco, e unendo la propria bocca alla sua, s'immerge un pugnale nel cuore con la mano destra tenuta libera. L'amico non stacca le sue labbra da quelle dell'amico, finché non lo senta spirato. Allora ritira il ferro dal seno e chiudendo con la bocca la piaga, deglutisce il sangue e lo assorbe finché non ne può più bere oltre. Subito gli succede un altro, mentre il primo viene messo a letto; saziatosi il secondo, lo si fa a sua volta sdraiare per far luogo al terzo; infine, saziata l'intera brigata, si presenta a ciascuno, dopo quattro o cinque ore, una giovane ragazza: e durante i tre o quattro giorni in cui godono le delizie dell'amore, essi sono nutriti soltanto dalla carne del morto che si fa loro mangiare assolutamente cruda, affinché, se possa nascere qualcosa da quegli amplessi, si abbia la certezza che è il loro amico che rivive».[1]

■ Qui Cyrano spinge la critica alle istituzioni vigenti fino alla provocazione estrema. Egli considera una realtà diffusa e stabilita e si compiace ad immaginare una contro-realtà estrema e paradossale. Da notare come il «funerale del malvagio» sia in tutto e per tutto uguale al nostro funerale "normale": solo che ciascuna azione è obbligata anziché spontanea, e comunque ha un senso capovolto rispetto a quello che noi le attribuiamo. C'è comunque, a temperare la provocazione, un diffuso umorismo (*umorismo nero*, diremmo noi oggi). Insomma: il materialista e libertino Cyrano, protetto dall'alibi del viaggio in terre sconosciute, si diverte a sconvolgere beffardamente le opinioni dei suoi lettori.

Esercizi **1**. I mondi alla rovescia sono sostanzialmente di due generi: satirici (cioè, come in Cyrano, parodie del mondo reale), e fantastici (cioè non satirici, non parodistici, frutto della più libera invenzione: ne parliamo in particolare poco più oltre). La principale caratteristica d'un mondo alla rovescia, satirico o fantastico che sia, è la completezza: niente vi avviene normalmente, e l'eventuale viaggiatore, qualunque domanda ponga, riceverà una dettagliatissima risposta. Per esercitarsi, dunque, conviene iniziare da un mondo alla rovescia già creato (la letteratura ne offre in abbondanza) e provare a completarlo immaginando il funzionamento di istituzioni o costumi che nel testo in questione non vengono nominati. Es., se tali sono i funerali sulla Luna, come saranno i matrimoni?
2. Non solo le narrazioni si prestano per l'invenzione di nuovi mondi, ma anche i testi descrittivi, i discorsi, le legislazioni. Esercitiamoci a scrivere: la costituzione della Luna (parodiando quella italiana: e vedi il paragrafo seguente), il messaggio di buon anno del presidente della Luna, una guida turistica della Luna, e così via.

4.1.2 Le antiregole

Gargantua offre a un amico monaco, perché vi costruisca una nuova abbazia, le terre di Telème. Il frate è contento, tuttavia:

> «Mi sta bene» disse il frate. «E adesso dettatemi una regola che sia il contrario di tutte le altre».

---

1 C. de Bergerac, *L'altro mondo, ovvero: Gli Stati e Imperi della Luna*, tr. L. Erba, Sansoni 1956, pp. 145-151.

> «In primo luogo» disse il monaco «non vi si dovranno erigere mura all'intorno, poiché tutte le altre Abbazie sono fieramente murate».
> [...] Oltre a ciò, visto che in certi conventi di questo mondo, se mai vi entra una donna (e intendo delle oneste e pudiche) si suole ripulire il posto ove passò, fu stabilito che, se mai religioso e religiosa vi entrasse per caso fortuito, si dovesse fare accurata pulizia per tutti i luoghi del loro passaggio. E siccome negli ordini monastici di questo mondo tutto è misurato, limitato e regolato dalle ore, fu decretato che là non vi fossero orologi o meridiane di sorta, ma che tutte le opere fossero distribuite secondo occasione e opportunità. [...] *Item*, poiché a quel tempo non si accoglieva in religione una donna che non fosse losca, zoppa, gobba, laida, sfatta, stramba, insensata, deforme e tarata; né un uomo se non catarroso, malato, sciocco e di peso alla famiglia; così fu stabilito che là non fossero accolte donne se non belle, ben formate e di buon carattere, né uomini, se non belli, ben formati e di buona indole. *Item,* poiché nei conventi di donne non entravano uomini se non di sorpresa e clandestinamente, fu decretato che là non entrassero donne se non vi fossero uomini, né uomini se non vi fossero donne. *Item,* poiché sia gli uomini sia le donne, una volta entrati in religione erano forzati e costretti a restarvi in perpetuo fino alla morte, fu stabilito che, così gli uomini come le donne colà ricevuti ne potessero uscire quando loro meglio piacesse, francamente e completamente. *Item*, poiché ordinariamente i religiosi facevano tre voti di castità, di povertà e di obbedienza, fu stabilito che là ognuno potesse onoratamente maritarsi, essere ricco e vivere liberamente.[2]

■ **1**. Per produrre *antiregole* bisogna naturalmente rovesciare le regole classiche, soprattutto quelle che soffocano i desideri più profondi. Ma non basta. Occorre anche rovesciare la logica profonda dei regolamenti costrittivi e repressivi e immaginare un tipo di comunità dove uomini liberi e consapevoli siano in grado di convivere e accordarsi fra loro senza bisogno di minacce e sanzioni. Scrivere antiregole significa dunque immaginarsi mondi im/possibili dove il desiderio si armonizzi finalmente con la legge; dove individui pienamente maturi possano dar libero corso al loro estro senza perciò turbare il buon andamento della comunità, ma anzi contribuendovi. Infine: scrivere antiregole significa evocare la perfetta e impossibile società anarchica del futuro.

Esercizi **1.** Andiamo sul concreto. Chi vive in un condominio, scriva le antiregole del condominio (seguendo passo passo, ci raccomandiamo, l'autentico regolamento del condominio). Chi studia o lavora nella scuola si procuri un regolamento dell'Istituto e lo riformuli a proprio gusto. Chi prende regolarmente l'autobus riscriva il regolamento dell'azienda di trasporti, cominciando col vietare l'obliterazione dei biglietti.

2. Anche un cartello «Vietato fumare» è una regola. Proviamo a produrre (usando un po' anche la grafica del computer) avvisi e cartelli con regole improbabili: «Sputare qui», «Vietato servirsi della porta d'ingresso», «È obbligatorio attraversare i binari», «Gli studenti sono pregati di giustificare la loro presenza a scuola» ecc. L'ultimo di carnevale o il primo aprile sono occasioni d'oro per tappezzare di antiregole il luogo dove lavorate o studiate.

2 F. Rabelais, *cit.*, v. I, pp. 271 sgg.

4.1.3 Gli antidecaloghi

Gli antidecaloghi sono solo una variante delle antiregole, ma abbastanza diffusa per essere considerata a parte. Nel suo fortunatissimo libretto *Come un romanzo* Daniel Pennac ha voluto proporre un modo di affrontare la lettura antitetico a quello che, secondo lui, normalmente propongono la società e la scuola. Ai ragazzi si parla della lettura, sostiene Pennac, sempre come di un dovere. «Devi leggere, devi istruirti, devi farti una cultura...». A questa pesante tradizione della "lettura/dovere" Pennac contrappone un rinfrescante decalogo di diritti del lettore:

> I. Il diritto di non leggere
> II. Il diritto di saltare le pagine
> III. Il diritto di non finire un libro
> IV. Il diritto di rileggere
> V. Il diritto di leggere qualsiasi cosa
> VI. Il diritto al bovarismo (malattia testualmente contagiosa)
> VII. Il diritto di leggere ovunque
> VIII. Il diritto di spizzicare
> IX. Il diritto di leggere a voce alta
> X. Il diritto di tacere.[3]

■ Lo spirito degli antidecaloghi, così come delle antiregole, è di "prescrivere"... il dovere di fare ciò che si ha voglia di fare: soprattutto se ciò che si ha voglia di fare è generalmente considerato, se non addirittura un vizio, almeno una cosa disdicevole. Così si possono comporre decaloghi all'infinito (immaginiamo un decalogo del dormiglione, del tiratardi, del goloso, del distratto, del rompiscatole...). Attenzione però: il numero dieci è bello perché è tondo, ma anche il tre («Le tre regole d'oro») e il sette non mancano di fascino. E le regole della sfiga non sono forse tredici?

4.1.4 Le antiricette

Passiamo ora alle *antiricette*. Tutti sanno che le streghe, per compiere le loro magie, devono fabbricare dei tremendi intrugli. Ecco all'opera le tre streghe del *Macbeth* di Shakespeare:

> PRIMA STREGA Giriamo intorno al calderone, e nelle sue viscere avvelenate gettiamo... tu, o rospo, che sotto una pietra fredda per giorni e notti trentuno hai trasudato veleno, e vi sei stato sorpreso a dormire, tu va' a bollire per primo nella pentola del sortilegio.
> TUTT'E TRE Raddoppia, raddoppia, fatica e travaglio; tu, o fuoco, brucia, e tu, pentola, gorgoglia.
> SECONDA STREGA Filetto d'una biscia di palude, bolli e cuociti nel calderone; occhio di ramarro e dito di ranocchia, pelo di pipistrello e lingua di cane, lingua forcuta di vipera e pungiglione d'un orbettino, zampa di lucertola e ala di gufo, bollite e gorgogliate quant'un brodo infernale, a distillare un filtro di straordinaria potenza.

3 D. Pennac, *Come un romanzo*, tr. Y. Melaouah, Feltrinelli 1993, quarta di copertina.

TUTT'E TRE Raddoppia, raddoppia, fatica e travaglio; tu, o fuoco, brucia, e tu, o pentola, gorgoglia.
TERZA STREGA Scaglia di drago, dente di lupo, mummia di strega, ventre ed esofago dello squalo rapace, radice di cicuta scavata al buio, fegato d'un giudeo bestemmiatore, fiele di capra e schegge di tasso tagliate durante un'eclisse di luna, naso di turco, labbra di tartaro, dito d'un pargolo strozzato in culla, e messo al mondo da una baldracca in un fossato, fate che la miscela sia densa e viscida; e agl'ingredienti del nostro calderone s'aggiungano infine anche le budella d'un tigre.[4]

■ Per scrivere sequenze simili bisogna sentire quasi in bocca la forza "densa e viscida" delle parole. È un tipico caso di catena verbale, in cui una parola evoca e spinge l'altra, con un effetto quasi di valanga. Basta cominciare, cercare dentro di sé qualcosa di schifoso e repellente, e poi lasciarsi andare. Interessanti sono però le formule di tipo circostanziale, cioè tutte quelle formule che caratterizzano in modo grottescamente preciso un certo ingrediente orribile che viene gettato nel pentolone (es.: «dito d'un pargolo strozzato in culla, e messo al mondo da una baldracca in un fossato»). A questo proposito è interessante notare che gli ingredienti sono quasi sempre parti e mai interi: dita, scaglie, esofagi, radici, fegati, ecc. Queste precisazioni suggeriscono l'infallibilità della ricetta magica che si avvale infatti di ingredienti rarissimi e difficilissimi da procurarsi. L'originalità della ricetta shakespeariana risulta proprio da questa strana oscillazione: da una parte la sensazione d'un catalogo disordinato, caotico; dall'altra la sensazione d'un calcolo, d'una scienza occulta che governa e struttura quel caos apparente: «Rospo, che sotto una pietra fredda per giorni e notti trentuno hai trasudato veleno...».

Esercizi Oggi le streghe non vanno più tanto; chi può sostituirle? Forse gli stregoni dell'elettronica? O i maghi dei mercati finanziari? O i manipolatori del marketing? Tutti costoro sono accomunati dal possedere un potere che noi stimiamo molto grande, ma in effetti che non sappiamo né misurare né capire. La loro è una vera e propria scienza occulta. E allora possiamo immaginarli mentre di notte, negli scantinati d'un palazzo dirigenziale, mettono insieme gli ingredienti del loro potere: rimescolano chip in una macchina, inseriscono le più folli variabili in una proiezione economica, analizzano dai più strani punti di vista i comportamenti del consumatore.

4.1.5 Le cose impossibili o gli *adynata*

Un *adynaton* è una enunciazione che evoca situazioni, condizioni o stati del mondo che non possono darsi per le leggi della fisica, della logica e della verosimiglianza. Essi costituiscono un ottimo esercizio per sviluppare la fantasia. Ecco un esempio di adynaton proveniente da Creta, d'autore anonimo e datato intorno al quindicesimo secolo, che esprime per contrasto la disperazione di poter realizzare mai una cosa molto desiderata:

4 W. Shakespeare, *Macbeth*, tr. G. Baldini, Rizzoli 1980, pp. 133 sgg.

Quando il corvo diventerà candido come una colomba
quando tu lo vedrai che insegue lo sparviero
quando sul mare si seminerà il grano e l'orzo
quando tu vedrai i pesci camminare sui monti
quando il cane e la lepre fraternizzeranno
quando il gatto sarà compare del topo
quando l'asino diventerà angelo e volerà
quando tu vedrai il sole mutare il suo corso nel cielo
quando vedrai la ginestra diventare mirto
quando i meli diventeranno giunchi nella valle
quando il mare non spumeggerà più
allora, o mia amica, tu e io ci sposeremo.

Di Stefano Saklibis, un poeta greco del sedicesimo secolo, è quest'altro esempio che evoca una condizione di "follia" del soggetto in preda a desideri onnipotenti e incapace di accettare le leggi immutabili del mondo:

E mi par di seminar parole sulla sabbia
e senza nave voglio andare a Samo.
Vedo gli uccelli volare e desidero acchiapparli
e le montagne di Stromboli voglio ridurle a campo.
Col bastone mi affanno a percuotere il vento
e mi tormento per far tornare i morti dall'Ade.
Voglio prendere la decima delle onde del mare
e mi affanno a contare le stelle infinite.
Di notte voglio decifrare lettere oscure
e conoscere quel che si fa da Costantinopoli fin qui
e dico alla mula vola per arrivare in alto
e alla luna del cielo di chinarsi a terra.
Al mare sterminato ordino che si raddolcisca
e dico al lupo di non mordere le pecore.
Albero nodoso e curvo tento di raddrizzarlo con le parole
e senza scale voglio salire ai piani superiori.

Théophile de Vian seguendo lo stesso metodo arriva ad evocare un paesaggio che pare tratto da un quadro surrealista:

Questo ruscello risale alla sua sorgente
Un bue sta su un campanile
Il sangue cola da questa roccia
Un aspide si accoppia con un'orsa
In cima a una vecchia torre
Un serpente sbrana un avvoltoio
Il fuoco brucia dentro il ghiaccio[5]

Di tutt'altro tipo ancora questo adynaton profetico. Qui si immagina un mondo dove finalmente gli opposti siano conciliati:

5 I tre esempi in G. Cocchiara, *Il mondo alla rovescia*, Boringhieri 1963, pp. 122 sgg.

> Il lupo farà dimora con l'agnello
> e il leopardo s'accovaccierà col capretto
> e il vitello e il leone e la pecora staranno insieme
> e un piccolo fanciullo li condurrà.
> Il vitello con l'orso pascoleranno;
> si sdraieranno assieme i loro nati
> e il leone mangerà paglia come il bue.
> E il bambino di latte si trastullerà sopra il covo dell'aspide
> e nella buca del basilisco introdurrà la mano un bambino appena slattato.[6]

Ecco infine un'altra varietà di adynaton, dal *Mondo interno dell'esterno dell'interno* di Peter Handke, dove pare si evochi un'esperienza schizofrenica:

> Addormentato mi desto:
> non guardo gli oggetti, e gli oggetti mi guardano;
> non mi muovo, e il terreno sotto i miei piedi mi muove;
> vado alla finestra e vengo aperto.
>
> Alzatomi giaccio:
> non spalanco gli occhi, ma gli occhi mi spalancano;
> non tendo l'orecchio ai rumori, ma i rumori mi ascoltano;
> vado alla porta e la maniglia mi abbassa.
>
> Le saracinesche vengono alzate, e si fa notte,
> e per inspirare un po' d'aria mi tuffo sott'acqua:
> cammino sul pavimento e affondo fino ai calcagni.[7]

■ **1**. Adynaton *disperato*: una comparazione nella quale dico che più facilmente avverranno cose impossibili, che la realizzazione del mio desiderio
2. Adynaton *reazionario*: mi lamento perché il mondo non è più quello di una volta: i giovani comandano ai vecchi, ecc.
3. Adynaton *folle*: voglio rovesciare nientepopodimeno che le leggi di natura.
4. Adynaton *surrealista*: io ho la testa a posto, il mondo è impazzito e non corrisponde alle mie aspettative (in questo adynaton, chi scrive letteralmente non si rende conto dell'impossibilità delle sue pretese).
5. Adynaton *utopico* o *profetico*: immagino che in un futuro più o meno lontano le cose inconciliabili troveranno una conciliazione.

Esercizi Una facile procedura: *a.* focalizza un desiderio; *b.* considera il tasso di possibilità del desiderio; *c.* trova un certo numero di cose altrettanto impossibili che la realizzazione del tuo desiderio; *d.* trova un certo numero di cose più impossibili che la realizzazione del tuo desiderio; *e.* scegli, tra le cose impossibili, quelle che presentano una qualche affinità (tematica, linguistica, metaforica) con il tuo desiderio; *f.* scrivi il tuo testo, ricordandoti di progredire dal meno impossibile al più impossibile, e di riservare alla formulazione del tuo desiderio o la posizione finale o un ruolo da ritornello.

6 *Isaia*, XI, 6 sgg.
7 P. Handke, *Il mondo interno dell'esterno dell'interno*, tr. B. Bianchi, Feltrinelli 1980, pp. 38 sgg.

4.2 Viaggi popoli e terre fantastici

4.2.1 Popoli e società inventati

Ha scritto una volta Baudelaire: «Che amara conoscenza si ricava dai viaggi! / Il mondo, monotono e piccolo, / ieri, domani, sempre, ci restituisce la nostra immagine». Insomma il viaggiatore rischia di veder sempre deluso il suo desiderio di un paese finalmente altro. Tanto vale inventarseli, questi paesi di sogno. È quel che ha fatto Michaux, visitando paesi immaginari che hanno sviluppato possibilità di organizzazione sociale rimaste solo latenti nel nostro mondo. In fondo c'è una certa monotonia nel modo in cui tutti i popoli affrontano i problemi della giustizia, del cibo, dell'istruzione, della famiglia, ecc. Michaux ci mostra che per ogni soluzione classica ne esistono cento altre possibili:

> GLI HALALÀ. La polizia da loro si regola in questo modo: il poliziotto, essendo responsabile dell'ordine e dei criminali, è considerato come il loro sergente, il loro capogruppo. Per semplificare le cose i banditi fanno uno *stage* nella polizia, e i poliziotti presso i malfattori. I due gruppi si scambiano continuamente i loro uomini.
> Attualmente, i banditi non fanno più stages nella magistratura, ma, quando essa aveva ancora qualche autorità, ne era piena. Perdervi del tempo ora, sarebbe per loro inutile.
> Presso gli Halalà, l'esercito è intrattenuto dal nemico. Non contenti di consumare tutta la ricchezza prodotta dai lavoratori e dai commercianti del paese e di disonorare le donne halalà, i soldati si fanno grassamente mantenere dalla nazione nemica degli Hokot. In tempo di guerra è naturalmente eccezionale vederli, essendo loro a bere e a mangiare e a gozzovigliare dagli Hokot, le cui truppe saccheggiano le città e le campagne halalà.
> Ma siccome sono dei grandi crapuloni bisogna fornirli continuamente di feste, e ancora e sempre, di banchetti, di donne, e non dimenticarli, perché, spiriti indipendenti in una situazione gloriosa quanto in una spregevole, ci metton poco, se si giudicano trattati in modo inadeguato, a arrabbiarsi, a tirar fuori la loro grande spada e a rivoltare la situazione più disperata, così che in situazioni estreme, più d'una guerra è stata vinta dagli Halalà, grazie a truppe che essi non credevano di possedere più da mesi, e ormai additavano all'esecrazione dei bambini, alla vendetta degli dei.
> Ed ecco che un giorno, un bel giorno, questi gagliardi, che in verità sono prodigiosi e degni d'essere mantenuti, hanno rovesciato la situazione, e schiacciato il nemico in un modo così schiacciante che esso non si rimetterà più.
> Ed ecco che si ributtano a gozzovigliare nuovamente.
> Negli affari di famiglia e di governo, sono le prostitute ad essere considerate buone consigliere. Le etere traggono dai loro consigli, quando esse hanno la generosità di darne, una fortuna considerevole. Per quanto riguarda la prostituzione dei corpi, è ovvio che essa non è che un pretesto, un pretesto per parlare, per parlare a cuore aperto.
> Tutte le informazioni, tutta la vita degli Halalà passa per loro.
> Così tutte le madri degne di questo nome, un po' intelligenti e preoccupate del rango che debbono occupare le loro figlie, le spingono a prostituirsi. Gli onori e la considerazione generale non mancano mai di riversarsi sulla donna che ha saputo prendere questa decisione.

> Se non ci fossero le prostitute, nessuna famiglia sarebbe possibile, gli Halalà essendo naturalmente dissoluti, ubriaconi e buontemponi e non pensando ad altro che a farsela con le ragazze.
> Ma le prostitute li riconducono dai loro, e si fanno pagare più perché li riconducono che perché offrono loro il corpo. Esse acquistano così molta autorità nelle famiglie e sono, lo si può dire, la vera base famigliare.[8]

■ **1**. Michaux si diverte ad esplorare tutte le *infinite possibilità alternative* a quelle presenti e esistenti. Il suo insomma è un esercizio di fantasia combinatoria. Per ogni modo di amministrare la giustizia, o di sposarsi, o di seppellire i morti, ne esistono virtualmente cento o mille altri. Michaux si diletta ogni volta a oggettivare in un popolo ipotetico queste possibilità solo teoriche. Diversamente dagli ideatori di terre utopiche o antiutopiche, di cui parleremo tra poco, qui lo scrittore non ha alcun intento satirico, pedagogico o filosofico: vuole solo divertirsi a esplorare tutti i mondi impossibili possibili.

4.2.2 Viaggi nel tempo

Il viaggio nel tempo – una specialità della fantascienza, ma non solo – avviene quasi sempre per mezzo di una "macchina del tempo", spesso immaginata come una sorta di batiscafo (ma si sono visti anche ascensori del tempo, macchine del tempo a pedali, a remi, ecc.; e va ricordata la celebre battuta da *Ritorno al futuro*: «Dovendo costruire una macchina del tempo, perché non usare una bella macchina?»). Come funzioni, la macchina non ha molta importanza; e anche il viaggio in sé è abbastanza privo d'interesse. Ciò che importa, è che cosa troveremo al momento dello sbarco. Leggiamo dal racconto che è forse il primogenitore di tutti moderni i viaggi nel tempo, *La macchina del tempo* di Horson G. Wells:

> Con molta prudenza, ricordando la mia precedente caduta, cominciai a invertire la direzione della macchina; le lancette girarono sempre più adagio, fino a che quella delle migliaia mi parve immobile e quella che segnava i giorni rallentò la sua corsa e divenne visibile. A un certo punto riuscii a scorgere i contorni di una spiaggia desolata.
> Mi fermai con molta delicatezza e, seduto sulla Macchina del Tempo, mi guardai attorno. Il cielo non era più azzurro, anzi verso nord-est era nero come l'inchiostro, e su di esso spiccavano luminose e ferme le stelle chiarissime; in alto si tingeva di un rosso cupo senz'ombra di stelle, mentre a sud-est il colore si mutava in un lucente scarlatto là dove, sulla linea dell'orizzonte, spiccava rosea e immobile la grande sfera del sole. Anche gli scogli attorno a me erano rossicci, e l'unica traccia di vita che potei a tutta prima scorgere era data dal verde intenso della vegetazione che copriva ogni punto sporgente di queste rocce sul lato esposto a sud-est. Era lo stesso verde intenso del muschio dei boschi o del lichene delle grotte: piante che crescono, come queste, in una perpetua mezza luce.
> La macchina si trovava su una spiaggia in pendenza. Il mare si stendeva verso sud-est, per poi sollevarsi, nella linea luminosa dell'orizzonte, contro un cielo incolore. La distesa d'acqua, senz'onde per la mancanza del minimo alito di

8 H. Michaux, *Voyage en Grande Garbagne*, Gallimard 1967, pp. 93 sgg.

vento, si sollevava leggermente in un gonfiore oleoso, poi si stendeva di nuovo con un lieve sussurro: il mare eterno viveva e si muoveva ancora. Lungo il margine dove talvolta l'acqua si frangeva, si era formata una spessa incrostazione di sale, rosea sotto il cielo livido. Avvertivo un senso di oppressione alla testa, e il respiro mi era divenuto assai frequente. Ricordai la mia unica esperienza in fatto di alpinismo, e ne dedussi che l'aria doveva essere molto più rarefatta di quanto lo sia adesso.

Udii venire da lontano sul desolato declivio un suono rauco, e scorsi qualcosa che assomigliava a un'enorme farfalla bianca svolazzare obliqua nel cielo, per sparire poi con moto circolare oltre un gruppo di collinette. Il suono della sua voce era così deprimente, che mi fece rabbrividire e mi spinse ad appoggiarmi meglio alla macchina. Mi guardai attorno di nuovo e vidi, molto vicino a me, la cosa che avevo scambiato per un ammasso di scogli rossicci muoversi lentamente nella mia direzione: era un essere mostruoso che assomigliava ad un granchio. Riuscite ad immaginare un granchio grosso come quella tavola? Le sue numerose zampe si muovevano lente e incerte, agitando grossi artigli; la bestia era munita di antenne lunghe come fruste di cavalli, ondeggianti e sensibili, e di due occhi sporgenti che mi guardavano dall'uno e dall'altro lato della fronte metallica. Il dorso, coperto di scaglie e protuberanze, era macchiato qua e là da incrostazioni verdastre; potevo vedere le molte appendici articolate di quella bocca complessa tremolare e vibrare ai movimenti della spaventosa creatura.

Mentre fissavo la sinistra apparizione che strisciava verso di me, avvertii un solletico sulla guancia, come se vi si fosse posata sopra una farfalla; feci il gesto di scacciarla con la mano, ma provai dopo un attimo la stessa sensazione non solo sulla guancia ma anche sull'orecchio. Portai la mano al viso, e strinsi qualcosa che mi parve un filo e che scivolò via immediatamente. Mi volsi, e fui quasi colto dalla nausea accorgendomi di aver afferrato l'antenna di un altro mostruoso granchio che si trovava proprio dietro di me; i suoi occhi dall'espressione malefica oscillavano sui loro peduncoli, la bocca mi sembrava avida di cibo, e i suoi grossi artigli, imbrattati da una melma viscida, stavano per calarmi addosso. La mano mi corse fulminea alla leva, e dopo un attimo avevo frapposto un mese tra me e quei mostri. Ma mi trovavo ancora sulla stessa spiaggia e, appena fermo, potei vederli chiaramente; brulicavano a dozzine nella fosca luce del terreno muschioso.

Non è possibile descrivere il senso di odiosa desolazione che incombeva sul mondo. Quel cielo rosso a oriente e nerissimo a nord, quel mare che era veramente un mare morto, quella spiaggia pietrosa piena di mostri striscianti, quel verde uniforme e deprimente dei licheni, l'aria sottile che mi faceva dolere i polmoni: tutto contribuiva a dare a quel luogo un aspetto terrificante.[9]

■ **1**. Nel tempo si può viaggiare in avanti e all'indietro. Immaginare gli scenari del futuro richiede una notevole fantasia, ma anche una certa capacità di dedurre dal presente le nostre potenzialità future di uomini. Occorre però tenersi forte e osare con la mente. Ogni spostamento in avanti nel tempo ci allontana dai nostri paesaggi abituali e dovrebbe proiettarci nell'inaudito e nell'impensabile.
2. Viaggiare nel passato, invece, richiede molta precisione: perché ciò che è passato è diventato, oggi, qualcosa d'altro, o almeno ha lasciato qualche traccia. Spesso il viaggio nel passato si configura come un viaggio verso l'origine: la na-

9 H. G. Wells, *La macchina del tempo*, tr. R. De Michele, Rizzoli 1973, pp. 121 sgg.

scita della specie umana, l'origine dell'universo, la fine della supremazia dei rettili e l'inizio dell'espansione dei mammiferi, l'invenzione della ruota o della scrittura, ecc. È ovvio che, per quanto la fantasia si liberi, un minimo di credibilità e di riscontro nel presente dovrà essere osservato.

3. Nei viaggi nel tempo è importante valutare bene la "competenza" del viaggiatore. Chi viaggerà nel passato sarà più competente delle persone che incontrerà, nel senso che conoscerà come "passati" alcuni avvenimenti per loro "futuri". Chi viaggerà nel futuro sarà privo di competenza sul "passato" (sul quel tratto di "passato" tra il momento da cui è iniziato il viaggio e l'arrivo a destinazione). Da queste incompetenze o supercompetenze dei viaggiatori spesso nascono gli avvenimenti della narrazione.

Esercizi Scegliamo un luogo: un luogo dove ci sia qualcosa, ma non troppe cose. Una periferia o una zona coltivata possono andare bene. Documentiamoci un po', cercando in biblioteca qualche libro di storia locale. Poi iniziamo il viaggio: fissiamo qualche data – o meglio, qualche periodo – e andiamo. Conviene procedere per gradi. All'indietro: visitiamo quel luogo nella rivoluzione industriale, durante le pesti del seicento, nel più buio medioevo, all'epoca di Augusto. In avanti: visitiamo il luogo nell'epoca di *Blade runner* (prossimo futuro), nell'epoca di *Akira* (altro prossimo futuro), nell'epoca della colonizzazione della Luna (futuro un po' meno prossimo), nell'epoca dei computer biologici (futuro indeterminabile) e così via. È utile, per conservare alla propria immaginazione un minimo di credibilità narrativa, restare bene ancorati a un paesaggio.

4.3 Bestiari fantastici

4.3.1 Zoologia fantastica

Immaginare animali o mostri mai prima visti è un ottimo esercizio per la fantasia, ma anche un esercizio difficilissimo. In effetti quel che ogni creatore di mostri desidererebbe è di inventare l'*assolutamente altro*, il mai prima visto. In realtà non ci si riesce mai del tutto: es. questi animali mostruosi, collezionati da Borges, non sono mai totalmente nuovi: sono piuttosto *collage* viventi, costituiti dai pezzi di tanti animali – e non solo animali – tradizionali attaccati insieme. Ecco qualche esempio:

> IL BORAMETZ. L'agnello vegetale di Tartaria, detto anche borametz o polypodium borametz o polipodio cinese, è una pianta che ha forma d'agnello, coperta di lanugine dorata. Cresce su quattro o cinque radici; le altre piante le muoiono intorno, ed essa si mantiene rigogliosa; a tagliarla, n'esce un succo sanguigno. I lupi si compiacciono di divorarla. Sir Thomas Browne la descrive nel terzo libro dell'opera *Pseudodoxia Epidermica* (Londra 1646). In altri mostri si combinano specie o generi animali; nel borametz, il regno animale e il vegetale. Ricordiamo a questo proposito la mandragora, che grida come un uomo quando la svellono.
>
> ITTIOCENTAURI. Licofronte, Claudiano e il grammatico bizantino Ioannes Tzetes menzionano qualche volta gli ittiocentauri; altri riferimenti a questi, nei testi classici, non ce ne sono. Possiamo tradurre ittiocentauri con «centauropesci»; il termine s'applica a creature che i mitologi hanno chiamato

anche «centaurotritoni». Le loro raffigurazioni abbondano nella scultura romana ed ellenistica. Dalla cintura in su sono uomini, dalla cintura in giù pesci, e le zampe davanti sono di cavallo o di leone. Il loro posto è nel corteggio delle divinità marine, insieme agli ippocampi.

IL MIRMICOLEONE. Un animale inconcepibile è il mirmicoleone, così definito da Flaubert: «Leone davanti, formica di dietro, e con le pudende a rovescio». La storia di questo mostro è curiosa. [...] Dice il fisiologo, trattando del leone-formica: il padre ha forma di leone, la madre di formica; il padre si nutre di carne, la madre d'erbe; e insieme generano il leone-formica, che è mescolanza dei due e che somiglia a tutt'e due, perché ha la parte anteriore di leone, la posteriore di formica; così formato, non può mangiare carne come il padre né erba come la madre; per la qual cosa, muore.[10]

■ **1**. Il tono da adottare è naturalmente quello serio dell'enciclopedista che riferisce con assoluta serietà di stati del mondo inesistenti. È importante perciò essere specifici, soffermarsi su dettagli, citare altri autori (inventati o no), e soprattutto dare le coordinate geografiche (eventualmente inventando interi continenti).
2. Consigli pratici per fabbricare un animale: *a*. assemblare parti di animali esistenti; *b*. rompere la simmetria di animali esistenti (un occhio invece di due, tre gambe invece di quattro), *c*. modificare la proporzione tra le parti (testa enorme, zampe piccolissime); *d*. modificare le misure (di solito per ingrandimento: granchi giganti); *e*. permutare la posizione (occhi al posto delle orecchie); *f*. permutare la funzione (orecchie che mangiano) degli organi; *g*. sopprimere o aggiungere parti essenziali del corpo (animali senza testa o con due teste).

4.3.2 Mostri e creature impossibili

Ecco uno strano, indefinibile animale descritto da Kafka:

Alcuni fanno derivare la parola Odradek dallo slavo, e cercano di giustificarne così la conformazione. Altri la fa derivare dal tedesco, pur ammettendo una influenza dello slavo. L'incertezza di entrambe le interpretazioni è la prova migliore che sono errate; e inoltre, nessuna delle due ci permette di dare un senso alla parola.
Naturalmente nessuno perderebbe il tempo in tali studi se un essere che si chiama Odradek non esistesse. Ha l'aspetto d'un rocchetto da avvolgerci il filo, appiattito a forma di stella; e anzi, sembra davvero rivestito di filo: ma di pezzi di filo tagliati, vecchi, annodati e mischiati, di diverso tipo e colore. Non è solo un rocchetto; dal centro della stella esce una stanghetta trasversale, su cui un'altra se ne articola ad angolo retto. Grazie a questa ultima stanghetta da una parte, e a un raggio della stella dall'altra, l'insieme può star dritto su due gambe.
Si sarebbe tentati di credere che questa struttura, una volta, abbia avuto una forma adeguata a una funzione, e che ora sia rotta. Non sembra invece che sia così; l'insieme appare inservibile, ma a suo modo completo. D'altra parte è

10 J.L. Borges, *Manuale di zoologia fantastica*, tr. F. Luci, Einaudi 1979, pp. 45, 96, 107.

> difficile dire di più, perché Odradek è mobilissimo ed è impossibile acchiapparlo.
> Può stare in soffitta, nel sottoscala, nei corridoi, nel vestibolo. A volte passano mesi senza che si faccia vedere; forse si trasferisce nelle case vicine. Ma sempre ritorna nella nostra. Tante volte, incontrandolo per le scale, viene voglia di rivolgergli la parola. Naturalmente non gli si fanno domande difficili, ma anzi (a questo ci porta la sua minuscola statura) lo si tratta come un bambino. «Come ti chiami?», gli chiedono. «Odradek», dice. «E dove vivi?». «Domicilio incerto», dice, e ride; ma è una risata senza polmoni; come un fruscio di foglie secche. Di solito il dialogo finisce lì, né queste risposte si ottengono sempre: a volte se ne sta a lungo in silenzio, come il legno di cui sembra fatto.
> Inutilmente mi chiedo che cosa accadrà di lui. Può morire? Tutto ciò che muore ha avuto prima uno scopo qualsiasi, una qualche attività, e così si è consumato. Ma Odradek?[11]

■ Kafka attraverso procedimenti estranianti rende mostruoso un oggetto banale, un rocchetto, facendogli assumere funzioni animali e/o umane (vedi la figura della *personificazione*). Non entra mai nello specifico, allude solo, o dà per scontate certe informazioni fondamentali («è difficile dire di più»), mentre si sofferma su altre poco interessanti o pertinenti («la parola Odradek deriva dallo slavo»). Odradek è l'oggetto dimenticato (rimosso) che ritorna; la cosa che sempre ci sfugge, il simbolo della misteriosità e opacità di tutte le cose mute presenti intorno a noi.

Esercizi Prova a dar vita a un oggetto d'uso comune (una pompa da bicicletta, una macchina fotografica, un telefono, un ombrello...). Sei subito a un bivio: o attribuisci all'oggetto una vita coerente con la sua funzione, oppure fai un passo più in là (come ha fatto Kafka) e più che di dare un senso alla faccenda, ti preoccupi di sottrarne. In questo secondo caso occorre osservare l'oggetto con grande attenzione, descriverlo amorevolmente, tentare nei limiti del possibile di immedesimarsi in lui: dimenticando che si tratta di un oggetto prodotto dall'uomo e immaginandolo come una creatura di Dio.

4.4 L'utopia, l'antiutopia e i mondi alternativi

4.4.1 Utopie

Utopia era un'isola (il cui nome significa letteralmente: Nessunluogo) nella quale vigeva una civiltà perfetta. La visitò Tommaso Moro nel Cinquecento, e ne ritornò così entusiasta da volerla descrivere in un libro. Il successo fu tale che ancora oggi noi chiamiamo "utopia" una cosa sommamente desiderabile ma irrealizzabile. Il paese di Utopia può essere scambiato per un mondo alla rovescia, ma in effetti ne è l'esatto contrario: è un vero e proprio "mondo raddrizzato", nel quale le storture del mondo reale (ingiustizie, pregiudizi, razzismi, ecc.) vengono sanate. Utopia, alla fin fine, è una sorta di "modello teorico", escogitato per misurare, a contrasto, i difetti del mondo reale (della società reale). Leggiamo Tommaso Moro:

11 F. Kafka, «Le preoccupazioni di un padre di famiglia», in *Racconti*, tr. R. Paoli, Mondadori 1970, p. 252.

Mentre mangiano e bevono in vasi di creta o di vetro, bellissimi senza dubbio, ma di nessun valore, dell'oro e dell'argento, non negli alberghi comuni soltanto, ma anche nelle case private, fanno comunemente vasi da notte o destinati agli usi più vili, e inoltre si formano con gli stessi metalli anche catene e grossi ceppi per legare schiavi. In ultimo a quelli resi infami da qualche delitto pendono dagli orecchi cerchietti d'oro, oro cinge le dita, collane d'oro circondano il collo e infine anche il capo è stretto in oro. Così in tutti i modi cercano presso di loro di far avere in ispregio l'oro e l'argento, e in tal modo si ottiene che questi metalli, che gli altri popoli in genere non si lascerebbero strappare con minor dolore delle proprie viscere, se anche, presso gli Utopiani, qualche circostanza richiedesse di portarglieli via tutti in una sola volta, a nessuno parrebbe di aver subito la perdita di un solo soldo.

La donna, vergine o vedova che sia, vien mostrata nuda al pretendente da parte di una grave e onesta matrona, e a sua volta un uomo dabbene alla fanciulla presenta nudo il pretendente. Ora, rinfacciando noi loro un tal costume e deridendolo come una sciocchezza, quelli invece facevano le meraviglie della stoltezza straordinaria degli altri popoli tutti, i quali, mentre per l'acquisto di un cavalluccio, dove si tratta di pochi soldi, son così guardinghi da rifiutarsi di comprarlo, anche se generalmente nudo, a meno che non gli si tolga la sella e se ne strappi ogni gualdrappa, per tema che sotto quelle coperte non si nasconda qualche piaga, invece nella scelta della moglie, dalla qual cosa ne seguirà o piacere o disgusto per tutta la vita, si comportino con tanta leggerezza che, stando il resto del corpo tutto avvolto da vesti, giudicano tutta quanta una donna a mala pena dallo spazio di una mano (nulla infatti si può osservare se non il volto), e la leghino a sé non senza rischio di fondersi male, se qualcosa in seguito non piaccia.

Hanno ben poche leggi, ché pochissime sono bastevoli a uomini così organizzati; anzi è questo che rimproverano prima di tutto agli altri popoli, che cioè infiniti volumi di leggi e esposizioni non bastano. Invece il loro pensiero è che somma ingiustizia è legare uomini con leggi o troppo numerose per essere lette, o troppo oscure per potersi da chiunque capire. Oltre a ciò non ammettono assolutamente avvocati, che trattino cause con astuzia, o discutano cavillosamente di legge: pensano infatti che sia utile che ognuno tratti la sua causa da sé e dica al giudice le stesse che voleva dire al suo difensore. In tal modo ci saranno meno giri e rigiri e più facilmente si caverà di bocca la verità, ché parlando uno da difensore non ammaestrato a imbellettamenti, il giudice pondera accortamente ogni cosa e, contro i raggiri dei furbi, viene in soccorso delle nature più ingenue: ciò che è difficile eseguire per gli altri popoli, in mezzo a sì gran cumulo di leggi intricatissime.[12]

■ Notiamo: *a.* l'uso delle inversioni in funzione correttiva rispetto alle nostre istituzioni e tradizioni; *b.* che non solo le istituzioni ma anche gli spazi sono organizzati *more geometrico* e tendono sempre all'armonia di tutte le parti con il tutto; *c.* che la complessità tipica dei mondi reali viene drasticamente ridotta, e di conseguenza sono aboliti tutti gli elementi cosiddetti sovrastrutturali-irrazionali a vantaggio di quelli naturali-razionali.

---

12 T. Moro, *L'Utopia o la forma migliore di repubblica*, tr. T. Fiore, Laterza 1963, pp. 93, 114, 117.

Esercizi **1**. Non c'è una sola Utopia, ci sono tante Utopie: una per ciascuna sorta o genere d'uomini e donne. Proviamo a visitare (e descrivere) l'Utopia dei cuochi, delle donne, dei tifosi di calcio, degli amministratori di condominio, dei cinefili, dei cinofili, dei giocatori di briscola, dei fotoamatori...
2. Altre Utopie possono essere inventate a partire da un'ingiustizia o un pregiudizio che si vuole sanare: l'Utopia dove non esiste il pudore (e quindi l'impudicizia), altrimenti detta Eden; l'Utopia dove non ci sono guerre; l'Utopia dove nessuno ha fretta e si vive con calma; l'Utopia dell'uguaglianza razziale. Quasi inevitabilmente, in questo caso, si finisce col comporre un'Utopia profetica.

4.4.2 Antiutopie

Se le isole d'Utopia sono i modelli a cui le società reali dovrebbero conformarsi per correggersi, le isole d'Antiutopia sono degli ideali negativi da cui le società reali devono rifuggire. Eccoci nel *Mondo nuovo* immaginato da Huxley, precisamente nel reparto infantile, più precisamente ancora nelle «sale di condizionamento neo-pavloviano»:

> Le bambinaie si irrigidirono sull'attenti all'apparire del Direttore.
> «Disponete i libri» disse egli brevemente.
> In silenzio le bambinaie obbedirono. Fra i vasi di rose furono distribuiti in bell'ordine i libri – una fila di in-quarto per l'infanzia aperti in modo invitante – ciascuno su un'immagine gaiamente colorata di quadrupede, di pesce o di uccello.
> «Ora portate i bambini».
> Uscirono in fretta dalla stanza e rientrarono dopo pochi minuti spingendo ciascuna una specie di scaffale su ruote i cui quattro ripiani di rete metallica erano carichi di bambini di otto mesi, tutti esattamente precisi (un gruppo Bokanovsvksy, era chiaro) e tutti (poiché appartenevano alla casta Delta) vestiti di kaki.
> «Metteteli in terra».
> I bambini furono scaricati.
> «Adesso voltateli in modo che possano vedere i fiori e i libri».
> Appena voltati, i bambini tacquero immediatamente: poi cominciarono a strisciare verso quelle masse di colori brillanti, quelle forme così allegre e vivaci sulle pagine bianche. [...] Dalle file dei bambini striscianti uscivano piccoli gridi di eccitazione, gorgoglii e cinguettii di piacere.
> I più veloci erano già giunti alla meta. Le manine si allungarono incerte, toccarono, afferrarono, sfogliando le rose trasfigurate, sgualcendo le pagine illustrate dei libri. Il direttore attese che tutti fossero allegramente occupati. Poi disse: «State bene attenti». E alzando la mano, diede il segnale.
> La Bambinaia in Capo, che stava in piedi vicino a un quadro di comando, abbassò una leva.
> Vi fu una violenta esplosione. Acuta, sempre più acuta, fischiò una sirena. I bambini sussultarono, urlarono; i loro visi erano alterati dal terrore.
> «E ora», gridò il Direttore (poiché il rumore era assordante), «ora procediamo a rafforzare l'effetto della lezione mediante una leggera scossa elettrica».
> Agitò di nuovo la mano e la Bambinaia in Capo abbassò una seconda leva.
> Di colpo i gridi dei bambini mutarono di tono. C'era qualcosa di disperato, di folle quasi, negli urli acuti e spasmodici che essi ora emettevano. I loro piccoli

corpi si contraevano e si irrigidivano; le loro membra si agitavano a scatti come sotto l'azione di fili invisibili.
«Noi possiamo far passare la corrente elettrica su tutta questa zona del pavimento» gridò il Direttore a guisa di spiegazione. «Ma ora basta»; e fece un cenno alla Bambinaia.
I corpi che si agitavano, e si irrigidivano, si distesero, e ciò che era stato singhiozzo e urlo di bambini impazziti si allargò di nuovo in urla normali di terrore ordinario.
«Offrite loro ancora i fiori e i libri».
Le bambinaie obbedirono; ma, all'avvicinarsi delle rose, alla semplice vista di quelle immagini gaiamente colorate del micio, del chicchirichì, della pecora che fa bee bee, i bambini si tirarono indietro terrorizzati.
«Osservate» disse il Direttore trionfante «osservate».
I libri e il fracasso, i fiori e le scosse elettriche: già nella mente infantile queste coppie erano unite in modo compromettente; e dopo duecento ripetizioni della stessa o d'altre simili lezioni, sarebbero indissolubilmente fuse.
«Essi cresceranno con ciò che gli psicologi usavano chiamare un odio *istintivo* dei libri e dei fiori. I loro riflessi sono inalterabilmente condizionati. Staranno lontano dai libri e dalla botanica per tuta la vita». Il Direttore si rivolse alle bambinaie: «Portateli via».
I bambini vestiti di kaki, sempre urlanti, furono caricati sui loro scaffali a ruote e spinti fuori.
Uno degli studenti alzò la mano; e benché capisse molto bene perché non si poteva permettere alle caste inferiori di sprecare il tempo della Comunità coi libri, e che c'era sempre il rischio che essi leggessero qualcosa capace di alterare in modo non desiderabile uno dei loro riflessi, tuttavia... ebbene, non riusciva a comprendere la faccenda dei fiori. Perché darsi tanta pena per rendere psicologicamente impossibile ai Delta l'amore dei fiori?
Con pazienza il direttore fornì le spiegazioni. Se si faceva in modo che i bambini si mettessero a urlare alla semplice vista di una rosa, era per delle ragioni di alta politica economica. Le primule e i paesaggi, egli fece notare, hanno un grave difetto: sono gratuiti. L'amore per la natura non fa lavorare le fabbriche.[13]

■ Le Antiutopie sono l'esatto contrario delle Utopie. Anche i paesi antiutopici sono organizzati *more geometrico*, ma l'armonia è imposta tirannicamente dall'alto e non proviene da un consenso generale e spontaneo dei cittadini. Le Antiutopie sono costruite attraverso un procedimento di *accentuazione* (intensificazione) delle tendenze negative già in atto nel mondo contemporaneo: per cui un pregiudizio diffuso diventa legge, il malcostume diventa buona tradizione, e così via. Queste tendenze vengono portate, per così dire, fino al punto di massima espansione.

Esercizi **1**. Anche senz'essere seri (e tragici) come Huxley, possiamo inventare le nostre brave Antiutopie, o Utopie alla rovescia: per mezzo delle quali potremo divertirci a satireggiare gli aspetti meno gradevoli della nostra società. Immaginiamo a es. le Utopie dei malintenzionati: l'Utopia dei ladri (dove rubare è facile e la polizia sta a guardare), l'Utopia dei pirati della strada (dove, come in un noto videogioco, si guadagnano punti ad abbattere i passanti).

13 A. Huxley, *Il mondo nuovo*, tr. L. Gigli e L. Bianciardi, Mondadori 1991, pp. 20 sgg.

2. Un gioco funambolico può essere: rappresentare come Antiutopia una vera e propria utopia, sfruttando il fatto che dalla situazione utopica ci guadagna una categoria poco amata. Così possiamo immaginare l'Utopia degli esattori delle tasse (dove nessuno evade e tutti pagano puntuali) o l'Utopia degli uffici pubblici (dove i cittadini subiscono senza battere ciglio le più burocratiche e spietate angherie).

4.4.3 Gli universi paralleli, ovvero: le ucronie

Il libro di Philip K. Dick *La svastica sul sole* porta come sottotitolo la seguente frase: «Cosa sarebbe successo se il nazismo avesse vinto la guerra mondiale?». È uno splendido caso di *Ucronia* e cioè di costruzione fantastica basata sull'ipotesi che si siano dati eventi storici che invece non si sono dati. L'ipotesi di Dick è che le forze dell'Asse abbiano vinto la seconda guerra mondiale e che l'America sia divisa in due parti: una asservita al Reich, l'altra all'impero del Sol Levante. Tutto il globo è stato conquistato e i nazisti si dispongono a colonizzare altri pianeti. La pagina che stiamo per leggere è collocata qualche anno dopo la fine della guerra. Siamo a Canon City nel Colorado, in un *fast food*. Julia, la protagonista, vede due camionisti: uno è un *macaroni*, un italiano, cioè qualcuno che appartiene a una nazione vincitrice, ma disprezzata dai tedeschi e dai giapponesi; si fa chiamare Joe, cerca lavoro ma fatica a trovarlo; Julia lo osserva interessata:

> Io e lui potremmo arruolarci per una delle astronavi dei coloni. Ma i tedeschi escluderebbero lui per la sua pelle e me per i miei capelli neri. Preferiscono quelle pallide, allampanate checche nordiche delle ss, che vengono addestrate nella Baviera. Quest'uomo – Joe Vattelappesca – non ha neanche l'espressione adatta; dovrebbe avere l'aria gelida ma entusiasta, come se non credesse in niente eppure avesse una fede assoluta. Ecco, loro sono proprio così. Non sono idealisti come Joe e me; sono cinici, ma con una fede assoluta. È una specie di difetto cerebrale, come dopo la lobotomia... dopo quello storpiamento che gli psichiatri tedeschi praticano come brutale sostituto della psicoterapia.
> Il loro guaio sta nel sesso; negli anni trenta ne hanno fatto un uso contro natura, e in seguito la cosa è addirittura peggiorata. Hitler ha cominciato con sua... cos'era? sorella? zia? una nipote? E già prima, nella sua famiglia, c'erano state unioni tra consanguinei; suo padre e sua madre erano cugini... Il vecchio Adolf, che si dice sia in una clinica, a finire la sua vita nella demenza senile, paralizzato. [...] Evidentemente, non poteva che essere l'ironica vendetta di Dio, come in qualche film muto. Quell'uomo spaventoso è stato abbattuto dal suo sudiciume interiore, dalla peste che storicamente puniva la malvagità umana.
> E la cosa più orribile era che l'attuale Impero Tedesco era un parto di quel cervello. Prima un partito politico, poi una nazione, poi un emisfero. E gli stessi nazisti l'avevano diagnosticato, l'avevano capito: il medicastro, mezzo erborista e mezzo stregone, che aveva curato Hitler, quel dottor Morell... in origine era uno specialista di malattie veneree. Tutto il mondo lo sapeva, eppure i discorsi inarticolati del Führer erano ancora sacri, erano la Sacra Scrittura. Le idee del pazzo avevano ormai infettato un'intera civiltà e, come spore di malvagità, i ciechi, biondi finocchi nazisti stavano fiondandosi dalla Terra verso gli altri pianeti, diffondendo il contagio. [...] I nazisti non hanno il senso dell'umorismo. Del resto hanno ucciso quasi tutti i grandi attori comici. [...] Mi domando come

fa Bop Hope a cavarsela, con tutto quello che dice. Naturalmente deve trasmettere dal Canada, e lassù c'è un po' più di libertà. Ma Bop Hope ne dice veramente di quelle! Come la barzelletta su Göring... quella in cui Göring compra l'antica Roma, se la fa spedire nel suo rifugio di montagna e la fa rimontare lassù. E fa rivivere il Cristianesimo perché i suoi cari leoni abbiano qualcosa da fare... Forse Göring sarà il nuovo Führer quando quel Borman morirà. Sembra un po' diverso dagli altri. Se Borman l'ha spuntata è solo perché si è intrufolato al potere quando Hitler ha cominciato a dar di testa, ma soltanto coloro che stavano veramente vicino a lui sapevano quello che succedeva. Il vecchio Göring era lontano nel suo castello sui monti... Ma probabilmente, pensò, vincerà Goebbels. È quel che si dice in giro. Purché non la spunti quello spaventoso Heydrich. Ci ucciderebbe tutti. Quell'uomo è veramente pazzo.[14]

■ **1**. Il gioco nel gioco, nel libro di Dick, è che a un certo punto si parla di uno strano libro, proibito dai nazisti, che però circola sottobanco: in questo libro si ricostruisce una storia alternativa a quella reale, secondo cui gli Alleati avrebbero sconfitto Germania e Giappone, così che Usa e Russia si sarebbero poi divisi il mondo in zone di influenza...
2. Gli storici dicono che non bisogna fare la storia con i «se». Vi proponiamo l'esatto contrario: partire da un «se» e sviluppare a partire da questa piccola parola tutto un complesso mondo ipotetico. È particolarmente interessante, come peraltro ha fatto Dick, mandare la narrazione più in là di qualche anno o decennio, e mostrare le conseguenze di lungo termine del nostro «se».

Esercizi Non solo la storia politico-militare può essere trasformata dai nostri «se», ma anche quella culturale e del costume. Se i Beatles non si fossero sciolti, come sarebbe ora la scena musicale pop? Se la vera musica popolare d'oggi fosse la musica classica, e se il rock and roll, il pop, l'hip-hop eccetera fossero eseguiti solo negli auditorium dei conservatori, difronte a un pubblico vestito da sera? Se Internet esistesse da cent'anni, e l'invenzione nuova fosse il telefono vocale?

4.4.4 Alcuni consigli per costruire mondi (im)possibili

Bisogna partire da un'ipotesi nuova e costruire sulla base di quella ipotesi un nuovo mondo. Ecco alcune possibili operazioni:

a. SOPPRESSIONI (diminuzioni, divieti, esaurimenti di risorse, ecc.). All'interno del sistema viene a mancare improvvisamente un *fattore x* importante e necessario per compiere tantissime operazioni. Il sistema deve perciò riorganizzarsi.
Proposte. Gli Usa sono stati cancellati dal mondo. Non esistono più i soldi. I libri sono stati proibiti. L'uomo è riuscito a vincere il sonno.

b. AGGIUNZIONI. È quando un *fattore x* estraneo al sistema subentra e costringe quel sistema a ridefinirsi.
Proposte. Un terzo sesso. Creature extraterrestri. Una macchina che visualizza i sogni. Una pillola che raddoppia la durata della vita.

14 Ph. K. Dick, *La svastica sul sole*, tr. R. Valla e L. Signorelli, Nord 1993, pp. 33 sgg. e 76.

c. PERMUTAZIONI (e inversioni). È quando si sostituisce una x con una y (oppure quando x prende il posto di y). Il sistema funziona sulla base delle precedenti operazioni ma uno dei fattori fondamentali per compiere quelle operazioni è cambiato; l'inversione è una forma estrema della permutazione. *Proposte.* Sassi al posto di denaro. Cose al posto delle parole. Lacrime al posto del riso e viceversa. In America comandano i pellerossa mentre i bianchi vivono chiusi nelle riserve.

d. ESTENSIONI, (accentuazioni, intensificazioni, maggiorazioni). Una tendenza, un *fattore x* del sistema attuale viene caricato, gonfiato, intensificato fino al punto che tutto il sistema deve ridefinirsi (è il caso dell'antiutopia). *Proposte.* Tutte le relazioni amorose e sessuali vengono gestite da apposite agenzie. Tutti gli uomini ricorrono alle operazioni di chirurgia plastica contro l'invecchiamento. La passione per la televisione è giunta a un punto estremo.

4.4.5 Metamorfosi

Il genere fantastico è un genere vastissimo. Qui ci occupiamo solo di un certo tipo di fantastico: quello che prevede una *deviazione singola, ma cospicua, dalla norma*, in un contesto che tuttavia rimane normale e nel quale continuano a vigere le leggi solite naturali e sociali. Intorno a quel dettaglio anomalo il sistema si riorganizza e riassesta. Ecco a es. come comincia *La metamorfosi* di Kafka:

> Gregorio Samsa, svegliandosi una mattina da sogni agitati, si trovò trasformato nel suo letto, in un enorme insetto immondo. Riposava sulla schiena, dura come una corazza, e sollevando un poco il capo vedeva il suo ventre arcuato, bruno e diviso in tanti segmenti ricurvi, in cima a cui la coperta da letto, vicina a scivolar giù tutta, si manteneva a fatica. Le gambe, numerose e sottili da far pietà, rispetto alla sua corporatura normale, tremolavano senza tregua in un confuso lucchichio dinanzi ai suoi occhi. «Cosa m'è avvenuto?» pensò. «Non era un sogno...».[15]

■ Il segreto sta tutto in questa trasgressione enorme ma "puntuale" (che cioè "avviene in un punto solo") del principio di realtà. Siamo in un mondo reale e normale dove però un singolo punto è cambiato: l'impiegato Samsa s'è trasformato in insetto. Tutto il resto del mondo per continua a girare normalmente intorno a lui.

Esercizi **1.** La metamorfosi in sé è incredibile, ma una buona metamorfosi deve rendersi credibile per mezzo dei particolari. Prova a descrivere la tua vita quotidiana, con minuzia e precisione, dopo la tua trasformazione in un animale (ippopotamo, lumaca) o in oggetto (cabina del telefono, bicchiere) o in luogo (piazza, condominio) o in agente naturale (umidità, afa) o in pianta (tiglio, vite) o in liquido (acqua oligominerale, trielina), ecc. Più puntigliosa sarà la tua immaginazione, più la metamorfosi diverrà credibile.
2. Prova a continuare una di queste storie: *a.* durante una cena molto *chic* il signor Ix si accorge che la signorina Ypsilon ha zampe di capra al posto delle

---

15 F. Kafka, «La metamorfosi», in *Racconti*, cit., p. 157.

gambe...; *b.* a Viggiù, in un vecchio condominio che dev'essere demolito, un operaio scopre una finestra che dà su Londra...; *c.* una sera il signor Kappa, tornando a casa, scopre che la sua casa non c'è più. La via è quella, le altre case sono quelle, la sua casa però non c'è...; *d.* il signor Zeta telefona al dottore e gli spiega tutto affannato: «Guardi, ho perduto la testa, ma non so più dove; mi aiuti lei, io non posso mica uscir di casa decapitato, mi guardano tutti strano...»; *e.* la signorina Elle, ospite a cena dai signori Qu, scopre che nel bagno essi tengono un nero gigantesco cavallo...

4.5 Il mondo oltre il mondo

4.5.1 Viaggi nel mondo dei morti

La letteratura ci offre un'altra grande possibilità: oltrepassare il limite della morte, far parlare i morti, parlare noi stessi in quanto già morti. Il punto di vista dei morti è interessante perché relativizza quello dei vivi. Ancora una volta si tratta di una tecnica che rende strano ciò che per noi vivi è normale, naturale, scontato, ecc. Ecco a es. un dialogo che si svolge all'Ade tra Alessandro Magno – che vi è appena giunto – e il filosofo cinico Diogene:

> DIOGENE Chi vedo da queste parti! Sei morto anche tu, Alessandro Magno, come tutti noi?
> ALESSANDRO Che c'è di strano? Ero un uomo, e dovevo morire.
> DIOGENE Ma non correva voce che eri figlio di Giove?
> ALESSANDRO Dicevano di sì, ma sono figlio di Filippo.
> DIOGENE E che tua madre, una notte, s'era giaciuta con un drago?
> ALESSANDRO Drago, Giove, tutte favole, niente di vero.
> DIOGENE Lo dici adesso. In vita ne approfittavi per farti credere un Dio. «Viva il figlio di Giove!»: e giù, la gente, con la fronte nella polvere. A chi hai lasciato l'impero?
> ALESSANDRO Non lo so, sono morto così presto! Ho fatto appena in tempo a dire: «Al più degno»: frase che dice tutto e non dice niente, per cui diventerà storica. Perché ridi?
> DIOGENE Penso ai Greci sottomessi che ti chiamavano protettore della civiltà e baluardo contro la barbarie. Non ridevi anche tu? T'innalzavano altari, t'offrivano sacrifici. Sei stato seppellito, almeno?
> ALESSANDRO Macché! Giaccio al sereno, da tre giorni, in un cortile di Babilonia. Ma Tolomeo, un mio scudiero, farà di tutto, passati che siano i torbidi attuali, per trasportarmi in Egitto e annoverarmi tra gli Dei egiziani.
> DIOGENE E mi domandi perché rido, Alessandro? Perché nemmeno all'Inferno t'hanno abbandonato i tuoi pazzi sogni di grandezza. [...] Vieni con me. Vedi questo fiume? È il Lete, dà l'oblio. Bevi Alessandro; bevi, e dopo aver bevuto ribevi, perché hai molte cose da dimenticare.[16]

■ **1**. Il trucco di Luciano è molto semplice: ha messo a confronto una persona qualsiasi (il filosofo Diogene, che era sì filosofo, ma agli occhi del mondo appariva come un poveraccio) e un grand'uomo (nientemeno che Alessandro). Alla

16 Luciano, *I dialoghi*, tr. G. Mosca, Rizzoli 1973, pp. 198 sgg.

persona qualsiasi spetta il compito di smontare, con l'arma del buonsenso e con una certa dose di cinismo, i sogni di grandezza del grand'uomo.
2. Un dialogo tra morti è differente da un dialogo tra vivi perché o entrambi o almeno uno dei due sanno com'è andata a finire la storia: i vivi, invece, sono sempre immersi nella storia. Quindi un dialogo tra morti (o tra un vivo in visita, come avviene nella *Divina commedia*, e i morti) è interessante se il morto, o tutt'e due, hanno lasciato questa vita nel bel mezzo di concitati avvenimenti, cioè nel bel mezzo di una storia. Ci sono varie tipologie di morti: quelli che acquistano un sovrano distacco dalla loro storia, quelli che ancora ci si scervellano sopra, quelli che la rimpiangono, quelli che la detestano, ecc.
3. I dialoghi tra morti divertono perché ci permettono di spogliarci delle nostre (e altrui) maschere, delle nostre (e altrui) vanità. Vista dal punto di vista dei morti la vita rivela il suo lato tragicomico. Scriveremo un buon dialogo tra morti se sapremo guardarci come dei commedianti che hanno gettato alle ortiche il costume di scena, e ormai, visto che tutto è finito, conoscono l'esatto valore di ogni cosa.

5

Parodie e riscritture

5.1 Riscrivere storie note in chiave diversa

5.1.1 Modernizzazioni

Ci occuperemo ora di testi riscritti e cioè di *parodie*. Chiamiamo parodie quei testi che si sviluppano parassitariamente a partire da un altro testo, di solito un classico. Ora, uno dei modi più diffusi per riscrivere un testo è la *trasposizione temporale*. Queste trasposizioni sono di solito *modernizzanti* e quasi mai *antichizzanti*. Per intenderci: non esiste, o almeno noi non ne abbiamo mai sentito parlare, una *Madame Bovary* ambientata nell'Atene di Pericle. Questo tipo di operazioni sono spesso di tipo comico, ma non sempre. Facciamo un esempio serio: *Il lutto s'addice ad Elettra* di Eugene O'Neill. In questo caso il dramma degli Atridi è trasposto in America alla fine della Guerra di Secessione. Il generale Ezra Mannon (Agamennone) rientra a casa dalla guerra per essere vittima di sua moglie Christine (Clitemnestra) aiutata dal suo amante Adam Brant (Egisto). Lavinia-Elettra, la figlia di Christine, induce il fratello Orin-Oreste a vendicare il padre. Ecco un brano dalla *pièce*:

> LAVINIA Sì! Io accuso la mamma di assassinio!...
> ORIN ... È tutta una pazzia! Non voglio parlare con una pazza! Ma, perdio, stai attenta, Vinia! Lascia in pace la mamma, altrimenti...!
> LAVINIA ... Sei ancora il bambino viziato di cui lei può farsi gioco quando e come vuole!
> ORIN (*ferito*) Basta così!
> LAVINIA (*in tono calcolato di sferzante disprezzo*) E allora, se non posso farti sentire il tuo dovere in un modo, vi riuscirò in un altro, se non vuoi aiutarmi a punire lei, spero non sarai tanto vigliacco da lasciar andare impunito il suo amante!
> ORIN (*in un tono che rivela un nascente sospetto*) Il suo amante? Cosa vuoi dire?
> LAVINIA Voglio dire l'uomo che ha ordito con lei l'assassino di papà, e che averle procurato il veleno. Voglio dire quel capitano Brant di cui ti ho scritto!...
> ORIN (*angosciato*) Tu menti, maledetta! (*minaccioso*) Osi dire queste cose della mamma! Adesso le dovrai provare altrimenti!... Non sei pazza! Sai bene quello che dici! E allora provalo, o per dio!...
> LAVINIA (*liberandosi dalla sua stretta e alzandosi*) Non chiedo altro! (*Poi intensamente*) Ma quando te l'avrò provato, mi aiuterai a punire gli assassini di papà!
> ORIN (*in uno scoppio di furore omicida*) Ammazzerò quel bastardo![1]

1 E. O'Neill, «Il lutto si addice ad Elettra», tr. B. Fonzi, in *I capolavori di Eugene O'Neill*, v. II, Einaudi 1990, pp. 97 sgg.

■ Quando si effettuano simili operazioni si operano naturalmente anche delle *rimotivazioni*. Nel nostro caso a es. è evidente che O'Neill ha letto Freud e attribuisce alle azioni dei due fratelli motivazioni edipiche complesse. Il rischio, nelle rimotivazioni, è l'eccesso di razionalizzazione: le antiche storie, magiche terribili e misteriose, possono facilmente trasformarsi in storie molto più banali, certo più "moderne" ma anche decisamente meno "interessanti".

5.1.2 Anacronismi

La riscrittura di O'Neill era di tipo serio, e può essere compresa e goduta anche da chi non conosca la storia originale. Ora esamineremo invece le riscritture di tipo comico basate sul procedimento dell'*anacronismo.* In quest'ultimo ci sono degli effetti che segnalano violentemente la derivazione da un testo matrice. Ci sono due modi per essere anacronistici: il primo è quello di prendere un personaggio moderno e farlo parlare come uno antico. Avremo allora un argomento e una storia "bassi" (in quanto "moderni") e un linguaggio e uno stile "alti" (in quanto "antichi" e perciò venerabili). Si tratta a es. di prendere un rappresentante o una parrucchiera dei nostri tempi e di farli parlare al modo di Didone e di Enea. È un trucco in realtà poco adoperato. L'altro modo è invece più frequente: è quello per cui certe nobili storie antiche, pur mantenendo il loro intreccio, vengono voltate in un linguaggio moderno. Dunque l'argomento e la storia saranno antichi e alti, ma lo stile sarà moderno e basso. Uno dei casi più noti è il seicentesco *Virgilio travestito* di Scarron. Ecco come Anna consiglia la sorella Didone incerta se cedere o no all'amore per Enea:

> O cara sorellina, che amo più
> del mio cuore e dei miei occhi,
> credetemi, amica mia,
> che un pochetto di poligamia,
> checché ne dicano, fa un gran bene;
> invecchierete in men che non si dica,
> e, quando sarete vecchia,
> direte: maledizione a me,
> ho passato i miei anni migliori
> a far la vedova annoiata,
> per paura dei maldicenti!
> Ah, non c'è niente come la novità!
> Sceglietevi un marito nuovo,
> e applicatevelo sulla pelle.
> Non c'è pelliccia migliore. [...]
> Sì, possa io diventar Vestale,
> coprirmi di rogna da vecchia,
> essere povera, morire di fame,
> se c'è niente di simile, dopo il pane,
> allo sposare un brav'uomo,
> che sia pure un fusto
> tal quale Enea il troiano,
> che tutti dicono essere un tipo a posto!
> Badate che non vi scappi:
> Vostra Maestà, acchiappatelo!

Sposatevi senza tergiversare:
fare altrimenti sarebbe da stupida.
Quando poi, madre di famiglia,
avrete fatto un bimbo e una bimba,
ad un direte: tesoruccio;
l'altra vi dirà: mammuccia;
e se si mettono a frignar troppo,
ecco quello che dovete fare:
metteteli sulle ginocchia
e caricatemeli di botte:
è il più gran piacere del mondo![2]

■ **1**. Indimenticabile questa visione della tragica regina, la pallida e sublime Didone, intenta a sculacciare di santa ragione i figli avuti da Enea. Immaginiamo che Agamennone voglia indurre Ulisse a combattere con gli Achei, e che anziché recarsi da lui gli telefoni. Risponde Penelope che rifiuta di passarglielo, Ulisse sta guardando alla televisione una finale olimpica... È chiaro che cos'è un anacronismo?

2. Esistono riscritture anacronistiche basate su testi specifici, ma ne esistono anche che lavorano su tradizioni e miti tramandati e diffusi (soprattutto la tradizione greco-latina e quella giudaico-cristiana). Si tratta di vestire i personaggi antichi in panni moderni (o personaggi moderni in panni antichi). Per scrivere una di queste storie basta dunque mettere un personaggio d'altri tempi (Virgilio, Orlando, Odisseo, ecc.) in un contesto moderno (metropoli, condominio, hotel, ecc.) e adattare le loro azioni e il loro linguaggio a quel nuovo contesto.

3. Qualsiasi nobile storia del passato si presta ad essere trasposta nel presente. Esistono però due modi fondamentali e alternativi di compiere questa operazione: *a.* un *modo buffonesco, grottesco* che mira cioè a smontare e a ridicolizzare le grandi storie antiche mostrando che nel nostro tempo non sono più possibili le azioni epiche o sublimi tipiche degli antichi eroi e eroine; *b.* un *modo serio e patetico* che mostra, come in controluce, che dietro le apparenze quotidiane e dimesse degli uomini del presente si celano le figure archetipiche e indimenticabili del passato. Es. possiamo riconoscere dietro una lui e una lei di borgata gli eterni Giulietta e Romeo... Elsa Morante nel suo *Il mondo salvato dai ragazzini* ha riscritto la Passione di Cristo ambientandola in Italia all'epoca del Fascismo: il protagonista è un Cristo-partigiano... In fondo il Vangelo si presta alla parodia sublime proprio perché è il Cristo a invitarci a vedere lui stesso in ogni uomo che soffre.

Esercizi Proviamo a riscrivere con questo spirito alcuni episodi della mitologia pagana o biblica. Es.: Caino e Abele sono due commercianti, uno di frutta e uno di carni, che si contendono a suon di doni la speciale protezione del boss del quartiere... Ulisse è prigioniero di Circe, una tenutaria di bordello che pur di godere del corpo di questo prodigioso (anche sessualmente) eroe non esita a ricattarlo, drogandolo e facendogli credere d'essere una gran maga... I re Magi

2 Scarron, *Virgile travesti*, Garnier 1988, Libro IV, vv. 153-192.

cercano il Messia e affidano l'organizzazione del viaggio all'agenzia Stella Cometa, ma i concorrenti della Erode Tours cercano di sabotare il viaggio...

5.1.3 Un topo al posto di Achille, ovvero: la trasposizione di specie

Partiamo da un esempio antico, forse dall'esempio più antico di parodia. Si tratta della *Batracomiomach*ia, un poema in versi che per molto tempo fu attribuito ad Omero. In effetti si tratta della parodia dell'Iliade e non c'è dubbio che lo stile del poema è in tutto simile a quello omerico, solo che sono cambiati i protagonisti, al posto degli eroi troiani e achei troviamo... rane e topi! Il buffo nasce proprio dal contrasto tra l'argomento basso e lo stile alto: anche nella scelta dei nomi, che fanno il verso agli epiteti omerici. Altostrilla, Bellettone, Bietolaio, Strillone, Godipalude, Cavolifago, Palustre, Giacinelfango sono le rane; gli altri sono i topi.

> E qui, primo Altostrilla di lancia ferì Leccaluomo
> che combatteva fra i primi, nel ventre, del fegato a mezzo:
> piombò prono, imbrattò nella polvere i morbidi crini.
> Bazzicatane poi, di lancia ferì Bellettone,
> gli conficcò nel petto la salda zagaglia.
> La negra Morte il caduto rapì, gli uscì dalle labbra lo spirto.
> Poi, Bietolaio colpì nel cuore Saccheggiapignatte.
> Rodipagnotte nel mezzo ferì della pancia Strillone:
> a terra cadde prono, volò dalle membra lo spirto.
> Godipalude, visto cadere Strillone, nel collo
> morbido Bazzicatane percosse di rapido colpo,
> con una pietra grande: sugli occhi la tenebra scese.
> Ma contro lui Leccaluomo vibrò la sua fulgida lancia,
> né lo fallì, ma lo còlse nel fegato; e come poi vide
> Cavolifago in fuga, piombò su le ripide rive,
> né desisté dalla pugna, ma più l'incalzò, lo percosse.
> Piombò l'altro, né più si riebbe: purpureo sangue
> tinse il palude; e giacque la salma lunghessa la riva.
> E, su le rive, Palustre di vita privò Pappacacio.
> Succiabasilico vide Rosicchiaprosciutto; e sgomento
> restò, nella palude scappò, gittò lungi lo scudo.
> Sguazzanelonda accoppò Rosicchiaprosciutti sovrano,
> che un sasso gli avventò sul cocuzzolo: fuor delle nari
> stillò tutto il cervello: di sangue si tinse la terra.
> Leccapignatte a Giacinelfango perfetto die' morte,
> ché lo colpì con l'asta: negli occhi la tenebra corse.
> Masticalaglio lo vide, pel piede il cadavere strinse
> presso al calcagno, e giù lo trasse a morir nel padule.[3]

■ La traduzione che vi abbiamo proposto del poema è vecchiotta ma rende bene l'idea d'uno stile alto. In effetti la differenza stilistica tra la *Batracomiomachia* e l'*Iliade* è minima. Le formule tipiche che ricorrono in Omero le ritroviamo qui identiche («gli uscì dalle labbra lo spirto», «sugli occhi la tenebra scese»). Il truc-

3 *Batracomiomachia*, tr. E. Romagnoli, Zanichelli 1925, pp. 173 sgg.

co consiste nella semplice sostituzione degli umani con gli animali (un po' come ha fatto Walt Disney). Se ci dimenticassimo di questa operazione rischieremmo di leggere questo poemetto come fosse davvero seriamente epico.

5.1.4 Cambiare la classe, ovvero: la trasposizione sociale

La *Zanitonella Sive Innamoramentum Zaninae et Tonelli* è una parodia del genere pastorale-amoroso, un genere per definizione alto, aulico, lirico. I protagonisti sono in effetti aristocratici che anche se si travestono da pastori parlano e si muovono secondo uno stile da perfetti cortigiani. Ora la mossa originale di Teofilo Folengo consiste proprio nell'abbassare la condizione sociale degli amanti. Tonello è un contadino vero «abituato a pulire le stalle dalla merda di vacche». Ciò nonostante, ama d'un amore folle la sua Giannina. Ecco l'attacco del libro che diamo nella versione italiana curata da Franco Loi:

> Certo la gente di città sfotterà me contadino
> perché brucio d'amore per la mia Giannina,
> e, abituato a pulire le stalle dalla merda di vacche,
> mi sforzo invece di sputar fuori amorosi lamenti.
> Ahimè, tutti s'invischiano, almeno una volta, nelle panie dell'Amore:
> chi non ama da giovane, credetemi, amerà da vecchio.
> E non meno matti della gente di città
> sono quelli che portano i pasciuti buoi all'abbeveratoio,
> che mungono vacche, tosano pecore con forbici,
> rimpinzano di gramigna gli asini e di foglie le capre,
> o quelli che conducono i magri porci a ingozzarsi sotto le querce,
> o vanno a battere le spighe per sgranare il frumento.
> Non c'è la sverza d'un mangiapane in terra
> cui quell'ago puntuto non abbia trapassato il ventre.
> Sia contadino o sia nato in città,
> almeno una volta Cupido lo attira nelle sue trappole.
> Tira le sue frecce qua e là, quello sfacciato
> cieco e senza braghe, che se ne svolazza via come un falchetto.
> Benché la penna con cui scrivo sia un badile,
> e la troppo usata zappa m'abbia incallito le mani,
> e pur essendo una damigiana il calamaio da cui succhio
> tutto l'inchiostro, intanto che la bella Giannina mi prosciuga il cervello,
> ohimè, non posso scampare alla tremenda cotta
> per cui sono costretto a usare la piva invece che la vanga.[4]

■ Queste parodie possono essere scritte a partire da *due punti di vista*: possiamo sia ridicolizzare il contadino (o l'operaio o l'impiegato) che si dà delle arie e ama e soffre come un principe o un re; oppure possiamo ridicolizzare i sublimi sentimenti dei potenti abbassandoli ad un livello umile; come a dire che le goffaggini dei scimmiottatori ricadono sugli scimmiottati.

4 T. Folengo, *Zanitonella*, tr. F. Loi, Mondadori 1984, pp. 19 sgg.

Esercizi Prova qualche situazione: *a.* Ulisse è un soldato che ha combattuto in Russia durante la seconda guerra mondiale e che adesso ritorna alla sua fattoria dopo anni quando tutti lo credevano morto...; *b.* Werther è un postino e Carlotta una fruttivendola promessa in moglie a un piccolo impresario edile...; *c.* Angelica è una prostituta mentre Orlando è un carabiniere...; *d.* Giulietta e Romeo appartengono a due famiglie mafiose in lotta tra loro...

5.1.5. Lolita come ottantenne, ovvero: la trasposizione anagrafica

Si tratta di immaginare una Giulietta e un Romeo che invece di avere vent'anni ne abbiano settanta. Tutto sommato non è una possibilità molto sfruttata nella letteratura. Umberto Eco ci ha provato riscrivendo *Lolita* di Vladimir Nabokov. In quest'ultimo romanzo si narrava di come un uomo maturo riservasse le sue attenzioni solo alle fanciulle giovanissime, che lui chiamava ninfette. Lolita era una di esse, un'adolescente di tredici anni, con cui il protagonista vivrà un'avventura travolgente. Il protagonista dell'esercizio di stile di Eco è un giovane che s'innamora d'una vecchietta. La spiegazione di questa predilezione consisterebbe in un'impressione avuta al momento della nascita quando «una vecchia sdentata ostetrica lo sottrasse alla prigionia vischiosa del grembo materno». Ecco comunque l'apparizione fatale di lei, Nonita, la nonnina con cui vivrà un'impossibile storia d'amore:

> La festa cui ero stato invitato era uno squallido *petting party* di giovani indossatrici e impuberi universitari. La flessuosa lussuria di queste giovinette invogliate, il negligente offrirsi dei loro seni da una blusa sbottonata nell'impeto di una figura di danza, mi disgustava. Già pensavo di lasciare di corsa quel luogo di banale commercio d'inguini ancora intatti, quando un suono acutissimo, quasi stridulo (e potrò mai esprimere la frequenza vertiginosa, il roco digradare delle corde vocali già spossate, *l'allure suprême de ce cri centenaire*?) un lamento tremulo di femmina vecchissima piombò nel silenzio l'accolta. E nel riquadro della porta vidi lei, il viso della lontana parca dello choc prenatale, segnato dall'entusiasmo spiovente della chioma canutamente lasciva, il corpo rattrappito che segnava di angoli acuti la stoffa dell'abituccio nero e liso, le gambe ormai esili piegate inesorabilmente ad arco, la linea fragile del femore suo vulnerabile profilata sotto il pudore antico della gonna veneranda.
> La scipita giovinetta che ci ospitava ostentò un gesto di sopportata cortesia. Alzò gli occhi al cielo e disse: «È mia nonna»...[5]

C'è anche un'altra possibilità sempre nell'ambito delle trasposizioni anagrafiche. Si tratta di andare a vedere come sono invecchiati certi personaggi notissimi della letteratura mondiale. Così ha fatto Mann con una delle coppie più celebri della letteratura mondiale: Werther e Carlotta. Siamo a Weimar, nel 1816, è una sera estiva e all'Albergo all'Elefante sbarca una signora anziana che corrisponde al nome di Carlotta Kestner, nata Buff. Il proprietario rimane stupefatto perché capisce che si trova davanti a Carlotta, la Lotte di Werther, venuta a Weimar per visitare il suo spasimante d'un tempo, l'ex-giovane Werther, il molto rispet-

5 U. Eco, *Diario minimo*, cit., p. 15.

tabile signor consigliere segreto Goethe. Ecco, il romanzo di Thomas Mann *Carlotta a Weimar* potrebbe sottotitolarsi: *L'ultimo incontro tra il vecchio Werther e la vecchia Carlotta.*

> «Buon giorno, amico mio!» disse la signora anziana, una matrona non lontana certo dalla sessantina, piuttosto grassoccia, con un abito bianco ed uno scialle nero, mezzi guanti di filo ed una capote alta, che lasciava intravedere capelli ricci, di quel grigio cenere che succede al biondo...
> «Buon Dio!... È direi quasi un fulmine a ciel sereno... La nostra casa ha dunque l'onore impareggiabile di ospitare la vera e autentica... il prototipo, se mi è lecito chiamarla... insomma, io ho l'onore di esser di fronte alla Lotte del Werther...».
> «Pare che sia proprio così, amico mio» ammise la signora con tranquilla dignità, lanciando un'occhiata di rimprovero alla servetta che ridacchiava. «E se questo fosse per lei un motivo di più per mostrare senz'altro ritardo una camera a queste povere donne stanche del viaggio, non avrei da lamentarmene...».
> «Sarà fatto, sarà fatto!» rispose Mager distrattamente, avviandosi con lei verso la porta. Ma qui giunto si fermò ancora una volta, premendo una gamba a terra e tenendosi in equilibrio con l'altra sollevata.
> «Una parola ancora, signora!» supplicò. «Una parolina sola, che esige una rapida risposta soltanto! La signora deve comprendere... Ci si trova all'improvviso di fronte al modello, si ha il privilegio di accostarsi alla sorgente – bisogna approfittarne, non si può lasciar passare – signora, mi dica, quell'ultimo colloquio prima della partenza di Werther, quella scena commoventissima a tre, dove si parla della povera mamma e del distacco dei morti, dove Werther afferra la mano di Lotte ed esclama: "Ci rivedremo, ci ritroveremo, ci riconosceremo fra tutte le altre forme" – mi dica, quella scena si basa sulla realtà, non l'ha inventata il signor consigliere segreto, si è proprio svolta in quel modo?».
> «Sì e no, amico mio, sì e no!» disse in tono benevolo l'interrogata, col capo tremolante.[6]

■ **1**. Ammettiamolo: la letteratura soffre di un pregiudizio giovanilistico, predilige i personaggi sul fior dell'età. Contro questo pregiudizio sarà utile riscrivere le grandi storie facendo invecchiare i protagonisti. E chi l'ha detto che non è possibile vivere esperienze travolgenti e appassionanti a sessanta, settanta, ottant'anni?
2. I romanzi, come le favole, tendono a lasciare i personaggi ancora giovani e belli. Che ne è di loro una volta che il tempo li ha trasformati? Sono appesantiti, ingrassati? Da idealisti che erano sono forse divenuti opportunisti e cinici? E cosa pensano ora di quella storia tanto appassionante di cui furono protagonisti quarant'anni prima? Andarli a ritrovare trenta o quarant'anni dopo ci permette di rispondere a questa domanda. Il tempo ha insomma un potere immediatamente parodistico. L'operazione ci permette inoltre di verificare se il messaggio poetico – forse troppo poetico – ha resistito all'inappellabile prova del tempo.

Esercizi **1**. Immagina Renzo e Lucia, vent'anni dopo. Don Abbondio, Agnese, fra' Cristoforo sono morti. Della grande avventura raccontata da Manzoni, resta

6 T. Mann, *Carlotta a Weimar*, tr. L. Mazzucchetti, Mondadori 1974, pp. 22-30.

solo il ricordo. Lucia è ingrassata, ha sfornato una quantità di figli. Renzo è ancora un bell'uomo, pieno di energie, ma fa fatica a tirare avanti, lavoro non ce n'è tanto. Com'è il loro *ménage* familiare? Non ci sarà magari qualche avventuretta di Renzo? E Lucia non si sarà, oltre che ingrassata, un po' imbigottita? Oppure immagina Pinocchio e Geppetto, Ulisse e Penelope, la bellissima Elena di Troia, venti o trent'anni dopo i fatti che li resero famosi.
2. Variante: immagina che Romeo e Giulietta siano ormai sulla sessantina, quando tra loro scocca la scintilla d'amore. Come sarà questo amore senile? Dovranno affrontare l'opposizione non più dei genitori, ma dei figli. E come potranno incontrarsi di soppiatto? E con quali parole esprimeranno la loro passione?

5.1.6 Faustina anziché Faust, ovvero: la trasposizione sessuale

Muriel Twymann – un personaggio della scrittrice inglese Emma Tennant – ha quarantotto anni e svolge un lavoro frustrante in una rivista di moda. Gli uomini sembrano non accorgersi di lei, e lei stessa si sente divenire invisibile. Ma un incontro le cambierà la vita. Un incontro con il diavolo che le propone un patto; grosso modo lo stesso patto che aveva già proposto a Faust tanti anni prima. Ma un patto col diavolo, per una donna è diversa faccenda che per un uomo. È lui stesso, il diavolo, a spiegarci come sono andate le cose:

> Amo le donne di mezza età. Mi considero appagato quando una bellezza un po' appassita mi fa il broncio e mi sorride maliziosamente. Le donne di una certa età sono – beh, è fin troppo ovvio, naturalmente – sono una facile preda.
> Prendete il caso di Muriel Twyman. La inseguivo furtivamente quando lasciava la casa lungo il fiume; la seguivo quando saliva sull'autobus, scendeva, percorreva le strade alla moda vicino al suo ufficio, dove possiedo così tante catene di negozi e boutique che tutti i centri commerciali dell'inferno non possono reggere neanche lontanamente il confronto.
> Salivo in ascensore insieme a lei. E la osservavo mentre raggiungeva la scrivania e si accingeva al suo compito quotidiano di inventare il linguaggio per idolatrare la giovinezza, e vedevo il suo viso diventare ogni giorno più vecchio, mentre le bellissime modelle sulle copertine delle mie costose riviste restavano sempre, sempre giovani. Ed il mio amore per Muriel Twyman cresceva, e così faceva il mio desiderio per lei.
> Ben presto arrivò la mia occasione, e fui lesto ad afferrarla. In una delle catene di negozi TV con cui ho ricoperto la superficie del mondo morente, incontrai quella triste donna in menopausa e le offrii, facendo scattare un interruttore, un ritorno di bellezza, giovinezza e desiderio. E – dopotutto non sono un mercante truffaldino – anche potere e denaro. Perché no? Se ad un uomo come il dottor Faust offrii io stessi tali merci, perché non offrirle anche a una donna, in questa epoca di eguaglianza?[7]

■ Nelle grandi narrazioni della nostra tradizione gli eroi – i protagonisti – sono quasi tutti maschi: un'evidente ingiustizia statistica. Si tratta di porvi rimedio, immaginando come una donna si sarebbe comportata al loro posto: non meno eroicamente, certo, ma secondo un diverso stile. In alternativa, la transessualiz-

7 E. Tennant, *Faustina*, tr. S. Caraffini, La Tartaruga 1995, pp. 171 sgg.

zazione può servire a un'efficace satira della *forma mentis* maschile. Infatti, secondo il teorico della letteratura Gérard Genette «le transessualizzazioni più interessanti sono comunque quelle in cui il cambiamento di sesso basta per rovesciare, talvolta ridicolizzandola, la storia del testo-sorgente».[8]

Esercizi Trovare un soggetto è fin troppo facile: Donna Giovanna, l'Orlanda Furiosa, Amleta, Donna Chisciotta, la signora Robinson nell'isola deserta, la vulcaniana dottoressa Spock... Più stimolante può essere la completa inversione di ruoli: se Alessandra Manzoni avesse scritto la storia di Lucio Mondello e Renza Tramaglina?

5.1.7 La rimotivazione, ovvero: la trasposizione dei motivi

La *trans-motivazione* è quella operazione che attribuisce nuove motivazioni a un gesto compiuto dall'eroe di una storia famosa. In altre parole si tratta di inventare motivazioni attendibili per azioni che nel testo originario apparivano o immotivate o non ben motivate. Es., secondo il Vangelo, Salomé avrebbe chiesto a Erode la testa di Giovanni spinta dalla madre. Ebbene: per noi moderni, sospettosi e morbosi come siamo, le cose non possono essere andate così. Il motivo è certamente un altro. Salomé s'è evidentemente vendicata di una ripulsa d'amore subita da Giovanni. Ecco il momento saliente raccontato da Oscar Wilde:

> SALOMÉ Sono Salomé figlia di Erodiade, principessa di Giudea.
> IOKANAAN Indietro! Figlia di Babilonia! Non accostarti all'eletto del Signore. Tua madre ha sommerso la terra col vino della sua infamia, e il clamore dei suoi peccati è arrivato alle orecchie di Dio.
> SALOMÉ Parla ancora, Iokanaan. La tua voce mi inebria. [...]
> IOKANAAN Non avvicinarti, figlia di Sodoma, ma copri il tuo volto con un velo e cospargi di cenere il tuo capo e va nel deserto in cerca del figlio dell'Uomo.
> SALOMÉ Chi è il figlio dell'Uomo? È anch'egli bello come te, Iokanaan?
> IOKANAAN Indietro! Indietro! Odo nel palazzo il battito d'ali dell'angelo della morte. [...]
> SALOMÉ Iokanaan! Io sono innamorata del tuo corpo. Il tuo corpo è bianco come i gigli di un prato che il falciatore non ha mai falciato. Il tuo corpo è bianco come le nevi che dormono sulle montagne di Giudea e scendono nelle vallate. Le rose del giardino della regina d'Arabia non sono bianche come il tuo corpo. Né le rose del giardino della regina d'Arabia, né i piedi dell'aurora che premono sulle foglie, né il seno della luna quando essa dorme sul seno del mare... Nulla v'è al mondo che sia bianco come il tuo corpo. Lasciami toccare il tuo corpo!
> IOKANAAN Indietro, figlia di Babilonia! È con la donna che il male è entrato nel mondo. Non parlarmi. Io non voglio ascoltarti. Io ascolto solo le parole del Signore Iddio.[9]

■ Noi moderni non ci accontentiamo più dei motivi troppo immediati e esterni con cui i maestri del passato giustificavano le azioni dei loro eroi. Ci vantiamo di

8 G. Genette, *Palimpsestes*, Seuil 1982, p. 346.
9 O. Wilde, *Salomé*, tr. D. Porzio, Rizzoli 1985, pp. 46 sgg.

aver scoperto che quei motivi ne nascondevano altri più profondi e inconfessabili. Freud Marx e tanti altri "maestri del sospetto" ci hanno abituato ad essere spietatamente diffidenti e analitici. Es. la lettura che dell'*Edipo re* di Sofocle ha fatto Freud può essere considerata una rilettura rimotivante. Dopo di lui anche noi possiamo prenderci lo sfizio di riesaminare tanti amori e tanti odi della letteratura mondiale reinterpretandoli e cioè prestando ai personaggi antichi – senza peccare troppo di anacronismo – un po' della iper-coscienza o sub-coscienza di noi moderni.

Esercizi Le soluzioni più a portata di mano sono due: trovare motivi ignobili per comportamenti universalmente considerati nobili; o viceversa, trovare motivi nobili per comportamenti universalmente considerati ignobili. Tutto sommato, forse, la prima soluzione può essere più divertente (è sempre divertente parlar male di qualcuno). Per quale vero motivo l'Innominato si è improvvisamente convertito? Per quale vero motivo Elena è fuggita con Paride? Per quale vero motivo Jago tende la sua trappola a Otello? Per quale vero motivo Giuda ha tradito Gesù?

5.1.8 Denti anziché quadri, ovvero: la trasposizione dell'oggetto dell'azione

Possiamo anche cambiare la *cosa* o le cose intorno a cui ruota – come intorno ad un perno – l'azione. Tassoni a es., un poeta seicentesco, ha immaginato una guerra simile a quella scoppiata tra Greci e Troiani: dove però il motivo scatenante era il rapimento d'una secchia (anziché il rapimento della donna più bella del mondo, Elena). Immaginiamo che il divieto divino di cui si parla nel *Genesi* riguardasse, non una bella mela, ma una rapa o un cetriolo (è la tradizione, peraltro, che parla di mele: nel *Genesi* si parla genericamente di «frutto»). La struttura del dilemma non cambierebbe, ma cambierebbe l'oggetto: e quindi tante altre cose (es., una rapa è decisamente meno desiderabile di una mela rubiconda; inoltre sta sottoterra, non è una tentazione ostentata come un frutto in bella mostra sull'albero; ecc.). Forse, per una rapa, i nostri progenitori non si sarebbero lasciati andare; e forse oggi vivremmo ancora in Eden. Woody Allen in *Se gli impressionisti fossero stati dentisti* ha riscritto il carteggio tra Vincent Van Gogh e il fratello Théo, ma immaginando che Vincent fosse non un grande pittore impressionista, bensì un grande dentista impressionista; com'è ovvio nella corrispondenza si parla, anziché di quadri, di denti – ma con grande passione e veemenza.

> Caro Théo,
> Verrò mai trattato decentemente dalla vita? Sono tormentato dalla disperazione! La mia testa sta scoppiando! La signora Sol Schwimmer mi fa causa perché le ho fatto un ponte come me lo sentivo e non sulla misura della sua stupida bocca! Proprio così! Io non posso lavorare così come un volgare commerciante! Ho deciso che il suo ponte doveva essere enorme e fluttuante, con denti selvaggi che spuntano in ogni direzione come lingue di fuoco! Adesso è sconvolta perché non le entra in bocca! È così borghese e stupida, vorrei distruggerla! Ho tentato di cacciarle la dentiera in bocca ma esce fuori come un lampadario veneziano. Eppure la trovo bella. Lei sostiene che non può masticare! Cosa m'importa se può masticare o no? Théo, non posso più andare avanti così!

> Ho chiesto a Cézanne se voleva dividere il gabinetto con me, ma lui è vecchio e infermo ed è incapace di tenere i ferri, bisogna legarglieli ai polsi ma manca di fermezza e una volta dentro a una bocca, rovina più denti di quel che salva. Che fare?
>
> *Vincent*
>
> Caro Théo,
> Ho deciso di dividere il gabinetto con Gauguin. È un bravo dentista in ponti e sembra che io gli piaccia. Mi ha fatto molti complimenti per il mio lavoro sul signor Jay Greenglass. Se ti ricordi, gli ho otturato il settimo inferiore, poi ho odiato quelle otturazioni e ho cercato di toglierle. Greenglass ha tenuto duro e siamo andati in tribunale. C'era una questione legale sulla proprietà del dente e, su consiglio del mio avvocato, ho astutamente fatto causa per il dente intero e mi sono poi accontentato dell'otturazione. Beh, un tizio l'ha vista in un angolo del mio studio e vuole esporla a una mostra! Stanno già parlando d'una retrospettiva!
>
> *Vincent*[10]

■ Si tratta di riscritture di tipo comico-grottesco, basate su di un forte vincolo che costringe l'autore a un vero e proprio *tour de force* per riadattare tutto il discorso a quel nuovo e incongruo centro della storia. Il bello del gioco sta appunto nell'assoluta incompatibilità tra l'oggetto originale e quello che lo sostituisce: se un legame rimane, deve essere assurdo e paradossale. In *Vendita galline km 2*, grottesco romanzo di Aldo Busi, si raccontano vita morte e miracoli di una potentissima dinastia industriale italiana, i Pastalunghi; il lettore non può non riconoscere, deformati e stravolti, gli Agnelli. Solo che la loro attività industriale non è l'automobile, ma la produzione di tonno in scatola (del peggior tonno in scatola del mondo, secondo Busi).

Esercizi Immagina che Guglielmo Marconi si fosse dedicato all'invenzione non del telefono senza fili, ma della mozzarella senza fili. Immagina che un commercialista, Umberto Eco, pubblichi un romanzo di grande successo: *La fattura del giorno dopo*. Immagina che Modigliani o Giorgio De Chirico non dipingessero quadri ma fabbricassero manichini. Immagina...

5.1.9 Un guasto al motore invece che una peste, ovvero: la trasposizione del problema

È simile all'operazione precedente, ma vale la pena distinguerla. Noi possiamo infatti anche cambiare o ribaltare il problema intorno a cui ruota la narrazione. Immaginate che Dio voglia imporre ad Adamo e Eva di mangiare il frutto dell'albero della conoscenza del bene e del male, e che i due si rifiutino per poter mantenersi in una beata ignoranza. Naturalmente quando si cambia una chiave, si è quasi sempre costretti a cambiarne altre. La *trasposizione del problema* è infatti d'un gioco d'equilibrismo, perché la storia deve pur sempre mantenere coerenza e compattezza. Dino Buzzati, riscrivendo un episodio dei *Promessi Sposi* (don Rodrigo si scopre ammalato di peste, cap. XXXIII), non si è limitato a cam-

10 W. Allen, *Citarsi addosso*, tr. C. Berberian e D. Gelmini, Bompiani 1976, pp. 72 sgg.

biare il problema, ma ha cambiato anche l'epoca e l'oggetto: una strana "malattia meccanica" minaccia non gli esseri umani ma le automobili. Al posto di don Rodrigo c'è una superba e aristocratica Rolls-Royce di proprietà d'una marchesa; a parlare è l'autista:

> Tuttavia, prima di arrivare a casa, altre due volte quel sinistro cigolio, o ingorgo, o sfregamento, non saprei proprio come dire, si ripeté riempiendomi l'animo di orgasmo. Rientrato, a lungo rimasi nel piccolo garage a contemplare la nobile macchina, apparentemente addormentata. Finché per certi indicibili gemiti provenienti a tratti dal cofano, benché il motore fosse spento, fui certo del peggio.
> Che fare? Per avere un consiglio pensai di rivolgermi al vecchio meccanico Celada, che, oltre all'esperienza messicana, pretendeva di conoscere una speciale mistura d'oli minerali capace di prodigiose guarigioni. Benché fosse passata mezzanotte, telefonai al caffè... dove egli usava fare quasi ogni sera la partita. C'era.
> «Celada» gli dissi «tu sei sempre stato mio amico».
> «Eh, spero bene!».
> «Siamo sempre andati d'accordo».
> «Per grazia di Dio».
> «Di te mi posso fidare?».
> «Diavolo!».
> «Vieni, allora. Vorrei che tu vedessi la Rolls-Royce».
> «Vengo subito». E mi parve, prima che quello mettesse giù la cornetta, di udire un lieve risolino.
> Restai, seduto su una panca, ad aspettare, mentre dalle profondità del motore uscivano sempre più frequenti rantoli. Con l'immaginazione contavo i passi del Celada, calcolavo il tempo; fra poco sarebbe stato lì; standomene in orecchi, per sentire se il meccanico arrivava, tutt'a un tratto udii nel cortile uno stropiccio di piedi, ma non di un uomo solo. Un orrendo sospetto mi passò per la mente.
> Ed ecco aprirsi l'uscio del garage, presentarsi e venire avanti due sudicie tute marrone, due facce scomunicate, due monatti, in una parola: vidi mezza la faccia del Celada che, nascosto dietro un battente, rimaneva a spiare.
> «Ah, lurida carogna... Via, maledetti!». E cercavo affannosamente un'arma, una chiave inglese, una barra metallica, un bastone. Ma quelli mi erano addosso, fra quelle braccia forzute fui ben presto prigioniero.
> «Tu, mascalzone» gridavano, con versacci di rabbia insieme e di scherno «rivoltarsi contro i controllori del Comune, contro i pubblici funzionari! contro quelli che lavorano per il bene della città!». E mi legarono alla panca, dopo avermi infilato in una tasca, suprema irrisione, il modulo regolamentare per il *ricovero conservativo*. Infine misero in moto la Rolls-Royce, che si allontanò con un mugolio doloroso ma pieno di sovrana dignità. Sembrava volesse dirmi addio.[11]

■ La forza di questa invenzione di Buzzati si fonda: *a.* Sullo scambio uomo/automobile: la "vita" della Rolls vale, per il narratore, quanto per don Rodrigo la sua vita stessa. Senza dubbio questo è un racconto "con la morale", tuttavia possiede una potenza indiscutibile; *b.* sul fedele ricalco della scena manzoniana: nel

11 D. Buzzati, «La peste motoria», in *Sessanta racconti*, Mondadori 1979, pp. 526 sgg.

momento in cui noi lettori ci accorgiamo di star leggendo una storia che rimanda a un'altra storia, che conosciamo bene, allora anche il linguaggio esageratamente drammatico e le battute di dialogo altisonanti non ci disturbano: ne apprezziamo tutta la sottile e tragica ironia.

5.1.10 Il *Vangelo* narrato in dialetto padano, ovvero: la trasposizione linguistica

Di solito la *parodia linguistica* sostituisce alla lingua colta la lingua popolare e dialettale. È quello che ha fatto Teofilo Folengo facendo parlare i protagonisti d'una storia idillico-arcadica in una burlesca lingua maccheronica. Ma vale la pena di dare un esempio più vicino a noi. Ecco come Dario Fo riscrive il miracolo della resurrezione di Lazzaro adottando un generico dialetto padano. Siamo al momento clou, la gente scommette sul miracolo:

> – Boja! Ohi guarda! L'ha tirà sol tombon, o gh'è'ol morto, ol gh'è dentro! Boja, ol Lassaro, euh che spossa, s'o l'è stu tanfo?
> – Boja!
> – Cus'è?
> – Cittu!
> – Lassem guardà!
> – Ol'è impienit de vermini, de tafani! Euh! Ol sarà almanco un mese che l'è morto quelo, ul s'è disfat! Uh, la carugnada co g'han fai! Uhia che schera! No ghela fa stavolta, povaretto!
> – De seguro non ghe la fa, non ghe riesse! Impossibil ca l'è bon a tirà fora! O l'è marscio! Che scherso, ohh disgrassia! G'han dit tri dì co l'era morto! O l'è un mese almanco! Che figura! Por Jesus!
> – Mi digo che l'è capaz eguale! Quel l'è un santo c'ol fa ol miracolamento anca dopo un mese che l'è marscio!
> – i digo che non è capaze!
> – Vòi far scomessa?
> – E femo scomessa!
> – Deh! Doi baiocchi! Tre baiocchi! Diese baiocchi! Quel che te vol scometer.
> – I tegno mi? Ti te fidi? Se fida! Se fidemo tuti? D'accordo, i tegno mi sti baiocchi!
> – Boné ecco, fet atension! Tuti in genogio, silensio!
> – Ul cossa 'l fa?
> – U l'è là ch'el prega!
> – Cittu! Eh?!
> – Ohia! Alzati, Lassaro!
> – Oh! Ghe pò dire e anco cantare, sjamente i vermini che o l'è impienido ven fora!... Alsarse?...
> – Cittu! U s'è muntà in genogio!
> – Chi? Jesus?
> – No, Lassaro. Boja, varda!
> – Ma va', impusibil!
> – Fa' vedè!
> – Oh varda! ol va, ol va, l'è in piè, ol va, ol va, ol borla, ol va, ol va, sì, sì, ol va, ol va, l'è in piè!...
> – Miracolo! Oeh! Miracolamento! Oh Jesus, dolze che ti set creatura, ca mi non credeva miga!
> – Bravo Jesus!

– Ho vinci la scumessa, dà ch. Uehi! Fa' mia ol furbasso!
– Jesus, bravo!
– La mia borsa! Me l'hanno robada! Lader!
– Bravo Jesus!
– Lader![12]

■ Inutile dire che questo tipo di riscrittura parodistica prevede normalmente un mutamento anche del livello sociale dei protagonisti e che essa ha di solito un *effetto ribassante* (de-sublimante). Molto diffusa è anche la trasposizione gergale che si ha quando certe storie vengono raccontate secondo gerghi specialistici (in questo caso non si ottiene necessariamente un effetto ribassante ma semplicemente *straniante*).

Esercizi Ai tempi della Commedia dell'Arte, le varie maschere parlavano ciascuna nel suo proprio dialetto: Balanzone in bolognese, Arlecchino in bergamasco, e così via. Procurati una qualsiasi commedia con le maschere e prova a sostituire a ciascun dialetto un gergo attuale. Arlecchino potrà parlare "punk"; Balanzone, essendo medico, sarà "scientifico"; Colombina potrà essere "femminista"; Brighella "paninaro"; e chi più ne ha più ne metta.

5.1.11 Traduzioni intralinguistiche

Un ultimo caso di riscrittura strana e paradossale: una *traduzione intralinguistica*, cioè interna a una stessa lingua: dall'italiano all'italiano. Ci riferiamo alla traduzione del *Decamerone* di Giovanni Boccaccio fatta da Aldo Busi. In effetti l'italiano di Boccaccio, pur essendo alla base della letteratura italiana in prosa, è diventato ormai difficile e innaturale. Lo si legge quasi solo a scuola e solo grazie all'aiuto d'un cospicuo apparato di note. Così il *Decamerone* perde il suo incanto d'opera di intrattenimento narrativo, di invenzione, di divertimento. Busi ha dichiarato, un po' enfaticamente, di averl voluto strappare «il Decamerone dal suo mortifero ballo liceale della mattonella per fargli fare un meritato e popolare giro di valzer sul suolo nazionale». Vediamo un po' se e come c'è riuscito. Ecco come ha tradotto una breve novella:

ORIGINALE DI GIOVANNI BOCCACCIO. Ne' tempi del primo Re di Cipri, dopo il conquisto fatto della Terra Santa da Gottifredo di Buglione, avvenne

---

12 Traduzione: «– Boia! Guarda! Hanno alzato la pietra, c'è il morto, è dentro, boia, (è) il Lazzaro che puzza! Cos'è 'sto tanfo? – Boia! – Cos'è – Zitto – Lasciatemi guardare! – È pieno di vermi, di tafani! O heu! Sarà almeno un mese che è morto quello, s'è disfatto! Uh, che carognata che gli hanno fatto! Che scherzo! Non ce la fa' sta volta, poveretto! – Di sicuro non ce la fa, non ci riesce! Impossibile che sia buono di tirarlo fuori! è marcito! Che scherzo! Oh disgraziati! Gli hanno detto tre giorni che era morto! È un mese almeno! Che figura! Povero Gesù! – Io dico che è capace ugualmente! Quello è un santo che fa il miracolo anche dopo un mese che è marcito! – Io dico che non è capace! – Vuoi fare scommessa? – E facciamo scommessa! – Sì! Due soldi! Tre soldi! Dieci soldi! Quello che vuoi scommettere! – Li tengo io? Ti fidi? Si fida! Ci fidiamo tutti? D'accordo, li tengo io questi soldi! – Buoni, ecco, fate attenzione! Tutti in ginocchio, silenzio! – Cosa fa? – È là che prega. – Zitto eh! – Ohia! Alzati, Lazzaro! – Oh! Glielo può dire e anche cantare, solo i vermi di cui è pieno vengono fuori!... Alzarsi?... – Zitto! Si è montato in ginocchio! – Chi? Gesù? – No! Lazzaro! Boia, guarda! – Ma va', impossibile! – Fammi vedere! – Oh, guarda! Va, va, è in piedi, va , va, cade! Va, va su, è in piedi!... – Miracolo! Oh! Miracolamento. Oh Gesù dolce creatura che sei, che io non credevo! – Bravo Gesù! – Ho vinto la scommessa, dài qui. Uehi! non fare il furbacchione! – Gesù, bravo! – La mia borsa! Me l'hanno rubata! Ladro! – Bravo Gesù! – Ladro! – Gesù, bravo! Gesù! Bravo!... Ladro...». Testo e trad. (di F. Rame) in D. Fo, *Le commedie di Dario Fo*, v. V, Einaudi 1977, pp. 102-105.

che una gentil donna di Guascogna in pellegrinaggio andò al Sepolcro, donde tornando, in Cipri arrivata, da alcuni scelerati uomini villanamente fu oltraggiata: di che ella senza alcuna consolazione dolendosi, pensò d'andarsene a richiamare al Re; ma detto le fu per alcuno, che la fatica si perderebbe, perciò che egli era di sì rimessa vita e da sì porco bene, che non che egli l'altrui onte con giustizia vendicasse, anzi infinite con vituperevole viltà a lui fattene, sosteneva; intanto che chiunque avea cruccio alcuno, quello con fargli alcuna onta o vergogna sfogava. La qual cosa udendo la donna, disperata della vendetta, ad alcuna consolazion della sua noia, propose di volere mordere la miseria del detto Re; et andatasene piagnendo davanti a lui, disse: «Signor mio, io non vengo nella tua presenza per vendetta che io attenda della ingiuria che m'è stata fatta; ma in sodisfacimento di quella ti priego che tu m'insegni come tu sofferi quelle, le quali io intendo che ti son fatte; acciò che da te apparando, io possa pazientemente la mia comportare: la quale (sallo Iddio) se io far lo potessi, volentieri ti donerei, poi così buon portatore ne se'». Il Re infino allora stato tardo e pigro, quasi dal sonno si risvegliasse, cominciando dalla ingiuria fatta a questa donna, la quale agramente vendicò, rigidissimo persecutore divenne di ciascuno, che contro all'onore della sua corona alcuna cosa commettesse da indi innanzi.[13]

TRADUZIONE DI ALDO BUSI. Ai tempi del primo re di Cipro, dopo che Goffredo di Buglione aveva conquistato la Terrasanta, una gentildonna di Guascogna, ritornando dal pellegrinaggio al Santo Sepolcro, fu oltraggiata a Cipro in modo vergognoso da alcuni delinquenti. Siccome la cosa non le era proprio andata giù, decise di lamentarsene col re in persona. Le dissero che era fatica sprecata, perché il re era fiacco e così insignificante che non solo non puniva le offese fatte a altri ma sopportava con schifosa vigliaccheria quelle fatte a lui stesso, tanto che chiunque avesse un boccone amaro di traverso glielo vomitava addosso senza temere alcuna conseguenza.
La signora, disperando di essere vendicata, forse per addolcire il suo boccone amaro, si mise in testa di prendere in giro la meschinità del summenzionato re e, giunta in lacrime al suo cospetto, disse:
«Signor mio, non sono qui perché mi aspetto giustizia dell'oltraggio subìto, ma per pregarti di insegnarmi come fai tu a sopportare tutte le offese che ricevi, in modo che io, imparando da te, possa rassegnarmi alla mia. Lo sa Iddio se questa ingiuria te la regalerei volentieri se solo potessi, visto che le sopporti tutte così bene».
Il re, che fino a allora era stato pigro e tardo di riflessi, quasi risvegliandosi da un sonno, cominciando dall'ingiuria patita da quella donna, che vendicò aspramente, diventò un persecutore rigidissimo di quanti, da quel momento in poi, avrebbero offeso l'onore della corona.[14]

■ La prima osservazione da fare è che in effetti il *Decamerone* "tradotto" si legge più speditamente dell'originale. Vediamo nel dettaglio come Busi è riuscito a ottenere questo effetto. Intanto la costruzione sintattica del periodo è normalizzata. Il verbo che Boccaccio, sul modello della frase latina, situava alla fine del periodo («vendicasse... sfogava») Busi lo mette subito dopo il soggetto; le subordinate non se ne stanno incastrate dentro le principali; infine Busi è molto

13 G. Boccaccio, *Il Decameron*, Einaudi 1992, v. I, pp. 113 sgg.
14 G. Boccaccio e A. Busi, *Decamerone. Da un italiano all'altro*, Rizzoli 1993, pp. 72 sgg.

più esplicito e espressivo, quasi aggressivo, dal punto di vista lessicale («vituperevole viltà» diventa «schifosa vigliaccheria»; «cruccio alcuno» si trasforma in «boccone amaro»; «sfogava» diviene «vomitava addosso»). Quest'ultima scelta è forse la più discutibile. La traduzione, qualsiasi traduzione non può che essere attualizzante: però dovrà sempre cercare di rispettare lo spirito dell'originale. Altrimenti corre il rischio dell'anacronismo. Eppure... l'esercizio della traduzione attualizzante ha il suo bello e può aiutarci a capire meglio un autore, facendocelo più vicino. Però attenzione: dovete tradurre e non parafrasare! La parafrasi è un esercizio pedante e improduttivo mentre la traduzione vi può dare la sensazione inebriante di essere autori (o coautori) di un'opera.

5.2 Riscritture che modificano la forma

5.2.1 Riduzioni

Cambiamo argomento. Fino a ora ci siamo occupati di trasformazioni sul piano del contenuto. Vediamo adesso alcune possibili operazioni di *tipo più formale* che noi possiamo effettuare. Un primo modo di riscrittura corrisponde alla *riduzione*, vale a dire ad una abbreviazione del testo di partenza. Non mi riferisco qui al riassunto, che ha un puro valore informativo, ma a una riscrittura artistica, a un sostituto del testo di partenza che però aspiri a conservare o addirittura a potenziare i valori estetici contenuti in esso. Ecco a es. un brano tratto dall'*Antigone* di Cocteau, dove appunto lo scrittore francese ha semplificato l'originale greco. Antigone mira a convincere la spaurita sorella Ismene a dare sepoltura a Polinice, loro fratello, morto in battaglia contro Tebe, nonostante il divieto di Creonte: tiranno della città. Leggiamo prima Sofocle, poi Cocteau.

> ISMENE Che c'è? Tu ti rigiri qualche cosa nel cuore, sì, lo vedo.
> ANTIGONE Ma dì, Creonte non ha forse dato
> l'onore della tomba ad uno solo
> dei nostri due fratelli
> e all'altro invece, dì, non l'ha negato?
> Ha sotterrato Eteocle, lo sai,
> come vuole la legge e la giustizia:
> ogni onore gli ha dato giù tra i morti,
> ma poi ha bandito a tutti i cittadini
> di non coprir di terra Polinice
> quel suo povero corpo inanimato,
> ma lasciarlo così senza una tomba,
> senza lacrime umane,
> dolce tesoro solo per gli uccelli
> che gli tengono sopra le pupille
> pregustando la gioia di sbranarlo.
> Ecco, simili cose il buon Creonte
> dicono che ha bandito per te, Ismene,
> non solo, ma per me: dico *per me*,
> e viene qui di nuovo a proclamarlo
> per chi non lo sapesse, a chiare note
> e non la prende affatto alla leggera

> ma se uno si muove, dei Tebani,
> la morte c'è per lui: lapidazione.
> Così stanno le cose per te, Ismene,
> e adesso si vedrà se hai sangue buono
> nelle tue vene, oppure sei vile
> nonostante i tuoi nobili antenati.[15]
>
> ISMENE Che c'è? I tuoi occhi mi spaventano.
> ANTIGONE Mi chiedi: cosa c'è? Ah Creonte non dà forse sepoltura ad uno dei nostri fratelli e la nega all'altro? Eteocle avrà la sepoltura che merita, ma è proibito seppellire Polinice o piangerlo. Lo si lascia ai corvi. Tali sono gli ordini che il nobile Creonte promulga per me e per te. Verrà lui stesso, qui, a leggere il decreto. Attribuisce la più grande importanza all'esecuzione dei suoi ordini. Infrangerli significa esser lapidati dal popolo. Ecco, spero che mostrerai di che razza sei.[16]

■ Cocteau ha scritto di aver tradotto Sofocle «a volo d'uccello», e che così «grandi bellezze scompaiono, altre ne sorgono; si formano dei ravvicinamenti, dei blocchi, delle ombre, degli angoli, dei rilievi inattesi. Può essere un modo per fare vivere i vecchi capolavori».[17] In realtà l'importante, in un lavoro simile, è saper cogliere l'essenziale di un'opera e potare tutto il sovrappiù. Le tragedie barocche, piene di verbosissime quanto sublimi tirate, vi si prestano magnificamente. È vero che in esse spesso l'ornamento è la sostanza. Ciò non toglie che ci si può provare, se non altro con uno spirito sperimentale, per vedere "cosa resta".

5.2.2 Estensioni e amplificazioni

Prendiamo una storia breve, sbattiamola ben bene e facciamola montare.
Es. prendiamo una favoletta di Fedro:

> Spinti dalla sete,
> erano scesi a bere, lupo e agnello,
> allo stesso ruscello.
> Più a monte stava il lupo
> più a valle assai l'agnello.
> Ed ecco, il lupo ingordo e assassino,
> cerca un pretesto per attaccar lite:
> «Tu m'intorbidi l'acqua mentre bevo!».
> Timido risponde l'agnello:
> «Ma no, scusami, Lupo, non può essere:
> l'acqua scorre da te verso di me».
> Poiché il discorso fila, il lupo:
> «Sei mesi fa tu m'insultasti!» seguita.
> «Ma come? Se non ero ancora nato!».
> «Allora fu tuo padre!». E detto fatto,
> salta addosso all'agnello e lo sbrana.

15 Sofocle, *Antigone*, tr. E. Bono, Garzanti 1982, p. 166.
16 J. Cocteau, *Antigone*, Gallimard 1948, p. 14.
17 *Ivi*, p. 9.

Cominciamo a riscriverlo allungando il brodo:

> Presso un ruscello era venuto per placare la sua sete un agnello. Non aveva voluto ascoltare le raccomandazioni della mamma e s'era allontanato sconsideratamente dal gruppo. Un lupo accorse al ruscello, spinto però da un desiderio di rapina piuttosto che dalla sete. Mentre l'agnello beve, vede, terribile, nell'acqua, profilarsi l'ombra del lupo. Tremando in tutte le sue membra, egli era terrorizzato; paralizzato, il poveretto non osava muovere né la coda, né la testa. Ciò nonostante il lupo, spinto dal suo insaziabile appetito, cerca dei motivi per attaccar briga e una occasione per fare a pezzi l'agnello: «Ebbene! dice, piccolo sfacciato, non vuoi proprio smettere, mentre sto bevendo, di intorbidare l'acqua con i tuoi piedi fangosi?» « Sono forse io, mio buon lupo, che tu chiami sfacciato, io che per paura e rispetto di te, mi sostengo appena sulle zampe. E poi, vorrei umilmente farti notare, che l'acqua scende dall'alto verso il basso, da te verso di me, e non può essere mia la colpa se essa è fangosa». Il lupo che non era certo un gran dialettico fu irritato dalle obiezioni piuttosto plausibili sollevate dall'agnello. Tanto più che quest'ultimo era uno sbarbatello mentre lui aveva girato il mondo e si vantava di saperla lunga.

■ **1.** Si prestano bene a questo tipo di operazioni i testi laconici tipici di certe epoche antiche. Esiste a es. tutto un filone di riscritture delle storie bibliche che le *drammatizza* e amplifica. Thomas Mann sviluppò in ben quattro volumi la storia di Giuseppe, che nel *Genesi* è raccontata in poche pagine. Si può distinguere tra: *a.* estensioni: si opera sulla *storia* ritenuta troppo scarna aggiungendo personaggi e episodi completamente inediti; *b.* espansioni: la storia resta quella ma si opera sul *discorso* allungandolo, complicandolo, elaborandolo.
2. Le espansioni possono riguardare le descrizioni dei personaggi e dell'ambiente; la psicologia dei personaggi che va ricostruita soprattutto ricorrendo ai monologhi interiori; i dialoghi che vanno potenziati e drammatizzati; l'azione che va melodrammatizzata, dilungata e tenuta in sospeso.

Esercizi Narrazioni allungabili puoi trovarle, oltre che nel patrimonio favolistico e nella *Bibbia*, anche nel *Novellino* o in altre simili raccolte; ma non sono da trascurare, come fonti di storie strane e bizzarre che potrebbero meritare più spazio, le rubriche di notizie curiose (come «Spigolature» o «Leggendo qua e là» o «Strano ma vero», nella *Settimana enigmistica*). Qui possiamo proporvi di portare alla dozzina di pagine questo miniracconto: «Mentre puliva il coltello si rese conto che l'amava ancora».

5.2.3 «E prima cos'era successo?», ovvero: riscritture all'indietro

Guerre stellari è una curiosa saga: abbiamo visto per primo l'episodio numero quattro, seguito dal cinque e dal sei. Dopo più di un decennio ci è stato finalmente proposto *La minaccia fantasma*, cioè l'episodio numero uno: seguiranno il due e il tre e, se tutto va bene, magari anche il settimo l'ottavo e il nono. Non abbiamo trovato esempi letterari, ma il procedimento della *riscrittura all'indietro* è frequentissimo in tutte le produzioni cinematografiche o televisive seriali. Si tratta di prendere in considerazione una storia e immaginare che il punto in cui essa inizia sia il punto d'arrivo di una storia ancora tutta da scrivere. In fondo, il punto d'inizio di ogni storia è una scelta arbitraria, e in realtà ogni storia fa parte di un'altra storia e ogni punto di partenza è un punto d'arrivo d'una trama precedente. Ogni personaggio ha un padre (magari sconosciuto e misterioso) e noi potremmo scegliere di raccontarne la storia: com'era il padre di Sherlock Holmes? e di James Bond? e di Sandokan? Ma questa non è l'unica possibilità. Spesso incontriamo i personaggi quando sono già adulti, cosicché niente ci impedisce di immaginare la loro storia prima che divenissero i protagonisti della storia conosciuta da tutti; potremmo così scrivere la storia dell'infanzia e giovinezza di Sherlock Holmes, di James Bond, di Sandokan (recentemente in TV abbiamo visto l'infanzia di Indiana Jones). Oppure possiamo considerare un personaggio secondario e raccontare la sua vita prima che incrociasse quella del protagonista (com'era il dottor Watson prima di conoscere Sherlock? com'era Yanez prima di conoscere Sandokan?).

Esercizi Non si tratta necessariamente di un esercizio comico: i personaggi più adatti per questo trattamento sono quelli avventurosi, seriali o potenzialmente seriali. Prima che ci pensi Camilleri, provate a raccontare gli anni di liceo del commissario Montalbano. Prima che Lucas giri il secondo e il terzo episodio di Guerre stellari, provate voi a ricucire tutti i fili, partendo dal primo e arrivando al quarto. Prima che qualcuno scovi un inedito di Manzoni, provate a raccontare la storia di don Rodrigo e del suo cugino, il conte Attilio: in fondo sono cresciuti insieme, e se sono così cattivi magari è perché sono sempre stati in competizione.

5.2.4 I seguiti, ovvero: le riscritture in avanti

Con i *seguiti* (o i *sequel*) abbiamo più dimestichezza: non serve spiegare di che cosa si tratta. Il procedimento è stato applicato da Gianni Rodari ad alcune notissime fiabe. Ecco a es. che cosa potrebbe accadere dopo la fine di Cenerentola:

> Cenerentola, anche dopo aver sposato il Principe Azzurro, resta fedele alle sue abitudine di guardiana del focolare e dei fornelli, tutta scopa e cucina, sempre in grembiule, sciatta, spettinata. Di una moglie simile il Principe non può che annoiarsi in poche settimane. Molto più divertenti e attraenti sono le sorellastre di Cenerentola, che amano i balli, il cinema, le crociere alle Baleari. La stessa matrigna, ancora giovanile e piena di interessi (suona il pianoforte, va alle conferenze sul Terzo Mondo e ai Martedì Letterari) non è da buttar via. Segue una tragedia della gelosia con tutti i particolari in cronaca...[18]

In modo molto più provocatorio di Rodari, David Herbert Lawrence scrivendo *L'uomo che era morto* continua addirittura il Vangelo. Il Maestro risorge tre giorni dopo la sua morte, ma... non ha più voglia di fare il profeta e di predicare alla folle. Sentiamo il suo dialogo con Maddalena:

> Essa intese ma non capì del tutto. Eppure quello che aveva sentito le fece provare disappunto.
> «Ma ritornerai a noi?» disse, insistendo.

18 G. Rodari, *op. cit.*, p. 62.

> «Non so che cosa farò» egli rispose. «Quando sarò guarito saprò meglio. Ma la mia missione è finita, e il mio insegnamento è finito, e la morte mi ha salvato dalla mia stessa presunzione. La mia vita pubblica è trascorsa, la vita della mia presunzione. Ora, io posso badare alla mia vita senza dir nulla, e non avrò nessuno che mi tradisca. Volli esser più grande del limite delle mie mani e dei miei piedi, e così mi attirai addosso il tradimento. E so che feci torto a Giuda, il mio povero Giuda. Poiché ora son morto e conosco i miei limiti. Ora potrò vivere senza sforzarmi a guidare gli altri. Perché io non posso estendermi oltre la punta delle mie dita e fare il passo più lungo dei miei piedi. E volevo abbracciare moltitudini, io che non ho abbracciato veramente mai nessuno. Ora Giuda e i Sacerdoti m'hanno salvato dalla mia stessa salvazione e presto potrò rivolgermi al mio destino come in mare, all'alba, un bagnante che è sceso solo sulla spiaggia».[19]

■ **1**. In generale, vale la pena di continuare le storie già narrate se continuandole *le mettiamo in discussione*, se cioè la nuova fine che inventiamo ci permette di rileggere la vecchia storia con un altro spirito. Lawrence, a es., racconta come Gesù – ma il suo nome non viene mai fatto durante il racconto – decida di andarsene per il mondo applicando in modo letterale e scandaloso il principio «amatevi gli uni con gli altri», arrivando fino all'amore carnale. È evidente che anche in questo caso siamo usciti dalla parodia intesa in senso comico per entrare nel campo delle riscritture serie.
2. È possibile continuare le storie non solo dalla fine ma anche da un punto intermedio, colmando così un *vuoto* del testo base; es. sviluppando e portando a compimento il destino di un personaggio secondario.

Esercizi Le storie più facili da mettere in discussione sono evidentemente quelle che hanno una più o meno esplicita morale. *Pinocchio* è, a quanto pare, il libro più "proseguito" al mondo: quindi potremmo provarci anche noi. Il materiale non manca: ci sono molti personaggi secondari dei quali si perdono le tracce (Mangiafuoco, Gatto e Volpe...) e che potremmo far ritornare. Potremmo puntare verso una conclusione tragica: Pinocchio ridiventerà burattino.

5.2.5 Riscritture dei finali

Simile a questo procedimento è quello di cui ci parla Gianni Celati a proposito d'un personaggio d'un suo racconto:

> Nel corso degli anni s'era dedicato a riscrivere il finale d'un centinaio di libri in tutte le lingue: inserendo nei punti riscritti dei foglietti o strisce di carta, ne trasformava le conclusioni, portandole sempre ad un lieto fine. Molti dei suoi ultimi giorni di vita devono essere stati consacrati alla riscrittura dell'ottavo capitolo della terza parte di Madame Bovary, quello in cui Emma muore. Nella nuova versione Emma guarisce e si riconcilia con il marito. L'ultimissimo suo lavoro è però quella striscia di carta che aveva tra le dita e che, già ormai morto di fame, stava applicando sull'ultima riga d'un romanzo russo. Questo è forse anche il suo lavoro più perfetto; qui, cambiando solo tre parole, ha trasformato una tragedia in una buona soluzione di vita.[20]

19 D. H. Lawrence, *L'uomo che era morto*, tr. E. Vittorini, Mondadori 1988, pp. 179 sgg.
20 G. Celati, *Narratori delle pianure*, Feltrinelli 1985, p. 35.

Ecco dunque un'altra soluzione di riscrittura: *cambiare il finale*. Naturalmente non è obbligatorio che i finali riscritti siano lieti, quel che conta è che siano diversi e magari originali. Ecco a es. come in un film di Mamet (*Le cose cambiano*) un personaggio cambia il finale dell'apologo notissimo della Cicala e della Formica:

> La cicala e la formica: C'era una volta una cicala e una formica. La formica per tutta l'estate aveva lavorato tanto e la cicala invece le suonava il violino e ballava; ma l'inverno arriva: la formica è bella grassa, la cicala è piena di freddo e la cicala... si mangia la formica grassa.[21]

Questa invece è una riscrittura più complessa di *Cappuccetto rosso:*

> Un lupo aspettava un giorno nel folto della foresta il passaggio d'una fanciulla che doveva portare un cestello di provviste alla nonna. Finalmente la fanciulla arrivò: portava la cesta dei commestibili. «Porti quel canestro a tua nonna?» domandò il lupo. La fanciulla rispose di sì, che lo portava alla nonna. Allora il lupo le chiese dove abitava la nonna; la fanciulla glielo disse, e quello scomparve nel bosco. Quando la fanciulla aprì la porta della capanna vide che qualcuno stava nel letto, e qualcuno con un berretto da notte. Ma non s'era ravvicinata più di tre metri al letto e già s'accorgeva che non si trattava della nonna, bensì del lupo; giacché un lupo, anche se si mette il berretto da notte, non assomiglia a una nonna più di quanto il leone dei film della Metro-Goldwyn assomigli al Presidente della Repubblica. Allora la fanciulla trasse una pistola automatica dal cestello e freddò il lupo.[22]

Esercizi Trasformare le "liete fini" in "cattive fini" è un divertimento troppo attraente per rinunciarvi. Ma può essere più interessante lavorare sui finali ambigui. Es., alla fine del film *Casablanca*, l'eroe fa sì che la bella parta insieme al suo amato: il finale è lieto per la bella (e il suo amato, che è un personaggio scialbo e abbastanza antipatico), amaro per l'eroe. Proviamo a scambiare le parti: la bella parte con l'eroe (finale ribaltato), lasciando l'ex amato a terra; oppure: l'eroe parte con l'amato (finale paradossale), lasciando la bella a terra... Allo stesso modo si può lavorare con tutte le storie il cui finale non definisca nettamente "vinti" e "vincitori".

5.2.6 Riscritture del punto di vista

Di solito le storie vengono raccontate dal punto di vista del protagonista; ma è possibile cambiare prospettiva e vedere le cose – le stesse cose – con altri e diversissimi occhi. Le *riscritture del punto di vista* prevedono spesso (benché non sempre) anche un mutamento della voce narrante: es., se nell'originale vi era un narratore in terza persona, che adottava però il punto di vista del protagonista, ora potremo avere un personaggio secondario che parla in prima persona. La prima persona è utile perché nella nostra riscrittura il punto di vista del

21 D. Mamet, *Le cose cambiano,* Columbia Pictures Industries 1988.
22 J. Thurber, «Cappuccetto Rosso. Ventesimo secolo», in *La notte degli spiriti e altri racconti*, tr. A. Severino, Corbaccio 1992, p. 36.

personaggio secondario si offrirà, inevitabilmente, come uno "svelamento" delle menzogne raccontate nella storia originale: il racconto in prima persona darà al tutto un tocco di autenticità: «Io c'ero, io vi racconto com'è andata davvero». Mettiamoci a es. nei panni di Elpenore, un povero marinaio che ebbe la s/fortuna di partecipare alla guerra di Troia e di essere poi compagno d'avventura e di viaggio del grande Ulisse. È sbarcato sulla terra dei Feaci, e gli vengono poste delle domande piuttosto difficili:

> Così parlò quello, per fornire a colui che egli credeva Ulisse l'occasione per rivelarsi e si mise a porgli delle domande che sembravano estratte da un manuale dell'Odissea. Se Penelope era bruna. Se il cavallo di Troia era di faggio o di quercia. Ma queste erano proprio le domande alle quali il povero Elpenore poteva difficilmente rispondere. Egli non aveva avuto con l'epopea che un legame stretto ma mediocre. Era semplicemente uno dei tanti, dei tantissimi ignoranti e anonimi che costituiscono il canovaccio delle epoche illustri.
> Di quegli eroi e di quelle immense imprese non aveva toccato che la parte disprezzabile. Conosceva Achille per avergli ripulito il tallone durante una giornata fangosa, Aiace per averne ricevuto uno sputo mentre era seduto al suo banco nella trireme, Circe per aver aiutato Eclissa a spazzolare il pettine.
> Il giorno della presa di Troia puliva la bacinella di Ecuba. Il giorno della collera di Achille rammendava il peplo di Tersite. Non conosceva il mondo e il sottobosco dell'epica che attraverso i suoi lembi pietosi. Le grandi date dalla mitologia gli servivano unicamente come punti di riferimento per i fatti disprezzabili della sua vita: la sera di Briseide aveva vinto ai dadi due dracme a un tale chiamato Berios; la sera di Andromaca aveva bevuto del vinello dalle amazzoni con un tale chiamato Tracopo. [...] «Vediamo, straniero», dicevano i Feaci, «noi non domandiamo che di crederti. Hai ascoltato le sirene?». «No», rispondeva Elpenore confuso, «ma le ho viste». «Vedere delle sirene non presenta alcun interesse» diceva il popolo «certo non più che vedere un violino. E il Ciclope, l'hai visto?». «No» rispose Elpenore. «Era buio dentro quella grotta. Ma l'ho sentito...».[23]

Esercizi Prova a travestirti: *a.* sei un marinaio dell'equipaggio di Ulisse: racconta una giornata di routine (o una giornata straordinaria, a scelta); *b.* sei uno dei diecimila muratori mesopotamici che lavorano alla torre di Babele: racconta la faccenda della confusione delle lingue; *c.* sei Venerdì e incontri Robinson; *d.* sei Charles Bovary e racconti la vera storia di Emma; *e.* sei Sherlock Holmes e racconti un'avventura di Watson; f. sei la fata dai capelli turchini e racconti di Pinocchio.

5.2.7 Rivalutazioni

La *riscrittura valorizzante* consiste nel rivalutare un personaggio più o meno bistrattato nella storia originale. Troviamo un esempio in un curioso commento/riscrittura del *Don Chisciotte* di Cervantes scritto da Miguel de Unamuno. Don Chisciotte (questo è nell'originale) incontra dei carri in cui sono trasportati dei leoni e decide di sfidarli. Impone al carrettiere di aprire una delle gabbie e

23 J. Giroudoux, «Elpenor», in *Oeuvres romanesques*, Grasset 1955, v. I, pp. 235 sgg.

aspetta a piè fermo l'assalto: ma il leone, anziché aggredire, dà appena un'occhiata al cavaliere; poi gli volta le terga e torna a sdraiarsi nella gabbia. Per Cervantes è evidente che il leone, avendo inteso di aver che fare con un pazzo, ha deciso di risparmiarsi la fatica: «Il generoso leone però, più gentile che altiero, senza curarsi di ragazzate... di bravate, dopo guardato di qua e di là, come si è detto, voltò le spalle e mostrò il deretano a don Chisciotte; poi con grande indifferenza e pacatezza tornò a sdraiarsi nella gabbia». Questa è un'interpretazione svalorizzante, Unamuno ribatte punto per punto:

> Ah, maledetto Cide Hamete Benegali [l'autore fittizio cui Cervantes attribuisce la stesura del *Don Chisciotte*], o chiunque tu sia stato, a tramandare ai posteri questa impresa come miserabilmente la intendesti. Si direbbe che, mentre scrivevi, l'invidioso Sansone Carrasco ti abbia suggerito le parole. No, no, non fu così. Ciò che accadde veramente fu questo: che il leone si spaventò o piuttosto si vergognò dinanzi alla fierezza del nostro Cavaliere, giacché Dio permette che le fiere sentano, più vivamente degli uomini, la presenza del potere incontestabile della fede. O non accadde invece che il leone, sognando la leonessa accovacciata al piede di una palma, laggiù sulla sabbia del deserto lontano, riuscì a scorgere l'immagine di Aldonza Lorenzo nel cuore di Alonso Chisciano? Non fu l'amore a fare che la belva intendesse e rispettasse l'amore dell'uomo e si vergognasse dinanzi a lui? [...] Non mi si venga ora a dire che mi allontano dall'esattissimo testo dello storico. Giacché è necessario intendere bene che non ci si può da esso allontanare senza gravissima temerità e pericolo della propria coscienza; ma che tutti, però, siamo liberi di interpretarlo secondo il nostro intendimento. Per ciò che riguarda i fatti, tolti gli evidenti errori dei copisti – rettificabili tutti – non c'è che da rispettare scrupolosamente l'infallibile autorità del testo cervantino. Così dobbiamo credere e confessare che il leone volse effettivamente il dorso a don Chisciotte e tornò a sdraiarsi nella gabbia. Ma che facesse ciò per generosità ritenendo puerilità e bravata la sfida di don Chisciotte, anzi che per vergogna dinanzi al suo valore e mosso a pietà dal suo amore infelice, è una libera interpretazione dello storico la quale non ha valore se non per l'autorità personale e puramente umana dello storico stesso.[24]

■ Il narratore del *Don Chisciotte* pretende di raccontare fatti realmente avvenuti. Nel suo commento/riscrittura Unamuno decide di stare al gioco: quindi la storia bruta, gli avvenimenti e la loro sequenza, non possono essere cambiati: al massimo ci si può permettere qualche lievissima correzione, invocando gli errori dei copisti e dei tipografi. Tutto si gioca quindi sull'interpretazione dei fatti: che indubbiamente mette Don Chisciotte in una nuova e più positiva luce. Il commentatore evoca nuovi moventi e cause di avvenimenti già conosciuti, fornisce ricostruzioni ipotetiche alternative («in mancanza di informazioni complete, possiamo supporre che sia andata così e così...»), sottolinea le eventuali incertezze nell'interpretazione originale, attribuisce agli avvenimenti speciali significati allegorici, morali, simbolici o psicologici evidentemente sfuggiti al redattore della storia originale.

24 M. de Unamuno, *Commento alla vita del don Chisciotte*, tr. C. Candia, Tea 1988, pp. 165 sgg.

Esercizi Abbiamo almeno tre vie: la riscrittura vera e propria (la storia raccontata di nuovo, da un narratore esterno, con la rivalutazione implicata nella narrazione); il commento alla Unamuno; la ri-narrazione o re-interpretazione della storia da parte di un personaggio che ha interesse a rivalutarsi. Esercitiamoci con qualche storia sufficientemente ambigua: *a.* la rivalutazione di Giuda è un classico: puoi provarci o scrivendo un *Vangelo secondo Giuda*, o mettendoti nei panni di un commentatore dei vangeli canonici, o ancora fingendo d'essere un archeologo che a Qumran disseppellisce nuovi sconosciuti documenti...; *b.* Elena di Troia fu, si dice, la donna più bella del mondo: ma probabilmente anche la più vituperata, viste le guerre e le disgrazie interminabili che seguirono il suo rapimento. Ella è stata spesso rappresentata come donna vanesia, indifferente ai mali che provocava, innamorata solo della sua bellezza: si può tentare una rivalutazione? Immaginiamo un tribunale in cima all'Olimpo: Elena ha fatto causa a Omero, colpevole di averla diffamata. Proviamo a scrivere l'arringa di Elena (o del suo avvocato).

5.2.8 Demistificazioni

Il contrario della riscrittura valorizzante è, ovviamente, la svalorizzante. L'esempio più evidente è la *Shamela* di Fielding, che si presenta ufficialmente come una confutazione della *Pamela* di Richardson (che nel Settecento ebbe, è bene ricordarlo, un enorme successo): funzione ben sottolineata dalla trasformazione del nome dell'eroina (da *sham*, «impostura»). Il romanzo epistolare di Richardson racconta la resistenza d'una giovane domestica virtuosa alle *avance* e alle violenze del suo padrone; vinto da questa resistenza, quest'ultimo finisce per sposarla. Contrariamente al grande pubblico dell'epoca, Fielding non fu affatto convinto da questa storia edificante nella quale egli intravedeva più volentieri il trionfo d'una falsa virtù calcolatrice. Questa interpretazione supponeva evidentemente che si ritenesse menzognero, almeno per quanto riguarda le motivazioni, il racconto fatto dall'eroina. Da qui l'idea della "confutazione", che si presenta come l'edizione delle lettere autentiche, "falsificate" da Richardson, le quali restituiscono la verità circa i fatti. Es. scopriamo che Shamela ha manovrato prima per sedurre il suo padrone e poi per spingerlo al matrimonio senza per questo amarlo, e solo per impossessarsi della sua fortuna, che essa subito dilapida con l'amante. Fielding opera dunque sul testo di Richardson ciò che oggi chiameremo una *demistificazione*. Tra tutte le parodie la parodia *transvalutante* (valorizzante o svalorizzante che sia) è la più polemica e provocatoria perché scuote e ribalta, attraverso lo scambio tra personaggi buoni e cattivi, il sistema dei valori. Consideriamo il caso di Caino e Abele: la brutta fama di Caino è durata troppi secoli perché a qualcuno non venisse in mente che forse non ha mica tutte le colpe lui... Ecco un sonetto di Giuseppe Gioachino Belli in cui appunto si dissacra la figura di Abele (e inevitabilmente si rivaluta quella di Caino):

> Nun difenno Caino io, sor dottore,
> Ché lo so ppiù dde voi chi ffu Ccaino:
> Dico però che ccquarche vvorta er vino
> Pò acceccà l'omo e sbrattajje er core.

Capisch'io puro che agguantà un tortore[25]
E accoppacce un fratello piccinino,
Pare una bbonagrazzia da bburrino,
Un carcio-farzo[26] de cattiv'odore.
Ma ccquer vede ch'Iddio sempre ar zu' mèle[27]
E a le su' rape je sputava addosso,
E nnò ar latte e a le pecore d'Abbele,
A un omo com'e nnoi de carne e dd'osso
Aveva assai da inascidjje er fele:
E allora, amico mio, tajja ch'è rosso.[28]

■ **1**. Il sonetto è un vero e proprio crescendo. Dapprima Belli è prudente nel "difendere" Caino e lo giustifica solo in parte (fu colpa del vino); poi piano piano lascia trasparire una vera e propria simpatia per questo figlio incompreso cui il genitore contrappone sempre la perfezione del bravo bambino Abele, fino al punto che non ne può più e, essendo fatto di «carne e dd'osso» come tutti noi, non può fare a meno di fargliela pagare ad Abele-primo-della-classe.
2. Di solito questi testi mirano ad attaccare personaggi troppo virtuosi e positivi. Sono possibili naturalmente scritture svalutanti che interessano personaggi già negativi: in questo caso parleremo di aggravamenti.
3. Esiste infine un'ulteriore possibilità: la *transvalutazione*, che combina svalutazione e rivalorizzazione. Si tratta di prendere un personaggio positivo di una storia famosa e di spogliarlo della sua fama tradizionale attribuendogli però nuovi e insospettati meriti. Es.: Ulisse non è affatto l'eroe che si dice ma è *purtuttavia* un grande inventore e raccontatore di storie mirabolanti (cui tutti, lui per primo, credono), e quindi è da considerare il vero creatore de romanzo moderno nonché del cinema holliwoodiano.

Esercizi **1**. Consideriamo don Abbondio: di lui s'è detto tutto il male possibile: servile, pauroso, infido, cattivo prete... Eppure, ragioniamo: se Renzo e Lucia si fossero affidati a lui, come sarebbero andate le cose? Sì, certo, Lucia avrebbe dovuto concedersi, almeno per una notte, o saltuariamente, a don Rodrigo: ma certo si sarebbero evitati tanti pericoli, anche pericoli di vita, e poi don Rodrigo sarebbe stato generoso, per la giovane coppia la vita sarebbe stata più semplice... Assumiamo un punto di vista utilitaristico, e rivalutiamo questo povero prete – senza tuttavia fare di lui un santo, ma conservando una certa ambiguità.
2. Sviluppiamo alcune indicazioni di Gianni Rodari: Cappuccetto Rosso è cattivo e il lupo è buono... Pollicino vuol scappare di casa con i fratelli, abbandonando i poveri genitori... Cenerentola è una poco di buono che fa disperare la paziente matrigna e ruba il fidanzato alle pie sorellastre...[29]

25 Un bastone.
26 Tradimento.
27 Miele.
28 G. Belli, *Sonetti,* a c. G. Vigolo, Mondadori 1952, n. 180.
29 G. Rodari, *op. cit.*, p. 59.

5.2.9 Versioni rivedute e corrette

Di ogni storia possiamo immaginare che sia la *versione riveduta e corretta* di un'altra storia, quella vera. Es.: Ulisse torna dopo dieci anni e racconta che gli sono capitate le storie più pazzesche: fatto sta che lui è l'unico testimone rimasto in vita. Dobbiamo credergli o no, dato che lo stesso Omero lo definisce «menzognero e astuto»? Nell'interpretazione di Jean Giono l'astuto Ulisse, vagabondo avventuriero e sciupafemmine com'è, ha messo in giro un sacco di storie, prima di rientrare, per giustificarsi con Penelope, ma esse non corrispondono per niente al vero. E poiché lo stesso Omero definisce Ulisse «menzognero», la supposizione che tutta l'*Odissea* sia una menzogna è autorizzata dal testo di partenza. Ecco come Giono riassume lo svolgimento finale della vera *Odissea*:

> [Penelope] è una brava ragazza, si trucca, fa la calza e concede qualche libertà ai suoi corteggiatori. Fino a che punto? Non so ancora! Ulisse è giù di corda.
> È arrivato davanti a casa sua attraverso i campi lasciati incolti e respira una brutta aria. Telemaco s'è messo in testa di fare il corsaro. Antinoo pascola le sue capre. Tutta Itaca svegliandosi canticchia i motivi d'un canto popolare che qualcuno già chiama *Odissea*. Dopo aver bevuto, dopo aver mangiato, il nostro poltrone assume contro Antinoo un'aria di sfida. Ma l'altro oserà alzare le mani contro l'uomo amato dalle dee, tutto gonfio di imprese clamorose, rivestito di tutti i flutti del suo periplo? No; non attende il gesto molle di Ulisse, che già rimpiange la sua iattanza, e fugge a gambe levate attraverso la campagna. Vittoria? No, non ancora. Bugiardo financo nei gesti, Ulisse che muore di paura si mette, tanto per fare lo spaccone, all'inseguimento di Antinoo. Corrono attraverso la campagna. E mentre costeggiano la scogliera il piede di Antinoo scivola e lo sfortunato precipita. Ulisse arriva senza fiato in cima alla cresta, giusto in tempo per vedere allargarsi sull'acqua una larga macchia di sangue. Questa volta è proprio la vittoria. [...] È del tutto normale che in seguito la popolazione d'Itaca già lavorata dalla nota canzone s'impossessi di questo avvenimento e lo trasformi in una lotta epica in cui Ulisse è uscito vincitore. Da lì ad opporgli in seguito due, tre, perfino cinquanta avversari, non c'è che un passo.[30]

■ Roma, *caput mundi*, fu all'origine un borgo di pastori; ma Tito Livio, quando volle raccontarne la storia, le attribuì natali assai più nobili: i due fondatori, Romolo e Remo, sarebbero stati addirittura figli di una divinità. Secondo Freud i nevrotici s'inventano veri e propri romanzi per trasfigurare le storie della loro infanzia, nascondendo o abbellendo gli episodi poco nobili: e in questi romanzi, dice Freud, c'è sempre qualche elemento di verità, benché spostato o deformato, e attraverso questi indizi si può intravedere la vera storia nascosta dietro la falsa storia. Ora le vere storie, si sa, sono sempre più scandalose di quelle ufficialmente tramandate. D'altra parte la vera storia non può essere del tutto diversa, ma dev'essere compatibile con quella ufficiale: anzi in quest'ultima troveremo, come suggerisce Freud, quegli indizi, quelle contraddizioni, quelle incoerenze che ci permettono di ricavare la trama nascosta.

---

30 J. Giono, «Naissance de l'Odyssée» in *Oeuvres romanesques complètes*, Gallimard 1971, v. I, pp. 825 sgg.

Esercizi La ricerca della vera storia è particolarmente fruttuosa se applicata alle narrazioni in prima persona (qui abbiamo, infatti, un personaggio-narratore da sbugiardare): così come Jean Giono ha fatto con Ulisse, proviamo a intravedere, al di là di quanto gli interessati raccontano, le vere storie di Robinson, Moll Flanders, Gulliver, Zeno, Mattia Pascal. Poi proviamo a usare un po' tutte insieme le trasformazioni di cui abbiamo parlato finora: si può immaginare una versione di Cappuccetto Rosso (tanto per non andar sul difficile) con riscrittura del finale, rivalutazione del lupo, svelamento della vera storia della nonna, demistificazione e cambiamento del punto di vista?

5.2.10 Storie mescolate

Il rimescolamento delle storie non è un procedimento frequentissimo (è abituale, per quel che ne sappiamo, solo nelle storie di supereroi dei fumetti Marvel). Ce lo facciamo spiegare ancora, con il solito Cappuccetto Rosso rivisitato, da Gianni Rodari:

> Cappuccetto Rosso incontra nel bosco Pollicino e i suoi fratelli: la loro avventura si mescola, scegliendo una strada nuova che sarà, in qualche modo, la diagonale delle due forze che agiscono sullo stesso punto, come in un parallelogramma. [...] Se Pinocchio capita nella casetta dei Sette Nani, sarà l'ottavo tra i pupilli di Biancaneve, introdurrà la sua energia vitale nella vecchia storia, costringendola a ricomporsi secondo la risultante delle due regole, quella di Pinocchio e quella di Biancaneve. Lo stesso accade se Cenerentola sposa Barbablù, se il Gatto con gli Stivali si mette al servizio di Gianni e Rita, eccetera.[31]

Nel romanzo *La soluzione sette per cento*, Nicholas Meyer fa incontrare Sherlock Holmes e Sigmund Freud (che è trattato liberamente come un personaggio fittizio, benché saldamente ancorato all'effettiva personalità). Holmes è un cocainomane (già consuma cocaina nei romanzi di Conan Doyle); con uno stratagemma il dottor Watson lo ha condotto da Freud, che cerca di curarlo con l'ipnosi. Ecco la cronaca dell'ultima e decisiva seduta, nella quale finalmente scopriamo le ragioni profonde e inconsce che hanno fatto di Holmes un perfetto investigatore:

> «Le farò alcune domande», cominciò questi [Freud]con voce bassa e suadente, «e lei mi risponderà. Quando avremo finito, schioccherò le dita e lei si sveglierà. Quando ciò avverrà, lei non ricorderà nulla di ciò che è accaduto mentre dormiva. Ha capito?».
> «Perfettamente» [rispose Holmes].
> «Bene». Fece un profondo sospiro. «Quando ha usato per la prima volta la cocaina?».
> «A vent'anni».
> «Dove?».
> «All'università».
> «Perché?».
> «Perché ero infelice».

31 *Ivi*, pp. 64 sgg.

> «Perché è diventato investigatore?».
> «Perché fossero puniti i malvagi e fosse fatta giustizia».
> «È stato mai testimone di un'ingiustizia?».
> Una pausa.
> «Ne è stato testimone? ripeté Freud, leccandosi le labbra e dandomi una rapida occhiata».
> «Sì...».
> «Ha sperimentato di persona la malvagità?».
> «Sì».
> «Che tipo di malvagità?».
> Il soggetto esitò di nuovo e di nuovo venne invitato a rispondere.
> «Che malvagità?».
> «Mia madre ingannava mio padre».
> «Aveva un amante?».
> «Sì».
> «Quale fu l'ingiustizia?».
> «Mio padre l'uccise».
> Sigmund Freud si raddrizzò di scatto e si guardò intorno smarrito per un momento, come se avesse completamente perso il controllo; io ebbi la stessa reazione: balzai in piedi come un automa, poi rimasi impietrito, sebbene gli occhi e gli orecchi mi funzionassero ancora. Tuttavia, Freud si riprese più in fretta di me e si chinò di nuovo sul soggetto.
> «Suo padre ha ucciso sua madre?».
> «Sì» disse con un singhiozzo represso che mi spezzò il cuore.[32]

■ Le mescolanze di storie sono soprattutto occasioni per far incontrare, almeno una volta nella loro "vita", personaggi molto diversi: un po' come se ci divertissimo a combinare una cena invitando insieme, a bella posta, gente eterogenea per linguaggio, cultura, età, condizione sociale e così via. Ci sono però alcune condizioni da rispettare: *a.* i personaggi devono appartenere a un simile "regime di realtà". Holmes può incontrare Freud perché entrambi, nell'immaginario collettivo contemporaneo, sono personaggi mitici; similmente, in *Triste solitario y final* di Soriano, l'investigatore Philip Marlowe può incontrare Stan Laurel e Oliver Hardy; *b.* i personaggi devono restare se stessi: nella *Soluzione sette per cento* Freud è conforme al personaggio reale, e Holmes e Watson sono conformi ai personaggi inventati da Doyle. Se così non fosse, la vicenda diventerebbe "incredibile" anche per il lettore più volonteroso. L'invenzione quindi può concernere la storia, non la natura dei personaggi; *c.* questi particolari incontri devono presentarsi come "episodi nascosti" nella vita dei personaggi, in modo da non interferire con le loro vicende "reali" (cioè quelle raccontate dai loro veri autori).

5.3 Parodie non letterarie

Finora ci siamo occupati di parodie letterarie, ma è giunto il momento di occuparsi anche delle parodie non letterarie: cioè quei testi che fanno il verso a generi non artistici. Daremo alcuni esempi, tutti tratti dal mondo dei mezzi di comunicazione di massa; ma sia chiaro che qualsiasi genere di testo è parodiabile.

32 N. Meyer, *La soluzione sette per cento*, tr. A. Micchettoni, Rizzoli 1976, pp. 205 sgg.

5.3.1 Interviste impossibili

Divertente e facile da fare è il gioco *dell'intervista impossibile*, parodia della intervista scoop dei nostri tempi. Basta scegliersi un interlocutore irraggiungibile: perché morto da secoli o millenni, perché personaggio di fantasia, perché impossibile da intervistare. Ecco a es. Italo Calvino intervistare addirittura l'uomo di Neanderthal:

> INTERVISTATORE Volevo appunto chiederle anche questo: se c'è stato un momento in cui lei ha avuto la netta sensazione della vittoria del genere umano, la certezza che sarebbero stati gli orsi ad estinguersi, non noi, perché nulla avrebbe potuto fermare il nostro cammino, e che lei signor Neander si sarebbe un giorno trovato a meritare la nostra gratitudine, dico da parte dell'umanità giunta al più alto grado della sua evoluzione, gratitudine che io le esprimo oggi da questo microfono...
> NEANDER Mmm... Io se c'è da camminare cammino... se c'è da fermarmi mi fermo... se c'è da mangiare l'orso mi fermo e mangio l'orso... Dopo io cammino, e l'orso resta fermo, un osso qui, per terra, un osso per terra... Dietro di me ci sono gli altri che vengono, camminano, fino dove c'è l'orso, fermo, gli altri si fermano, mangiano l'orso... Mio figlio morsica un osso, un altro mio figlio morsica un altro osso, un altro mio figlio morsica un altro osso...
> INTERVISTATORE È uno dei momenti culminanti della vita d'un clan di cacciatori che il signor Neander ci sta facendo rivivere in questo momento: il banchetto rituale dopo una fortunata impresa di caccia...
> NEANDER Mio cognato morsica un altro osso, mia moglie morsica un altro osso...
> INTERVISTATORE Come avete potuto sentire dalla viva voce del signor Neander, le donne erano le ultime a servirsi del banchetto rituale, il che costituisce una ammissione dell'inferiorità sociale in cui era tenuta la donna...
> NEANDER La tua! Prima io porto l'orso a mia moglie, mia moglie fa il fuoco sotto l'orso, dopo io vado a raccogliere il basilico, dopo torno col basilico e dico: ma di', dov'è che è la coscia dell'orso? e mia moglie dice: l'ho mangiata io, no? per assaggiare se era ancora crudo, no?
> INTERVISTATORE Già nelle comunità di cacciatori e raccoglitori – questo è quanto risulta dalla testimonianza del signor Neander – vigeva una netta divisione del lavoro tra uomo e donna...
> NEANDER Dopo io vado a raccogliere la maggiorana, dopo torno con la maggiorana e dico: ma di', dov'è che è l'altra coscia dell'orso? e mia moglie dice: l'ho mangiata io, no? per assaggiare se non era già bruciata, no? E io le dico: ma di', l'origano adesso sai chi ci va a raccoglierlo? tu ci vai, le dico, sei tu che ci vai, per l'origano, di'.[33]

■ Per il suo e il nostro divertimento Calvino ha applicato a man bassa l'anacronismo: la vita e le opinioni dell'uomo di Neanderthal risultano essere del tutto uguali a quelle dell'odierno maschio italiano medio. Inoltre ha sfruttato uno dei vizi capitali dei cattivi intervistatori: il continuo tentativo di far dire ciò che si vuole all'ingenuo interlocutore. Infine Calvino fa il verso, fino alla vera e propria parodia, al linguaggio degli antropologi specializzati nella descrizione della vita delle comunità primitive.

---

33 In AA.VV., *Le interviste impossibili*, Bompiani 1975, pp. 8 sgg.

Esercizi Varie categorie di interviste impossibili: a personaggi scomparsi – non necessariamente da secoli (prova con: Annibale, Giulio Cesare, il Barbarossa, Napoleone, Cristoforo Colombo, Guglielmo Marconi, Jim Morrison, Jimi Hendrix), b. personaggi di fantasia (prova con: Ulisse, Leopold Bloom, Robinson Crusoe, Robin Hood, Raskolnikov, Emma Bovary), c. oggetti appartenuti a personaggi celebri, testimoni privilegiati della loro intimità (prova con: il punching-ball di Cassius Clay, le scarpe di Maradona, gli occhiali di Woody Allen, la scatoletta di salsa Campbell's che fece da modella ad Andy Warhol), d. animali e piante (prova con: l'ultimo albero dell'Amazzonia, l'ultima balena del Mar del Giappone, la pecora Dolly, la cagnetta Laika, una pianta di soia transgenica), e. luoghi teatro di eventi celebri (prova con: lo stadio del Maracanà, la basilica di San Pietro in Roma, le ceneri del Teatro La Fenice di Venezia), f. esseri fantasmatici, mitici o impalpabili (prova con: il fantasma di Oscar Wilde, l'anima del mondo, lo spirito della lampada, la prima nuvola dell'autunno, la schiuma dell'onda). E ce ne sono ancora, volendo.

5.3.2 Cronache impossibili

Come racconterebbero i giornali d'oggi l'avventura di Francesco da Assisi? Un burlone (che si nasconde sotto lo pseudonimo di Historicus) ha provato a immaginarlo:

> *Anni fa il primo clamoroso dibattito con gli uccelli*
> **PARLA COI LUPI!**
> *Protagonista dell'episodio un fraticello di Assisi*
>
> [Dal nostro inviato Fra Ginepro]
>
> GUBBIO. Lo hanno fantasiosamente ribattezzato «Parla coi lupi» e per molti è già una leggenda. Per la verità Francesco d'Assisi non è nuovo alle cronache locali, essendo un personaggio bizzarro che spesso fa parlare di sé grazie alla sua eccentricità e ad alcuni episodi che sconfinano nel paranormale. In passato fu al centro di vivaci polemiche allorché decise di spogliarsi di ogni ricchezza e rinunciare all'eredità paterna – un gesto che per molti era solo un'astuta mossa per sfuggire al fisco. Tale illazione però non ha mai trovato conferma, né i ripetuti accertamenti fiscali hanno mai dato alcun esito: non possederebbe altro che una misera ciotola e un paio di crocifissi, tutto regolarmente dichiarato. Ma se il giovane fraticello non ama le ricchezze materiali e gli effimeri piaceri mondani, sicuramente mira a qualcosa più in alto, probabilmente a qualche gratificazione spirituale che gli dia la celebrità. Non altrimenti si può spiegare questa sua propensione a stupire continuamente il prossimo, spesso con gesti spettacolari che lasciano a bocca aperta la gente comune. Ad Assisi ricordano ancora con ammirazione quella volta che Francesco tenne un seminario cosmologico teologico a una folta platea di volatili, con i quali peraltro riuscì a stabilire una perfetta intesa. [...] L'episodio di ieri presenta molte analogie con quello degli uccelli, ma desterà sicuramente molta più sensazione per via della sua pericolosità. Da qualche mese nell'hinterland di Gubbio si aggirava un lupo di pochi scrupoli che si è subito attirato l'ostilità dei locali compiendo atti vandalici e feroci aggressioni... Occorre dire che Francesco ha sfruttato a fondo tutta la sua professionalità per risolvere il difficile caso. Con passo rapido e sicuro si è avvicinato al lupo contando sul fattore sorpresa. La bestia infatti è

> apparsa stupita e presa in contropiede dalla determinazione e dal coraggio del suo interlocutore. «Caro frate lupo!» ha esclamato Francesco, mostrando subito di voler avviare la conversazione sui binari della cordialità. Tra i due si è subito creato un clima di intesa, e dopo un breve preambolo – che ha avuto per argomento la difficile condizione dell'uomo sulla terra – si è passati all'esame delle cause che hanno indotto il lupo a un atteggiamento così ostile nei confronti della popolazione di Gubbio. «Non ho nulla contro di loro» ha detto pressappoco l'animale. «Il problema che affligge me e gli altri lupi è la fame. Viviamo confinati in montagna, privi di un'occupazione stabile...». Dalle parole del lupo Francesco ha intuito che esistevano ampi spazi per una trattativa concreta, e si è quindi fatto mediatore tra le parti. Così, al termine del colloquio è stato steso un protocollo d'intesa articolato in pochi punti chiave: il lupo e gli abitanti di Gubbio si impegnano a sospendere ogni forma di ostilità reciproca; l'animale potrà circolare liberamente per il paese, ma solo in atteggiamento pacifico e senza ululare; tutti i cittadini, secondo turni prestabiliti, sono tenuti a fornire al lupo una quantità di cibo giornaliera sufficiente a sfamarlo. L'accordo è stato firmato dalle autorità di Gubbio, dal lupo mediante un'impronta di zampa, e da Francesco quale garante.[34]

■ La narrazione del fatto di Gubbio dentro lo schema di un articolo di cronaca – sconfinante nell'articolo "di colore", cioè curioso e divertente – è di per sé devastante: i fatti stessi ne escono non solo narrativamente riorganizzati, ma profondamente trasformati. Francesco, soprattutto, perde tutta la sua "aura": non tanto perché viene sospettato di evasione fiscale (sospetto peraltro cancellato dalle indagini), ma soprattutto perché ogni suo gesto viene banalizzato e degradato. La conversazione con il lupo, spogliata da ogni significato simbolico ed evangelico, diventa una pura e semplice trattativa e si conclude con un contratto minuziosamente definito (vedi anche il linguaggio intensamente burocratico delle ultime frasi: «punti chiave», «potrà circolare liberamente», «sono tenuti», ecc.).

Esercizi Mettetevi nei panni di Historicus e scrivete i seguenti articoli: «Guerra di Troia: ore decisive», «Spartaco sceglie la via dello scontro», «Riaperta l'inchiesta sul crollo dell'impero romano d'Occidente», «Si presentano in cinquemila per tre posti di amanuense», «Delude la Crociata», «Sangue in convento: arrestata la Monaca di Monza», «Un miliardo di dollari per il software di Pinocchio. Bill Gates: "Geppetto, questa è l'ultima offerta"».

5.3.3 Telecronache impossibili

Un gioco simile alle interviste impossibili è quello delle telecronache impossibili. Eccone una, scritta da Umberto Eco, relativa alla scoperta dell'America. Ricordiamo che Tito Stagno e Ruggero Orlando furono i due giornalisti che raccontarono in diretta (Stagno dagli studi di Roma, Orlando dall'America) ai telespettatori italiani lo sbarco sulla Luna.

---

34 Historicus, *Tutta un'altra storia*, Il Mulino 1996, pp. 107-111.

STAGNO Un momento, scusate. Ci arrivano delle voci via audio... Pare che la terra sia stata avvistata... Ecco, si sente distintamente: gridano: «Terra! terra!». Senti anche tu, Orlando?
ORLANDO Veramente qui non si sente niente. Un momento che chiedo informazioni alla stazione delle Azzorre...
STAGNO Ecco, è stata effettivamente avvistata la terra... Sono sbarcati!!! Oggi dodici ottobre 1492 l'uomo ha messo piede per la prima volta nel Nuovo Mondo. Orlando, che dicono laggiù?
ORLANDO Dunque... Pare dalle ultime notizie che lo sbarco sia stato rimandato di un mese e che la terra avvistata fossero le isole Lipari...
STAGNO Eh no, Orlando. Ho sentito distintamente!
TELMON Pronto?? Sì. Ecco. Hanno ragione sia Stagno che Orlando. La nave ha effettivamente gettato l'ancora come diceva Stagno, ma non si tratta ancora della terraferma bensì di San Salvador. Un'isoletta dell'arcipelago detto dei Caraibi, che qualche geografo ha anche deciso di denominare Mare della Tranquillità! Ma ecco che entra in azione la telecamera posta sulla polena dell'ammiraglia. Ecco che Cristoforo Colombo pone piede sulla spiaggia per piantare il vessillo di Sua Maestà Cattolica! Lo spettacolo è grandioso. Tra i palmizi una folla di individui piumati si fa incontro ai talattonauti. Ecco che stiamo per ascoltare le prime parole pronunciate dall'uomo nel Nuovo Mondo. Le sta per dire un marinaio che precede il gruppo, il nostromo Baciccin Parodi...
PARODI Belìn ammiraglio, ma sono nude!
STAGNO Come ha detto, Orlando?
ORLANDO Non si è sentito bene, ma non sono queste le parole concordate... Ma ecco!... L'Ammiraglio Colombo sta per parlare!
COLOMBO È un piccolo passo per un marinaio ma è un grande passo per Sua Maestà Cattolica...[35] Belìn ma che cosa hanno al collo? Belindi figieu! Ma quello è oro! Oro!
ORLANDO Lo spettacolo che ci invia la telecamera è veramente grandioso! I marinai si stanno lanciando verso gli indigeni con ampi balzi, balzi enormi, i primi balzi dell'uomo nel Nuovo Mondo... Stanno raccogliendo dal collo degli indigeni i campioni del minerale del Nuovo Mondo e li mettono in grandi sacchi di plastica... Ora anche gli indigeni fanno ampi balzi cercando di sfuggire, la mancanza di gravità li farebbe volar via se i marinai non li assicurassero a terra con pesanti catene... Ora gli indigeni sono tutti incolonnati in modo civile e ordinato mentre i marinai si avviano verso le navi coi pesanti sacchi pieni del minerale locale. Sono sacchi pesantissimi ed è costato molta fatica sia a raccoglierli che a portarli...
STAGNO È il fardello dell'uomo bianco! Uno spettacolo che non dimenticheremo mai. Il vicepresidente De Feo ha già inviato un telegramma di felicitazioni. Oggi inizia una nuova fase della civiltà! [36]

■ Eco, grazie ad un felice anacronismo, ha raccontato sotto forma di telecronaca i momenti salienti della scoperta dell'America come fossero quelli della scoperta della Luna. Risultato: noi possiamo leggere la scoperta dell'America con gli occhi del presente, così come possiamo leggere la scoperta della Luna con gli occhi del passato. Questi due punti di vista gettano comunque una luce

35 Parodia delle prime parole pronunciate dall'astronauta Armstrong quando mise piede sulla Luna: «È un piccolo passo per un uomo ma un grande passo per l'umanità».
36 U. Eco, *Diario minimo*, cit., pp. 135 sgg.

sui due rispettivi fenomeni: una stessa pulsione all'appropriazione guida forse il viaggio dell'uomo bianco occidentale alla scoperta – e allo sfruttamento – di nuovi territori.

Esercizi **1**. Tentate la tele(radio) cronaca di qualche importante avvenimento: Mosé e Israele attraversano il Mar Rosso; un messaggero arriva correndo da Maratona, dice il suo messaggio e muore; Annibale attraversa le Alpi; Giulio Cesare è assassinato in Senato; il popolo assalta e prende la Bastiglia; gli extraterrestri sbarcano a Rimini.
2. Una piccola lista di testi utilmente parodiabili: *a.* il reportage: di solito si fanno reportage da paesi lontani, ma chi vi impedisce di scrivere reportages da posti vicinissimi (il paese in cui vivete, l'ufficio dove lavorate) con lo stesso stile del grande inviato speciale; *b.* il dibattito: puoi convocare personaggi eterogenei e incompatibili a discutere tra loro (Muzio Scevola, Pericle, Alessandro Magno, Caligola, Spartaco, Attila sono tutti al Maurizio Costanzo Show; tema di discussione: la condizione della donna nelle culture antiche); *c.* la diagnosi psicologica o psichiatrica: puoi trattare certi personaggi storici o immaginari come veri e propri casi clinici: Alessandro Magno è «un individuo dalle spiccate tendenze megalomaniche convinto di poter conquistare il mondo»; Amleto invece è «un soggetto dalla spiccata personalità depressiva», ecc.; *d.* la ricetta: molti testi possono essere voltati in ricetta, es.: *La quiete dopo la tempesta* – prodotto dai Laboratori G. Leopardi di Recanati, Macerata – è un ansiolitico da declamare ad alta voce prima dei pasti. Il prodotto non va somministrato a chi abbia ipersensibilità nota verso gli endecasillabi, in particolare se alternati a settenari, ecc.; *e.* la lettera al direttore (o all'esperto): personaggi storici e letterari scrivono a un giornale per ricevere buoni consigli. Annibale scrive alla psicologa di *Donna moderna*: «Cara psic, mi trovo in una situazione strana: da molto tempo potrei conquistare Roma, ma qualcosa dentro di me lo impedisce... Ci giro attorno, faccio come il gatto col topo, ma mi manca la zampata decisiva...». Fermiamoci qui anche se è ovvio che gli esempi si potrebbero moltiplicare.

5.4 Le imitazioni e i falsi

5.4.1 Plagi

Passiamo ora ad un altro genere di parodie: le imitazioni. Qui non si agisce sulla forma o la struttura interna della storia, bensì sul modo in cui la storia è scritta. Si imita insomma con la scrittura lo stile d'un autore, proprio come fanno alla televisione certi imitatori con la voce e i gesti. In alcuni casi l'imitazione può essere così perfetta da diventare un falso, in altri casi essa tende esplicitamente alla caricatura. Vi presentiamo almeno un brano di falso quasi perfetto: Proust che imita Balzac. In effetti anche per un occhio esperto non sarebbe facile distinguere tra i due (se non fosse che la data d'ambientazione della storia è anacronistica). Proust ammirava Balzac e la sua imitazione è fatta appunto con spirito ammirativo e mimetico:

> In uno degli ultimi mesi del 1907, a uno dei "routs" della marchesa d'Espard ai quali accorreva in quell'epoca il fior fiore dell'aristocrazia parigina (la più elegante d'Europa, a sentire il signore di Talleyrand, questo Ruggero Bacone

> della natura sociale che fu vescovo e principe di Benevento), de Marsay e Rastignac, il conte Félix de Vandenesse, i duchi di Rhétoré e di Grandieu, il conte Adam Laginski, l'avvocato Octave Decamps, Lord Dudley, facevano corona alla signora principessa di di Cadignan, senza peraltro suscitare la gelosia della marchesa. Non è infatti una delle grandezze della padrona di casa – questa carmelitana del successo mondano – il fatto che essa debba immolare la civetteria, l'orgoglio, l'amor proprio, al bisogno di farsi un salotto di cui talvolta saranno le sue rivali l'ornamento più squisito? Non è in ciò simile a una santa? Non merita la sua parte – guadagnata a sì caro prezzo – del paradiso sociale? La marchesa, nata de Blamant-Chauvry, imparentata con Navarreins, i Lenoncourt, gli Chaulieu, tendeva a ogni nuovo arrivato quella mano che Desplain, il più grande scienziato della nostra epoca, ivi compreso Claude Bernard, e che era stato allievo di Lavater, dichiarava la più profondamente meditata che egli avesse mai preso in esame. Improvvisamente la portà si aprì davanti all'illustre romanziere Daniel D'Arthez.[37]

■ Proust qui imita benissimo Balzac e si limita a evidenziare certi suoi tic stilistici (il gusto dell'epiteto melodrammatico, dell'inciso ridondante, del commento pedante, dell'interrogazione retorica, dell'elenco, ecc.), senza esasperarli fino a renderli grotteschi. Insomma è evidente che qui Proust sta andando a scuola di un maestro. Lo imita per impossessarsi del suo stile e contemporaneamente per liberarsene.

5.4.2 Rifacimenti parodistici

Normalmente però l'imitazione tende ad esagerare i tratti caratteristici d'uno stile, un po' come fanno certi caricaturisti con i tratti fisici d'un personaggio. Anche in questo caso per portare a termine questa operazione di vampirizzazione dell'altrui stile bisogna conoscere assai bene l'autore in questione, bisogna diventare lui. Ecco a es. come Rose Macaulay imita Hemingway. Tre personaggi – Jim, Frank e Phil – intendono raggiungere gli Hopper per passare da loro un fine settimana:

> Ci andai venerdì sera. Partii in macchina con Frank Lester. Gli Hopper non ci volevano venerdì. Avevano detto che neanche loro sarebbero stati a casa prima di venerdì sera tardi. Ma noi partimmo lo stesso venerdì pomeriggio. Mi fermai a prendere Frank all'Hotel Brown. Non aveva ancora fatto le valige. Stava bevendo qualcosa al bar dell'albergo. Era vestita di rosso, senza cappello e in gran forma.
> «Ciao, Jim», disse. «Cosa sei venuto a fare a quest'ora? Beviti un cognac».
> «Certo che me lo bevo».
> Presi un cognac per me e un altro per Frank. Frank era già piuttosto sbronza. Ne prese un altro. Poi anch'io ne presi un altro. Poi ne prendemmo altri due a testa. Era bello star seduti là nel bar, a bere e a guardare Frank. Frank era proprio in forma. Fuori era una gran bella giornata.
> «Fuori è una gran bella giornata», dissi.
> [*I tre personaggi passano da una sbronza all'altra (nei romanzi di Hemingway in effetti si beve molto) senza peraltro riuscire mai a raggiungere la casa degli*

37 M. Proust, «L'affaire Lemoine», cit. in G. Almansi e G. Fink, *Quasi come,* Bompiani 1991, pp. 124 sgg.

Hopper. Alla fine vengono respinti da una casa che avevano creduto essere quella degli Hopper. Ecco come si conclude il racconto:]
«Chiedigli come si fa ad andare dagli Hopper», disse Phil.
Ma Frank urlò: «Gli Hopper un accidente. Stanno in un'altra contea. E poi non ci vado, dopo che ci hanno piantato in asso così».
[*In realtà gli Hopper non hanno piantato in asso nessuno. Sono stati i tre amici che hanno sbagliato casa e addirittura contea nel cercarli. Per questo motivo le recriminazioni contro gli Hopper risultano tanto più assurde e paradossali.*]
«Non voglio vederli mai più gli Hopper. Si torna a Londra, a mangiare e a bere e si resta là. Solo immagino che Jim non troverà mai Londra. Non troverà neanche la contea giusta; forse ci porterà in qualche contea dello Yorkshire. Sei un gran pilota, Jim, te lo dico io».
«Oh, smettiamola», dissi. «Dopo tutto non è che un fine settimana andato male. Scordiamocene».
«Non me lo scorderò mai», disse Frank, «il modo in cui gli Hopper ci hanno piantato in asso. Invitarci da loro e poi andarsene via in questo modo. Quando penso che non gli abbiamo scroccato neanche un bicchiere, mi prende una rabbia tremenda».
Phil disse: «Non te la prendere. Non serve prendersela. Forse riusciremo a bere qualcosa nel Kent».
L'aria profumava di fieno di trifoglio; era come una di quelle bibite dolci e fresche che danno da Sardieu, vicino alla Madeleine. Era bello tornare a Londra dopo tutte quelle strade di campagna. Le strade di campagna sono piacevoli, ma poi stancano. Cominciai a sentirmi in forma, benché non avessi mangiato niente e il fine settimana dagli Hopper non fosse andato tanto bene.
«Mi sento bene in forma», dissi.[38]

■ Per effettuare dei rifacimenti parodistici è consigliabile scegliere degli autori dallo stile molto pronunciato e evidente. Lo stile di Hemingway risponde a queste caratteristiche. Ciò ha permesso all'imitatore di impossessarsi "da dentro" di questa scrittura fino a diventare più hemingwaiano dello stesso Hemingway. E questo senza strafare, senza esagerare troppo, limitandosi a insistere su certi tasti dell'arte dello scrittore americano: *a.* le frasi brevi e secche; *b.* il gusto per le ripetizioni («presi... ne prese... anch'io ne presi... ne prendemmo», «dissi... disse... dissi... disse»); *c.* i commenti di tipo piuttosto banale e constativo («fuori è una gran bella giornata... mi sento in forma»); *d.* l'assenza di nessi sensati tra le azioni («gli Hopper non ci volevano venerdì... partimmo lo stesso venerdì»); *e.* il gusto di riportare i fatti e i dialoghi nella loro nudità e insignificanza.

38 In G. Almansi e G. Fink, *cit.*, pp. 57-64.

6

Gli straniamenti

6.1.1 Il punto di vista del selvaggio

Si tratta di un trucco molto usato dagli illuministi. Si prende qualcuno venuto da molto lontano – uno straniero, un estraneo – e lo si inserisce in un ambiente che sia familiare all'autore e al lettore. Visto con gli occhi di questo estraneo il nostro mondo ci apparirà improvvisamente strano, buffo, storto. Un esempio classico, dal romanzo *L'ingenuo* di Voltaire: l'Urone è un pellerossa capitato per caso in Francia (siamo, è bene ricordarlo, in pieno Settecento). Accolto amorevolmente e adottato da due anziani fratelli bretoni (che gli sono diventati zii), l'Urone fatica ad accettare le regole, le convenienze e le leggi della società evoluta europea, leggi per lui innaturali, alle quali contrappone la legge – per lui naturale – che promana direttamente dal suo cuore. Es. egli ama ingenuamente, impetuosamente la signorina de Saint-Yves, vorrebbe sposarla, ma...:

> Da che il signor vescovo se ne fu andato, l'Ingenuo [cioè il povero Urone] e la signorina de St. Yves si incontrarono senza rendersi conto che si cercavano. L'Ingenuo le disse subito che l'amava con tutto il suo cuore, e che la bella Abacaba, di cui lui era stato folle nel suo paese, non era nulla se confrontata a lei. La Signorina gli rispose, con la sua modestia ordinaria, che bisognava parlarne al più presto con il signor priore suo zio e con la signorina sua zia, e che lei da parte sua avrebbe scambiato due parole con il suo caro fratello, l'abate de St. Yves, e che s'augurava un consenso da parte di tutti.
> L'Ingenuo le rispose che lui non aveva bisogno del consenso di nessuno; che gli pareva estremamente ridicolo di andare a domandare ad altri ciò che bisognava fare; che quando le due parti sono d'accordo, non c'è bisogno d'un terzo per accomodarle. «Io non consulto nessuno» disse «quando ho voglia di mangiare, o di cacciare, o di dormire. So bene che in amore non è male se si ottiene il consenso della persona che si desidera; ma, siccome non è né di mio zio né di mia zia che io sono innamorato, non è a loro che io devo rivolgermi in questo caso; e, se voi mi date retta, anche voi farete a meno dell'abate di St. Yves».
> Si può immaginare che la bella bretone impiegò tutta la delicatezza del suo spirito per ridurre il suo Urone ai termini della decenza.
> [*I due anziani tutori dell'Urone gli spiegano che tra le altre difficoltà c'è anche quella dovuta al fatto che la signorina de St. Yves gli è madrina e la legge della Chiesa vieta il matrimonio tra madrina e figlioccio. A quanto pare solo un anziano signore, chiamato Papa, può dispensare da questo divieto. L'Urone sentendo ciò ha una reazione di gioia:*]
> «Chi è dunque, disse, quest'uomo incantevole che favorisce con tanta bontà i ragazzi e le ragazze nei loro amori? Io voglio andare a parlargli subito».
> [*Gli spiegano chi è il Papa, e l'Ingenuo è ancora più stupito di prima:*]
> «E io dovrei lasciare la signorina de St. Yves per andare a domandare il permesso di amarla a un uomo che dimora dalle parti del Mediterraneo, a quattrocento leghe da qui, e del quale io non capisco la lingua! Ciò è di un ridicolo incom-

> prensibile. Io vado immediatamente dal signor abate di St. Yves, che non dimora che a una lega da voi, e vi prometto che sposerò la mia amata oggi stesso».
> Stava ancora parlando, quando entrò il balivo, che gli chiese dove andasse. «Vado a sposarmi», disse l'Ingenuo correndo; e dopo un quarto d'ora era già dalla sua bella che dormiva ancora. [...] Appena l'Ingenuo arrivò, dopo aver domandato a una vecchia cameriera dov'era la camera della sua amata, spinse con forza la porta mal chiusa e si slanciò verso il letto. La signorina di St. Yves, risvegliandosi di soprassalto, gridò: «Cosa! Siete voi! Ah! siete voi! fermatevi, che fate?». Lui rispose: «Vi sposo»; e in effetti l'avrebbe sposata, se essa non si fosse dibattuta con tutta l'onestà d'una persona dotata di buona educazione. L'Ingenuo però non se la dava per inteso; trovava tutti quei modi estremamente impertinenti. «Non era così che si comportava la signorina Abacaba, la mia prima fidanzata; voi non avete probità alcuna; voi mi avete promesso matrimonio: ciò significa mancare alle prime leggi dell'onore; io vi insegnerò a mantenere la vostra parola, io vi rimetterò sul cammino della virtù».[1]

■ **1**. I testi stranianti cercano di farci uscire dalle nostre abitudini adottando il punto di vista d'una persona totalmente estranea alla nostra civiltà. Di solito questo punto di vista è ancorato al buonsenso, alla naturalità – o a una pretesa naturalità –, e mira a criticare e smontare le istituzioni troppo complicate e innaturali del nostro mondo. Così facendo le cose che fino a poco tempo fa ci sembravano normali e scontate ci sembreranno strane e perfino assurde.
2. L'atteggiamento che dobbiamo adottare per scrivere questo tipo di testi può essere riassunto da una poesia di Bertolt Brecht:

> Osservatene il contegno.
> Trovatelo strano, anche se consueto,
> inspiegabile, pur se quotidiano,
> indecifrabile, pure se è la regola.
> Anche il minimo gesto, in apparenza semplice,
> osservatelo con diffidenza.
> Investigate se proprio l'usuale sia necessario.
> E – vi preghiamo – quello che succede ogni giorno
> non trovatelo naturale...[2]

6.1.2 Il punto di vista del selvaggio evoluto

È una variante della tipologia precedente. Abbiamo ancora un selvaggio venuto in visita nel nostro mondo, ma questo selvaggio è molto evoluto e ci tratta dall'alto in basso: osserva noi più o meno come i nostri antropologi hanno, per decenni, osservato i cosiddetti "selvaggi". Memorabile il saggio *Industria e repressione sessuale in una società padana*, scritto da un antropologo tasmaniano (ma il vero autore è Umberto Eco):

> La presente inchiesta elegge come campo di indagine l'agglomerato di Milano alla propaggine nord della penisola italiana, un protettorato vaticano del

1 Voltaire, «L'Ingenu», in *Romans et contes*, Gallimard 1972, pp. 256 sgg.
2 B. Brecht, «L'eccezione e la regola», tr. L. Pandolfi, in *Teatro*, v. II, Einaudi 1954, p. 373.

Gruppo delle Mediterranee. [...] La giornata dell'indigeno milanese si svolge secondo i ritmi solari elementari. Di buonora esso si sveglia per recarsi alle incombenze tipiche di questa popolazione, raccolta di acciaio nelle piantagioni, coltivazione di profilati metallici, concia di materie plastiche, commercio di concimi chimici con l'interno, semina di transistori, pascolo di lambrette, allevamento di alfaromeo e così via. L'indigeno tuttavia non ama il suo lavoro e fa il possibile per evitare il momento in cui lo inizierà; quello che è curioso è che i capi del villaggio paiono assecondarlo, eliminando ad esempio le vie consuete di trasporto, divellendo le rotaie dei primitivi tramways, confondendo la circolazione con larghe strisce gialle dipinte lungo le mulattiere (con chiaro significato di tabù) e infine scavando profonde buche nei punti più inopinati, dove molti indigeni precipitano e vengono probabilmente sacrificati alle divinità locali. È difficile spiegare psicologicamente l'attitudine dei capi del villaggio, ma questa distruzione rituale delle comunicazioni è legata senza dubbio a riti di resurrezione (si pensa ovviamente che costringendo schiere di abitanti nelle viscere della terra, dalla loro immolazione quale seme, nasceranno altri individui più forti e più robusti). [...] Ad epoche determinate si propaga cioè per la città "Il Rumore", e gli indigeni vengono posseduti dalla fiducia quasi mistica che un giorno enormi veicoli si muoveranno nelle viscere della terra trasportando ogni individuo a velocità miracolosa in qualsiasi punto del villaggio. Il Dr. Muapach, un serio e preparato membro della mia spedizione, si è chiesto anzi a un certo punto se "Il Rumore" traesse origine da qualche fatto reale, ed è sceso in queste caverne: ma non vi ha trovato nulla che potesse sia pure lontanamente giustificare la diceria.

Che i capi della città tengano a mantenere la popolazione in uno stato di incertezza è provato da un rituale mattutino, la lettura di una sorta di messaggio ieratico che i capi fanno pervenire ai loro sudditi sul far dell'alba, il *Corriere della sera*: la natura ieratica del messaggio è sottolineata dal fatto che le nozioni che comunica sono puramente astratte e prive di alcun riferimento con la realtà. [...]

Tenuto costantemente in questo stato di smarrimento, l'indigeno vive in una persistente tensione che i capi gli permettono di scaricare solo nelle festività collettive, quando la popolazione si riversa a frotte in costruzioni immense di forma ellissoidale dalle quali proviene senza interruzione un clamore spaventoso.

Inutilmente abbiamo tentato di entrare in una di queste costruzioni; con una diplomazia primitiva ma smaliziatissima gli indigeni ce lo hanno sempre impedito, pretendendo che noi si esibisse per l'accesso dei messaggi simbolici che apparentemente risultavano in vendita, ma per i quali ci è stato chiesto un tale quantitativo di denti di cane che noi non avremmo potuto pagare senza dovere in seguito abbandonare la ricerca. Costretti dunque a seguire la manifestazione dall'esterno, dapprima si era formulata l'ipotesi, avallata dai rumori fragorosi e isterici, che si trattasse di riti orgiastici; ma in seguito ci è si è fatta chiara l'orribile verità. In questi recinti gli indigeni si dedicano, con il consenso dei capi, a riti di cannibalismo, divorando esseri umani acquistati presso altre tribù. [...] A quanto ci è stato dato di ricostruire, le vittime vengono divorate in enormi portate collettive composte da più individui, secondo complicate ricette che vengono pubblicamente esposte per le strade, nelle quali si presenta una sorta di posologia non ignara di reminiscenze alchemiche, del tipo di «3 a 2», «4 a 0», «2 a 1».[3]

3 U. Eco, *Diario minimo*, cit., pp. 66-73.

■ **1**. In questo caso il gioco consiste nell'immaginare un estraneo che non sia ingenuo (come nel caso di Voltaire), bensì capace di osservarci e studiarci con il rigore scientifico tipico degli studiosi occidentali. Eco dunque prende in giro contemporaneamente: *a.* gli antropologi – di cui l'autore parodia lo stile – che spesso non comprendono i fenomeni che descrivono e incorrono in equivoci ridicoli quando si occupano dei popoli "selvaggi"; *b.* certi diffusi costumi occidentali effettivamente "strani" (Milano rappresenta qui la tipica città occidentale).
2. Gli stessi equivoci apparenti rivelano delle verità nascoste: alcuni giornali vengono davvero letti come fossero "messaggi ieratici"; il tifo calcistico assume davvero e spesso aspetti tribali e primitivi ecc.

Esercizi Descrivete dal punto di vista di: *a.* un cosiddetto selvaggio; *b.* un uomo proveniente dal passato; *c.* un extraterrestre; *d.* un animale; *e.* un neonato; *f.* un angelo; *g.* un idiota; *h.* un fiore; *i.* una sedia, ecc., i seguenti fenomeni: *a.* una serata in discoteca; *b.* un funerale; *c.* una proiezione cinematografica; *d.* una giornata in spiaggia; *e.* un percorso in automobile attraverso la città; *f.* l'organizzazione del lavoro in ufficio e in fabbrica.

6.1.3 Il punto di vista dell'alieno

Esasperiamo solo d'un grado il meccanismo precedente e otteniamo lo straniamento secondo il punto di vista dell'alieno (lo straniero per eccellenza):

> Era bagnato fradicio e coperto di fango e aveva fame e freddo e era lontano cinquantamila anni-luce da casa.
> Un sole straniero dava una gelida luce azzurra e la gravità, doppia di quella cui era abituato, faceva di ogni movimento un'agonia di fatica.
> Ma dopo decine di migliaia di anni quest'angolo di guerra non era cambiato.
> Era comodo per quelli dell'aviazione, con le loro astronavi tirate a lucido e le loro superarmi; ma quando si arrivava al dunque, toccava ancora al soldato di terra, alla fanteria prendere la posizione e tenerla, col sangue, palmo a palmo.
> Come questo maledetto pianeta di una stella mai sentita nominare finché non ce lo avevano sbarcato. E adesso era suolo sacro perché c'era arrivato anche il nemico. Il nemico, l'unica altra razza intelligente della Galassia... Crudeli, schifosi, ripugnanti mostri. [...] Il giorno era livido e spazzato da un vento violento che gli faceva male agli occhi. Ma i nemici tentavano d'infiltrarsi e ogni posizione era vitale.
> Stava all'erta, il fucile pronto. Lontano cinquantamila anni luce dalla patria, a combattere su un mondo straniero e a chiedersi se ce l'avrebbe mai fatta a riportare a casa la pelle.
> E allora vide uno di loro strisciare verso di lui. Prese la mira e fece fuoco.
> Il nemico emise quel verso strano, agghiacciante, che tutti loro facevano, poi non si mosse più.
> Il verso e la vista del cadavere lo fecero rabbrividire. Molti, col passare del tempo, s'erano abituati, non ci facevano più caso; ma lui no. Erano creature troppo schifose, con solo due braccia e due gambe, quella pelle d'un bianco nauseante, e senza squame.[4]

4 F. Brown, «Sentinella», tr. C. Fruttero, in *Immaginari e futuri*, a c. di D. Barbieri e R. Mancini, La Nuova Italia 1990, pp. 273 sgg.

■ Questo breve racconto di Frederic Brown è molto interessante perché ci mostra un caso estremo di *manipolazione del punto di vista*. Il narratore astutamente ha indotto nel lettore i classici effetti di immedesimazione con il protagonista. Solo alla fine clamorosamente scopriamo di esserci identificati con un alieno. E di colpo possiamo vederci in quanto uomini dall'esterno. L'effetto di straniamento si registra dunque solo alla fine, ma non è perciò meno efficace: ci costringe a considerarci sia pure per un attimo come creature repellenti...

Esercizi Assumi il punto di vista di un estraneo ma senza rivelarlo subito, cercando di indurre una identificazione nel lettore, per stupirlo solo alla fine con un ribaltamento ad effetto, scopriamo che il protagonista è: un topo, un morto, un assassino, un angelo, Dio stesso.

6.1.4 Il punto di vista degli animali

Procediamo nella nostra casistica di testi stranianti. Aumentiamo il *grado di estraneità* dell'osservatore: facciamo che siano gli animali ad osservarci e criticarci. Tolstòj ha scritto un mirabile racconto dal punto di vista d'un cavallo.

> Avevo capito molto bene quanto avevano detto sull'anima cristiana e sulle frustate, ma mi era completamente oscuro, allora, il significato delle parole: «il suo», il «proprio» puledro, dalle quali parole potevo arguire che gli uomini supponevano un legame tra me e il palafreniere. In che consistesse questo legame non potevo allora capire, e il significato lo compresi solamente più tardi, quando mi separarono dagli altri cavalli. Allora non potevo assolutamente intendere cosa volesse dire l'essere «io» chiamato proprietà di un uomo. Le parole: «il mio cavallo» riferite a me, cavallo vivo, mi sembravano altrettanto strane che le parole: la «mia» terra, la «mia» aria, la «mia» acqua. Ma queste parole fecero in me un'enorme impressione. Continuai a pensarci su e solamente assai più tardi, in seguito a molti e diversi rapporti con gli uomini, capii, finalmente, il significato che a queste oscure parole attribuiscono gli uomini. Il loro significato eccolo: gli uomini, nella vita, si lasciano guidare, non dai fatti, ma dalle parole. Essi amano non tanto la possibilità di fare o di non fare una data azione, quanto la possibilità di dire su vari oggetti determinate parole, tra loro stabilite. Tali parole, considerate tra loro molto importanti, sono queste: «mio, mia, miei», che essi usano riferendosi alle cose più disparate: esseri animati o oggetti, e perfino a proposito della terra, degli uomini e dei cavalli. Essi si mettono d'accordo perché uno possa, di una certa cosa, dire la parola «mia». E colui che può, per effetto di questo gioco combinato tra loro, dire la parola «mia» in relazione al maggior numero di cose, quegli è considerato il più felice di tutti. Perché sia così non so: ma è così. Per molto tempo avevo cercato di spiegarmi la cosa in rapporto a una qualche utilità diretta, ma anche questa spiegazione mi apparve inesatta. [...] In seguito, allargato il cerchio delle mie osservazioni, mi convinsi che, non soltanto per quel che si riferisce a noi cavalli, il concetto di «mio» non ha altro significato se non quello di un basso e bestiale istinto, proprio degli uomini, da loro chiamato sentimento o diritto di proprietà. [...] Ora sono convinto che proprio in questo, consiste la sostanziale differenza tra gli uomini e noi. E perciò per tacere di altri nostri titoli di superiorità sugli uomini, possiamo già, per questa sola ragione, affermare coraggiosamente che sulla scala delle creature viventi siamo un gradino più alto in confronto agli uomini; l'attività degli uomini,

almeno di quelli coi quali ho avuto rapporti, è regolata dalle parole; la nostra, invece, dai fatti.[5]

■ **1**. Qui il cavallo sostiene una parte simile a quella dell'Ingenuo, ma la lontananza del punto di vista è divenuta più grande: l'Ingenuo ancora partecipava al gioco sociale, sia pure da un punto di vista marginale, il cavallo invece ne è del tutto escluso e può soltanto osservare, avvantaggiato dal fatto che non è a sua volta oggetto di osservazione.
2. Il meccanismo adottato è quello della ricostruzione tramite *induzione* del sistema di regole che strutturano un gioco a cui si assiste.
3. Le regole del gioco anche in questo caso appaiono all'osservatore completamente convenzionali e innaturali.
4. L'osservatore infine, mettendo a confronto il proprio sistema di vita con quello osservato, trae delle conclusioni generali che suonano come una definitiva invalidazione del secondo e come un invito implicito a metterlo in discussione.

Esercizi **1**. Il punto è il seguente: occorre scegliersi un animale e poi cercare di identificarsi con il suo proprio punto di vista. Infatti a seconda dell'animale che scegliete dovete adottare un punto di vista diverso. Il cane non ci vede come ci vedono i gatti. È meglio perciò scegliere un animale dal forte carattere. Dopo di che dobbiamo entrare nella parte dell'animale che abbiamo scelto (un po' come fanno gli attori), e solo poi potremo osservare gli uomini e "trovarli strani".
2. Un altro esercizio consiste nel raccontare certe storie classiche dal punto di vista di un animale: *a.* la storia dei martiri cristiani dal punto di vista dei leoni costretti a divorarli; *b.* la storia di Achab dal punto di vista di Moby Dick; *c.* la storia di Geppetto e Pinocchio dal punto di vista del Pescecane.
3. Ultima proposta: si tratta di allontanarsi ancor di più dall'umanità e dopo essere stati animali diventare *cosa*. Provate a identificarvi con la Luna, il letto, lo specchio, il cesso, un marciapiede, una salsiccia sulla griglia.

6.1.5 Il punto di vista dello sciocco

Sally Mara è una ragazzina tonta, ma proprio tonta: di quel che accade attorno non capisce niente. Anche se, a dire il vero, da come Raymond Queneau ci racconta la storia, ci viene il dubbio che Sally sia più una finta tonta che una tonta vera.

> Per raggiungere il capolinea, si doveva attraversare una passerella al di sopra di una chiusa; sull'altra sponda ho intraviste le luci di una vettura che faceva manovra. Con il cuore colmo del ricordo di Monsieur Presle, ho cominciato ad attraversare la passerella, ma a metà percorso mi sono dovuta fermare. Credevo che il vento mi trascinasse via e mi sbattesse laggiù nel bacino, nel bel mezzo di una chiazza di benzina che esibiva le sue iridescenze nella luce lunare. Mi sono aggrappata alla ringhiera e con l'altra mano ho cercato meccanicamente un punto d'appoggio. Ho avvertito allora all'improvviso la presenza di un uomo alle mie spalle. Avevo intuito che si trattava di un gentleman e non di una donna

5 L. Tolstòj, «Cholstomèr», in *Racconti e novelle*, tr. G. De Dominicis Iorio, Mursia 1964, pp. 626 sgg.

o di un marinaio e ho udito una voce dolce e compita mormorarmi all'orecchio queste parole soccorritrici: «Tenga duro, signorina». Nello stesso tempo mi sono sentita mettere nella mano rimasta libera un oggetto che aveva la rigidità di una sbarra d'acciaio e la morbidezza del velluto. L'ho afferrato convulsamente e pur stupita che quella ringhiera rimanesse tiepida malgrado la tramontana che soffiava come se fosse ancora inverno, ho potuto, grazie al suo aiuto, raggiungere sana e salva l'altra sponda.[6]

■ **1**. In questo caso il punto di vista dell'ingenuo, e/o tonto, è patentemente inadeguato e le sue interpretazioni dei fatti erronee. La descrizione che ci viene proposta di quei fatti non intende demistificare certe comuni credenze e usanze ma semplicemente divertirci.
2. Questi testi sono naturalmente pieni di equivoci che spesso ribaltano grottescamente il senso delle percezioni normali.
3. Esiste la possibilità che il punto di vista dell'idiota sia serio e che adottando la sua ottica lo scrittore intenda mettere in scena la lotta disperata del soggetto per dare un senso a una realtà sfuggente, opaca, indecifrabile.

Esercizi **1**. La tontaggine è multiforme. Ci sono tonti inconsapevoli d'esserlo (che quindi sono sicurissimi di sé, e combinano un sacco di guai) e tonti consapevoli d'esserlo (che quindi chiedono continuamente aiuto e consiglio, naturalmente alle persone sbagliate). Ci sono veri tonti e finti tonti, ma ci sono anche veri tonti che credono di poter fare i finti tonti. Ci sono tonti totali, imbranati in tutto, e tonti selettivi, cioè persone che normalmente se la cavano ma piombano nella tontaggine in particolari situazioni sociali o quando hanno che fare con oggetti complessi (automobili, arnesi da cucina, computer) o con animali. Le uniche caratteristiche comuni a tutti i tonti sono: la sostanziale, tenerissima, mitezza e la capacità di attirare guai.
2. Scegli ora il tuo tonto preferito, e mettilo nei guai: es. facendolo capitare per sbaglio a una riunione di mafiosi, o a un party intellettuale snob, o a un congresso di venditori di enciclopedie; oppure mettilo alle prese con una macchina automatica per la distribuzione di sigarette o biglietti ferroviari; oppure costringilo a cucirsi da sé un bottone, ad aggiustare un rubinetto che perde, a slacciare il reggiseno dell'amata.

6.1.6 Le scritture fredde, ovvero: il punto di vista dell'indifferente

Si tratta di una altra forma di straniamento basata su una specie di perdita delle coordinate morali, emozionali, ideologiche comuni. Parliamo di *scrittura fredda* perché si tratta di una rappresentazione del mondo che si astiene programmaticamente da ogni coinvolgimento. Spieghiamoci meglio: in queste opere i fatti vengono raccontati secondo un punto di vista neutro, freddo, come assente. Questo modo di raccontare non intende criticare o ironizzare ma semplicemente riportare i fatti nudi e crudi senza commentarli, spiegarli, giudicarli. Come lettori ci aspetteremmo che il narratore reagisse, si riscaldasse e invece no, per tutto il tempo che racconta resta implacabilmente lontano. Ecco un esem-

6 R. Queneau, *Il diario intimo di Sally Mara*, tr. L. Prato Caruso, Feltrinelli 1993, pp. 11 sgg.

pio tratto da un celebre libro di Camus che già nel titolo – *Lo straniero* – annuncia l'atteggiamento di straniamento con cui verranno rappresentati i fatti. La madre del protagonista è morta e amici e parenti la vengono a salutare e vegliare:

> In quel momento, alle mie spalle, è entrato il portinaio. Doveva aver fatto una corsa. Mi ha detto balbettando un po': «L'hanno coperta, ma devo svitare la cassa perché voi possiate vederla». Si stava avvicinando alla cassa, ma l'ho fermato. Mi ha detto: «Non volete?». Ho risposto: «No». Si è interrotto e io ero imbarazzato perché sentivo che non avrei dovuto dirlo. Dopo un po' mi ha guardato e mi ha chiesto: «Perché?». [...] Gli ho detto: «Non so». Aveva due begli occhi azzurri e la faccia un po' rossa. Mi ha dato una sedia e anche lui si è messo a sedere, un po' dietro a me. [...] Poi mi è venuto in mente che, prima di accompagnarmi dal direttore, mi aveva parlato della mamma. Mi aveva detto che bisognava seppellirla molto presto perché in pianura faceva caldo, soprattutto in quel paese. A Parigi si resta col morto tre giorni, persino quattro, certe volte. Qui non c'è tempo: non ci si è ancora abituati all'idea, che già bisogna correre dietro al carro funebre. A questo punto sua moglie gli aveva detto: «Sta' zitto, ti pare che siano cose da raccontare al signore?». Il vecchio era diventato rosso e si era scusato. Io ero intervenuto per dire: «Ma no, ma no». Quello che raccontava, io lo trovavo giusto e interessante. [...] È in quel momento, che sono entrati gli amici della mamma. Erano una dozzina in tutto e sfilavano silenziosamente in quella luce accecante. Si sono seduti senza che una sola delle sedie scricchiolasse. Li vedevo come non ho mai visto alcuno e non mi sfuggiva il minimo particolare dei loro volti e dei loro vestiti. Eppure non li udivo e mi era difficile credere alla loro realtà. [...] Poco dopo una delle donne si è messa a piangere. Piangeva a piccoli singulti, regolarmente: mi sembrava che non si sarebbe fermata più. Gli altri avevano l'aria di non sentirla. Erano accasciati, tristi e silenziosi. Guardavano la bara o il loro bastone, o un'altra cosa qualunque, ma non guardavano che quella cosa. La donna piangeva sempre. Ero molto stupito perché non la conoscevo; avrei voluto non sentirla più, ma tuttavia non osavo dirglielo.[7]

■ **1**. Si tratta di descrivere un evento che normalmente emoziona (sconvolge, eccita, rattrista, ecc.) senza dimostrare alcuna emozione, come se la cosa non ci riguardasse o comunque non ci coinvolgesse se non superficialmente (immaginate un condannato a morte che descriva freddamente i preparativi della sua messa a morte).
2. Invece che raccontare i fatti spiegandoli logicamente li allineiamo in sequenza, uno dopo l'altro, rinunciando programmaticamente a organizzarli secondo un ordine di cause, scopi, effetti. Infatti: non ci sono fatti più importanti e fatti meno importanti. Certi dettagli insignificanti vengono riportati con la stessa cura con cui si riportano episodi drammatici (anzi: spesso i dettagli insignificanti si attestano in primo piano mentre i fatti salienti finiscono sullo sfondo, quasi sfocati).
3. È come se noi descrivessimo le cerimonie, i gesti, le situazioni più comuni del mondo senza capirci niente. Come se noi assistessimo a un gioco di cui non co-

7 A. Camus, *Lo straniero*, tr. A. Zevi, Bompiani 1973, pp. 11-16.

nosciamo le regole: le azioni dei giocatori ci apparirebbero immotivate, insensate. Chi pratica questo tipo di scrittura trova che la realtà sia al suo fondo *assurda*, ingiustificabile.
4. Avevamo detto che le poetiche dello straniamento obbediscono al principio di «trovare strano quel viene considerato normale»; in questo caso diremmo però che si tratta di trovare insensato (stupido, casuale, vano) ciò che è ritenuto importante e significativo.

Esercizi La scrittura fredda è spesso una scrittura di puri e semplici fatti. I fatti devono essere raccontati con la massima evidenza: così risalterà l'assenza di reazioni da parte del narratore. Il narratore potrà avere delle reazioni, ma queste saranno semplici e superficiali, e leggermente incongrue («Quello che raccontava, io lo trovavo giusto e interessante»). Ora provate a raccontare più freddamente che potete la fine d'un amore, le ultime cinque ore d'un condannato a morte, una scena di sesso, una notte in discoteca, un incidente automobilistico. Per raggiungere l'effetto di freddezza – o meglio di narratore freddo – vi consigliamo di scrivere il testo in terza persona e di voltarlo poi, pari pari, in prima.

6.1.7 Rimpicciolimenti e ingrandimenti, ovvero: il punto di vista del gigante e del nano

Adesso occupiamoci di quegli straniamenti che operano sulle percezioni. Ecco il caso di un mondo visto dall'alto. Il gigante è Gulliver, naturalmente, giunto casualmente a Lilliput:

> Sempre che un servo m'annunziava una visita, solevo correre immediatamente alla porta e, dopo aver fatto i convenevoli, sollevavo pian pianino il cocchio e due cavalli (dico due cavalli, perché se erano sei, il cocchiere ne staccava sempre quattro) e li posavo sopra un tavolo, intorno al quale avevo adattato un margine mobile di legno alto cinque pollici, ad evitare disgrazie. E spesso ho avuto sul mio tavolo quattro carrozze in una volta piene di visitatori, ond'io seduto sulla mia sedia abbassavo il capo verso di esse; e mentre ero impegnato a discorrere con una serie di ospiti, i cocchieri facevano fare agli altri un giro in carrozza intorno alla tavola a passo moderato. Quanti pomeriggi ho trascorso in simili piacevoli conversari![8]

Passiamo ora al caso opposto: il mondo visto da un nanerottolo. Gulliver adesso è a Brobdingnag, ed è una creatura minuscola davanti a giganti:

> A metà del pranzo, la gatta favorita della mia padrona le saltò in grembo. Udii dietro di me un rumore simile a quello di una dozzina di tessitori di calze al lavoro; e volgendo il capo, mi accorsi che procedeva dal filare della bestia, grossa più di tre bovi, come potei calcolare dalla sua testa e da una zampa, mentre la padrona le porgeva da mangiare e la carezzava. La ferocia del suo aspetto mi sconcertò tutto, nonostante mi trovassi all'altra estremità della tavola, cioè a più di cinquanta piedi lontano. [...] Minore pensiero mi davano i cani. Ne erano entrati nella stanza tre o quattro, così come usa nelle case di

8 J. Swift, *I viaggi di Gulliver*, tr. C. Formichi, Mondadori 1982, p. 157.

> campagna: un mastino aveva la mole di quattro elefanti uniti insieme, ed un levriero era più alto del mastino, ma non così tozzo. Sul finire del pranzo, entrò una balia con un bambino di un anno in braccio, il quale mi scorse immediatamente e per avermi come un giocattolo cominciò a strillare così forte, che lo si sarebbe potuto udire dal London-Bridge a Chelsea. La madre per compiacergli mi sollevò e accostò al bambino, il quale subito mi afferrò per la vita e si portò la mia testa alla bocca; ma, una volta in essa, diedi un urlo tale che il piccino fu spaventato e mi lasciò cadere; e io mi sarei infallibilmente rotto il collo se la madre non avesse tenuto aperto il grembiule sotto di me.[9]

■ Ricordiamoci che qui lo straniamento ha un doppio valore: opera sia sulle grandezze fisiche sia su quelle morali. La piccolezza dei lillipuziani a es. rappresenta la piccolezza dell'umanità, le sue ridicole pretese, ecc. Nei casi che vi abbiamo proposto ci interessa però di più il gioco con le proporzioni e le percezioni svolto da Swift nell'assumere punti di vista tanto eccentrici. Il mondo subisce una violenta deformazione, e noi siamo costretti a prendere in considerazione la possibilità che la nostra prospettiva non sia l'unica. Ci chiediamo allora come sarà la nostra realtà vista con gli occhi di una pulce o di una mosca... Insomma queste letture inducono in noi un sentimento perturbante di relativismo morale e fisico.

6.1.8 Il metodo della lente d'ingrandimento

Il metodo della lente d'ingrandimento prevede che un fenomeno microscopico a cui normalmente non prestiamo attenzione *venga ingrandito di molte dimensioni*. Solo così riusciamo ad osservarlo davvero. Nel prossimo brano, di Robert Musil, possiamo osservare fin nei minimi dettagli la tragica morte di una mosca rimasta incollata a una carta moschicida:

> Se una mosca vi si posa [...] resta presa dapprima per l'estrema falange ricurva di tutte le sue zampette. Sensazione lieve, inquietante, e inciampando all'improvviso in qualcosa che altro non è ancora se non una resistenza indefinibile, morbida e calda, in cui fluisca già a poco a poco l'orrore di essere umana, di rivelarsi una mano messa lì chi sa come per artigliarci con le sue cinque dita sempre più percepibili. Poi le mosche si tendono tutte in un sforzo massimo, come tabetici che vogliono nascondere il loro male o come vecchi militari tentennanti. Si danno un contegno, chiamano a raccolta facoltà e energie. Di lì a pochi secondi la risoluzione è presa, e incominciano come possono a districarsi frullando le ali. Questa frenetica manovra continua sinché lo sfinimento le costringe a interrompersi. Segue una breve pausa e poi un nuovo sfinimento le costringe a interrompersi. Ma gli intervalli si fanno sempre più lunghi. [...]
> Le mosche non hanno più la forza di sollevarsi dal vischio, ricadono un poco e in quell'attimo sono interamente umane. Subito vengono afferrate in un altro punto; più in alto sulla zampa, o dietro, sull'addome, o all'estremità di un'ala. Quando hanno superato l'esaurimento psichico e, dopo una breve tregua, riprendono la lotta per la vita, sono già in una posizione sfavorevole e i loro movimenti diventano sempre meno naturali. Allora irrigidiscono le zampe

9 *Ivi*, p. 207.

> posteriori e appoggiandosi sui gomiti cercano di alzarsi. Ma il nemico resta sempre passivo e sfrutta semplicemente i loro attimi di smarrimento, di disperazione. È «quello», è un nulla che le inghiotte.[10]

■ Con la tecnica della lente d'ingrandimento noi costringiamo il lettore a osservare, con attenzione ossessiva, qualcosa che di solito non si guarda: perché è piccolo e trascurabile, oppure perché è fastidioso, oppure perché ci repelle moralmente. In più Musil progressivamente umanizza gli atteggiamenti della mosca costringendoci a una sorta di scomoda empatia (sarebbe stato più facile empatizzare, cioè partecipare sentimentalmente, con la morte d'un cane o d'un cavallo): ma anziché sottolineare (e sfruttare eventualmente a scopo patetico) questi aspetti antropomorfi, Musil mantiene il *distacco* freddo e asettico dell'osservatore scientifico davanti all'agonia atroce dell'insetto. Il risultato finale è sorprendente: se a una prima lettura interpretiamo la morte della mosca come simile alla morte d'un uomo e dunque degna di pietà, alla fine ci rendiamo conto che è possibile l'interpretazione inversa: l'uomo muore come gli insetti, e la sua morte non è certo più tragica della loro.

Esercizi Esercitarsi con la tecnica della lente d'ingrandimento significa tentare di rendere più acute e sottili le nostre capacità di osservazione. Alcune proposte d'esercizio: *a.* la caduta d'una goccia lungo la superficie d'una bottiglia; *b.* i movimenti d'una cimice rovesciata sul dorso; *c.* l'uscita d'una cavalletta dalla pupa; *d.* il trascolorare del cielo all'alba o al tramonto; *e.* l'avvicinarsi di una nave alla sponda (vista dalla sponda sembra un puntino, poi pian piano si distingue...).

6.1.9 Il metodo della moviola, ovvero: le "lentificazioni"

La moviola è lo strumento che ci permette di rivedere al rallentatore quelle azioni che si sono svolte con grande rapidità e spesso senza che gli stessi protagonisti potessero rendersi conto di quello che accadeva. In realtà si può dire che tutta la letteratura ha questa funzione: farci rivivere più lentamente e perciò consapevolmente ciò che avevamo vissuto "di corsa" e perciò inconsapevolmente. In questo senso diremo che la letteratura ha sempre rispetto alla realtà un *potere lentificante*. Ecco la descrizione alla moviola d'un incidente automobilistico, dovuta alla penna di Ian McEwan

> Si manteneva a una velocità oscillante tra le settanta e le settantacinque miglia all'ora, e rallentò appena solo quando si ritrovò davanti a un grosso autocarro rosa. [...] Si preparava a superare quando accadde qualcosa – non vide esattamente che cosa – tra le ruote dell'autocarro, come un vuoto improvviso, una nuvola di polvere; poi una cosa lunga e nera gli venne incontro da una distanza di una trentina di metri. Colpì il parabrezza, vi rimase per un istante attaccata e fu spazzata via prima che avesse tempo di capire di che cosa si trattava. Poi – o fu tutto simultaneo? – la parte posteriore dell'autocarro compì una complicata serie di movimenti, sobbalzi e ondeggiamenti, e si contorse in una pioggia di scintille luminosissime nonostante la luce solare. Qualcosa di curvo e metallico

10 R. Musil, *Pagine postume pubblicate in vita*, tr. A. Rho, Einaudi 1981, pp. 15 sgg.

gli sfrecciò accanto di lato. A questo punto Stephen aveva trovato il modo di spostare il piede sul freno e di notare un lucchetto sfilarsi da una flangia allentata. Ci fu un gemito da sfregamento metallico e altre scintille abbastanza fitte da formare una fiammata bianca che parve espandersi in aria dal retro dell'autocarro. Stephen stava già premendo il pedale del freno quando si vide venire incontro i pneumatici polverosi, la massa sporca d'olio del differenziale, l'albero a camme e infine, ad altezza degli occhi la scatola del cambio. Rovesciandosi, l'autocarro sobbalzò sul muso una, o forse due volte, poi vacillò stancamente fino a completare la capriola e offrire a Stephen la visione della griglia del radiatore capovolta e del parabrezza a testa sotto, oltre allo schianto del tetto contro il selciato che precedette un salto in alto di qualche metro, una ricaduta e un ondeggiamento, in un letto di fiammate. Poi si piazzò in tutta la sua lunghezza di traverso bloccando la strada, precipitò sul fianco e di colpo fu fermo, mentre Stephen vi si dirigeva contro da meno di trenta metri e a una velocità che, con mente abbastanza lucida, giudicò di circa quarantacinque miglia all'ora. Adesso, in quel preciso rallentamento del tempo, ci fu il senso d'una fresca rinascita. [...] Stava dirigendo la vettura verso un varco aperto di circa due metri tra il segnale stradale e il parafango anteriore dell'autocarro immobile. Aveva tolto i piedi dai freni, ragionando – quasi avesse appena compiuto uno studio monografico sul caso – che avrebbero deviato l'auto di lato vanificando il suo tentativo di inserirsi nel varco. Al contrario, scalava le marce e manovrava il volante tenendolo saldamente con tutte e due le mani, pur senza stringere troppo, e si preparava a proteggersi il capo con le braccia se avesse fallito nel suo intento. Gli scattarono in mente certi messaggi per Julie e per Kate, niente di più di semplici palpiti d'amore e paura. [...] Mentre inseriva la seconda e la piccola auto esprimeva rombando il proprio lamento, gli apparve evidente che non doveva sforzarsi troppo di concentrarsi, che doveva invece affidarsi a una sorta di dissociazione rilassata del pensiero e immaginarsi già dentro al varco. Seguì un acuto fragore di metallo e vetri; poi Stephen si ritrovò dall'altra parte con l'auto ferma, mentre la maniglia dello sportello e lo specchietto esterno sfrecciavano sulla strada a una ventina di metri dietro di lui.[11]

■ **1**. La moviola è, se vogliamo, una lente d'ingrandimento attraverso la quale osserviamo il tempo. Una narrazione alla moviola è una narrazione che non lascia passare nessun fatto senza narrarlo, ovvero che dedica a tutti i fatti una stessa uguale attenzione (è anche per questo che, a volte, le narrazioni alla moviola possono diventare semincomprensibili: perché non si distinguono più gli avvenimenti importanti da quelli trascurabili).

2. Ci sono sostanzialmente due tipologie di scritture alla moviola: la scrittura «un fatto, una frase» e la scrittura «per insiemi di fatti». Ian McEwan, nell'esempio citato, adotta una scrittura per insiemi di fatti: egli cerca di farci intendere la complessità di ciò che sta avvenendo, e perciò costruisce frasi complesse, ricche di subordinate e di determinazioni di tempo: «poi», «mentre», «in quel preciso rallentamento di tempo», «a questo punto» e così via.

3. Sostanzialmente diversa è la scrittura del tipo «un fatto, una frase». In essa le frasi sono messe una in fila all'altra, separate dal punto fermo o collegate da una semplice virgola o da un «e». Rispetto alla scrittura per insiemi di fatti, che ha come scopo la comprensione esatta degli avvenimenti e la produzione di un

11 I. McEwan, *Bambini nel tempo*, tr. S. Basso, Einaudi 1992, pp. 90 sgg.

senso, la scrittura «un fatto, una frase» ha piuttosto come scopo la presentazione dei fatti come fondamentalmente insensati, e quindi l'abolizione di qualunque senso. È quasi inevitabile l'effetto di grottesco: molto, molto straniante. Eccone un esempio:

> Mio padre è un buon mangiatore. Egli non si fa pregare. Egli si siede a tavola. Egli si caccia la cocca del tovagliolo nel colletto. Egli appoggia i palmi delle mani sulla tavola, a destra e a sinistra del piatto, a destra e a sinistra del coltello e della forchetta. Egli solleva un poco il deretano dalla sedia. Egli si piega sulla tavola, così che il tovagliolo penda sul piatto vuoto, e ispeziona il contenuto delle scodelle. Quindi abbassa il deretano sulla sedia. Quindi si serve. Si riempie il piatto col forchettone, col mestolo, forchettone dopo forchettone, mestolo dopo mestolo, fino a che ha sul piatto un grosso mucchio. [...] La sua pancia tocca il bordo della tavola. Le sue cosce sono tanto divaricate, che potrebbe capirci in mezzo una testa. Le sue gambe sono avviticchiate attorno alle gambe della sedia. Egli porta alla bocca forchettate strapiene e macina con grande cura il cibo in piccoli pezzi, con lo sguardo diretto sulla scriminatura centrale di mia madre, che ora si sta servendo. [...] Nemmeno per un attimo toglie le dita dalle posate. Masticando torna a caricare la forchetta, la porta strapiena alle labbra, e mentre la tiene pronta davanti alle labbra, col coltello spinge e raccoglie i pezzi di cibo già preparati sul piatto in un mucchio. [...] Niente muove la sua faccia come il mangiare. Come s'allarga, si arrotonda, come si sollevano e ricadono le sue guance, e con le guance i rigonfi, e con i rigonfi gli occhiali per la lettura, che egli porta anche mangiando, e sotto gli occhiali gli occhi, che si stringono e si allargano, che masticando dirige sulla scriminatura centrale di mia madre.[12]

6.1.10 Accelerazioni

Non solo il rallentamento, ma anche l'accelerazione produce straniamento. Ecco un esempio da Tolstòj: riassumendo velocissimamente in poche righe la caduta dell'*ancien régime*, la rivoluzione del 1789 e l'avventura napoleonica, il grande russo riesce a darci l'impressione che la storia stessa sia ridicola e del tutto priva di senso.

> Luigi XIV era un uomo molto orgoglioso e sicuro di sé. Aveva le tali e tali amanti, e i tali e tali ministri, e governò male la Francia. Gli eredi di Luigi XIV furono anch'essi uomini deboli, e anch'essi governarono male la Francia. A loro volta ebbero i tali e tali favoriti e le tali e tali amanti. Per di più c'erano a quel tempo certe persone che scrivevano libri. Alla fine del XVIII secolo si riunirono a Parigi circa due dozzine di persone, le quali cominciarono a dire che tutti gli uomini sono liberi e uguali. A causa di ciò, in tutta la Francia i cittadini presero a trucidarsi e ad affogarsi l'un l'altro. Questa gente uccise il re e moltissimi altri. A quel tempo c'era in Francia un uomo di genio: Napoleone. Egli sconfisse tutti dappertutto, cioè uccise moltissima gente perché era un uomo di genio; e, per qualche ragione, andò a uccidere gli africani, e li sterminò così bene, fu così abile e astuto che, tornato in Francia, ordinò a tutti di obbedirgli, cosa che essi fecero. Proclamatosi imperatore, ripartì per uccidere altre masse di persone in Italia, Austria e Prussia. E anche là ne uccise moltissime.[13]

12 G. Elsner, *I nani giganti*, tr. I. Pizzetti, Einaudi 1965, pp. 7 sgg.
13 L. Tolstòj, *Guerra e pace*, tr. E. Cadei, Mondadori 1990, Epilogo, II, 1.

■ L'effetto d'insieme è appunto quello d'una violenta accelerazione dei processi storici. Vediamo però ora come Tolstòj ottiene questo effetto.

1. Tolstòj fa la parodia dei testi storici del suo tempo, sottolineando fino al grottesco la loro tendenza a semplificare i fatti e a imputarli solo a grandi personaggi che interagiscono fra loro come in una sorta di operetta o *music-hall*.

2. Tolstòj inoltre fa il verso a uno scolaro, o a un uomo semplice, che cerca di imparare quella massa di dati storici il cui ordine e senso però gli riescono evidentemente incomprensibili.

3. Infine Tolstòj mostra che la Storia, quella vera, è – almeno da un punto di vista razionale – davvero un caos di azioni strane e sconnesse, un vero e proprio catalogo disordinato. Per suscitare questa impressione egli impiega alcuni mezzi specifici: *a.* le *ellissi* e cioè i passaggi bruschi da una fase storica all'altra con l'eliminazione delle fasi intermedie: ciò imprime una grande accelerazione alla rappresentazione del movimento storico; *b.* la *demotivazione*: si raccontano i fatti ma non si dicono le ragioni che hanno spinto i protagonisti ad agire in quel modo, così che le loro azioni ci appaiono insensate; *c. da certe cause discendono conseguenze totalmente sproporzionate e incongruenti* («due dozzine di persone... cominciarono a dire che tutti gli uomini sono liberi e uguali. A causa di ciò, in tutta la Francia i cittadini presero a trucidarsi e ad affogarsi l'un l'altro»); *d.* l'*ipersemplificazione:* i protagonisti di avvenimenti immani sono ridotti a un numero ridottissimo di persone che manipolano in vari modi masse totalmente passive e istupidite.

4. C'è da osservare infine che questo tipo di tecnica straniante può essere impiegata sia da coloro che non credono che la storia abbia un senso, sia da coloro che vogliono criticare le modalità tradizionali di rappresentazione storiografica a favore di rappresentazioni più complesse.

Esercizi Applichiamo il procedimento a recenti fatti di cronaca nazionale e internazionale: *a.* si consideri una recente crisi di governo e la si riscriva mettendo in evidenza gli elementi ridicoli e strambi, e cioè la dimensione di commedia dentro cui si muovono protagonisti che si prendano fin troppo sul serio; *b.* si consideri una crisi internazionale drammatica e la si racconti mettendo in risalto gli elementi assurdi e cioè la gratuità delle violenze in atto.

6.1.11 Il metodo retrogrado

Adesso giochiamo a *riavvolgere all'indietro* la pellicola della storia da narrare. Invece di partire da A e poi passare a B e così via; partiamo da Z per poi passare a V fino ad arrivare a A. I casi simili sono rari in letteratura. Possiamo citare il Pinter di *Tradimenti,* una commedia in cui si parte con una scena di separazione tra due amanti e poi, scena dopo scena e sempre retrocedendo, si arriva fino al momento in cui il loro amore era cominciato. Ma sono testi troppo complessi per portarli a esempio. Ecco quindi un *testo retrogrado* costruito *ad hoc*:

> Allora capii: s'era liberata di tutt'e due con un colpo solo. Mi, anzi *ci* aveva incastrati entrambi. Infatti: mai nessuno m'avrebbe creduto. E tutto era successo talmente all'improvviso. I carabinieri non li avevo nemmeno sentiti venire. Era come se avessero assistito a tutta la scena, lasciandomi fare... Non potevo

crederci ancora. Eppure lui era lì a terra irrimediabilmente morto. Sì, sì, ero stato io a sparare, certo. Io sparo, lui cade. Io sparo, lui cade... come in un film. Ma non avevo voluto. Il colpo era partito, come d'incanto. Oppure avevo voluto? Rivedo la scena: lui che ride e ripete: «Spara». Teatrale. Come sempre. E odioso. Io stringo la pistola nella mano ma certo non voglio sparare. No, non volevo sparare. In quel momento non capivo nemmeno come mai avevo quella pistola. Io con una pistola in pugno? Avevo pensato: è ridicolo. E poi l'avevo estratta solo per spaventarlo un poco, per mettergli paura, credo. Fino a quel momento non ci avevo neanche pensato. M'ero accorto che c'era qualcosa che mi pesava dentro la tasca, che mi graffiava la coscia. È la pistola! mi sono detto quasi con meraviglia. Dev'essere stato quando lui ridendo m'ha detto: «Sei patetico», sempre restando seduto e più che mai a suo agio. Era troppo. Gli avevo detto: «Lasciala stare, lei adesso è mia». E mi sono levato in piedi, come per dare maggiore importanza a quella mia goffa dichiarazione. Ma non era turbato. Immaginate la scena: due uomini seduti uno davanti all'altro nella mezza luce di un nebbioso crepuscolo che discutono. Lui non è turbato, no. Anzi: è ironico e sicuro di sé. Quando aprì la porta e mi vide assunse subito quell'aria ironica e sicura di sé: «Accomodati». Come se non fossi stato il suo rivale. A me invece già mentre facevo le scale il cuore mi balzava in gola. Cercavo di immaginare quello che sarebbe successo tra noi. Una resa dei conti? Impossibile. Sono un uomo tranquillo, mi ripetevo. E era stato in quel momento, mentre salivo le scale, che avevo sentito per la prima volta quello strano oggetto duro e pesante che ballava dentro la mia tasca. Era una giornata d'autunno: netta e chiara, primaverile. E c'era anche gente seduta all'aperto che sorseggiava l'aperitivo. Camminavo come un automa. E pensavo: ora mi fermo e lascio perdere tutto. Ma una strana forza mi spinge in avanti. È la forza dell'amore? Eppure quando l'avevo lasciata mi pareva d'aver capito che non era amore. E allora come avevo fatto ad accettare quella sua follia, a stare ancora una volta al suo gioco? Una scena ridicola: lei che mi consegna una pistola e io che le dico: «Ma se non so nemmeno come si usa...». Era pallida e bella mentre mi sussurrava: «Fra te e me c'è solo lui. Poi saremo felici». Potevo crederle? Potevo resisterle? «Io non ne posso più» ripeteva «tu non puoi accettare che io sia sua». Intorno c'era il rumore dei bambini che giocavano. Mi pareva tutto così innocuo. Era l'ora che precede il crepuscolo, quando le mamme richiamano i bambini dai loro giochi e si dispongono a lasciar libere le panchine alle giovani coppie. La vidi arrivare lungo il viale del parco e d'improvviso la sentii lontana come mai l'avevo sentita. Più si avvicinava e più la sentivo allontanarsi. Uno strano appuntamento, avevo pensato: nel parco, tutti ci avrebbero potuti vedere. Come se volesse sfidarmi. E già sentendola al telefono avevo percepito la sua ansia. Le chiesi: «C'è qualcosa che non va?». «No, niente di particolare» aveva detto «solo che voglio vederti». «Non posso» avevo risposto. «Non puoi ma devi» aveva ribattuto. E dire che era un pomeriggio come tanti altri, pigro, noioso, nessuno in ufficio, quando il telefono d'improvviso aveva squillato...

Esercizi **1**. La narrazione retrograda si presta particolarmente per raccontare storie nelle quali agisca fortemente la fatalità: poiché di ogni avvenimento, nel momento in cui viene raccontato, si conoscono già le conseguenze, esso apparirà inevitabilmente dettato dal destino.

2. Per praticità, prima scrivete la storia nella sua forma normale, poi esercitatevi a riscriverla: oppure pigliate una storia già bell'e fatta e rovesciatela come un calzino. Attenzione però a non confondere questo procedimento con quello del *flashback*, che parte da un punto X del passato ma poi risale normalmente – e cioè progressivamente – verso l'istante presente. Qui si tratta di partire dall'istante presente e risalire passo passo fino al punto d'origine della storia.

6.1.12 Indovinelli

L'indovinello è una piccola forma letteraria basata obbligatoriamente sullo straniamento. A cosa mira infatti l'indovinello se non a rendere strane le cose normali per ritardare il momento del loro riconoscimento? Ecco come Gianni Rodari ci insegna a fabbricare indovinelli:

> Sono tre i passaggi obbligatori per arrivare a formulare l'indovinello. Possiamo provare il funzionamento della regola con un oggetto qualunque. Per esempio una penna.
>
> PRIMA OPERAZIONE: straniamento. Dobbiamo definire la penna come se la vedessimo per la prima volta. È un bastoncello per lo più di plastica, in forma di cilindro o di parallelepipedo a più facce, terminante con una punta conica che ha la caratteristica, se la si strofina su di una superficie chiara, di lasciare un segno ben visibile.
>
> SECONDA OPERAZIONE: associazione e comparazione. La "superficie chiara" della definizione si presta ad aperture, per via di immagini, ad altri significati. Il foglio di carta bianca può diventare qualsiasi altra superficie bianca, da un muro a un campo di neve. Per analogia, quello che su un foglio bianco è un "segno nero", su un "campo bianco" può diventare un "sentiero nero".
>
> TERZA OPERAZIONE: la metafora finale. Siamo pronti per una definizione metaforica della penna: «È qualcosa che traccia un sentiero nero su un campo bianco».
>
> Una QUARTA OPERAZIONE – non indispensabile – consiste nel dare una certa forma attraente in sé alla definizione misteriosa. Molto spesso gli indovinelli la formulano in versi. Nel nostro caso è facile:
> *Su un campo bianco*
> *traccia un sentiero nero.*[14]

14 G. Rodari, *op. cit.*, pp. 46 sgg.

7

Monologhi dialoghi chiacchiere sproloqui

7.1 Monologhi

7.1.1 Il monologo comune

Una storia non è fatta solo di azioni e descrizioni. C'è un terzo elemento importante: il dialogo. Far parlare i personaggi con tono e voce naturali, e secondo un ritmo giusto, è cosa difficilissima. Ecco perché ora ci dedicheremo a brani dove i personaggi parlano e qualche volta straparlano. Molti di questi monologhi e dialoghi sono tratti da *pièces* teatrali, ma risulteranno comunque utilissimi a chi intende scrivere racconti. Il monologo teatrale ha una lunga e nobile tradizione. In esso, di solito, il personaggio rivela le intenzioni e i pensieri più segreti: e perciò il monologo è un momento di grande drammaticità e intimità con il pubblico (basti pensare all'«Essere o non essere...» di Amleto). Ma ora, per farci la mano, cominciamo con un uno di quei monologhi che noi stessi produciamo o ascoltiamo più volte al giorno come se niente fosse: il monologo dell'uomo comune, del signor tutti-noi. È tratto da un testo teatrale di Raffaello Baldini e sarebbe nel dialetto di Sant'Arcangelo di Romagna. Ve lo diamo in italiano, che così lo capite e comunque non perdete la vivacità del testo. Eccolo il nostro uomo seduto davanti alla televisione dove hanno appena finito di parlare di economia cinese e giapponese. La spegne:

> Insomma, io, cinesi, giapponesi, non capisco niente, per me sono tutti uguali, come fai a? che differenza c'è? Che ho domandato a tanti, nessuno è stato capace di dirmi, anche gente che le cose le sa, e in vece, ma va là, tutti discorsi, non sanno niente nemmeno loro, che una differenza ci deve essere, di' quel che vuoi, se no sarebbero o tutti cinesi o tutti giapponesi, solo che, vai a capire, anche adesso li guardavo, sembrano fatti con lo stampino, hanno tutti quegli occhi, che gli occhi a mandorla possono anche essere belli, quella di *Lanterne rosse*, quella è bella davvero, poi non so, quel naso schiacciato, come devo dire, hanno delle facce, sembrano tutte frittate...
> Che sono uno sterminio, se li metti insieme, se si mettono insieme, vedevo lì, Tokio, Pechino, le strade piene, una fiumana di gente, camminano, camminano, ma dove vanno? Che se non li fermano, adesso è un po', anche loro, che cercano di controllare, di limitare, perché dargli da mangiare a tutti, mica è uno scherzo, quanti sono? Diceva Brioli nel caffè, solo i cinesi sono più di un miliardo, poi i giapponesi, che saranno, loro sono meno, non hanno neanche il posto, sono tre o quattro isole, ma passano i cento milioni, secondo me, saranno centoventi, centotrenta milioni...
> Che poi, anche se arrivi a riconoscerli, da poter dire: quelli lì sono cinesi, quelli là sono giapponesi, e dopo? Come fai, mettiamo, coi giapponesi, questi sono tutti giapponesi, e dopo? come fai, mettiamo, coi giapponesi, questi sono tutti giapponesi, puri, garantiti al limone, come fai a riconoscerli tra loro, che si somigliano ancora di più, no? è peggio di prima, come fai a capire chi è quello lì,

> chi è quello là, che loro invece, perché tanto, s'innamorano anche loro, anche lì ci sarà, che uno, quando è innamorato piange, urla: voglio quella, voglio quella, voglio quella, quella chi? Che sono tutte uguali.[1]

■ Alcuni accorgimenti per scrivere un monologo come questo:

1. Dovete saper *associare liberamente* a partire da qualsiasi occasione. Dovete possedere l'arte di saltare di palo in frasca, proprio come fa uno quando pensa o parlotta tra se e sé. In un monologo come questo non dovete prendere in considerazione i grandi problemi dell'umanità. O meglio, fatelo, ma in modo indiretto, parlando d'altro, parlando di questo e di quello, con leggerezza (il personaggio di Baldini in fondo si interroga sugli stessi temi di Amleto: ma lo fa alla buona, da uomo semplice qual è, quali siamo un po' tutti).

2. Il personaggio parla attraverso *grandi frasi* senza punti fermi, senza rispettare le gerarchie grammaticali (attenzione: sembra facile, ma non lo è, pur non rispettando la grammatica il monologo fluisce benissimo); ci sono molti anacoluti, molte frasi interrogative, nominali, ecc. Si passa da un paragrafo all'altro all'improvviso, attraverso i puntini di sospensione.

3. Il personaggio parla da solo ma è sempre come se si rivolgesse a qualcuno di imprecisato che però è *lì* («ma va là... dì quel che vuoi... come fai, mettiamo, coi giapponesi...»); l'*interlocutore immaginario* rende più naturale il monologo (è come se il personaggio apostrofasse, interrogasse qualcuno dentro e fuori di lui, per ottenere risposte alle sue strane domande).

4. Un po' come nel flusso di coscienza, anche in questo caso bisogna saper giocare con l'implicito, il sottinteso (a es. non è importante specificare chi sia mai il Brioli del caffè); chi parla a voce alta con se stesso non spiega quel che lui sa già. Il difficile è gestire l'implicito (una delle arti più sofisticate) riuscendo comunque a non perdere il filo del discorso e della comunicazione. Quando poi spiegare diventa inevitabile, bisogna farlo in modo spontaneo, senza dar l'impressione di farlo a beneficio del pubblico, ma come se il personaggio stesso dovesse ricapitolare a se stesso certi fatti e conoscenze.

7.1.2 Un dialogo a una voce soltanto, ovvero: il monologo telefonico

È uno dei monologhi più comuni, eppure difficilmente ci accorgiamo della sua stranezza: parliamo del *monologo telefonico*. Quante volte, ascoltando (più o meno volontariamente) una persona che telefonava, abbiamo cercato di immaginare l'altra metà della conversazione?

> Pronto! ah, tesoro, sei tu?... avevano interrotto... No, no, aspettavo; il telefono chiamava, io staccavo e non c'era nessuno... Certo... ma sì, sicuro... Hai sonno... Sei stato buono a telefonare... tanto buono (*Piange*)... (*Pausa*)... No, sono qui... Cosa?... Perdonami... è assurdo... niente, niente... Non ho niente... ti giuro che non ho niente... È così... niente. T'inganni... Assolutamente come prima... solo che, lo capisci, si parla, si parla, e non si pensa che bisognerà tacere, riagganciare, ricadere nel vuoto, nel buio... e allora (*Piange*)... Oh! caro, nulla di grave, non spaventarti... Però mentivo mentre ti descrivevo il mio abito e ti dicevo di aver pranzato da Marta... Non ho pranzato, non ho il vestito rosa. Ho un cappotto

1 R. Baldini, *Zitti tutti!*, Ubulibri 1993, pp. 16 sgg.

sulla camicia, perché a furia di aspettare la tua chiamata, di guardare l'apparecchio, di sedermi, di alzarmi, di camminare in lungo e in largo, diventavo pazza, pazza![2]

■ Come qualcuno avrà indovinato, questa donna sta parlando con il suo ex amante: che l'ha lasciata, è vero, ma è comunque un uomo sensibile e le ha telefonato per sentire come va. In questo caso, più che di monologo dobbiamo parlare di "dialogo a una voce sola". Possiamo anche parlare di testo *ellittico*. Occorre prima di tutto cogliere il ritmo del parlato telefonico che è fatto di pause, di sospensioni a mezzo della frase, di improvvisi arresti e partenze. Le battute mancanti dell'interlocutore inoltre devono poter essere recuperate dal lettore, per via induttiva, a partire dalle battute del monologante. Si devono però evitare modi troppo evidenti di integrazione delle ellissi (del tipo: «Ah sì? Per te io sono una nevrotica? E tu cosa ti credi di essere? Ah, un uomo con la testa sulle spalle? Ti dico io che cos'hai sulle spalle, caro mio. Il nulla. Il nulla assoluto. Come sarebbe, meglio il nulla che una testa come la mia?» e così via).

Esercizi Prima di scrivere un monologo telefonico dovete aver ben chiaro il tipo di rapporto che intercorre fra i due partner. Più il rapporto è definito e meno la telefonata corrisponderà a una insulsa pappa linguistica, tipo: «Ah... Sì... No... Beh... Però...». Proviamo qualche situazione: *a.* un figlio deve confessare al padre di avergli distrutto l'automobile; *b.* un ragazzo deve fare una dichiarazione d'amore a una ragazza; *c.* una donna deve spiegare a un'amica che lei e il marito dell'amica si amano e desiderano vivere insieme; *d.* un regista teatrale deve spiegare a un'attrice perché intende avvalersi, per il prossimo film, di un'attrice più giovane.

7.2. Dialoghi

7.2.1 Botta e risposta, ovvero: la sticomitia

Il senso del dialogo è soprattutto il senso del *botta e risposta*. Sta cioè soprattutto nel ritmo. I grandi maestri della drammaturgia ne erano enormemente dotati e perciò i loro dialoghi risultano così vivaci. Ecco un esempio tratto dalla *Putta onorata* di Carlo Goldoni. C'è un nobile scapestrato e libertino che cerca di sedurre una ragazza onorata e già promessa in moglie. Lui ci prova ma lei non ci sta:

OTTAVIO Venite qua; sedete. (*Il marchese siede*
BETTINA Mi no son straca.
OTTAVIO Ma perché volete star in piedi?
BETTINA Perché voi vegnir granda.
OTTAVIO Grande siete abbastanza. Sarebbe bene che diventaste un poco più grossa.
BETTINA A ela no gh'ho da piaser.
OTTAVIO Forse sì.
BETTINA Oh, mi ghe digo de no.

2 J. Cocteau, *La voce umana*, tr. M. Zini, Einaudi 1989, p. 13.

OTTAVIO No certo?
BETTINA No seguro.
OTTAVIO Ma sedete qui un poco.
BETTINA Non posso in verità.
OTTAVIO Non potete? Perché?
BETTINA Perché no vogio.
OTTAVIO Bene. Dunque mi leverò io. [...] Ditemi, sono d'oro quei smanigli? (*accostandosi*
BETTINA Sior sì, d'oro. (*con cera brusca*
OTTAVIO Lasciateli un poco vedere.
BETTINA Che el vaga a veder la roba soa.
OTTAVIO Non siate così ruvida.
BETTINA Per lu no son né ruspia, né molesina.
OTTAVIO La mano si tocca per civiltà.
BETTINA Mi no son civil, son ordenaria.
OTTAVIO Dunque datemi la mano per obbedienza.
BETTINA Che el vaga a comandar a le so massère.
OTTAVIO Io non pretendo comandarvi; ma vi dico bene, che un cavaliere par mio merita più rispetto.
BETTINA Mi no so più de cussì, e se no ghe comoda, che el se la bata.[3]

■ **1**. Questa tecnica è detta *sticomitía* ed è un buon esercizio per farsi la mano con il dialogo. Prevede battute brevi e contrastanti: «Signor sì», «Signor no». I due personaggi sono in disaccordo e si punzecchiano. Una battuta è quasi lo specchio rovesciato dell'altra. Il tutto può essere paragonato a una schermaglia. Notiamo come i personaggi sembrino anche muoversi come nella scherma: si avvicinano, si allontanano, tentano di acchiapparsi, si sottraggono, si voltano le spalle, si guardano in faccia...
2. Con la sticomitia si rendono facilmente i conflitti: ma si possono realizzare anche scene d'amore («Mi ami?», «Sì!», «Ma quanto mi ami?»; «Tanto...», «Tanto quanto?», «Tanto tanto...»), contrattazioni, interrogatori («Cosa ne hai fatto, del coltello?», «Quale coltello?», «Andiamo, non fare il finto tonto...», «Non so di cosa lei stia parlando, commissario»), scambi di pettegolezzi («E poi?», «E poi niente, lui se n'è trovata un'altra», «Ma da quanto?», «Eh, non ha mica aspettato tanto...», «E lei?»), e così via.

7.2.2 Il dialogo comune

Una delle cose più difficili è scrivere un dialogo normale, naturale, che abbia il sapore della realtà. Molto spesso gli scrittori non riescono a restituirci un ritmo credibile e sbagliano i toni e i tempi. Harold Pinter è invece un maestro assoluto in questo campo. Siamo in un bar all'aperto. C'è un barista, un vecchio appoggiato a un banco e due giovani, Seeley e Kedge:

VECCHIO Ehi... (*I due si voltano*). Il vostro amico era qui un momento fa.
SEELEY Che amico?
VECCHIO Ha preso una tazza di tè, vero Fred? Lì, su quella panchina. [...]

3 C. Goldoni, *La donna di garbo. La vedova scaltra. La putta onorata*, Mursia 1984, pp. 224 sgg.

SEELEY Ah sì?
VECCHIO Sì, era proprio seduto lì. Ha preso la sua tazza e si è messo a sedere, vero Fred? Sembrava piuttosto compresso.
KEDGE Cosa?
BARISTA Depresso. Vuol dire depresso.
SEELEY Non mi meraviglia, se pensi come ha giocato sabato.
KEDGE Me lo devi raccontare. Ancora non me l'hai raccontato. [...]
SEELEY Ecco, quando si è saputo che tu non potevi giocare, Gidney ha messo Albert terzino sinistro.
KEDGE Ma è un mediano sinistro, lui.
SEELEY È un mediano sinistro, lo so, e lo dissi a Gidney: perché non ci vai tu, gli dissi. No – dice lui – io devo restare dove sono. Sono imbattibile io come centromediano.
KEDGE Ha detto così?
SEELEY Proprio così. E indovina chi c'era all'ala destra? Connor.
KEDGE Chi? Tony Connor?
SEELEY Ma no, tu Connor lo conosci. Non ti ricordi? Se ci hai giocato contro anche tu.
KEDGE Oh lui – come si chiama – Micky Connor.
SEELEY Proprio lui.
KEDGE Credevo che non giocasse più.
SEELEY Cosa dici. Gioca per la squadra dei tipografi. Ala destra dei tipografi.
KEDGE È bravo quel Connor, no?
SEELEY Sta a sentire. Prima di cominciare la partita ho avvertito Albert: con Connor all'ala destra tu fai il tuo gioco solito. Gliel'avrò detto cento volte prima di cominciare.
KEDGE Ma che gli serviva fare il gioco solito? Lui è un mediano sinistro, non è un terzino sinistro.
SEELEY Sì, ma è buono in difesa, no? Ecco perché gli ho detto di fare il suo gioco solito. Non ti devi preoccupare di Connor – gli ho detto – è un bravo giocatore ma non bravissimo.
KEDGE Per esser bravo è bravo.
SEELEY Nessuno dice di no. Ma non è bravissimo. Non è un fuoriclasse. Mi spiego?
KEDGE È veloce?
SEELEY Veloce, ma non poi così veloce.
KEDGE (*dubbioso*) Beh, poi non così veloce.
SEELEY E Levy? Era veloce?
KEDGE Beh, Levy era uno scattista.
SEELEY Correva. Sapeva correre e basta.
KEDGE Sapeva muoversi.
SEELEY Ma sta a sentire che ha fatto Albert. L'ha tagliato fuori. Non l'ha lasciato giocare. E Levy è molto più veloce di Connor.
KEDGE Sì ma non è così furbo però.
SEELEY E Foxall, allora?
KEDGE Chi? Lou Foxall?
SEELEY No. Tu stai parlando di Lou Fox e io parlo di Sandy Foxall.
KEDGE Ah, l'ala?
SEELEY Proprio lui. Gran giocatore Foxall. Ma Albert, sai che ha fatto? Ha fatto il suo solito gioco, lo ha lasciato fare e poi lo ha liquidato. E Connor non è all'altezza di Foxall. Se Albert avesse fatto il suo solito gioco. Invece ha fatto un gioco che non era il suo.

KEDGE Quanti ne ha segnati Connor?
SEELEY Tre lui e cinque in tutto.[4]

■ In questi dialoghi l'argomento dev'essere comune, banale, ozioso. Si deve far sentire che si parla tanto per passare il tempo, per mantenere la comunicazione. Le battute saranno preferibilmente brevi con costrutti sintattici semplici, sciatti e se occorre scorretti. Le frasi possono essere lasciate in sospeso ed è consigliabile l'uso delle interiezioni: «Ah, oh, boh...». Il filo logico del discorso viene continuamente perso e ritrovato. Certe formule o espressioni vengono ripetute. I personaggi non devono comunque essere rappresentati come macchiette o tipi; devono invece apparire come seriamente impegnati nel dialogo.

Esercizi Ci sono luoghi che favoriscono le conversazioni di questo tipo: gli scompartimenti di treno, le sale d'aspetto di medici e dentisti, i bar, le botteghe di barbiere, i taxi, la spiaggia. Anche il repertorio di queste conversazioni è tipico: le malattie, le donne (per gli uomini), gli uomini (per le donne), la politica, la cucina, i soldi, lo sport, i prezzi, e così via. Senza dimenticare l'argomento principe: il tempo.

7.2.3 La conversazione

La *conversazione* ha una struttura diversa dal dialogo. Prima di tutto la conversazione è polifonica. Inoltre essa rivela una certa tendenza alla dispersione e alla *digressione*. Di solito i partecipanti a una conversazione, pur avendo un tema, tendono a variarlo continuamente. I discorsi che si tengono intorno a una tavola imbandita o in un comodo salotto sono spesso caratterizzati da questo tono volatile, leggero, disimpegnato. Gli antichi sostenevano che «verba volant, scripta manent», e infatti non è sempre facile rendere per iscritto questa andatura del discorso così essenzialmente e sfuggentemente orale. Tolstòj fu un maestro insuperato nell'arte di rendere le conversazioni. Nel prossimo brano ne ascolteremo una che si tiene in un salotto bene moscovita poco prima dell'invasione di Napoleone.

«La morte del duca d'Enghien», disse *monsieur* Pierre, «fu una necessità di stato; e io appunto vedo la grandezza d'animo di Napoleone in ciò che egli non temette di assumere da solo la responsabilità di quell'atto».
«*Dieu! Mon Dieu!*», mormorò Anna Pàvlovna in tono di spavento.
«*Comment, monsieur Pierre, vous trouvez que l'assassinat est grandeur d'ame?*» disse la piccola principessa, sorridendo e avvicinando a sé il lavoro.
«Ah! Oh!» dissero diverse voci.
«*Capital!*», disse in inglese il principe Ippolito, e cominciò a battersi una mano sul ginocchio.
Il visconte si limitò a un'alzata di spalle. [...] «Non volete passare all'altra tavola?», chiese Anna Pàvlovna.
Ma Pierre, senza rispondere, continuò il suo discorso.

4 H. Pinter, «Una serata fuori», in *Teatro*, tr. E. Nissim e L. del Bono, Einaudi 1972, pp. 222 sgg.

«No» riprese, accalorandosi sempre di più, «Napoleone è grande, perché si è messo al di sopra della rivoluzione, ne ha represso gli abusi, conservandone tutto il buono». [...]
«Un'opera grande la rivoluzione e il regicidio?... Dopo ciò... Ma non volete passare a quella tavola?» ripeté Anna Pàvlovna. [...]
«Io domanderei» disse il visconte «come *monsieur* spiega il 18 brumaio. Quello non fu forse un inganno? *C'est un escamotage qui ne ressemble nullement à la manière d'agir d'un grand homme*».
«E i prigionieri in Africa, che egli ha fatto uccidere?» domandò la piccola principessa «È orribile!». E alzò le spalle.
«*C'est un routrier, vous avez beau dire!*» disse il principe Ippolito.
Monsieur Pierre non sapeva a chi rispondere, guardava tutti e sorrideva. [...]
«Come volete che risponda a tutti insieme?» disse il principe Andrea. «E poi in un uomo di stato bisogna distinguere le azioni dell'uomo privato, del condottiero o dell'imperatore. Così mi sembra».
«Sì, sì, s'intende» riprese Pierre, rallegrato di quel soccorso venutogli. [...] A un tratto il principe Ippolito si alzò e, con gesti, fermando e pregando tutti di rimaner seduti per un poco ancora, prese a dire:
«*Ah, aujourd'hui on m'a raconté une anecdote moscovite, charmante; il faut que je vous en régale*. [...] A *Moscou* c'è una signora, *une dame*. Ed è molto avara. Aveva bisogna di avere due *valets de pied* dietro la carrozza. E di statura molto alta. Era il suo gusto. Aveva una *femme de chambre*, anche lei molto alta. Ella disse...».
Qui il principe Ippolito si fece pensieroso; era evidente che stentava a connettere.
«Ella disse... sì, ella disse: "Fanciulla (*à la femme*), metti la *livrée* e vieni con me, dietro la carrozza, *faire des visites*"».
Qui il principe Ippolito scoppiò a ridere molto prima dei suoi ascoltatori, cosa che produsse un'impressione svantaggiosa per il narratore.[5]

■ **1**. Una conversazione prevede una molteplicità di voci. La difficoltà consiste nel saper distinguere una voce dall'altra. Cioè: ogni personaggio deve parlare con il suo stile inconfondibile.
2. La struttura della conversazione è meno rigida e strutturata di quella del *dibattito* ma è senz'altro più articolata della *chiacchiera*. Ha scritto una volta Kazimierz Brandys: «Conversazioni. Ne ho bisogno, ma solo se si adeguano alle leggi dell'interna struttura e quando i motivi secondari non lacerano il tema principale, legandosi come in un componimento musicale».[6] Ecco: una conversazione deve avere un *tema* e poi delle *variazioni* che elaborano quel tema.
3. In un racconto però questo tema è contrappuntato anche dai gesti e dai pensieri che arrichiscono le parole di significati ulteriori (i non-detti, gli impliciti).
4. Infine, in una conversazione i personaggi si affrontano sempre in una specie di *lotta* sottile e invisibile basata su seduzioni, minacce, allusioni, alleanze, esibizioni.

5 L. Tolstoi, *Guerra e pace*, v. I, tr. E. Cadei, Mondadori 1990, pp. 24-28. Nella Russia del tempo di Napoleone, nell'alta società (e tra le persone colte) il francese veniva spesso usato come lingua di conversazione. Traduciamo le battute principali: «Come, signor Pierre, voi trovate che l'assassinio è prova di grandezza d'animo?». – «È un imbroglio che non assomiglia minimamente al comportamento d'un grand'uomo». – «È un plebeo, avete un bel dire!». – «Ah, oggi mi hanno raccontato un aneddoto moscovita delizioso. Bisogna che ve ne faccia dono».
6 K. Brandys, *L'arte della conversazione*, tr. R. Belletti, e/o 1994, p. 6.

Esercizi Due tra i miliardi di conversazioni possibili.

1. Immagina una piccola schiera di personaggi: quello che deve sempre dire la sua, quello che ama la precisione, quello che capisce fischi per fiaschi, quello che dubita per principio, quello che è sempre d'accordo con l'ultimo che ha parlato, quello che si contraddice continuamente. Mettili attorno a un tavolo, o dentro uno scompartimento di treno, o dove preferisci, e farli parlare attorno a una questione di principio o a un argomento di comune interesse (dal buco nell'ozono alla comprensibilità della pittura astratta).

2. Immagina una seconda piccola schiera di personaggi, in un salotto borghese. La padrona di casa va e viene, perché deve sorvegliare le cotture, e così perde pezzi di conversazione e poi interviene a sproposito. Il padrone di casa accoglie gli invitati, e usa con tutti le stesse formule. I due figli preferirebbero moltissimo essere altrove, vengono continuamente chiamati in causa dal padre, ma rispondono a monosillabi. Gli ospiti – tre colleghi del padrone di casa, di cui due accompagnati dalla moglie – arrivano tutti zuppi perché fuori piove, e non fanno che scusarsi di sporcare il tappeto.

7.2.4 La chiacchiera

E infine eccoci alla *chiacchiera*, e cioè a quel grande mare di parole inutili e vane che circonda i pochi dialoghi veri che gli uomini riescono a scambiarsi. Basta estraniarsi un momento dalla situazione in cui ci si trova e tendere l'orecchio – ed ecco, lo sentiremo, questo concerto confuso di discorsi vacui, stupidi, assurdi, feroci... Nel brano di Cohen che abbiamo scelto, un uomo d'origine ebraica, in un'epoca che precede di poco lo scoppio della seconda guerra mondiale, si trova seduto da solo al bar e è costretto ad ascoltare le frasi che i clienti si scambiano fra loro, tanto per passare il tempo:

> [...] Che vuole la cucina d'albergo è sempre cucina d'albergo Sì ci vediamo spesso con loro Ahi mi sono sbagliata un'altra volta era sei a rovescio tipico mio Sì ma col prezzo che paghiamo potrebbero ben darci del pollo decente Le giornate si fanno sempre più corte Loro non ricevono chiunque A ogni modo possiamo dire che si va verso la primavera Sono molto benvoluti E poi molto influenti Fa piacere predicarli pardon praticarli Mi capita spesso di questi tempi di fare dei lapsus Per i golfini da bambini io comincio sempre dall'alto le maniche così posso sempre allungarle se necessario Le grandi invenzioni le facciamo sempre noi ma è all'estero che vengono sfruttate Le dirò che sono assai costipata La colpa è degli ebrei Io comincio i maglioni d'estate in primavera e i maglioni d'inverno in estate così sono sicura d'averli pronti a tempo debito Sì è sempre lo straniero a trarne profitto Bisogna sapersi organizzare Sono i grandi finanzieri a dirigere il mondo E tutti stranieri Lei ha lasciato il lutto prima del sesto mese Quel che è terribile è che il contadino abbandona la campagna La colpa è degli ebrei E allora che cosa faceva il maresciallo Li attirano le fabbriche La colpa è degli ebrei Sorrideva si sentiva l'uomo di cuore E il cinema allora Un grande soldato e un credente le due cose d'altronde vanno sempre insieme Questi balli moderni io li trovo rivoltanti Dei begli occhi azzurri sa la lealtà in persona Il governo dovrebbe interdirli Un ebreo è sempre un ebreo si ha un bel dire Oh col governo che abbiamo E poi era uno spettacolo quando ha abbracciato la bambina la bontà incarnata la semplicità del grand'uomo Questa ragazza a me dà i brividi Era istruttiva la conferenza del console

inglese e poi che bell'uomo Mi piace moltissimo il Duce ha qualcosa di marziale E nonostante ciò ha sempre la battura pronta Anche la moglie è molto molto ammodo una persona davvero distinta Sì davvero molto perbene entrambi Non come certe persone di qui So a chi allude È caduto sul campo dell'onore è una consolazione per la madre Io quando sento la musica del reggimento che vuole vibro Cioè è il cognato che ha fatto il monumento ai caduti è un artista diplomato La guerra è lì che si vede l'uomo Il popolo è fatto per essere comandato nessuno mi convincerà del contrario L'importante è essere rispettati all'estero Dreyfus ha tradito è notorio D'altronde il colonnello Henry aveva dato la sua parola d'ufficiale È tutto dire Un colonnello è sempre un colonnello c'è poco da dire È pittura degenerata come dice mio figlio Siamo stati troppo buoni Il dottor Schweitzer è il grand'uomo Io ho la sua fotografia sul suo letto. [...] Una divorziata è sempre una divorziata Sono libri che fanno riflettere Sì e che elevano lo spirito Allora lei dice dei semi di lino Vedrà è radicale Delle persone incantevoli Una grossa posizione Fa piacere praticarli Li faccia ammollare il giorno prima e li prenda al mattino Tutti particolari In ogni caso a me fanno più effetto delle prugne Gli sono chiuse tutte le porte Proverò perché a dir il vero stamane non è andata tanto bene Ma no non è sua moglie E poi la passeggiatina dopo mangiato non c'è di meglio per facilitare Oh la fede al dito non significa niente La finanza internazionale è tutta in mano loro Eh un bel colpo di scopa I vecchi domestici di una volta che erano veramente di famiglia Che morivano in famiglia Io tengo sempre il registro degli inviti da ricambiare Mussolini ha un così buon sorriso Mentre le cameriere d'oggi Scrivo sempre i menu per non rischiare delle ripetizioni con le stesse persone E pare che il Duce suoni mirabilmente il violino Tutte ladre Oh com'è carino In fondo è un tenero Ed esigenti per giunta Gli Italiani sì che sono fortunati Un immobile è sempre il miglior investimento Un immobile è sempre il miglior investimento Blum è in combutta con Stalin Tra ebrei ci si intende sempre Una bella proprietà Dei sentimenti elevati Una reputazione irreprensibile Io preferisco le prugne a digiuno Si dice che anche il pan di spezie sia molto rinfrescante Le dirò che io preferisco i clisteri[7]

■ **1.** Anche se inizialmente sembrano pezzi di discorso sconnessi, dopo un po' ci si accorge che c'è una logica struttura in questo bla-bla. Esistono cioè piani del discorso e argomenti distinguibili. Ciò permette di dare al testo un'*articolazione polifonica* che mancherebbe se esso fosse solo un'accozzaglia di frasi raccolte casualmente.
2. Ciò che comunque rende simili fra loro tutte queste chiacchiere è la loro vuotezza e inautenticità nonché la loro crescente crudeltà. Infatti piano piano ci rendiamo conto che l'opinione comune ha bisogno d'un nemico purchessia su cui rigettare tutte le colpe (in questo caso si tratta degli ebrei).

Esercizi Immagina: *a.* di essere in treno: cammini su e giù per il corridoio del vagone, e catturi frammenti di conversazione dai vari scompartimenti; *b.* di essere all'ufficio postale: fai la coda nel giorno in cui scade l'Ici, e non puoi che ascoltare la chiacchiera che prolifera attorno; *c.* di essere in una festa dove vieni presentato in sequenza a una quantità di persone, e con ciascuna di queste scambi solo parole convenzionali; *d.* di essere al supermercato e di diventare improv-

7 A. Cohen, *op. cit.*, pp. 612 sgg.

visamente telepate (può capitare), così che ti tocca percepire tutti i pensieri che la gente fa mentre guarda e compera le merci.

7.2.5 L'interrogatorio

Veniamo adesso a una forma più drammatica di dialogo. L'interrogatorio è un momento forte di molti romanzi, film, commedie. Due persone lottano e in palio c'è la verità. Ci possono essere verie modalità di interrogatorio, non tutte sono di tipo istituzionale (anche un padre può interrogare il figlio), ma tutte prevedono una diversa distribuzione dei ruoli di potere (c'è sempre chi sta sotto e chi sta sopra). Vi diamo un esempio di interrogatorio realmente avvenuto, quello a carico dell'imputato Oscar Wilde, durante un processo che terminerà con la sua condanna. È un verbale, ma grazie al personaggio assomiglia a una pièce teatrale:

> CARSON Ha letto *Il prete e il chierichetto*?
> WILDE Sì.
> CARSON Non ha dubbi che fosse sconveniente?
> WILDE Dal punto di vista letterario altamente sconveniente. [...]
> CARSON Lei se non sbaglio è dell'idea che non esistono libri immorali.
> WILDE Infatti.
> CARSON Posso concludere che secondo lei *Il prete e il chierichetto* non era uno scritto immorale?
> WILDE Era peggio che immorale. Era scritto male. [...]
> CARSON Ritiene il racconto blasfemo?
> WILDE Ritengo che abbia violato ogni canone di bellezza artistica.
> CARSON Questa non è una risposta.
> WILDE È l'unica che so dare. [...]
> CARSON Per quanto riguarda le sue opere, lei posa a non badare alla moralità o all'immoralità?
> WILDE Non so se lei usi la parola «posare» in un senso preciso.
> CARSON Non è una sua parola favorita?
> WILDE Crede? Ma io in questo campo non ho pose. Quando scrivo una commedia o un libro, mi occupo – esclusivamente di letteratura – ossia di arte. [...]
> CARSON Quando un libro è scritto bene, per quanto immorale possa essere, secondo lei è un buon libro?
> WILDE Sì, se è scritto così bene da suscitare un senso di bellezza. [...]
> CARSON Allora un libro ben scritto che sostenesse dei principi morali corrotti potrebb'essere un buon libro?
> WILDE Nessuna opera d'arte sostiene mai dei principi. I principi appartengono a chi non è artista.
> CARSON Un romanzo corrotto potrebb'essere un buon libro?
> WILDE Non so cosa intenda lei per romanzo «corrotto».
> CARSON [...] *Dorian Gray* si presta a essere considerato tale.
> WILDE Solo da parte di bruti e illetterati. Le opinioni dei filistei in arte sono di una stupidità incalcolabile. [...]
> CARSON La maggior parte della gente rientra nella sua definizione di filistei e illetterati?
> WILDE Ho trovato delle meravigliose eccezioni.[8]

8 O. Wilde, *Saggi*, tr. M. d'Amico, Mondadori 1981, pp. 260-265.

■ L'interrogatorio mima quasi un'azione fisica: l'interrogante cerca di chiudere in un angolo l'interrogato, quest'ultimo tenta di divincolarsi dalla presa mortale. Il bello e il tragico dell'interrogatorio si ha allorché l'interrogato e l'interrogante non condividono gli stessi parametri di verità e giustizia. Carson attacca frontalmente, Wilde gli si mette continuamente a lato, *elude* abilmente le sue domande, facendo andare a vuoto i suoi colpi. Ciò gli è possibile perché non accetta mai il punto di vista di Carson circa il bello, il buono, il vero, ecc.: lo ridiscute e lo ridefinisce continuamente («Non so cosa intenda lei per romanzo "corrotto"»). Solo così può sfuggire ai suoi colpi. C'è poi qualcosa in più: la raffinatissima ironia con cui Wilde non-risponde al suo accusatore. È evidente che gli piace giocare questo ruolo, ma è anche evidente che questo gioco esaspera il suo accusatore (che in effetti gliela farà pagare).

7.2.6 La resa dei conti finale

Con le parole ci si può anche fare male, ferire, perfino uccidere. Ciò accade soprattutto quando i personaggi decidono di dirsi *tutto*. Si ha allora lo scontro frontale tra due punti di vista inconciliabili. Il brano che ora vi proponiamo è tratto da *Casa di bambola* di Ibsen e mette in scena la *resa dei conti finale* fra due personaggi che non rappresentano solo se stessi ma modi opposti di intendere la vita, il mondo. Nora, stanca di essere trattata come una bambola, sta per comunicare al marito che ha deciso di lasciare lui e i figli:

HELMER ... Come mai? Non vai a letto? Hai mutato abito?
NORA (*che ha indossato il vestito di tutti i giorni*) Sì, Torvald, ho mutato abito.
HELMER Ma perché mai? Adesso? A quest'ora...?
NORA Stanotte non dormirò.
HELMER Ma, cara Nora...
NORA (*guardando l'ora*) Non è ancor molto tardi. Siediti, Torvald; noi due dobbiamo parlarci a lungo. (*Siede a un capo del tavolo*).
HELMER Nora... che c'è? Quel viso impenetrabile...
NORA Siediti. Ci vorrà un po' di tempo. Devo dirti molte cose. [...] Ascolta quel che ti dico. È una resa dei conti, Torvald!
HELMER Cosa intendi dire?
NORA (*dopo un breve silenzio*) Eccoci qui uno di fronte all'altra... Non ti sorprende una cosa?
HELMER Quale?
NORA Siamo sposati da otto anni. Non ti accorgi che noi due, tu ed io, marito e moglie, oggi per la prima volta stiamo parlando di cose serie?
HELMER Di cose serie... che cosa vuoi dire?
NORA In otto anni... e più ancora... da quando ci siamo conosciuti, non abbiamo mai avuto un colloquio su argomenti gravi.
HELMER Avrei dovuto tenerti sempre informata di mille contrarietà che tu comunque non potevi aiutarmi a sopportare?
NORA Non parlo di contrarietà. Dico soltanto che mai abbiamo cercato insieme di vedere il fondo delle cose.
HELMER Ma, cara Nora, sarebbe forse stata un'occupazione adatta a te?
NORA Ecco il punto. Tu non mi hai capita. Avete agito molto male, con me, Torvald. Prima il babbo e poi tu.
HELMER Che cosa? Tuo padre e io... Noi che ti abbiamo amata sopra ogni altra cosa al mondo?

NORA (*scuotendo il capo*) Voi non mi avete mai amata. Voi vi siete divertiti ad essere innamorati di me.
HELMER Ma, Nora, che cosa dici mai?
NORA Sì, è così. Quando stavo col babbo egli mi comunicava tutte le sue idee, e quindi quelle idee erano le mie. Se per caso ero di opinione diversa, non glielo dicevo, perché non gli sarebbe affatto piaciuto. Mi chiamava la sua bambolina e giocava con me, come io giocavo con le mie bambole. Poi venni in casa tua...
HELMER Ti esprimi in modo strano a proposito del nostro matrimonio.
NORA (*fermamente*) Voglio dire che dalle mani di papà passai nelle tue mani. Tu regolasti ogni cosa secondo i tuoi gusti, e così il tuo gusto io lo condivisi; o forse fingevo, non so neanch'io... forse un po' l'uno e un po' l'altro, ora questo ora quello. Se ora mi guardo indietro mi sembra d'aver vissuto qui come un mendicante... alla giornata. Ho vissuto delle piroette che eseguivo per te, Torvald. Ma eri tu che volevi così. Tu e il babbo siete molto colpevoli verso di me. È colpa vostra se io non son buona a nulla.
HELMER Nora, sei assurda e ingrata! Non sei stata felice qui?
NORA No, non lo sono mai stata. L'ho creduto, ma non era vero.
HELMER Non sei... non sei stata felice?
NORA No; sono stata allegra, ecco tutto. E tu sei stato molto affettuoso con me. Ma la nostra casa non è mai stata altro che una stanza da gioco. Qui sono stata la tua moglie bambola, come ero stata la figlia bambola di mio padre. E i bambini sono stati le bambole mie. Quando tu giocavi con me io mi divertivo esattamente come si divertivano i bambini quando io giocavo con loro. Questo è stato il nostro matrimonio, Torvald.[9]

■ **1**. Le cosiddette *rese dei conti finali* hanno sostituito le scene tragiche del teatro classico, che normalmente si concludevano con un bagno di sangue. Qui invece ciò che conta sono le parole, che risuonano come ultime, definitive. Rappresentano *il momento della verità*.
2. Qualcuno deve dire a qualcun altro qualcosa che non aveva mai osato dire e di cui lui stesso ha appena preso coscienza. Si tratta di un gesto di *catarsi*, di liberazione, perfino di violenza. Nella letteratura moderna di solito equivale al momento in cui il soggetto *rifiuta i modi alienanti* e inautentici in cui era fino ad allora vissuto.
3. Perché il dialogo sia interessante è necessario che i personaggi non rappresentino mai solo sé stessi ma due modi – inconciliabili, ma entrambi con pretesa di validità universale – di intendere la vita.
4. La verità affermata da uno dei due personaggi non deve mai essere troppo razionale e scontata: essa deve contenere *un momento di violenza e estremismo* che possa spaventare il pubblico.

Esercizi Immaginiamo una coppia di personaggi che possano aver condiviso molto, ma le cui strade un giorno si separano, con tanto di resa dei conti finale: un parroco e la sua perpetua, un violinista e il suo migliore allievo, due amici di cui uno divenuto poliziotto e l'altro terrorista, due fratelli che devono spartirsi un'eredità considerevole, una prostituta e il suo migliore (ma invadente) cliente, e così via. Ricordiamo che il *leitmotiv* della conversazione sarà sempre qualcosa

9 H. Ibsen, *Casa di bambola*, tr. A. Rho, Einaudi 1963, pp. 85 sgg.

del tipo: «Tu credevi di farmi, e invece mi facevi...», «Tu ti illudevi che io, ma io invece...», «Ho sempre cercato di, ma ora tu...».

7.3 *Gag*, *sketch*, canovacci

7.3.1 Lui non sa chi sono io, ovvero: l'equivoco

Ora proporremo una serie di *canovacci*, e cioè di situazioni drammatiche basate su un meccanismo molto riconoscibile, spesso, ma non sempre comico. Sono come dei congegni drammatici, che però possiamo trovare anche in altri ambiti: nel cinema, nel romanzo, nell'avanspettacolo. Gli esempi si potrebbero moltiplicare. Qui ne diamo solo alcuni di altamente ricorrenti. Cominciamo con l'*equivoco*: qualcuno viene preso per qualcun altro. Da qui una catena di situazioni imbarazzanti, spassose, paradossali. Nell'esempio che proponiamo (tratto dall'*Ispettore* di Gogol), Chlèstakov è una specie di "vitellone" pieno di debiti che si trova per caso a passare in un villaggio della provincia russa. Alloggia in una locanda, ma non ha i soldi per pagare. Teme dunque che il proprietario lo voglia denunciare alla polizia. In effetti ecco venire da lui il Commissario. Quest'ultimo però è venuto pieno di deferenza e rispetto perché crede che Chlèstakov sia, in incognito, quell'Ispettore la cui visita è tanto attesa e temuta nel villaggio: le autorità locali in fatti sono tutte in fallo, avendo amministrato il paese nel peggiore dei modi possibili. Quando i due si incontrano ciascuno teme l'altro e nessuno riesce a capire le reali intenzioni del suo partner:

> COMMISSARIO Scusate.
> CHLÈSTAKOV Di niente.
> COMMISSARIO Il mio dovere come massima autorità cittadina mi costringe a sorvegliare affinché i viaggiatori di passaggio e tutte le persone bennate non abbiano a soffrire alcun fastidio...
> CHLÈSTAKOV (*prima balbettando, poi ad alta voce*) Che si può fare?... Non è colpa mia... Davvero; io pagherò certamente... Mi manderanno i soldi dalle mie terre. (*Bobèinskij appare sulla porta*) Lui ha assai più colpa di me: il manzo che mi fa servire è duro come un pezzo di legno; e la minestra, lo sa il diavolo cosa ci mette dentro. [...]
> COMMISSARIO (*intimidito*) Mi scusi, veramente io non c'entro per niente. Sul nostro mercato viene venduta solo buona carne di manzo. [...] Non so veramente dove lui vada a prenderla. E se qualcosa qui non è in ordine, allora... mi consenta di proporle di trasferirsi insieme a me in un altro quartiere.
> CHLÈSTAKOV No, non voglio! So già che cosa significa una simile proposta: trasferirsi in un altro quartiere. Lei vuol dire in prigione. Che diritto ha lei di mettermi in prigione? Come osa propormelo?... Sono un funzionario di Pietroburgo. Io, io, io...
> COMMISSARIO (*a parte*) Oh Dio, come s'è arrabbiato! Sa tutto: quei maledetti mercanti gli hanno raccontato tutto.
> CHLÈSTAKOV (*riprendendo coraggio*) E anche se lei ritorna con tutti i suoi gendarmi, io non ci vengo lo stesso! Mi rivolgerò direttamente al ministro! (*Batte il pugno sul tavolo*). Ma che cosa vuole insomma?
> COMMISSARIO (si *irrigidisce tremando in tutto il corpo*) Abbia pietà, non faccia di me un infelice. Mia moglie, i miei bambini... Non mi rovini...
> CHLÈSTAKOV No, non voglio! Che m'importa, se lei ha moglie e bambini io dovrei andare in prigione? Sarebbe bello [...]

> COMMISSARIO (*tremando*) Solo per ignoranza, parola d'onore, solo per ignoranza. E anche perché il mio stipendio non basta. Lo stipendio che ci passa lo Stato non è sufficiente neppure per il tè e lo zucchero. E se ho mai preso del denaro sottomano, ebbene si è trattato sempre e solo di inezie: per il mangiare e il vestiario. Quanto alla vedova del sottufficiale che avrei bastonata, sono tutte calunnie, parola d'onore! Tutte cose inventate dai miei nemici. [...]
> CHLÈSTAKOV E allora? Che mi importa di questa gente? (*Riflettendo*) Io non riesco a capire perché lei parli di nemici o di questa vedova del sottufficiale... La vedova del sottufficiale non c'entra niente. Lei non oserà farmi bastonare; ci vorrebbe altro... Ma insomma! Chi è lei in fin dei conti!... Io pagherò, darò il denaro; solo non l'ho con me in questo momento.[10]

■ Il meccanismo è semplice: *qualcuno viene scambiato per qualcun altro.* Ogni parola viene equivocata. L'equivoco si aggiunge all'equivoco portando il dialogo verso il limite dell'assurdo. La bravura consiste proprio in ciò: nel riuscire a tirare in lungo il dialogo paradossale in modo naturale e convincente.

Esercizi Proviamo a realizzare una situazione equivoca: *a.* una banda di criminali scambia un tranquillo e spaventatissimo impiegato per uno spietato boss e lo tratta con rispetto e venerazione...; *b.* un uomo importante (un Presidente) è scambiato per un folle megalomane a cui si deve lasciar dire e fare...; *c.* un uomo qualsiasi è scambiato per un uomo importante (un Presidente) e tutti sovraccaricano di senso le sue banalissime parole...; *d.* un professore universitario serissimo viene scambiato per un attor comico: qualsiasi cosa lui dica suscita un'enorme ilarità...

7.3.2 Qui lo dico e qui lo nego, ovvero: la simulazione

È un meccanismo fondamentale dell'arte teatrale. Lo si ha quando un personaggio *recita la parte d'un altro*. I dialoghi basati su questa tecnica sono spesso comici (quando il personaggio si muove goffamente nel nuovo ruolo), ma possono anche essere drammatici e inquietanti (quando il personaggio è abile e astuto e si muove fin troppo bene nel ruolo acquisito). Sono molto importanti in questi dialoghi le reazioni delle spalle del simulatore. Vi proponiamo un testo un po' drammatico e un po' comico, tratto da Molière. Tartufo è un ipocrita che fingendosi pieno di sante virtù circuisce l'ingenuo Orgone. A un certo punto Damide, il figlio di Orgone, rivela al padre di aver scoperto Tartufo mentre tentava di sedurre Elmira, la moglie di Orgone. Tartufo para il colpo con una formidabile performance di simulazione: dà senz'altro ragione a Damide con l'aria del martire che si addossa tutte le colpe, anche quelle ingiuste:

> ORGONE Cielo, che sento! È mai possibile?
> TARTUFO Sì fratello mio: io sono un malvagio, il più gran scellerato che sia mai stato al mondo. Ogni istante della mia vita non è che un peccato, la mia vita tutta intera un ammasso mostruoso di delitti e di bassezze; e vedo che il Cielo per mortificarmi ha proprio scelto questa occasione. Di qualsiasi enormità mi si accusi, io non mostrerò mai l'orgoglio di volermi difendere. Credete pure a

---

10 N. Gogol, *L'ispettore*, tr. R. Vecchione, Einaudi 1970, p. 102.

quello che vi dice, preparate tutto il vostro furore, cacciatemi di casa vostra come un malfattore: io non sarò in realtà mai tanto punito quanto lo merito.
ORGONE (*a suo figlio*) Ah, traditore, oseresti tu con queste falsità offuscare lo splendore d'una tale virtù?
DAMIDE Come! Come? L'ipocrisia di quest'anima perfida vi spingerà a smentire...
ORGONE Taci, peste maledetta!
TARTUFO Oh! Lasciatelo parlare; voi lo accusate a torto, fareste molto meglio a credere alle sue parole. Perché vorreste difendermi da una simile accusa? Che ne sapete voi di quello di cui sono capace? Vi fidate voi, forse, fratello mio, delle apparenze? Mi credete voi forse migliore per quello che vedete di me? No, no; voi vi lasciate ingannare dall'esteriore, io son ben diverso, ohimè, da quello che si crede. Tutti mi prendono per una persona per bene; ma la verità pura e semplice è che io non valgo nulla. [...]
ORGONE (*a Tartufo*) È troppo, fratello mio, è troppo. (*A suo figlio*). E il tuo cuore non è ancora vinto, infame![11]

■ **1**. Le possibilità delle scene di simulazione sono infinite. Ogni volta il simulatore deve inventarsi nuovi trucchi. In questo caso non si può non restare ammirati dall'abilità di Tartufo: la migliore tecnica di simulazione a volte è dire la verità in modo da non essere creduti. Naturalmente bisogna giocare forte con le aspettative dell'interlocutore: Tartufo può simulare perché Orgone non chiede altro che di essere ingannato.
2. Altro aspetto interessante è la gestione della *doppia natura* del personaggio. Ogni volta la natura originaria del personaggio rischia di trapelare, magari attraverso *lapsus* involontari (nel caso di Tartufo sono soprattutto i suoi appetiti sessuali che lo tradiscono continuamente): ogni volta che cadrà in errore, il simulatore non potrà limitarsi a negare (Tartufo infatti non nega di essere un uomo malvagio), ma dovrà inventarsi qualcosa per "integrare" anche l'errore nell'immagine che egli vuol dare di sé.

Esercizi Ci sono vari tipi di simulatore: *a.* il truffatore che, come Tartufo, deliberatamente finge d'essere diverso da quel che è, allo scopo di ottenere dei vantaggi; *b.* il vanesio, che discontinuamente, e di solito per reazione agli stimoli sociali, s'inventa un'identità più interessante; *c.* il burlone, che si diverte a fingersi diverso da quel che è, ma mentendo così spudoratamente da rendere chi gli crede ridicolo agli occhi di tutti gli altri; *d.* il disperato, che finge d'essere chi non è perché non ha altre risorse, ma non è in grado di reggere la finzione e viene continuamente sgamato e cacciato. Proviamo quindi a sviluppare alcuni personaggi simulatori: *a.* il guru che predica la pace dei sensi, e con la scusa del massaggio transenergetico cerca di mettere le mani addosso alle discepole più giovani e carine; *b.* lo studente povero che frequenta compagni di studio più ricchi e per non sfigurare s'inventa un padre oncologo (anziché riparatore di autoradio) e una madre germanista (anziché operaia in un maglificio); *c.* il ragazzotto che si finge pierre d'una importante discoteca per accalappiare una fanciullona con la puzza sotto il naso, e poi anziché nel locale alla moda la trascina in un'osteria da studenti e pensionati.

11 Molière, *Il Tartufo*, tr. M. Bonfantini, Mondadori 1960, pp. 251 sgg.

7.3.3 Parlare bene e pensare male, ovvero: l'"a parte"

Il prossimo pezzo, tratto da *Una frase, un rigo appena* di Manuel Puig, è costruito sull'alternanza di frasi dette e frasi solo pensate. In realtà esso sfrutta un meccanismo fondamentale del teatro: l'*a parte*. L'*a parte* è la frase che un personaggio dice tra sé e sé, ma in realtà rivolgendosi al pubblico (o nelle commedie, rivolgendosi esplicitamente al pubblico, come per sottolineare il clima di finzione), per svelare il suo vero pensiero o le sue vere intenzioni su ciò che sta accadendo. Mentre a teatro gli *a parte* sono detti, in questa pagina di Puig sono solo pensati. Sono in corsivo e suonano come sonora smentita alle frasi di circostanza enunciate dai personaggi. Le protagoniste del dialogo sono due donne che pur mantenendo buoni rapporti formali in realtà si odiano accanitamente:

> «Si può?». *mi si rovescia lo stomaco*
> «Sì, passi per favore». *la stavo aspettando. come si è messa in ghingheri la piccoletta*
> «Che belle piante ha...». *ma la casa fa schifo*
> «È l'unica cosa che mi spiacerebbe lasciare, se me ne vado da Vallejos...». *cosa guardi le piastrelle rotte del pavimento? si è tirata a lucido, la lana del cappotto è cara, il cappellino di feltro*
> «Fa un po' freddo, no?», *non ha neanche la stufa, questa baraccata*
> «Sì, mi scusi se questa casa è così fredda, venga di qua che passiamo in salotto». *cosa credevi? di trovare sporco? neanche per sogno... e invece ti ci potresti specchiare*
> «Non si disturbi, sa? A me va bene anche la cucina, se si sta al caldo...». *non ha la stufa, le è già scesa la pappagorgia, deve essere sui quarantacinque, e gli occhi con le borse*
> «Bene, se non le importa andiamo pure in cucina. Ho appena pulito, per fortuna». *credevi di pescarmi con la casa in disordine? sei una nanerottola! nanerottola! anche se ti metti il cappello per allungarti* [12]

■ Si tratta d'una tecnica semplice, ma atta a esplorare l'effettiva polifonia verbale in cui siamo tutti immersi: il *contrappunto* tra i nostri pensieri segreti e le nostre parole, tra ciò che riusciamo o possiamo o dobbiamo dire e ciò che vorremmo e però non ci è lecito dire. Il dialogo di Puig ci mostra inoltre come, di fatto, il dialogo esterno sia influenzato e modificato dal dialogo interno, come le parole rispondano ai pensieri cattivi dell'altro più che alle cose effettivamente dette da lui. In altre parole: ciò che non diciamo trapela comunque dalle nostre parole magari in forma di allusione subdola.

Esercizi Rovesciamo l'esempio di Puig, e proviamo a costruire una situazione nella quale gli *a parte* contengano pensieri piacevoli. Abbiamo un uomo e una donna di una certa età, lei vedova, lui separato. Si sono conosciuti in una bottega d'antiquario. Lui voleva comperare un comò, lei ne voleva vendere uno. Finiscono col darsi appuntamento a casa di lei, per vedere questo comò: l'antiquario dovrà stimarlo, l'uomo dovrà decidere se acquistarlo. Ma l'uomo è rimasto fol-

12 M. Puig, *Una frase, un rigo appena*, tr. E. Cicogna, Feltrinelli 1983, pp. 178 sgg.

gorato dalla bellezza della donna, è imbarazzato e se la mangia con gli occhi. La donna trova l'uomo interessante, ma un po' imbranato. L'antiquario, prima tutto preso dalla stima, non si accorgerà di nulla; poi se ne accorgerà, e tra sé commenterà divertito la situazione.

7.3.4 «Ti amo» «Due etti, grazie», ovvero: il contrappunto

È simile alla tipologia appena descritta ma non prevede gli *a parte*. O meglio: gli *a parte* diventano degli *a lato*. In sostanza, nel dialogo s'intrecciano continuamente due distinte linee di discorso. Facciamoci esemplificare la faccenda da un teorico della letteratura, Viktor Sklowski, che un po' riassume e un po' stralcia una novella di Cechov:

> In un negozio di mode un commerciante, Nikolàj Timofèič, confessa il proprio amore a una sarta, Pòlinka, e le spiega che lo studente di cui questa è innamorata la ingannerà. Durante la conversazione l'uomo vende alla ragazza vari articoli di moda e le espressioni di cui si serve, tratte dal gergo dei negozi alla moda, fanno acuto contrasto col dramma che si sta svolgendo.
> «Le penne sono adesso molto moderne. I colori alla moda, se desidera saperlo, sono eliotropo e canaque, vale a dire bordò con giallo. Abbiamo una scelta vastissima. Ma dove può portare tutta questa storia? Decisamente non lo capisco...»
> La ragazza è pallida, piange e sceglie i bottoni.
> «È per la moglie di un commerciante, bisognerà prendere qualcosa di colorito. Ecco i bottoni. Combinazione di blu e rossi, con pagliuzze d'oro alla moda. Molto vistoso. [...] No, non posso capirlo! Ma non lo vede anche lei? A che cosa porterà tutto questo? Queste... queste passeggiate».
> «Non lo so neanch'io», sussurra Pòlinka e si china sui bottoni. «Non so cosa stia succedendo in me, Nikolàj Timofèič». [...]
> «Vi sono due tipi di merletto, gentile signora. Merletti di cotone e merletti di seta. I merletti orientali, i merletti bretoni, i merletti all'uncinetto, i merletti al tombolo e i merletti valenciennes sono di cotone. I merletti rococò, i merletti a nastro e i merletti di Cambrai sono di seta... Per l'amor di Dio si asciughi le lacrime! Sta arrivando qualcuno!».
> Ma vedendo che la ragazza continua a piangere, prosegue ancora più forte: «Merletti spagnoli, merletti rococò, merletti a nastro, merletti di Cambrai... Calze di fil d'Ecosse, di cotone, di seta...»[13]

■ **1**. Il dialogo a contrappunto sembra facile, ma non è. Il suo scopo è dare il senso della continua mescolanza, che si ha nella vita, di *parole vuote* e *parole piene*, frasi banali irrilevanti vane e frasi significative importanti terribili. Nell'es. riportato il dialogo è a contrappunto perché il commerciante non osa affrontare decisamente la situazione: pur volendo dichiarare il suo amore, comunque mantiene una certa distanza dalla sartina. Lui e lei, fino a quel momento, hanno avuto relazioni professionali: lui si è sempre rivolto a lei come suo fornitore, non come suo spasimante. Il contrappunto mostra come sia difficile modificare una relazione, una volta che questa ha preso una forma definita.

13 V. Sklovskij, *Una teoria della prosa*, tr. M. Olsufieva, Garzanti 1966, pp. 97 sgg.

2. Le due linee di discorso (nel nostro es. quella comerciale e quella amorosa) devono intrecciarsi e scambiarsi in modo del tutto naturale. Il problema sono soprattutto le giunture. Si possono (e devono) fare dei "salti" improvvisi (anche a metà frase), e tuttavia il discorso deve sembrare un discorso che fila liscio. L'ideale sarebbe se ci fosse, ogni tanto, qualche frase perfettamente ambigua, che possa appartenere tanto all'una quanto all'altra linea di discorso.
3. Naturalmente può anche darsi che uno dei due personaggi non accetti una delle due linee di discorso, e torni di continuo su quella che effettivamente gli interessa; oppure può darsi che uno dei due personaggi non capisca, confonda le due linee, e provochi una serie di equivoci.

Esercizi Immaginiamo alcune situazioni nelle quali non si possa parlare che per ambiguità e contrappunto: *a.* inviti a casa il compagno di classe più carino, con la scusa di fare i compiti: mentre gli spieghi il teorema di Pitagora cerchi di fargli capire il tuo interesse per lui; *b.* sei una spia internazionale, hai appuntamento con un collega in un negozio di biberon e pannolini, lui deve darti delle informazioni importantissime ma tu temi che uno dei commessi appartenga a un'*intelligence* rivale, per cui vi comportate come due papà alle prime armi; *c.* stai attraversando l'Arizona in automobile, in compagnia di una giovane e carina autostoppista (o un giovane e carino autostoppista). Tu vuoi intavolare con lei un certo discorso, ma lei (o lui) risponde sempre commentando il paesaggio (e tuttavia facendoti capire di essere o non essere disponibile).

7.3.5 Chi più ne ha più ne metta, ovvero: l'adulazione

Pirgopolinice è il protagonista della commedia *Miles gloriosus* (cioè: «Il soldato fanfarone») di Plauto. Un tipo pieno di sé, un vanitoso che si dà arie di avere compiuto imprese guerresche fuori dal comune. Insomma un formidabile ballista. Ma la *gag* qui è basata sul gioco che si stabilisce fra lui e la sua spalla, il servo Artotrogo: da una parte Artotrogo adula il padrone, sospingendolo ancora di più verso la china dell'autoesaltazione, dall'altra però lo ridicolizza con degli *a parte* diretti esclusivamente al pubblico:

> ARTOTROGO Eccolo qua, al fianco di un eroe forte e fortunato, dall'aspetto regale. Marte non oserebbe asserire di essere altrettanto battagliero, né oserebbe paragonare le sue prodezze alle tue.
> PIRGOPOLINICE Vuoi dire quello che ho salvato nei campi gorgoglionei, dov'era comandante in capo Bumbomachide Clutumistarichide, nipote di Nettuno?
> ARTOTROGO Ricordo; alludi a quel tale dalle armi d'oro, di cui tu disperdesti le legioni con un soffio, come fa il vento con le foglie o con le canne dei tetti.
> PIRGOPOLINICE Ma questo non è niente, per Polluce!
> ARTOTROGO Certo questo non è niente – per Ercole! – a paragone di quel che potrei dire delle altre prodezze... (*tra sé*) che non hai mai fatto. (*Piano, al pubblico*) Se qualcuno dovesse trovare un uomo più impostore e più borioso di costui, mi tenga per sé: sarò il suo schiavo. Non c'è che una cosa: da lui si mangiano certi pasticci d'olive che ci si impazzisce dietro.
> PIRGOPOLINICE Dove sei?
> ARTOTROGO Eccomi. Quell'elefante per esempio, là in India. Per Polluce! come hai fatto a spezzargli un braccio con un pugno?

PIRGOPOLINICE Come un braccio?
ARTOTROGO Volevo dire una coscia!
PIRGOPOLINICE Eppure fu un colpetto da niente.
ARTOTROGO Per Polluce! se ce l'avessi messa tutta, col braccio gli avresti sfondato la pelle a quell'elefante, e attraverso le budella gli sarebbe uscito dalla bocca.[14]

■ L'adulazione è la lode sperticata e esagerata, rivolta a un uomo ricco o potente allo scopo di conquistarsene la benevolenza. Naturalmente, anche tra i ricchi e potenti, c'è chi gongola ad essere adulato, e chi invece si scoccia. Pirgopolinice appartiene alla prima categoria. Promemoria per gli aspiranti adulatori: *a.* l'adulato non solo pensa solo a sé, ma riferisce ogni cosa a sé: se dite «oggi piove», state dicendo che il cielo ha fatto lo sgarbo a lui, lui personalmente, di far piovere; *b.* l'adulato vuole essere adulato a modo suo: l'adulatore deve tenere le orecchie dritte, e intuire qual è il desiderio del momento: il riccone, a es., vorrà essere un giorno adulato per la sua generosità (che non si potrà chiamare prodigalità), e un altro per la sua avvedutezza (che non si potrà chiamare tirchieria); *c.* l'adulato va adulato non per le sue effettive, eventuali, buone qualità (Pirgopolinice potrebbe essere, per dire, un ottimo cuoco): ma va adulato proprio per i suoi difetti, ai quali però bisogna cambiare nome: la rozzezza sarà franchezza, la brutalità sarà decisione, la stupidità sarà semplicità, la violenza sarà giustizia, la lussuria sarà salute, l'avarizia sarà oculatezza, e così via.

Esercizi Un buon dialogo d'adulazione ha bisogno, com'è ovvio, di una situazione e di due caratteri, ma soprattutto di uno *scopo* per l'adulatore. Immagina: *a.* un attore d'una compagnia ambulante incontra un uomo al bar: costui lo adula perché vuole, in realtà, essere presentato alla bella prim'attrice; *b.* uno scrittore ricco è intervistato da un giornalista *free-lance* abbastanza male in arnese, che lo adula perché ha scritto anche lui un romanzo e vorrebbe che lo scrittore ricco lo presentasse al suo editore; *c.* un deputato nevrotico ha un portaborse che minaccia continuamente di licenziare; questi si difende con la più sfacciata adulazione, che peraltro di tanto in tanto il deputato trova irritante.

7.3.6 Dire e non dire, ovvero: l'insinuazione

Ora leggiamo un po' di Shakespeare. Otello, ammiraglio veneziano di pelle nera sposato con Desdemona, passeggia con il suo attendente Iago. Otello si fida ciecamente di Iago, e non immagina che egli abbia deciso – per scopi che rimarranno oscuri fino alla fine della tragedia – di instillare in lui il terribile veleno della gelosia. Ecco come Iago riesce, senza dire nulla di preciso e verificabile (e che comporti sua responsabilità) a insinuare in Otello sospetti verso il nobile Cassio.

OTELLO Cassio spesso faceva da intermediario tra me e Desdemona
IAGO Davvero?
OTELLO Davvero, sì, davvero! Che c'è di male? Non lo credi un uomo leale?
IAGO Leale, mio signore?

14 T. M. Plauto, *Il soldato fanfarone*, tr. M. Scandola, Rizzoli 1983, pp. 97-101. Non si può non segnalare la spassosissima traduzione di Pier Paolo Pasolini, in italiano fortemente romanesco, pubblicata da Garzanti con il titolo *Er vantone*.

OTELLO Leale, sì, leale.
IAGO Per quel che ne so, mio signore...
OTELLO Ma che cosa pensi?
IAGO Che cosa penso, signore?
OTELLO «Che cosa penso, signore?». Perdio, mi fa l'eco! Temporeggia come se avesse nella mente un'idea mostruosa, troppo orribile per farmela conoscere. [...] Se mi vuoi bene dimmi: che cosa pensi?
IAGO Mio signore, voi sapete quanto vi voglio bene... [...] In quanto a Michele Cassio, potrei giurare che è onesto.
OTELLO Anch'io, credo.
IAGO Gli uomini dovrebbero essere come sembrano; potessero invece non sembrare nemmeno uomini quelli che non sono come sembrano!
OTELLO Già, gli uomini dovrebbero essere come sembrano.
IAGO Dunque, io credo che Cassio sia un uomo leale.
OTELLO Però c'è qualche altra cosa che non dici. Ti prego, parlami come parli con te stesso. [...]
IAGO Ma vi prego: può darsi che il mio giudizio sia sbagliato. Lo confesso: vedere dovunque il male è il vero tormento della mia natura, e, spesso, immagino colpe inesistenti. Vi prego, dunque, di essere così saggio da non dare ascolto a uno che dà dei giudizi superficiali, e di non turbare il vostro animo per le sue strane e incerte supposizioni. Per la vostra serenità, per il vostro bene, e per la mia dignità, lealtà e saggezza, è meglio che non vi riveli i miei pensieri.
OTELLO Ma cosa stai dicendo? [...]
IAGO Dunque, prendetelo come ve lo do: è un semplice avvertimento. Non ho ancora delle prove. State attento a vostra moglie, osservatela bene quando si trova con Cassio. Ma con cautela, senza lasciarvi influenzare né dalla gelosia, né da troppa fiducia. Non vorrei che voi, così leale e generoso, foste ingannato dalla vostra bontà. [...] Ma io faccio male a dirvi queste cose: e vi supplico umilmente di perdonarmi: se parlo, lo faccio per il grande affetto che ho per voi.
OTELLO Te ne sarò sempre grato.
IAGO Vedo che le mie parole vi hanno piuttosto sconvolto.
OTELLO Ma no, ti assicuro.
IAGO Temo di sì. Non dimenticherete, spero, che quanto vi ho detto fu suggerito dalla devozione che ho per voi. Ma vi vedo agitato. Vi prego, non attribuite alle mie parole un significato più grave e un'importanza maggiore di quella che non hanno. Si tratta di un semplice sospetto.[15]

■ Si tratta di un esempio perfetto di *insinuazione*: le parole di Iago si infiltrano nell'anima di Otello lentamente, progressivamente, suscitando i suoi sospetti. Sono terribili pulci nell'orecchio dell'ammiraglio. Iago procede facendo due passi in avanti e uno indietro: questa è la sua diabolica abilità. Con le *allusioni* sveglia la gelosia del suo signore; con la *reticenza* irrita il suo desiderio di sapere; con la sua presunta volontà di *minimizzare* lascia intendere di saperne di più, molto di più; infine con le *negazioni* e le marce indietro si sottrae alla piena responsabilità delle sue parole.

15 W. Shakespeare, *Otello*, tr. S. Quasimodo, Mondadori 1981, pp. 129-137.

7.3.7 Arrampicarsi sugli specchi, ovvero: la bugia improvvisata

Leggiamo da una commedia di Eugène Labiche. Célimare deve sposarsi con Emma Colombot. In passato ha avuto parecchie amanti e non vuole che si sappia. Tra le altre la moglie di Vernouillet. Lei è morta, ma il vedovo ha concepito uno strano affetto per l'amante di sua moglie e lo va a trovare spesso. I Colombot però non lo gradiscono e hanno chiesto a Célimare di non invitarlo più. Célimare ha promesso; ma poi, spaventato dalla possibilità che Vernouillet sveli qualcosa del suo passato, ha continuato a riceverlo. I Colombot se ne accorgono:

> MADAME COLOMBOT Ah così! genero mio, cosa vuol dire questo?
> COLOMBOT Dovevate cacciarlo. Forse gli dovete dei soldi?...
> CÉLIMARE Io? (*A parte*) Ah, m'è venuta un'idea. (*A voce alta*) Più di questo: m'ha reso un servizio... Oh! ma uno di quei servizi...
> MADAME COLOMBOT, *seccata*. E quale?
> COLOMBOT E quale?
> EMMA E quale?
> CÉLIMARE Sì, ve lo dirò... (*a parte*) Bisogna che lo trovi. (*A voce alta*) Era una sera... No... Un giorno e... Faceva caldissimo... Ero finito quasi per caso in una piscina pubblica... Quand'ecco tutt'un tratto i miei due piedi s'impigliano in certi fili, sul fondo.
> TUTTI Ah! mio Dio!
> CÉLIMARE Io tiravo... Tiravo... Impossibile liberarmi... Cominciavo a fare delle riflessioni serie... «Morire così giovane!» esclamai, (*correggendosi*) mi dicevo, perché in fondo all'acqua, mica si può esclamare...
> COLOMBOT, *ingenuamente*. È vero!
> CÉLIMARE Ero a quel punto... Quando un uomo... E perché non dire il suo nome?... Vernouillet! l'intrepido Vernouillet, si precipita nei flutti.
> EMMA Davvero?...
> CÉLIMARE E aveva appena mangiato... Prendete nota di questo dettaglio! Si getta... Mi raggiunge, mi stringe la mano dicendomi: «Coraggio, Célimare, abbiate fiducia nella Provvidenza».
> COLOMBOT Nell'acqua?
> CÉLIMARE Il suo sguardo pareva dirmi: «Coraggio, Célimare!...». Poi, con un'energia... Che in lui non si sospetterebbe... Egli strappa il filo.
> MADAME COLOMBOT Con che cosa?...
> CÉLIMARE Con il coltello... (*correggendosi*) Con le unghie... Con i denti... In quei momenti lì, si prende ciò che si trova... In breve, egli m'agguanta per un braccio... E mi riconduce alla superficie in mezzo agli applausi del popolino accorso.
> MADAME COLOMBOT Straordinario!
> COLOMBOT Magnifico!
> EMMA Che brav'uomo![16]

■ **1**. Ognuno si sarà trovato in questa situazione (magari da piccolo): qualcuno ci rimprovera o ci accusa e noi, per giustificare ciò che abbiamo fatto od omesso, inventiamo una bugia. Poiché l'altro ci tiene sotto pressione, dobbiamo improvvisare: diciamo la prima bugia che ci viene in mente. Che, com'è ovvio, ha un

16 E. Labiche, «Célimare, le bien-aimé», in *Oeuvres complètes*, v. VI, Club de l'honnête homme 1966, pp. 205 sgg.

sacco di punti deboli. Così, poiché l'altro ci pungola, ci interroga, siamo costretti ad inventare bugie aggiuntive, a rilanciare, a correggerci, a spararle sempre più grosse: fino ad arrivare a una zona di pura surrealtà.
2. In questo meccanismo è tanto importante l'arditezza (o la disperazione) del bugiardo, quanto la volontà (o non volontà) dell'interrogante di credergli. Al signor Colombot, a es., basta che tutto torni: non gli importa la credibilità fatto per fatto, gli importa la coerenza del tutto, che il bugiardo abbia la risposta pronta a ogni obiezione.

Esercizi Immaginiamo situazioni improbabili, con relativi dialoghi impossibili: *a.* un marito scopre un uomo nudo nell'armadio della stanza da letto; questi sostiene di essere capitato lì direttamente dal box doccia di casa sua: forse si è aperta una falla spaziotemporale...; *b.* una notte, proprio sotto casa sua, Giuseppe incontra Antonio, suo migliore amico e collezionista di francobolli, che trascina il cadavere d'una gigantessa; richiesto di spiegazioni, Antonio s'imbarca in una storia d'amore, odio e filatelia...; *c.* Marina e Marino tornano a casa dopo il cine e trovano uno sconosciuto che sta facendo uno spuntino in cucina; costui, ovviamente un ladro, cerca di farsi passare per tecnico del gas, spedito lì dall'azienda a controllare un guasto rivelato dai sistemi automatici di controllo...

7.3.8 Parlare perché si ha la bocca, ovvero: la moscacieca

La *gag* che ora proponiamo si basa su di un difetto connaturato all'umanità: la tendenza a parlare sul nulla pur di non tacere. Il filosofo Wittgenstein, nell'ultima riga della sua più importante opera, scrisse: «Su ciò, di cui non si può parlare, si deve tacere». Sembra una banalità e invece è una profonda verità, continuamente invalidata nella pratica reale delle comuni relazioni fra gli uomini. In questo senso questi dialoghi assomigliano al gioco della moscacieca: chi li pratica va a tentoni. Qui a es. siamo in treno, nello scompartimento si trovano il comico Walter Chiari – l'autore della *gag* – e una signora. All'improvviso entra un nuovo, misterioso viaggiatore, che porta con sé una gabbietta chiusa in un sacco:

> VIAGGIATORE (*allunga una mano sotto la gabbietta e la ritrae immediatamente*) Ahi!
> CHIARI Fatto male?
> VIAGGIATORE (*indicando il dorso della mano*) Niente di grave, ma poteva andar peggio.
> VIAGGIATRICE Come ha fatto?
> VIAGGIATORE È stato il sarchiapone.
> CHIARI Chi è stato, scusi?
> VIAGGIATORE Il sarchiapone... il sarchiapone americano sta dentro la gabbietta. Appena allungato il braccio... zac... mi ha graffiato.
> CHIARI Il coso... il sarchiapone...
> VIAGGIATRICE... americano.
> VIAGGIATORE Conoscete, vero?
> CHIARI Come no? Il sarchiapone... Bisogna stare attenti coi sarchiaponi... (*Rivolto alla viaggiatrice*) Il sarchiapone, a una certa età, diventa pericoloso... (*Al Viaggiatore*) Il suo che età ha?...
> VIAGGIATORE Be', l'età media del sarchiapone americano...

CHIARI Ha l'età media... Chissà quanto mangia...
VIAGGIATORE Moltissimo...
CHIARI Carne... Il sarchiapone americano è carnivoro...
VIAGGIATORE Veramente il mio mangia di tutto. Le dirò anzi che la carne a volte la rifiuta. Preferisce le verdure, le zuppe...
CHIARI Strano... Un mio amico quando è tornato da un viaggio dall'Asia si era portato un sarchiapone ma era carnivoro...
VIAGGIATORE Ah, be'... ma era un sarchiapone asiatico... questo è americano.
[...]
CHIARI Appunto... sono un po' diversi... volevo prenderne uno anch'io... ma cosa vuole in casa, coi bambini, non mi fido... Oggi un sarchiapone americano, se è puro può valere... Quanto vale?
VIAGGIATORE Ah, il massimo che può valere un sarchiapone.
CHIARI (*alla viaggiatrice*) Ha capito? Il massimo per il sarchiapone... Io di sarchiaponi puri non ne ho mai visti...[17]

■ Naturalmente il sarchiapone non esiste (nella *gag* originale, alla fine, il viaggiatore era costretto a tirar fuori il sarchiapone dal sacco: e compariva un salvagente con l'ochetta). Però nessuno vuole ammettere la propria ignoranza ponendo magari delle domande dirette.
1. La prima tecnica messa in atto da Chiari è quella della *domanda vaga*, indiretta, allusiva, tipica di chi non vuole dichiarare la sua ignoranza. In questo modo cerca disperatamente di indurre il suo interlocutore a rivelare la vera identità del "mostro", ma fa peggio e si avvolge in continue contraddizioni e dubbi. Si tratta appunto di una indagine fatta al buio, come giocando a moscacieca.
2. L'altra tecnica usatissima in teatro è quella del *recupero*. La si ha ogni qual volta un personaggio recupera su una sua dichiarazione inadatta, tentando ancora una volta di mostrarsi all'altezza della situazione («Ah, be'... ma era un sarchiapone asiatico», «Appunto... sono un po' diversi...»).

Esercizi Qualche situazione esemplare: *a.* Umberto ha fatto un viaggio in una città lontanissima; tornato a casa, con gli amici tiene la bocca ben chiusa, come gli fossero capitate avventure straordinarie. Gli amici, per farlo parlare, cercano di dargli a intendere di aver indovinato ciò che lui cela: fanno domande improvvise, avanzano ipotesi bizzarre ecc.; Umberto risponde a monosillabi; *b.* l'onorevole Ceppaloni si reca a Bovato, paese di seimila anime, per inaugurare l'asilo «Abramo Massalongo»; ovviamente dovrà commemorare l'illustre compaesano dei suoi elettori; il portaborse gli ha scritto un bel discorso, ma com'è come non è, una volta sul palco, l'on. Ceppaloni non se lo trova più, e deve improvvisare...; *c.* Giuseppe incontra un tizio che l'abbraccia e lo bacia: «Sono Tiziano, ti ricordi?», dice, e sostiene d'essere stato compagno di banco di Giuseppe alle elementari. Giuseppe non ricorda ma sta al gioco... (Qui si può scegliere: Tiziano può essere stato veramente compagno di banco di Giuseppe, e allora Giuseppe brancolerà nel buio; o Tiziano può essere un imbroglione o uno che s'è sbagliato, e allora brancolerà lui).

17 W. Chiari, «Il sarchiapone», in I *grandi della risata*, a c. A. Bevilacqua, Mondadori 1994, pp. 187 sgg.

7.3.9 Saltar di palo in frasca, ovvero: la digressione

Un altro difetto tipicamente umano: la capacità che abbiamo un po' tutti di saltare di palo in frasca. Eccovene un esempio, ancora da una commedia di Labiche. Siamo a casa di Monsieur Bécamel; insieme a lui si trovano il suo domestico Cyprien e sua figlia Cécile; si fa annunciare un tal signor Béaudéduit, un perfetto sconosciuto che vuole parlare urgentemente con Bécamel:

> BÉCAMEL Volevate parlarmi?
> BÉAUDÉDUIT Si signore... arrivo da Parigi perciò... a cavallo!... diciotto leghe... Del resto, amo questo esercizio... infatti il cavallo...
> BÉCAMEL, *interrompendolo*. Mi scusi...
> BÉAUDÉDUIT, *scusandosi*. Ah! già! (*cambiando di tono*) Signore, ho il piacere di portarvi... una notizia piuttosto cattiva.
> BÉCAMEL, CÉCILE e CYPRIEN Come?
> BÉAUDÉDUIT Tre mesi or sono... era un bella sera primaverile, il sole imporporava l'orizzonte con i suoi ultimi riflessi dorati...
> BÉCAMEL Insomma, signore...
> BÉAUDÉDUIT, *scusandosi*. Ah! sì... (*riprendendo*) Passeggiavo sul boulevard, davanti al caffè Véron... lo conoscete?
> BÉCAMEL Sì... lo conosco. (*Si rimette in testa il cappello*)
> BÉAUDÉDUIT, *lo guarda un momento, pare colpito dalla sua maleducazione, poi si rimette anche lui il cappello in testa con affettazione*. D'improvviso... un mio amico passa di lì... mi tolgo il cappello. (*Togliendosi il cappello con ostentazione*) Sono estremamente educato, io, caro signore!
> BÉCAMEL Non ne dubito... ma questa notizia?
> BÉAUDÉDUIT, *vedendo che Bécamel non si è tolto il cappello, si rimette il suo*. Arrivo al fatto... Io mi tolgo il cappello... e, invece di rispondere alla mia gentilezza, questo... scostumato continua a camminare.
> CYPRIEN, *avvicinandosi a Béaudéduit*. Ah! questo non va bene!
> BÉAUDÉDUIT, *a Cyprien*. Amico mio, io non ho l'abitudine di raccontare delle storie ai domestici. (*A Bécamel*) Questo scostumato continua il suo cammino...
> BÉCAMEL Io però non vedo...
> BÉAUDÉDUIT Punto sul vivo, lo rincorro, lo afferro per l'abito, all'angolo del faubourg Montmartre, e lo riconosco...
> BÉCAMEL *spazientito*. Il vostro amico. Poi?
> BÉAUDÉDUIT No, uno sconosciuto! M'ero sbagliato!
> BÉCAMEL Ah!... (*a parte*) E a me che me ne importa?
> BÉAUDÉDUIT Gli dico: «Signore, sono io che ho appena avuto l'onore di salutarvi davanti al caffè Véron...». Lui mi fa: «Io non vi conosco».
> BÉCAMEL E allora?
> BÉAUDÉDUIT, *continuando*. «Io nemmeno, Signore, vi conosco, e ciò nonostante v'ho salutato! Volete o no rendermi il mio saluto?». «Eh, m'avete seccato!», ribatte il tipo... «Siete un cafone».
> BÉCAMEL Oh!
> BÉAUDÉDUIT, *con forza a Bécamel*. Sì, signore, chiunque non renda un colpo di cappello è un cafone... a meno che non sia a testa nuda... (*animandosi*) In breve, ci siamo scambiati molti epiteti ingiuriosi, la folla s'ammassa e io gli metto in mano il mio biglietto da visita provocandolo a un duello.
> BÉCAMEL Ma ancora una volta, Signore, tutto ciò non spiega come mai...
> BÉAUDÉDUIT Arrivo al fatto... Due giorni dopo... il 27 marzo... o il 28, no, era il 29!...

BÉCAMEL Ciò ha poca importanza... e dopo?...
BÉAUDÉDUIT Il 30 marzo... ricevo una citazione a comparire come imputato d'un tentativo di omicidio! per un colpo di cappello! Come trovate la cosa?
BÉCAMEL Io? io la trovo... (*a parte*) lunga...![18]

■ Il dialogo costruito sulla base delle digressioni prevede che qualcuno cominci un discorso, ma invece di andare diritto allo scopo devii e affronti argomenti non pertinenti. Questi argomenti oltre a non essere pertinenti sono incongruenti, strani, totalmente imprevedibili. Il *digressore* inoltre si compiace a informare i suoi interlocutori su dettagli assolutamente secondari e qualche volta imbarazzanti (in quanto attinenti la sfera privata). Il personaggio che fa da spalla non deve fare altro che sbuffare e imprecare, facendo così meglio risaltare le giravolte del suo interlocutore; però, a volte, può lasciarsi trascinare nel gioco e fare, quasi involontariamente e subito pentendosene, delle domande. Alle quali il digressore si attaccherà immediatamente, usandole per allontanarsi ancor più dal contenuto originario del discorso.

Esercizi **1**. Un esercizio di abilità. Immaginiamo (a scelta): *a.* un professore tiene una lezione sulle guerre puniche; *b.* un Presidente della repubblica tiene il discorso di fine anno in televisione; *c.* un parroco tiene una lezione di morale sessuale in un corso per fidanzati; *d.* un allenatore tiene un discorsetto alla sua squadra che ultimamente ha dimostrato poco carattere. Proviamo ora a introdurre nei discorso di costoro delle digressioni che riguardino i seguenti argomenti: *a.* le ultime notizie in fatto di alta moda; *b.* ricette di cucina marchigiana; *c.* l'uso delle mutande o dei boxer; *d.* i modi per curare la gastrite.
2. Un esercizio di divagazione circolare (che cioè, dopo un lungo giro, torna puntualmente all'argomento): il parroco sta dicendo la messa funebre per il povero Giuseppe; ricorda come Giuseppe fosse benvoluto da tutti; peraltro dei trapassati si deve sempre parlar bene; commette peccato invece chi parla male dei vivi; la maldicenza e il pettegolezzo sono difetti tipici delle donne; un altro difetto tipico delle donne è quello di spender tanto in sciocchezze; anche gli uomini però spendono tanto in sciocchezze: in particolare al bar, e più in particolare al biliardino o al videopoker; il poker è un gioco d'azzardo, ma la vita non è un azzardo; anzi, su di noi veglia un disegno divino; così, anche la morte non è un caso, ma parte della realizzazione di tale disegno; così che possiamo sì piangere la morte del povero Giuseppe, ma ricordando che, morendo, egli ha compiuto un disegno divino.

7.3.10 La discrepanza tra dire e fare

Molte *gag* si reggono su questo schema: *la discrepanza tra il dire e il fare.* In altre parole c'è qualcuno che agisce in modo manifestamente opposto a quel che afferma. Anche questo è normalmente un procedimento comico. Prendiamo da un romanzo di Bohumil Hrabal un esempio dall'irresistibile andamento teatrale. Siamo a una festa: un generale mangia e beve a crepapelle, ma...

18 E. Labiche, «Un Monsieur qui prend la mouche», in *Théatre*, Garnier-Flammarion 1979, pp. 363 sgg.

E ritornò, finì il bicchiere di champagne, e quando se lo fu scolato urlò: Aaaaah, ma una cosa del genere non posso davvero berla!, e passava da una stanza all'altra e ogni volta che ritornava si prendeva, dalle scodelle preparate, qui un po' di gamberetti, qui una foglia d'insalata, qui si prendeva del salpicon, e ogni volta io avevo paura perché il generale urlava dal disgusto e sputava dei Per tutti i diavoli, è immangiabile!, e di nuovo tornava e allungava il bicchiere e se lo lasciava riempire e faceva delle domande a Zdenek e Zdenek faceva un inchino e spiegava del Veuve Clicquot, e dello champagne in generale, che però secondo lui il migliore era quello che aveva servito, l'Henkell Trocken, e il generale rinfrancato beveva, ma sputava, poi terminava di bere e andava di nuovo a guardare il cortile. [...] Poi passò a una bottiglia di Armagnac, e dopo ogni sorso dal bicchiere faceva una smorfia e bestemmiava orrendamente e sbottava, alternando il ceco e il tedesco: Diesen Schnaps kann man nicht trinken! E lo stesso poi con le specialità francesi, a ogni boccone sembrava che il generale avrebbe vomitato, giurava che non ne avrebbe preso più neanche un boccone, che non ne avrebbe bevuto neanche un sorso, assaliva il maître e me, cosa mi presentate? Voi mi volete avvelenare, farabutti, voi vi augurate che io muoia!, ma poi si scolò ancora una bottiglia di Armagnac.[19]

■ La tecnica della *discrepanza tra dire e fare* è abbastanza semplice. Basta immaginare che qualcuno condanni, deprechi, stigmatizzi il comportamento che poi pratica. Nel brano appena letto la contraddizione è evidente e immediata, in altri casi può essere più sfumata. Una variante di questa *gag* è quella che ha per protagonista *l'ipocrita*. L'ipocrita è qualcuno che fa di nascosto quello che in pubblico deplora. In questo caso però il tema può assumere anche delle coloriture più serie e risentite (vedi, qualche pagina indietro, l'esempio dal *Tartufo* di Molière).

Esercizi Situazioni: *a.* due studentesse, mentre si abbuffano al McDonald's, parlano di diete da intraprendere; *b.* due uomini al bar parlano male delle donne, che dovrebbero solo «piacere, tacere e stare in casa», e invece oggidì fanno quello che vogliono, pretendono di comandar loro, «sono tutte puttane», e dovrebbero invece imparare la virtù della modestia: mentre si dicono queste cose, continuano a fare apprezzamenti e lanciare ami a tutte le giovincelle che passano; *c.* una coppia di pensionati, mentre guarda in TV una puntata d'una orribile *soap-opera*, ne parla male: è sciocca, stupida, prevedibile, non se ne può più ecc.; mentre parlano, ci rendiamo conto che non ne hanno persa una sola puntata...

7.3.11 Da cosa nasce cosa, ovvero: il crescendo

Il crescendo è quel meccanismo progressivo per cui da una piccola incomprensione si passa a una guerra. È basato sulla tecnica della *progressione*. La usano i pagliacci al circo: da una bottarella sulle spalle a cui si risponde con una bottarella appena più forte, si passa agli schiaffi, ai calci, ai pugni, alle pistole, ecc. Qui adesso però vi proponiamo un caso molto sottile e raffinato tratto da un film di Woody Allen. Gabe è uno scrittore affermato e Rain una sua giovanissima e

19 B. Hrabal, *Ho servito il Re d'Inghilterra*, tr. G. Dierna, e/o 1994, pp. 63 sgg.

bellissima ammiratrice. Lui le ha lasciato da leggere un suo dattiloscritto e adesso le ha chiesto un giudizio:

RAIN Il tuo libro è meraviglioso. Oh, è appassionante, fantasioso e commovente.
GABE Devi dire quello che pensi, devi essere onesta con me, puoi anche essere critica.
RAIN Certo. [...] È tutta quella sofferenza che tu rendi così comica, sai. E tutte quelle piccole anime perse che spuntano qui e là. [...]
GABE Sai, il tuo... il tuo giudizio è davvero, uh... certo, tu... tu sei una tale estimatrice della mia opera che io non dovrei esaltarmi troppo.
RAIN Oh, no. Questo non è vero. Voglio dire, io sono obiettiva, cioè, sì adoro il modo in cui scrivi e tutto il resto. Ho qualche piccola riserva, ma nel complesso è...
GABE Sono certo che hai qualche critica, è ovvio. Quali... quali sono?
RAIN Uh, niente di grave. Nell'insieme è una delizia.
GABE Davvero? [...]
RAIN È vero. Mi piace, sì.
GABE E quali sono le tue riserve?
RAIN Oh, niente.
GABE No, dimmele. Dimmi che cosa non ti è piaciuto.
(*Stacco*)
RAIN Sono rimasta un po' delusa da alcuni tuoi atteggiamenti.
GABE Cioè? Quali atteggiamenti?
RAIN Ehm... Per esempio la casualità delle relazioni che si instaurano tra i tuoi personaggi.
GABE Ma io non giustifico questi rapporti. Le esagerazioni sono volute, per aumentare l'effetto comico.
RAIN Sì, ma la nostra scelta è davvero tra l'insoddisfazione cronica e la monotona vita suburbana?
GABE No, ma io distorco deliberatamente, per mostrare come è difficile essere sposati e...
RAIN Be', devi stare attento a non diventare banale quando affronti argomenti come questo.
GABE Oh Gesù, spero di non esserlo stato.
RAIN Il modo in cui il tuo protagonista vede le donne è così retrogrado, così superficiale.
GABE Ma tu... tu mi hai detto che è un grande libro!
RAIN Sì, è meraviglioso. Non ho mai detto che è grande. È brillante, pieno di vita e... sai, non è quello che... non sto discutendo se il tuo libro sia brillante o meno. Sai, *Il trionfo della volontà* è un grande film, anche se disprezzo tutte le idee che l'hanno ispirato.
GABE Che cosa stai dicendo? Che tu disprezzi le mie idee?
RAIN No, non le disprezzo. Forse l'esempio era infelice. Okay, io trovo indegno di te, della tua profondità di pensiero consentire al protagonista di disperdere tanta energia emotiva nella relazione psicotica con una donna che nella tua immaginazione è sessualmente esplosiva e ispirata, mentre in realtà si tratta soltanto d'una povera malata.
GABE Senti, smettiamola subito, non ho bisogno di lezioni di maturità e di scrittura da una stupida ventenne.[20]

20 W. Allen, *Mogli e mariti*, tr. G. Lupieri, Feltrinelli 1994, pp. 90-95.

■ **1**. Questo dialogo è costruito secondo la tecnica della critica montante: si parte da un'affermazione di consenso e plauso generali (di solito provocata da una domanda dell'interessato) a cui fa seguito una piccola, minuscola *riserva* («Ho qualche piccola riserva, ma nel complesso è...»). Questa piccola riserva piano piano cresce fino a divenire critica aperta, totale, distruttiva.
2. Una tale progressione conosce solo qualche *momento d'arresto* in cui l'apprezzamento iniziale viene per un istante ribadito per poi essere nuovamente rimosso: «Sì, è meraviglioso. Non ho mai detto che è grande. È brillante, pieno di vita e... sai, non è quello... non sto discutendo se il tuo libro sia brillante o meno...».
3. Interessanti sono anche le mosse dell'interlocutore; inizialmente chiede e quasi esige l'esplicitazione delle riserve, dimostrando la saggia disponibilità ad accettarle, poi quando queste lo colpiscono apertamente, si difende prima con *nonchalance*, poi con rabbia e infine contrattacca perdendo tutto il suo *aplomb*.

Esercizi Proviamo con un esercizio doppio: Teresa racconta a Filippo, suo fidanzato, di aver conosciuto un tipo piuttosto interessante, un certo Dario. Dario fa il fotografo, è un mezzo artista. Filippo fa il sospettoso, un po' sul serio e un po' per gioco. Teresa dice: «Ma dài, è semplicemente un tipo interessante». Da qui il crescendo può avviarsi in due direzioni: *a.* Filippo si convince che Teresa sia invaghita di Dario (e non è vero), le fa domande sul suo conto e interpreta tutte le ingenue risposte della povera Teresa sotto il segno della gelosia; *b.* Filippo s'incuriosisce, perché anche lui è appassionato di fotografia, interroga un po' Teresa sul conto di Dario finché s'accorge, con enorme stupore, che la sua fidanzata – quasi senza rendersene conto – è del tutto "partita" per costui. Anche l'esempio di Woody Allen può essere ribaltato: supponiamo che, di fronte alle osservazioni di Rain, Gabe si convinca d'aver fallito il suo libro...

7.3.12 Parlare con i sordi, ovvero: l'elusione

Eludere le domande che l'altro ci fa, i problemi che ci pone. Ecco una tecnica che a volte ci può tornare molto utile. A es. quando siamo interrogati da un professore, o quando il nostro partner ci chiede con chi siamo stati la sera scorsa, o semplicemente quando non abbiamo voglia di corrispondere alle curiosità e invadenze altrui. Questo tipo di dialogo è stato praticato fin dall'antichità soprattutto in ambito comico. Il modello più tipico di questo tipo di conversazione è il dialogo con il sordo (vero falso). Esiste però una tecnica eminentemente moderna e paradossale in cui l'interlocutore non risponde mai a tono, ma sempre evitando il problema e spostando incongruamente i termini della questione. Nel caso che presentiamo la sordità è dunque spirituale. Gli interlocutori davanti alle urgenze drammatiche del protagonista rispondono concentrandosi su assurde questioni di dettaglio:

> Con lei tra le braccia, tutta grondante sangue, mi infilai di corsa entro il recinto dell'ospedale passando da un cancello secondario ch'era semiaperto. Non so se ci fosse un custode, né se mi vide, né se mi gridò dietro. Nell'ansia che avevo di far presto non udii niente.
> Molti padiglioni sorgevano nel vasto giardino. Sempre di corsa mi diressi al più vicino, salii la breve scalinata, fui nell'atrio. Passava un infermiere o qualcuno del genere, vestito d'un camice; e pareva avesse premura.

«Senta» cominciai umilmente. «Ma non sa leggere lei?» rispose quello senza lasciarmi finire. «Questa è la clinica medica, non è un affare per noi questo» e accennava col mento a lei poveretta tra le mie braccia, come fosse una merce o un bue, lei che forse stava per morire.
Supplicai: «E dove? Dove allora?». «Ma nell'ingresso principale» esclamò l'infermiere scandalizzato. «Al Padiglione Ricovero in fondo al viale a sinistra».
Mi precipitai per il viale. Le braccia per la fatica già mi ardevano. [...] «I Chirurgia» vidi scritto a grandi lettere sulla facciata di una palazzina. Non esitai. Ma sulla soglia stava una suora, bianca, visione consolatrice. «Sorella» dissi «per misericordia, guardi». Una voce soave mi impedì di finire: «Ma signore, così non è possibile» fece la suora, con cristiana pietà «Se lei non ha il foglio... il foglio di accettazione... qui non si può». «Ma non vede che è ferita? Continua a perdere sangue» implorai. [...] «Non dipende da me, signore» rispose, e la sua voce s'era fatta di colpo fredda e regolamentare. «È impossibile accettare una malata così. Non perda tempo, piuttosto. Si rivolga al Padiglione Ricovero!». «E dov'è?» feci con la morte in gola. «Laggiù in fondo, lo vede? Quello dipinto in rosso». [...] Mi incamminai disperato. Ormai non ero più capace di correre. Fissavo pazzamente la macchia rossa lontana. Quando ci sarei arrivato?
Ma qualcuno mi si faceva incontro. Era un uomo sulla quarantina, con barba, anche lui in camice bianco: un medico, c'era da giurarlo.
«Dove va lei in questo modo? Chi l'ha lasciata entrare?» mi investì rudemente e pareva fissare, recriminando, le macchie vermiglie lasciate dietro di me sulla candida ghiaietta del viale.
«Dottore, ma non vede?» balbettai. «Mi aiuti, me la prenda lei, la scongiuro!».
«Ma da che parte è entrato? Vuol dirmelo?» insistette lui, imperterrito.
«Dal cancello» risposi «dal cancello sono entrato».
«Ah perdio» il suo volto si congestionò per la collera. «È questa la sorveglianza che fanno? Razza di lavativi! Dimenticano i cancelli aperti adesso? Perdio, se la pagheranno... E mi dica lei, da che cancello? Mi dica».[21]

■ **1**. Nel primo caso l'elusione si basa su una specie di astuzia per cui si sfugge continuamente alla presa dell'interrogante, gli si sguscia tra le mani; è come se il rispondente facesse sempre finta di non capir bene la questione e rispondesse sempre *in modo deviato e non pertinente*.
2. Nel secondo caso il meccanismo è il seguente: esiste un problema urgente che viene eluso spostando l'attenzione su questioni di dettaglio. Lo scontro di solito si pone tra i bisogni e le manifestazioni naturali del soggetto e gli automatismi rigidi delle istituzioni (di coloro che rappresentano le istituzioni).

Esercizi Sviluppiamo le seguenti situazioni: *a.* un uomo disperato vuole suicidarsi appendendosi al ramo di un albero del parco ma il vigile glielo impedisce – è vietato calpestare le aiuole e salire sopra gli alberi – e suggerisce altre più corrette soluzioni...; *b.* un morto vivente si alza dalla tomba e vuole ritornare tra i vivi ma il custode del cimitero si oppone per ragioni burocratiche...; *c.* un gatto in gessato blu sale sull'autobus, timbra regolarmente il biglietto, si siede e apre il *Corriere della sera*: il conducente ferma tutto e cerca di cacciarlo, poiché è vietato fare salire animali sugli autobus...

21 D. Buzzati, «Questioni ospedaliere», in *La boutique del mistero*, Mondadori 1991, pp. 171 sgg.

7.3.13 Parlare a vanvera, ovvero: il dialogo demenziale

Il cosiddetto *teatro dell'assurdo* è una specie di concentrato di *gag*: solo che queste vengono estremizzate fino a diventare surreali e assurde. È come se a partire da conversazioni banali e quotidiane si passasse attraverso un meccanismo di frullatura dei luoghi comuni. Riportiamo qui di seguito un brano trato dalla *Cantatrice calva* di Eugène Jonesco. La scena si svolge in un interno inglese tra due normalissimi coniugi:

> SIGNORA SMITH Lo yogurt è quel che ci vuole per lo stomaco, le reni, l'appendicite e l'apoteosi. Me l'ha detto il dottor Mackenzie-King, che cura i bambini dei nostri vicini, i Johns. È un bravo medico. Si può aver fiducia in lui. Non ordina mai dei rimedi senza averli prima esperimentati su di sé. Prima di far operare Parker, ha voluto farsi operare lui al fegato, pur non essendo assolutamente malato.
> SIGNOR SMITH Come si spiega allora che il dottore se l'è cavata, mentre Parker è morto?
> SIGNORA SMITH Evidentemente perché sul dottore l'operazione è riuscita, mentre su Parker no.
> SIGNOR SMITH Quindi Mackenzie non è un bravo medico. L'operazione avrebbe dovuto riuscire su tutti e due, oppure tutti e due avrebbero dovuto soccombere.
> SIGNORA SMITH Perché?
> SIGNOR SMITH Un medico coscienzioso dovrebbe morire insieme con il suo malato, se non possono guarire insieme. Il comandante di una nave perisce con la nave, nei flutti. Non sopravvive mica.
> SIGNORA SMITH Non si può paragonare un malato a una nave.
> SIGNOR SMITH E perché no? Anche la nave ha le sue malattie; d'altronde il tuo medico è sano come un pesce; ragione di più, dunque, per perire assieme al malato come il dottore con la sua nave.
> SIGNORA SMITH Ah! Non ci avevo pensato... Forse hai ragione... E allora che cosa si deve concludere?
> SIGNOR SMITH Che tutti i medici sono ciarlatani. E anche tutti i malati.
> SIGNORA SMITH E perché mai?
> SIGNOR SMITH Solo la marina è sana, in Inghilterra.
> SIGNORA SMITH Ma non i marinai.
> SIGNOR SMITH Beninteso.
> *Pausa.*
> SIGNOR SMITH (*sempre col giornale in mano*) C'è una cosa che non capisco. Perché nella rubrica dello stato civile è sempre indicata l'età dei morti e mai quella dei nati? È un controsenso.
> SIGNORA SMITH Non me lo sono mai domandato!
> *Altro silenzio. La pendola suona sette volte. Silenzio. La pendola suona tre volte. Silenzio. La pendola non suona affatto.*
> SIGNOR SMITH (*sempre col giornale*) Guarda un po', c'è scritto che Bobby Watson è morto.
> SIGNORA SMITH Dio mio, poveretto, quando è morto?
> SIGNOR SMITH Perché ti stupisci? Lo sai benissimo. È morto due anni fa. Siamo andati ai suoi funerali, ricordi? un anno e mezzo fa.[22]

22 E. Ionesco, *La cantatrice calva*, tr. G. R. Morteo, Einaudi 1958, pp. 17 sgg.

■ Trucchi per scrivere un bel dialogo demenziale: *a.* usare frasi comuni, banali, cose sentite dire («Lo yogurt è quel che ci vuole per lo stomaco»); *b.* spingerle verso l'insensatezza («...che ci vuole per lo stomaco, le reni, l'appendicite e l'apoteosi»); *c.* spacciare le ovvietà per giudiziose considerazioni («sul dottore l'operazione è riuscita, mentre su Parker no»); *d.* proporre falsi sillogismi («un medico coscienzioso dovrebbe morire insieme con il suo malato, se non possono guarire insieme»); *e.* proporre analogie bislacche («un medico coscienzioso dovrebbe morire insieme con il suo malato... Il comandante di una nave perisce con la nave, nei flutti»); *f.* proporre luoghi comuni incongrui («tutti i medici sono ciarlatani... solo la marina è sana, in Inghilterra»); *g.* metter lì senza parere contraddizioni enormi («è morto due anni fa, siamo andati ai suoi funerali, ricordi? un anno e mezzo fa»).

Esercizi Proviamo a sviluppare, alla maniera di Jonesco, queste battute iniziali:

A. Oggi si sposa Maria,
B. Maria Bianchi?
A. No, Maria Rossi.
B. Ma non era già sposata?
A. Infatti. È sposata felicemente e non ha nessuna intenzione di divorziare. Così ha deciso di sposarsi una seconda volta.
B. E il primo marito cosa dice?
A. Ancora non lo sa. Maria glielo dirà solo il giorno delle nozze.
B. Così non soffrirà! Maria ha davvero un cuore buono!
A. Non hai capito. Sarà Maria Bianchi a dirglielo.
B. Ma anche lei è già sposata.

8

Le forme del narrare

8.1 Gli inizi e i dintorni del testo

8.1.1 I titoli

Ora iniziamo a occuparci delle forme della narrazione. Cominciamo dall'inizio: dai *titoli*. Di solito, quando entriamo in libreria o in biblioteca, il titolo è la prima cosa che ci cattura, che ci induce a prendere in mano quel tal libro, a sfogliarlo, magari a comprarlo o prenderlo in prestito. Si può dunque dire che i titoli fungono da vere e proprie esche, alle quali noi abbocchiamo. Diremo di più: in un certo senso essi contengono già tutto il romanzo compresso, stipato in una formula. Ecco perché spesso è inutile leggere il resto. Es. Baudelaire aveva stilato un vero e proprio catalogo dei libri che avrebbe voluto scrivere. Poi non li scrisse: ma che importa! Si era comunque costruito una sua piccola biblioteca immaginaria.

> TITOLI DI ROMANZI E NOVELLE (DA SCRIVERE):
>
> L'amore parricida
> Il catechismo della donna amata
> Il delitto al collegio.
> Gli insegnamenti d'un mostro.
> Il pazzo ragionevole e la bella avventuriera.
> Un uomo in lotteria.
> Una infame adorata.
> L'amante dell'idiota.
> L'amante vergine.
> La negra dagli occhi azzurri.
> Il padre che aspetta sempre.
> Il pretendente madagascarino.
> La tratta dei bianchi.[1]

■ Un titolo dev'essere *un'espressione-stimolo* che funga da trampolino per l'immaginazione. Un titolo deve essere una formula magica, una specie di *apriti sesamo* che ci fa intravedere prospettive incantate. Perciò i titoli che funzionano di più sono quelli costruiti su figure retoriche forti come ossimori (l'accostamento di due contrari: «l'amante vergine»), contrapposizioni, paradossi, ecc. insomma sono quelli basati su formule drammatiche o potentemente allusive. Distingueremmo comunque tra titoli *riassuntivi* e tematici e titoli *evocativi* e misteriosi che magari estraggono e enfatizzano un dettaglio della storia.

---

1 Ch. Baudelaire, *Diari intimi*, tr. L. Zatto, Mondadori 1977, pp. 188 sgg.

Esercizi Divertiamoci un po': *a.* imitiamo Baudelaire: proviamo a compilare il catalogo d'una biblioteca immaginaria, che contenga tutti i titoli dei romanzi che avremmo voluto leggere (o scrivere); eventualmente possiamo dividerla per sezioni: romanzi rosa, d'avventura, esotici, storici, edificanti, ambientati nel vecchio West, gialli, dell'orrore, ecc.; *b.* fingiamo d'essere un editore che vuole pubblicare una collezione di libri classici: ma, per attirare il compratore, sostituiamo i titoli originali con titoli più accattivanti, eventualmente imitando o parodiando titoli di recenti best-seller: *Madame Bovary* diventerà *La donna che leggeva romanzi d'amore*, *I dolori del giovane Werther* diventerà *Il giovane Werther è uscito di testa*, *Cuore* diventerà *Sotto la cattedra, niente...*

8.1.2 I dintorni del testo

Manteniamoci ancora sulle *soglie* del libro vero e proprio, nei suoi dintorni, lavoriamolo ai fianchi. Es. dopo aver scritto il titolo adesso inventiamoci il *risvolto di copertina.* Si tratta di trovare una formula che sia insieme un piccolo riassunto dell'opera e contemporaneamente una sua caratterizzazione e cioè l'indicazione dell'atmosfera dominante nella storia contenuta nel testo. Anche in questo caso si tratta naturalmente di invogliare i lettori a comperare e poi a leggere il libro. Proviamo a scrivere i risvolti di copertina di alcune grandi opere.

> *I promessi sposi*. Una coppia di giovani innamorati cercano disperatamente di coronare il loro sogno d'amore lottando contro nemici implacabili e sordidi. Una indimenticabile storia d'amore narrata sullo sfondo d'un'epoca cupa e violenta.
>
> *Madame Bovary*. Una donna appassionata e sognatrice, disposta a amare e perdersi, smarrita e sola dentro un ambiente provinciale e soffocante. Una vicenda spietata narrata con crudeltà e impassibilità.

Continuate per conto vostro. Adesso passiamo alle *dediche*. Un libro infatti quasi sempre è dedicato a qualcuno che è colui per cui – o grazie a cui – lo abbiamo scritto. Ecco qualche esempio tratto da *Dediche d'autore*:

> Queste pagine io le dedico a coloro che le leggeranno male e a coloro ai quali non piaceranno. (Paul Eluard, *Poesia ininterrotta*, 1976).
>
> Dedicato a Jack Chase, inglese, Capocoffa di maestra nell'anno 1843 sulla fregata americana United States. Ovunque si trovi ora questo grande cuore, su questa terra, o nel porto del Paradiso. (Hermann Melville, *Billy Budd*, 1924).
>
> Per i gatti che amano il teatro, per gli attori che amano i gatti, per coloro che amano entrambi. (Eugène Scribe, *La gatta trasformata in donna,* 1815).
>
> Questo libro è dedicato al vecchio compagno di viaggio e di utopie Furio Zucco, medico a Garbagnate, Milano. Il dottor Zucco, anestesista, si occupa della "terapia del dolore". (Gino & Michele, Matteo Molinari, *Anche le formiche nel loro piccolo si incazzano: ultimo atto*, 1993).
>
> Questo libro è stato scritto nelle lunghe ore che ho passato aspettando che mia moglie si vestisse per uscire. Se non fosse uscita affatto, questo libro non

sarebbe stato scritto. (Groucho Marx, *Memorie di un irresistibile libertino*, 1963).[2]

Esercizi **1**. Alcuni libri che abbiamo letto ci piacciono così tanto che è come se li avessimo scritti noi. Bene, visto che li abbiamo scritti adesso dedichiamoli a qualcuno che ci sta a cuore unitamente a un pensiero gentile per lui.
2. Proviamo a scrivere un romanzo fatto solo di *contorni*, e cioè fatto solo di ciò che *sta intorno* al testo vero e proprio. Facciamo così: procuriamoci della pagine bianche e lasciamole accuratamente tali. Limitiamoci ad aggiungere a queste pagine bianche tutta una serie di piccoli testi di accompagnamento che introducano, spieghino, chiariscano, chiosino il testo assente. A es. inventeremo: autore, titolo, casa editrice, quarta di copertina, risvolto, biografia dell'autore, fascetta promozionale, dediche, epigrafi, prefazione (dell'autore, dell'editore, del curatore), postfazione (degli stessi), note, *errata corrige*, bibliografia, documenti allegati.

8.1.3 Era una notte buia e tempestosa, ovvero: gli inizi

Cominciare un racconto o un romanzo è un'operazione delicata e fondamentale. Ha scritto Calvino: «Fino al momento precedente a quello in cui cominciamo a scrivere, abbiamo a nostra disposizione il mondo: [...] il mondo dato in blocco, senza un prima né un poi, il mondo come memoria individuale e come potenzialità implicita. [...] Ogni volta l'inizio è questo momento di distacco dalla molteplicità dei possibili: per il narratore [è] l'allontanare da sé la molteplicità delle storie possibili, in modo da isolare e rendere raccontabile la singola storia che ha deciso di raccontare».[3] Scrivere gli inizi è insomma come un *abracadabra* che ci serve ad aprire un mondo. Certo: scrivere l'inizio di una storia non basta, occorre continuare. Resta comunque il fatto che, anche se poi magari non si va oltre, si tratta di un buon esercizio per la fantasia. Anzi, diciamola tutta, ci sono casi di scrittori che dovrebbero proprio fermarsi ai loro *incipit*. Il meglio di sé infatti lo danno nelle primissime righe. Ecco qualche esempio a cui ispirarsi.[4]

> In principio Dio creò il cielo e la terra. La terra era informe e deserta e le tenebre ricoprivano l'abisso e lo spirito di Dio aleggiava sulle acque. Dio disse: «Sia la luce!». E la luce fu. (*Genesi*).
>
> Harriet e David si conobbero a una festa aziendale a cui nessuno dei due aveva avuto molta voglia di andare, e subito capirono di non avere atteso altro. (Doris Lessing, *Il quinto figlio*).
>
> In un bel mattino di giugno del 1872 assassinai mio padre, cosa che mi fece una profonda impressione. (Ambroise Bierce, *Il club dei parenticidi*).
>
> Condannato a morte! Sono cinque settimane che abito con questo pensiero, sempre solo con lui, sempre agghiacciato dalla sua presenza, sempre curvo sotto il suo peso! (Victor Hugo, *L'ultimo giorno di un condannato a morte*).

2 In *Dediche d'autore*, a c. M. Spagnoli, Stampa Alternativa 1994, *passim*.
3 I. Calvino, «Appendice» alle «Lezioni americane», in *Saggi*, Mondadori, v. I, pp. 734 sgg.
4 Esiste una spassosa raccolta di *incipit*, intitolata *Era una notte buia e tempestosa*, a c. G. Papi e F. Presutto, Baldini & Castoldi 1993. Ne abbiamo tratto alcuni dei nostri esempi.

> Molti anni dopo, di fronte al plotone di esecuzione, il colonnello Aureliano Buendia si sarebbe ricordato di quel remoto pomeriggio in cui suo padre lo aveva condotto a conoscere il ghiaccio. (Gabriel Garcìa Màrquez, *Cent'anni di solitudine*).
>
> La notte del 20 dicembre 1849 un uragano violentissimo imperversava sopra Mompracem, isola selvaggia, di fama sinistra, covo di formidabili pirati, situata nel mare della Malesia, a poche centinaia di miglia dalle coste occidentali del Borneo. (Emilio Salgari, *Le tigri di Mompracem*).
>
> Era bagnato fradicio e coperto di fango e aveva fame e freddo ed era lontano cinquantamila anni luce da casa. (Fredric Brown, *Sentinella*)
>
> Un giorno, ero già avanti negli anni, in una hall mi è venuto incontro un uomo. Si è presentato e mi ha detto: «La conosco da sempre». (Marguerite Duras, *L'amante*).
>
> Nel 1903 mia nonna Teresa, madre di mio padre, si arrabbiò con Dio e anche con tutti gli ebrei di Dnepropetrovsk, in Ucraina, perché continuavano a credere in Lui malgrado la micidiale inondazione del fiume Dnepr. Durante l'inondazione era morto Giuseppe, il suo figlio prediletto. Quando l'acqua aveva cominciato a invadere la casa, il ragazzo aveva spinto in cortile un armadio e ci si era arrampicato sopra, ma il mobile non rimase a galla perché era gravato dai trentasette trattati di Talmud. (Alejandro Jodorowski, *Quando Teresa si arrabbiò con Dio*).

■ Alcune tipologie di *incipit*: *a.* evocazione di un paesaggio pieno di presagi: «Era una notte buia e tempestosa» (l'*incipit* preferito di Snoopy); *b.* evocazione dei caratteri dominanti del tempo storico corrente: «In quel tempo i barbari premevano alle porte dell'impero...»; *c.* immissione *in medias res*, nel cuore dell'azione: «In quel momento lo vide...»; *d.* presentazione immediata d'un personaggio: «Era una donna bellissima»; *e.* presentazione d'una situazione banale e tranquilla, lasciando immaginare che proprio questa tranquillità verrà di lì a poco interrotta dall'evento catastrofico: «Era una bella giornata».

Esercizi Immaginiamo un personaggio – il signor Rossi o la signora Bianchi – e proviamo a scrivere alcuni *incipit* in cui questo personaggio entri in scena, ogni volta però in una chiave diversa: *a. horror*: «Rossi corse a lavarsi le mani. Aveva sempre odiato il sangue»; *b.* giallo: «"Sembra proprio morto" disse Rossi. Starnutì. "Maledetti pollini!" aggiunse»; *c.* rosa: «Ciò che Rossi aveva sempre sognato era un cuore tranquillo, una moglie affettuosa, e un lavoro sicuro. Quest'ultimo non gli era mai mancato, ma quanto al resto...»; *d.* fantascienza: «"Rossi a base Alfa, Rossi a base Alfa. Ma questo è un mostro!". "Base Alfa a Rossi: non esageri, suvvia. Al massimo sarà un essere schifoso"»; *e. spy-story*: «Rossi accelerò il passo. Quelle scarpe le aveva già viste. Quando ti pedinano, cambiano vestiti e faccia, ma le scarpe mai. Lo sanno tutti. Soprattutto se piove»; *f.* avventura: «"Aiuto!" gridò Rossi»; *g.* umoristico: «Rossi non era poi così brutto. Diciamo che di fianco a un bulldog avrebbe fatto la sua figura», ecc.; *h.* giovanilistico: «Il vecchio Rox era un duro, un vero duro. Ma con le ragazze era veramente friendly», eccetera.

8.1.4 Finali

Dopo gli *incipit*, gli *explicit* cioè i finali. Per George Eliot «le conclusioni sono il punto debole della maggior parte degli autori»; e Henry James definiva con sarcasmo i finali come «liquidazione per fine attività, [...] distribuzione finale di premi, pensioni, mariti, mogli, bambini, bambini, milioni, paragrafi aggiunti e allegri commenti».[5] Tuttavia i finali sono momenti forti di un testo narrativo e non possono essere trascurati. Per Aristotele corrispondevano alla *catarsi*, allorché tutta la tensione accumulata nel corso della lettura deve sciogliersi. L'impressione di un cattivo finale talvolta può rovinare il gusto al lettore proprio perché non lo libera dalla tensione, lo lascia con l'amaro in bocca. Ecco qualche tipologia di finale con relativi esempi:

- Cominciamo con il finale che apre, *allarga la prospettiva* della storia che fino allora era limitata, concentrata. In questi finali c'è qualcosa di musicale, come una lenta cadenza che piano piano sfuma nel silenzio. Diamo un esempio tratto dal racconto *I morti* di Joyce:

> Un lieve battito sul vetro lo fece voltare verso la finestra. Aveva ripreso a nevicare. Restò a osservare, assonnato, i fiocchi di neve, argentei e scuri, che scendevano obliquamente davanti al lampione. Era giunto il momento di mettersi in viaggio verso occidente. Sì, i giornali avevano ragione: nevicava su tutta l'Irlanda. La neve cadeva in ogni parte della bruna pianura centrale, sulle colline brulle, scendeva piano sulla palude di Allen e, più a occidente, calava lieve sulle cupe onde tumultuanti dello Shannon. E cadeva anche su tutto il solitario cimitero di compagna, là in cima alla collina dov'era sepolto Michael Furey. S'ammucchiava sulle croci contorte e sulle pietre tombali, sulle punte del piccolo cancello, sui cespugli brulli. E l'anima gli si velava a poco a poco mentre ascoltava la neve che calava lieve su tutto l'universo, che calava lieve, come a segnare la loro ultima ora, su tutti i vivi e i morti.[6]

- A volte invece il finale è una *interruzione* pura e semplice della storia. Come in *Gordon Pym* di Poe, un diario che s'interrompe bruscamente prima della grande catastrofe finale:

> Fu allora che la nostra imbarcazione si precipitò nella morsa della cateratta dove si era spalancato un abisso per riceverci. Ma ecco sorgere sul nostro cammino una figura umana dal volto velato, di proporzioni assai più grandi che ogni altro abitatore della terra. E il colore della sua pelle era il bianco perfetto della neve.[7]

- Altri finali invece *rilanciano la storia*, facendo immaginare che non sia finita lì: anzi, tutt'altro. Evidentemente questo finale si adatta ai cicli di romanzi (come quelli di Balzac o di Zola) o di racconti, o comunque alle narrazioni almeno potenzialmente seriali: nelle quali la fine, la vera fine di tutto, non arriva mai.

5 Cit. in D. Lodge, *op. cit.*, p. 286.
6 J. Joyce, *Gente di Dublino*, tr. M. Papi, La Nuova Italia 1989, pp. 201 sgg.
7 E. A. Poe, «Gordon Pym», tr. E. Vittorini, in *Opere*, Mondadori 1977, p. 1153.

Così termina il *Papà Goriot* di Balzac. Rastignac ha appena seppellito Goriot, quando...:

> Rimasto solo, mosse qualche passo verso la sommità del cimitero e vide Parigi tortuosamente adagiata lungo le due rive della Senna, dove cominciava a brillare qualche luce. [...] Gettò su quell'arnia ronzante uno sguardo che pareva volesse succhiarne il miele in anticipo, e pronunciò queste solenni parole:
> «A noi due, ora!».
> E, come primo atto della sfida che egli lanciava alla società, Rastignac si recò a pranzo dalla signora di Nucingen.[8]

■ E naturalmente Rastignac sarà protagonista d'un successivo romanzo. Un altro finale tipico è quello che prevede una *illuminazione*, una comprensione finale del senso di tutto ciò che è avvenuto da parte del protagonista o del narratore. Ciò avviene, a es., nelle ultime righe di *La morte di Ivan Ilič*, un celebre racconto di Tolstòj. Ivan Ilič sta, per l'appunto, morendo:

> «E il dolore?» si domandò. «Dov'è andato? Dove sei dunque, dolore?».
> Prestò ascolto.
> «Sì, eccolo. Venga pure il dolore!».
> «Ma la morte dov'è essa?».
> Egli cercava il suo vecchio abituale terrore della morte, e non lo trovava.
> Dov'è? Quale morte? Non aveva più alcuna paura, perché nemmeno la morte c'era più.
> Invece della morte, c'era la luce. [...]
> «È finita!» disse qualcuno su lui.
> Egli sentì queste parole e le ripeté nella sua anima:
> «Finita la morte!» si disse. «Non c'è più».
> Aspirò l'aria, si fermò a metà del respiro, si stese e morì.[9]

■ Ci sono poi i *finali a sorpresa*, quando proprio nelle ultimissime righe assistiamo a un colpo di scena. In un racconto di Tournier il protagonista – dal nome grottesco di Raffele Ciccia – è un pianista che da giovane ha fatto ben sperare di sé come esecutore bachiano, ma è poi decaduto fino a ridursi a suonare nei circhi, vestito da pagliaccio. Alla fine di ogni esecuzione – di tipica musica da circo, ovviamente – il pianoforte esplode vomitando salsicce, prosciutti, torte. Una volta però il povero Ciccia decide di eseguire, come nei bei tempi andati, un pezzo di Bach.

> Dopo un lungo silenzio prolungò l'ultima nota come se il corale si proseguisse nell'al di là. Allora attraverso la nebbia marezzata della sua miopia, il clown musicista vide il coperchio del piano sollevarsi. Non esplose. Non sputò rimasugli di salumeria. Si schiuse lentamente come un grande fiore scuro, e lasciò fuggire un bell'arcangelo dalle ali di luce, l'arcangelo Raffaello, colui che da sempre vegliava su di lui e gli impediva di diventare veramente e solo Ciccia.[10]

8 Balzac, *Papà Goriot*, cit., p. 307.
9 L. Tolstòj, «La morte di Ivàn Ilič», tr. E. Lo Gatto, in *Racconti e novelle*, Mursia 1964, p. 959.
10 J. Tournier, *Le coq de bruyère*, Gallimard 1978, pp. 98 sgg.

■ Ora una conclusione basata sul *ribaltamento*. Si ha quando le ultime righe ci obbligano a riconsiderare e come a rileggere con altri occhi tutta la storia. Ricordate il racconto di Brown, *Sentinella*, (al paragrafo 6.1.3). Noi leggiamo la storia di questo malinconico astronauta tanto lontano da casa, e naturalmente supponiamo che si tratti d'un uomo. Quando un "nemico" gli si avvicina, supponiamo che esso sia un alieno. Ma:

> La vista del cadavere lo fece rabbrividire. Molti, col passare del tempo, s'erano abituati, non ci facevano più caso; ma lui no. Erano creature troppo schifose, con solo due braccia e due gambe, quella pelle d'un bianco nauseante, e senza squame.

■ E veniamo alla conclusione che non conclude (o *finale aperto*), un genere di *explicit* prediletto dai moderni. Ecco il finale, abbastanza tipico, di un racconto di Raymond Carver: è il momento dell'irrevocabile addio, e...

> Lui appoggiò la valigia per terra e la busta di plastica sulla valigia. Raddrizzò le spalle e si piazzò davanti a loro.
> Rae e Maxine fecero un passo indietro.
> «Attenta, mamma», disse Rae.
> «Non mi fa paura», disse Maxine.
> Lui infilò sotto il braccio la busta di plastica e raccolse la valigia.
> Disse: «Soltanto una cosa voglio ancora dire».
> Ma poi non riuscì a pensare cosa mai potesse essere.[11]

■ Per finire in letizia, diamo un esempio di lieto fine, sì proprio quello delle favole, del tipo «e vissero felici e contenti». Ecco come Gabriel Garcìa Màrquez fa concludere la tormentatissima storia d'amore raccontata in *L'amore ai tempi del colera*. Florentino Ariza, proprietario della Compagnia Fluviale del Caribe, ha finalmente coronato il suo sogno: essere amato da Fermina Daza, la ragazza più bella della Colombia. Ormai sono entrambi giunti a quell'età in cui secondo alcuni «l'amore comincia a essere indecente»;[12] ma ciò non ha importanza. Ora sono entrambi quasi prigionieri volontari a bordo di un battello della Compagnia: per evitare interruzioni al viaggio, Florentino Ariza ha ordinato di issare la bandiera del colera. Tuttavia, così non riescono a sbarcare da nessuna parte, e sono costretti a viaggiare avanti e indietro per il fiume, in una sorta di interminabile viaggio di nozze:

> Florentino Ariza [...] guardò dalle finestre il cerchio completo del quadrante della rosa dei venti, l'orizzonte nitido, il cielo di dicembre senza una sola nuvola, le acque navigabili per sempre, e disse.
> «Andiamo a dritta, a dritta, a dritta, ancora verso La Dorada».
> Fermina Daza sussultò, perché riconobbe l'antica voce illuminata dalla grazia dello Spirito Santo, e guardò il capitano: era lui il destino. Ma il capitano non la

11 R. Carver, «Ancora una cosa», in *Di che cosa parliamo quando parliamo d'amore?*, tr. L. Manera, Garzanti 1987, p. 138.
12 G. Garcìa Màrquez, *L'amore al tempo del colera*, tr. C. M. Valentinetti, Mondadori 1994, p. 344.

vide perché era annichilito dal tremendo potere di ispirazione di Florentino Ariza.
«Lo dice sul serio?» gli chiese.
«Fin da quando sono nato» disse Florentino Ariza «non ho detto una sola cosa che non sia sul serio».
Il capitano guardò Fermina Daza e vide sulle sue ciglia i primi fulgori di una brina invernale. Poi guardò Florentino Ariza, la sua padronanza invincibile, il suo amore impavido, e lo turbò il sospetto tardivo che è la vita, più che la morte, a non avere limiti.
«E fino a quando crede che possiamo continuare con questo andirivieni del cazzo?» gli domandò.
Florentino Ariza aveva la risposta pronta da cinquantatré anni sette mesi e undici giorni, notti comprese.
«Per tutta la vita».[13]

8.1.5 Il primo capitolo

Procediamo. Il prossimo testo è ancora un *incipit*, ma questa volta anziché le poche righe iniziali prendiamo in esame un intero blocco; tanto per intenderci, lo chiameremo il *primo capitolo*. Italo Calvino ha scritto un romanzo – s'intitola *Se una notte d'inverno un viaggiatore*, e racconta le avventure di un Lettore e di una Lettrice di libri che non riescono mai a finire un libro – che è fatto tutto di primi capitoli. Eccone uno:

Quando s'alzano gli avvoltoi è segno che la notte sta per finire, m'aveva detto mio padre. E io sentivo le pesanti ali sbattere nel cielo buio e vedevo la loro ombra oscurare le verdi stelle. [...] Dileguati i rapaci, le stelle riapparivano, grigie, e il cielo verde. Era l'alba, e io cavalcavo per le strade deserte in direzione del villaggio d'Oquedal. «Perché a Oquedal?» gli chiesi. «Chi c'è a Oquedal? Chi dovrei cercare?».
La voce di mio padre sempre più fioca e lenta e la sua faccia sempre più viola. «Devo rivelarti un segreto che ho custodito per tanti anni... È una lunga storia...».
Mio padre stava spendendo quelle parole l'ultimo fiato della sua agonia, e io, conoscendo la sua tendenza a divagare, a inframmezzare ogni discorso di digressioni e parentesi e passi indietro, temevo che non sarebbe mai arrivato a comunicarmi l'essenziale. «Presto, padre mio, dimmi il nome della persona di cui devo chiedere, arrivando a Oquedal...».
«Tua madre... Tua madre che tu non conosci, abita a Oquedal... Tua madre che non t'ha più visto da quando eri in fasce...».
Sapevo che prima di morire m'avrebbe parlato di mia madre. Me lo doveva, dopo avermi fatto vivere tutta l'infanzia e l'adolescenza senza sapere che faccia avesse... né che nome portasse la donna che m'aveva partorito, né perché lui m'avesse strappato da quel seno quando ancora ne succhiavo il latte, per trascinarmi con sé nella sua vita di vagabondo e di fuggiasco. «Chi è mia madre? Dimmi il suo nome!». Su mia madre m'aveva raccontato molte storie, al tempo che io ancora non mi stancavo di chiedergliene, ma erano storie, invenzioni, che si contraddicevano l'una con l'altra: ora era una povera mendicante ora una signora straniera che viaggiava su un'automobile rossa, ora era una monaca di

13 *Ivi*, pp. 365 sgg.

clausura ora una cavallerizza d'un circo, ora era morta dandomi alla luce ora s'era persa nel terremoto. Così un giorno decisi che non avrei più fatto domande e avrei aspettato che fosse lui a parlarmene. [...]
«Lasciami raccontare dal principio» ansimava. «Quando tu sarai salito a Oquedal, e avrai detto: "Sono Nacho, il figlio di Don Anastasio Zamora", ti toccherà d'ascoltare molte cose su di me, storie non vere, maldicenze, calunnie. Voglio che tu sappia...».
«Il nome, il nome di mia madre, presto!».
«Adesso. È venuto il momento che tu sappia...».
No, quel momento non venne. Dopo essersi dilungata in vani preamboli la parlantina di mio padre si perse in un rantolo e si spense per sempre. Il giovane che ora cavalcava nel buio per le ripide strade a monte di San Ireneo continuava a ignorare a quali origini egli stava per ricongiungersi.
Avevo preso la strada che costeggia il torrente secco sovrastando dall'alto la profonda gola. [...] E quando fece giorno abbastanza per vedere sull'altra riva del torrente, m'accorsi che anche là correva una strada e un uomo a cavallo procedeva parallelamente a me nella stessa direzione, con un fucile da guerra a canna lunga appeso a una spalla.
«Ehi!» gridai. «Quanto siamo lontani da Oquedal?».
Non si voltò nemmeno; ossia, fu peggio di così, perché per un istante la mia voce gli fece volgere il capo (altrimenti avrei potuto crederlo sordo) ma subito riportò lo sguardo davanti a sé e continuò a cavalcare senza degnarmi d'una risposta né d'un cenno di saluto.
«Ehi! Dico a te! Sei sordo? Sei muto?» gridavo, mentre lui continuava a dondolare sulla sella al passo del suo cavallo nero. [...] Era un giovane tutto schiena e tutto collo, con un cappello di paglia sfrangiato. Offeso dal suo contegno inospitale, spronai la mia giumenta per lasciarlo indietro e non averlo più sotto gli occhi. L'avevo appena sopravanzato quando non so quale ispirazione mi fece voltare il capo verso di lui. S'era sfilato il fucile dalla spalla e lo stava alzando come per puntarlo verso di me. Subito abbassai la mano al calcio della mia carabina, insaccata nella fondina della sella. Lui tornò a imbracciare la cinghia del suo fucile, come se niente fosse stato. Da quel momento procedemmo di pari passo, sulle opposte rive, tenendoci d'occhio, attenti a non darci le spalle. Era la mia giumenta a regolare il suo passo su quello del cavallo nero, come se avesse capito.[14]

■ Questo è un ottimo "primo capitolo". Infatti contiene tutti gli elementi necessari per introdurre una storia avvincente: *a.* viene creato un contesto carico di presagi («Quando s'alzano gli avvoltoi...») e di mistero (chi è la madre del ragazzo? perché il padre ne ha taciuto il nome?): insomma, c'è tutta un'*atmosfera*; anche il paesaggio esotico è intrigante; *b.* viene presentato il *protagonista*, con il quale il lettore dovrà poi identificarsi: non sappiamo quasi niente di lui, lui stesso ignora molte cose di sé, e tutti vogliamo scoprire "che cosa c'è sotto"; *c.* viene delineato per successive approssimazioni *il problema*, il nucleo drammatico (in questo caso, appunto, il mistero delle origini); *d.* viene introdotto, anche qui con una buona dose di mistero e di allusione, un personaggio che potrà diventare l'*antagonista* del protagonista: uno con cui il ragazzo dovrà confrontarsi, competere, forse combattere.

14 I. Calvino, *Se una notte d'inverno un viaggiatore*, Einaudi 1979, pp. 223-226.

Esercizi Il nucleo drammatico è, di solito, un mistero o un problema: comunque qualcosa che va risolto con l'uso di intelligenza, forza di volontà, capacità di indagine, coraggio e così via.. Alcuni esempi eventualmente da sviluppare: *a.* il mistero del luogo: il protagonista si trova in un luogo sconosciuto, senza sapere come ci è arrivato...; *b.* il mistero dell'altro: il protagonista è pedinato o assillato da una persona che non si sa chi sia, né perché si intrometta nella sua vita...; *c.* il mistero delle coincidenze: il protagonista si accorge che certi avvenimenti si ripetono o si sovrappongono, e si domanda quale ne sia il significato...; *d.* il mistero della sparizione: qualcosa che c'era, improvvisamente non c'è più...; *e.* il mistero della relazione: la persona che il protagonista ama, improvvisamente diventa fredda e distante...; *f.* il mistero del mistero: strane presenze si aggirano per casa...; *g.* il mistero del destino: al protagonista viene rivelato che avrà un destino grandioso, ma lui ignora quale sia, né perché debba capitare proprio a lui...

8.1.6 La presentazione del personaggio

Qualsiasi storia comincia davvero quando entra in scena il personaggio. Il personaggio è la forza propulsiva della narrazione. Quando compare per la prima volta esso è come un nucleo, un grumo di possibilità ancora inespresse, ma già intraviste, sospettate, attese (un po' come l'enunciazione del tema musicale che dev'essere successivamente elaborato). Ecco un esempio classico tratto da Balzac:

> Fin dal primo colpo d'occhio i giocatori lessero sul viso del novizio qualche orribile mistero, i suoi giovani tratti erano pieni d'una grazia nebulosa, il suo sguardo attestava mille sforzi traditi, mille speranze ingannate! La cupa impassibilità del suicida donava a questa fronte un pallore opaco e malaticcio, un sorriso amaro disegnava delle pieghe leggere agli angoli della bocca, e la fisionomia esprimeva una rassegnazione che faceva pena a chi la vedeva. Qualche genio segreto scintillava sul fondo di questi occhi velati forse dalla fatica del piacere. Era il vizio che marcava con il suo lurido sigillo questa nobile figura un tempo pura e appassionata, ora deturpata? I medici avrebbero senza dubbio attribuito a delle lesioni al cuore o al petto il cerchio giallo che inquadrava le pupille, e il rossore che segnava le guance; mentre i poeti avrebbero senz'altro voluto riconoscere a quei segni le devastazioni della scienza, le tracce di notti passate al chiarore d'una lampada. [...] Il giovane indossava sì un frac di buon gusto, ma la giuntura del suo gilet e della sua cravatta era troppo accuratamente mantenuta per supporgli della biancheria. Le sue mani, graziose come quelle di una fanciulla, rivelavano una dubbia pulizia e lasciavano capire che da almeno due giorni non portavano guanti. Se il croupier e gli stessi camerieri ebbero un brivido, ciò si deve al fatto che gli incanti dell'innocenza fiorivano ancora, come vestigia, sulle forme gracili e fini, in quei capelli biondi e rari, naturalmente arricciati. Quel volto aveva ancora venticinque anni, e il vizio pareva averlo sfiorato solo per caso. La verde vita della giovinezza ancora lottava con le devastazioni d'una impotente lubricità. Le tenebre e la luce, il niente e l'esistenza si combattevano in lui producendo insieme la grazia e l'orrore. Il giovane appariva come un angelo senza aureola, che ha smarrito la via. Così tutta quella gente esperta di vizio e d'infamia, come una vecchia sdentata, presa da pietà per l'aspetto d'una bella ragazza che sta per iniziarsi alla corruzione, fu sul punto di gridare al novizio: «Se ne vada!».

> Ma quello andò dritto al tavolo di gioco, buttò senza nessun calcolo sul tappeto una moneta d'oro che stringeva nella mano e che rotolò sopra il Nero; poi, come le anime forti, che aborriscono dalle incertezze, lanciò sul croupier uno sguardo che era insieme irrequieto e calmo.[15]

■ È il momento forte, il momento magico di ogni narrazione: l'apparizione sulla scena del personaggio. Il personaggio sorge dal nulla e tratto dopo tratto si impone e ci cattura. Chi sarà mai? Cosa sta per fare? Da dove viene? Dove andrà? Balzac è magistrale in questo: la sua evocazione del personaggio è retorica, melodrammatica, ma perfetta. Non possiamo, noi lettori, fare a meno di "girarci" e contemplarlo, proprio come fanno i presenti quando lui appare. Quali sono i trucchi di Balzac? Eccoli: *a.* l'evocazione del *mistero* che lo circonda come un'aura; *b.* l'uso per definirlo di *tratti opposti* e contraddittori; *c.* l'uso di *domande* circa la sua vera identità che suscitano curiosità; *d.* la sottolineatura di *piccoli indizi* densi di significati e sviluppi ulteriori; *e.* la *rinuncia all'onniscienza* da parte del narratore, così che il personaggio possa essere visto da fuori; *f.* l'uso di *espedienti ritardanti* e evocatori di *suspense*; *g.* l'evocazione di una *situazione estrema* dove il personaggio si gioca tutto: la vita o la morte.

Esercizi Ecco alcuni *incipit* in cui viene introdotto il personaggio: *a.* «La porta si aprì. Lei entrò. L'abito nero del lutto conferiva alla sua figura un'ancor maggiore bellezza...»; *b.* «Abitava in un soffitta polverosa e piena di vecchi mobili. Era favolosamente vecchio, ma i suoi occhi conservavano un'espressione mobile e astuta...»; *c.* era un uomo mite e insignificante. In ufficio nessuno si interessava a lui...»; *d.* «Aveva un modo indimenticabile di guardarti negli occhi, un modo sfacciato e ingenuo che quasi nessuno riusciva a sostenere per più di pochi secondi...». Provate a continuare, arricchendo la presentazione del personaggio.

8.2 Le forme minime della narrazione

8.2.1 I bei detti o gli apoftegmi

Un *apoftegma* mette in scena generalmente una peripezia della vita d'un santo e di solito prevede che si concluda con una parola, un detto memorabile. Questa espressione finale è di solito sorprendente, arguta, spiazzante. Nei secoli XVII e XVIII l'apoftegma ha conosciuto una fortuna moderna soprattutto in Francia, con raccolte di detti celebri pronunciati da grandi personaggi, pubblicate con caratteristici titoli terminanti in *-ana*: *Bonapartiana*, *Volterriana*, ecc. (tanto che una raccolta di apoftegmi si chiama correntemente «un ana»). Tutti noi comunque possiamo concepire simili raccolte dedicate a persone – reali (come quella consacrata da Jouhandeau a sua suocera) o immaginarie – che si siano distinte nell'arte della battuta concisa e pungente (o magari solo buffa e stramba). Ecco alcuni detti dei Padri del deserto:

> Un giorno un monaco disse: «La donna è un essere superficiale».
> «È vero» rispose un vecchio monaco «ma nulla è più insondabile della superficialità d'una donna».

15 H. de Balzac, *La peau de chagrin*, Garnier-Flammarion 1971, pp. 63 sgg.

> Padre Sisoè aveva molti libri nella sua cella e molta saggezza nel suo cuore. A un giovane monaco che un giorno gli domandava: «Padre, è difficile leggere?», «Leggere non è niente» rispose quello. «Il difficile è dimenticare ciò che si è letto».
>
> Durante il suo viaggio a Smirne, Padre Callisto si sbagliò di cammino. Ora, nella più completa solitudine, apparve d'improvviso un viaggiatore e Padre Callisto se ne rallegrò molto. « Scusami, fratello» gli disse «sai indicarmi la strada per Smirne?». «Ma anche gli asini la conoscono» rispose quello, maleducatamente. «Perciò la domando a te».[16]

E veniamo adesso agli impareggiabili apoftegmi di Madame Apremont, la suocera di Jouhandeau:

> Chiedo a Madame Apremont di cucirmi un bottone al pantalone. Lei: «Non è compito mio fare ciò, caro genero». «Ma se vostra figlia non lo fa?». Lei: «E allora! Se dovessi farvi tutto ciò che non vi fa mia figlia, finiremmo lontano».
>
> Madame Apremont a una devota che le rimprovera di non andare a confessarsi: «Preferisco non peccare».
>
> Madame Apremont a 82 anni fa la coda davanti alla drogheria. Arriva una giovane donna che si mette con ostentazione davanti a tutti. «Con quale diritto?» domanda Madame Apremont. «Diritto di priorità. Sono madre di sei bambini». «Ah! Una fattrice. La mia coniglia ieri ne ha fatti due di più di voi in un colpo solo. Bisognerebbe darle una medaglia».[17]

■ L'apoftegma – o, con una parola più ordinaria, il *detto* – è un forma brevissima ma incisiva di racconto. Uno dei primissimi testi narrativi della letteratura italiana, *Il novellino*, è composto quasi tutto di apoftegmi, e cioè di bei detti, con cui i personaggi si cavano d'impaccio o dimostrano la loro eccellenza. Attenzione: nell'apoftegma non si trova la pretenziosità della parabola o dell'adagio; bisogna che invece sia spontaneo, concreto, diretto, perfino malizioso, birichino (si tratta in fondo di *trovate*). Tutte le tradizioni sono ricche di queste brevi forme narrative (vedi a es. i detti dei maestri zen).

Esercizi Giochiamo un po'. Ispirandovi ai testi di Jouhandeau scegliete un personaggio che vi pare originale (un vicino, uno zio) e buttate giù una serie di testi brevi che lo presentino nelle diverse situazioni della vita quotidiana. Potrà trattarsi di un personaggio vivace, impertinente, svelto di cervello e di lingua; ma potrà anche trattarsi, quasi al contrario, di un personaggio lento, placido, accomodante, che però con i suoi commenti e le sue battute *troppo ingenue* sveli l'errore o la malizia nei comportamenti altrui.

8.2.2 L'esempio

Tutti noi quando parliamo, discutiamo e scriviamo, abbiamo bisogno di buoni esempi per fare comprendere meglio un nostro ragionamento, pensiero o senti-

16 P. Gribaudi, *Bons mots et facéties des Pères du désert*, Oeil 1987, cit. in A. Duchesne e Th. Leguay, *op. cit.*, p. 101.
17 M. Jouhandeau, *Ana de Madame Apremont*, Gallimard 1954, cit. in A. Duchesne e Th. Leguay, *op. cit.*, p. 101.

mento. L'*esempio* è una forma nucleare di storia che si insinua dappertutto, anche in discorsi di tutt'altro tipo: scientifico, burocratico, ecc. I monaci medioevali erano bravissimi nel tirare fuori durante le loro prediche esempi molto impressionanti. Ecco come lo scienziato Galileo Galilei interrompe un suo ragionamento relativo ai limiti dell'aristotelismo introducendo un esempio più efficace di tante dimostrazioni teoriche:

> Mi trovai un giorno in casa di un medico molto stimato in Venezia, dove alcuni per loro studio, ed altri per curiosità, convenivano tal volta a veder qualche taglio di notomia per mano di uno veramente non men dotto che diligente e pratico notomista. Ed accadde quel giorno, che si andava ricercando l'origine e nascimento de i nervi; [...] e mostrando il notomista come, partendosi dal cervello e passando per la nuca, il grandissimo ceppo de i nervi si andava poi distendendo per la spinale e diramandosi per tutto il corpo, e che solo un filo sottilissimo come il refe arrivava al cuore, voltosi a un gentil uomo ch'egli conosceva per filosofo peripatetico, e per la presenza del quale egli aveva con estraordinaria diligenza scoperto e mostrato il tutto, gli domandò s'ei restava ben pago e sicuro, l'origine de i nervi venir dal cervello e non dal cuore; al quale il filosofo, doppo essere stato alquanto sopra di sé, rispose: «Voi mi avete fatto veder questa cosa talmente aperta e sensata, che quando il testo d'Aristotile non fusse in contrario, che apertamente dice, i nervi nascer dal cuore, bisognerebbe per forza confessarla per vera».[18]

■ L'esempio dev'essere prima di tutto calzante, e cioè pertinente. Ciò ci obbliga a un tipo di narrazione estremamente funzionale, mirata allo scopo (un po' come quando si scrive uno spot pubblicitario). Perché non dirlo: in molti casi un argomento debole trionferà su un argomento più forte, grazie all'evocazione di un esempio più convincente, più interessante e divertente. E comunque non basta che l'esempio ci dia ragione – gli altri sentirebbero la sua artificiosità – deve anche guadagnare l'interesse dell'interlocutore per com'è fatto, perché è vivace e ben narrato. Infine deve sapere di realtà, dev'essere fresco, immediato, gustoso.

8.2.3 L'aneddoto

L'*aneddotico* si oppone, per sua natura, al grave. I grandi narratori di aneddoti conoscono l'arte della leggerezza, il piacere della conversazione gratuita e divagante. L'aneddoto inoltre riguarda solitamente casi divertenti, buffi, strani. Di questo tipo sono gli aneddoti con cui il buon soldato Sc'vèik infiora continuamente il suo discorso:

> C'era un soldato, un così bravo bestione, che una volta trovò seicento corone per via e le andò a riportare al commissariato. Allora i giornali scrissero di lui come d'un galantuomo, e lui non ne ritrasse altro che seccature. Nessuno voleva parlare con lui, tutti gli dicevano: «Imbecille; che stupidaggine hai fatto? Dovresti vergognarti fino a morire, se tu avessi ancora un briciolo d'onore in corpo». Aveva una ragazza, e anche lei cessò di parlare con lui. Quando tornò a casa in licenza, per questa ragione i suoi compagni lo cacciarono via dall'osteria

18 G. Galilei, *op. cit.*, p. 137.

> durante un concerto. Allora lui cominciò a deperire, a montarsi la testa e alla fine si buttò sotto un treno.
>
> Non dovete perdere la speranza, come diceva uno zigano di Pilsen, un certo Janecek, perché tutto può ancora volgere verso il meglio. Così disse pure nel 1879, quando gli misero la corda al collo a causa di un duplice omicidio per rapina. E infatti l'azzeccò giusta perché all'ultimo momento lo tolsero di sotto il capestro, in quanto non lo potevano impiccare perché era il genetliaco di sua maestà l'imperatore, che ricorreva proprio in quel giorno in cui doveva essere giustiziato. Pertanto l'impiccarono soltanto il giorno successivo, dopo che la festività fu passata, e quel briccone ebbe ancora un'altra fortuna, due giorni dopo ottenne la grazia e si dové celebrare un altro processo, poiché tutti gli indizi stavano a mostrare che il fatto era stato commesso da un altro Janacek. Così lo dovettero esumare dal cimitero dei giustiziati e riabilitare al cimitero cattolico di Pilsen, ma soltanto in seguito si venne a sapere che era evangelico, pertanto la salma venne traslata al cimitero evangelico, e poi...[19]

■ Diversamente dall'esempio, l'aneddoto non mira a illustrare una legge o un ragionamento: è autonomo e basta a se stesso. Tanto meno intende proporre una morale. È un fatto capitato, e basta. Inoltre è per sua natura breve e bada al dettaglio. Si tratta in definitiva di un piccolo fatto vero, tanto che la sua sottigliezza poteva renderlo invisibile, se non ci fosse stato lì il cacciatore di aneddoti. È dunque vero, sì, ma di una verità minore, obliqua. Di solito mette in scena una minuscola peripezia. E anche quando, come nel secondo aneddoto qui riportato, l'evento riportato è tragico, esso è comunque raccontato sotto forma di fatterello e perciò risulta buffo e quasi casuale («è capitato a un tizio...»). Gli aneddoti sono racconti in miniatura che non autorizzano alcun difetto, i migliori sono veri e propri deliziosi congegni narrativi.

8.2.4 Il fatto di cronaca

Cos'è un *fatto di cronaca*, ci pare superfluo spiegarlo. I giornali ne sono pieni. Vi proponiamo allora un brano da un breve saggio di Roland Barthes, intitolato *Struttura del fatto di cronaca*, che contiene tutte le istruzioni necessarie per riconoscere e scrivere un fatto di cronaca.

> Un assassinio: se è politico, è un informazione; se non lo è, è un fatto di cronaca. [...] Nel primo l'avvenimento (l'uccisione) rimanda necessariamente a una situazione coestensiva, che esiste fuori di esso, prima di esso e intorno a esso: la «politica». [...] Questo vale, del resto, per tutte le notizie provenienti da un orizzonte nominato, da un tempo precedente: esse non possono mai costituire dei fatti di cronaca; letterariamente sono frammenti di romanzi, nella misura in cui ogni romanzo è anch'esso un lungo sapere, in cui l'avvenimento che si produce è una semplice variabile. L'assassinio politico è quindi sempre, per definizione, una informazione parziale; il fatto di cronaca, al contrario, è una informazione totale, o, più esattamente, *immanente*; contiene in sé tutto il suo sapere: non c'è bisogno di avere conoscenza del mondo per consumare un fatto di cronaca, formalmente esso non rimanda ad altro che a se stesso; certo, il suo

19 J. Hašek, *Il buon soldato Sc'vèik*, tr. R. Poggioli e B. Meriggi, Feltrinelli 1979, vol. I, pp. 152 sgg. e 422.

> contenuto non è estraneo al mondo: disastri, omicidi, rapine, aggressioni, incidenti, furti, stramberie, sono tutte cose che rimandano all'uomo, alla sua storia, alla sua alienazione, ai suoi fantasmi, ai suoi sogni, alle sue paure; [...] ma si tratta di un mondo la cui conoscenza è esclusivamente intellettuale, analitica, elaborata al secondo grado da chi parla del fatto di cronaca, non da chi lo consuma; al livello della lettura, tutto è dato in un fatto di cronaca; le circostanze, le cause, gli antecedenti, la soluzione; privo di durata e di contesto, esso costituisce un'entità immediata, totale, che non rimanda, almeno formalmente, a niente d'implicito; in questo s'apparenta alla novella o al racconto, e non più al romanzo. Il fatto di cronaca è definito dalla sua immanenza.[20]

Esercizi **1**. Proprio perché i fatti di cronaca sono *strutture immanenti* e compatte, essi si prestano a essere spiegati e dispiegati in forma romanzesca. Prendete dunque un fatto di cronaca particolarmente strano e lavorate a trasformarlo in una narrazione vera e propria, in un più "lungo sapere", come dice Roland Barthes.

2. All'inizio del Novecento, Félix Fénéon tenne regolarmente una rubrica di notizie intitolata *Novelle in tre righe.* Eccone alcune: «Investito da un tram che l'ha lanciato a dieci metri di distanza, l'erborista Jean Désille, di Venves, è stato tagliato in due»; «Dormire in treno è stato fatale per Émile Moutin, di Marsiglia. Era appoggiato alla portiera; s'è aperta; è caduto»; «Nei dintorni di Noisy-sous-École, Louis Delillieu, di 70 anni, è caduto a terra morto: un'insolazione. Immediatamente, il suo cane Fido gli ha mangiato la testa». Sentiamo il commento di Hédi Kaddour a questo genere di narrazioni: «Storia secca per eccellenza, la notizia in tre righe non può che essere ironica. Funziona generalmente come una messa in contatto di due segmenti, che fa sprizzare una scintilla».[21] Bene: possiamo provare a scriverne, sia ricavandole da veri fatti di cronaca, sia (e non crediate sia facile) inventandole di sana pianta.

8.2.5 Il caso

André Jolles è uno studioso che si è interessato alle *forme semplici* di scrittura. Dobbiamo a lui la definizione di una delle tipologie più affascinanti di narrazione: il *caso*. Il caso nasce nell'ambito della giurisprudenza e serve a rivelare le difficoltà, le ambiguità o le aporie della legge davanti agli avvenimenti reali: che spesso rientrano con difficoltà nelle regole generali. Ecco un caso citato da Jolles, con relativo commento:

> IL CASO. Nella ressa di una grande città un borsaiolo mi ruba il portafoglio nel quale c'erano cento marchi in biglietti di piccolo taglio. Divide il bottino con l'amante, alla quale aveva raccontato il colpo fortunato. Nel caso che entrambi vengano arrestati, l'amante viene punita per ricettazione.
> Supponiamo ora che io avessi nel portafoglio solo una banconota da cento marchi. Il ladro si fa cambiare il denaro e solo dopo questa operazione dà alla donna 50 marchi; in questo caso ella non è punibile. Infatti il reato di ricettazione è previsto solo per oggetti provenienti direttamente dall'azione illecita e non per le banconote cambiate.

20 R. Barthes, *Saggi critici*, tr. L. Lonzi, Einaudi 1972, pp. 290 sgg.
21 H. Kaddour, *Pour les adjectifs, vous viendrez me voir*, Les guides du CFPJ 1994, pp. 96 sgg.

■ Il caso è una forma semplice di storia. Proviene dall'ambito giudiziario ma costituisce l'ossatura, lo schema di tante novelle. Alla base di un caso ci dev'essere una trasgressione rispetto a una norma esplicita. Il caso fa uscire la norma dalla sua genericità e assolutezza e serve a esplorare il valore, la forza e i limiti di quella norma: il caso mette alla prova la norma, la "realizza". C'è sempre un punto in cui la legge entra in tensione con la realtà, c'è sempre una lacuna della legge, un suo aspetto negativo per cui si dimostra che è un metro la cui misura, rispetto alla realtà, è falsa. Secondo un certo articolo un certo soggetto non è punibile, eppure è colpevole; oppure sempre secondo quella legge diremo che il soggetto è punibile, eppure non è colpevole.
Proprio questo accade in quest'altro caso, citato e commentato da Jolles:

> IL CASO. Con il più amabile dei sorrisi un'attrice va a trovare la sua collega che in tutta fretta deve imparare una nuova parte per la sera successiva. Astutamente approfitta dell'attimo in cui è rimasta sola nella stanza per nascondere il copione dietro un armadio. La collega non può studiare la parte, che nonostante le affannose ricerche non riesce a trovare: fa un fiasco clamoroso e perde la scrittura. La perfida rivale non ha trasgredito ad alcuna legge.
>
> COMMENTO. In quest'ultimo esempio un'unica azione è valutata sulla base di due norme non conciliabili. Non solo: si può dire che nel caso si valuta una norma rispetto a una norma superiore. Sta in ciò la drammaticità del caso che lo rende naturalmente narrativo. Un caso, diversamente da un esempio, dà un'illustrazione: non è concluso in se stesso, è aperto all'interpretazione, alla decisione, insomma alla scelta individuale. [...] La peculiarità della forma del caso consiste proprio nel porre la domanda senza poter dare la risposta, nell'addossare a qualcuno il dovere di decidere senza tuttavia contenere la risoluzione stessa. [...] qualcosa viene soppesato. [...] Il caso ci offre le attrattive e le difficoltà di questa ricerca di equilibrio. In altri termini in questa forma si realizza l'oscillare e il librare di quella occupazione dello spirito che soppesa e bilancia.[22]

■ A questo punto è evidente che il caso non è solo giudiziario. Si dà un caso non appena una certa coincidenza porta qualcuno a dover decidere tra due regole e leggi, o tra due interpretazioni d'una stessa regola. Le potenzialità drammatiche del caso sono perciò infinite, e sfruttatissime dalla letteratura.

8.2.6 La storiella comica o barzelletta

La *barzelletta* è una delle forme semplici di narrazione più diffuse nel mondo: non c'è chi non pratichi o non si diverta ad ascoltarne. Essa somiglia all'apoftegma, in quanto si conclude con una battuta: solo che la battuta mira senz'altro a suscitare il riso. Ecco una barzelletta raccontata da Moni Ovadia.

> «Dove lo va di bello, reb Sholyme?».
> «Io... reb Duvid... Io vado a Varsavia per comperare farina».
> «Senta reb Shloyme», dice reb Duvid accennando un mezzo sorriso che gli conferisce un'espressione beffarda. «Lei lo piace tanto raccontare il bugie?».

22 A. Jolles, *Forme semplici*, tr. C. Vinci Orlando e M. Cometta, Mursia 1980, pp. 162 sgg.

> «Perché lei me lo parla così così, reb Duvid?» replica bruscamente reb Shloyme. «Lei offende un ebreo che tutti lo rispettano!».
> «Senta reb Shloyme», riprende reb Duvid con tono bonario, senza però abbandonare l'espressione beffarda, «gvardi, lei me lo dice che va a Varsavia a comperare il grano. Ma si dà il caso, che io lo so per certo da informazioni confidenziali che lei davvero va a Varsavia per comprare il farina! E alora... Perché mentire???».[23]

■ Di solito nelle storielle viene messo in scena un piccolo "agone linguistico" (una competizione di parole) tra personaggi che stanno in qualche rapporto di tensione tra loro. Questa tensione si risolve con l'ultima battuta. Come nel romanzo poliziesco, noi dobbiamo essere colti di sorpresa dalla stretta finale. Il riso è funzione della sorpresa. Infine il protagonista tipico delle barzellette è uno sciocco-furbo (il nostro Pierino, per intenderci). Una barzelletta è buona quando noi ridiamo *due* volte: la prima volta sentendoci superiori allo stolto incapace di rispettare le norme logiche e sociali, la seconda volta sentendoci alleati dello stolto che in fondo ammiriamo proprio perché è capace di dare un calcio a quelle regole, come vorrebbe fare la parte più profonda e anarchica di ognuno di noi.

8.2.7 L'apologo

Gli *apologhi* sono storielle che mirano a suscitare in noi riflessioni profonde. Esse non vanno prese alla lettera, in quanto che il loro significato non è evidente, bensì allegorico. Sono molto adoperate in ambito religioso, basti pensare alle parabole narrate da Gesù. Qui però vi proponiamo un apologo laico, inventato da Galileo per rappresentare la dinamica tipica della scienza:

> Nacque già in un luogo assai solitario un uomo dotato da natura d'uno ingegno perspicacissimo e d'una curiosità straordinaria; e per suo trastullo allevandosi diversi uccelli, gustava molto del lor canto, e con grandissima meraviglia andava osservando con che bell'artificio, colla stess'aria con la quale respiravano, ad arbitrio loro formavano canti diversi, e tutti soavissimi. Accadde che una notte vicino a casa sua sentì un delicato suono, [...] e venuto nella strada, trovò un pastorello, che soffiando in certo legno forato, [...] traeva diverse voci , simili a quelle d'un uccello, ma con maniera diversissima. Stupefatto e mosso dalla sua natural curiosità, donò al pastore un vitello per aver quel zufolo, [...] e conoscendo che se non s'abbatteva a passar colui, egli non avrebbe mai imparato che ci erano in natura due modi da formar voci e canti soavi, volle allontanarsi da casa, stimando di poter incontrar qualche altra avventura. Ed occorse il giorno seguente, che passando presso a un piccol tugurio, sentì risonarvi dentro una simil voce; [...] entrò dentro, e trovò un fanciullo che andava con un archetto, ch'ei teneva nella man destra, segando alcuni nervi tesi sopra certo legno concavo. [...] Vedendosi sopraggiunto da due nuovi modi di formar la voce ed il canto tanto inopinati, cominciò a creder ch'altri ancora ve ne potessero essere in natura. [...] Quando poi gli venne osservato che le vespe, le zanzare e i mosconi, non, come i suoi primi uccelli, col respirare formavano voci interrotte, ma col velocissimo batter dell'ali rendevano un suono perpetuo, quanto crebbe

23 M. Ovadia, *L'ebreo che ride*, Einaudi 1998, p. 82.

in esso lo stupore, tanto si scemò l'opinione ch'egli aveva circa il sapere come si generi il suono. [...] Ma quando ei si credeva non poter quasi esser possibile che vi fussero altre maniere di formar voci, [...] quando, dico, ei credeva d'aver veduto il tutto, trovossi più che mai rinvolto nell'ignoranza e nello stupore nel capitargli in mano una cicala, e che né per serrarle la bocca né per fermarle l'ali poteva né pur diminuire il suo altissimo stridore, né le vedeva muovere squamme né altra parte, e che finalmente, alzandole il casso del petto e vedendovi sotto alcune cartilagini dure ma sottili, e credendo che lo strepito dallo scuoter di quelle, si ridusse a romperle per farla chetare, e che tutto fu invano, sin che, spingendo l'ago più a dentro, non le tolse, trafiggendola, colla voce la vita, sì che né anco poté accertarsi se il canto derivava da quelle: onde si ridusse a tanta diffidenza del suo sapere, che domandato come si generavano i suoni, generosamente rispondeva di sapere alcuni modi, ma che teneva per fermo potervene essere cento altri ed inopinabili.[24]

8.2.8 Racconti brevissimi

I prossimi che vi proponiamo sono veri e propri racconti. Solo che sono brevi, anzi brevissimi. Non è detto che sia più facile ma insomma uno s'accorge subito se il talento ce l'ha o no. Il primo miniracconto è di Claudio Colafrancesco:

C'era una volta un uomo che amava leggere. Era una persona normale, sana, un lavoratore forte e onesto, con la grande passione per i libri. Le sue giornate erano piene di impegni, eppure trovava sempre il tempo per la lettura. Il Dio della letteratura si accorse di lui e volle premiarlo, consegnandogli un librone enorme, che raccoglieva le storie più belle del mondo. «Leggi questo libro» gli raccomandò il Dio «anche una sola parola al giorno, e vivrai fino a quando non lo avrai letto tutto». L'uomo ringraziò il Dio per il regalo e aprì il volume per dare un'occhiata alle prime righe. Ma le storie erano davvero meravigliose, così leggeva e leggeva senza poter smettere, pur consapevole dell'avvertimento di Dio. In breve tempo arrivò all'ultima pagina e morì felice, ancora giovane.[25]

Il secondo è una storia zen ed è più breve ancora:

Un uomo che camminava per un campo si imbatté in una tigre. Si mise a correre, tallonato dalla tigre. Giunto a un precipizio, si afferrò alla radice di una vite selvatica e si lasciò penzolare oltre l'orlo. La tigre lo fiutava dall'alto. Tremando, l'uomo guardò giù, dove, in fondo all'abisso, un'altra tigre lo aspettava per divorarlo. Soltanto la vite lo reggeva. Due topi, uno bianco e uno nero, cominciarono a rosicchiare pian piano la vite. L'uomo scorse accanto a sé... una bellissima fragola. Afferrandosi alla vite con una mano sola, con l'altra spiccò la fragola. Com'era dolce![26]

Il prossimo è ancor più breve. Lo ha scritto Dino Risi:

Erano due sorelle. Attaccatissime l'una all'altra. Infatti erano due sorelle siamesi. Un giorno una delle due si innamora e si sposa. Ma dopo qualche

24 G. Galilei, *Il Saggiatore*, Feltrinelli 1964, pp. 218 sgg.
25 In «*Una frase, un rigo appena*», Einaudi 1994, pp. 9 sgg.
26 *Ivi*, p. 61.

> tempo, una notte, si accorge che il marito la tradisce con la sorella. Allora, per punirla, si uccide.[27]

L'ultimo, di Thomas Bailey Aldrich, è ancora più breve:

> Una donna sta seduta sola in casa. Sa che nel mondo non c'è più nessuno: tutti gli altri esseri umani sono morti. Bussano alla porta.[28]

■ Ciò che conta nelle ministorie è il *finale*. Si deve perciò cominciare dalla fine. La fine dev'essere sorprendente, strana, imprevista ma *giusta*. Si può perciò dire che queste storie assomigliano ai paradossi e alle barzellette. Si tratta di una partita giocata con il lettore in tempi brevissimi, per dargli scacco matto con una mossa improvvisa e elegante. Poiché le ministorie devono essere innanzitutto brevi, è bene fissarsi in anticipo un limite non oltrepassabile, limite che comunque non deve mai superare una cartella.

8.2.9 Ministorie pubblicitarie

Un buon esercizio per scrivere racconti brevi è scrivere una sceneggiatura per uno spot pubblicitario. Come è noto, gli spot devono durare pochissimo: eppure in quei pochi secondi che durano devono raccontare una storia densissima. Diamo la parola ad un'esperta, Anna Maria Testa, ed entriamo direttamente nel laboratorio del pubblicitario:

> Qualche tempo fa, un'azienda che produce cosmetici convoca l'agenzia in cui lavoro e le chiede di progettare una comunicazione televisiva. Il prodotto è un profumo. La versione femminile sta in una boccetta rosa, piatta, opaca. La versione maschile è realizzata in due soluzioni differenti: una più dolce, con un flacone di vetro nero, e una più amara e speziata, con un contenitore grigio e argento che ricorda vagamente certe vecchie bottiglie da viaggio per il whisky. I tre si chiamano nello stesso modo: Arrogance. Il *brief* è già contenuto nel nome del prodotto. E il problema è: saranno tutti nello stesso telecomunicato, o ciascuno individuato da uno spot differente?
> L'agenzia propende per la seconda soluzione, e a tempo debito presenta una serie di proposte coordinate. Sono state messe a punto con cautela infinita, perché Arrogance è un nome difficile da maneggiare, e ad usarlo male si rischia di sembrare antipatici. O peggio.
> Il cliente respinge tutte le proposte. Gli sembrano deboli. E dopotutto preferirebbe fare uno spot solo, così riduce i costi e ottiene un effetto maggiore.
> L'agenzia risponde che il ragionamento fila, in teoria, ma è difficile da mettere in pratica. Tre profumi con lo stesso nome trasformano uno spot da trenta secondi in una vetrina. E con quel nome, poi, la vetrina rischia di sembrare anche troppo affollata. Il cliente dice che potrebbe anche accontentarsi di presentare insieme la versione femminile e una sola di quelle maschili, ma che esige un telecomunicato forte, diverso, coinvolgente: Arrogance, insomma.
> L'Agenzia torna a casa con la coda tra le gambe e si rimette a lavorare.
> Come possono stare il maschio Arrogance e la femmina Arrogance nello stesso

27 *Ivi*, p. 19.
28 In *Antologia della letteratura fantastica*, a c. J.L. Borges, tr. L. Allamprese, Editori Riuniti 1981, p. 15.

spot senza litigare? E se litigano, chi vince? E se non litigano, che Arrogance sono? Sono Arrogance nei confronti di chi guarda? Ipotesi improponibile. Oppure sono Arrogance in senso seduttivo? Ma allora, chi seduce chi? Ciascuno seduce un altro non-Arrogance? Con ciò rinunciando a farsi sedurre dal partner Arrogance? E poi come si incrociano le due storie? In profumeria? Dai, non scherziamo...

Ora leggiamo il "soggetto" (tecnicamente: lo *script*) dello spot che alla fine fu realizzato. Notiamo come gli eventi sono descritti con precisione, ma senza rinunciare al tentativo di evocare sensazioni d'ambiente, e a una generale temperatura emotiva.

CORPO A CORPO. Musica ritmata. Si vede il totale di un ring da pugilato, illuminato da un cono di luce che spiove dall'alto. Passando tra le corde, l'arbitro sale sul ring. Il rumore della folla cresce. La macchina da presa inquadra la schiena di un accappatoio di raso nero, sul quale scintilla la scritta dorata «Tiger».
Stacco. Ora la macchina da presa inquadra il dettaglio della schiena di un accappatoio di raso rosa, e una scritta luccicante: «Tornado». La schiena si muove di lato, scoprendo l'angolo del ring e un "secondo" che indossa una maglietta rosa, e tiene in mano un flacone di Arrogance por femme. Nell'angolo opposto c'è un "secondo" che indossa una maglietta nera, e sta aprendo un flacone di Arrogance pour homme. Primissimo piano di Tiger: è un uomo giovane, bello, misterioso. Il secondo saltella attorno a lui, e gli mette addosso un poco di Arrogance.
Stacco. Il secondo in maglietta rosa sta massaggiando una mano: è piccola, curata, affusolata. Ha lunghissime unghie, rosse di smalto. È la mano di una donna.
Tornado è bionda, sottile, determinata, e molto bella. Con un piccolissimo sorriso prende Arrogance pour femme dalle mani del secondo e se ne mette un po' dietro le orecchie.
Il secondo in nero aiuta Tiger a togliersi l'accappatoio: Appare uno smoking impeccabile.
Il secondo in rosa aiuta Tornado a togliersi l'accappatoio. Appare un abito rosa, lungo e scollato, da sera.
Stacco. Il ring è ripreso da lontano, un po' dall'alto. L'uomo e la donna sono uno di fronte all'altra. L'arbitro li divide.
Stacco. Dettaglio del gong. Il gong viene percosso: è il segnale d'inizio.
Stacco. Totale del ring. Nel silenzio più assoluto, parte una musica. È un lento romantico, intenso. In mezzo al ring, sotto il cono di luce, l'uomo e la donna si avvicinano, e ballano strettamente abbracciati.
Su questa immagine appare il *super*: ARROGANCE: CORPO A CORPO, mentre l'immagine dei due dissolve nelle sue confezioni affiancate.[29]

■ **1**. Lo spot deve mettere in luce le qualità del prodotto: quelle reali, certo, ma anche quelle che possono colpire l'immaginazione. Inoltre bisogna decidere esattamente a quale tipo di pubblico ci si rivolge.

29 A.M. Testa, *La parola immaginata*, Pratiche 1988, pp. 217 sgg.

2. La storia dev'essere breve ed efficace. Ogni particolare di questa storia dev'essere necessario ed "economico": non sono ammesse digressioni, lungaggini. Ogni dettaglio dev'essere funzionale al tutto. La regola vale anche al contrario: non deve esserci nulla, nello spot, che possa evocare in chi lo guarda associazioni mentali controproducenti.
3. Il finale deve stupire e chiudere perfettamente il cerchio, e non deve sembrare posticcio o "aggiunto". Spesso le storie mettono in scena un problema, un piccolo dramma, che dev'essere perfettamente e convincentemente risolto (grazie al prodotto, naturalmente). In ciò è di fondamentale importanza lo slogan finale (recitato e/o scritto) che deve tirare le somme della storia e addirittura proporre una specie di morale.

Esercizi Proviamo a riscrivere alcune storie celebri come fossero dei soggetti da spot pubblicitari. Es.: *a.* l'*Odissea* trasformata nello spot d'una agenzia di viaggi (con le sirene che cantano a Ulisse: «Ahi! Ahi! Ahi! No Alpitour?»); *b.* l'*Amleto* trasformato nello spot dell'antidepressivo Ofelin (mentre Amleto declama: «Morire... Dormire... Forse sognare...», appare Ofelia con la confezione in mano); *c. La coscienza di Zeno* trasformato nello spot d'un cerotto per smettere di fumare (nome del prodotto: Il Cerotto di Zeno); *d. I sepolcri* trasformato nello spot d'una agenzia di pompe funebri («...il sonno della morte è men duro / sotto una lapide Paguro...»), e chi più ne ha più ne metta.

8.2.10 Microromanzi

Se avete voglia di scrivere un romanzo, ma non avete tempo da perdere, sappiate che è possibile scriverne in grandi quantità e in pochissimo tempo. Giorgio Manganelli ne ha raccolti cento, ciascuno della lunghezza esatta d'una pagina, in un libro intitolato *Centuria*. In realtà la loro brevità è solo un'apparenza. Ecco infatti come lo scrittore presenta i suoi romanzi: «Il presente volumetto racchiude in breve spazio una vasta ed amena biblioteca; esso infatti raccoglie cento romanzi fiume, ma così lavorati in modi anamorfici, da apparire al lettore frettoloso testi di poche righe». Ecco a voi il cinquantottesimo romanzo:

> Da qualche giorno, egli è estremamente irrequieto; infatti, dopo un lungo periodo di vita solitaria, s'è accorto che la casa in cui vive è abitata da altri esseri. Nelle tre stanze del suo appartamento lievemente maniacale hanno fissato dimora tre fantasmi, due fate, uno spirito, un demonio; e un enorme angelo che da solo è grande quanto una stanza; ha anche l'impressione che vi siano altri esseri, di cui ignora il nome: minuscoli e sferici. Naturalmente, il subitaneo affollamento lo sconvolge; non capisce perché questi esseri abbiano scelto tutti la sua casa; e non capisce quale funzione essi esercitino. Ma nulla lo turba più del fatto che questi esseri si rifiutano di farsi vedere, di parlargli, di intrattenersi in qualsiasi modo, anche a segni, con lui. Egli sa che non può continuare a vivere in una casa infestata a quel modo, ma se almeno potesse parlare con quelle immagini, quella misteriosa occupazione avrebbe un senso, e forse un qualche senso ne verrebbe anche alla sua vita. Da un punto di vista meramente pratico, egli non può portare alcuna prova dell'esistenza nella sua casa di quegli esseri, e tuttavia la loro presenza è non solo evidente e inquietante, ma ovvia. Egli ha cercato di indurli a rivelarsi. Si è rivolto ai tre fantasmi, uno

> per volta, ed ha suggerito di fare rumori tali da spaventare il caseggiato; poiché nulla ha alterato il silenzio, si è rivolto al demonio, che notoriamente è incline, per motivi professionali, al colloquio.
> Ha alluso alla possibilità di un mercato, e ha parlato con deliberata leggerezza della propria anima, sperando o di allettare il diavolo, o di irritare l'angelo. Non ottenendo risposta, ha distribuito fiori per le stanze per richiamare l'attenzione delle fate, è ricorso a metodi di accertata efficacia per evocare lo spirito.
> In realtà, la sua casa è affollata da entità che non vogliono avere nulla a che fare con lui. Solo le piccole sfere gli usano qualche cortesia, ed egli avverte di tanto in tanto dei rapidi ronzii alle orecchie. Quello che egli non sa, è che i tre fantasmi, le due fate, lo spirito attendono il successivo inquilino, che subentrerà dopo il suo imminente decesso; angelo e demone sono là per badare alle pratiche burocratiche. In una lontana provincia, il futuro inquilino sta febbrilmente preparando le valige per lasciare definitivamente una casa infestata dagli spiriti.[30]

■ Inutile dire che la tecnica qui usata è quella del riassunto di un testo base che non è mai stato scritto, per certi versi simile a quella della recensione del romanzo immaginario. Per usare un linguaggio cinematografico diremo che si tratta di un *soggetto* per un romanzo da scrivere. L'importante è che la storia tenga nell'insieme, che sia dotata di un capo e d'una coda, di un protagonista e di un'antagonista, ecc. Se poi i lettori la vorranno sviluppare nel dettaglio, lasciateli fare...

Esercizi Sembra facile, ma non è. Provate, per cominciare, a scrivere riassunti di romanzi che conoscete, fissandovi la lunghezza massima di una pagina. Più diventerete abili, più lunghi saranno i romanzi che condenserete in poche righe (prova finale: *It* di Stephen King). L'importante è che nel riassunto non si perda – oltre naturalmente al senso della trama – il "movimento", cioè quell'accavallarsi di avvenimenti, sorprese, incontri, mutamenti d'animo e d'opinione, che costituisce l'essenza del romanzo. Quando ci avrete fatto la mano, scrivere di getto brevissimi romanzi-fiume vi verrà più che naturale.

8.2.11 Le storie-bugia

La menzogna è sempre anche un testo narrativo. Il bugiardo deve avere inventiva, e inoltre essere coerente e convincente; doti non da poco per chi narra "a soggetto". In effetti il bugiardo classico tende ad essere un narratore realista che mira a cambiare solo alcuni elementi di realtà senza mai uscire da un orizzonte di verosimiglianza. Poi ci sono i grandi bugiardi, coloro che d'un balzo escono da questi limiti e s'avventurano nel fantastico, nel meraviglioso. Il Barone di Münchausen è il principe di tutti i grandi bugiardi. Eccolo raccontare una sua avventura: è appena arrivato stanco morto in un villaggio tutto coperto dalla neve, e...

> Smontai di sella e legai il mio cavallo a una sorta di spunzone d'albero che affiorava sopra la neve. Per misura di sicurezza mi posi sotto braccio le pistole e

30 G. Manganelli, *Centuria*, Rizzoli 1979, pp. 121 sgg.

mi coricai nella neve poco lontano. Feci un sonno così sodo che non mi ridestai se non a giorno fatto. Grande allora fu la mia sorpresa nel ritrovarmi nel cuore di un villaggio, coricato in mezzo al cimitero. Del mio destriero, nessuna traccia. Ma tosto lo udii nitrire, e quel nitrito sembrava provenire dall'alto. Guardai in su e lo scorsi legato alla banderuola del campanile. Mi resi conto allora con estrema chiarezza di quanto m'era accaduto: quella notte il villaggio era stato sepolto dalla neve, ma, essendosi prodotto un improvviso cambiamento di tempo, a poco a poco, col disciogliersi della neve, io ero scivolato, nel sonno, fin giù al camposanto della chiesa e quel che nel buio avevo scambiato per un mozzicone di tronco a fior di neve legandovi il mio cavallo, risultò essere la croce o la banderuola del campanile.
Senza stare a riflettere più che tanto, tirai fuori una pistola, sparai alla cavezza, ripresi la mia cavalcatura e mi rimisi in viaggio.

Un giorno che avevo esaurito tutte le munizioni, mi trovai inaspettatamente dinanzi un cervo maestoso, che mi guardava con assoluta indifferenza, quasi avesse saputo delle mie cartucciere vuote. Fui lesto a caricare a polvere, e a questa aggiunsi una bella manciata di ciliege, spolpate in parte per quanto la fretta me lo aveva permesso. Gli sparai dunque addosso e lo colpii proprio in mezzo alla fronte, fra le corna. Il colpo lo stordì... vacillò... e tuttavia riuscì a fuggire.
Un paio d'anni dopo mi trovavo in compagnia in quella stessa foresta ed ecco, oh meraviglia! avanzare un cervo maestoso con un rigoglioso ciliegio piantato fra le corna. Mi sovvenni della mia antica avventura e considerai perciò l'animale di mia proprietà. Lo abbattei con un colpo, rifornendomi così al tempo stesso di cosciotto e di salsa di ciliege, giacché l'albero era carico di saporitissimi frutti, quali mai avevo gustato prima.[31]

■ Le menzogne interessanti non sono quelle lievi ma quelle enormi, madornali, clamorose. Esse sono caratterizzate da un nucleo forte di inverosimiglianza intorno a cui il resto della storia deve riorganizzarsi attraverso un processo di razionalizzazione secondaria mirante a normalizzare, a riassorbire l'anomalia iniziale. Molto spesso però questa operazione moltiplica le contraddizioni e le inverosimiglianze in una specie di *escalation* dell'assurdo e del surreale.

Esercizi Inventiamoci un personaggio bugiardo, tenendo ben presente che di norma la bugia non è una pura invenzione, ma una trasformazione della realtà secondo i desideri del personaggio: desideri che possono essere positivi come negativi. Es.: *a.* il *bugiardo vittimista*: tutti ce l'hanno con lui, tutti lo perseguitano, ogni cosa che gli succede è risultato d'un complotto...; *b.* il *bugiardo malato*: sta bene, è sano come un pesce, è arzillissimo, ma appena incontra un conoscente comincia a strascicare i piedi, curva la schiena, tra flebili lamenti gli racconta le sue innumerevoli sofferenze...; *c.* il *bugiardo proiettivo*: è quello che vende la pelle dell'orso prima di averlo ucciso; sempre pieno di progetti, d'iniziative, descrive le cose ideate come già progettate, le progettate come già avviate, le già avviate come consolidate, le consolidate come concluse; se gioca al lotto, ha già

31 R.E. Raspe, *Le avventure del Barone di Münchausen,* tr. M. L. Agosti, Rizzoli 1989, pp. 27 sgg. e 34.

vinto...; *d.* il *bugiardo sciupafemmine* (o la *bugiarda uomaiola*): hanno sempre il problema d'un eccesso di spasimanti, raccontano d'aver detto di no a questo (o questa) e quello (o quella), ma in definitiva sono sempre soli...

8.2.12 Le storie-sogni

Ognuno di noi, anche l'essere più razionale e concreto, "scrive" per se stesso storie assurde, surreali, strampalate e fantastiche. Ognuno di noi, di notte, veste i panni dell'assassino, del pirata, del libertino, dell'eroe, della vittima. Ognuno di noi visita senza aver con sé nessuna mappa questa vera e propria foresta incantata che è il mondo onirico. Molti al risveglio non riportano con sé nessun ricordo di un tale viaggio: sono stati in un pianeta più straordinario ancora di qualsiasi pianeta extragalattico e non ne hanno memoria, o tutt'al più conservano qualche confuso lembo di immagine. Gli artisti invece, evidentemente, ricordano. Spesso molte delle loro opere partono proprio da una visione onirica, che poi viene sviluppata, elaborata, amplificata. Ma un sogno ha un potere evocatore anche quando è narrato nudo e crudo, anche quando siamo totalmente inconsapevoli del suo significato. Vediamo alcuni esempi. Prima un sogno tratto dal diario di Kafka:

> Con due amici avevo combinato una gita per domenica, ma con grande sorpresa mi addormentai e perdetti l'appuntamento. Gli amici, che conoscevano la mia puntualità, ne rimasero stupiti, vennero davanti alla casa dove abito, aspettarono un poco, salirono le scale e bussarono alla mia porta. Spaventato balzai dal letto e non pensai ad altro che a prepararmi al più presto possibile. Quando però mi affacciai vestito e pronto, gli amici si tirarono indietro evidentemente impauriti. «Che cos'hai dietro la testa?» esclamarono. Fin dal momento del risveglio avevo sentito qualche cosa che mi impediva di reclinare la testa e ora alzai la mano per tastare l'impedimento. Gli amici, che si erano un po' riavuti, stavano esclamando: «Attento a non farti male!» allorché dietro alla testa strinsi l'impugnatura di una spada. Gli amici si avvicinarono, mi osservarono, mi fecero rientrare fin davanti allo specchio dell'armadio e mi spogliarono dalla cintola in su. Una vecchia spada da cavaliere con l'elsa a croce era infilata nella mia schiena fino all'impugnatura, ma in maniera che la spada stava con inspiegabile precisione fra la pelle e la carne senza aver provocato alcuna lesione. Neanche nel punto d'entrata dietro la nuca appariva alcuna ferita e gli amici mi assicurarono che in quel punto, asciutto e senza sangue, incominciava l'apertura necessaria alla lama. E mentre, montati sulle sedie, si misero a estrarre lentamente la spada millimetro per millimetro, il sangue non sgorgò e l'apertura sul collo si chiuse, salvo una fessura appena percettibile. «Eccoti la spada» dissero gli amici, porgendomela con una risata. Io la soppesai tra le mani, era un'arma preziosa che forse era servita ai crociati. Chi permetteva che antichi cavalieri si aggirassero nei sogni, brandissero le loro spade come niente fosse, le infilassero nel corpo di innocui dormienti e non causassero loro gravi ferite, soltanto perché probabilmente le loro armi scivolavano sui corpi vivi e perché fuori della porta c'erano fedeli amici che bussavano pronti ad aiutare?[32]

32 In *Teatro del sonno*, a c. C. Béguin e G. Almansi, tr. E. Pocar, Garzanti 1988, pp. 507 sgg.

E ora un sogno di Borges, tratto dal suo *Libro de sueños:*

> Tanti anni a fuggire e ad aspettare, e adesso il nemico era là, in casa mia. Dalla finestra lo vidi salire per l'erto sentiero del colle. Si aiutava con un bastone, un pesante bastone che in quelle vecchie mani non poteva essere un'arma, ma solo un sostegno. A fatica percepii quello che aspettavo: il debole colpo contro la porta. Guardai con un po' di nostalgia i miei manoscritti, il mio abbozzo semifinito e il trattato di Artemidoro sui sogni, strano libro in casa mia, visto che non so il greco. Un altro giorno perso, pensai. Dovetti armeggiare un po' con la chiave. Temetti che l'uomo crollasse per terra, ma mosse qualche passo incerto nella stanza, abbandonò il bastone, che da quel momento non vidi più, e si lasciò cadere esausto sul mio letto. La mia angoscia lo aveva immaginato molte volte, ma solo allora notai che somigliava quasi come un fratello a Lincoln. Saranno state le quattro del pomeriggio.
> Mi chinai su di lui perché mi sentisse.
> «Uno crede che gli anni passino solo per lui», dissi, «e invece passano anche per gli altri. Ecco che finalmente ci incontriamo e quello che è accaduto prima non ha più senso».
> Mentre parlavo, lui s'era slacciato il soprabito. La sua mano destra era nella tasca della giacca. Qualcosa puntava verso di me, e capii che era una pistola.
> Mi disse allora con voce ferma:
> «Per entrare in casa sua sono ricorso alla compassione. Adesso la tengo alla mia mercé e badi che non sono certo misericordioso».
> Riuscii a dire:
> «È vero che tanto tempo fa io ho maltrattato un bimbo, ma ormai lei non è più quel bambino e io non sono più quell'insensato. E poi la vendetta non è meno vanitosa e ridicola del perdono».
> «Proprio perché non sono più quel bambino» ribatté lui «la devo uccidere. Non si tratta di vendetta, ma di un atto di giustizia. I suoi argomenti, caro Borges, sono semplici stratagemmi della paura, perché io non la uccida. Ma ormai non può farci più niente».
> «Una cosa posso ancora farla» obiettai.
> «E quale?» mi chiese lui.
> «Svegliarmi».
> E così feci.[33]

■ Mettetevi un bloc-notes sul comodino; quando vi svegliate cercate di ricordare il sogno che stavate facendo e appuntatevelo brevemente. La mattina dopo scrivetelo in bella copia. Rispettate la logica del sogno, non tentate di correggerla, se nel sogno vi è apparsa una "giraffa che però era anche mia zia", e questo vi pare inconcepibile, non fatevi problemi: scrivetelo e basta. Non tentate di addomesticare i sogni. Costruitevi un quaderno dei sogni per il solo piacere di leggerveli più tardi, anche a distanza di tempo. Non preoccupatevi di interpretarli. Da alcuni di essi, magari dopo averli intrecciati e mescolati, potrete anche ricavare delle storie. Ricordate: scrivere sogni è davvero un esercizio utile alla fantasia; un esercizio che libera potenzialità logiche e narrative latenti; che ci abitua a convivere serenamente con la nostra follia segreta e ci rende tolleranti verso quella altrui; che ci rende perfino un poco poeti.

---

33 *Ivi*, tr. T. Riva, pp. 335 sgg.

8.3 Alcune forme di storie possibili

8.3.1 Storie fatte di niente

Una tecnica moderna per scrivere racconti è quella basata sull'evocazione di storie minime. Anzi più che di storie vere e proprie, parlerei di atmosfere, sensazioni, dinamiche sfuggenti. Ecco un esempio tratto dai *Sillabari* di Goffredo Parise. Il titolo del racconto è una parola-tema: «Affetto».

> Un giorno un uomo molto ricco ma "per bene" che conosceva la vita anche grazie alla mondanità e alle cose futili e costose entrò nell'immensa casa di famiglia con l'intenzione di "far capire" alla moglie che non l'amava più pure amandola moltissimo. Tantissime volte aveva tentato di farlo ma sempre qualcosa, all'ultimo momento, lo impediva e forse, a questo punto, non era nemmeno più necessario "farlo capire"; forse la moglie lo sapeva già ma l'uomo in questione si trovava quel giorno in un particolare stato d'animo, di scontentezza nei confronti di se stesso e dunque di crudeltà verso gli altri.
> Non provava più alcuna attrazione verso la moglie ormai da dieci anni (non erano più giovani né l'uno né l'altra) e di questo provava una grande vergogna verso la moglie perché gli pareva rivelatore di un lato volgare della propria natura. [...]
> Eppure con piacere toccava qualche volta i riccioli di lei, o un suo vestito di crêpe Georgette, che trovava per lei più elegante di altri elegantissimi, qualche volta con piacere la guardava ridere e una volta provò perfino un tuffo al cuore quando lei inciampò e stava per cadere come una bambina miope. Ma era un piacere molto esangue ed egli ricordava invece con dispiacere i loro amori giovanili: quando più grassottella, la trovava nei prati ad aspettarlo, un po' sudata, con le ascelle non depilate, piena di trepidazione come certe rarissime cavalle di sangue, i capelli rossi corti e ricciuti, sostenuti dal loro riccio, e le mani non molto curate ma secche e tremanti e non calme e morbide di crema. E il dispiacere, che nasceva non soltanto dal sentimento della brevità delle cose, ma soprattutto dalla loro impossibilità a rinnovarsi e a riprodursi nelle stesse persone (loro due), secondo l'uomo per colpa sua, era la causa della vergogna che provava verso di lei.
> La moglie, che era diventata una donna alta con capelli ricci corti e rossi, con occhi sventati e un sorriso infantile e mondano che stirava le piccole e poche rughe ai lati degli occhi e della bocca, non aveva capito tutto ciò che lui aveva capito e che avrebbe voluto spiegare ma non a parole, lo aveva però "sentito" fin dal primo giorno in cui il marito dormì in un'altra stanza. Da allora aveva continuato a "sentire" forse non volendo capire o semplicemente perché il carattere di lei era diventato sempre meno "fisico" e tendeva, anche per educazione, a provare un sentimento amoroso e coniugale molto forte ma sfumato.
> Entrato nella casa l'uomo fece a piedi una delle due grandi scale arcuate che portavano ai saloni d'entrata, poi si infilò nell'ascensore piccolo e giunse in un salotto-veranda bianchissimo, con grandi piante di azalee bianche, dove la moglie e i figli lo aspettavano; salutò tutti (baciò la moglie su una tempia) e si avviò verso la sala da pranzo. [...]
> L'uomo aspettò che entrasse la moglie, che si sedesse a un capo della tavola, allora anche lui sedette all'altro capo e subito dopo di lui si sedettero i due figli, la femmina alla sua destra, il maschio a sinistra. L'uomo scherzò col figlio in lingua inglese (il ragazzo era allegro ma troppo "educato" e debole e parlava

in inglese meglio che in italiano) poi, come per consolarsi, prese nella sua la mano della figlia, sorridendo e guardandola negli occhi. Ma, anziché consolarsi, in modo completamente inaspettato si commosse perché rivide nella figlia quindicenne che somigliava a lui la stessa allure della madre quando si erano conosciuti. L'avvicinò a sé con infinita tenerezza e affondò il volto nel casco di capelli ricci e odorosi di capretto.
La colazione si svolse come sempre. [...] Al caffè i figli uscirono (la figlia inciampò) e i due sposi si trovarono soli in un immenso salotto con le finestre aperte. Stettero un po' in silenzio (si udiva il piccolo rumore di una falciatrice da giardino) poi parlarono del viaggio a Bangkok di un notissimo sarto che frequentava la casa, poi del possibile, augurabile matrimonio, o unione, di una loro amica vedova con un professore d'università povero, ma giovane, bello e "per bene" che aveva salvato l'amica dall'alcolismo. Tacquero (l'uomo chiuse gli occhi), poi l'uomo aprì un giornale e lo sfogliò con attenzione facendo in modo che non si ponesse completamente tra lui e la moglie. Di tanto in tanto la guardava in silenzio, appoggiò il giornale sulle ginocchia e la guardò più a lungo. Stava per cominciare a parlare (non sapeva quello che avrebbe detto ma sapeva che l'avrebbe detto) quando la moglie, alzandosi, gli strinse un istante la mano, subito si scostò dal marito e avvicinatasi al telefono che era accanto alla finestra cominciò una lunga telefonata quasi silenziosa e fatta quasi esclusivamente di sorrisi, con un'amica. Egli si alzò, si avvicinò a lei, la baciò su una tempia e uscì.[34]

■ **1**. Prima di tutto Parise sceglie un tema, in questo caso l'affetto, poi però – diversamente da quel che ci si potrebbe aspettare – non ci lavora sopra direttamente, frontalmente. La regola è questa: per parlare di un certo tema *parla d'altro*. La sua è un'arte allusiva e perfino elusiva. Niente deve essere detto in modo esplicito, men che meno la parola-tema.
2. Il racconto è scritto secondo una tecnica moderna anche se ormai abbastanza consolidata: è un *racconto sul nulla*. Cioè su "nulla di straordinario". Sulle cose della vita. Le cose di tutti: un uomo, una donna che non si amano più. Di loro non ci vengono nemmeno detti i nomi. Non ci sono amanti, tradimenti, scenate. Tutto finisce com'è cominciato: nel nulla.
3. I racconti di questo tipo sono basati su quella cosa che approssimativamente possiamo chiamare *atmosfera*: una certa aria suggerita indirettamente da segni, parole, oggetti: «qualcosa di impercettibile e di fatale».
4. Infine, in questi racconti però qualcosa accade: accade un'*epifania*, un evento minimo, un passaggio sottile, una sorta di apice, intorno cui si cristallizza più profonda comprensione – emotiva, non razionale – dell'esistenza: «Ma, anziché consolarsi, in modo completamente inaspettato si commosse».

Esercizi Qualche situazione "da niente":
1. Una donna, assunta in una ditta di materiali plastici, scopre che uno dei rappresentanti – che, a causa del suo lavoro, è presente in ditta solo pochi giorni al mese – è un uomo con il quale, anni prima, ha trascorso una notte. Lui sembra non ricordarsene nemmeno, non riconoscerla. La donna, con propria grande sorpresa, scopre di non provare nessuna emozione, e nemmeno imbarazzo.

34 G. Parise, *Sillabari*, Mondadori 1984, pp. 34-38.

2. Durante le vacanze estive un uomo sui cinquant'anni ha un *flirt* con una donna giovane e piacente. Terminate le vacanze, di comune accordo decidono di non sentirsi più: non si scambiano nemmeno indirizzi e telefoni. L'uomo torna nello stesso luogo in un mese invernale, ripercorre la passeggiata che erano soliti fare. Ha un po' di malinconia, ma poca.
3. Un ragazzino litiga con un compagno di classe, e per danneggiarlo gli ruba un libro di scuola. Il compagno non se lo trova più, crede di averlo perso. La maestra e i suoi genitori decidono di punirlo per la sua distrazione. Il ragazzino-ladro assiste alla punizione senza che gliene importi molto.

8.3.2 Storie circolari

Normalmente le storie hanno un inizio, uno svolgimento e una conclusione. Ma ci sono storie con una *trama circolare*, in cui la conclusione è un ritorno all'inizio. Ecco un racconto di Julio Cortàzar:

> CONTINUITÀ DEI PARCHI. Aveva cominciato a leggere il romanzo alcuni giorni prima. Lo abbandonò per affari urgenti, tornò ad aprirlo mentre rientrava in treno al podere; si lasciva interessare lentamente dalla trama, dal disegno dei personaggi. Quella sera, dopo aver scritto una lettera al suo procuratore e aver discusso con il fattore una questione di mezzadria, tornò al libro nella tranquillità dello studio che si apriva sul parco di roveri. Sdraiato nella poltrona preferita, dando le spalle alla porta che lo avrebbe infastidito come una irritante possibilità di intrusioni, lasciò che la mano sinistra carezzasse più volte il velluto verde e si mise a leggere gli ultimi capitoli. La sua memoria riteneva senza sforzo il nome e le immagini dei protagonisti; l'illusione romanzesca lo conquistò quasi subito. Godeva del piacere quasi perverso di staccarsi di riga in riga da ciò che lo attorniava. [...] Di parola in parola, assorto nel sordido dilemma degli eroi, lasciandosi andare verso le immagini che si componevano e acquistavano colore e movimento, fu testimone dell'ultimo incontro nella capanna sul monte. Prima entrava la donna, guardinga; adesso arrivava l'amante, la faccia ferita dalle sferzate di un ramo. Ammirevolmente lei tamponava il sangue con i suoi baci, ma lui rifiutava le carezze, non era venuto per ripetere le cerimonie di una segreta passione, protetta da un mondo di foglie secche e di sentieri furtivi. Il pugnale si intiepidiva contro il suo petto, e sotto pulsava acquattata la libertà. Un dialogo ansioso scorreva per le pagine come un ruscello di serpi, e si sentiva che tutto è deciso da sempre. Persino quelle carezze che avviluppavano il corpo dell'amante quasi volessero trattenerlo e dissuaderlo, disegnavano abominevolmente la figura di un altro corpo che era necessario distruggere. Niente era stato dimenticato: alibi, circostanze, possibili errori. A partire da quell'ora, a ciascun istante era minuziosamente fissato il suo impiego. [...] Cominciava ad annottare. Senza nemmeno più guardarsi, legati strettamente al compito che li aspettava, si separarono sulla porta della capanna. Lei doveva proseguire per il sentiero che andava verso nord. Dal sentiero opposto lui si voltò un istante per vederla correre con i capelli sciolti. Corse anche lui, proteggendosi contro gli alberi e le siepi finché distinse nella bruma malva del crepuscolo il viale che conduceva alla casa. I cani non dovevano latrare, e non latrarono. Il fattore non doveva esserci a quell'ora, e non c'era. Salì i tre scalini del porticato ed entrò. Dal sangue che gli galoppava nelle orecchie gli giungevano le parole della donna: prima una sala turchina, poi una galleria, una scala con tappeto. Al piano superiore, due porte. Nessuno nella prima camera, nessuno nella seconda.

> La porta del salotto, e allora il pugnale in mano, la luce delle vetrate, l'alto schienale di una poltrona di velluto verde, la testa di un uomo nella poltrone che sta leggendo un romanzo.[35]

Così, dopo aver tanto "camminato" lungo la storia, ci ritroviamo esattamente lì, da dove siamo partiti. Ciò che è cambiato, è il punto di vista. Un altro esempio, sempre di Cortàzar (che è uno specialista in questo genere di trame), ancora più bizzarro e suggestivo del precedente:

> Ci fu un'epoca in cui pensavo molto agli axolotl. Andavo a vederli nell'acquario del *Jardin des Plantes*, e mi fermavo ore intere a guardarli, osservando la loro immobilità, i loro oscuri movimenti. [...] Li temevo. Credo che se non avessi sentito vicino a me qualche visitatore o il guardiano non avrei avuto il coraggio di restare solo di fronte a loro. «Lei se li mangia con gli occhi», mi diceva ridendo il guardiano, che doveva giudicarmi un po' squilibrato. Non si rendeva conto che erano loro che mi divoravano lentamente con gli occhi, in un cannibalismo d'oro. Lontano dall'acquario non facevo che pensare a loro, era come se agissero su di me a distanza. [...] Ogni mattina, chinandomi sull'acquario, il riconoscimento diventava sempre più perfetto. Soffrivano, ogni fibra del mio corpo raggiungeva quella sofferenza muta e imbavagliata, quella tortura rigida in fondo all'acqua. Spiavano qualcosa, un lontano dominio annientato, un'epoca di libertà in cui il mondo era stato degli axolotl. Non era possibile che un'espressione così terribile che riusciva a vincere la forzata inespressività dei loro volti di pietra, non racchiudesse un messaggio di dolore, la prova di quella condanna eterna, di quell'inferno liquido che pativano. Inutilmente volevo dimostrare a me stesso che la mia sensibilità proiettava sugli axolotl una coscienza inesistente. Loro e io sapevamo. Per questo non fu strano quel che accadde. Il mio volto era attaccato dell'acquario, i miei occhi cercavano di penetrare ancora una volta il mistero di quegli occhi d'oro senz'iride e senza pupilla. Vedevo molto da vicino la faccia di un axolotl immobile contro il vetro. Senza transizione, senza sorpresa, vidi la mia faccia contro il vetro, invece dell'axolotl vidi la mia faccia contro il vetro, la vidi fuori dell'acquario, la vidi dall'altra parte del vetro. Allora la mia faccia si staccò, e io compresi.[36]

■ In un racconto circolare alla fine si ritorna all'inizio: ciò che cambia è il punto di vista. Se all'inizio leggevamo mettendoci nei panni di A, alla fine dobbiamo ri-leggere tutto mettendoci dal punto di vista di B. L'osservatore diviene l'osservato; il sognatore il sognato; l'inseguitore l'inseguito; ecc. In questi racconti il punto delicato è quello del passaggio, dell'inversione da un punto di vista all'altro.

Esercizi Immaginiamo una coppia di personaggi contrapposti (non è necessario che siano effettivamente in relazione tra loro: è sufficiente che possano esprimere due punti di vista radicalmente opposti): es. il re chiuso nel suo palazzo, e il prigioniero sepolto nelle carceri; l'investigatore e l'assassino; l'uomo che dormendo sogna e l'uomo ben sveglio che è sognato; la donna che ama non riamata

35 J. Cortàzar, *Racconti*, tr. F. Nicoletti Rossini, Einaudi 1994, pp. 95 sgg.
36 *Ivi*, pp. 199-203.

e l'uomo amato che non la riama; l'allevatore che ingrassa il maiale e il maiale pieno di gratitudine per le cure che riceve, ecc. Poi proviamo a raccontare, "scivolando" lentamente dal punto di vista di un personaggio a quello dell'altro, fino a mostrare una situazione del tutto ribaltata.

8.3.3 Storie a incastonatura

È impossibile riportare anche solo un brano di una storia costruita con la tecnica dell'incastonatura, perché sono troppo complesse e lunghe. Preferiamo allora farci spiegare come funzionano da Tzvetan Todorov:

> Quando una seconda storia è inglobata nella prima [chiamiamo] questo procedimento *incastonatura*. Le mille e una notte contengono esempi di incastonatura vertiginosi. Il record sembra essere detenuto da quello che ci offre la storia del baule insanguinato. Infatti, qui Shahrazàd racconta che / Giàafar racconta che / il sarto racconta che / il barbiere racconta che / suo fratello (e ne ha sei...). L'ultima storia è una storia al quinto grado; ma è vero che i primi due gradi vengono del tutto dimenticati e non hanno più alcuna parte nella vicenda. [...] Il procedimento di incastonatura giunge al suo apogeo con l'auto-incastonatura, cioè quando la storia incastonante si trova, verso il quinto o sesto grado, incastonata in se stessa. Questa «messa a nudo del procedimento» è presente nelle *Mille e una notte* e si conosce il commento che Borges fa in proposito: «Nessuna [interpolazione] è più inquietante di quella della seicentoduesima notte, magica tra le notti. In quella notte, il re ascolta dalla bocca della regina la sua stessa storia. Egli ascolta la storia iniziale, che abbraccia tutte le altre, che – mostruosamente – si abbraccia da sola».[37]

Esercizi Possiamo provare con il pettegolezzo. La signora della Scala A, piano terzo, racconta una cosa alla portinaia; la quale la racconta al postino; il quale la racconta al barista; il quale la racconta a un cliente... Possiamo divertirci a vedere come nel passaggio di bocca in bocca una stessa storia cambia forma, dinamica, significato. Questo però è solo la versione più semplice dell'incastonatura. Immaginiamo un personaggio che racconta una storia. Poi immaginiamo la storia di questo personaggio, raccontata da un altro personaggio. Poi immaginiamo la storia di questo altro personaggio, raccontata da un altro ancora. Poi immaginiamo la storia dell'altro personaggio ancora raccontata da un ulteriore personaggio. Dopodiché incastoniamo il tutto, in modo da avere una struttura di questo tipo:
- inizio della storia A e suo parziale svolgimento,
- inizio della storia B e suo parziale svolgimento,
- inizio della storia C e suo parziale svolgimento,
- inizio e svolgimento completo della storia D,
- ulteriore svolgimento e conclusione della storia C,
- ulteriore svolgimento e conclusione della storia B,
- ulteriore svolgimento e conclusione della storia A.

37 T. Todorov, *Poetica della prosa*, tr. E. Ceciarelli, Bompiani 1995, pp. 41-44.

8.3.4 Storia a zig zag, ovvero: la digressione

Anche questa volta – per gli stessi motivi del caso precedente: non si può citare un intero romanzo! – ci è impossibile antologizzare un pezzo basato sulla tecnica della *digressione*. Dunque ricorriamo a Viktor Sklowskij che ce lo spiega riferendosi al maestro indiscusso di questo genere, Lawrence Sterne:

> Quando si incomincia a leggere *Tristram Shandy* la prima impressione è quella di una confusione caotica. L'azione si interrompe continuamente; l'autore a tratti torna sui suoi passi, a tratti salta avanti nel racconto principale, che oltretutto, almeno all'inizio, non si riesce a scoprire. Dappertutto vengono inserite dozzine di pagine con singolari disquisizioni sull'influenza che il naso o il nome hanno sul carattere di un uomo, oppure lunghe dissertazioni sulla costruzione di una fortezza Il romanzo inizia col tono di un'autobiografia per passare subito, e di colpo, alla descrizione di un parto; peraltro l'eroe, quasi non riesce a venire al mondo perché è continuamente ricacciato indietro dal nuovo materiale che l'autore pigia nel libro. [...] Ogni cosa è spostata rispetto all'ordine tradizionale. La dedica sta a pagina 16, sebbene ciò contraddica alla regola fondamentale delle tre unità: di contenuto, di forma e di luogo. Anche la prefazione dell'autore ha una collocazione inconsueta. Essa abbraccia press'a poco sette pagine ma non si trova all'inizio del romanzo, bensì nel ventesimo capitolo del terzo volume. L'inserimento della prefazione è motivato nel modo seguente: «Le mie braccia sono libere dal peso dei miei eroi; per la prima volta posso prendermi un minuto di respiro e voglio approfittarne per scrivere la mia prefazione». La prefazione contiene naturalmente ogni sorta di spiritose divagazioni. Ma il colmo, nell'anormalità di queste dichiarazioni, è costituito dal fatto che nel *Tristram Shandy* sono spostati persino dei capitoli: nel nono volume i capitoli 18 e 19 sono posposti al capitolo 25. Lo spostamento viene spiegato in questi termini: «Desidero soltanto che il mondo impari questa lezione: "Bisogna lasciare che la gente racconti le sue storie alla sua maniera"».[38]

■ **1**. Sarà chiaro a tutti che c'è proprio da divertirsi a raccontare così, «ciascuno alla sua maniera». Ma attenzione: non deve divertirsi solo chi racconta, deve divertirsi anche il lettore: dunque le digressioni non possono essere solo lungaggini e perdite di tempo. Ogni "zigzagata" ha da essere divertente e avventurosa, e il lettore deve seguirvi con piacere sentendo che è bello ritardare l'arrivo alla meta, sentendo anzi che il bello del viaggio è il puro senso del movimento senza scopo. Come a dire che ciò che conta è *come* si narra, non *che cosa* si narra.
2. Per permettervi di gestire meglio questo gioco vi consigliamo un'altra tecnica di cui Sterne era maestro: il *procedimento metanarrativo*. Che cos'è? È quel procedimento per cui il narratore gioca con il suo lettore come il gatto con il topo, e più in generale si diverte a richiamare l'attenzione sulla natura fittizia della trama che sta svolgendo e dei personaggi che ha evocato (tipo: «Questo nuovo personaggio mi è simpatico. Non so se chiamarlo Giuseppe o Mario. Fa il farmacista, anzi no, il ferroviere», ecc.). Qualcosa di simile fa anche Alessandro Manzoni quando, di tanto in tanto, scarica la responsabilità della storia che sta raccontando – o delle considerazioni morali che ne tira – sulle spalle dell'"anonimo".

38 V. Sklovskij, *op. cit.*, pp. 170 sgg.

8.3.5 Una tira l'altra, ovvero: le storie a schidionata

Lo «schidione» è lo spiedo: e ci sono storie che si raccontano una dopo l'altra, come fossero tutte infilzate sullo stesso spiedo. Chiaro? Forse no. Eppure è uno dei modi più antichi di raccontare. Nell'impossibilità di esemplificare – di nuovo: dovremmo citare una *schidionata* di storie, e ci vorrebbe un libro apposta – ci facciamo spiegare la faccenda da Viktor Sklowskij:

> In questo tipo di composizione a una novella motivo [*cioè una novella che contiene tutti gli elementi di base: tipo di personaggio, ambientazione, ecc.*], compiuta in se stessa, ne segue un'altra, e il tutto è collegato dalla presenza di un unico protagonista. [...] Possiamo subito distinguere due tipi di «schidionata»: 1. L'eroe è neutrale; viene coinvolto in avventure ma non le cerca. Incontriamo spesso questo tipo di composizione nel romanzo d'avventure [...]; 2. Si cerca di creare una interrelazione tra la trama e i suoi personaggi, e di motivare le sue avventure. Le peripezie di Ulisse sono motivate, ancorché superficialmente, dall'ira degli Dei che non danno requie all'eroe. Simbad il marinaio, il fratello arabo di Ulisse, porta in se stesso la spiegazione delle molte avventure che vive: ha la passione dei viaggi. [...] Nell'*Asino d'oro* di Apuleio la «schidionata» è motivata dalla curiosità di Lucio che origlia a tutte le porte e guarda attraverso i buchi delle serrature. [...] Il viaggio, soprattutto il viaggio alla ricerca di un lavoro, è divenuto assai presto la più popolare tra le motivazioni della composizione a «schidionata». *Lazarillo de Tormes*, uno dei più antichi romanzi picareschi spagnoli, è costruito su questo schema.[39]

■ Insomma si tratta di narrazione allo stato puro: da A si passa a B, poi a C, a D, ecc. L'unità e la coerenza della narrazione sono garantite solo dal personaggio a cui *capitano* tutte quelle cose. Naturalmente ogni personaggio è, per così dire, predisposto a cacciarsi in un certo tipo di situazioni: così, uno vivrà avventure inverosimili, un altro affronterà sempre sofferenze indicibili, un altro dovrà sistematicamente combattere con mostri e giganti, un altro ancora sarà in eterna lotta per guadagnarsi due soldi, e così via. Una variante del procedimento a schidionata è quello che potremmo chiamare della *staffetta*. Lo si trova allo stato puro nella commedia *Girotondo* di Schnitzler: si inizia dalla vicenda di A e B, poi B ha una storia con C, C ha una storia con D, e così via, finché nell'episodio finale abbiamo Z che ha una storia con A: il girotondo è completo.

8.3.6 L'intreccio delle storie, ovvero: l'*entrelacement*

Il procedimento d'intrecciare storie è più noto con il nome francese: *entrelacement*. È tipico del romanzo e del poema cavalleresco, ma anche della telenovela televisiva. In poche parole: vengono intrecciati molti fili narrativi fino a trasformare la trama in un inestricabile groviglio. In che modo? Così: si fa partire una storia e la si conduce fino a un certo punto; la si molla e si parte con un'altra vicenda; la si molla e si parte con un'altra vicenda ancora; la si molla e si riprende il primo filo più o meno dal punto in cui lo si era lasciato in sospeso; così si fa con il secondo

39 *Ivi*, pp. 110 sgg.

filo; a questo punto si comincia una quarta vicenda; ecc. Si riescono così a portare avanti anche cento storie intrecciate. Impossibile dare qui esempi completi. Ne proponiamo un assaggio dall'*Orlando furioso*, primo canto. Nella strofa 31 troviamo Ferraù che decide di lasciar perdere Angelica e giura al fantasma di Argalia di recuperare il suo elmo. Alla fine della strofa e nella successiva troviamo Rinaldo che incontra il suo cavallo fuggito, che gli è necessario per poter cercare Angelica: cerca di fermarlo, ma non ci riesce. Alla fine della strofa troviamo proprio Angelica che fugge dai due cavalieri... Tutte e tre le linee narrative, insieme a altre, verranno successivamente riprese:

> E servò meglio giuramento,
> che non avea quell'altro fatto prima.
> Quindi si parte tanto malcontento,
> che molti giorni poi si rode e lima.
> Sol di cercare è il paladino intento
> Di qua di là, dove trovarlo stima.
> Altra ventura al buon Rinaldo accade,
> che da costui tenea diverse strade.
> Non molto va Rinaldo, che si vede
> saltare innanzi il suo destrier feroce:
> «Ferma, Baiardo mio, deh, ferma il piede!
> che l'esser senza te troppo mi nuoce».
> Per questo il destrier sordo a lui non riede,
> anzi più se ne va sempre veloce.
> Segue Rinaldo, e d'ira si distrugge:
> ma seguitiamo Angelica che fugge.

8.3.7 Storie a forma di clessidra

La clessidra è uno strumento di precisione. Le due ampolle che la compongono sono perfettamente simmetriche. La sabbia contenuta nell'ampolla superiore si riversa nell'ampolla inferiore in un tempo sempre esattamente uguale. Simmetria e precisione sono le caratteristiche delle storie a forma di clessidra: un caso esemplare è *Thaïs* di Anatole France, che naturalmente non possiamo citare per intero, ma che ci facciamo raccontare e spiegare brevemente dal romanziere inglese E.M. Forster.

> *Thaïs* di Anatole France ha la forma di una clessidra. Vi sono due personaggi principali, Paphnuce l'asceta e Thaïs la cortigiana. Quando il libro comincia, Paphnuce vive nel deserto, è salvo e felice. Thaïs conduce una peccaminosa esistenza ad Alessandria, e Paphnuce ha il dovere di salvarla. Nella scena centrale dell'opera i due si avvicinano, ed egli raggiunge lo scopo che gli premeva; lei entra in un monastero e si salva per avere incontrato lui; lui, per aver incontrato lei, si danna. I due personaggi convergono, s'incrociano e retrocedono con precisione matematica; e parte anzi del piacere che si ricava dal libro deriva da questa precisione.[40]

40 E.M. Forster, *Aspetti del romanzo*, tr. C. Pavolini, Garzanti 1991, pp. 146 sgg.

8.3.8 Storie parallele

Chiamiamo *parallele* quelle storie che viaggiano – appunto – su binari paralleli e che sono tenute insieme da un legame fattuale o da una certa analogia di contenuto. Il racconto *Tre morti* di Tolstòj è un caso esemplare: Tolstòj si limita a narrare tre modi di morire: quello di un contadino; quello di una nobile; quello di un albero (con il cui legno sarà costruita una lapide per il contadino):

> «Zio Chvjòdor! Oh, zio Chvjòdor» esclamò un giovane postiglione in pellicciotto e con la frusta alla cintura, entrando nella stanza e rivolgendosi al malato. [...] «A te, direi, non occorrono per ora stivali nuovi. Dalli a me: tu, sai bene, non dovrai più camminare molto». [...]
> Il vecchio gli fece segno con gli occhi, mentre tossiva, di volergli parlare.
> «Prenditeli, gli stivali, Serjòga» disse, dopo aver soffocato la tosse e aver preso fiato un momento. «Soltanto, senti, comprami una lapide, quando morirò», aggiunse, ansando.
> «Grazie, zio, me li prendo e, te lo giuro, comprerò la lapide».
> «Bene, ragazzi avete sentito anche voi», poté ancora dire il malato, e si accasciò, riprendendo a tossire.
>
> Dopo cinque minuti il prete uscì e, levatasi la stola, si ravviò i capelli.
> «Grazie a Dio, la signora ora è più calma» disse «desidera vedervi».
> «Sia ringraziato Dio! Come mi sento bene, ora, che dolcezza inesprimibile provo» esclamò la malata e un lieve sorriso vagò sulle labbra sottili. «Com'è misericordioso Iddio! Non è vero che Egli è misericordioso e onnipossente?» e di nuovo guardò in fervida preghiera l'immagine con gli occhi colmi di lacrime. Poi, all'improvviso, parve ricordarsi di qualcosa. Col gesto della mano chiamò a sé il marito. [...] «Quante volte ti ho detto che questi dottori non sanno un bel niente: ci sono certi semplici piccoli medici che però sanno... Il padre mi ha parlato di un tal mercante... Mandalo a chiamare». [...] Il dottore le si avvicinò e le prese la mano. Il polso si indeboliva sensibilmente. Egli diede uno sguardo al marito. La malata se ne avvide e si guardò intorno, spaventata. La cugina si voltò e cominciò a piangere.
> «Non piangere, non tormentare te e me» esclamò l'inferma «mi togli questi ultimi momenti di pace».
> «Sei proprio un angelo!» disse la cugina, baciandole la mano.
> «No, non baciarmi la mano... la mano si bacia solo ai morti».
> Quella sera stessa l'ammalata non era più che un cadavere e il cadavere giaceva nella bara, in una sala della grande casa.
>
> Di sotto la scure risuonava più sorda, sempre più sorda; bianche schegge succose ricadevano sull'erba rorida e il tronco colpito dava un leggero scricchiolio. L'albero sussultò in tutto il suo corpo, si piegò e subito si raddrizzò, oscillando paurosamente sulle radici. Per un attimo tutto fu silenzio; poi, ancora una volta, l'albero si piegò, ancora una volta si udì lo scricchiolio e poi, stroncato, abbandonando i rami, crollò con la cima sulla terra umida. I colpi di scure e il rumore dei passi tacquero. Il pettirosso fischiò e si levò a volo verso l'alto. Nel nuovo spazio gli alberi si misero più gioiosamente in mostra coi loro rami immobili.[41]

41 L. Tolstòj, *Tre morti*, tr. G. De Dominici Jorio, Mursia 1964, pp. 410-415.

■ **1**. È evidente che, con l'accostamento delle tre diverse morti, Tolstòj intendeva suggerire una morale. Facciamo notare che, proprio perché risulta solo dall'accostamento delle tre storie, per il resto sostanzialmente irrelate, questa morale è particolarmente efficace: essa infatti non ci viene detta dall'autore, ma siamo noi stessi che la produciamo.
2. Le storie parallele condividono tutte questa caratteristica: fanno ragionare il lettore che si domanda, inevitabilmente, perché mai questa storia sia stata accostata a quest'altra. Che si tratti di ricavarne una morale, oppure di intuire un misterioso legame sepolto nella complessità dell'intreccio, comunque queste storie chiamano esplicitamente il lettore a partecipare, per così dire, alla formazione del senso della storia.

8.3.9 Storie antitetiche, ovvero: il montaggio alternato

Il *montaggio alternato* è un procedimento simile, per inversione, al parallelismo delle storie. Se in *Tre morti* di Tolstòj avevamo tre storie autonome che concorrevano a formare un unico e solido "senso", nell'esempio seguente (preso da *Madame Bovary* di Flaubert) abbiamo invece più linee di discorso che si contrappongono, sono antitetiche: così che l'effetto è, piuttosto, di una "perdita di senso". Si può forse dire che Flaubert abbia inventato una vera e propria nuova tecnica letteraria, quella per cui si giustappongono brani di discorsi molto diversi per argomento e stile. In questo caso da una parte c'è un uomo che, adoperando i luoghi comuni di un romanticismo dozzinale, cerca di sedurre una giovane donna sposata, dall'altra c'è un oratore che vanta i progressi ottenuti nel campo agricolo:

> «Via!» disse lui «non sapete che ci sono anime continuamente tormentate? Di volta in volta provano la necessità del sogno e dell'azione, delle passioni più pure e dei godimenti più furiosi, sempre pronte a buttarsi allo sbaraglio, in ogni specie di fantasie, di pazzie».
> Allora lei lo guardò come si può guardare un viaggiatore che ha attraversato paesi favolosi; replicò:
> «Non abbiamo neppure simili distrazioni, noi povere donne!».
> «Belle distrazioni: non ci si trova mai la felicità».
> «Ma la si può mai trovare?» domandò lei.
> «Sì, la si può trovare un giorno», replicò lui.
> «E voi tutti lo avete compreso, questo» continuava a declamare l'inviato della prefettura. «Voi, agricoltori, lavoratori dei campi, pionieri pacifici d'una grande opera di civiltà! Voi, uomini del progresso e della moralità, voi avete, dunque, compreso che gli uragani politici sono ancor più paventabili, in realtà, dei disordini atmosferici».
> «La si può trovare un giorno» ripeté Rodolphe «un giorno, e di colpo, quando ormai si disperava. Allora l'orizzonte si apre, è come se una voce gridasse: "Eccola!" E provi il bisogno di confidare a una persona l'intera tua esistenza, di darle tutto, sacrificarle tutto! Non ci si spiega, ci si intuisce. Ci si è già visti nei sogni». (E intanto la guardava). «Finalmente lo hai davanti, il tesoro tanto cercato: risplende, scintilla. Eppure dubiti ancora, non osi crederci: ne resti abbagliato come all'uscita dalle tenebre alla luce». [...]
> «E chi non stupirebbe, signori? Solo colui che fosse tanto cieco, tanto sprofondato (non temo di dirlo, no) nei pregiudizi di un'altra era da ostinarsi ancora a

misconoscere lo spirito delle popolazioni agricole. Ov'è possibile, ormai, trovar più patriottismo che nelle campagne, più dedizione alla causa pubblica, più intelligenza, in una parola? E con questa parola non intendo già, signori, quell'intelligenza superficiale, vano orpello degli spiriti oziosi, ma proprio quell'intelligenza profonda ed equilibrata che primieramente si consacra a perseguire utili fini, così collaborando al bene di ciascheduno, al comune progresso, al sostegno dello Stato, frutto del rispetto delle leggi e della pratica dei doveri...».
«Ah! sempre la stessa musica!» disse Rodolphe. «Sempre i doveri: ecco una parola che mi toglie il fiato».[42]

■ **1**. La sovrapposizione dei due discorsi (che s'incrociano esplicitamente, grazie alla parola «doveri», solo nella battuta finale di Rodolphe) produce un effetto di contrappunto: l'istinto porta il lettore a cercare un legame, uno qualsiasi, tra ogni spezzone di A e ogni spezzone di B. Il lettore, infatti, è una creatura curiosa: pretende che ogni cosa abbia senso, e che in ogni romanzo o racconto tutto, ma proprio tutto, "torni". Gli intrecci, le sovrapposizioni, le mescolanze, i parallelismi, le contrapposizioni di storie, sfruttano proprio questa "mania del senso" propria del lettore: mania che l'autore smaliziato conosce bene, e si diverte a stuzzicare.
2. Il montaggio alternato può essere impiegato con diverse intenzioni: *a.* un'intenzione *epica* secondo cui la vita è mescolanza di sacro e profano: si tratta allora di mostrare come nell'esistenza il banale e il sublime si tocchino senza che l'uno invalidi l'altro; *b.* un'intenzione *ironica* (è il caso di Flaubert) secondo cui i discorsi si fanno il verso, si demistificano l'uno con l'altro, ed entrambi risultano essere varianti di un unico discorso falso e inautentico.
3. Niente impedisce che le storie parallele o contrapposte si incrocino in un qualche punto. Così si può raccontare a es. il destino del ricco banchiere e del negoziante che dalla banca è stato ridotto in miseria, del giudice improvvido e dell'innocente ingiustamente condannato, della donna innamorata e dell'uomo che mai nemmeno si è accorto di essere da lei amato, facendo procedere le storie parallelamente e/o in contrappunto, e chiudendo il tutto con un incontro (che avrà facilmente la forma di resa dei conti finale).

Esercizi Immagina due innamoratini di fronte alla televisione. Veramente, lei è molto innamorata di lui, lui è – sì, è innamorato di lei: ma alla maniera dei giovani maschi, un po' rozza, timida, trascurata. Lei, accoccolata sul divano, gli dice cose dolci. Lui tiene d'occhio il film (d'avventure o di fantascienza) e di tanto in tanto lo commenta. Quindi ci sono tre voci: lui, lei e la televisione. Il tutto può finire con una lite; oppure può darsi che lui faccia una battuta, commentando il film, che casualmente sembri rispondere a una frasetta dolce di lei (che si sdilinquisce tutta); oppure può saltare il salvavita, si spengono la luce e il televisore, e... buonanotte ai suonatori.

8.3.10 Storie a versioni multiple

Un altro modo per scrivere un racconto è quello di immaginare *versioni multiple di un unico evento*. È una struttura moderna che rivela una certa sfiducia

42 G. Flaubert, *La Signora Bovary*, tr. O. del Buono, Garzanti 1965, pp. 117 sgg.

nella possibilità di stabilire una volta per tutte la verità dei fatti. In questo racconto di Akutagawa, Takeheiro è un samurai e Masago è la sua giovane moglie. Durante un viaggio a cavallo Takeheiro viene ucciso e il suo cadavere viene ritrovato nel bosco. Poco dopo si apre il processo. Il primo a comparirvi è il presunto colpevole: Tajomaru. Ecco la sua versione e quella degli altri testimoni:

> Sono stato io a uccidere quell'uomo. Ma non ho ucciso la donna. [...] Ho incontrato ieri quella coppia poco dopo mezzogiorno. In quel momento un soffio di vento ha sollevato il velo della donna facendo vedere alla sfuggita il suo viso... Proprio in quell'attimo ho deciso di possedere la donna anche se avessi dovuto uccidere l'uomo... Se però potessi possedere la donna senza uccidere il suo uomo non avrei nulla da dire. Proprio quella volta avevo deciso di prenderla possibilmente senza uccidere.
> Quando li ho incontrati per la strada e mi sono messo a camminare con loro ho raccontato che in quella montagna, che si vedeva davanti a noi, c'erano delle rovine dove avevo trovato tanti specchi e tante spade, che avevo poi nascosto segretamente nel bosco dietro la montagna e che li avrei venduti tutti fino all'ultimo a buon prezzo se qualcuno avesse voluto comprarli. A poco a poco l'uomo si era lasciato convincere dal mio racconto. [...] Quando siamo arrivati davanti al bosco ho detto loro di venire a vedere il tesoro nascosto là dentro. L'uomo, spinto dall'avidità, non poteva non essere d'accordo. Ma la donna, senza nemmeno scendere dal cavallo, ha detto che avrebbe aspettato nel punto dove si trovava... Per un po' c'erano solo bambù. Mentre andavo avanti aprendomi la via tra i rami gli ho mentito di aver nascosto il tesoro sotto un cipresso. L'uomo, invogliato dalle mie parole, si è precipitato verso i magri cipressi che si cominciavano a vedere... Appena sono arrivato, di colpo, l'ho aggredito. L'uomo aveva una notevole forza, adeguata a uno che porta la spada, ma essendo sorpreso non ha potuto reagire. Subito si è trovato legato alla base del tronco di un cipresso... Quando ho finito di sistemare l'uomo sono tornato dalla donna dicendo che improvvisamente egli si era sentito male. Inutile dire che questa trappola ha funzionato. Ella si è tolta il cappello con il velo ed è entrata nel bosco lasciandosi condurre per mano da me. Ma quando ella è arrivata e lo ha visto legato in fondo al cipresso ha sguainato il suo pugnale lucente che teneva in seno... Ma io sono Tajomaru, e senza trarre la spada, con uno sforzo, sono riuscito a far cadere il suo pugnale. Alla fine ho potuto possederla come avevo desiderato, senza uccidere l'uomo.
> Senza uccidere l'uomo – così. Anzi non ne ho avuto nemmeno l'intenzione. Ma quando ho deciso di fuggire, all'improvviso ella ha afferrato il mio braccio come una pazza. Diceva che se doveva portare con sé il suo disonore davanti a due uomini era peggio che morire e quindi chiedeva che uno di noi due morisse. È arrivata a esprimere il desiderio di vivere con l'uomo rimasto vivo – anche questo lo diceva ansimando. In quell'istante mi è venuta una grande voglia di uccidere l'uomo... Sposarla – ho pensato solo questo... Ho slegato la corda dell'uomo e gli ho ordinato un duello con la spada. [...] Non sarà il caso di dire come è finito il duello. La mia spada ha toccato il suo cuore al ventitreesimo assalto... Quando è caduto l'uomo, mi sono voltato verso la donna tenendo in mano la spada sporca di sangue. Allora – sentite, la donna era sparita...

Segue la confessione di una donna arrivata al tempio Kiyomizu che conferma d'essere stata posseduta con violenza da Tajomaru. Però... ciò che l'aveva ferita maggiormente era stato «il bagliore atroce» di disprezzo che aveva visto nascere negli occhi del marito legato. Era svenuta. Quando era rinvenuta il bandito non c'era più. C'era solo il marito che continuava a guardarla con quello stesso sguardo d'odio e disprezzo. Allora lei decide di uccidersi per il disonore patito. Prima però ucciderà anche il marito. Glielo dice e lui...

> Con disprezzo m'ha detto una sola parola: «Uccidimi». Ho infilato a fondo il pugnale nel suo petto attraverso il suo kimono blu come se stessi sognando... Poi – poi cosa ho fatto? Non ho più il coraggio di raccontare. Sì, mi è mancata la forza di morire. Ora cosa dovrei fare, io che ho ucciso mio marito e sono stata posseduta da un bandito?

Ma anche il marito ucciso può, attraverso una medium, testimoniare al processo:

> Una volta che quel bandito è riuscito a possedere mia moglie, seduto accanto a lei si è messo a confortarla... Mi è sembrato che ella stesse ad ascoltarlo con attenzione: «Ora che ti sei macchiata, sarà difficile andare d'accordo con tuo marito. Non vuoi diventare mia moglie piuttosto che vivere in discordia con lui?». [...] E la mia bella moglie, davanti a me, legato, come gli ha risposto?... «Portatemi dovunque volete».
> La colpa di mia moglie non consisteva soltanto in questo. Quando ella stava per andare via dal bosco, inebriata, lasciandosi tirare la mano dal bandito, all'improvviso mi ha indicato ai piedi del cipresso: «Uccidete quell'uomo. Finché egli sarà vivo non potrò venire con voi». Quando l'ha sentita anche il bandito ha perso il colore del suo viso. Egli fissando il suo sguardo non ha detto che mi avrebbe ucciso né che mi avrebbe lasciato vivo. Poi in un baleno ella era sulle foglie di bambù buttata giù con un calcio, mentre egli incrociava le sue braccia in silenzio iniziando a guardarmi. «Cosa vuoi fare della donna? Ucciderla o salvarla? Basta che tu mi faccia un cenno con il capo...». Mentre esitavo un momento ella è scappata rapidamente in fondo al bosco. Quando ella è scomparsa, egli ha preso la spada e l'arco e ha tagliato solo un punto della corda intorno a me. È calato il silenzio intorno a me... Finalmente ho alzato il mio corpo stanco morto dalla base del cipresso. Sotto i miei piedi luccicava il pugnale lasciato da mia moglie. L'ho preso e l'ho infilato nel mio cuore.[43]

■ **1**. La difficoltà di questo procedimento sta nel fatto che tutto dovrà risultare, alla fine, ugualmente coerente, verosimile e credibile: sia dal punto di vista dei fatti, sia dal punto di vista psicologico (cioè della motivazione dei comportamenti dei personaggi). Ci saranno dei fatti accertati (nel nostro esempio: che l'uomo è morto, che la donna è viva, e che il bandito in questione è proprio quello), attorno ai quali ruoteranno i fatti non accertati e, in definitiva, non accertabili. Quanto alle diverse versioni della storia, più esse saranno radicalmente differenti e altrettanto attendibili, e più la faccenda sarà interessante.
2. Apparentemente, e volendo essere più che pignoli, anche il racconto di Akutagawa contiene un'imperfezione: infatti una ferita inferta con la spada è ben diversa da una ferita autoinferta con un pugnale; basterebbe andare a vedere il corpo dell'uomo, e qualcosa si scoprirebbe... Ma naturalmente, nell'universo e nella cultura in cui è collocato questo racconto di Akutagawa, è più "naturale" e

43 R. Akutagawa, «Nel bosco», in *Rashomon e altri racconti*, tr. K. Ghio, Tea 1988, pp. 147-159.

"logico" interrogare lo spirito del morto grazie a una medium che chiedere una perizia al medico legale. Questo per dire che tutto deve essere sì verosimile, ma la verosimiglianza non è un parametro rigido.
3. Una variante del gioco contempla un'unica versione del fatto in quanto tale, ma molteplici e opposte interpretazioni motivazionali dello stesso fatto (lo ha fatto – qualunque cosa abbia fatto – per odio, per legittima difesa, per pietà, per interesse, per errore, in vista di un guadagno futuro, per rimediare a un errore passato, ecc.).

8.3.11 Storie ad albero

La *storia ad albero* è un tipo di narrazione difficile da gestire ma affascinante. Si prende una storia, la si fa arrivare a un certo punto di svolta, a partire dal quale si danno i *possibili sviluppi alternativi*, ottenuti sulla base delle differenti decisioni prese davanti al punto di svolta: se X, allora Z; se però Y, allora W; ecc. Tanto per farsi un'idea, riportiamo un esempio solo ipotetico: un progetto di racconto poliziesco ad albero elaborato dal Laboratorio di letteratura potenziale (Oulipo) di Parigi.

> Il testo di un racconto poliziesco si interrompa all'inizio per offrire al lettore la seguente scelta:
> a. Preferite un enigma poliziesco? Seguito a pagina x.
> b. Preferite un seguito suspense? Seguito a pagina x'.
> c. Preferite un seguito erotico-brutale? Seguito a pagina x".
> Nel caso a, dopo alcune righe o capoversi, il testo si interrompa ancora per offrire una nuova scelta:
> a. Preferite un delitto nella stanza chiusa? Seguito a pagina y.
> b. Preferite un alibi perfetto? Seguito a pagina y".
> c. Preferite un altro genere d'enigma? Seguito a pagina y".
> E così di seguito...
> Immaginando un albero a 5 livelli, dei quali ognuno comporti da 2 a 4 biforcazioni, un racconto poliziesco riempirebbe facilmente un volume da 200 a 300 pagine.[44]

■ **1**. Tutti avranno riconosciuto in questo progetto di romanzo poliziesco ad albero qualcosa di simile ai *bookgame*: quei romanzi avventurosi (derivati un po' dai giochi di ruolo e un po' dai *videogame*), destinati a un pubblico di ragazzi, nei quali il lettore viene chiamato ad essere protagonista e a compiere alcune scelte. Secondo la scelta che il lettore-protagonista compirà, le avventure procederanno in un modo o nell'altro: e c'è anche il rischio di finire trangugiati da Godzilla o fatti a fettine dai Thugs.
2. La differenza notevole tra la storia ad albero e il *bookgame* sta in questo: il *bookgame* propone una storia con una serie di varianti narrative, ma lo stile della scrittura rimane sempre uguale; la storia ad albero invece può proporre eventualmente anche sempre la stessa storia, ma con radicali cambiamenti di stile. Lo stesso delitto può essere raccontato in forma «suspense» (es. concen-

44 Oulipo, *La letteratura potenziale*, ed. it. a c. R. Campagnoli e Y. Hersant, Clueb 1985, p. 266.

trando l'attenzione sul lavoro dell'investigatore, o sulla possibilità che altri delitti possano essere compiuti, o su un'oscura minaccia che sembra pendere su un personaggio...) o «erotico-brutale» (es. soffermandosi sulle vicende del criminale e della fanciulla che egli ha rapito, oppure proponendo una figura d'investigatore ai limiti della legge...): la sostanza della vicenda potrà essere la stessa, tutt'altri saranno i modi e lo stile del racconto.

3. Un'altra possibilità. Nel film *Sliding Doors* («Porte scorrevoli»: quelle delle vetture della metropolitana) a un certo punto la storia si biforca. In un "ramo" la protagonista prende la metropolitana, arriva a casa in anticipo e trova il suo uomo a letto con un'altra. Rompe con lui, comincia un'altra vita, ecc. Nell'altro "ramo" della storia le porte della metropolitana, chiudendosi, ritardano il rientro della protagonista: quando infatti arriva a casa, l'amante del suo compagno se n'è appena andata. A questo punto il film alterna la storia A con la storia B, adottando la tecnica del montaggio alternato. Solo alla fine le due linee narrative si riannodano e diventano una.

8.3.12 Storie a forma di variazione sul tema

I musicisti spesso prendono un tema e lo variano: cioè lo smontano e lo rimontano, lo modificano in molti modi possibili, cercando di estrarre da quel nucleo iniziale le molteplici possibilità in esso latenti. Ecco come Buzzati – a imitazione di questo procedimento musicale – ha preso un tema narrativo minimo e l'ha variato tante volte, drammatizzandolo e amplificandolo:

> La signorina Annie Motleri udì battere alla porta e andò ad aprire. Era il notaio dottor Alberto Fassi, vecchi amico. Lei notò che il suo soprabito era tutto bagnato, segno che fuori pioveva. Disse: «Oh, che piacere, caro dottor Fassi. Si accomodi, si accomodi». Lui sorridendo entrò e le tese la mano.
>
> La signorina Motleri sentì dei colpi alla porta. Ebbe un soprassalto e andò ad aprire. Era il vecchio amico dottor Fassi, notaio, che indossava un soprabito nero, ancora gocciolante di pioggia. Lei, sorridendo, gli disse: «Oh, che piacere, caro dottor Fassi, si accomodi, si accomodi». Il Fassi entrò, con passi pesanti, e le tese la mano.
>
> La signorina Annie ebbe una scossa allorché udì che qualcuno batteva alla porta. Balzò dalla poltroncina dove stava ricamando e corse ad aprire. Vide il vecchio notaio Fassi, amico di casa, che da parecchi mesi non si faceva vivo. Sembrava appesantito e molto più corpulento di come lei lo ricordava. Tanto più perché indossava un impermeabile nero troppo largo, che cascava con grosse pieghe, lucido per la pioggia, ruscellante di pioggia. Anni si fece forza e sorrise, dicendo: «Oh, che bella sorpresa, caro dottor Fassi». Al che l'uomo entrò a passi grevi e le porse la massiccia mano per salutarla.
>
> Ormai sfiorita, la signorina Motleri, che stava ricamando nel salotto illuminato dalla luce livida del grande pomeriggio piovoso, si stava ravviando con la mano sinistra una ciocca di capelli grigi che le era scesa sulla fronte, quand'ecco udì dei violenti bussi alla porta. Ebbe allora un violento scatto nervoso sulla poltrona, si alzò d'impeto e si precipitò ad aprire la porta. Si trovò dinanzi un uomo massiccio che indossava un impermeabile di gomma nera, a scaglie, duro e viscido, grondante d'acqua. [...] Disse: «Oh, che bella sorpresa, che bella

sorpresa. Ma si accomodi, prego, venga avanti». Al che il visitatore avanzò nella anticamera con un rimbombo dei passi quasi fosse un gigante e le tese la mano larga e muscolosa per salutarla.

Nel torpore pomeridiano della casa, i ripetuti colpi alla porta riscossero violentemente la signorina Motleri, intenta a un complicato ricamo. [...] Come ebbe aperto, si trovò dinanzi una sagoma nera, massiccia e lucida che la guardava fissamente. Al che lei disse: «Ma lei... ma lei...». E arretrò, mentre il visitatore entrava nella piccola anticamera, i suoi passi grevi rimbombando in modo incomprensibile nel vasto edificio condominiale.

Fu rapidissima, Annie Motleri, a raggiungere la porta, ciocche scomposte di capelli grigi piovendole sulla fronte, quando echeggiarono ripetuti colpi di qualcuno che chiedeva di entrare. Con mano tremante girò la chiave e quindi abbassò la maniglia, aprendo la porta. Sul pianerottolo stava una forma viva, massiccia e potente, di colore nero, tutta a scaglie, con due occhietti penetranti e delle specie di viscide antenne che si protendevano verso di lei, brancicando. Al che lei gemette: «No, no, la prego...». E si ritraeva spaventata, mentre l'altro avanzava con passi di piombo, e l'intero casamento ne rimbombava.

Non trovò la forza di invocare aiuto la signorina Annie Motleri allorché, richiamata da energiche percosse all'uscio, che istantaneamente l'avevano messa in uno stato di orgasmo difficilmente esprimibile, si precipitò ad aprire e vide un tenebroso immondo mastodontico coleottero, scarabeo, ragno, fatto di lucidi lastroni uno commesso all'altro a formare un mostro possente, che la fissava con due minuscoli occhi fosforescenti, e protendeva verso di lei decine e decine di antenne rigide che terminavano in ganci sanguinolenti. «No, no, dottor Fassi...» supplicò, retrocedendo, e più non poté dire. Allora il bestiale la aggranfiò con gli artigli orrendi.

La giovanetta Annie Motleri udì battere alla porta e andò ad aprire. Era il mostro, l'inferno, l'antico rettile dio, il quale la penetrava fino nell'intimo coi suoi occhietti di fosforo e fuoco. E prima che ella facesse in tempo anche menomamente a ritrarsi, fece scattare le sue tenaglie di ferro, affondando gli unghioni nel tenero corpicino, nella carne, nelle viscere, nell'animo sensibile e dolente.

Forse che qualcuno ha bussato alla porta? Figurarsi. No, nessuno ha bussato, nessuno, nessuno. Chi mai potrebbe bussare alla porta?
Tuttavia la signorina è corsa con un lancinante batticuore, ansimando. Ha girato la chiave, ha abbassato la maniglia, ha aperto.
Il pianerottolo è vuoto. Le piastrelle del pianerottolo vuote, con quella luce grigia che viene dal finestrone grigio e non concede perdono, la ringhiera nera e immobile, immobile la porta dell'appartamento di fronte, tutto immobile, vuoto e per sempre perduto. Non c'è nessuno. Il niente del niente del niente.[45]

Esercizi Buzzati si è divertito – se questo è divertimento – a trasformare un evento banalissimo in un evento spaventoso: ogni riscrittura della storia è come un gradino sceso verso l'inferno (e Buzzati sembra suggerire che, alla fin fine,

45 D. Buzzati, *Le notti difficili*, Mondadori 1994, pp. 175-179.

l'inferno non è l'orrore mostruoso, ma «il niente del niente del niente»). Noi, anche per disintossicarci un po', possiamo tentare il percorso inverso: da un evento terribile a un evento banale. Non è necessario inventare una scena ex novo. Prendiamo a es., dai *Promessi sposi*, la grande scena (cap. XXXIII) in cui don Rodrigo, accortosi d'essere infetto di peste, incarica il Griso di cercargli – con discrezione: non vuole mica finire al Lazzaretto – un medico; e il Griso lo tradisce. Iniziando da lì, possiamo progressivamente ridurre il tutto fino a un don Rodrigo che chiama il Griso, il Griso accorre, domanda «Che c'è?», e don Rodrigo è sovrappensiero, risponde: «Boh. Mi sono dimenticato».

8.3.13 Storie a forma di *escalation*

L'*escalation* è una variante della tecnica delle variazioni sul tema. Si tratta di partire da un piccolo fenomeno "deviante", uno scarto impercettibile dalla norma, e facendolo lentamente ma progressivamente montare, arrivare a una totale rottura e sconvolgimento dell'equilibrio precedente. Ecco un breve passo da un testo di Ballard dove si parla di un vento che, dapprima normale, s'è gonfiato fino a divenire rovinoso. Gli ingegneri hanno tentato di costruire grandi scudi protettivi per nascondervi le macchine industriali, ma il vento continua e s'avventa anche contro quei potenti schermi:

> Il vento s'avventò. Abbattendosi sugli scudi, strappò le piastre, ruppe i cavi uno a uno, fece scoppiare i piloni alla base, s'ingolfò dentro tutte le brecce aperte... E improvvisamente la pressione divenne insostenibile. In un parossismo titanico, lo schermo smantellato volò in pezzi, le piastre si incrinarono, oscillarono, scivolarono, fluttuarono, rimbalzarono sulla piramide, portando con loro le sfilacciature dei cavi, le basi dei piloni e degli archi di spinta. Senza più protezione gli apparecchi pesanti messi al riparo degli schermi solcarono il suolo, si schiacciarono gli uni contro gli altri e finalmente ruppero i loro attacchi per rotolare come delle botti lungo le facce inferiori delle strutture, sempre più in fretta, prima di saltar fuori e di perdersi, proiettati nelle tenebre sotto un cielo disfatto.[46]

Esercizi **1**. I fenomeni naturali si prestano particolarmente all'*escalation*. Un giorno cominciò a piovere, una pioggerella fine, ininterrotta, insistente, fastidiosa ma poco più; al quarto o quinto giorno la pioggia si fece grossa, la gente si preoccupava, tanta acqua così non s'era mai vista... Alla fine, solo il previdente Noè, con il suo zatterone stracolmo di animali, portò in salvo la pellaccia.
2. Anche i fenomeni sociali, in quanto hanno sviluppi simili a quelli naturali, si prestano all'*escalation*. «Il Megapresidente parlò, parlò, finì di parlare, sedette, e subito gli applausi scrosciarono. Ma – per la prima volta nella storia del Parlamento mondiale – ci fu anche un fischio. Un fischio piccolo, che non si capiva bene da dove provenisse, ma distinguibile. Terminato lo scroscio degli applausi, il fischio continuava, insistente. Il Megapresidente si accigliò. Ed ecco, un secondo fischio, proveniente da parte opposta, si unì al primo...».

46 J.G. Ballard, *Le vent de nulle part*, Livre de Poche, pp. 137 sgg., cit. in A. Roche, A. Guguet, N. Voltz, *L'atelier d'écriture*, cit., p. 101.

3. Ma l'escalation può servire anche a raccontare eventi minimi. Immaginiamo una coppia, marito e moglie. Sono sposati da una vita, non è che non si vogliano più bene, è che ormai si sono detti tutto quello che avevano da dirsi, l'abitudine ha preso il sopravvento. Un giorno, lui commette un piccolo sgarbo, non per cattiveria, per disattenzione. Lei non risponde. Tre giorni dopo, ricambia con un altro sgarbo: freddo, deliberato. Il marito (che nemmeno si ricordava più di ciò che aveva fatto) resta allibito. Ci pensa su. Una settimana dopo, durante la cena, senza dir nulla, rovescia sulla tovaglia il contenuto del piatto... E così via, finché lei uccide lui, o lui uccide lei (a scelta).

8.3.14 Storie sulle origini delle cose

Quest'ultima proposta sta un po' a sé, in quanto non si basa su un procedimento formale ma su un trucco per farsi venire idee. Spieghiamoci: secondo Piaget tutti i bambini attraversano una fase di *artificialismo*: le cose sono come sono perché qualcuno in un qualche tempo lontano le ha rese tali. Il fiume è stato creato con la pipì di un gigante; la montagna serviva al Buon Dio per sedere e riposarsi; ecc. Insomma le cose non hanno la forma che hanno "per caso", ma perché in origine qualcosa è successo che le ha rese tali. In Africa si trovano parecchi racconti costruiti secondo questo schema. Il prossimo racconto risponde a questa domanda: «Perché l'albatros ha il becco ricurvo?».

> Un giorno su un albero lungo la costa, si incontrarono l'albatros e il camaleonte. Poiché il piccolo rettile non aveva mai visto prima un uccello così grande e possente, dallo spavento subito cambiò colore e tentò di saltare su di un albero vicino.
> «Non devi aver paura» disse l'albatros, che aveva seguito divertito le gesta del camaleonte. «Non ti faccio alcun male. Vorrei solo riposarmi un po' del mio lungo volo».
> «Ma chi sei?» domandò finalmente il camaleonte.
> «Non conosci il vecchio albatros? Bene, io sono l'uccello più antico del mondo e volo giorno e notti intere, senza mai fermarmi, sui grandi mari».
> «Ah, è così» mormorò il camaleonte. «Ma alle tue parole non ci posso credere del tutto. Fino ad oggi avevo sempre creduto d'essere io l'animale più antico del mondo».
> «E perché?».
> «Perché io vivevo già sulla terra in un tempo lontanissimo, quando era ancora inondata dalle acque e per non morire affogato dovevo arrampicarmi sulle cime più alte degli alberi e tenermi ben stretto lassù. Per questo ancora oggi ho le zampe prensili la coda pure».
> «Ma tu ti sbagli di grosso, mio caro camaleonte. Io vivevo già quando la terra era ancora un unico mare di fiamme. Per molti anni dovetti roteare con i miei genitori sopra questa gorgogliante pentola delle streghe, che noi oggi chiamiamo terra, senza trovare un posticino dove poter lasciarci cadere per riposare un po'. Vedi il mio becco com'è ricurvo? Ti voglio spiegare come è diventato così. Mentre noi volavamo sopra la terra infuocata, mia madre morì. E poiché non volevo lasciarla cadere nel fuoco che tutto consuma, la presi nel mio becco e continuai a roteare nel cielo. Un poco più tardi, anche mio padre chiuse gli occhi e non seppi che altro fare, se non prendermelo nel becco, insieme alla mamma morta. La terra fiammeggiava ancora e così dovetti per molti anni

aggirarmi nel cielo con il mio triste carico nel becco. Finalmente, quando venne il momento in cui potei sotterrare i miei genitori perché riposassero in pace, mi accorsi che nel corso del tempo il mio becco s'era molto incurvato. Mi credi ora se ti dico che sono l'animale più vecchio su questa terra?».
Quando il camaleonte ebbe attentamente osservato il becco del grosso uccello delle tempeste, fece un grande inchino e disse: «Il camaleonte si inchina davanti a te, con grande rispetto e reverenza. Ora sa che il più antico animale di questo mondo è l'albatros, che ancora oggi vola su tutti i mari».[47]

■ Per costruire una favola simile bisogna partire da una domanda di base: *perché le cose del mondo sono come sono*? In altre parole bisogna cercare di dare una risposta al problema delle origini: dei fenomeni naturali, dell'uomo, del mondo, di Dio, dei pianeti, delle montagne, ecc. A queste domande non bisogna dare risposte meccanicistiche o causalistiche ma *finalistiche:* quel tale fenomeno si è prodotto per un certo fine speciale. Questi racconti dunque partono da questioni come le seguenti: «Perché l'uomo non può vedere Dio?»; «Perché il sole e la luna non si incontrano mai?». Si tratta in fondo della struttura di base dei miti. Questi racconti possono perciò essere definiti "miti fatti in casa". Al loro fondamento sta sempre un evento traumatico che ha modificato una situazione precedente. L'abilità del raccontatore sta appunto nell'immaginare questo evento mitico.

Esercizi Perché il rinoceronte ha un corno solo? Perché il gallo canta all'alba? Perché il pettirosso ha il petto rosso? Perché il salice ha i rami rivolti verso il basso? Perché l'edera s'attacca agli alberi? Perché l'ulivo è nodoso? Perché c'è la pioggia? Perché c'è la nebbia? Perché c'è la grandine?

8.4 Racconti fatti con carte da gioco

8.4.1 Storie fatte con i Tarocchi

Siamo in un castello perduto in mezzo al bosco. Intorno a un tavolo stanno seduti alcuni personaggi: dame, cavalieri, frati, ecc. Nessuno di loro parla – c'è una magia che lo vieta. Per comunicare si servono di un mazzo di Tarocchi. La prima carta posta sul tavolo identifica il personaggio, le altre, disposte in ordine verticale e orizzontale, raccontano la sua storia attraverso le immagini. Il narratore cerca di decifrarle anche se però è consapevole che lo svolgimento e il senso della storia possono variare a seconda dell'ordine con cui le carte vengono lette e interpretate:

Il sudore freddo non s'era ancora asciugato sulla mia schiena, e già dovevo tener dietro a un altro commensale, cui il quadrato Morte, Papa, Otto di Denari, Due di Bastoni sembrava risvegliare altri ricordi, a giudicare da come lui ci girava intorno con lo sguardo, mettendo la testa di traverso, quasi non sapesse da che parte entrarci. Quando costui posò in margine il Fante di Denari, figura nella quale era facile riconoscere il suo piglio di provocatoria spavalderia, compresi che anche lui voleva raccontare qualcosa, cominciando di là, e che si trattava della storia sua.

47 In *Fiabe africane*, tr. A. Pandolfi, Mondadori 1994, pp. 80 sgg.

Ma che cosa aveva da spartire, questo scanzonato giovanotto, col macabro regno degli scheletri evocato dall'Arcano Numero Tredici? Non era certo tipo da passeggiare meditando per i cimiteri, a meno che non vi fosse attratto da qualche proposito ribaldo: per esempio, quello di forzare le tombe e derubare i morti dagli oggetti preziosi che sconsideratamente essi si fossero portati con se nell'ultimo viaggio...

Sono di solito i Grandi della Terra a venir sepolti insieme agli attributi del loro comando, corone d'oro, anelli, scettri, vesti di lamine splendenti. Se questo giovane era davvero un ladro di tombe, egli doveva andar cercando nei cimiteri i sepolcri più illustri, per esempio la tomba di un Papa, dato che i pontefici scendono nel sepolcro in tutto lo splendore dei loro arredi. Il ladro, in una notte senza luna, doveva aver sollevato il pesante coperchio della tomba facendo leva su Due Bastoni e s'era calato nel sepolcro.

E dopo? Il narratore posò un Asso di Bastoni e fece un gesto ascendente, come qualcosa che crescesse: per un momento dubitai d'aver sbagliato tutta la mia congettura, tanto quel gesto pareva in contraddizione con l'immergersi del ladro nella tomba papale. [...] Riuscii a capire che con il Dieci di Coppe voleva intendere la vista dall'alto del cimitero, come lui lo contemplava d'in cima alla pianta, con tutti gli avelli allineati sui loro piedistalli lungo i viali. Mentre con l'arcano detto L'Angelo o il Giudizio voleva forse solo sottolineare il fatto che lui guardava le tombe dall'alto come gli abitanti del cielo nel Gran Giorno. Sulla cima dell'albero, arrampicandosi come un monello, il nostro giunse a una città sospesa. Così io credetti di interpretare il maggiore degli arcani, Il Mondo, che in questo mazzo di tarocchi raffigura una città galleggiante su onde o nuvole, e sollevata da due putti alati. Era una città in cui i tetti toccavano la volta del cielo, come già La Torre di Babele, quale ce la mostrò, là di seguito, un altro arcano.

«Chi scende nell'abisso della Morte e risale l'Albero della Vita», con queste parole immaginavo fosse stato accolto l'involontario pellegrino, «arriva nella città del Possibile, da cui si contempla il Tutto e si decidono le Scelte».

Qui la mimica del narratore non ci aiutava più e occorreva lavorare di congetture. Ci si poteva immaginare che, entrato nella città del Tutto e delle Parti, il nostro ribaldo si fosse sentito apostrofare:

«Vuoi la ricchezza (Denari) o la forza (Spade) oppure la Saggezza (Coppe)? Scegli, subito!».

Era un arcangelo ferreo e radioso (Cavaliere di Spade) che rivolgeva questa domanda, e il nostro, rapido: «Scelgo la ricchezza! (Denari)» gridò.

«Avrai Bastoni!» era stata la risposta dell'arcangelo a cavallo, mentre la città e l'albero si dissolvevano in fumo e il ladrone precipitava in un rovinio di rami spezzati in mezzo al bosco.[48]

■ Si tratta di fare un po' come fanno i cartomanti e cioè di assegnare ad ogni carta – che qui vale come un elemento narrativo "libero", polivalente – un significato più preciso, associabile alla fisionomia e al carattere della persona a cui quella carta si riferisce. In fondo ogni gruppo di carte può essere letto come una storia, a patto che si dia un personaggio iniziale che supporti quella storia.

Esercizi I Tarocchi servono semplicemente come stimolo. Perciò, pressoché qualunque cosa – qualunque cosa che si presti a essere interpretata – può funzionare altrettanto bene. E, a ben guardare, qualunque cosa può essere inter-

48 I. Calvino, *Il castello dei destini incrociati*, Einaudi 1973, pp. 25 sgg.

pretata. Suggeriamo di provare: *a.* con le carte «Imprevisti» e «Probabilità» del Monopoli; *b.* con le inserzioni pubblicitarie d'un settimanale femminile; *c.* con copertine di dischi; *d.* con le affissioni pubblicitarie della via in cui abitiamo; *e.* con nomi scelti a caso dall'elenco del telefono; *f.* con le foto dell'album di famiglia; *g.* con i francobolli della nostra collezione, e chi più ne ha più ne metta.

8.4.2 Le carte da favola

Vladimir Propp, il grande studioso russo delle fiabe, ha individuato trentuno *funzioni* o elementi-base che ricorrono in un numero variabile in ciascuna favola.[49] Gianni Rodari ha impiegato queste funzioni come spunti per costruire nuove favole. Lasciamogli la parola:

> Per sperimentare la produttività delle "funzioni", le abbiamo ridotte *motu proprio* a venti, saltandone alcune e sostituendone altre con l'indicazione di altrettanti "temi" fiabeschi. Due amici pittori hanno disegnato venti "carte" da gioco, ciascuna contrassegnata da una parola (il "titolo" generico della funzione) e da un'illustrazione simbolica, o caricaturale, ma pertinente: divieto, infrazione, danneggiamento o mancanza, partenza dell'eroe, missione, incontro col donatore, doni magici, compare l'antagonista, poteri diabolici dell'antagonista, duello, vittoria, ritorno, arrivo a casa, il falso eroe, prove difficili, danno riparato, riconoscimento dell'eroe, il falso eroe smascherato, punizione dell'antagonista, nozze.
> Il gruppo ha poi lavorato a produrre una storia strutturandola sulla serie delle venti "carte di Propp". [...]
> Chiunque può farsi da solo un mazzetto di "carte di Propp", di venti o di trentun pezzi, o di cinquanta, a scelta: basta scrivere su ogni carta il titolo della "funzione" o del "tema", l'illustrazione non è indispensabile.[50]

Cappuccetto Rosso è una favola nella quale le "funzioni" individuate da Propp risultano particolarmente evidenti. Vediamo:

> ALLONTANAMENTO Cappuccetto rosso va a trovare la nonna...
> PROIBIZIONE ... la mamma proibisce a Cappuccetto Rosso di dare ascolto agli estranei...
> INFRAZIONE ... Cappuccetto Rosso non obbedisce...
> COMPARE L'ANTAGONISTA ... e dà ascolto al lupo...
> INVESTIGAZIONE ... il lupo si fa dire dove abita la nonna...
> DELAZIONE ... Cappuccetto Rosso glielo rivela...
> DANNEGGIAMENTO ... il Lupo mangia la nonna...
> TRANELLO ... il lupo inganna Cappuccetto Rosso facendosi credere la nonna...
> COMPARE L'AIUTANTE ... passa di là il cacciatore...
> SALVATAGGIO ... che taglia il ventre del lupo...
> DANNO RIPARATO ... e ne estrae Cappuccetto Rosso e la nonna...
> PUNIZIONE DELL'ANTAGONISTA ... poi riempie il ventre del lupo di pietre che lo faranno morire.

49 V. Propp, *Morfologia della fiaba*, Einaudi 1988.
50 G. Rodari, *La grammatica della fantasia*, cit., pp. 75 sgg.

9

Versi strofe rime accenti ritmi

9.1 Che cos'è una poesia?

9.1.1 Andare a capo

Che cos'è la poesia? Evitiamo di dare risposte troppo impegnative e ci limitiamo a dire: è una poesia un testo che *va a capo* prima che sia finita la riga. O, se preferite: è una poesia qualsiasi testo che sia scritto in versi (il che naturalmente non comporta che qualsiasi testo scritto in versi sia una *bella* poesia). Quindi: a far sì che un certo testo sia un pezzo di poesia e non un pezzo di prosa, non sono né i contenuti, né il tipo di lingua, né la presenza di rime o altri giochi fonetici e così via, ma semplicemente il fatto d'essere scritto in versi, cioè di andare a capo prima che sia finita la riga. È vero che esistono le cosiddette *poesie in prosa*. Ma, come dice il loro stesso nome, non si può dubitare che queste poesie siano scritte in prosa. Quindi sono, dal punto di vista della forma (che qui è quello che ci interessa) vera e propria prosa.

Ora: come si fanno i versi? Qui proporremo una classificazione dei versi alternativa a quella che si trova nei manuali. Sarà per certi aspetti più semplice (e più approssimativa), e per altri più completa.[1] Infatti cercheremo di descrivere alcuni modi di produrre anche i cosiddetti versi liberi. Ci sono sostanzialmente quattro modi di fare i versi (cioè quattro modi di andare a capo prima che sia finita la riga):

1. i versi *regolati*, ossia i versi che contengono un numero regolare, comunque conteggiato, di sillabe, o di accenti, o sia di sillabe sia di accenti;

2. i versi *sintattici*, ossia i versi che contengono ciascuno una unità sintattica compiuta o una porzione ben riconoscibile d'unità sintattica;

3. i versi *respiratori*, ossia i versi che tentano di corrispondere agli effettivi ritmi e alle pause del discorso parlato;

4. i versi *perentori*, ossia i versi nei quali la scelta del momento di andare a capo è preminente rispetto al contenuto del verso. Prima di procedere alla descrizione con esempi[2] di questi quattro tipi di versi, è opportuno però occuparsi d'altre cose.

---

1 A chi fosse molto interessato alle faccende metriche, consigliamo di rivolgersi a un manuale specifico. Sono molto accessibili: M. Santagostini, *Il manuale del poeta*, Mondadori 1988, che è pure assai divertente; e G. Conte, *Manuale di poesia*, Guanda 1995.

2 Non daremo riferimenti bibliografici per gli autori e i brani che si trovano in tutte le antologie scolastiche. Per gli autori contemporanei, alcuni dei quali difficili da reperire sia in libreria sia in biblioteca, faremo riferimento ad alcune antologie d'uso corrente o più facilmente reperibili.

9.2 La rima

9.2.1 La rima e i suoi travestimenti

Si chiama *rima* la corrispondenza dei suoni alla fine del verso, a partire dall'ultimo accento. Dal *Prode Anselmo* di E. Visconti Venosta.

> Passa un giorno, passa l'*altro*
> mai non torna il prode Ans*elmo*.
> Poiché egli era molto sc*altro*
> andò in guerra e mise l'*elmo*.

In questa strofetta ci sono due rime: «altro: scaltro» e «Anselmo: elmo». La rima di fine verso è la più frequente e importante, tuttavia ci possono essere anche rime interne al verso. Se una *rima interna* a un verso cade in una posizione ritmicamente forte (e cioè se suddivide il verso in due parti ciascuna delle quali potrebbe essere considerata un verso a sé stante), viene chiamata *rima al mezzo* o *rimalmezzo*.
La rima può anche essere una *rima ricca*, cioè coinvolgere nella somiglianza non solo i suoni che seguono l'ultimo accento ma anche alcuni di quelli che lo precedono. Tutti conoscono l'inizio delle storielle dei signor Bonaventura (di Sergio Tofano):

> Qui comincia l'*avventura*
> del signor Bon*aventura*...

La rima pura e semplice sarebbe dalla 'u' in poi, ma è arricchita da tutti i suoni precedenti: «avventura: Bonaventura».
A volte la rima può coinvolgere solo le vocali (possiamo chiamarla *rima di vocali* o *assonanza*):

> La Susanna casta e p*ura*
> stamattina abbiam ved*uta*
> al ruscello tutta n*uda*
> con in testa sol la c*uffia*.

In questa strofetta le vocali di fine verso sono sempre le stesse, ma cambiano le consonanti. Altre volte possiamo avere vocali variabili, ma ripetizione di consonanti (la chiameremo *rima di consonanti* o *consonanza*):

> Povero istrice,
> tenero m*ostro*,
> dentro il can*estro*
> ti sei incastrato.

Tra «mostro» e «canestro» cambia una vocale, ma si ripetono le consonanti. In questa strofetta, peraltro, tutto gira attorno alla ripetizione di alcune consonanti o gruppi di consonanti: 'str', 'tr', 'n', 'r'. È ciò che si chiama *allitterazione*.

Le rime interne al verso, ricche, di sole vocali, di sole consonanti, hanno goduto nel tempo di fortune alterne. La poesia d'oggi usa la rima normale (o "perfetta") assai meno frequentemente che la poesia dei secoli passati: quasi per compensazione, tutte le altre forme della rima sono state rivalutate. Il caso limite è quello di certi libri di poesia in cui la rima c'è sempre, ma è nella stragrande maggioranza di sole vocali o di sole consonanti (es. *Le ceneri di Gramsci* di Pasolini). Leggiamo a es. una poesia (una sorta di sonetto irregolare) di Giorgio Caproni, intitolata *Alba*, dove rime perfette e rime di sole vocali si alternano liberamente, e non mancano – anzi, abbondano – gli echi interni al verso:

> Amore mio, nei vapori d'un bar
> all'alba, amore mio, che inverno
> lungo e che brivido attenderti! Qua
> dove il marmo nel sangue è gelo, e sa
> di rinfresco anche l'occhio, ora nell'ermo
> rumore oltre la brina io quale tram
> odo, che apre e richiude in eterno
> le deserte sue porte?... Amore, io ho fermo
> il polso: e se il bicchiere entro il fragore
> sottile ha un tremito tra i denti, è forse
> di tali ruote un'eco. Ma tu, amore,
> non dirmi, ora che in vece tua già il sole
> sgorga, non dirmi che da quelle porte
> qui, col tuo passo, già attendo la morte.[3]

Osserviamo: «bar: qua: sa: tram», «inverno: ermo: eterno: fermo»: le vocali sono fisse, ma le consonanti variano. Negli ultimi sei versi, addirittura, le vocali in rima sono sempre le stesse: ma vediamo che, nella chiusa, Caproni sceglie la rima più forte di tutte, cioè appunto quella perfetta: «porte: morte». Notiamo poi come ci siano delle strane rime, più o meno perfette e nascoste, anche all'interno del verso: il «m*ar*mo» del quarto verso non risuona forse con il «bar» in rima al primo? E la rima di vocali «inverno: ermo» non è forse rincalzata, dentro il verso, da «g*elo*» e «rinfr*esco*»?

■ **1.** La rima serve alla cantabilità del verso. Il che non significa che debba essere sempre dolce e sonora. Ci possono essere anche rime volutamente sgradevoli, comiche, agghiaccianti, paradossali (così come ci sono musiche che si avvicinano al rumore). Dal punto di vista dei suoni, la rima è il componente più vistoso del verso: il ritorno della rima in una poesia è, più o meno, come in una canzone il ritorno sulla dominante. Naturalmente si può benissimo farne a meno: pensate a poemetti come *Il giorno* di Parini o *Dei sepolcri* di Foscolo, completamente privi di rime. Così pure in tanta poesia moderna la rima viene evitata o semplicemente ignorata. Spesso però, in componimenti dove scarseggia o non segue uno schema preciso, la rima è impiegata per marcare un punto particolarmente significativo: vedi a es. la forza del ritorno della rima in -ale alla fine di ogni strofa del *Canto notturno* di Leopardi, dove le rime sono poche e irregolarmente disposte.

3 G. Caproni, *Poesie 1932-1986*, Garzanti 1989, p. 117.

2. La rima crea tra due parole, grazie al suono, una corrispondenza suggestiva e del tutto irrazionale: ma è proprio della poesia comunicare attraverso suggestioni e sollecitazioni della nostra sensibilità piuttosto che attraverso concetti. È una rima cattiva quella che unisce due parole senza farle cortocircuitare. È una rima buona quella che ci sembra suggestiva, anche se non sapremmo dire bene che cosa effettivamente ci suggerisce.

9.2.2 Una poesia fatta solo di rime

Vi proponiamo una poesia fatta solo di rime. L'autore è Antonio Porta e il titolo della poesia, giustamente, è *Rimario.*[4]

rimario
lava
rosario
bava

bava
lava

rimario
rosario

sogno
escrementi
bisogno
denti

denti
escrementi

sogno
bisogno

[...]

pane
morde
cane
corde

corde
morde

pane
cane

[...]

figlio
dementi

4 In *Poesia degli anni settanta*, a c. A. Porta, Feltrinelli 1979, pp. 286-289.

artiglio
                    sementi
sementi
dementi

figlio
artiglio

■ È evidente che Antonio Porta, nello scrivere questo suo *Rimario*, ha scelto di usare solo e soltanto parole forti, che colpiscono l'immaginazione. Inoltre ha cercato di produrre cortocircuiti molto violenti: ha scelto uno stock di parole genericamente "buone" (figlio, neve, pane, sogno...) e le ha messe a contatto con parole genericamente "cattive" (artiglio, corde, bava, dementi...). Notiamo che, a causa di queste opposizioni insistite, anche parole "neutre" tendono a suonare quasi come "cattive": es. cane, neve, sementi...

Esercizi Prova a costruire anche tu una poesia rimario. Attento però, che non diventi un esercizio troppo meccanico. Ecco una procedura (una delle tante possibili): *a.* prendi dei testi che tu stesso hai scritti (racconti, poesie, ecc.); *b.* osserva se ci sono parole che tendono a ricorrere o alle quali ti sembra di annettere particolare importanza; *c.* fa' una lista di queste parole e nascondi la lista in un cassetto per qualche giorno; *d.* estrai la lista dal cassetto e accanto a ogni parola scrivine un'altra che faccia rima; *e.* scegli le coppie migliori e con queste comincia a costruire la tua poesia rimario; naturalmente, se nel fare questo ti vengono in mente altre parole e/o altre coppie, fanne uso; *f.* inventati una forma per la tua poesia rimario. Qui, usando le parole dell'es. di Porta, ti suggeriamo alcune forme molto semplici:

RIMA BACIATA (aabb): artiglio / figlio / sementi / dementi

RIMA ALTERNATA (abab): artiglio / sementi / figlio / dementi

TERZINA INCATENATA (aba, bcb, cdc...): artiglio / sementi / figlio // dementi / lava / escrementi // bava / morde / schiava //...

LISTA RETROVERSA (abcdefg... gfedcba): artiglio / corde / cane / dementi / schiava / bisogno // sogno / bava / escrementi / pane / morde / figlio

Ciascuna di queste forme produce un effetto specifico: la rima baciata accosta immediatamente le parole, la terzina incatenata produce una sequenza tendenzialmente infinita, la lista retroversa (soprattutto se è lunga) rende quasi insensibile la rima. La scelta della forma deve essere fatta in consapevolezza di questi effetti.

9.3 I versi della tradizione

9.3.1 Versi con gli accenti fissi

L'accento è importante quanto la rima. Nella poesia tradizionale italiana ci sono due tipi di versi: quelli con gli accenti fissi e quelli con gli accenti mobili. Per lo più, i versi con un numero pari di sillabe hanno accenti fissi, e i versi con un numero dispari di sillabe hanno accenti mobili. Le strofette del signor Bonaventura (versi di otto sillabe) si potrebbero leggere così:

> Quìco mìncia làvven tùra
> délsi gnórbo nàven tùra
> chéco gliéndun gélso mìno
> dàlla lòggia délvi cìno...

Il verso con accenti fissi non è proprio solo delle filastrocche: pensiamo a es. al coro dell'*Adelchi* di Alessandro Manzoni, scritto in versi di dodici sillabe:

> Dagli àtrii muscósi, dai fòri cadènti,
> dai bóschi, dall'àrse fucìne stridènti,
> dai sólchi bagnàti di sèrvo sudór,
> un vólgo dispèrso repènte si dèsta;
> intènde l'orécchio, sollèva la tèsta
> percòsso da nòvo crescènte romór.

■ Osserviamo che un verso con numero pari di sillabe e accenti fissi tende a dividersi in parti di uguale lunghezza: «Dagli atrii muscosi – dai fori cadenti / dai boschi, dall'arse – fucine stridenti» (è per questo che si parla solitamente, più che di dodecasillabi, di doppi senari); inoltre, tende a esserci una corrispondenza precisa tra il verso e la sintassi: ogni verso o ogni parte di verso corrisponde a una microunità sintattica (soggetto + verbo, sostantivo + aggettivo, ecc.). Questi versi producono un effetto di cantilena che ai nostri orecchi moderni spiace assai; si tratta, leggendo a voce alta, di cercare di dissimularlo.

9.3.2 Versi con accenti fissi e sillabe mobili

In alcune lingue, diversamente dall'italiano, il verso è definito molto più dall'accento che dal numero di sillabe: è il caso a es. dell'inglese. Anche in italiano, però, possiamo immaginare dei versi regolati dal numero di accenti, sempre uguale, ma liberi nel numero di sillabe. Es. Pavese scriveva (*Donne appassionate*):

> Le ragàzze al crepùscolo scéndono in àcqua,
> quando il màre svanìsce, distéso. Nel bósco
> ogni fòglia trasàle, mentre emèrgono càute
> sulla sàbbia e si siédono a rìva. La schiùma
> fa i suoi giòchi inquiéti, lungo l'àcqua remòta.
> Le ragàzze han paùra delle àlghe sepólte
> sotto le ónde, che affèrrano le gàmbe e le spàlle:
> quant'è nùdo, del còrpo. Rimóntano rapide a rìva
> e si chiàmano a nóme, guardàndosi intórno.[5] [...]

■ Se leggiamo a voce alta sentiamo che ciascuno di questi versi ha quattro accenti, ma il numero di sillabe è variabile (però predomina una misura di tredici sillabe). Gli accenti si appoggiano, com'è naturale, sulle parole più importanti

5 In *Poeti italiani del Novecento*, a c. P.V. Mengaldo, Mondadori 1978, p. 686.

dal punto di vista del significato (verbi, sostantivi). Solo il penultimo verso ci dà dei problemi: infatti possiamo leggerlo in diversi modi, legando l'aggettivo «rapide» al verbo o al complemento. L'effetto cantilena non c'è, o è lieve e contribuisce all'atmosfera vagamente ipnotica della scena; la corrispondenza tra versi e sintassi è meno rigida che in Manzoni. Naturalmente un verso come questo può sì allungarsi o contrarsi, ma entro certi limiti: la nostra lingua non sopporta né troppa distanza né troppa prossimità tra gli accenti.

9.3.3 Versi con gli accenti mobili

Per ultimi parliamo dei versi principali della nostra letteratura: quelli con numero dispari di sillabe e accenti mobili. I più importanti sono l'endecasillabo (così chiamato perché generalmente consta di undici sillabe) e il settenario (di sette sillabe). In realtà questi nomi dei nostri versi, benché tradizionali, possono generare confusione. È più esatto dire che l'endecasillabo è un verso nel quale l'ultimo accento cade sulla decima sillaba, e che il settenario è un verso nel quale l'ultimo accento cade sulla sesta sillaba. Infatti:

> Nel mezzo del cammin di nostra vìta
> Nel mezzo del cammin per Forlimpòpoli.
> Nel mezzo del cammin lui si fermò.

Teoricamente solo il primo di questi versi ha undici sillabe: il secondo ne ha dodici, il terzo dieci. Ma basta leggere a voce alta per sentire che hanno la stessa misura: in effetti, hanno l'ultimo accento sulla decima sillaba. Per la composizione dell'endecasillabo, l'unico vincolo è questo: che l'accento finale cada lì. Gli accenti interni possono cadere ovunque, e otteniamo comunque un endecasillabo: magari sbilenco e brutto, ma endecasillabo è. Un certo pregiudizio c'è stato a lungo sugli endecasillabi con un accento sulla quinta sillaba: ma ciò non ha impedito ai poeti di farne, quando ne avevano bisogno. Per avere un'idea della varietà dell'endecasillabo, basta rileggere i primi tre versi della *Divina commedia*:

> Nel mezzo del cammin di nostra vita
> mi ritrovai per una selva oscura,
> ché la diritta via era smarrita.

Dove sono gli accenti interni? «Nel mèzzo del cammìn di nostra vita / mi ritrovài per una sélva oscura, / ché la dirìtta vía era smarrita». Seconda e sesta, quarta e ottava, quarta e sesta sillaba. Proprio questa variabilità, e quindi questa flessibilità, dà all'endecasillabo italiano quel carattere di verso fondamentale che gli è sempre stato riconosciuto. Ora leggiamo Foscolo (*Dei sepolcri*):

> E me, che i tempi ed il desio d'onore
> fan per diversa gente ir fuggitivo,
> me ad evocar gli eroi chiamin le muse,
> del mortale pensiero animatrici.
> Siedon custodi de' sepolcri: e quando
> il Tempo con sue fredde ale vi spazza
> fin le rovine, le Pimplee fan lieti

di lor canto i deserti; e l'armonia
vince di mille secoli il silenzio.

E leggiamo un poeta del Novecento, Vittorio Sereni (*Settembre*):

Già l'òlea fragrante nei giardini
d'amarezza ci punge: il lago un poco
si ritira da noi, scopre una spiaggia
d'aride cose,
di remi infranti, di reti strappate.
E il vento che illumina le vigne
già volge ai giorni fermi queste plaghe
da una dubbiosa brulicante estate.[6]

I versi di Foscolo sono tutti endecasillabi; quelli di Sereni quasi tutti. Leggiamo a voce alta: sentiamo subito che in ciascun verso c'è una diversa disposizione degli accenti. Alcuni versi (ma non tutti) sono divisibili in parti, però disuguali. La corrispondenza tra le parole più significative e gli accenti, tra la misura del verso e l'andamento sintattico, è meno regolare che, a es., nel frammento di Manzoni. Nei versi con numero di sillabe dispari sembra esserci molta più libertà ritmica che in quelli con numero di sillabe pari.

9.4 La forma delle strofe

A essere rigorosi, per parlare della forma della poesia non si dovrebbe cominciare dal verso, ma dalla strofa. La strofa è: un gruppo di versi, che una riga bianca separa da altri gruppi di versi. La strofa è la vera forma della poesia. I vari tipi di poesia che troviamo nella tradizione italiana prendono quasi tutti il nome dal tipo di strofa che impiegano. Qui parleremo brevemente (e approssimativamente: per una conoscenza veramente tecnica rimandiamo ancora ai manuali) di quattro tipi di strofe: il sonetto, la canzone, la ballata e il madrigale.

9.4.1 Il sonetto

Ne avrete letti a iosa, e quindi sapete già che il sonetto è una composizione di quattordici versi, constante di due quartine e due terzine. A dividere le quartine e le terzine (che sono, potremmo dire, delle sottostrofe) c'è il gioco delle rime: quasi sempre due rime con lo schema ABBA ABBA nelle quartine; due o tre rime invece, a scelta e con una varietà di schemi, nelle terzine. Il sonetto classico ha una forma che potremmo definire "a botta e risposta", e cioè:

quartine	*terzine*
esposizione d'un tema generale	esposizione d'un caso particolare
una domanda	una risposta
premessa d'un ragionamento	sua conclusione
argomento pro (o contro) una tesi	argomento contro (o pro) la stessa tesi

6 In *Poeti italiani del Novecento*, cit., p. 753.

racconto d'un episodio	commento o riflessione morale sull'episodio
affermazione d'un desiderio	rinuncia al desiderio

A volte la botta si prolunga dalle quartine alla prima terzina, e la risposta è confinata nell'ultima terzina. In linea di massima, questa bipartizione del sonetto diventa sempre meno netta via via che ci avviciniamo ai tempi moderni; e, sempre in linea di massima, via via che ci avviciniamo ai tempi moderni la forma tende a essere sempre meno "una gabbia" e sempre più "un riferimento". Oggidì non si scrivono più molti sonetti, ma si scrivono molti componimenti che sembrano sonetti, che alludono al sonetto, che in qualche loro mossa ricordano il sonetto. O, se uno proprio vuole scrivere un sonetto, spesso finisce con lo scrivere un "ipersonetto": cioè, quasi per sfida, un componimento dove le regole di composizione vengono non solo seguite tutte, ma addirittura rese più complicate, ardue, e talvolta francamente astruse. Un buon esempio di questo comportamento è un testo, intitolato appunto *Ipersonetto*, contenuto nel libro *Il galateo in bosco* di Andrea Zanzotto: se un sonetto ha quattordici versi, l'*Ipersonetto* di Zanzotto è composto addirittura di quattordici sonetti, che si corrispondono (o dovrebbero corrispondersi) l'un l'altro come singoli versi di un sonetto...

9.4.2 La canzone

La canzone è composta da un certo numero di strofe tutte uguali (nella successione di versi e rime) o sentite come equivalenti (può esserci però una strofa finale più breve, generalmente in forma di saluto al destinatario della canzone). La canzone può mescolare endecasillabi e settenari (meno spesso anche altri versi dispari, come i quinari) o, in tempi moderni di verso libero, semplicemente versi più lunghi (che "alludono" all'endecasillabo) e versi più corti (che "alludono" al settenario).
La strofa di canzone classica è composta di due parti, ciascuna con un sistema di rime suo proprio, con in mezzo un verso che fa da *ponte*. Petrarca:

Chiare, fresche e dolci acque	a
ove le belle membra	b
pose colei che sola a me par donna;	C
gentil ramo, ove piacque	a
(con sospir mi rimembra)	b
a lei di fare al bel fianco colonna;	C
erba e fior che la gonna	c (*ponte*)
leggiadra ricoverse	d
co l'angelico seno;	e
aer sacro sereno	e
ove Amor co' begli occhi il cor m'aperse;	D
date udienza insieme	f
a le dolenti mie parole estreme.	F

■ Lo schema di rime di questa strofa di canzone può essere descritto così: abCabCcdeeDfF: dove a lettera uguale corrisponde rima uguale, a lettera minuscola un verso settenario, a lettera maiuscola un endecasillabo. Il verso «erba e fior che la gonna» è un perfetto *ponte*, perché riprende una rima della prima parte (che tecnicamente si chiama *fronte*) ma sintatticamente è legato alla seconda (che si chiama *sirima* o *sirma*). Infine notiamo che la strofa si chiude con un *distico* (cioè una coppia di versi) a rima baciata: non è obbligatorio, ma è frequente che una strofa di canzone si concluda così. Con diversi schemi di rime, varia lunghezza, differente mescolanza di endecasillabi e settenari, la strofa di canzone è sempre sostanzialmente fatta in questo modo.

9.4.3 Canzoni libere

È caratteristico della lingua e della tradizione italiane che le forme poetiche durino molto a lungo nel tempo. La canzone si è trasformata nel tempo; già nel Quattrocento si facevano canzoni differenti da quelle, per così dire esemplari, di Dante e di Petrarca. L'evoluzione forse estrema della canzone è la cosiddetta *canzone libera*, la cui perfetta realizzazione è in alcune celebri poesie di Leopardi (il già citato *Canto notturno*, *La quiete dopo la tempesta* e altre) ma che già era stata utilizzata nel Seicento. Libero miscuglio di endecasillabi e settenari, senza divisione in parti all'interno della strofa, con la rima più o meno presente e più o meno significativa secondo le private esigenze espressive del poeta, la canzone libera si presenta come uno strumento particolarmente adatto a una poesia che discorre, annuncia, considera, dice concetti.

> Misera sorte umana
> e che cosa è qua giù che non sia vana?
> Qua giù, tra questa valle
> del basso mondo, in questo
> passaggio de la vita
> ch'altri se crede stanza e non s'accorge
> che né pur un momento
> lece fermar il corso,
> onde rapidamente
> ne spinge il tempo al destinato albergo
> e pur l'uom così intento affisa gli occhi
> e del corpo e de l'alma
> in questi oggetti che, passando, incontra,
> ch'altro par che non miri,
> ch'altro par che non pregi e non s'avvede
> che, mentre in lor trattiene
> e lo sguardo e 'l pensiero,
> o gli ha trascorsi o non è giunto ancora
> e quel che sol gli tocca,
> fuggitivo momento,
> rapido è sì ch'appena il sente il senso.
> Misera sorte umana
> e che cosa è qua giù che non sia vana?[7]

7 C. di Pers, *Poesie*, a c. M. Rak, Einaudi 1978, p. 331.

■ In questa prima strofa della canzone *Della miseria e vanità umana*, Ciro di Pers, un poeta dell'età barocca, rinuncia quasi totalmente alla rima (resta solo il ritornello «Misera sorte umana / e che cosa è qua già che non sia vana?»), trasformando la canzone in una sorta di "discorso metrico continuato". È evidente che la compattezza sintattica (ogni strofa è un'unica, lunghissima frase) serve non solo a produrre un effetto di "foga espressiva", ma anche fisicamente a tenere insieme un testo che, privo di rime e di regolari ricorrenze degli endecasillabi e dei settenari, tenderebbe verso l'informe.

9.4.4 Canzoni sgangherate

Niente ci impedisce tuttavia, anche oggidì, di usare forme che richiamino più precisamente la canzone petrarchesca. Es. Pier Paolo Pasolini spesso "riusò" o "imitò" forme poetiche disusate, rifacendosi a poeti relativamente recenti (a Pascoli, del quale imitò la forma del poemetto in terzine) ma ancor più ai poeti del Trecento o addirittura ai provenzali. La canzone di Pasolini è una canzone così sgangherata che non sembra nemmeno una canzone.

Tutti si giurano puri:	a	
puri nella lingua... naturalmente:	B	
segno che l'anima è sporca.	C	
È stato sempre	b	
così. Per mentire, non bisogna essere oscuri.	A	
Si illudono, mostri, che la morte	c	
uguagli! Non sanno che è proprio la morte	(*ponte*)	C
(loro alibi di cattolici servi)	D	
che disgrega, corrode, torce, distingue:	E	
anche la lingua.	e	
La morte non è ordine, superbi	D	
monopolisti della morte,	C *bis*	
il suo silenzio è una lingua troppo diversa	E	
perché voi possiate farvene forti:	C *bis*	
proprio intorno ad essa vortica	C *bis*	
la vita![8]		

■ Eppure, anche questa è una strofa di canzone. I versi non sono endecasillabi e settenari: sono versi lunghi e brevi (che occasionalmente possono esser veri endicasillabi e veri settenari: ma come per caso), e alle rime perfette (non molte) si mescolano le rime di sole consonanti o di sole vocali. La relazione tra l'andamento della frase e la spezzatura dei versi è molto labile: la frase finale, addirittura, trabocca con una sola parola nella strofa successiva («la vita!»). Petrarca l'avrebbe giudicata una canzone sgangherata; tuttavia è pur sempre una canzone.

9.4.5 La ballata, ovvero: la canzone col ritornello

La ballata è, per così dire, la forma popolare della canzone. I contenuti possono essere più o meno gli stessi, tuttavia spesso la ballata è narrativa, mentre la can-

8 P. Pasolini, «La reazione stilistica», in *La religione del mio tempo*, Garzanti 1976, p. 149.

zone quasi mai. La strofa della ballata può essere complessa come quella della canzone, ma di solito è molto più semplice. Ciò che caratterizza la ballata è la presenza del *ritornello*, che può essere composto da un solo verso, ripetuto identico o con minime variazioni alla fine di ogni strofa, o da un distico o da una strofetta. A volte la presenza del ritornello è limitata al puro e semplice ritorno della stessa rima alla fine di ogni strofa, oppure alla presenza di alcune parole chiave. Diciamo che la ballata è tutto sommato la forma che più somiglia alla nostra attuale canzone (o canzonetta). Es. Francesco Guccini usa spesso questa forma.

> E un altro giorno è andato, la sua musica ha finito,
> quanto tempo è ormai passato e passerà...
> Le orchestre di motori ne accompagnano i sospiri,
> l'oggi dov'è andato l'ieri se ne andrà.
> Se guardi nelle tasche della sera
> ritrovi le ore che conosci già:
> ma il riso dei minuti cambia in pianto ormai
> (*ritornello*) e il tempo andato non ritornerà.
> Nel sole dei cortili i tuoi fantasmi giovanili
> corron dietro a delle Silvie beffeggianti.
> Si è spenta la fontana si è ossidata la campana,
> perché adesso ridi al gioco degli amanti?
> Sei pronto per gettarti sulle strade,
> l'inutile bagaglio hai dentro te,
> ma temi il sole, e l'acqua prima o poi cadrà
> (*ritornello*) e il tempo andato non ritornerà.

Le altre strofe terminano tutte con il ritornello, a volte con piccole variazioni: «e dove corra il tempo chi lo sa», «e il tempo passa e fermalo se puoi», «ma il tempo passa e non si ferma più»;[9] dove il ritornello è dato dal ritorno dello stesso concetto e della parola chiave «tempo», nonché dalla rima tronca.

9.4.6 Ballate senza ritornello

Si possono tuttavia chiamare genericamente ballate tutte quelle composizioni che raccontano una storia, sono composte da strofe grosso modo uguali e di struttura semplice, e presentano una traccia di ritornello. Leggiamo a es. una delle *Ballate della signorina Richmond* di Nanni Balestrini.

> adesso nella stanza non c'è nessuno
> adesso vedeva da vicino il suo viso
> alza il braccio e lo colpisce
> a passi rapidi piegandosi in avanti
>
> attraverso la porta aperta
> aveva gli occhi lucidi e umidi
> aveva le gambe aperte
> aveva un vestito rosso

9 Dal disco *L'isola non trovata*, La voce del padrone.

avvicinandosi a lei da dietro
comincia un rombo sordo
cominciava a scendere le scale
di colpo chiuse gli occhi

di nuovo cade la neve
doveva controllare ogni suo movimento
e continuando a sollevare il braccio
e finalmente la porta si aprì[10]

■ Questa poesia (abbiamo riportato solo l'inizio) è una ballata perché racconta una storia (benché solo per accenni, e senza che si capisca bene che cosa succede davvero), è fatta di strofe regolari (quattro versi sintattici in ciascuno dei quali è descritta una singola azione), conserva una traccia del ritornello nella continua ripetizione di parole (soprattutto verbi). Strofe regolari e ritornello sono utili nel raccontare una storia, perché offrono una scansione precisa.

9.4.7 Il madrigale

Il *madrigale* è una composizione breve, mista di endecasillabi e settenari, al limite definibile come una strofa isolata di canzone. In effetti, gran parte delle liriche brevi scritte nel nostro secolo potrebbero essere definite madrigali. Ma la grande fortuna del madrigale è cinque-seicentesca: essendo breve, libero, tutto sommato facile da fare, il madrigale era il componimento cortigiano e galante per antonomasia. Il madrigale esprime un unico concetto (un'immagine, un complimento, un timore...), e tutti i suoi cinque o sei versi sono solo una preparazione della botta concentrata nel distico finale. Ecco un es. di Torquato Tasso:

Ecco mormorar l'onde
e tremolar le fronde
a l'aura mattutina e gli arboscelli,
e sovra i verdi rami i vaghi augelli
cantar soavemente
e rider l'oriente;
ecco già l'alba appare
e si specchia nel mare,
e rasserena il cielo
e le campagne imperla il dolce gelo,
e gli alti mondi indora.
O bella e vaga Aurora,
l'aura è tua messaggera, e tu de l'aura
ch'ogni arso cor ristaura.[11]

■ Questo, per essere un madrigale, è anche parecchio lungo (di solito non si va oltre i sette versi): tuttavia vediamo che non c'è nessuna struttura forte che lo tenga insieme (tutte le rime sono baciate, non ci sono rime che leghino versi distanti tra loro). Ecco le regole per scrivere un buon madrigale: *a.* esprimere un

10 N. Balestrini, *Il pubblico del labirinto, Quarto libro della signorina Richmond*, Scheiwiller 1992, p. 70.
11 T. Tasso, *Opere*, Newton 1995, p. 436. Questo madrigale fu messo in musica, come molti altri del Tasso, da Monteverdi.

solo concetto; *b.* usare una sola metafora; *c.* evidenziare un solo particolare dell'oggetto usato per la metafora; *d.* essere semplici e brevi; *e.* dire la cosa più importante negli ultimi due versi; *f.* infilare almeno una o due rime di bell'effetto musicale; *g.* non usare nessuna parola che si faccia notare troppo; *h.* mischiare versi lunghi e brevi (es. endecasillabi e settenari) ma con prevalenza dei brevi; *i.* usare rima baciata e almeno un verso lungo nel distico finale.

9.5 Il verso libero

9.5.1 Il verso libero ha una forma?

Finora abbiamo parlato soprattutto dei versi che abbiamo definiti regolati, che cioè hanno una misura legata al numero delle sillabe o degli accenti o di entrambi. Ma, come tutti sanno, da più di cent'anni in qua si scrivono (anche) poesie con versi che non tengono conto né delle sillabe né degli accenti. Ma che cos'è questo verso libero? Si può dire semplicemente che è un verso senza misura? Nel 1917, quando il verso libero era una novità che ad alcuni sembrava un po' pericolosa, il poeta angloamericano T. S. Eliot scriveva:

> [...] Poiché il verso libero è tutto fuorché libero, sarebbe meglio difenderlo sotto altra etichetta. Si potranno difendere alcuni particolari tipi di verso libero per il loro contenuto, o per il modo con cui il contenuto è rinnovato. [...] Se il verso libero è una forma genuina di verso, allora avrà una definizione positiva. Io stesso lo posso definire solo attraverso i suoi aspetti negativi: 1. Mancanza di forma; 2. Mancanza di rima; 3. Assenza di metrica. [...] [Ma] non so che razza di verso possa essere quello che non si può misurare. [...] Ogni verso è "libero" per chi non ha l'orecchio abituato al suo ritmo. [...] Non esistono in realtà due diversi tipi di verso, quello libero e quello chiuso, c'è soltanto un'abilità che deriva dall'avere acquisito una tecnica così perfetta che la forma diventa istinto e può adattarsi a ogni fine particolare.[12]

Quando scriveva questo, Eliot aveva già scritto molte poesie in versi liberi, ed era tutt'altro che un oppositore pregiudiziale. Ma la sua riflessione ci dice che: *a.* bisogna cercar di definire il verso libero in maniera positiva; *b.* un verso libero non è un verso informe; *c.* il verso libero non rifiuta la tecnica tradizionale ma la integra con nuove possibilità; *d.* il verso libero non è (come non lo è il verso tradizionale) un verso universale: va bene per certe cose, e meno bene per altre. Quindi la scelta di scrivere in versi liberi non può essere un fatto automatico. Non è detto che un sonetto o una canzone oggi siano inattuali. "Verso libero" non è sinonimo di "verso moderno".

9.5.2 Ancora sulla forma del verso libero

Riflettiamo ancora sulla frase di Eliot: «Una tecnica così perfetta che la forma diventa istinto e può adattarsi a ogni fine particolare». È chiaro che in questa frase c'è una contrapposizione: di qua «tecnica» e «forma» (cioè: una tradizione consolidata, che assicura l'accettabilità, la comprensibilità e la godibilità da par-

12 T.S. Eliot, *Opere 1904-1939*, a c. R. Sanesi, Bompiani 1992, pp. 268-269, 335 e 340.

te di tutti di ciò che scriviamo); di là l'«istinto», che può condurci a scrivere cose così *nostre* da non essere accettabili, comprensibili e godibili da parte del pubblico. Se «la forma diventa istinto», se cioè noi interiorizziamo tanto profondamente le forme poetiche da sentirle naturali, così come sentiamo naturali le parole e la grammatica e la sintassi, allora potremo esprimerci in poesia con sicurezza e naturalezza, usando o non usando (a nostra scelta) le forme date dalla tradizione.

Possiamo allora provare a descrivere l'attività poetica come una tensione: tra il nostro istinto espressivo (che è profondo, inconsapevole, inarticolato: un urlo) e la nostra conoscenza della forma (che è convenzionale, sociale, comunicativa). La perfetta poesia è quella che *fa passare* l'urlo nella più limpida delle forme. Allora proviamo a ribaltare la frase di Eliot e diciamo: «Un istinto così desideroso d'essere comunicato che riesce a fabbricarsi la sua forma». La poesia (non solo quella moderna) cerca continuamente di reinventare le sue forme; il verso libero è una di queste reinvenzioni. Lo scrittore ha piena libertà di usarlo o non usarlo. Come dice benissimo, nel suo trattato di estetica teologica, Hans Urs von Balthasar:

> Nell'espressione di sé dell'uomo, massime nell'opera d'arte, la volontà espressiva non soltanto si crea liberamente una forma corrispondente, ma incarna in questa forma la sua stessa libertà. Solo questo dà alla forma lo splendore del profondo. Quanto più la forma è determinata e pre-data, tanto più debolmente si attua in essa l'irruzione creativa della libertà: perciò la potenza espressiva può essere maggiore laddove la tecnica non domina ancora completamente ma viene piuttosto acquisita pezzo per pezzo nel processo creativo, che non laddove può essere appresa da dei maestri. [...] Il vero artista non è sottoposto alla necessità del creare al punto da non conservare la sovrana libertà nella scelta della forma.[13]

9.5.3 Il verso sintattico (misto)

Ora abbandoniamo finalmente i massimi sistemi e cominciamo a parlare dei vari tipi di verso libero. Il primo e apparentemente più semplice (nel senso che oggidì è il più istintivo e facile da fare; il che non implica che sia facile fare buoni versi sintattici) è il verso sintattico. Una poesia in versi sintattici è una poesia che volentieri va a capo quando è conclusa una (o una breve serie di) microunità sintattiche. Ancora un es. da Vittorio Sereni: si tratta d'una poesia (*Le sei del mattino*) che utilizza in parte le risorse del verso sintattico, e in parte quelle della metrica tradizionale.

> Tutto, si sa, la morte dissigilla.
> E infatti, tornavo,
> malchiusa era la porta
> appena accostato il battente.
> E spento infatti ero da poco,
> disfatto in poche ore.

13 H.U. von Balthasar, *Gloria*, tr. M. Fiorillo, Jaca Book 1978, v. II, pp. 14 sgg.

Ma quello vidi che certo
non vedono i defunti:
la casa visitata dalla mia fresca morte,
solo un poco smarrita
calda ancora di me che più non ero,
spezzata la sbarra
inane il chiavistello
e grande un'aria e popolosa attorno
a me piccino nella morte,
i corsi l'uno dopo l'altro desti
di Milano dentro tutto quel vento.[14]

■ In questa poesia quasi tutti i versi sono composti da una o più d'una microunità sintattica; e alla fine di ogni verso possiamo agevolmente fare una piccola pausa. Ma ci sono eccezioni: leggendo, noi sentiamo che tra i due versi «Ma quello vidi che certo / non vedono i defunti» c'è una pausa più breve e sfuggente, oppure (è la stessa cosa) che tra i due versi c'è una maggiore tensione. In effetti, un andare a capo puramente sintattico rischia d'essere alla lunga meccanico e noioso; così, nei momenti più drammatici si può violare la regola dell'a capo sintattico per aumentare la tensione. Infine anche qui ci sono dei regolarissimi endecasillabi: notiamo che sono forse i versi più solenni (e insieme meno narrativi) di tutta la poesia: il primo, gli ultimi due, e il bellissimo «e grande un'aria e popolosa attorno» che dopo i due brevi versetti puntati su particolari visivi ci dà uno straordinario respiro.

9.5.4 Il verso sintattico (breve)

Il verso sintattico vero e proprio può essere genericamente diviso in due tipologie: breve e lungo. Diamo un es. efficace di verso sintattico breve: è un frammento dal poemetto *Inno all'utero*, di Livia Candiani:

la prima cosa
che ho saputo di te
è stato un discorso di fretta:
ti chiamavano casetta di carne,
ti avrebbero abitato
strani bambini trasparenti
fatti di vene e pelle sottilissima,
spiati per un attimo
sull'enciclopedia –
ho saputo di te
quando già
mi avevi rigato le gambe
di sangue caldo:
ero una giovane bestia
con la testa scurissima
i sogni malati
il corpo sordo,

14 In *Poeti italiani del Novecento*, cit., pp. 757-758.

ero piccolissima
o forse mai nata
e tu
eri già l'utero
di una donna –
avevo paura di te[15] [...]

■ Sono evidenti gli effetti di questo tipo di verso: un ritmo «come quello di una ballata, ma ancora più veloce, senza respiro, tutto in apnea, come un grido prolungato fino alla soffocazione» (A. Porta[16]). In qualche caso la frammentazione della frase arriva a isolare un semplice vocativo («e tu») o delle nude determinazioni temporali («quando già»). La vorticosità di questo ritmo, tuttavia, potrebbe servire anche a un canto gioioso.

9.5.5 Il verso sintattico (lungo)

Un altro testo molto drammatico è questo scritto da Eros Alesi, morto ventenne nel 1971 senza aver mai pubblicato nulla. Si tratta d'una sorta di poemetto, del quale pubblichiamo l'inizio.

Caro Papà.
Tu che ora sei nei pascoli celesti, nei pascoli terreni, nei pascoli marini.
Tu che ora sei tra i pascoli umani. Tu che vibri nell'aria. Tu che ancora ami tuo figlio Alesi Eros.
Tu che hai pianto per tuo figlio. Tu che segui la sua vita con le tue vibrazioni passate e presenti.
Tu che sei amato da tuo figlio. Tu che solo eri in lui. Tu che sei chiamato morto, cenere, mondezza.
Tu che per me sei la mia ombra protettrice.
Tu che in questo momento amo e sento vicino più di ogni cosa.
Tu che sei e sarai la fotocopia della mia vita.

Che avevo 6-7 anni quando ti vedevo bello - forte - orgoglioso - sicuro - spavaldo rispettato e temuto dagli altri. che avevo 10-11 anni quando ti vedevo violento, assente, cattivo, che ti vedevo come l'orco che ti giudicavo un bastardo perché picchiavi la mia mamma.
che avevo 13-14 anni quando ti vedevo che vedevi di perdere il tuo ruolo.
che vedevo che tu vedevi il sorgere del mio nuovo ruolo, del nuovo ruolo di mia madre.
che avevo 15 anni e mezzo, quando vedevo che tu vedevi i litri di vino e le bottiglie di cognac aumentare spaventosamente.
che vedevo che tu vedevi che i tuoi sguardi non erano più belli, forti, orgogliosi, fieri, rispettati e temuti dagli altri.[17] [...]

■ **1**. È probabile che l'autore di questo testo, veramente impressionante, avesse letto e assimilato i due poemetti *Urlo* e *Kaddish* dello scrittore beat Allen

15 In *Poesia degli anni Settanta*, cit., p. 531.
16 *Ivi*, p. 90.
17 *Ivi*, p. 235.

Ginsberg, ai quali si avvicina molto dal punto di vista stilistico. Qui abbiamo un verso lunghissimo, che contiene una o più unità sintattiche semplici ma compiute (frasi), e inoltre usa intensivamente due figure retoriche strettamente apparentate: *a.* l'*anafora*, cioè la ripresa, in questo caso addirittura ossessiva, delle stesse parole o delle stesse formule in posizioni iniziali (del verso, del periodo); *b.* la *ripetizione* («vedevo... vedevi», «ruolo... ruolo») usata per ottenere una sorta di effetto ipnotico e per sostenere la cantilena del verso.
2. Un verso così lungo può contenere un'intera immagine o un intero pezzo di racconto: pertanto testi scritti in questo modo appaiono come una specie di film a scatti, o come una serie di diapositive proiettate ciascuna per pochi secondi. Ogni verso è insomma un'inquadratura. Anche questo porta, abbastanza naturalmente, all'uso di anafore e ripetizioni: in ogni verso appare ciò che appariva nel precedente con una variazione o un'aggiunta.

9.5.6 Il respiro di Allen Ginsberg

Abbiamo già usato, per descrivere i versi brevi di Livia Candiani, metafore "respiratorie"; e anche i versi di Eros Alesi potrebbero essere descritti con un linguaggio simile. Si può pensare che ci sia una stretta parentela tra i versi sintattici e i versi "respiratori", perché è naturale pensare che le pause nel parlato tendano a collocarsi proprio lì dove ci sono le pause logiche e sintattiche: ma non è proprio così, e qui sta il bello. Il verso respiratorio (cioè quello che tenta di corrispondere agli effettivi ritmi e alle pause della parola parlata) è in realtà una specie di mito: gli studi fonologici hanno dimostrato che non c'è una relazione precisa tra come noi ci immaginiamo che sia il nostro parlato, e come questo è effettivamente. Ma ciò non conta: basta che questo mito fornisca al nostro istinto una forma valida. Sentiamo come ne parla Allen Ginsberg:

> [All'inizio del secolo, quando andò in crisi la metrica tradizionale, i poeti cominciarono a prestare] più attenzione al contenuto di ciò che veniva detto, perché dovevano essere consapevoli del modo in cui pronunciavano le frasi, del modo in cui andava pronunciato il verso e di quale enfasi doveva essere posta su questa o quella vocale. E perciò cominciarono a pensare sillaba per sillaba, come nella parlata; così la preoccupazione della lunghezza delle vocali ricondusse alla consapevolezza della poesia come parlata, con la parlata come respiro del corpo, invece di qualcosa da leggere e contare automaticamente mediante gli accenti ripetitivi delle vocali negli schemi giambici o dattilici. [...] È importante ricordare che se l'accento diventa automatico meccanico il ritmo diventa automatico meccanico e perciò le emozioni sono automatiche meccaniche e l'intelletto è automatico meccanico, perché ci si limita a riempire un modulo predisposto in anticipo, come un modulo burocratico. [...] Per praticare quest'arte [la poesia] in realtà si deve intonare l'orecchio ad ascoltare la parlata reale che ci circonda: e udire il piccolo ritmo del suono parlato nei modi provinciali di parlare della gente, in modo da realizzare sulla pagina un procedimento ritmico altrettanto sottile. È proprio la stessa conclusione alla quale giungono molti musicisti moderni quando dicono che l'antica notazione musicale è troppo rozza perché tutti i suoni sono musica, e come si fa a misurare, diciamo, i suoni elettronici e i suoni delle macchine e i suoni dei bidoni della spazzatura e i suoni dei camion della strada, che per le loro orecchie sono musica, – come si fa a misurarli con le note della scala occidentale? [...] Quali

> sono i ritmi delle piccole frasi che usiamo, specialmente certi tipi di persone come autisti di camion, gangsters, zitelle, gente di linguaggio laconico che parlano, capisci, diciamo, in modo minimo.[18]

9.5.7 Parole da assaporare

Proviamo allora a leggere quattro testi nei quali si sentano delle voci molto identificabili e particolari. Cominciamo con un frammento d'un celebre poemetto di Guido Gozzano, *L'amica di nonna Speranza*.

> Giungeva lo Zio, signore virtuoso, di molto riguardo,
> ligio al passato, al Lombardo-Veneto, all'Imperatore;
>
> giungeva la Zia, ben degna consorte, molto dabbene,
> ligia al passato, sebbene amante del Re di Sardegna...
>
> «Baciate la mano alli Zii!» dicevano il Babbo e la Mamma,
> e alzavano il volto di fiamma ai piccolini restii.
>
> «E questa è l'amica in vacanza: madamigella Carlotta
> Capenna: l'alunna più dotta, l'amica più cara a Speranza».
>
> «Ma bene... ma bene... ma bene...» diceva gesuitico e tardo
> lo Zio di molto riguardo «... ma bene... ma bene... ma bene...
>
> Capenna? Conobbi un Arturo Capenna... Capenna... Capenna...
> Sicuro! alla Corte di Vienna! Sicuro... sicuro... sicuro...».
>
> «Gradiscono un po' di moscato?» – «Signora sorella, magari...».
> E con un sorriso pacato sedevano in bei conversari.[19]

■ I dialoghi tra questi personaggi dovrebbero, probabilmente, essere letti con un marcato accento piemontese: ma non c'è una nettissima distinzione tra le voci dei personaggi e quella del poeta-narratore. Qui Gozzano, come è caratteristico di molta della sua poesia, esegue una sorta di imitazione insieme nostalgica e ironica delle chiacchiere da salotto. Ma notiamo come, tutto sommato, non sia molto importante ciò che viene detto: sono, appunto, chiacchiere da salotto, frasi che potrebbero essere comodamente sostituite da altre, parole ripetute tanto per far passare il tempo. Le battute del dialogo non vanno, per così dire, effettivamente ascoltate: vanno piuttosto assaporate, come se fossero dei dolci fatti in casa, di quelli che non si trovano più. La singola parola, alla fin fine, la vince sulla frase sensata: «Capenna... Capenna... Capenna...»... Non è un caso se Gozzano, pur usando un verso metricamente regolare (e anche ricercatissimo: è un doppio novenario) sceglie un verso molto lungo: gli serve appunto per riprodurre le esitazioni, le pause, le ripetizioni caratteristiche del parlato che egli attribuisce al suo personaggio o, meglio, alla situazione, dove non importa tanto quel che si dice quanto il dire comunque qualcosa, tener viva la conversazione.

18 A. Ginsberg, *Mantra del Re di Maggio*, Mondadori 1973, pp. 13, 15 e 23 (intervista di F. Pivano ad A. G.).
19 In *Poeti italiani del Novecento*, cit., pp. 120 sgg.

9.5.8 Parole da gridare

Del tutto diversa la voce che parla, anzi grida, in questa poesia "futurista" di Ardengo Soffici, *Aeroplano*.

> L'infinito ha un profumo di frutta matura
> Di benzina
> Di cosce di poppe di capelli pettinati dopo la doccia
> Delle mie ascelle che adoro
> Il gelo infiammato del cocomero tuffato a lungo nel pozzo
> Bacio la vulva del firmamento senza rumore
> Le scintille di musica che punteggiano il rombo entusiastico del cilindro e dell'elica
> Son l'eco del fischio dei più alti uccelli
> Navigo nell'assoluto mia patria e vorrei dimenticare il corpo che sempre è con noi
> La forma della libellula matematica che è il mio destino
> La mia storia e i vostri ultimi radiotelegrammi umani[20]

■ Se Gozzano chiacchiera, Soffici urla; se Gozzano tenta l'imitazione di un parlato che non c'è più, Soffici cerca d'inventare una voce per il futuro. La lunghezza del verso è a piacere; l'*a capo* arriva quando vuole, generalmente non spezza la sintassi ma nemmeno la segue da vicino. Con questi versi Soffici cerca di realizzare uno dei miti del Futurismo, e cioè la velocità. Sono versi che andrebbero forse letti senza alcun tentativo di "espressione", ma semplicemente "buttati fuori" il più rapidamente possibile. Notiamo come gli unici versi che si potrebbero leggere con una certa lentezza, con un certo soffermarsi, in quanto sono piuttosto corti, sono anch'essi versi "assaporanti": che ci invitano ad assaporare parole – e oggetti e sensazioni designati dalle parole – decisamente inediti per la poesia d'inizio secolo: la «benzina», «le mie ascelle che adoro». Dall'urlo complessivo, e forse indifferenziato, del testo spuntano quindi solo alcune poche parole-provocazione.

9.5.9 Parole dette di traverso

Ancora diversa è la voce di Eugenio Montale, che soprattutto nei suoi ultimi libri s'inventò un tono di voce "di traverso", come da uno che, un po' inacidito, commenta disapprovandoli i fatti che gli accadono intorno. In questa *Locuta Lutetia* (cioè: «Così parlò Parigi») riporta una banalissima frase ascoltata in un caffè, e ci aggiunge una sua postilla.

> Se il mondo va alla malora
> non è solo colpa degli uomini
> Così diceva una svampita
> pipando una granita col chalumeau
> al Café de Paris

20 *Ivi*, p. 347.

Non so chi fosse A volte il Genio è quasi
una cosa da nulla, un colpo di tosse[21]

■ Questa breve poesia ha un aspetto deliberatamente trascurato, come fosse stata scritta sbrigativamente, con una matita presa a prestito, sul tovagliolino di carta del caffè. Il lessico trasandato («una svampita», «pipando») e la mancanza di punteggiatura (non frequente in Montale), insieme alla situazione assolutamente ordinaria e alla banalità della frase riportata, ci danno questa sensazione. Ciò che Montale, palesemente, vuol dire, è che può capitare a chiunque, in qualunque situazione, di dire senza pensarci su una cosa qualsiasi, che *per un'altra persona* diventa una specie di rivelazione o di epifania. Questo parlare è così involontario che Montale lo paragona a un casuale «colpo di tosse»: e noi potremmo dire che gli *a capo* di questa poesiola sono come dei colpi di tosse, o magari dei rumori del traffico, che per un attimo spezzano il filo, peraltro debolissimo, della conversazione ascoltata di soppiatto e della conseguente riflessione. Una specie di astutissima sciatteria, acidamente ironica, caratterizza questa voce.

9.5.10 Parole dette tra sé e sé

Ultima voce che ascoltiamo, quella di Edoardo Sanguineti: che in molti suoi libri ha adottato un tono diaristico – ma di un diario di pensieri e meditazioni, spesso collocate (come situazione narrativa) in luoghi di passaggio: aeroporti, stazioni, ristoranti. Un libro s'intitola addirittura *Postkarten*, cioè: «Cartoline postali». Leggiamo la cartolina n. 24.

Ho insegnato ai miei figli che mio padre è stato un uomo straordinario:
(potranno raccontarlo, così, a qualcuno, volendo, nel tempo): e poi, che tutti
gli uomini sono straordinari:
                                        e che di un uomo sopravvivono, non so,
ma dieci frasi, forse (mettendo tutto insieme: i tic,
i detti memorabili, i lapsus):
                                        e questi sono i casi fortunati: [22]

■ Sanguineti riproduce abilmente l'andirivieni d'un pensiero che si distrae facilmente, pieno di «tic» (parole che non vogliono dire quasi niente, ma semplicemente connettono, snodano il pensiero: «così», «non so», «e poi»), sintatticamente incerto, ridondante: l'andatura dei versi, spezzati anche su più righe, forse mima proprio i "salti" del pensiero. Il testo non ha né punti fermi né maiuscole, ma il segno di punteggiatura più frequente sono i due punti (tutte le "cartoline postali" di Sanguineti terminano con i due punti): che a forza d'essere usati diventano insignificanti; dovrebbero indicare un progresso del discorso, un passare da una premessa a una conclusione, da un fatto a una conseguenza: e invece sono, di nuovo mimando un ipotetico "parlato interiore" semplici elementi di connessione tra frasi-pensiero quasi del tutto autonome.

21 E. Montale, *L'opera in versi*, Einaudi 1980, p. 619.
22 E. Sanguineti, *Segnalibro*, Feltrinelli 1982, p. 184.

9.5.11 L'inarcatura, ovvero: una pausa che produce tensione

Prima di passare all'ultimo tipo di versi che abbiamo catalogato nel primo paragrafo di questo capitolo, dobbiamo parlare d'una cosa che abbiamo già vista ma non abbiamo osservata: l'*inarcatura*. Si chiama così[23] la separazione di due parole naturalmente contigue per mezzo dell'*a capo*. Rileggiamo a es. i pezzi di Pavese e Sereni citati qualche paragrafo fa. Vediamo che ci sono delle inarcature:

> Le ragazze al crepuscolo scendono in acqua,
> quando il mare svanisce, disteso. Nel bosco
> ogni foglia trasale...

Le parole «nel bosco» cambiano improvvisamente il contesto (prima avevamo il mare), e la pausa di fine verso crea una certa tensione, un'aspettativa. Un po' come quando, raccontando una favola ai bambini, diciamo: «All'improvviso il lupo...» e poi facciamo una lunga pausa, mentre i bambini tremano di paura. Questa si può chiamare un'inarcatura debole, perché introduce sì una tensione, ma non molto forte. Sereni:

> Già l'òlea fragrante nei giardini
> d'amarezza ci punge: il lago un poco
> si ritira da noi, scopre una spiaggia
> d'aride cose...

Anche qui abbiamo un'inarcatura debole. Con gli *a capo* «un poco / si ritira da noi» e «una spiaggia / d'aride cose» Sereni ottiene un effetto di legatura d'un verso all'altro: più che una tensione tra un verso e l'altro, l'effetto è d'una riduzione della pausa di fine verso. È come se Sereni non volesse fare versi rotondi e sonori, e usasse l'inarcatura (ripetuta) per far assomigliare di più i versi alla prosa.

9.5.12 L'inarcatura fortissima, ovvero: il verso perentorio

Per verso "perentorio" intendiamo un verso che non sente ragioni: un verso che si spezza dove vuole e come vuole, secondo una legge propria, senza offrire ragioni né di misura, né di sintassi, né di respiro. È il verso, insomma, d'un poeta che si prende la libertà di fare quello che vuole. Ma che ragioni possono esserci, per scegliere una spezzatura del verso così arbitraria, che al lettore rischia addirittura di apparire casuale? Leggiamo una breve dichiarazione del poeta Milo De Angelis: «Poi [...] ho cercato qualcos'altro: un andare a capo ancora più lontano dal senso – dal senso inerente a due versi separati e da quello orchestrale che ne illumina la separazione – ho cercato cioè una rottura della frase che fosse obbligata ma non innalzabile dalla frase stessa né dalla totalità delle frasi. Che fosse innalzabile da una specie di dettatura, la quale imponeva di spezzare la frase senza spiegazioni e di amare questa spaccatura in una visione totale della

23 In realtà si usa più spesso, per indicare la stessa cosa, la parola francese *enjambement*, che significa «accavallamento». Ma ci sembra che *inarcatura* sia più bello.

poesia, non di quella poesia». Che cosa vuol dire questo testo, a dire il vero un po' criptico? Proviamo a leggere una poesia di De Angelis, *Le squadre*:

> Siete pur sempre nelle tenaglie
> di una polvere, di una
> promessa del 1961, quando
> i giardini diventano un rasoterra
> del numero otto, con i calci nell'arte.
> Sì, una promessa
> diceva: sarete fatali al correre
> come il ritmo di una strada è
> fatale alla piazza che porta in sé
> tutti
> nelle forze del prato che, spelato,
> diventa questo
> essere tenuti nella montagna[24] [...]

■ Non badiamo al significato di questi versi. Proviamo invece a leggerli a voce alta e marcando gli *a capo*, cioè facendo effettivamente una piccola sosta alla fine di ogni verso. (Una pausa: leggiamo). Ecco, ora avremo sentite alcune cose. A es. che è difficile fare effettivamente la piccola sosta in alcuni *a capo*, come «una / promessa», «quando / i giardini», «una promessa / diceva»; altri *a capo* sono invece, diciamo così, abbastanza naturali. L'ultimo («diventa questo / essere tenuti nella montagna») è interessante. Possiamo notare che quella tensione che può sembrarci inutile, priva di senso o imbarazzante in «una / promessa», diventa invece significativa (= dotata di senso) in «questo / essere». Dà un effetto di enfasi molto preciso. E allora, un'inarcatura come «una / promessa», che senso ha? Appunto come dice De Angelis: l'inarcatura deriva «da una specie di dettatura, la quale imponeva di spezzare la frase senza spiegazioni». Si può provare a dire la stessa cosa in altro modo. Ogni volta che si scrive si fa una scelta di stile (consapevole o no). Ogni scelta di stile è *anche* un rifiuto di altri stili. Perché si rifiuta uno stile? Perché non ci piace, non ne possiamo più di quello stile, ci dà la nausea. La scelta di De Angelis è stata di rifiutare sia il verso misurato sia ogni altro tipo di verso; e inoltre di rifiutare quelle inarcature d'effetto (come nell'es. di Pavese) o di legatura (Sereni) delle quali la poesia del nostro secolo è piena. Tutti questi rifiuti non possono che generare un verso in larga parte arbitrario, sostenuto solo dalla forza di ciò che viene detto.

24 In *Poeti italiani del secondo Novecento*, a c. M. Cucchi e S. Giovanardi, Mondadori 1996, pp. 896 sgg.

10

Le forme della poesia

10.1 Dalla prosa alla poesia

10.1.1 La poesia in prosa

Abbiamo detto, giusto all'inizio del capitolo precedente, che la poesia si distingue dalla prosa perché va a capo prima che sia finita la riga. Ma nel secolo scorso fu molto in voga (specie in Francia) un genere letterario per così dire "anfibio": il *poème en prose*, la poesia in prosa (detta anche, in Italia, *prosa poetica*). Charles Baudelaire la definisce così: «Una prosa poetica, musicale senza ritmo e senza rima, che sappia tanto le morbidezze e gli urti, da adattarsi ai moti lirici dell'animo, agli ondeggianti sogni ad occhi aperti, ai soprassalti della coscienza».[1] In fondo la poesia è prima di tutto uno sguardo sul mondo che coglie, ritaglia e privilegia certi aspetti del mondo stesso, e solo in un secondo momento è una tecnica compositiva. Nei suoi *Canti orfici* Dino Campana mescolò poesie in versi e poesie in prosa.

> SOGNO DI PRIGIONE. Nel viola della notte odo canzoni bronzee. La cella è bianca, il giaciglio è bianco. La cella è bianca, piena di un torrente di voci che muoiono nelle angeliche cune, delle voci angeliche bronzee è piena la cella bianca. Silenzio: il viola della notte: in rabeschi dalle sbarre bianche il blu del sonno. Penso ad Anika: stelle deserte sui monti nevosi: strade bianche deserte: poi chiese di marmo bianche: nelle strade Anika canta: un buffo dall'occhio infernale la guida, che grida. Ora il mio paese tra le montagne. Io al parapetto del cimitero davanti alla stazione che guardo il cammino nero delle macchine, su, giù. Non è ancor notte; silenzio occhiuto del fuoco: le macchine mangiano e rimangiano il nero silenzio nel cammino della notte. Un treno: si sgonfia, arriva in silenzio, è fermo: la porpora del treno morde la notte: dal parapetto del cimitero le occhiaie rosse che si gonfiano nella notte: poi tutto, mi pare, si muta in rombo: *Da un finestrino in fuga io? io ch'alzo le braccia nella luce!!* (il treno mi passa sotto rombando come un demonio).[2]

■ Ecco alcuni caratteri tipici della prosa poetica: *a.* la brevità, sia del testo sia della singola frase; *b.* le frasi spesso nominali, cioè prive di verbo; *c.* il linguaggio musicale, melodico, ricco di ripetizioni, ipnotico; *d.* inizio senza preamboli; *e.* una certa aria d'impalpabile mistero; *f.* una prosa poco consequenziale, fatta di passaggi bruschi, soprassalti, libere associazioni; *g.* molte immagini, con un misto impressionistico di reale e di fantastico; *h.* molte metafore, soprattutto di carattere visivo; *i.* prevalenza della descrizione, ma anche un certo contenuto narrativo che per quanto vago abbia un punto di svolta drammatico.

---

1 Ch. Baudelaire, «Lo spleen di Parigi», in R. Bacchelli, *Traduzioni*, Mondadori 1964, p. 973.

2 In *Poeti italiani del Novecento*, cit., pp. 284 sgg.

10.1.2 La poesia oggetto

Il francese Francis Ponge ha scritto delle strane poesie in prosa che descrivono oggetti semplici e quotidiani: il pane, il bicchier d'acqua, la pioggia, il sasso... Grazie a una osservazione attenta Ponge quasi entra dentro l'oggetto e lo trasforma in un piccolo universo:

> IL PANE. La superficie del pane è meravigliosa prima di tutto per l'impressione quasi panoramica che dà: come se si avesse a disposizione, sotto mano, le Alpi, il Tauro o la Cordigliera delle Ande.
> Così dunque una massa amorfa in stato di eruzione fu introdotta per noi nel forno stellare, dove indurendo si è foggiata in valli, creste, ondulazioni, crepe... E tutti quei piani subito così nettamente articolati, quelle lastre sottili dove la luce allunga con cura i suoi fuochi, – senza uno sguardo per l'ignobile mollezza sottostante.
> Quel flaccido e freddo sottosuolo che chiamano mollica ha il tessuto simile a quello delle spugne: foglie o fiori vi stanno come sorelle siamesi saldate gomito a gomito tutte assieme. Quando il pane si rafferma i fiori appassiscono e si restringono: si staccano allora gli uni dagli altri, e la massa si fa friabile...
> Ma rompiamola: nella nostra bocca infatti il pane deve essere piuttosto oggetto di consumo che di reverenza.[3]

■ Secondo lo stesso Ponge, le sue poesie costituirebbero un nuovo tipo di testo, da situare all'incrocio di due generi: la *definizione* e la *descrizione*; prendendo a prestito dal primo l'infallibilità, l'indubitabilità, anche la brevità; dal secondo il rispetto dell'aspetto sensoriale delle cose. La procedura per ottenere un testo *à la* Ponge è più o meno questa: *a.* mettetevi davanti all'oggetto isolandolo dal suo contesto (come un pittore davanti a una natura morta). Fategli un primissimo piano come se lo osservaste con la lente d'ingrandimento; *b.* trattate l'oggetto in modo straniante, come fosse un oggetto misterioso – proprio come si fa con gli indovinelli – fino a renderlo quasi irriconoscibile, magico, inquietante; *c.* considerate l'oggetto come un mondo, un sistema, un universo chiuso. Per far ciò usate le metafore e le analogie. Es. se la superficie del pane vi ricorda una catena montuosa, descrivetelo con linguaggio geologico, se la trasparenza del vetro vi fa venire in mente la *glasnost'* descrivetelo con linguaggio politico, ecc.

Esercizi Ecco alcuni oggetti da ritrarre seguendo il metodo Ponge: *a.* una mela (usate: il giudizio di Paride, una guancia florida, Adamo ed Eva, l'analogia tra pomo e pomello, ecc.); *b.* una caffettiera (parlate della sua forma geometrica, quasi liberty; descrivete il suo funzionamento vulcanico, il suo caratteristico rumore); *c.* una sigaretta (che *brucia* a causa della vostra *passione* per il fumo). Per ogni oggetto vi consigliamo di iniziare da "ciò che se ne dice": una voce di dizionario o d'enciclopedia (suggeriamo l'uso di un dizionario fraseologico e di un etimologico), luoghi comuni, cose sentite dire da altri. Questa sarà la parte di *definizione*. Poi liberate la mente, e iniziate l'osservazione diretta per la *descrizione*.

---

3 F. Ponge, *Il partito preso delle cose*, tr. J. Risset, Einaudi 1979, p. 33.

10.1.3 La poesia narrativa

Adesso passiamo alla poesia vera e propria; però cominciando con due es. di poesia dall'andatura prosastica e narrativa. L'autore del primo è un americano famoso soprattutto come scrittore di racconti: Raymond Carver.

> LA CABINA TELEFONICA
>
> Lei crolla, nella cabina, piangendo
> al telefono. Chiedendo una cosa o due,
> e piangendo ancora un po'.
> Il suo compagno, un tipo anziano in jeans
> e camicia denim, sta in piedi aspettando
> il suo turno per parlare, e piangere.
> Lei gli porge il telefono.
> Per un minuto stanno insieme
> nella minuscola cabina, con le lacrime di lui
> che cadono accanto alle sue. Poi
> lei si va ad appoggiare al parafango
> della loro berlina. E ascolta lui
> che prende accordi.
>
> Osservo tutto questo dalla mia macchina.
> Neanch'io ho a casa un telefono.
> Siedo dietro lo sterzo,
> fumando, aspettando per prendere
> a mia volta degli accordi. Dopo un po'
> lui riattacca. Esce e si asciuga la faccia.
> Entrano nella macchina e si siedono
> con i finestrini chiusi.
> Il vetro si copre di vapore mentre lei
> si appoggia a lui, mentre lui le mette
> le braccia intorno alle spalle.
> Il fervore del conforto in quell'angusto, pubblico luogo.
>
> Vado con i miei spiccioli
> verso la cabina, e vi entro. [...]
>
> Introduco le monete e aspetto.
> Anche quelle persone in macchina aspettano.
> Lui mette in moto, poi spegne.
> Per andare dove? Nessuno di noi è capace
> di immaginarlo. Non sapendo
> dove il prossimo colpo può abbattersi
> né perché. Lo squillo dall'altra parte
> cessa quando lei alza la cornetta.
> Prima che io riesca dire due parole, il telefono
> comincia a strillare: «T'ho detto che è finita!
> Che con te ho chiuso! Puoi andare all'inferno,
> per quel che mi riguarda!»
>
> Lascio cadere il telefono e mi passo la mano
> sulla faccia. Chiudo e apro la porta.
> La coppia in berlina abbassa
> i finestrini e

guarda, con le lacrime che grazie a questa distrazione
per un momento si sono fermate.
Poi alzano i finestrini
e rimangono seduti dietro il vetro. Per un po'
non andiamo da nessuna parte.
E poi andiamo.[4]

■ **1**. Questa poesia *tende alla prosa*. Non ha rime né assonanze né metro fisso (ve lo assicuriamo noi, che abbiamo letto anche l'originale in angloamericano), mancano le metafore e altre figure tipiche della lingua poetica. Gli aggettivi sono pochi e quasi ovvii. Anche i sostantivi («cabina telefonica», «berlina», «sterzo») sono tutt'altro che poetici.
2. Se ricopiassimo i versi senza andare a capo avremmo un testo in tutto e per tutto in prosa (e anche una prosa abbastanza dimessa). E allora: dov'è la poesia? È proprio nel contrasto tra l'andatura narrativa e cadenza poetica, l'andare a capo: Carver sa bene quando e come spezzare la frase. Tutto si gioca nel ritmo delle interruzioni e delle pause (non solo gli *a capo*, ma anche la punteggiatura).
3. Notiamo la pazienza con cui Carver osserva la scena senza aggiungere né togliere nulla, raccontandola per inquadrature successive: qui sta la forza e la verità di questa poesia. E infine ascoltiamo il rombo del "non detto" che giace sotto ogni singolo verso. Carver non commenta: grazie al suo silenzio la scena emerge davanti ai nostri occhi con un'assolutezza indimenticabile. Solo alla fine (e sottovoce) appare una sorta di morale, nell'uso improvviso del «noi»: «Per un po' (a capo, cioè pausa) non andiamo da nessuna parte. (pausa) E poi andiamo».

10.1.4 La poesia cronachistica

Il secondo es. di poesia narrativa è del milanese Alessandro Peregalli. Lo prendiamo da *La cronaca*, una sorta di poemetto per episodi che racconta la giornata d'un bancario.

RISVEGLIO

Il sig. P. si alza dal letto e cerca le pantofole,
prende su l'orologio dal comodino
e la vestaglia di lana ch'è distesa sul letto
(non può dormire senza la vestaglia distesa sul letto
perché ha bisogno di caldo sullo stomaco e sul ventre: è colitico-spastico)
e si dirige a grandi passi nebbiosi verso la stanza da bagno.
Entrando, stupisce a trovarvi sua moglie che si lava;
non l'ha, come sempre gli capita, sentita uscire dal letto
in quel timido colloquio di dormiveglia con altri e con se stesso:
grandi immagini informi poi la sua faccia e un suo braccio e tutta lei distesa
sul grande letto bianco e le tende bianche come sempre
s'accendono così tutte le mattine e si spengono
nel senso che non le ricordo più e le ritrovo stupito
la mattina seguente: le grandi tende bianche illuminate

4 R. Carver, *Blu oltremare*, tr. P. Sica, Tullio Pironti 1994, pp. 224 sgg.

dal sole, di luce propria sembra. È sempre lo stesso senso
del mondo che se ne va, anche se a intervalli.
«Dio mio...». «Perché sospiri?». «Non ho voglia»di andare in ufficio». «Neanch'io».[5]

■ Qui troviamo un ritmo diverso da quello carveriano, più largo e lento. Il linguaggio è leggermente più poetico («grandi passi nebbiosi»), ma appena appena. Se la poesia racconto di Carver impressiona soprattutto per le spezzature del ritmo e per la grande quantità di non detto, in questa di Peregalli ci colpiscono gli effetti di rallentamento e quella sorta di stupore che sembra invadere il «sig. P». Il rallentamento è molto legato alla scelta del verso lungo e senza forti marcature ritmiche (in prosa sarebbe stato più difficile ottenere un simile effetto); lo stupore deriva da alcune immagini vagamente infantili (es. l'insistere su «il grande letto bianco» e «le grandi tende bianche») che in prosa sarebbe stato molto più arduo far passare.

10.2 Poesie istantanee

10.2.1 Vedere l'irripetibile istante: l'haiku

Cominciamo con forma classica e (apparentemente) semplice di poesia, che viene dalla tradizione giapponese: l'haiku. Si tratta d'una specie d'idillio, ossia d'un quadretto agreste "scattato" in un determinato istante del giorno e dell'anno. Ecco un es. (l'autore è Matsuo Basho):

Vecchio stagno
salto e tonfo –
una rana.[6]

Questo è probabilmente l'haiku più noto in tutto il Giappone. Ma che cos'è esattamente un haiku? È una sorta di gesto dimostrativo che fissa, con una specie di «ecco!» sottinteso, una sensazione legata a una certa coloritura (visiva, auditiva, olfattiva) del mondo esterno. Non si fotografa una cosa, ma un'atmosfera: è *questo* e *nient'altro che questo*. Non c'è nessuna intenzione simbolica dietro le scene, evocate dagli haiku. Come se il soggetto rinunciasse a interpretare il mondo e si limitasse a vederlo e indicarlo (al lettore). Il verbo "vedere" va qui inteso in senso forte, come un aprirsi al mondo, un lasciarlo essere, una rinuncia a possederlo. Comporre un haiku è dunque esercitare in massimo grado la propria attenzione verso il mondo. È un buon esercizio in definitiva per tutti coloro che sono fin troppo presi dal proprio mondo interno (sentimenti, passioni, ecc.). Ecco alcuni altri es. dalla tradizione giapponese classica (nell'ordine: di Yasuhara Teishitsu, Natsume Soseki e Yamaguchi Seishi):

«Oh, guarda!».
e null'altro da proferire,
dinanzi ai ciliegi in fiore
del monte Yoshino.

5 In *Poesia degli anni Settanta*, cit., p. 217.
6 Questo, e i seguenti haiku giapponesi, da: *Cento Haiku,* a c. I. Iarocci, Longanesi 1981.

Il sole
cala infuocato
in mare;
calura.

Nel sopore della siesta, odo
battere e ribattere
un chiodo.

Ora qualche es. contemporaneo, e non solo giapponese: il primo è di Kaneko Tota, il secondo di Jack Kerouac, il terzo di Sandro Penna, l'ultimo di Antonio Porta.

La fabbrica che licenzia
vomita acqua nel canale,
acqua dalle nubi d'autunno.

Braccia incrociate
alla luna,
in mezzo alle mucche.[7]

Il mare è tutto azzurro.
Il mare è tutto calmo.
Nel cuore è quasi un urlo
di gioia. E tutto è calmo.[8]

rinchiuso nell'armadio
l'aquilone
vola nella mia mente[9]

■ **1**. Scrisse Basho, un maestro dell'haiku del XVII secolo, che per comporre un haiku occorre «dire semplicemente ciò che accade in quel luogo, in quel preciso momento». E Kerouac aggiunge: «Un haiku deve essere molto semplice e libero da tutti i trucchi poetici e tuttavia essere aereo e aggraziato».
2. Qualche consiglio per fare un buon haiku: *a.* concentrarsi su piccole cose, su dettagli (chiodi, ragni, sassi, fumo, aria, stelle, scarpe, ecc.); *b.* che niente vi sembri triviale, impoetico; *c.* semplificare la sintassi: basteranno una, due, rarissimamente tre frasi nemmeno collegate, ma semplicemente giustapposte: le terrà unite non la sintassi ma l'atmosfera; *d.* non voler dire nulla, limitarsi ad aguzzare lo sguardo e vedere, mostrare quel che c'è lì...; *e.* condensare lo stupore e/o la sorpresa nell'ultimo verso.

10.3 La poesia enumerativa

10.3.1 L'accumulazione

La ricetta è semplice: si tratta di concepire un testo dove si succedano apposizioni che definiscono tutte un unico soggetto. Ecco un es. del francese Michel Leiris:

7 In *Poesia degli ultimi americani*, a c. F. Pivano, Feltrinelli 1995, p. 151.
8 In *Poeti italiani del Novecento*, cit., p. 738.
9 In *Poeti italiani del secondo Novecento*, cit., p. 451.

mia amante,
mia amica,
mia mascotte,
mio totem,
mio talismano,
mia manna,
mia canapa indiana,
mia mia,
mia madre,
mio mormorio,
mia musica,
mia mira,
mia vedetta,
mia terra,
mio rubino,
mio nastro,
mia ribelle,
mia luminosa,
mia radura,
mia schiarita,
mia schiera,
mia metà,
mia unica,
mia immediata,
mia millenaria![10]

■ Osserviamo l'effetto di trascinamento delle parole, che si legano grazie a somiglianze di suono (da «schiarita» a «schiera») o parentele di significato (analogie od opposizioni: «immediata» contrapposto, e sommato, a «millenaria»). Evidentemente bisogna avere un soggetto molto magnetico, capace di attirare un numero tendenzialmente infinito di apposizioni e aggettivi. Inoltre deve provocare in noi sentimenti forti, scatenando la fantasia e la capacità associativa.

10.3.2 Il parossismo

Oltre che una poesia di pure cose (sostantivi) o di puri attributi (aggettivi), possiamo immaginare una poesia fatta di pure azioni. In questo caso, a causa del gran movimento che si creerà, più che di accumulazione parleremo di *parossismo*.

azzannano le mani	chiedono dei figli
si chinano sulle bocche	leccano le dita
iniettano cemento	incidono i tumori
battono sull'accento	li spingono tutti dentro
vuotano gli intestini	scuotono le orecchie
accumulano lenzuola	trascinano per le braccia
aprono la posta	escono in pattuglia
seguono i richiami	calcano la polvere
stringono le buste	infilano le pellicce

10 M. Leiris, *Le ruban au cou d'Olympia*, Gallimard 1981, p. 77.

premono sulle palpebre conservano le lenti
strappano la camicia tagliano i cuscini[11]

■ Questo frammento di Antonio Porta (la poesia intera è lunga diverse pagine) non ci dà un'impressione piacevole. Benché non sia chiaro che cosa stia avvenendo veramente, tuttavia sentiamo che c'è molta violenza in giro. La violenza di alcune frasi si riversa sulle altre, così che perfino «aprire la posta» diventa un'azione inquietante. L'effetto del parossismo è spesso questo: che il contenuto statisticamente più frequente invade tutto il testo, riversandosi anche su quelle parti del testo che, a rigore, ne sono estranee.

Esercizi Elenchiamo su un foglio tutte le azioni che si compiono durante un matrimonio religioso. Proviamo a scriverle come nude azioni, e a esprimerle tutte con frasi sintatticamente e ritmicamente simili: «vestono di bianco / tagliano la torta / scattano le foto / baciano la sposa / riempiono la chiesa / stringono le mani». L'esercizio si può ripetere con profitto per tutte quelle situazioni dove si compiono gesti rituali (dal far la coda all'ufficio postale fino al cenone di fine anno).

10.3.3 La poesia sinonimica

Continuando a giocare sulle enumerazioni, possiamo inventarci una poesia fatta tutta di sinonimi. Basta trovare un oggetto che possa essere chiamato in tanti modi e procedere per accumulazione, naturalmente giocando con il ritmo. Si dice a es. che i Tuareg abbiano più di cento parole per designare la sabbia: secondo l'aspetto, il grado di umidità, la forma impressa dal vento, la percorribilità, il colore, il peso, e così via; noi, in quanti diversi modi ci divertiamo a chiamare i bambini piccoli?

FILASTROCCA DEI NOMIGNOLI

Caro-Caro, Nino-Nino, Cicciobello,
Fantolino, Birichino, Pupo, Mostro,
Piscialletto, Fantolino, Zito, Stella,
Rubacchiotto, Creatura, Mister Moccio;
Mammoletto, Marmocchino, Mutandone,
Tombolino, Culodritto, Ciucciatutto,
Semprimpiedi, Sberluffiotto, Patatone,
Quattrozampe, Succhiadito, Giùdibrutto:
Tanto Caro dal Signore, Mammoletto,
Svegliarino, Marmottino, Nessundorma,
Occhigrandi, Coccolino, Pamperone,
Bibi, Ciccio, Mimmo, Pin, Cavalcaletto:
quanti nomi ha questo bimbo! Sempre aperto
sta il registro dell'anagrafe domestica,
e davvero c'è da chiedersi: ma a questi,
chi gli ha detto di chiamarlo Carlo Alberto?

■ La poesia sinonimica è basata su una sorta di equazione: X (la parola chiave) è uguale a Y, Z, N (i sinonimi). La parola chiave è una specie di *matrioska* che con-

11 In *Poeti italiani del Novecento*, cit., p. 978.

tiene al suo interno mille altre parole. Allo stesso tempo la poesia sinonimica è una specie di inno, poiché il potere linguistico irradiante del termine prescelto corrisponde a un suo oggettivo potere semantico (il bambino è per i genitori la cosa più importante; il gioco di nominarlo in mille maniere ne è una sorta di celebrazione). Infine la poesia sinonimica è una poesia che ha per oggetto il potere munifico ed esaltante del linguaggio: anzi soprattutto il suo potere metaforico, visto che spesso i sinonimi sono metafore. Si potrebbe dire quasi che la poesia sinonimica, più che esaltare l'oggetto di cui parla, esalti la varietà e la ricchezza della nostra lingua. Evidentemente si prestano a un tale trattamento poetico gli oggetti molto carichi sia simbolicamente che affettivamente: non a caso i capolavori del genere sono due sonetti del poeta romano Giuseppe Gioachino Belli, dedicati agli organi genitali maschile e femminile.[12]

Esercizi Pane e companatico del vero poeta sinonimico sono i dizionari (e, in subordine, le enciclopedie): una volta scelta la parola chiave, infatti, bisogna esplorare tutte le risorse della lingua. Consigliamo di frequentare ampiamente i dizionari dei sinonimi: non solo quelli di redazione recente (che di solito si limitano a dare, per ciascuna parola, un nudo elenco di sinonimi e di contrari, senza accennare alle sfumature) ma anche l'ottocentesco, bellissimo e pieno di distinzioni *Dizionario dei sinonimi* di Niccolò Tommaseo, o il curioso *Dizionario delle cose belle* di Paolo Mantegazza (da cercare in biblioteca). Da non disdegnare i dizionari ragionati, che raggruppano le parole per famiglie e affinità di significato; i dizionari tecnici, che possono suggerire metafore impensate; le enciclopedie, che allargano il nostro orizzonte mentale; e soprattutto il vecchio (dei primi del Novecento, ma recentemente ristampato da Zanichelli) *Vocabolario nomenclatore* di Palmiro Premoli: che, tanto per intenderci, dedica alla voce «Bambino» ben sette pagine e mezzo.

10.3.4 La poesia inventario

Leggiamo un frammento da una poesia di Guillaume Apollinaire. S'intitola *Il y a* (che significa in francese tanto «c'è» quanto «ci sono»).

> Ci sono piccoli ponti stupendi
> C'è il mio cuore che batte per te
> C'è una donna triste sulla strada
> C'è un piccolo bel cottage in un giardino
> Ci sono sei soldati che si divertono come matti
> C'è un boschetto delizioso sulla collina[13]

Questa è una poesia inventario nella quale l'elencazione di oggetti, benché libera e disordinata, è ancora motivata dal riferimento a una situazione spaziale e affettiva che possiamo facilmente immaginarci. La prossima poesia, di Jacques Prévert, è invece un *catalogo disordinato*, cioè un inventario di sostantivi non legati da alcun comune denominatore:

12 G. Belli, *Sonetti*, Mondadori 1978.
13 G. Apollinaire, *Poesie d'amore*, tr. C. Rendina, Newton Compton 1991, p. 87.

INVENTARIO

Una pietra
due case
tre ruderi
quattro becchini
un giardino
fiori
un orso lavatore
una dozzina di ostriche un limone un panino
un raggio di sole
un'onda di fondo
sei musicisti
una porta col suo stuoino
un signore decorato con la legion d'onore
un altro orso lavatore
uno scultore che scolpisce Napoleoni
il fiore che vien detto il girasole
due innamorati su un gran letto
un esattore delle tasse una sedia tre tacchini
un ecclesiastico un foruncolo
una vespa
un rene mobile
una scuderia da corsa
un figlio indegno due frati domenicani tre cavallette uno strapuntino
due puttanelle uno zio Cipriano
una Mater dolorosa tre padri bonaccioni due capre di Monsieur Séguin
un tacco Luigi XV
una poltrona Luigi XVI
una credenza Enrico II due credenze Enrico III tre credenze Enrico IV
un cassetto scompagnato
un gomitolo di spago due spille di sicurezza un signore anziano
una Vittoria di Samotracia un contabile due aiuticontabile un uomo di mondo
due chirurghi tre vegetariani
un cannibale [...].[14]

■ Questo è un tipo di poesia che, se praticato regolarmente e con cura, libera definitivamente dai troppo facili automatismi poetici. Sembra facile da fare, ma non è. È difficile saltare veramente di palo in frasca.

1. La poesia di Apollinaire ruota attorno a una situazione e a un luogo, quindi non salta veramente di palo in frasca: ma in ogni caso il miscuglio di immagini che balzano davanti agli occhi, e di ricordi e pensieri, è affascinante.

2. Con Prévert, invece, ogni nuova parola è un nuovo stupore. Ammiriamo i salti da un campo semantico all'altro: «un esattore delle tasse una sedia tre tacchini / un ecclesiastico un foruncolo una vespa / un rene mobile». In realtà, se esaminiamo accuratamente la poesia, troviamo che le parole non sono veramente irrelate: ma tra una parola e la parola che la richiama c'è spesso una grande distanza.

14 J. Prévert, *Poesie*, tr. G.D. Giagni, Guanda 1960, p. 86.

Esercizi Possiamo ispirarci, per esercizio, a una celebre poesia di Corrado Govoni: *Le cose che fanno la domenica*. Eccone un assaggio:

> L'odore caldo del pane che si cuoce dentro il forno.
> Il canto del gallo nel pollaio.
> Il gorgheggio dei canarini alla finestra. [...]
> La biancheria distesa nel prato.
> Il sole sulle soglie.
> La tovaglia nuova nella tavola. [...]
> L'azzurro del cielo sereno.
> Le passeggiate degli amanti.
> Le passeggiate dei malati.
> Lo stormire degli alberi.
> I gatti bianchi contro i vetri.[15]

Alcune delle cose elencate da Govoni oggettivamente "fanno domenica" (es. la tovaglia nuova); altre però, e sono la maggior parte, "fanno domenica" soltanto secondo lui. Quindi, se proviamo a imitarlo, possiamo prenderci molte libertà. Suggerimenti per altre poesie elenco o inventario più o meno disordinate: *Le cose che fanno il giovedì*, *Le cose che fanno pensare al mare*, *Le cose che non ho voglia di pensare*, *Le cose che non costano nulla*, e così via.

10.3.5 Quelli che...

Ecco una lista celeberrima, autore Enzo Jannacci (che però s'è rifatto a Prévert). È un repertorio dei tipi umani più strani che possiamo incontrare in strada, al bar o sul lavoro.

> Quelli che cantano dentro nei dischi perché c'hanno i figli da mantenere... oh yeah
> Quelli che da tre anni fanno un lavoro d'équipe convinti d'esser stati assunti da un'altra ditta... oh yeah
> Quelli che fanno un mestiere come un altro... oh yeah
> Quelli che accendono un cero alla Madonna perché c'hanno il nipote che sta morendo... oh yeah
> Quelli che di mestiere ti spengono il cero... oh yeah
> Quelli che Mussolini è dentro di noi... oh yeah
> Quelli che votano a destra perché hanno paura dei ladri... oh yeah
> Quelli che votano scheda bianca perché hanno paura di sporcare... oh yeah
> Quelli che non si sono mai occupati di politica... oh yeah
> Quelli che vomitano... oh yeah
> Quelli che tengono al Re... oh yeah
> Quelli che tengono al Milan... oh yeah
> Quelli che non tengono il vino... oh yeah
> Quelli che credono che Gesù Bambino sia Babbo Natale da giovane... oh yeah
> Quelli che la notte di Natale scappano con l'amante dopo aver rubato il panettone ai bambini, intesi come figli... oh yeah

15 In *Poeti italiani del Novecento*, cit., p. 14 sgg.

In realtà, non mancano i precedenti, di solito burleschi, a questo genere di poesia. Uno per tutti: un paio di strofe (sono una ventina in tutto) dalla *Girandola dei cervelli*, di Giulio Cesare Croce, conosciuto soprattutto come autore delle avventure di Bertoldo e Bertoldino.

> Varii al mondo son gli umori.
> Chi sta sempre fra i banchetti,
> chi non vede mai un tordo;
> chi vuol sempre i panni netti,
> chi non cura d'esser lordo;
> chi è sagace, chi balordo;
> chi ama il puzzo, chi gli odori.
> Varii al mondo sono gli umori.
> Chi vien debol per la fame,
> chi talor vomita il core;
> chi ha il pensiero a cose infame,
> chi alla gloria, chi all'onore;
> chi sta sempre su l'amore,
> chi non vuol de' suoi favori.
> Varii al mondo son gli umori.[16]

■ **1**. Sia Jannacci sia Croce usano il comodo sistema dell'*anafora* (forse in Jannacci c'è un'allusione al *Vangelo*: «beati quelli che...»). A ogni verso corrisponde un gruppo umano caratterizzato da una specifica convinzione o da un'abitudine, che trasfigurano in ossessioni o una manie. Insomma, queste poesie sono come delle "navi dei folli".
2. Inoltre Jannacci definisce ogni categoria di folli con una frase-emblema, una di quelle frasi memorabili che si possono ascoltare al bar o nello scompartimento d'un treno e che ci fanno dire: «Ok, ho capito che tipo sei».

Esercizi Ora scriveremo la *Poesia della sfiga* (un argomento alla portata di tutti). La frase che funzionerà da leit-motiv sarà: «Quella volta che...», combinata con «...e invece...». Es.: «Quella volta che al bar lei ti guardava con gli occhioni languidi, e invece ti aveva confuso con il proprietario della Yamaha parcheggiata fuori... oh yeah». L'«oh yeah» è facoltativo e può essere sostituito con qualunque altra espressione gergale, tic linguistico, versaccio.

10.3.6 La poesia dei piaceri e dei dispiaceri, ovvero: il *plazer* e l'*enueg*

Le prossime poesie sono liste di piaceri e dispiaceri, di cose che piacciono e di cose che scocciano. La prima è un *enueg* (letteralmente una «noia»), cioè un catalogo delle cose che più infastidivano il Monje de Montaudon (un poeta vissuto tra la fine dell'XI secolo e i primi decenni del XII).

> M'infastidisce molto una lunga astinenza,
> e la carne quand'è mal cotta e dura,
> e un prete che mente e spergiura.
> E m'infastidisce, per San Dalmazio,

16 In *Poesia italiana: il Seicento*, a c. L. Felici, Garzanti 1978, pp. 384-388.

un uomo malvagio a cui van tutte bene,
e correre quando la via è ghiacciata;
e fuggire con un cavallo armato,
e le maledizioni giocando a dadi.
E m'infastidisce, per dio,
mangiare senza fuoco, quando infuria l'inverno,
e vegliare sotto le intemperie,
quando mi arrivano gli odori della taverna.
E m'infastidisce e mi incomoda molto,
quando un lavapiatti mi fa domande;
e m'infastidisce un marito feroce,
quando gli vedo una bella moglie,
e nulla mi promette o mi dona.[17]

Un esempio di *enueg* moderno: Raymond Carver ci elenca le cose che gli fanno paura:

Paura di vedere la macchina della polizia fermarsi davanti casa.
Paura di addormentarsi la notte.
Paura di non addormentarsi.
Paura del ritorno del passato.
Paura del presente che fugge.
Paura del telefono che squilla nel cuore della notte.[18]

■ Basta cambiare la frase-ritornello («mi piace molto» anziché «molto mi dispiace», «che bello» anziché «paura di») per fabbricare una poesia di segno opposto (che allora si chiama *plazer*). Un po' diverse, ma non più che tanto, sono le poesie nelle quali si augura a qualcuno o a se stessi di avere in sorte cose belle e felici, o semplicemente si compongono quadretti gradevoli per godere di contemplarlo. Folgore da San Gimignano scrisse un sonetto edonistico per ciascun mese dell'anno, augurando ai suoi amici ogni sorta di piacevolezza:

Di giugno dovvi una montagnetta
coverta di bellissimi arboscelli,
con trenta ville e dodici castelli,
che sian entorno ad una cittadetta,
ch'abbia nel mezzo una soa fontanetta:
e faccia mille rami e fiumicelli,
ferendo per giardin e praticelli
e rinfrescando la menuta erbetta.
Aranci e cedri, dàttili e lumie
e tutte l'altre frutte savorose
empergolate siano per le vie;
e le gente vi sian tutte amorose
e faccianvisi tante cortesie,
ch'a tutto il mondo siano graziose.[19]

17 In *Los trobadores*, a c. M. de Riqueur, Editorial Planeta 1975, pp. 1028 sgg.
18 R. Carver, *Racconti in forma di poesia*, tr. R. Duranti, Minimum Fax 1999, p. 27.
19 In *Antologia della poesia italiana dalle origini al Trecento*, a c. A. Giuliani, Feltrinelli 1975, v. I, pp. 316 sgg.

Concludiamo con un *plazer* moderno, scritto da Bertolt Brecht. È semplicissimo, consistendo nel nudo elenco delle cose belle:

> La prima occhiata dalla finestra al mattino
> il vecchio libro ritrovato
> visi entusiasti
> neve, il mutamento delle stagioni
> il giornale
> il cane
> la dialettica
> docce, nuotare
> vecchia musica
> scarpe comode
> comprendere
> nuova musica
> scrivere, piantare
> viaggiare, cantare
> esser cortesi.[20]

■ La poesia dei piaceri e dei dispiaceri funziona se, e solo se, l'elenco di cose gradite o ingrate riesce a far intuire al lettore una sorta di filosofia di vita. Perciò bisogna non soffermarsi sui piaceri che sono tali per tutti (mangiar bene, riposare, fare sesso, ecc.), ma andare a caccia di quei piaceri (o dispiaceri) che sono particolari e solo nostri.

10.3.7 La poesia passeggiata

Un giorno il poeta Aldo Palazzeschi uscì per fare una passeggiata per le vie della città. Si guardò intorno e si lasciò impressionare e quasi invadere dai molti annunci, manifesti, insegne e slogan che stavano un po' dappertutto. Al ritorno scrisse una poesia.

> «Andiamo?».
> «Andiamo pure».
>
> All'arte del ricamo,
> fabbrica di passamanerie,
> ordinazioni, forniture.
> Sorelle Purtarè
> Alla città di Parigi.
> *Modes, nouveauté*
> Benedetto Paradiso
> successore di Michele Salvato,
> gabinetto fondato nell'anno 1843
> Avviso importante alle signore!
> La beltà del viso,
> seno d'avorio
> pelle di velluto.
> Grandi tumulti a Montecitorio.

20 B. Brecht, *Poesie e canzoni*, tr. R. Leisner e F. Fortini, Einaudi 1975, p. 220.

Il presidente pronunciò fiere parole,
tumulto a sinistra, tumulto a destra.
Il gran Sultano di Turchia aspetta.
La pasticca del Re Sole.
Si getta dalla finestra per amore.
Insuperabile sapone alla violetta.
Orologeria di precisione
93
Lotteria del milione.
Antica trattoria 'La pace',
con giardino,
fiaschetteria,
mescita di vino.
Loffredo e Rondinella
primaria casa di stoffe,
panni, lana e flanella.
Oggetti d'arte,
quadri, antichità,
26
26 A.
Corso Napoleone Bonaparte.
Cartoleria del progresso.
Si cercano abili lavoranti sarte.
Anemia!
Fallimento!
Grande liquidazione!
Ribassi del 90%
libero ingresso.
Hotel Risorgimento
e d'Ungheria.
Lastrucci e Garfagnoni,
impianti moderni di riscaldamento:
caloriferi, termosifoni. [...]

«Torniamo indietro?».
«Torniamo pure».[21]

■ **1**. Per scrivere poesie così dobbiamo lasciarci invadere dal mondo esterno (stimoli visivi, sonori, olfattivi, ecc.) e usare la tecnica del *collage*, consistente nell'affiancare un oggetto all'altro senza preoccuparci troppo delle connessioni e dell'insieme.
2. Tuttavia l'autore non perde il suo ruolo. Bisogna raccogliere, selezionare, montare. Il materiale va ordinato secondo un qualche ordine, se si vuol evitare un risultato piatto e informe. Questo ordine è soprattutto ritmico: quindi conteranno: *a.* eventuali rime e assonanze (meglio se sembreranno casuali, es. perché cadono dentro il verso anziché alla fine); *b.* alternarsi di versi lunghi e brevi, con occasionali versi regolari; *c.* veloce alternarsi di cose diverse («Si getta dalla finestra per amore. / Insuperabile sapone alla violetta»); *d.* veloce alternarsi di espressioni banali e di espressioni curiose; *e.* giochi grafici (numeri, simboli matematici, punteggiatura azzardata, caratteri di stampa particolari).

21 In *Poeti italiani del Novecento*, cit., pp. 65-68.

Esercizi 1. Munisciti d'un taccuino e fa' un giro per la città. Prendi nota di slogan, titoli, annunci pubblicitari, graffiti, ecc. Torna a casa, seleziona il materiale, e fa il montaggio imitando pari pari Palazzeschi. Poi, quando avrai fatto la mano alla cosa, va' in salotto, accendi la televisione (o la radio), cambia spesso canale e annota frasi raccolte al volo (comincia con: «Accendiamo? / Accendiamo pure»).
2. Fatti un altro giro per la città e trascrivi sul taccuino tutti gli stimoli sonori (i rumori sotto forma di onomatopea). Es. «brumbbrumbbrubbmbrumbbrru (rumore dell'autobus mentre aspetta al semaforo)». Molti musicisti fanno musica campionando suoni naturali, urbani o industriali: perché non imitarli? Registriamo una passeggiata tra i rumori-suoni-parole della radio, della città, della televisione. Possiamo lasciarli così come stanno o (è questione di attrezzatura) selezionarli o montarli.[22]

10.3.8 La poesia eco

Non c'è molta differenza tra la *Passeggiata* di Palazzeschi e questa poesia di Apollinaire, costruita con un "montaggio" di chiacchiere raccolte all'osteria. La definiamo *poesia eco* perché il poeta si limita a "fare eco" a ciò che sente dire.

LUNEDÌ VIA CRISTINA

La madre della portinaia e la portinaia farebbero finta di niente
Se sei un uomo stasera verrai con me
Basterebbe che uno facesse da palo al portone
Mentre quell'altro sale
Tre becchi a gas accesi

La padrona è tisica
Quando avrai finito ci faremo una partita a tric-trac
Un direttore d'orchestra col mal di gola
Quando verrai a Tunisi ti farò fumare del kief
Pare che faccia anche rima

Pile di piattini dei fiori un calendario
Pim pam pim
Devo quasi 300 fottuti franchi alla mia prosdocima
Piuttosto che darglieli preferirei tagliarmelo

Partirò alle 20 e 27
Sei specchi si fissano continuamente
Credo che stiamo cacciandoci in un grosso pasticcio
Caro signore
Siete un dritto del cavolo
Quella signora ha il naso come un verme solitario
Luisa ha dimenticato la pelliccia
Io non ho pelliccia e non ho freddo
Il Danese si fuma una sigaretta consultando l'orario
Il gatto nero attraversa la birreria
Queste crêpes erano squisite
La fontanella sgocciola

22 Da ascoltare per farsi un'idea: A. Curran, *Songs and Views of the Magnetic Garden*, cd Catalyst; J. Cage, *Roaratorio*, cd Wergo; S. Reich, *City Life*, cd Nonesuch.

Vestito nero come le unghie
È completamente impossibile
Ecco signore
L'anello di malachite[23]

■ Come dicevamo, il meccanismo è simile a quello adoperato da Palazzeschi: anche questa infatti è una poesia-collage. Apollinaire è partito sì trascrivendo una conversazione di senso abbastanza compiuto (sembra che si tratti di ladri che stanno organizzando un colpo...) ma poi si è limitato a buttar giù pezzi di discorso tolti dal loro contesto e giustapposti l'uno all'altro. Per accentuare l'effetto di compresenza delle varie voci, ha abolito la punteggiatura. Anche in questo caso l'abilità del poeta è consistita nel saper organizzare in una struttura ritmica serrata un materiale in partenza così grezzo e anti-poetico.

Esercizi Una poesia eco ha bisogno di un luogo pieno di gente. Apollinaire ha scelto il bar, niente ci impedisce di scegliere un corridoio di scuola durante la ricreazione, un funerale, un treno pienissimo, una lunga coda all'Inps. Assimilando le e-mail a una conversazione, potremmo anche divertirci a ritagliare e incollare frasi da post di qualche newsgroup un po' strambo (es. i vari .fan.).

10.3.9 La poesia reportage o poesia statistica

Per spiegare meglio cos'è la poesia statistica diamo la parola al suo inventore, il poeta tedesco Gottfried Benn, che in una lettera a un amico scrisse così: «Esse devono dire, in mezzo ad altre comprovate forme liriche: anche questa è poesia, principalmente questa è oggi poesia, solo così è autentica. [...] Nei romanzieri americani (per esempio Dos Passos) lei può trovare qualcosa di simile: improvvisamente appare nel testo una biografia, del tutto autonoma, solo come curva, come un intreccio di linee fatte a caso. La si potrebbe definire persino una *poesia statistica*».[24] Ecco per esempio come Benn mette in versi la biografia del musicista Chopin:

Conversatore avaro,
le opinioni non erano il suo forte,
le opinioni non vanno mai al sodo,
s'agitava quando Delacroix
illustrava teorie, quanto a lui non avrebbe
saputo spiegare i suoi notturni.

Debole amante;
un'ombra a Nohant
dove i figli di Georges Sand
rifiutavano i suoi
consigli pedagogici.

Fisico in quella forma,
con emottìsi e cicatrizzazioni,
che tira in lungo;
morte tranquilla

23 G. Apollinaire, *Alcool. Calligrammi*, tr. L. Frezza, Mondadori 1990, pp. 261 sgg.
24 G. Benn, *Poesie statiche*, tr. G. Baioni, Einaudi 1972, p. 128.

a differenza d'una
con spasmi e parossismi
o per salva di colpi:
spinsero il piano (Erard) vicino la porta
e Delphine Potocka
gli cantò nell'ora estrema
il Lied di una violetta.

Andò in Inghilterra con tre pianoforti:
Pleyel, Erard, Broadwood,
la sera suonò per venti ghinee, un quarto d'ora,
dai Rotschild, dai Wellington, a Strafford House
e davanti a innumerevoli Ordini della Giarrettiera; [...]
alla fine disse:
«Le mie opere sono compiute nella misura di ciò che mi era dato raggiungere».

Ogni dito doveva suonare
secondo la propria conformazione,
il più debole è il quarto
(solo un fratello siamese del medio).
Quando attaccava, posavano sul
mi, fa diesis, sol diesis, si, do.

Chi di lui mai sentì
certi preludi,
sia in ville che in alte
valli sui monti oppure
da porte spalancate su terrazze
per esempio in un sanatorio,
difficilmente potrà dimenticarlo.[25]

■ Benn ha intrecciato le linee casuali di una biografia (potremmo parlare di *biografemi*) disegnando appunto una curva statistica. Non ha selezionato gli episodi più significativi. Si tratta di un tipo di poesia basata sull'*understatement*, sul dire poco, anzi meno. Per costruire una poesia così spesso Benn si aiutava con dizionari, enciclopedie, riviste da cui traeva vari fatterelli che poi montava. La sintassi è fortemente nominale, a imitazione d'uno stile giornalistico, telegrafico. Presenza di nomi propri che danno uno specifico colore d'epoca. La grandezza di Chopin salta fuori per contrasto con l'insignificanza della sua vita esteriore (come amante era debole, come pedagogo era una frana, ecc.). Solo alla fine Benn si concede un picco lirico che sposta improvvisamente l'attenzione fuori dal soggetto biografico, alla sua musica, a tutti coloro che nel tempo a venire l'ascolteranno.

Esercizi Prendi un argomento che ti sta a cuore: una battaglia, una rivoluzione, uno scrittore, uno scienziato, ecc. e fanne un reportage poetico lavorando con una buona enciclopedia da cui trarrai le "linee confuse" di un certo sviluppo, fino a trarne una curva statistica che restituisca il profumo, l'importanza di quell'evento o di quel personaggio.

25 *Ivi*, pp. 9-11.

10.4 Forme fondamentali di atteggiamento poetico

In questa sezione del *Ricettario* tentiamo una ricognizione limitata, ma a suo modo rigorosa, delle forme poetiche primarie, e cioè di quelle attitudini espressive e cognitive che la persona può assumere davanti al mondo e che spingono a produrre poesia. Osserveremo insomma i gesti linguistici fondamentali che stanno alla base d'un atteggiamento poetico. Ci rendiamo conto che il nostro catalogo non è esaustivo, però pensiamo che non sia allargabile all'infinito. Crediamo che si possa disegnare una specie di atlante delle forme poetiche primarie e che questo nostro primo approccio potrà aiutare i geografi che vorranno e sapranno disegnarlo nella sua interezza.

10.4.1 La poesia definizione

Primo gesto poetico fondamentale è il tentar di dire una cosa che non si può dire. La *poesia definizione* cerca di ritrarre uno di quegli oggetti (mentali o fisici) che sfidano le nostre abitudini mentali consolidate, nonché le definizioni del vocabolario, e che proprio perciò ci inducono ad affrontarli in altro modo: attraverso una serie di definizioni poetiche che ne afferrino l'essenza misteriosa e ineffabile. Ecco come Prévert definisce l'amore:

> Questo amore
> Così violento
> Così fragile
> Così tenero
> Così disperato
> Questo amore
> Bello come il giorno
> E cattivo come il tempo
> Quando il tempo è cattivo
> Questo amore così vero
> Questo amore così bello
> Così felice
> Così gaio
> E così beffardo
> Tremante di paura come un bambino al buio
> E così sicuro di sé
> Come un uomo tranquillo nel cuore della notte
> Questo amore che impauriva gli altri
> Che li faceva parlare
> Che li faceva impallidire [...]
> Questo amore tutto intero
> E tutto soleggiato
> È tuo
> È mio
> È stato quel che è stato
> Questa cosa sempre nuova
> E che non è mai cambiata
> Vera come una pianta
> Tremante come un uccello
> Calda e viva come l'estate [...]

Sì io gli grido
Per te per me per tutti gli altri
Che non conosco
Fermati là
Là dove sei
Là dove sei stato altre volte
Fermati
Non muoverti
Non andartene[26]

■ Prévert usa le approssimazioni successive. Abbiamo di fronte un oggetto che non può essere definito con una formula, eppure stimola il nostro immaginario. Così accumuliamo definizioni parziali o sbagliate, gesti, somiglianze, ricordi personali, paradossi, cose che abbiamo sentito dire, micronarrazioni, frasi contraddittorie, esagerazioni e così via. Una specie di cascata poetica. Alcune tipologie: *a.* serie di aggettivi usati ossimoricamente («così violento... così tenero») quasi a testimoniare la natura sfuggente dell'oggetto prescelto; *b.* serie di metafore e comparazioni con realtà anche molto diverse e apparentemente inconfrontabili; *c.* serie di esempi di comportamenti o situazioni evocati dalla parola-stimolo; *d.* serie di apostrofi dirette all'oggetto e di relative esortazioni («fermati là / là dove sei»).

10.4.2 La poesia preghiera

Altro gesto poetico fondamentale è la *preghiera*. Per noi occidentali il modello dei modelli è, ovviamente, contenuto nella *Bibbia*.

PREGHIERA DEL PERSEGUITATO

Liberami dai miei nemici, mio Dio,
mettimi in salvo dai miei avversari.
Liberami da coloro che operano il male,
salvami dagli uomini sanguinari.
Perché, ecco, tendono agguati alla mia vita,
si accordano contro di me i prepotenti,
senza mia colpa, senza mio delitto, O Signore,
senza mia offesa accorrono e si appostano.
Levati in mio soccorso e guarda,
tu, o Signore delle schiere, Dio d'Israele.
Sorgi a punire quelle genti,
non avere pietà di tutti quegli empi traditori.[27]

Ma si possono rivolgere preghiere anche a entità diverse dall'essere perfettissimo. Charles Baudelaire, che non aveva mai paura di strafare, ha rivolto una lunga litania addirittura a Satana. Eccone l'inizio.

O tu, di tutti gli Angeli il più bello e sapiente,
Dio privato di lodi, tradito dalla sorte,

26 J. Prévert, *Poesie*, cit., pp. 145 sgg.
27 *Salmi*, 59, vv. 2-6.

O Satana, pietà del mio lungo soffrire!
Principe dell'esilio, cui hanno fatto torto
e che ti risollevi, vinto, sempre più forte,
O Satana, pietà del mio lungo soffrire![28]

La poesia preghiera d'oggi è raramente una poesia pacificata, nella quale il credente si affida a dio; più spesso è una poesia drammatica, tesa, nella quale viene tematizzata la difficoltà di credere tipica della nostra età del dubbio. Un es. di Giovanni Testori.

Se Ti chiedessi
di stringerti a me,
d'aprire la bocca
incrostata di sangue;
se Ti chiamassi
come si chiama un amante,
resteresti,
fuggiresti da me?

Rispondi.
Non è una diffida.
È l'ultimo dado da trarre,
è l'ultima sfida.[29]

■ **1**. Per scrivere una preghiera è necessario sentirsi (o immaginarsi d'essere) in una condizione di mancanza, vuoto, attesa o pena, e credere (o fingere di credere, o sperare di riuscire un giorno a credere) che un potere superiore possa toglierci da questa condizione.
2. Una preghiera si compone di diverse parti: *a.* all'inizio si invoca il potere superiore; lo si nomina con rispetto, lodandolo e affermando la propria fede, oppure dichiarandosi pentiti delle infedeltà passate; *b.* poi si descrive la presente condizione di mancanza; *c.* poi c'è una parte forse un po' ricattatoria nella quale si raffronta la grandezza del potere superiore con la nostra piccolezza: «Poiché tu sei giusto e potente non puoi commettere l'ingiustizia di lasciarmi in questa condizione»; *d.* c'è la richiesta esplicita di liberazione, accompagnata da abbondanti ringraziamenti preventivi.
3. Una variante della poesia preghiera è la *poesia protesta*, dove l'uomo alza il suo grido di protesta contro il Dio che tace (è il caso di Testori, ma anche di Giobbe), che l'ha abbandonato, che non si manifesta.
4. Molte poesie d'amore sono pure e semplici invocazioni a un essere superiore e pressoché divino da cui facciamo dipendere la nostra felicità.

Esercizi Proponiamo delle preghiere un po' giocose. Rivolgiti al dio della scalogna perché ti liberi da un amico scocciatore, al dio dell'amore perché faccia innamorare *d'un altro* una tipa che ti perseguita, al dio del Lotto perché ti faccia vincere cinquanta milioni...

---

28 Ch. Baudelaire, *I fiori del male*, tr. L. De Nardis, Feltrinelli 1987, pp. 239 sgg.
29 In *Poesia degli anni Settanta*, cit., p. 251.

10.4.3 La poesia esortazione

Altro gesto poetico fondamentale è l'*esortazione*, l'ingiunzione definitiva, il comando, la regola di vita e di saggezza da seguire. C'è nella poesia una specie di vocazione all'ultimatività (cioè una tendenza a dare *ultimatum*) che ben si sposa con questi atteggiamenti imperativi. Naturalmente nella *Bibbia* troviamo molta poesia esortativa, in particolare nel libro dei *Proverbi* («non spostare i confini antichi / e non invadere il campo degli orfani», ecc.); preferiamo però dare degli es. moderni. Brecht ha programmaticamente voluto essere un poeta didattico e la forma dell'esortazione gli si addice benissimo. Ecco la sua poesia *Contro la seduzione*:

> Non vi fate sedurre:
> non esiste ritorno.
> Il giorno sta alle porte,
> già è qui vento di notte.
> Altro mattino non verrà.
> Non vi lasciate illudere
> che è poco, la vita.
> Bevetela a gran sorsi,
> non vi sarà bastata
> quando dovrete perderla.
> Non vi date conforto:
> vi resta poco tempo.
> Chi è disfatto, marcisca.
> La vita è la più grande:
> nulla sarà più vostro.
> Non vi fate sedurre
> da schiavitù e da piaghe.
> Che cosa vi può ancora spaventare?
> Morite con tutte le bestie
> e non c'è niente, dopo.[30]

Un paio di es. meno impegnativi, e forse più pratici. Il primo è una *serenata* di R. Reinick (musicata da Wolf e Schumann), ossia un'esortazione del poeta all'amata perché anch'essa lo ami, e lo manifesti affacciandosi al balcone.

> Vieni nella notte silente,
> amore, perché indugi?
> Già da tempo il sole si è coricato,
> e il mondo ha chiuso gli occhi.
> Ora soltanto l'amore è desto.
> Amore, perché indugi? [...]
> Solo l'amore è desto,
> ti chiama da ogni dove,
> ascolta l'usignolo,
> ascolta il suono della mia voce,
> oh amore, vieni nella notte quieta.[31]

30 B. Brecht, *Poesie e canzoni*, cit., p. 3.
31 Citato in *Lieder*, a c. V. Massarotti Piazza, tr. C. Snider, Garzanti 1982, p. 250.

■ Nell'esortazione il poeta si propone come legislatore ed esprime concetti (o immagini-concetto) che pretendono validità universale. Anche nella serenata, non dice: «Bella mia vieni qui che ho tanta voglia di te», ma dice: «L'amore ti chiama da ogni dove». Ogni esortazione presuppone una sorta di ideologia (o sapienza o religione, ecc.) che confermi la validità di ciò che essa dice. Gli ordini contenuti in un'esortazione ben riuscita sono originali, nuovi, e contemporaneamente universali (altrimenti risulterebbero arbitrari); non sono ammessi (se non per parodia) consigli troppo dettagliati e tecnici. Infine: si possono comporre poesie di *esortazione a se stessi*, come questa di Franco Fortini:

> Alzati, parla.
> Parla dell'amore che bisogna spezzare e mangiare.
> Comanda che tempo non c'è, che per sempre
> tutto se non si vince ritornerà. [...]
> Tenta di persuadere. Pretendi. Interroga.[32]

10.4.4 La poesia che moltiplica l'Io

Altro gesto poetico fondamentale è l'*identificazione proiettiva*. Ossia: nello spazio-tempo della poesia, e al solo scopo d'intensificare le nostre emozioni e sensazioni, noi possiamo diventare *altro* da quello che siamo (astronauti, scienziati, ladri, puttane, ecc.), indossare mille altri "Io" e vivere mille vite parallele, provare sulla nostra pelle emozioni che altri uomini, in altri tempi e in altri luoghi, hanno vissute. Uno specialista in questo genere di trasformismi poetici era l'americano Walt Whitman. La sua poesia comincia proprio nel momento in cui il poeta scappa dalla gabbia dell'Io:

> Oh, la gioia del mio spirito – dalla gabbia è fuggito – e come un fulmine
> guizza!
> Non basta più avere il globo intero e una certa estensione di tempo,
> Voglio migliaia di globi, e tempo infinito.
>
> Oh, la gioia del macchinista! correre con la locomotiva!
> Udir il sibilo del vapore, l'allegro fragore, il fischio, la locomotiva che ride!
> Con irresistibile forza fuggire veloci lontano. [...]
>
> La gioia del pompiere!
> Udir l'allarme nel cuore della notte,
> La squilla, i gridi! Fendo la folla, volo!
> La vista delle fiamme mi fa impazzire di gioia.
>
> Oh, la gioia del lottatore muscoloso che torreggia nell'arena, in forma perfetta,
> conscio della sua forza,
> ha sete di misurarsi con il suo avversario. [...]
>
> Oh, esser stato allevato presso baie, lagune, ruscelli, o lungo la costa,
> E vivere là, spendervi la vita intera. [...]
> Avanzo col mio rastrello e la vanga, vengo con la mia mazzacchera,

32 F. Fortini, *Poesie scelte*, Mondadori 1974, p. 160.

È bassa marea? Mi unisco al gruppo di raccoglitori di vongole sulle distese
 di sabbia,
Rido e lavoro con essi, scherzo nel mio lavoro come un giovane ardente. [...]
Oh gioia della matura femminilità! Felicità, finalmente!
Ho più di ottant'anni, sono la più venerabile delle madri,
Quanto limpida è la mia mente – come tutti si sentono attratti verso me! [...]

In verità esser Dio![33]

■ Rilassatevi e dimenticate, almeno per un po', chi siete e come vi chiamate. D'ora in poi non sarete più voi stessi ma assumerete altre identità. Scegliete identità forti, vivete emozioni forti: siate banditi, assassini, puttane, astronauti, generali, minatori, miliardari, ecc. Per ognuna di queste identità concedetevi il piacere di vivere alcuni momenti drammatici (usate allora il presente indicativo a rafforzare il senso dell'avvenuta identificazione); sentite sulla vostra pelle l'impatto di queste realtà e sintetizzate questo vissuto con poche battute e immagini incisive (la poesia è sempre molto concreta: cose, azioni). Poi passate all'altra vita che ancora vi resta da vivere e così via...

10.4.5 La poesia autobiografia

Altro gesto poetico fondamentale è il *ricordo*. Si tratta ancora d'una sorta di moltiplicazione dell'io; solo che i tanti "io" messi in scena non sono immaginari: sono gli "io" che siamo stati in diversi momenti della nostra vita, quegli "io" che continuiamo a essere da qualche parte dentro di noi. Da *Zona*, di Apollinaire:

Ecco la giovane strada e tu non sei che un bambinetto
Tua madre non ti veste che di bianco e d'azzurro
Sei molto pio e tu e René Dalize che è il più vecchio dei tuoi compagni
Non amate niente come le pompe della Chiesa. [...]
Adesso cammini per Parigi nella folla sei solo
Mandrie di autobus mugghianti ti scorrono vicino
L'angoscia dell'amore ti fa un nodo alla gola
Come se nessuno dovesse mai amarti. [...]
Adesso sei sulla riva del Mediterraneo
Sotto gli alberi di limone fioriti tutto l'anno
Vai in giro in barca con gli amici
Uno è di Nizza uno di Mentone e due della Tourbie
Insieme guardiamo con terrore i polipi degli abissi. [...]
Sei nel giardino di una locanda nei dintorni di Praga
Ti senti completamente felice c'è una rosa sul tavolo. [...]
Eccoti in mezzo ai cocomeri a Marsiglia

Eccoti a Coblenza nell'albergo del Gigante

Eccoti a Roma seduto sotto un nespolo del Giappone

Eccoti a Amsterdam con una ragazza che trovi bella e non lo è [...]

Sei a Parigi nell'ufficio d'istruzione penale
Ti arresteranno come se fossi un criminale [...]

33 W. Whitman, *Foglie d'erba*, cit., pp. 225-232.

Sei in piedi davanti l banco di un bar innominabile
E prendi un caffè da due soldi in mezzo agli infelici

È notte e sei in un grande ristorante [...]

Sei solo è quasi mattino
I lattai fanno rintoccare i loro bidoni nelle strade
La notte s'allontana come una bella meticcia[34]

■ In *Zona* Apollinaire sceglie una modalità visiva: guarda se stesso com'era in altri momenti della vita. Non si racconta: *si vede*, si guarda, si mostra (a noi). Il poemetto sembra una sceneggiatura cinematografica. L'ordine delle scene è casuale solo in apparenza: manca un ordine cronologico ma c'è un ordine interiore, legato al funzionamento incontrollato e involontario della memoria. Proprio per la precisione del dettaglio, improvvisamente sbucato dalla memoria, queste "istantanee" s'impongono a noi lettori come verità fulminee: io sono stato *quello*. Notiamo che Apollinaire: per dare il senso di simultaneità tra *ora* e *allora* usa sempre l'indicativo presente, per rendere più visiva l'immagine-ricordo usa il pronome di seconda persona («sei solo è quasi mattino»), come se l'"io" si *vedesse* come un "tu", come un altro).

10.4.6 La poesia simultanea

Altro gesto poetico fondamentale è il *potenziamento* del nostro misero Io. In poesia infatti noi possiamo dotarci di superpoteri, possiamo vedere udire toccare paesaggi, persone, oggetti lontani e irraggiungibili. Whitman attraversa a volo d'uccello i suoi amati Stati Uniti d'America:

Odo la marcia degli eserciti, l'altolà della sentinella,
Odo gli urli giubilanti di milioni di uomini, odo la Libertà!
Odo i tamburi che battono, le trombe che squillano,
E io stesso prendo il largo, rapido alzandomi e poi volando,
Uso le ali dell'uccello di terra e le ali dell'uccello marino, e guardo in giù come
da un'altura,
E non nego i preziosi risultati della pace, scorgo popolose città con ricchezze
incalcolabili,
Vedo innumeri fattorie, vedo i contadini che lavorano nei campi, nelle stalle
Vedo operai al lavoro, scorgo edifici fondati dovunque, che vengono costruiti
o sono già finiti,
Vedo traini di carri che rapidi s'avviano lungo i binari, trascinati da locomotive,
Vedo i negozi e i magazzini di Boston, Baltimora, Charleston, New Orleans,
Vedo lontano nell'Occidente l'immensa marea del grano, sopra vi plano un
istante. [...]
Vedo fortezze sulle rive dei porti, vedo navi che salpano e attraccano.[35]

Esercizi «Fate tre respiri profondi e permettete al vostro corpo di rilassarsi... Immaginate di trovarvi su un tappeto magico posto al centro della vostra camera... Convincetevi che il tappeto tra poco si alzerà in cielo e che il vostro sarà un

34 Apollinaire, *Alcool*, cit., pp. 5-13.
35 W. Whitman, *Foglie d'erba*, cit., p. 369.

viaggio sicuro... Non appena siete più rilassati, cominciate a sentirvi più leggeri e il tappeto magico inizia a sollevarsi in aria... Siete consapevoli delle sensazioni del vostro corpo mentre il tappeto comincia a muoversi... Il tappeto fluttua attraverso la finestra e dolcemente va incontro alla notte scura... Lasciate che il corpo si metta seduto per osservare le stelle luminose nel buio del cielo notturno... Percepite l'infinito dell'universo che palpita intorno a voi... Mentre viaggiate nella notte, il sole comincia a spuntare dall'orizzonte e riuscite a distinguere il paesaggio sottostante... Guardate giù e osservate i luoghi che scorrono sotto di voi... Lasciate che sia il tappeto a scegliere la direzione».[36]

10.4.7 La poesia desiderio

Altro gesto poetico fondamentale è la realizzazione, benché solo a parole, di tutti i desideri (anche i più cattivi e vergognosi) per mezzo dell'immaginazione senza freni. Cecco Angiolieri ha inventato una formula magica che ci permette di realizzare pressoché tutto: *se io fossi...*

> S'i' fossi fuoco, arderei 'l mondo;
> s'i' fossi vento, lo tempestarei;
> s'i' fosse acqua, i'l'annegherei;
> s'i' fosse Dio, mandereil' en profondo;
> s'i' fosse papa, allor serei giocondo,
> ché tutti cristiani imbrigarei;
> s'i' fosse 'mperator, ben lo farei:
> a tutti taglierei lo capo a tondo.
> S'i' fosse morte, andarei da mi' padre;
> s'i' fosse vita, non starei con lui:
> e similmente faria da mi' madre.
> S'i' fosse Cecco, com'i' sono e fui,
> torrei le donne giovani e leggiadre:
> le zope e vecchie lasserei altrui.

■ **1**. Servendosi del sonetto di Cecco, Kenneth Koch ha stimolato i bambini e i ragazzi a improvvisarsi poeti: «Cominciai col leggere a alta voce il sonetto di Cecco, poi spiegai ai bambini cosa volevo che scrivessero. "Siete onnipotenti", dissi, "e potete fare tutto quello che volete. Potete cambiare il mondo. Come Cecco, potete bruciare, possedere, uccidere: tutto quello che volete"».[37]
2. La formula base della poesia desiderio può anche essere diversa, es. «Vorrei che tu fossi mia sorella per amarti incestuosamente / Vorrei che tu fossi stata mia cugina perché ci fossimo amati giovanissimi / Vorrei che tu fossi il mio cavallo per cavalcarti a lungo a lungo» (Apollinaire).[38]

10.4.8 La poesia esorcismo

Altro gesto poetico fondamentale è l'*esorcismo*. Ognuno di noi a volte pensa con terrore a cosa sarebbe la sua vita se mancasse qualcosa o qualcuno che gli è

36 E. Hall, C. Hall, A. Leech, *Apprendere la fantasia*, tr. P. Tramarin e M. Belli, Erickson 1993, pp. 67 sgg.
37 K. Koch, *Sogni Desideri Bugie*, cit., p. 122.
38 G. Apollinaire, *Poesie d'amore*, cit., p. 115.

essenziale. Il cubano René Depestre mette in scena proprio questa paura: la sua poesia perciò è un vero e proprio *esorcismo*, un'operazione magica che ha lo scopo di evocare una situazione indesiderata per poi respingerla.

> Come piangerebbero gli angeli
> Se la donna non esistesse
> Come avrebbero freddo gli alberi
> Come avrebbe paura della mano dell'uomo
> Il pane di primo mattino
> Ed il mare delle proprie onde
> Se la donna non esistesse
> Come sarebbero soli i camini
> Come piangerebbero gli angeli
> Nelle notti di pioggia
> Come invecchierebbero presto gli dèi
> Se la donna non esistesse
> Il cielo sarebbe sempre corrucciato
> Le api non avrebbero scoperto
> Il miele né l'uomo l'aratro
> Né l'Indio la sua America
> Né il cuore la poesia
> Né le rondini la primavera[39]

■ **1**. Una poesia esorcismo dice due cose: *a.* quanto male staremmo (o starebbe la persona di cui parliamo) se mancasse X; *b.* (indirettamente) quanto X è bello e buono e importante per la nostra vita (o della persona di cui parliamo). Quindi una poesia esorcismo è sempre, magari indirettamente, una poesia lauda (della quale parliamo subito qui sotto).
2. Quanto più realisticamente raffiguriamo ciò che temiamo, tanto più l'esorcismo funziona: provare per credere.
3. Senza molta fatica possiamo voltare la poesia esorcismo in poesia maledizione: quanto bene staremmo se mancasse X...

Esercizi **1**. Esercitiamoci con qualche formula base: «Se non ci fosse», «Se non incontrassi mai», «Se mi dicesse di no», «Se non riuscissi a trovare», e così via. Scegliere gli oggetti a piacere (persona amata, chiavi di casa, una pistola per suicidarsi, ecc.).
2. Immaginiamo un personaggio automaticamente associato a un oggetto (o a un avvenimento), e togliamo l'oggetto (o l'avvenimento). «Che ne sarebbe di Linus se perdesse la coperta?», «Che ne sarebbe della psichiatria se nessuno più si credesse Napoleone?».
3. Immaginiamo direttamente una gradevole sparizione, come se fosse già avvenuta: «È morto il prof! / Ieri il suo cuor / ha fatto plof! / E noi allor...».

10.4.9 La poesia lauda

Scriveva San Francesco nel *Cantico delle creature*:

39 R. Depestre, *Poeta a Cuba*, tr. U. Salati, Accademia 1973, p. 75.

Laudato si', mi' Signore, per sora luna e le stelle, per frate vento
et per aere et nubilo et sereno et onne tempo, [...]
per frate focu,
per lo quale enallumini la nocte:
et ello è bello
et iocundo et robustoso et forte...
Laudato si', mi' Signore,
per sora nostra morte corporale
da la quale nullo homo vivente po' skappare.

Il gesto fondamentale (religioso, ma anche poetico) di Francesco è l'accettazione e benedizione di tutte le cose che comunque esistono, buone o cattive che siano. Anche la morte va benedetta, poiché come tutte le cose viene da Dio. Molto più ambigua, e comunque legata a un sentimento d'amore misto a odio, questa lauda della città di Genova scritta da Giorgio Caproni (*Litania*):

Genova mia città intera.
Geranio. Polveriera.
Genova di ferro e aria,
mia lavagna, arenaria.
Genova città pulita.
brezza e luce in salita.
Genova verticale,
vertigine, aria, scale. [...]
Genova di casamenti
lunghi, miei tormenti.
Genova di sentina.
Di lavatoio. Latrina.
Genova di petroliera,
struggimento, scogliera.
Genova di tramontana.
Di tanfo. Di sottana. [...]
Genova di caserma.
Di latteria. Di sperma.[40]

Una variante della lauda è l'*elogio*. Il tema è più ristretto: non è più il mondo, la vita, l'umanità, ma solo una parte, un aspetto, una categoria del mondo (la *Litania* di Caproni è al confine tra lauda ed elogio: ma è più una lauda perché, per il poeta Caproni, Genova è il mondo). Leggiamo a es. un paradossale *Elogio dei ricchi* scritto da Marina Cvetaeva:

... io *amo* i ricchi!
Per la radice gracile ed incerta
che alimenta la piaga della culla,
per il tic impacciato delle mani:
fuori da una – già nella tasca...
Per la muta preghiera delle labbra
recitata come una minaccia.

40 In *Poeti italiani del Novecento*, cit., pp. 713-718.

Perché non entreranno in paradiso.
Perché non guardano mai in faccia.[41]

E infine una variante dell'elogio, *il blasone*, che prevede una celebrazione del corpo femminile. Ecco qui un esempio cinquecentesco dedicato al seno femminile:

Bella tettina, più bianca d'un uovo,
Tetta di seta bianca, fresca e nuova,
Tetta che fai invidia alla rosa,
Tetta più bella di qualunque altra cosa,
Tetta soda, anzi non Tetta, quasi
Tonda sferetta d'avorio:
Nel bel mezzo della quale siede
Una fragoletta, una ciliegina,
Che nessuno vede... nessuno tocca...
Ma che ci sia, io ci scommetto![42]

■ La lauda usa spesso la tecnica del catalogo disordinato: stati del mondo molto diversi fra loro (realtà minime e grandi, astratte e concrete, positive e negative) vengono assimilati e collegati. Il disordine di per sé produce entusiasmo e festa. Nell'elogio invece, di solito rivolto a una singola persona o cosa (o parte del corpo), bisogna essere specifici; quindi l'elenco delle buone qualità sarà non disordinato ma specifico e se occorre meticolosamente ragionato.

Esercizi **1**. Scrivi una lauda per la persona che ami. Fa' un elenco di tutte le parti del suo corpo, di tutti gli oggetti che usa, di tutti i suoi gesti abituali, di tutti i luoghi che frequenta, ecc. e scegli quelli che più si prestano, magari paradossalmente, a una lode furiosa: «Io ti amo nel baretto sudicio / alla fermata dell'autobus / quando stai troppo tempo in bagno / quando ieri hai mangiato aglio».
2. L'elogio di qualcuno o qualcosa segue un ordine preciso: prima, per mezzo d'una descrizione ricca di particolari si fa l'elogio delle *parti*; poi c'è un passaggio nel quale si dice in sostanza: «Ma tutto questo è niente in confronto a...», e si spara l'elogio più grosso. Prova a scrivere l'elogio d'un ombrello: funzionale, solido, di bel colore, di giusta dimensione, ecc. ma soprattutto – costava poco!

10.4.10 La poesia vanteria

Altro gesto poetico fondamentale è il *lodarsi da sé*, o più spesso il *vantarsi* d'una cosa che si possiede (oggetto, virtù, privilegio, ecc.). È variante della lauda, ma dotata d'una propria specificità. Nella vanteria l'oggetto cantato è come un emblema (o una protesi) dell'io, è l'io reso grande e quasi onnipotente. Ecco una poesia pellerossa dedicata al cavallo.

Il mio cavallo ha uno zoccolo come un'agata striata,
il suo garretto è come una fine piuma d'aquila,

41 A. Cvetaeva, *Dopo la Russia*, tr. S. Vitale, Mondadori 1997, p. 43.
42 C. Marot, «Blason du beau tétin», in *Oeuvres poétiques*, Garnier-Flammarion 1973.

le sue gambe sono come un lampo rapido.
Il corpo del mio cavallo è come una freccia impennata di piume d'aquila.
Il mio cavallo ha una coda come il pennacchio d'una nuvola nera.
Io metto mercanzie leggere sul dorso del mio cavallo.
Il vento sacro soffia attraverso la sua criniera,
la sua criniera è fatta di arcobaleni.
Le orecchie del mio cavallo sono fatte di mais rotondo.
Gli occhi del mio cavallo sono fatti di stelle.[43]

Simile benché più vicina al nostro tempo (e ai nostri costumi) la poesia che il futurista Filippo Tommaso Marinetti dedicò all'automobile (il "cavallo di ferro"):

Veemente dio d'una razza d'acciaio,
automobile ebbrrra di spazio,
che scalpiti e frrremi d'angoscia
rodendo il morso con striduli denti...
Formidabile mostro giapponese
dagli occhi di fucina,
nutrito di fiamma
e d'olii minerali,
avido d'orizzonti e di prede siderali...
io scateno il tuo cuore che tonfa diabolicamente,
scateno i tuoi giganteschi pneumatici,
per la danza che tu sai danzare
via per le bianche strade di tutto il mondo!...
Allento finalmente
le tue metalliche redini
e tu con voluttà ti slanci
nell'Infinito liberatore![44]

■ La differenza tra lauda e vanteria è questa: nella lauda si afferma che la bontà del tutto deriva da qualcuno (Dio, persona amata, ecc.); nella vanteria la bellezza delle cose viene dal fatto che *sono mie*. Pertanto la vanteria è sempre esagerata e non ha paura del ridicolo.

Esercizi Scegli un oggetto al quale sei affezionato e che ti dà conforto e sicurezza (il bancomat, l'orsacchiotto di pezza...) e vantati di possederlo. Procedura: *a.* dì che è bello, che è unico, e che le imitazioni fanno schifo; *b.* loda ciascuna delle sue parti e/o funzioni con un paragone; *c.* elenca le ragioni di felicità che l'oggetto ti fornisce.

10.4.11 La poesia lamentazione

Altro gesto poetico fondamentale è la *lamentazione*: ciò che diciamo quando tutti i mali del mondo si abbattono su di noi. È ancora una poesia che si giova dell'elencazione: si fa la conta dei dolori, delle miserie e delle scalogne. È poesia

43 Cit. in K. Koch, *Les couleurs des voyelles*, Casterman 1978, pp. 58 sgg.
44 In *Per conoscere Marinetti*, cit., p. 311.

terapeutica, perché ci fa sfogare la rabbia e ci alleggerisce il cuore, e somiglia all'esorcismo pur non avendone la forza magica. Ecco un es. biblico, dal libro appunto delle *Lamentazioni*: l'autore si rivolge direttamente a Dio (però nominandolo in terza persona).

> Io sono l'uomo che sperimentò la miseria
> sotto la verga della sua collera.
> Egli mi guidò, mi fece camminare
> nella tenebra priva di ogni luce.
> Contro di me egli volse e rivolse
> la sua mano tutto il giorno.
> Egli consumò la mia carne e la mia pelle,
> frantumò le mie ossa.
> Caricò sopra di me e mi mise attorno
> veleno e affanno.
> Mi fece abitare in luoghi tenebrosi
> come i morti per sempre.
> Mi strinse intorno un muro senza uscita,
> appesantì la mia catena.
> Anche se grido e invoco soccorso,
> egli ricusa la mia preghiera.
> Sbarrò la via con blocchi di pietra,
> sconvolse miei sentieri.
> Fu per me un orso in agguato,
> un leone nel nascondiglio.
> Sviò le mie vie e mi dilacerò,
> mi ridusse a un orrore.[45]

Un es. più moderno: è un *blues* (parola che può essere tradotta con "malinconia"). Leggiamo questo testo d'autore ignoto:

> Mi sento così depressa e triste Signore
> mi sento così depressa e triste Signore
> perduto tutto ciò che mai avessi.
> Non ho un amico in nessun luogo Signore
> non ho un amico in nessun luogo Signore
> tutta sola e nessuno si dà pensiero.
> Incontrai un uomo nella mia città natale
> nella mia città natale
> incontrai un uomo nella mia città natale
> m'allettò a lasciarla
> ora s'è disfato di me.
> Voglio rivedere quella riva dell'Indian River
> dell'Indian River
> voglio rivedere quella riva dell'Indian River
> se ritorno non partirò più. [...]
> Ricordo il tempo che ero giovane e gaia
> che ero giovane e gaia

45 *Lamentazioni*, 3, vv. 1-11.

ricordo il tempo ch'ero giovane e gaia
avevo molti amici intorno a me ogni giorno.
Il denaro è tutto andato e sono tanto lontana da casa
tanto lontana da casa
il denaro è tutto andato sono tanto lontana da casa
lontana da casa.
Io siederò qui tutta sola a piangere e gemere
piangere e gemere.
Gli uomini d'Harlem non trattano mai bene una ragazza
mai bene una ragazza
gli uomini d'Harlem non trattano mai bene una ragazza
ti fanno lavorare tutto il giorno e lottare tutta la notte
lottare tutta la notte.[46]

■ **1**. Mentre la gioia tende a ricoprire tutti gli oggetti, il dolore ha carattere ossessivo e si fissa su una sola cosa. L'autore delle *Lamentazioni e*sprime più volte lo stesso concetto e con immagini molto simili (un muro attorno, la via bloccata da massi, le spine sulla strada...). Quindi: una volta scelto di che vogliamo parlare, elaboriamo uno stock di espressioni simili nel contenuto benché differenti per contenuto visivo. Non temiamo la ripetizione (nel bl*ues,* addirittura, la ripetizione è sostanziale).

2. Poi cerchiamo l'interlocutore: una lamentazione senza destinatario è debole. Costui potrà essere la causa dei nostri mali (il diavolo, Dio, una persona potente) o colui da cui speriamo soccorso (una persona amata, Dio): potremo terminare la nostra lamentazione con ingiurie o con richieste d'aiuto, a scelta. L'interlocutore può anche essere una parte di noi (fisica, spirituale) personificata: posso rivolgermi alla mia Debolezza d'animo, alla mia Lascivia, alla mia Imprudenza, ecc., oppure addirittura a una parte del corpo: occhio che hai veduta la tal cosa, mano che hai compiuto il tal gesto...

Esercizi Si possono scrivere anche delle lamentazioni scherzose, es. un *Blues perché sono dieci minuti che non ti vedo*: «Sono dieci minuti che non ti vedo, / e già comincio a sudare», e via elencando i pericolosi sintomi della crisi di astinenza da lui (o da lei): tremori, abbassamento della vista, pruriti sottocutanei, crescita incontrollata delle unghie...

10.4.12 La poesia inno e la poesia bestemmia

Altro gesto poetico fondamentale è la lode rivolta non più alle cose del mondo ma direttamente al creatore: l'*inno.* La differenza tra lauda e inno è che nell'inno non ci sono oggetti: tutto ciò di cui si parla appartiene a – si identifica con – l'altro da noi, l'indicibile, l'infinito. Quindi l'inno non è solo il tentativo dell'uomo di darsi conto di Dio (o degli dei o del tutto o, a scelta, del sommo nulla) di dialogare con lui, di avvicinarglisi; l'inno è anche un mettersi alla prova del linguaggio, che si confronta con ciò che sta *fuori*, oltre il linguaggio stesso. Perciò la lingua dell'inno è sempre una lingua altissima, purissima, lussureggiante, piena di iperboli e di superlativi. Un es. dalla *Bibbia*:

46 In *Poesia americana del '900*, a c. C. Izzo, Guanda 1949, pp. 579 sgg.

> Clemente e misericordioso è il Signore,
> tardo all'ira e di grande bontà.
> È buono il Signore verso tutti,
> il suo amore è al di sopra di tutte le sue opere.
> Danno lode a te tutte le tue opere, o Signore,
> ti benedicono i tuoi fedeli. [...]
> Il tuo regno è regno di tutti i secoli,
> il tuo dominio si estende a tutte le generazioni.
> Fedele è il Signore in tutte le sue promesse,
> santo in tutte le sue opere.
> Il Signore sostiene tutti coloro che vacillano,
> rialza tutti gli abbattuti.
> Il Signore è giusto in tutte le sue vie
> e santo in tutte le sue opere.
> È vicino il Signore a chi l'invoca,
> a chi l'invoca con sincerità.
> Egli fa la volontà di coloro che lo temono,
> ascolta il loro grido e li salva.
> Custodisce il Signore tutti quelli che lo amano,
> ma disperde tutti i malvagi.[47]

■ Parallela e complementare all'inno è la *bestemmia.* Anch'essa è un dialogo con Dio, in quanto protesta disperata della creatura contro il creatore (chiunque egli sia); anch'essa è un tentativo dell'uomo (e del linguaggio) di uscire dai limiti e confrontarsi con l'infinitamente superiore; anch'essa è dunque a suo modo sublime, benché d'un sublime terribile. Non riportiamo (perché non ci va) un es. di bestemmia; preferiamo fornirne una descrizione vivacissima scritta da Luigi Meneghello:

> Cicana sapeva un numero infinito di bestemmie; altre ne inventava. Una volta scommise di dirne trecentocinquanta tutte diverse una dietro l'altra, e vinse senza impegnarsi a fondo. Lo ascoltavamo incantati; era come una lauda pervasa da un vivo sentimento della natura e da un attento spirito di osservazione. Era di pomeriggio, ed eravamo nell'angolo d'ombra dell'ultima casa verso il ponte del Castello. La stramba litania ci faceva sfilare davanti agli occhi animali esotici e piccoli mammiferi nostrani, uccelli, pesci e rettili, la fauna dei letamai intenta ai suoi traffici, e la gaia flora dei marciapiedi, i grandi sputi gialli dei tabaccanti, scarlatti dei tisici. [...] Le bestie selvatiche e domestiche, quelle innocue e quelle feroci, i pachidermi e le piccole polde, e fino i microbi e i bacilli che si stenta a vedere a occhio nudo; le bestie dell'aria, dalle poiane altissime agli sciami folti e bassi dei moscerini, le bestie del giorno e della notte, quelle delle acque limpide e dei gorghi scuri.
> Alle cento bestemmie Cicana lasciò il regno animale e passò alle piante, alle erbe, ai licheni, alle muffe; sulle duecento entrò nel mondo bruto della materia inanimata; alle trecento cominciò a toccare la sfera delle arti e dei mestieri, le strutture della società, il gioco delle passioni umane.
> Terminò col microcosmo dell'Uomo, dei suoi visceri attraenti insieme e repulsivi, delle sue mirabili funzioni fisiologiche; e compiuto il numero delle bestemmie pattuite, ne aggiunse alcune altre in supplemento, sciogliendo un

47 *Salmi*, 59, vv. 2-6.

> inno all'Amore che chiamava però in altro modo: ormai faceva accademia, e fu fermato alle trecento e settantuna.
> Concluse con una bestemmia breve e solenne, raddoppiando il Nome di Dio.[48]

■ **1**. Non si tratta solo di lodare o ringraziare, ma di adorare e esaltare. E il destinatario è tale che l'autore dell'inno deve scomparire. Nell'inno c'è solo il dio (o chi per lui), con attorno il vuoto assoluto. Ne deriva una certa ripetitività costitutiva, perché ogni frase non fa che ridire l'infinito valore di Dio.
2. La lingua dell'inno è sublime, usa superlativi, iperboli, metafore grandiose. Tuttavia dev'essere stilisticamente semplice: non deve apparire alcun compiacimento. Non sia mai che il poeta sprizzi vanità per quant'è bravo a lodare Dio... sarebbe controproducente.
3. Per la bestemmia è il contrario: l'io del poeta si vanta del coraggio che ha a bestemmiare, e così solennemente, il Dio che tutti temono. La lingua della bestemmia è come un sublime sistematicamente rovesciato: all'altezza dei cieli si contrappone il fetore dei letamai.
4. Come fa intendere Meneghello, anche nel coacervo di cose vili e sporche elencate nella bestemmia s'intravvede una sorta di panteismo: in fin dei conti san Francesco, nel suo candore totale, avrebbe potuto tranquillamente lodare Dio per la merda e per le pustole. Dio è anche nelle cose più piccole e brutte, negli animali più repellenti, negli atti più sconci...
5. L'inno può naturalmente essere rivolto a oggetti terreni, in particolare alla persona amata: in tal caso, evidentemente, poniamo la persona amata così al di sopra di ogni cosa, da farne una sorta di dea (o dio). Baudelaire scrisse un In*no* *p*er la donna che amava, nel quale la "divinizzazione" è evidente:

> Alla più cara, alla più bella,
> che colma il mio cuore di luce,
> all'angelo, all'idolo immortale,
> salve, per l'immortalità.[49]

10.4.13 La poesia maledizione

Altro gesto poetico fondamentale è la *maledizione:* una vera e propria poesia-gesto, azione solo verbale ma di per sé efficace. Si tratta quasi d'una fattura lanciata con violenza contro il nemico. La struttura in versi aiuta molto a scaricare la rabbia: i versi sono come degli *scat v*ocali, dei brevi gridi incatenati dalle rime e dai parallelismi di suono e di senso. Così l'irato rilancia continuamente la sua furia e conficca sempre più la spada verbale nelle carni dell'avversario. Victor Hugo:

> E vada errando curvo, fin dalla giovinezza,
> Per deserti infiniti, dove il sole rinasca
> Dalla sua stessa luce!
> Fuggendo nella notte, come un nero assassino,
> Gli risuoni nell'ombra il rumore incessante
> Di un passo alle sue spalle!

48 L. Meneghello, *Libera nos a malo*, Mondadori 1986, pp. 70 sgg.
49 Ch. Baudelaire, *I fiori del male*, cit., p. 293.

Tra ghiacciai levigati come un filo di scure,
Scivoli, cada, rotoli e si aggrappi
Con le unghie alle pareti!
Che lo credano un altro e, gemendo alla ruota,
Dica: «Sono innocente!». Così lo appenderanno,
Su di una forca in croce!
E lì appeso, sconvolto, le labbra tumefatte,
Gli apparirà la morte, con il suo teschio calvo,
Ridendo alla sua vista!
Che il cadavere soffra e resista abbastanza
Per sentire la morte che lo rode e divora,
Straziandolo coi denti![50]

■ **1**. Procedura: *a*. individuare esattamente l'oggetto (persona, essere, gruppo, cosa, luogo...) che si vuole maledire; *b*. individuare ciò che per l'oggetto è fonte di piacere, benessere, bellezza, ricchezza, salute, felicità; *c*. far seccare ogni fonte di piacere, ecc. individuando per ciascuna fonte un modo specifico, crudele e spettacolare di seccarsi; *d*. lanciare la vera e propria maledizione, ossia affermare che questa siccità durerà nei secoli e nei secoli, e mai l'oggetto della maledizione se ne potrà sottrarre. In alternativa o in aggiunta, individuare tutte le fonti di dispiacere, malessere, bruttezza, povertà, malattia, angoscia; e profetizzare che non si seccheranno mai (un es. ironico: «Cara mamma, spero che il papà abbia una lunghissima vita»). Non vergognamoci delle nostre pulsioni sadiche: solo chi si libera dai tabù che imbrigliano l'aggressività (che è un formidabile stimolatore dell'immaginazione) può scrivere buone imprecazioni e maledizioni.
2. La parte per così dire giuridica della maledizione (cioè: perché si vuole maledire il tale oggetto: le motivazioni della sentenza che pronunciamo contro di lui) è tutto sommato meno importante. Comunque è opportuno elencare ingiustizie e angherie, offese e maltrattamenti, sfortune e disgrazie, ecc. che abbiamo subito.

10.4.14 La poesia dichiarazione d'amore

Altro gesto poetico fondamentale è la *dichiarazione d'amore*. Senz'altro è la più diffusa e più universale tra tutte le forme di poesia. Qualunque persona, anche se priva di cultura, quand'è innamorata è capace di inventare versi d'amore per l'amato o l'amata. La struttura fondamentale della poesia d'amore è quella della dichiarazione. Ogni vera poesia d'amore dice, più o meno: «Io dichiaro in faccia al mondo che sei la persona più bella e amabile, e che il mio amore è il più grande che sia mai esistito, e che t'amerò per tutti i tempi dei tempi». Ci sono due varianti fondamentali: o si mette l'accento sulla persona amata (*tu* sei la persona più amabile), o si mette l'accento sulla persona amante (*io* t'amo come nessuno ha mai amato prima e amerà dopo). Nella poesia d'amore confluiscono poi altre forme poetiche come la lauda, l'inno, la vanteria, la lamentazione, ecc. Le varianti sono infinite; ci limitiamo a offrire alcune dichiarazioni d'amore allo stato puro. Attingiamo ancora alla *Bibbia*: il *Cantico dei cantici* è quasi un modello per tutta la poesia d'amore occidentale, e si basa sul procedimento delle

50 V. Hugo, *Orientali*, tr. R. Held, Mondadori 1985, p. 117.

trasfigurazioni: la persona amata viene lodata attraverso una serie di metafore e comparazioni (è quindi una dichiarazione d'amore del primo tipo):

> Come sei bella, amata mia.
> come sei bella!
> Gli occhi tuoi son colombe
> sotto il tuo velo.
> La tua chioma come un gregge di capre
> che discendono dai mondi di Galaad.
> I tuoi denti come un gregge di pecore
> che risalgono dal bagno;
> di cui tutte han partorito gemelle
> e nessuna di esse ne è priva.
> Le tue labbra come un filo di porpora
> e la tua bocca è tanto leggiadra.
> Le tue gote come spicchio di melagrana,
> sotto il tuo velo.
> Il tuo collo come la rocca di Davide,
> costruita per la difesa;
> mille scudi pendono in essa,
> tutte le armi dei prodi.
> I due seni tuoi
> come due caprioli,
> gemelli di gazzella,
> pascenti in mezzo ai gigli.
> Tutta bella sei, amata mia,
> e macchia non è in te![51]

Brevemente un es. moderno, da Apollinaire. Osserviamo che qui il poeta usa la figura retorica dell'*epifora*, che è il contrario dell'anafora: c'è una formula che si ripete sempre uguale a ogni fine di verso.

> Corpo deliziosamente elastico t'amo
> Curva delle spalle adorabilmente pura t'amo
> Seno sinistro così rosa e sfacciato t'amo
> Seno destro così teneramente roseo t'amo[52]

Ora una dichiarazione d'amore del secondo tipo. Lo specialista nel descrivere gli effetti dell'amore sull'innamorato è Francesco Petrarca: la sua rappresentazione dell'amore come vera e propria malattia ha fatto testo per secoli. Il sonetto CXXXIV:

> Pace non trovo, e non ho da far guerra;
> e tremo e spero, et ardo e sono un ghiaccio;
> e volo sopra il cielo, e sono in terra;
> e nulla stringo, e tutto 'l mondo abbraccio.
> Tal m'à in pregion, che non m'apre né serra,
> né per suo mi riten né scioglie il laccio,

51 *Cantico dei cantici*, in *La Bibbia Concordata*, cit., v. IV, pp. 327 sgg.
52 G. Apollinaire, *Poesie d'amore*, cit., p. 93.

et non m'ancide Amore, et non mi sferra,
né mi vuol vivo, né mi trae d'impaccio.
  Veggio senza occhi, et non ò lingua et grido,
et bramo di perir, et cheggio aita;
et ò in odio me stesso, et amo altrui.
  Pascomi di dolor, piangendo rido;
egualmente mi spiace morte et vita
in questo stato son, donna, per voi.

■ **1.** *Primo tipo*. La poesia è costituita dall'invocazione all'interlocutore, al quale si associa tutta una lunga serie di qualità positive (vedi appunto il *Cantico dei cantici*). A questa sorta di litania possono seguire o non seguire la dichiarazione d'amore vera e propria, l'impegno o l'augurio affinché l'amore duri eternamente. Si fa grande uso di similitudini («tu sei bella come...»), di metafore e d'iperboli (la persona amata possiede le qualità che le sono attribuite al loro massimo grado).
2. *Secondo tipo*. La poesia di Petrarca è un elenco di effetti dell'amore sulla persona amante. Questi effetti sono straordinari, incomprensibili e sconvolgenti, e vengono espressi con le due figure retoriche più caratteristiche della lirica amorosa: l'*ossimoro (*accostamento impossibile di due parole: «veggio senza occhi») e l'*antitesi* (accostamento di atteggiamenti contraddittori: «ò in odio me stesso, et amo altrui»), che ben dipingono lo stato d'animo turbato dell'amante.

10.4.15 La poesia profezia

Altro gesto poetico fondamentale è l'immaginazione d'un futuro che verrà: la *profezia*, uno dei generi letterari più tipici nella Bibbia. La profezia può essere positiva, cioè descrivere un mondo nel quale il male non esisterà e gli uomini vivranno in pace e giustizia (in questo caso potremmo parlare anche di utopia), oppure negativa, cioè descrivere il male che cadrà sul capo degli uomini se non seguiranno il dettato divino («le case saranno spopolate / il mio popolo andrà in esilio / i monti tremeranno»). Dal *Libro del profeta Isaia*:

Ecco io creo di nuovo
E cieli e terra
E del passato non c'è più memoria
Nel cuore non torna più
E creo per loro la gioia eterna
Ecco che da me nasce
Una Ierushalem beata
Abitata da un popolo felice
Tripudierò con Gerusalemme
Sarò ebbro di gioia col mio popolo
Mai più le lacrime mai più il lamento
Risuoneranno in lei
Più nessun vecchio avrà contati i giorni
Vivere cento anni
Sarà nel fiore dell'età morire
Morire prima dei cento
Una maledizione [...]

Pascoleranno insieme
L'agnello e il lupo
E come il bue il leone
Mangerà l'erba
E pane del Serpente
Sarà la polvere
Su tutto il monte a me sacro
dice il Signore
Il Male non verrà più
Mai più si ucciderà.[53]

Nell'epoca moderna sembra che il popolo della profezia non sia più l'ebraico, ma l'americano: negli Stati Uniti sono nate e fioriscono le grandi utopie del nostro tempo, dal Grande Sogno Americano al *beat*, dai nuovi millenarismi all'Internetmania. E Whitman è sicuramente il profeta di *questa* America.

Vedo non solo l'America, non solo la terra della Libertà prepararsi, ma anche
altre nazioni,
Vedo inizi e esiti tremendi, nuovi complessi, la solidarietà delle razze,
Vedo avanzare quella forza con veemenza invincibile sulla scena del mondo, [...]
Vedo uomini, a veloci milioni, in marcia e contromarcia,
Vedo spezzati i limiti e le frontiere delle vecchie aristocrazie,
Vedo rimossi i confini dei monarchi d'Europa,
Vedo che ormai il popolo inaugura i suoi confini (e gli altri tutti debbono
cedere).[54]

■ **1**. La profezia è una visione: il profeta guarda gli uomini e vede pena, dolore e struggimento; così si prova a immaginare come potrebbe essere bello il mondo, come senza dubbio sarà, se solo gli uomini volessero (visto che Dio è già d'accordo).
2. Se la poesia d'amore è poesia del presente, la profezia è poesia del futuro. Isaia vede «nuovi cieli e terra nuova» attraverso la sua fede in Dio, ma anche un non credente come Whitman si lancia in visioni di paesaggi futuri dove il male sarà addirittura dimenticato. Anzi buona parte della poesia romantica, a partire da Hölderlin, ha coltivato accanitamente proprio questa immaginazione poetica.
3. Nella poesia profetica e utopica si fa un largo uso di ossimori e di *adynaton* (le immagini di cose impossibili: «pascoleranno insieme / l'agnello e il lupo»), testimonianze d'un bisogno originario dell'uomo: risolvere le contraddizioni, armonizzare i contrasti laceranti e distruttivi.

Esercizi Due esercizi di rovesciamento: *a.* immagina (ma solo per gioco) d'essere un bastardo schifoso e di volere un mondo nel quale il male domini tutto: confrontati con il testo di Isaia e prova a profetizzare un'antiutopia; *b.* immagina (eventualmente anche sul serio) di essere fortemente antiamericano, e profetizza (facendo il verso a Whitman) la caduta del sogno yankee.

53 *Il libro del profeta Isaia*, tr. G. Ceronetti, Adelphi 1981, pp. 368 sgg.
54 W. Whitman, *Foglie d'erba*, cit., p. 608.

10.4.16 La poesia opposizione

Altro gesto poetico fondamentale è il *rifiuto* o la *negazione* della realtà, spesso accompagnato al rifiuto di addolcirla costruendovi intorno amabili fantasticherie. La negazione può essere totale («nego tutto; tutto è nulla») o parziale («nego questo, voglio quello»). Attenzione: la poesia che rifiuta e nega non è necessariamente pessimistica: può contenere anzi un violento ed orgoglioso, benché paradossale, vitalismo. Ne è un esempio la breve poesia *A se stesso* di Giacomo Leopardi:

> Or poserai per sempre,
> stanco mio cor. Perì l'inganno estremo,
> ch'eterno io mi credei. Perì. Ben sento,
> in noi di cari inganni,
> non che la speme, il desiderio è spento.
> Perì per sempre. Assai
> palpitasti. Non val cosa nessuna
> i moti tuoi, né di sospiri è degna
> la terra. Amaro e noia
> la vita, altro mai nulla; e fango è il mondo.
> T'acqueta ormai. Dispera
> l'ultima volta. Al gener nostro il fato
> non donò che il morire. Ormai disprezza
> te, la natura, il brutto
> poter che, ascoso, a comun danno impera,
> e l'infinita vanità del tutto.

Con positività tutta americana, Whitman propone invece una lunga sequenza di negazioni specifiche, seguita da un'affermazione (che così assume maggior risalto):

> Nessuna macchina per ridurre la mano d'opera,
> Nessuna scoperta ho fatto,
> Né sarò in grado alla mia morte di lasciare cospicui legati per fondare ospedali
> o biblioteche,
> Né il ricordo d'alcun atto di valore compiuto per l'America,
> Nessun successo letterario, o che riveli una grande intelligenza, nessun libro per
> gli scaffali,
> Ma poche canzoni che vibran nell'aria io lascio,
> Per i camerati e gli amanti.[55]

La *poesia di lotta* è una variante della poesia negazione. Corrisponde al gesto di chi si raccoglie in se stesso e non accetta di piegarsi al mondo e lancia alla società una specie di sfida ultima dichiarandosi anche pronto a morire piuttosto che cedere alla menzogna, all'ingiustizia. Questa poesia ha avuto un'immensa fortuna dal romanticismo in poi, in quanto si basa su un accentuato sentimento dell'io in dispregio alla forza conformistica della società. Un es. da Vittorio Sereni; la poesia si intitola programmaticamente *Scoperta dell'odio.*

---

55 *Ivi*, pp. 158 sgg.

Qui stava il torto, qui l'inveterato errore:
credere che d'altro non vi fosse acquisto che d'amore.
Oh le frotte di maschere giulive
oh le comitive musicanti nei quartieri gentili... [...]
Ma venga, ad ora tarda, venga un'ora
di vero fuoco un'ora tra me e voi,
ma scoppi infine la sacrosanta rissa,
maschere, e i vostri fini giochi
di deturpato amore: nell'esatto
modo mio di non dovuto
amore e dissipato, gente, vi brucerò.[56]

■ **1**. La negazione è spesso un gesto di grande energia: è facile lodare ciò che tutti lodano e credere ciò che tutti credono, più difficile è dire la verità. L'io che nega è un io che si sente diverso da tutti gli altri io, isolato e superiore.
2. La formula base è: «non questo, né quello, né quell'altro ancora, bensì: questo». Si rifiuta o si nega o si dichiara falso (magari ripetutamente: vedi i tre violenti «perì» di Leopardi) ciò che tutti desiderano, così che l'affermazione finale («bensì: questo») risulti enfatizzata e più efficace. Una poesia negazione può anche limitarsi a una lista di rifiuti: ciò non toglie che dietro tanti no si celi un grande sì (magari, come in Leopardi, un sì al nulla).
3. La poesia di lotta esprime un senso di rivolta e la coscienza di non poter più accettare alcun compromesso; essa è dunque provocatoria e quasi eroica in quanto manifesta una decisione irrevocabile e un desiderio quasi fisico di scontro. Molte poesie di lotta sono scritte a scopo di autoincoraggiamento, e hanno la forma della vanteria.

10.4.17 La poesia interrogazione

Altro gesto poetico fondamentale è l'*interrogazione*. Una cosa, una persona, un'immagine, un pensiero ossessionano il poeta; ed egli interroga, pone (all'oggetto ossessionante, a se stesso, a chi legge) frementi domande: «Che fai tu, luna, in ciel? Dimmi, che fai / silenziosa luna?». Ripetendo e variando le domande, anche in assenza di risposta, ci si avvicina all'oggetto ossessionante: che tuttavia non si lascia del tutto decifrare e conoscere perché, per definizione, "la cosa" è mistero.

LA TIGRE, *di William Blake*

Tigre! Tigre! divampante fulgore
nelle foreste della notte,
quale fu l'immortale mano o l'occhio
ch'ebbe la forza di formare
la tua agghiacciante simmetria?
In quali abissi o in quali cieli
accese il fuoco dei tuoi occhi?
Sopra quali ali osa slanciarsi?
E quale mano afferra il fuoco?

56 V. Sereni, *Poesie scelte*, Mondadori 1973, p. 71.

Quale spalla, quale arte
poté torcerti i tendini del cuore?
E quando il tuo cuore ebbe il primo palpito,
quale tremenda mano?
Quale tremendo piede?
Quale mazza e quale catena?
Il tuo cervello fu in quale fornace?
E quale incudine?
Quale morsa robusta osò serrarne
i terrori funesti?[57]

LA VERITÀ, VI PREGO, SULL'AMORE, *di W. H. Auden*

Dicono alcuni che amore è un bambino,
e alcuni che è un uccello,
alcuni che manda avanti il mondo,
e alcuni che è un'assurdità. [...]
    Assomiglia a una coppia di pigiami,
o al salame dove non c'è da bere?
Per l'odore può ricordare i lama,
o avrà un profumo consolante?
È pungEnte a toccarlo, come un pruno,
o lieve come morbido piumino?
È taglIente o ben liscio lungo gli orli?
La verità, vi prego, sull'amore. [...]
    Avrà idee personali sul denaro?
È un bUon patriota o mica tanto?
Ne racconta di allegre, anche se spinte?
La verità, vi prego, sull'amore.[58]

■ Quando diciamo «luna» intendiamo «luna», e quando diciamo «forbice» intendiamo «forbice»; tuttavia la parola e la cosa sono oggetti di natura diversa. Ce ne rendiamo conto quando cerchiamo di esprimere un'emozione (anche un'emozione è una cosa) e non troviamo le parole adeguate. Allora possiamo considerare la cosa della quale vogliamo parlare (la luna, le forbici, l'amore) come una zona che possiamo delimitare a forza di domande senza risposta.

Esercizi Scegliete un oggetto positivo (la libertà, l'amicizia, la vita, il pompelmo, la Juve...) o negativo (il male, l'invidia, la depressione, la carne in scatola, la Juve...). Imitate Auden: iniziate con definizioni *a.* generiche; *b.* copiate dal dizionario; *c.* sbagliate; *d.* relative a casi particolari; *e.* parzialmente accettabili; *f.* con le quali non siete d'accordo; *g.* che potrebbero essere espresse da persone di vostra conoscenza, e così via. Le definizioni possono essere formulate come domande, oppure possono essere risposte a domande. Nel finale fornirete la vostra definizione.

57 W. Blake, *Visioni*, tr. G. Ungaretti, Mondadori 1993, p. 27.
58 W. Auden, *La verità, vi prego, sull'amore*, tr. G. Forti, Adelphi 1994, pp. 17-21.

10.4.18 La poesia fantasticheria

Altro gesto poetico fondamentale è la pura e semplice *fantasticheria*, il viaggio dentro la mente. Ogni lettura è un viaggio alla ricerca dell'«isola che non c'è», ma alcune poesie sono inviti espliciti al fantasticare. Leggerle è come imbarcarsi verso paesaggi incantati. La fantasticheria più nota al mondo è forse una poesia di Baudelaire programmaticamente intitolata *Invito al viaggio*, il cui ritornello dice: «Tutto, laggiù, è ordine e bellezza, lusso, calma e voluttà». La poesia è una formula magica, leggermente ipnotica, che ci introduce in un *altro mondo* favoloso... «Mobili lucenti, levigati dagli anni, decorerebbero la nostra stanza; i fiori più rari, mischianti i loro profumi ai vaghi sentori dell'ambra, i ricchi soffitti, gli specchi profondi, lo splendore orientale, tutto parlerebbe in segreto all'anima la sua dolce lingua natia».[59] Questo sonetto di Dante (al quale forse Baudelaire si ispirò) parla esplicitamente di "incantamento".

> Guido, vorrei che tu e Lapo e io
> Fossimo presi per incantamento,
> E messi a un vascel, ch'ad ogni vento
> Per mare andasse a voler vostro e mio;
> Sicché fortuna, o altro tempo rio
> Non ci potesse dare impedimento,
> Anzi, vivendo sempre in un talento,
> Di stare insieme crescesse il disio.
> E monna Vanna e monna Lagia poi,
> Con quella ch'è sul numero del trenta,
> Con noi ponesse il buono incantatore:
> E quivi ragionar sempre d'amore;
> E ciascuna di lor fosse contenta,
> Siccome io credo che sariamo noi.

■ Metodo per scrivere viaggi fantastici: *a.* scegliere uno o più compagni di viaggio, fidati e dei quali siamo certi che non ci stancheremo; *b.* scegliere il mezzo di trasporto che ci pare più suggestivo (nave, *tapis roulant*, elicottero, gnu); *c.* scegliere i luoghi da visitare (paese dei campanelli, Livorno, Cartoonia, Kansas); *d.* scegliere i passatempi onde trastullarsi nelle pause del viaggio (scacchi, belle donne, indovinelli, filmini porno, idromassaggi); *e.* scegliere degli argomenti di conversazione con i compagni di viaggio (tempo, calcio, motori, malattie, politica). Ecco una poesia costruita con questo metodo, a imitazione di quella di Dante, da Edoardo, un ragazzo di seconda media:

> Ettore, Gabriele, mi piacerebbe che veniste con me
> su un transatlantico verde e giallo
> pieno di crisantemi e alberi che crescono nell'acciaio della nave.
> E cercare di mangiare polli, carciofi
> e altre cose tutto il giorno.
> E di notte quando sorgono le lune rosse
> ci riposiamo in delle casse da morto.

59 Ch. Baudelaire, *I fiori del male*, tr. A. Bertolucci, Garzanti 1975, pp. 95 sgg.

> E la mattina trovare tutti condor sul bordo della nave
> che hanno in bocca rami d'ulivo.
> E vorrei che questo viaggio non finisse mai
> e continui per sempre.[60]

10.4.19 La poesia viaggio

Altro gesto poetico fondamentale è il *viaggio*: il viaggio avventuroso, durante il quale si perde il controllo della rotta e si viene trasportati lontano, lontano verso, paesaggi mai prima visti. La poesia è *Il battello ebbro*, l'autore è Arthur Rimbaud.

> Poiché discendevo i Fiumi impassibili,
> mi sentii non più guidato dai bardotti:
> Pellirossa urlanti li avevan presi per bersaglio
> e inchiodati nudi a pali variopinti.
> Ero indifferente a tutti gli equipaggi,
> portatore di grano fiammingo e cotone inglese.
> Quando coi miei bardotti finirono i clamori,
> i Fiumi mi lasciarono discendere dove volevo. [...]
> E da allora mi sono immerso nel Poema
> del Mare, infuso d'astri, e lattescente,
> divorando i verdiazzurri dove, flottaglia
> pallida e rapita, un penoso annegato talvolta discende;
> dove, tingendo di colpo l'azzurrità, deliri
> e lenti ritmi sotto il giorno rutilante,
> più forti dell'alcol, più vasti delle nostre lire,
> fermentano gli amari rossori dell'amore!
> Conosco i cieli che esplodono in lampi, e le trombe
> e le risacche e le correnti: conosco la sera
> e l'Alba esaltata come uno stormo di colombe,
> e talvolta ho visto ciò che l'uomo crede di vedere![61]

■ Questo non è un viaggio di piacere: qui agisce una pulsione ad andare oltre, sempre più oltre. È una vera e propria deriva fino ai limiti dell'ignoto e della morte. La spinta linguistica, il *clic* d'avvio, può essere la formula: «Ho visto». Le cose che nell'io profondo Rimbaud ha viste, nessuno le aveva mai viste prima. Questi paesaggi giacciono nel fondo della mente e confinano con la follia. Per scrivere una poesia simile bisogna lasciarsi andare e accettare il rischio d'un'avventura mentale: è come darsi in preda a una droga (non prendeteci alla lettera, *please*).

Esercizi Imitate Rimbaud: trasformatevi in una *cosa*. Una cosa scivola, vola, s'immerge, attraversa, rotola... non è umana. Anche le sue sensazioni sono inumane. Siate automobile, treno, sonda spaziale, barattolo, scarpa, cometa, proiettile di fucile, goccia d'acqua, pallina da golf... e avventuratevi nel mare profondo,

60 K. Koch, *Desideri...*, cit., p. 145.
61 A. Rimbaud, *Opere in versi e in prosa*, a c. D. Bellezza, Garzanti 1989, pp. 177 sgg.

in metropoli labirintiche, in fetide fogne, negli sterminati spazi, dentro il corpo umano...

10.4.20 La poesia dedica e la poesia dono

Altro gesto poetico fondamentale è il *dono*. Tra un romanzo (o un racconto) e una poesia, la differenza è spesso questa: che una poesia – come la lettera – è sempre, esplicitamente o implicitamente, dedicata a un interlocutore; mentre la prosa si scrive per tutti. La modalità vocativa, la dedica, la parola come dono sono connaturati alla poesia. Molte poesie addirittura sono dediche pure: si limitano a invocare, salutare, omaggiare qualcuno che sta a cuore al poeta. Walt Whitman ha scritto una poesia dedica che ha per destinatari tutti i falliti del mondo:

> A quelli che sono falliti nelle loro grandi aspirazioni,
> Agli ignoti soldati, in prima fila caduti,
> Ai macchinisti calmi e fedeli – ai viaggiatori ardenti troppo – ai piloti sui loro vascelli,
> A più d'un nobile canto o dipinto non riconosciuto – un monumento vorrei innalzare, coperto d'alloro,
> Alto, ben alto su tutto – A quanti vennero anzi tempo rapiti,
> Da qualche strano spirito di fuoco posseduti,
> Spenti da morte precoce.[62]

Un esempio più vicino a noi: *Agli amici*, di Franco Fortini.

> Si fa tardi. Vi vedo, veramente
> eguali a me nel vizio di passione [...]
> e depressi, sciupati e infanti, rauchi
> per la conversazione ininterrotta,
> come scendete questa valle grigia,
> come la tramortita erba premete
> dove la via si perde ormai e la luce.
> Le voci odo lontane come i fili
> Del tramonto tra le pietre e i cavi...
> Ogni parola che mi giunge è addio.
> E allento il passo e voi seguo nel cuore,
> uno qua, uno là, per la discesa.[63]

Una variante della poesia dedica è la poesia inviata come una lettera presso qualcuno che non è presente. Il modello lo dà Guido Cavalcanti con la sua *Ballatetta*:

> Perch'i' no spero di tornar giammai,
> ballatetta, in Toscana,
> va' tu, leggera e piana,
> dritt'a la donna mia, che per sua cortesia
> ti farà molto onore. [...]

---

62 W. Whitman, *op. cit.*, p. 628.
63 F. Fortini, *Poesie scelte*, Mondadori 1974, p. 106.

> Deh, ballatetta mia, a la tu' amistate
> quest'anima che trema raccomando:
> menala teco, nella sua pietate,
> a quella bella donna a cu' ti mando.
> Deh, ballatetta, dille sospirando,
> quando le se' presente:
> «Questa vostra servente vien per istar con voi,
> partita da colui
> che fu servo d'Amore».

Ecco un'imitazione da parte di Pierpaolo, un ragazzo di prima media:

> Poesia mia, va dalla mia zia Clementina e dille che
> le voglio bene, dille di ritornare perché le voglio bene, dille
> di ritornare perché non ha fatto nulla di male
> e non si meritava la morte.[64]

Un'ultima variante è la poesia in cui il poeta offre una serie di doni metaforici o reali. Un es. di Apollinaire (che, tra l'altro, si rivolge a un destinatario immaginario, e cioè a se stesso):

> Dono alla mia speranza, i miei occhi, queste gemme
> Dono alla mia speranza le mie mani palme di vittoria
> Dono alla mia speranza i miei piedi carri di trionfo
> Dono alla mia speranza la mia bocca questo bacio
> Dono alla mia speranza le mie narici che profumano i fiori di metà maggio
> Dono alla mia speranza il mio cuore in ex voto
> Dono alla mia speranza tutto l'avvenire che trema come una lucetta lontana
> nella foresta.[65]

■ **1**. La poesia dedica usa spesso l'anafora e solitamente consta di due parti: *a.* un ritratto (o una serie di ritratti) del destinatario colto in una certa situazione o azione che ne rappresenta emblematicamente il valore e l'eccellenza; *b.* l'offerta d'un dono ideale (o reale: la poesia può accompagnare un dono materiale).
2. Cavalcanti parla alla sua ballata come fosse un amico che si invia presso un'altra persona a dire o fare certe cose (l'hanno imitato anche i Pooh nella canzone *Pensiero*). Immaginiamo la poesia come una persona più libera e potente di noi, capace di andare (magari volando) dove noi non possiamo e di consegnare un messaggio o compiere un'azione. In questo modo potremo a es. parlare dei nostri sentimenti a persone care di cui sentiamo la mancanza (lontane... morte... ci abbiamo litigato...).

10.4.21 La poesia giuramento

Altro gesto poetico fondamentale è il prendere posizione a proposito della verità, ossia il *giuramento*. In versi è più facile esprimere impegni assoluti ed eterni – e benché la nostra sia l'età dell'incertezza e del dubbio, i poeti non hanno perso

64 K. Koch, *Desideri...*, cit., pp. 171 sgg.
65 G. Apollinaire, *Poesie d'amore*, cit., pp. 137 sgg.

il vizio. La poesia lirica moderna[66] è infatti una poesia d'impegno, nel senso che l'io lirico si impegna a mantenere nel tempo (... per sempre...) una posizione affettiva o ideologica (amore, odio, lotta, ecc.). Al limite ogni lirica forte scritta negli ultimi duecent'anni è un giuramento: l'io promette d'essere, di restare l'io (amoroso, profetico, rifiutante, imprecante, bestemmiante, ecc.) che è in quel momento. Anche il grande Whitman – che voleva essere un poeta epico, ma in effetti guardava la realtà con occhio lirico e visionario – intendeva ogni sua presa di posizione come assoluta, definitiva:

> Giuro che nulla più è buono per me che ignori gli individui
> Il patto americano è in senso assoluto con gli individui,
> Il solo governo è quello che prende nota degli individui. [...]
> Giuro che resterò fedele alla mia nascita, pia o empia che sia;
> Giuro che nulla mi affascina al pari della nascita,
> Uomini, donne, città e nazioni solo dalla nascita derivano la loro bellezza. [...]
> Giuro che voglio in me possedere ogni qualità della mia razza, [...]
> Sotto gli insegnamenti delle cose, spiriti, Natura, governo, proprietà, giuro che
> scorgo altri insegnamenti,
> In fondo a tutto per me ci sono io, per te ci sei tu, (la solita, vecchia canzone).[67]

Variante della poesia giuramento è la *poesia credo*, dove ci si impegna alla fedeltà ad alcuni principi fondamentali. Molti di noi sono cresciuti recitando il *Credo*: «Credo in un solo Dio, Padre onnipotente, Creatore del cielo e della terra, di tutte le cose visibili e invisibili. Credo in un solo Signore Gesù Cristo, unigenito figlio di Dio, nato dal Padre prima di tutti i secoli, generato e non creato». Non per mancanza di rispetto, ma per il suo contrario, proponiamo un'abile parodia del *Credo*, e cioè il *Credo* di Margutte, il gigante compagno d'avventure di Morgante nel poema omonimo di Luigi Pulci:

> [...] A dirtel tosto,
> io non credo più al nero ch'a l'azzurro,
> ma nel cappone, o lesso o vuogli arrosto;
> e credo alcuna volta anche nel burro,
> nella cervogia, e quando io n'ho, nel mosto,
> e molto più nell'aspro che il mangurro;
> ma sopra tutto nel buon vino ho fede,
> e credo che sia salvo chi gli crede.[68]

■ Una poesia giuramento contiene: *a.* una verità che si afferma o un impegno cui ci si lega; *b.* un personaggio ideale o reale chiamato a testimone; *c.* un tribunale davanti al quale ci si impegna (che può coincidere con il testimone: «Di fronte a Dio»); *d.* una penale qualora il giuramento non venga rispettato («mi si secchi la lingua se...»). Naturalmente, come ci ha mostrato il Pulci, possiamo adoperare la struttura della poesia giuramento anche per esprimere senti-

66 Si dice «lirica» la poesia che esprime in modo soggettivo i sentimenti del poeta; opposta alla poesia «epica», nella quale il soggetto non appare e vi è narrazione o descrizione.
67 W. Whitman, cit., pp. 443 sgg.
68 Dal *Morgante*, cantare XVIII, ottava 120.

menti e preferenze meno sublimi (e in questo caso potrebbe somigliare a un *plazer*).

Esercizi 1. Può essere divertente scrivere una falsa poesia giuramento. Immagina d'essere un ingordo che promette di limitare il proprio consumo di cibo, con solo qualche piccola eccezione; ma le eccezioni alla fine saranno più dei casi normali...
2. Fa un elenco di cose in cui autenticamente credi (valori, bellezze, speranze, moralità...). Cerca di dire ogni cosa con una sola parola. Cerca di combinare tutte le parole con la tecnica del rimario.

10.4.22 La poesia augurio

Altro gesto poetico fondamentale è l'*augurio*. Si tratta di festeggiare qualcuno augurandogli benevolmente felicità e soddisfazione. L'augurio può essere considerato l'opposto dell'*imprecazione*. È spesso una poesia breve, una specie di biglietto inviato all'amico, una sorta di equivalente linguistico dell'atto di chi appoggia benevolente una mano sulla spalla dell'altro, quasi a spingerlo fiduciosamente verso il futuro. Ecco un es. semplice ma efficace di Raymond Carver.

> Collega mio. Vecchio amico mio.
> Io finalmente sto fuori da tutto quello.
> E anche tu. Mi auguro che le tue mani siano ferme
> e che stasera tu sia felice. Spero che una donna
> abbia messo le sue mani sotto il tuo colletto pulito
> appena un minuto fa, e ti abbia detto che ti ama.
> Credile, se puoi, perché forse lo dice sul serio.
> È una che sarà sincera e gentile con te,
> per tutto il tempo che ti rimane.[69]

10.4.23 La poesia congedo

Altro gesto poetico fondamentale è il saluto d'addio, il *congedo* dato all'amico, all'amante, alla propria terra, alla giovinezza, alla vita stessa. Anche Manzoni, quando descrive il congedo di Lucia dalla sua terra (alla fine dell'ottavo capitolo del *Promessi sposi*), si mette a *fare poesia* (sia pure in prosa): «Addio, monti sorgenti dall'acque, ed elevati al cielo; cime ineguali, note a chi è cresciuto tra voi, e impresse nella sua mente, non meno che lo sia l'aspetto de' suoi familiari; torrenti, de' quali distingue lo scroscio come il suono delle voci domestiche; ville sparse e biancheggianti sul pendio, come branchi di pecore pascenti; addio!». Ma ecco un brano di poesia vera e propria firmato da Giorgio Caproni e intitolato programmaticamente *Congedo del viaggiatore cerimonioso*:

> Dicevo, ch'era bello stare
> insieme. Chiacchierare.
> Abbiamo avuto qualche
> diverbio, è naturale.

69 R. Carver, *Blu oltremare*, cit., p. 112.

Ci siamo – ed è normale
anche questo – odiati
su più d'un punto, e frenati
soltanto per cortesia.
Ma, cosa importa. Sia
come sia, torno
a dirvi, e di cuore, grazie
per l'ottima compagnia.
Congedo a lei, dottore,
e alla sua faconda dottrina.
Congedo a te, ragazzina
smilza, e al tuo lieve afrore
di ricreatorio e di prato
sul volto, la cui tinta
mite, è sì lieve spinta.
Congedo, o militare
(o marinaio! In terra
come in cielo ed in mare)
alla pace e alla guerra.
Ed anche a lei, sacerdote,
congedo, che m'ha chiesto s'io
(scherzava!) ho avuto in dote
di credere al vero Dio.
Congedo alla sapienza
e congedo all'amore.
Congedo anche alla religione. [...]
Di questo, sono certo: io
son giunto alla disperazione
calma, senza sgomento.
Scendo. Buon proseguimento.[70]

■ **1**. Se partire è un po' morire, un congedo è un po' un testamento. Un pezzo della nostra storia è ormai concluso, ed essendo concluso ci appare finalmente chiaro, come un oggetto sotto una luce cruda. Così possiamo finalmente essere giusti verso di noi e verso gli altri, tracciare l'esatto bilancio dei beni e dei mali dati e ricevuti.
2. Un buon congedo prevede: *a.* una lista di cose passate (persone, luoghi, storie, oggetti...) dalle quali ci si stacca, eventualmente con brevi descrizioni o microracconti; *b.* una prospettiva sul nuovo luogo (città, fase della vita, nuovo amore...) verso il quale ci si dirige; *c.* la formulazione d'un giudizio su ciò che si lascia e d'una speranza su ciò che si troverà; *d.* un saluto.
3. La poesia congedo assomiglia e qualche volta si identifica con la *poesia ringraziamento* e cioè con quella poesia con cui l'autore saluta e ringrazia gli uomini, le donne e le esperienze che hanno contato per lui. Walt Whitman:

Grazie, in vecchiaia – prima della partenza, grazie,
per la salute, il sole meridiano, per l'aria impalpabile
per la vita, la semplice vita, [...]

70 In *Poeti italiani del Novecento*, cit., pp. 723 sgg.

> per tutti i miei giorni – non solo quelli di pace – quelli anche di guerra,
> per gentili parole, carezze, doni di terre straniere,
> per tetto, vino, cibo.[71]

Esercizi Immagina di dover abbandonare, dopo lunga frequentazione: il tuo cane, l'aula di scuola dove hai penato per anni, il bar del quartiere, l'oratorio, il partito politico nel quale non credi più, una persona amata. Pensa a quale ricordo vorresti che tali persone od oggetti conservassero di te; pensa a degli oggetti ricordo o a dei pensieri ricordo o a degli avvenimenti ricordo che potresti lasciar loro. Immagina che tipo specifico di nostalgia potresti provare tu, nel momento in cui (tra due, dieci anni) ripensassi a loro.

10.4.24 La poesia testamento

Altro gesto poetico poetico fondamentale, simile al congedo, è l'*addio al mondo*, cioè il testamento. Leggiamo un testamento abbastanza particolare, redatto (nel Seicento) da Giovanni Maria Croce per conto di tal M. Lattantio Mescolotti.

> Considerando il nostro viver frale,
> E che tra noi non regna alcun contento,
> Passando questa vita egra e mortale
> Qual ombra, sogno, nembo, fumo e vento,
> Ho pensato tra me che sia men male
> Far, avanti ch'io moia, un testamento
> Il qual è questo che qui porgo fuori
> A beneficio dei miei successori.
> Primo lascio a gl'afflitti miei parenti,
> Da poi che sarò posto in sepoltura,
> Poiché staranno assai mesti, dolenti
> Della mia morte tenebrosa e oscura,
> Tutti debiti e crediti e instrumenti,
> Le rime, i versi et ogni mia scrittura
> Con mille bei capricci e fantasie
> Cavate da diverse poesie. [...]
> Le cerimonie lascio ai cortegiani,
> L'invidia e, più che più, l'adulazione,
> E le bugie dispenso a gl'artegiani,
> Ed a' puliti la riputazione;
> E poi le scortesie lascio a' villani
> E che siano malvagi a ogni stagione;
> A ruffiani e a persone sì sfacciate
> Lascio d'entrata mille bastonate.[72]

■ **1.** La poesia testamento in fondo è una specie di variante della poesia dono, oltre che del congedo. L'abbiamo considerata a parte per la solennità del dono in questione e perché il testamento è una resa dei conti veramente finale con il mondo. Nel testamento possiamo dire a chiunque, e senza peli sulla lingua, quel-

71 W. Whitman, *op. cit.*, p. 647.
72 Cit. in P. Camporesi, *La maschera di Bertoldo*, Einaudi 1976, pp. 325 sgg.

lo che pensiamo. Immaginandoci quindi d'essere il mor*to che saremo possi*amo irridere le follie dei viventi. I lasciti del defunto sono così delle beffe che svelano i vizi e le vanità di quelli che restano.
2. Nulla c'impedisce di lasciare a coloro che ci hanno amato davvero dei lasciti, sia pur metaforici, più degni e graditi. Ancora Whitman (che, a occhio e croce, sembra aver tentato tutti i gesti poetici possibili e immaginabili):

> L'uomo d'affari, che molto ha accumulato,
> lascia edifici e terre ai suoi figli, lascia valori, beni, capitali a scuole, ospedali. [...]
> Io invece, passando in rassegna la mia vita per trarne le somme,
> nulla ho da lasciare, nulla da dividere, dopo gli oziosi miei anni,
> non case, non terre, ricordi di pietre preziose e d'oro ai miei amici,
> appena alcune poche memorie di guerra, per voi e dopo voi,
> poche visioni di accampamenti e soldati, con il mio amore, che ora raccolgo e
> trasmetto in questo fascio di canti.[73]

10.4.25 La poesia in morte di

Altro gesto poetico fondamentale è il *ricordo dei defunti.* Da sempre si scrivono *epigrafi*, cioè testi da incidere sulla pietra tombale e nei quali il morto, quasi rivolgendosi dall'aldilà al vivente che passi da quelle parti, riassume in pochi tratti la sua vita. È forsE un modo di rivendicare la propria identità distrutta dalla morte. Qualche es. antico:

> IL PUGILE
>
> Glicone, gloria d'Asia, nato a Pergamo,
> di piedi larghi, degli atleti folgore,
> novello Atlante, pugile imbattibile,
> sparì. Colui che prima né fra gl'Itali
> né in Asia fu atterrato né nell'Ellade,
> l'ha rovesciato l'Ade, l'invincibile.
>
> L'UBRIACONA
>
> La vecchia asciugabotti è qui, Marònide,
> quell'ubriacona. A tutti ben visibile
> un calice dell'Attica sul tumulo.
> E lei sotterra geme, né pei figli né
> per suo marito, che in miseria abbandonò,
> bensì per una cosa: è vuoto, il calice.[74]

Nella celebre *Antologia di Spoon River* Edgar Lee Masters ha rinnovato il genere. Ecco un'epigrafe in cui una persona comune descrive la sua vita comune. Se nell'antichità le epigrafi fissavano il morto in una specie d'istantanea, ritraendolo in una posa definitiva (proprio come fanno le fotografie sulle tombe moderne), Masters invece racconta una storia, il piccolo romanzo d'una vita.

---

73 W. Whitman, *op. cit.*, p. 616.
74 *Antologia Palatina*, a c. F.M. Pontani, Einaudi 1979/81, v. II, pp. 455 e 692.

LUCINDA MATLOCK

Andavo a ballare a Chandlerville
e giocavo alle carte a Winchester.
Una volta cambiammo compagni
ritornando in carrozza sotto la luna di giugno,
e così conobbi Davis.
Ci sposammo e vivemmo insieme settant'anni.
Filavo, tessevo, curavo la casa, vegliavo i malati,
coltivavo il giardino e, la festa,
andavo a spesso per i campi dove cantano le allodole,
e lungo lo Spoon raccogliendo tante conchiglie,
e tanti fiori e tante erbe medicinali –
gridando alle colline boscose, cantando alle verdi vallate.
A novantasei anni avevo vissuto abbastanza, ecco tutto,
e passai a un dolce riposo.
Cos'è questo che sento di dolori e stanchezza,
e ira, scontento e speranze fallite?
Figli e figlie degeneri,
la Vita è troppo forte per voi –
ci vuole vita per amare la Vita.[75]

Infine c'è la poesia nella quale il vivo parla e si rivolge al morto; la poesia è dunque uno struggente atto d'amore e d'addio, un estremo tentativo di trattenere presso di sé lo scomparso. Vi proponiamo un testo di Auden:

Fermate tutti gli orologi, isolate il telefono,
fate tacere il cane con un osso succulento,
chiudete il pianoforte, e tra un rullio smorzato
portate fuori il feretro, si accostino i dolenti.
Incrocino aereoplani lamentosi lassù
e scrivano sul cielo il messaggio Lui è Morto,
allacciate nastri di crespo al collo bianco dei piccioni,
i vigli si mettano guanti di tela nera.
Lui era il mio Nord, il mio Sud, il mio Est ed Ovest,
la mia settimana e il mio riposo la domenica,
il mio mezzodì, la mezzanotte, la mia lingua, il mio canto;
pensavo che l'amore fosse eterno: e avevo torto.
Non servon più le stelle: spegnetele anche tutte;
imballate la luna, smontate pure il sole;
svuotatemi l'oceano e sradicate il bosco:
perché ormai più nulla può giovare.[76]

■ **1**. Una vita è sempre una storia aperta, solo la morte la trasforma in un destino, solo dopo la morte la nostra verità si rivela. Una buona epigrafe riassume tutto (e solo) ciò che rende una vita, per quanto qualunque, diversa da tutte le altre: «Io sono stato questo». Mentre nelle epigrafi antiche noi percepiamo soprattutto la stilizzazione (per cui ogni persona ci appare come un tipo: il pugile è,

75 E. L. Masters, *Antologia di Spoon River*, tr. F. Pivano, Einaudi 1971.
76 W. H. Auden, *op. cit.*, pp. 63 sgg.

nel bene e nel male, un pugile modello, e così pure la beona), Masters cerca di restituire, pur nella concisione estrema dei testi, la complessità della persona. In un certo senso una buona epigrafe moderna è come il soggetto di quel film o la trama di quel romanzo al quale, in fondo, tutti avrebbero diritto. Mancano i dettagli ma c'è tutta la sostanza.
2. La poesia di Auden è straordinaria e commovente, insieme unisce il compianto, la lamentazione, l'esortazione, la dichiarazione d'amore, a dimostrazione che le modalità poetiche che abbiamo individuato spesso agiscono insieme.

10.4.26 La poesia puntura

Altro gesto poetico fondamentale è il *pungere*, ferire, irritare chi la riceve: è il caso degli *epigrammi*, composizioni brevi dotate d'una frecciata finale avvelenata con cui si colpisce e ridicolizza davanti a tutti qualcuno che ci è odioso. Il latino Marziale è considerato il più grande epigrammista di tutti i tempi:

> Qualunque cosa tu chieda, dici: «È niente»,
> o Cinna rompiballe. Se proprio è niente
> quel che mi chiedi, non ti nego niente.
>
> Tucca, i miei libri tu vuoi
> ma per rivenderli, non per leggerli.
> Non li avrai.
>
> Fausto, non so quel che tu scriva
> a tante donne. Ma potrei dire
> quel che nessuna ti manda a dire.[77]

Ma anche ai nostri dì c'è chi non fa economia di cattiveria. Per dimostrarvelo vi diamo l'epigramma più breve e cattivo dei nostri tempi, l'ha scritto Franco Fortini:

> CARLO BO
> No.

■ **1**. L'epigramma classico è sempre diviso in: *a. esposizione*; *b. rovesciamento.* L'esposizione descrive, con apparente neutralità, un comportamento tipico del tale o del talaltro: Fausto scrive molte lettere (d'amore, immaginiamo), Tucca chiede libri in prestito, ecc.; il rovesciamento consiste nel mostrare che quel tal comportamento è il sintomo d'un pessimo vizio.
2. È bene focalizzare l'attenzione su un dettaglio e prenderlo a pretesto per assestare alla vittima il colpo mortale, come colpendolo a tradimento nel suo tallone d'Achille. Se nella maledizione si menano colpi in quantità, nell'epigramma si assesta un colpo unico: ma dev'essere mortale. Se nella maledizione conta soprattutto il giudizio morale, l'epigramma sfrutta piuttosto il senso del ridicolo.

77 Marziale, *Epigrammi*, tr. G. Ceronetti, Einaudi 1979, pp. 207, 259 e 477.

10.4.27 La poesia coccodrillo

Nel gergo giornalistico è chiamato "coccodrillo" l'articolo in morte di una persona illustre che si prepara quando questa è ancora viva. È un semplice sistema per essere sempre pronti alle evenienze. Ora, i coccodrilli sono generalmente laudativi, o almeno cercano di salvare il salvabile. Ma c'è un gesto poetico molto crudele, che per comodità chiamiamo *poesia coccodrillo*: è l'*assassinio degli uomini morti*, l'estremo sputo addosso a una persona che non c'è più (e che quindi non può replicare). Le poesie coccodrillo sono epigrafi crudeli, in forma di epigramma, simili alle maledizioni che spogliano il povero defunto di tutti i suoi orpelli e mettono a nudo tutti i suoi difetti. Naturalmente ci si può divertire a scrivere epigrafi di uomini ben vivi: questa era una delle specialità di Ennio Flaiano.

> IN QUESTA CASA SIGNORILE CON DOPPI SERVIZI
> VISSE E OPERÒ TENACEMENTE
> ALBERTO MORAVIA
> CHE A SUPREMO FASTIGIO DELL'ARTE SUA
> LA NOIA PONENDO
> IN NOVELLE INNUMEREVOLI LA PROFUSE
>
> PRECOCEMENTE RAPITO ALLE GLORIE
> LETTERARIE E MONDANE
> QUI SOGGIACE
> ALBERTO ARBASINO
> CHE ARDIRE E CURIOSITÀ SPINSERO
> AI CONFINI DELL'ARTE ALTRUI
> INVANO[78]

Una divagazione in prosa Il settimanale satirico *Cuore* si divertiva, qualche anno fa, a pubblicare i coccodrilli di persone ancora ben vive e vegete. Ecco quello dello scrittore Alberto Bevilacqua:

> I romanzi non li scriveva ma li impastava come si fa per i pandori e i panforti. In prossimità dei colorati Natali queste confezioni editoriali plastificate venivano immesse nelle librerie e vendute con lo slogan: *Pigli tre e paghi due*. In vita Alberto Bevilacqua amava presentare i suoi prodotti in ogni parte d'Italia e, con molesta insistenza, nei canali TV dove trovava adeguati interlocutori. Esiste, scrive Pessoa, una stanchezza dell'intelligenza; di questa lui fu il campione assoluto.[79]

Le epigrafi scritte sulle pietre tombali o applicate ai muri degli edifici sono sempre solenni; la poesia coccodrillo sta ad esse come l'esempio da *Cuore* ai coccodrilli ufficiali.

■ **1.** La poesia coccodrillo si esercita contro chi, pur essendo fisicamente ben vivo, ci appaia spiritualmente cadavere. È un modo per dirgli: «Non se ne può

78 E. Flaiano, *Tempo di uccidere*, Bompiani 1992, pp. 212 sgg.
79 *Cuor da Cuore*, Feltrinelli 1990, p. 39.

più di te». È violentemente efficace perché ci fa parlare di Tizio come se fossimo un giudice inappellabile, come se fossimo la morte stessa. Il messaggio è: «Caro mio, nemmeno dalla morte potrai aspettarti qualcosa di buono: anche quando sarai morto continueremo a vituperarti, e approfitteremo della tua assenza per disfare tutto ciò che tu hai fatto».

2. Nella poesia coccodrillo spesso si usa una lingua fintamente retorica e antiquata, che faccia il verso alla lingua delle vere epigrafi. Quanto più la nostra epigrafe sembrerà vera – cioè quanto più la sua lingua avrà il tono della lode e nasconderà l'intento velenoso – tanto più sarà efficace.

10.5 Poesie basate su figure retoriche

Le *figure retoriche* sono particolari modi di scelta e combinazione della parole, che si usano per dare maggiore rilievo a un pensiero, a un sentimento, a una descrizione, ecc. Lo scopo delle figure è di provocare dei cortocircuiti di significato, giocando sull'ambiguità delle parole, sugli accostamenti inconsueti, sulle deviazioni delle parole dal loro senso ordinario, ecc. La poesia fa spesso un uso intensivo delle figure retoriche, ma anche il parlar comune ne è ricco.[80]

10.5.1 La poesia con le comparazioni

La figura retorica più usata in poesia è la comparazione. Qualcosa o qualcuno viene paragonato a qualcuno o a qualcosa d'altro. Per mezzo della comparazione ordini di realtà e di pensiero anche lontani vengono improvvisamente a contatto. La scintilla che scocca da questo contatto elettrico è la poesia. Leggiamo *A mia moglie*, una poesia in cui Umberto Saba paragona la moglie Lina a una serie di animali:

> Tu sei come una giovane,
> una bianca pollastra.
> Le si arruffano al vento
> le piume, il collo china
> per bere, e in terra raspa;
> ma, nell'andare, ha il lento
> tuo passo di regina,
> e incede sull'erba
> pettoruta e superba.
> È migliore del maschio.
> È come sono tutte
> le femmine di tutti
> i sereni animali
> che avvicinano a Dio. [...]
> Tu sei come una lunga
> cagna, che sempre tanta
> dolcezza ha negli occhi,
> e ferocia nel cuore.

80 Per una prima conoscenza della retorica: R. Barthes, *La retorica antica*, Bompiani 1972.

Ai tuoi piedi una santa
sembra, che d'un fervore
indomabile arda,
e così ti riguarda
come il suo Dio e Signore. [...]
Tu sei come la rondine
che torna in primavera.
Ma in autunno riparte;
e tu non hai quest'arte.
Tu questo hai della rondine:
le movenze leggere;
questo che a me, che mi sentiva e era
vecchio, annunciavi un'altra primavera.[81]

■ **1**. Alcune comparazioni fanno parte da secoli del bagaglio della lingua poetica: gli occhi dell'amata sono stelle, le sue guance colorite sono rose, le labbra sono fragole o ciliege, il suo seno è bianco come la neve e così via. Saba, volendo scrivere una poesia d'amore, sceglie di non rifiutare la tradizione di esprimere l'amore per comparazioni, ma di usare come termini di comparazione solo cose umili: animali da cortile e da stalla, le rondini, le formiche. Fin dall'inizio Saba usa la lingua poetica a rovescio: «pollastra» e «cagna», affibbiati a una donna, sono aggettivi insultanti; e lui li volta in positivo. Se quindi vogliamo fare una poesia di comparazioni, stiamo attenti a non farci ingannare da termini di comparazione abusati.

2. Trovato un buon termine di comparazione, stiamo attenti a non bruciarlo. Osserviamo come Saba articola e circostanzia ogni comparazione: «Tu sei come la rondine / che torna in primavera. / Ma in autunno riparte». Non basta avere una buona idea, bisogna sfruttarla a fondo: ed è sfruttandola a fondo, cioè cercando puntigliosamente tutte le ragioni per cui X è comparabile a Y, che possiamo valutare se la nostra comparazione tiene o se è troppo ingenua o bislacca.

3. Saba ci dice subito di che cosa parla (la poesia s'intitola *A mia moglie*) e poi allinea le comparazioni; si può fare però anche il contrario: «Misteriosa come gli abissi, impalpabile come i cieli... così è l'anima». L'effetto è quasi d'un indovinello. Eventualmente, una volta svelato di chi o che cosa veramente parliamo, possiamo aggiungere una coda con altre comparazioni, in modo da definire ulteriormente il nostro oggetto. Un es. di Roberto Piumini:

Come un bosco dalle molte parti,
alberi vetta, di alberi mare,
acque diadema, echi, specchi, giochi,
strade vene d'andare,
rocce d'appuntamento e di vedetta,
piste di orsi e di aironi e faine,
pieghe d'erba preziosa
graffi di frane
pieghe di carbone
e popolosi alberi, infiniti

81 In *Poeti italiani del Novecento*, cit., pp. 199 sgg.

atomi in paziente verdurare,
ponti, formiche, limiti ronzanti,
echi del picchio, scia del cinghiale,
pieno frusciante smeraldo del sole: tale
è la poesia,
perfetta luce che si accende e sfioca
sul senso che, scoiattolo segreto,
frulla inquieto
tra i rami e l'ombra viola.[82]

Esercizi Per esercitarsi all'uso delle comparazioni è utile scegliere un oggetto per noi importante (la persona amata, la mamma, il popolo, la libertà, il gatto, la musica dei Bee Gees, la mia moto) e provare a parlarne come se fosse un'altra cosa. È un po' come quel gioco di società: «Se fosse... sarebbe...». Es.: se la persona che amiamo fosse un fenomeno atmosferico, un animale, un albero, un'automobile, un oggetto per l'igiene intima, uno strumento musicale...

10.5.2 La poesia con le metafore

Distinguiamo bene le analogie dalle metafore. Nelle analogie c'è un ponte tra una parola e l'altra, e questo ponte è di solito la parola «come». La metafora "brucia" questo ponte e pone le due parole brutalmente una vicino all'altra, stabilendo una equivalenza sorprendente. La poesia metaforica si fonda su un sistema vertiginoso di equivalenze. Ecco un caso di poesia riccamente metaforica, dedicata da André Breton alla sua donna:

La mia donna dai capelli di fuoco di legna
Dai pensieri a lampi di calore
Dalla vita di clessidra
La mia donna dalla vita di lontra tra i denti della tigre [...]
La mia donna dalle spalle di *champagne*
E a fontana con teste di delfini sotto il ghiaccio
La mia donna dai polsi di fiammiferi
La mia donna dalle dita d'azzardo e d'asso di cuori
Dalle dita di fieno tagliate
La mia donna dalle ascelle di martora e di faggiuola [...]
La mia donna dalle gambe a razzo
Dai movimenti a orologeria e di disperazione
La mia donna dai polpacci di midollo di sambuco
La mia donna dai piedi a iniziali[83]

■ Questa poesia si riallaccia a un genere classico (che abbiamo già incontrato parlando della *lauda*): quello del *blasone* dedicato al corpo femminile. Ad ogni membro del corpo della sua donna il poeta associa una serie di immagini fulminanti, inusuali. André Breton amava dire che una metafora è tanto più bella quanto più i due termini accostati sono lontani, e quanto più giusto, convincente sentiamo il loro accostamento. La metafora è un crogiuolo dove le identità si

82 E. Zamponi, R. Piumini, *Calicanto*, Einaudi 1988, p. 163.
83 A. Breton, *Poesie*, tr. G. Falzoni, Einaudi 1977, p. 39.

fondono. Chi inventa metafore deve saper osare da una parte, ma dall'altra deve saper controllare la giustezza, appunto, delle equivalenze stabilite (altrimenti esse appaiono solo strambe). Nel caso in questione il corpo della donna amata diviene il punto d'incrocio e di intreccio di tanti fili. Scrivere testi metaforici ci allena a stabilire contatti e cortocircuiti semantici e logici tra gli aspetti del mondo. Ci abitua a un pensiero dialettico che non si arresta alle differenze ma le mescola e le scioglie una nell'altra.

10.5.3 La poesia con le sinestesie

Si parla di *sinestesia* («percezione globale», potremmo tradurre) quando si associano due o più percezioni relative a sensi diversi. Nel celebre sonetto intitolato *Vocali*, Arthur Rimbaud associò a ciascun suono vocalico una serie di percezioni, anzi intere immagini, usando come base l'associazione tra ciascuna vocale e un colore.

> A nera, E bianca, I rossa, O verde, U blu: vocali,
> io dirò un giorno le vostre nascite latenti:
> A, nero corsetto villoso delle mosche lucenti
> che ronzano intorno a fetori crudeli,
> golfi d'ombra; E, candori di vapori e di tende,
> lance di ghiacciai superbi, re bianchi, brividi di umbelle;
> I, porpora, sangue sputato, riso di labbra belle
> nella collera o nelle ebbrezze penitenti;
> U, cicli, vibrazioni divine dei verdi mari,
> pace dei pascoli seminati di animali, pace di rughe
> che l'alchimia imprime nelle ampie fronti studiose.
> O, la suprema Tuba piena di stridori strani,
> silenzi solcati dai Mondi e dagli Angeli:
> – O l'Omega, raggio violetto dei Suoi Occhi![84]

Un es. contemporaneo di variazione giocosa sullo stesso tema. L'autore è Corrado Costa, il titolo: *Baruchello! Facciamo, una buona volta, il catalogo delle vocali.*

> A
> com'è noto
> l'A di acqua è
> incolore, insapore, inodore
> l'A di labbra
> è rossetto
> rosa
> &
> verde
> l'A di acqua
> cammina sulle acque
> lascia una visibile traccia
> l'A di labbra non lascia

84 A. Rimbaud, *op. cit.*, p. 143.

una visibile traccia
quando si mordono le labbra [...]

U
&
O
&
O
di fuoco
bruciano
I
di fuoco
non brucia mai
U di leccare
non si lecca mai
E di mai
non si pronuncia mai.[85]

■ Kenneth Koch: «Il modo per trovare il colore della vocale è di chiudere gli occhi e di dirselo. "Quando dici a, che colore vedi? E quando dici o? Dopo aver trovato il colore della vocale si pensi a altre cose che hanno lo stesso colore. Non usate associazioni convenzionali come: bianca per la neve, azzurro per il cielo, rossa per rosa; cercate invece di ricordare dove esattamente avete già visto quel colore, proprio il colore della vocale: può essere una camicia rosa sbiadita, un palo arrugginito, una sciarpa bianca, una banana, la luce d'un semaforo, un biglietto del cinema". La poesia di Rimbaud ha delle strane associazioni che fanno veramente vedere a chi la legge, per il bianco, a es. tende, ghiacciai, re bianchi, brividi d'infiorescenze».[86]

Esercizi Chi l'ha detto che solo le vocali possono provocare sinestesie? La 'p' di pancia, la 's' di serpente... Prova a giocare, a es. con le lettere del tuo nome. Non pensare solo al suono delle parole, ma anche alla loro forma grafica (la «A di acqua / cammina sulle acque» perché ha la forma di gambe che compiono un passo). Considera la differenza tra maiuscolo e minuscolo, tondo e corsivo. Sbizzarrisciti con i vari font del tuo computer.

10.5.4 La poesia con gli ossimori

L'ossimoro è la figura retorica che prevede l'accostamento di parole che si contraddicono: «grida silenziose», «Luigi è buono e cattivo», «un simpatico mascalzone». L'ossimoro è stato spesso usato per descrivere quella condizione di desiderio bloccato e di impotenza ardente tipica della poesia d'amore. Ossimori e antitesi ebbero gran fortuna in epoca barocca, e furono scritti molti sonetti a imitazione di quelli del Petrarca. Un es. dello spagnolo Quevedo:

85 In *Poesia degli anni Settanta*, cit., p. 495.
86 K. Koch, *Desideri...*, cit., p. 131.

> È ghiaccio ardente, e è gelido fuoco,
> è ferita che duole e non si sente,
> è un sognato bene, un mal presente,
> è un breve riposo molto stanco.
> È una leggerezza che dà pena,
> un codardo con nome di valente,
> un andar solitario tra la gente,
> un amar solamente essere amato.
> È una libertà incarcerata,
> che conduce all'estremo parossismo,
> infermità che cresce, se curata.
> Questo è il fanciullo Amor, questo l'abisso:
> quale amicizia potrà aver con nulla
> chi in tutto è contrario di se stesso?[87]

Un es. recente (uno dei *Sonetti d'amore per King-Kong* di Gino Scartaghiande), dove i due ossimori iniziali introducono il tema di tutta la poesia: separazioni (vetro, setaccio) e differenze.

> Appunto perché vieni brutto
> vieni bello, appunto perché
> parli taci. Reclini vicino
> al vetro, il dito in altro.
> In una trasposizione costante
> di quelli che furono i luoghi.
> Non vorremo setacci tra noi
> e l'acqua in cui ti sciogli,
> amalgama di papiri. Pasta
> fragile del piombo che cola
> sulle fenditure e le appiccica.[88]

■ **L'ossimoro è utile, se usato con misura, a descrivere una condizione, un soggetto, un comportamento contradditorio. L'ossimoro è una forzatura della lingua, e non dobbiamo aver paura a forzare la lingua quando questo è l'unico modo per dire ciò che abbiamo da dire.**

10.5.5 La poesia con le antitesi

Molte poesie, da che tempo è tempo, sono costruite sul meccanismo dell'antitesi. L'antitesi movimenta il discorso contrapponendo due modalità forti della vita e invitando con ciò implicitamente il lettore a scegliere. Un es. del francese Charles Péguy, che contrappone ripetutamente, ossessivamente (il testo originale è assai più lungo della parte che ne stralciamo) le «armi di Gesù» e le «armi di Satana»

> Le armi di Gesù sono la paglia e la stalla
> E il pane e il vino e la tovaglia e la tavola
> E il più disgraziato di tutti, ecco il suo conestabile;

87 In *Poeti dell'età barocca*, a c. G. Spagnoletti, Guanda 1981, p. 186.
88 G. Scartaghiande, *Sonetti d'amore per King-Kong*, Cooperativa scrittori 1977, p. 55.

Le armi di Satana sono la soperchieria,
Una sfrontatezza infernale, un'acida ironia,
il sapere dei sapienti e l'ipocrisia; [...]
Le armi di Gesù sono la pena dell'uomo,
La via che conduce e riconduce a Roma,
È la mano che lo colpisce e il pugno che lo finisce;
Le armi di Satana sono la profumeria
Dello scrittore eloquente e sono lo zucchero
dello scrittore amaro e il moralismo; [...]
Le armi di Gesù sono il nostro tradimento,
I chiodi e il martello, il vestito senza cucitura,
L'uomo, l'angelo e la bestia e la doppia natura;
Le armi di Satana sono la vita e la morte,
Il desiderio e la donna e i dadi e la sorte
E il diritto del più duro e il diritto del più forte.[89]

■ **1**. L'antitesi funziona bene quando i due termini sono davvero antitetici, cioè contrapposti; gira a vuoto, invece, se i due termini sono solo differenti o contrastanti. L'antitesi spacca il mondo in due: di qua il bello, il buono, il vero; di là il brutto, il cattivo, il falso. C'è qualcosa di teatrale in questo: e vediamo infatti che Péguy sembra affidare a due voci diverse le terzine di Gesù e le terzine di Satana.
2. L'antitesi è un motore ritmico potente, efficace e semplice. È capace di far funzionare un testo per pagine e pagine (la poesia di Péguy, abbiamo già detto, è lunghissima), senza che mai si perda il filo (il bene è qua, il male è là). L'accumulo di antitesi può produrre un testo ossessivo (come questo di Péguy); ma se non si arriva all'ossessione (che è sempre un buon risultato poetico) si rischia la ben meno desiderabile monotonia. Occorre quindi avere il coraggio di tenere il ritmo fino all'ossessione, introducendovi però continuamente delle piccole variazioni (il che è difficilissimo).

10.6 La poesia popolare

La poesia non è mica solo roba da poeti. Da sempre la gente comune inventa poesie, canzoni, filastrocche, conte, preghiere, maledizioni... e spesso i poeti illustri hanno cercato ispirazione nella produzione poetica popolare.

10.6.1 Filastrocche del non è

Le *filastrocche* sono di solito costruite secondo schemi compositivi semplici, che pertanto consentono innumerevoli *variazioni*. Ecco alcune filastrocche costruite secondo uno schema facilmente riconoscibile. Partiamo con una filastrocca che proviene da Camerino:

Uno due e tre
el papa non è re,
el re non è papa,
la coccia n'è lumaca,

89 Ch. Péguy, *Les Tapisseries*, Gallimard 1958, pp. 51-55.

la lumaca non è coccia,
candela non è torcia,
torcia n'è candela,
el giorno non è sera,
la sera n'è matina...[90]

Potremmo chiamarle *filastrocche del non è*. Si comincia dicendo: «Questo non è quello, quello non è quell'altro» e poi si va avanti sempre, finché non si trova una buona battuta per finire. Le frasi iniziali più comuni sono: «Uno due tre», «È vero che si dice», «Buonasera + un nome di persona». Inoltre: la parola di fine verso è quasi sempre anche la parola d'inizio del verso successivo.

10.6.2 Filastrocche alla fiera dell'Est

Un altro schema facile da eseguire: Tizio fa fuori Caio, Caio fa fuori Sempronio, Sempronio fa fuori Adelmo...

L'è rivà la capra
che mangiava l'erba
che m'ha rotto il fiasco...
perché l'ha fatto andare giù,
e ora il fiasco non c'è più,
e ora il fiasco non c'è più.
L'è rivà anche il lupo
che mangiò la capra
che mangiava l'erba
che m'ha rotto il fiasco...
perché l'ha fatto andare giù,
e ora il fiasco non c'è più
non c'è più.
L'è rivà anche il cane
che abbaiava al lupo
che mangiò la capra
che mangiava l'erba
che m'ha rotto il fiasco...
perché l'ha fatto andare giù, ecc.
L'è rivà il bastone
che picchiava il cane
che abbaiava al lupo
che mangiò la capra
che mangiava l'erba
che m'ha rotto il fiasco...
perché l'ha fatto andare giù.[91]

■ Chi ama Angelo Branduardi avrà riconosciuto l'identico schema della canzone *Alla fiera dell'Est*. A ogni nuova strofa entra in campo un nuovo *eliminatore* (chiodo schiaccia chiodo, per l'appunto), ma si ripetono anche a cascata tutte le precedenti eliminazioni (si tratta anche d'un gioco: chi si dimentica un eliminatore,

90 A. Mari, A. Virgilio Savona, M.L. Straniero, *Sotto la cappa del camino*, Mondadori 1985, pp. 139 sgg.
91 *Ivi*, pp. 45 sgg.

ha perso). Esistono molte varianti: es. lo schema: «Ho venduto questo per comprare quello, poi quello per comprare quell'altro», oppure «Volevo questo e m'han donato quello, volevo quello e m'han donato quell'altro», «Per fare questo ci vuole quello, per fare quello ci vuole quell'altro», ecc. Qualche altro es.:

> Domani è festa
> mangiamo la minestra,
> la minestra non è cotta,
> mangiamo la ricotta,
> la ricotta è salata,
> mangiamo l'insalata,
> per l'insalata non c'è olio,
> andiamo in Campidoglio
> il Campidoglio è sbarrato,
> piglia un bastone e dattelo sul capo.[92]
>
> Per fare un tavolo
> ci vuole il legno,
> per fare il legno
> ci vuole l'albero,
> per fare l'albero
> ci vuole il seme,
> per fare il seme
> ci vuole il frutto,
> per fare il frutto,
> ci vuole il fiore:
> per fare il tavolo
> ci vuole il fiore.[93]

10.6.3 Canzoni del mondo alla rovescia

Un'altra forma di poesia popolare diffusa da secoli in tutta Europa è quella della *canzone alla rovescia* dove appunto si enumerano fenomeni e comportamenti impossibili, contraddittori. Ecco alcuni es. facilmente imitabili. Il primo è stato raccolto in Versilia:

> Io canto una canzone alla rovescia
> e alla rovescia la voglio cantare:
> presi l'acqua dal pozzo con la cesta
> e legai all'aratro due zanzare.
> Misi la nonna dentro la sua zana,
> tosai l'anguille e vendetti la lana.

Una variante raccolta a Montepulciano:

> Era una notte buia e luminosa
> il sole risplendea dietro le nuvole
> illuminando le trote che cantavano sui rami.

92 N. Orengo, *A-ulì-ulè*, Einaudi 1972, p. 28.
93 G. Rodari, *Filastrocche in cielo e in terra*, Einaudi 1982, p. 96.

Spirava un venticello fermo
e turbinava tra la pioggia asciutta.
Si camminava a coppia, tre per tre
e tutti quanti in fila indiana,
allorquando al debole chiaror di lumi spenti
vidi un cadaver che al favellar pareva quasi morto.

■ **1**. Scrivere canzoni alla rovescia non è difficile: si tratta d'inanellare contraddizioni, bugie, *adynaton*, stranezze. Difficile è trovane di belle, poetiche, capaci di restare impresse; difficile è costruire un ritmo per cui queste immagini dell'*altro mondo* si incastrino le une alle altre – grazie a rime, parallelismi, assonanze – in modo fluente, a creare un piccolo mondo alla rovescia, un vero e proprio antimondo allegro e bislacco.
2. Comporre e ascoltare canzoni alla rovescia è un utile esercizio di (anti) logica; scrive Carlo Lapucci (dal cui libro abbiamo ricavato i nostri esempi): «La canzone alla rovescia sembra un bastone messo fra le ruote del processo mentale d'individuazione dei nessi logici».[94]

10.6.4 Ninne nanne

Anche le ninne nanne di solito si reggono su meccanismi di parallelismo molto evidenti e perciò molto facilmente imitabili. Prendiamo a es. una ninna nanna che proviene dai dintorni di Siena:

Ninna su, ninn giù,
mamma tribola un ne po' più.
Babbo mangia salsiccioli,
mamma tribola co' figliuoli.
Babbo mangia la salsiccia
mamma tribola co' la citta [*bambina*].
Babbo beve il vin d'ittino [*del tino*]
mamma tribola co'iccittino [*col bambino*].
Babbo mangia all'osteria
mamma tribola tuttavia.[95]

■ Dopo l'avvio in cui si invita il bimbo a fare la nanna si susseguono strofe a rima baciata basate su una *antitesi*: mentre il papà se la spassa la mamma «tribola» per fare addormentare il bimbo. Questa antitesi fondamentale viene poi variamente riformulata (naturalmente le antitesi possono essere di tipo diverso; es. mentre i cinesini dormono tutti, Pippo sta sveglio; mentre i negretti sognano Pippo strilla, ecc.).

10.7 La poesia strana

Chiamiamo poesia *strana*, con un po' di approssimazione, tutta la poesia fatta principalmente con l'intento di divertirsi (e far divertire): la poesia che gioca

94 C. Lapucci, *Il libro delle filastrocche*, Vallardi 1997, p. 165.
95 In *Le ninne nanne italiane*, a c. T. Saffioti, Einaudi 1994, p. 43.

con i suoni e con la scrittura delle parole, con la punteggiatura, con la tipografia, ecc. Non che (e l'abbiamo visto bene nei capitoli precedenti) nella poesia *normale* non vi siano di questi giochi: la divisione tra poesia normale e strana è, per così dire, una questione di intensità.

10.7.1 Scioglilingua

Cominciamo stralciando un paio di strofe da un lunghissimo *scioglilingua* che è anche un *tautogramma* (cioè: un testo in cui in ciascuna strofa tutte le parole – tranne i connettivi: articoli, congiunzioni, ecc. – iniziano con la stessa lettera). L'autore è Edoardo Sanguineti.

> balza bolsa la bestia babillonica,
> bruto bruco di bubbola bubbonica:
> blocca le bocche alle bambe bambine,
> bruca le brume & brivida le brine:
> brutta alla bionda più brutta la bava,
> borra di burro alla bruna più brava:
> belva balzana non beve alla briglia,
> bocca baciata non buca bottiglia:
> destri dragoni & dubbie dragamine,
> dinosaure dentute & discoline,
> dromedari disfatti & dirigibili,
> deltaplani detersi & detersibili,
> dracule & dipse domestiche & drastiche,
> diaboliche dementi & dee dinastiche,
> date in dono, al dolente che declama,
> dotti detti a dirotto, & alla sua dama:[96]

■ **1**. In questo testo letteralmente *ogni parola partorisce altre parole*. L'oggetto del discorso è di per sé mostruoso: l'apparizione della «bestia babillonica», cioè la bestia (di Babele, di Babilonia) che portò distruzione nel mondo quando Dio decise di punire l'orgoglio degli uomini; e la bestia che ridusse gli uomini al *babìl* (questa parola è ormai un termine tecnico della linguistica), cioè al balbettio, a uno stato infantile del linguaggio – che, tra allitterazioni e proliferazioni, Sanguineti mima parossisticamente.
2. Notiamo alcuni effetti: versi che sembrano proverbi («bocca baciata non buca bottiglia»), anacronismi («dinosaure» e «deltaplani»), paretimologie («dragoni» accostato a «dragamine»).

10.7.2 Acrostici

L'*acrostico* è una poesia in cui le lettere iniziali d'ogni verso compongono un nome di persona o di cosa, o addirittura una breve frase. In questo *Erotosonetto* di Sanguineti, anch'esso verso per verso tautogrammato, le lettere iniziali dicono: «Sanguineti amat»:

96 E. Sanguineti, *Bisbidis*, Feltrinelli 1987, p. 51.

Se sa sedurti soltanto un sonetto,
Archetipo d'amaro amore assente,
Nasconderò nei tuoi nomi il mio niente,
Golfo mio, mia girandola, mio ghetto:
Umiliato unicorno, unico e urgente,
Inciderò in te impronte, intimo insetto,
Nodo dei nodi, nudo nervosetto,
Enfasi estrema, epigramma emergente:
Tenera in tutto, torre di tormenti,
Infarcito mio infarto, idolo, inferno,
Apriti a me, tu, aurora di aghi ardenti:
Muta medusa, muscolo materno,
Ascoltami, arida aspide, e acconsenti:
Tremo con te, tremendo, tardo terno:[97]

■ In una poesia come questa o la precedente il *senso* non si forma nella solita maniera, cioè grazie all'articolazione logica delle parole: è piuttosto un risultato dell'accumulazione di sostantivi e aggettivi che, notiamolo, sono sempre piuttosto "pesanti" e rimandano a un immaginario molto corporale, fisico, quasi da *Inferno* dantesco. Se vogliamo tentare poesie di questo genere, dobbiamo: *a.* affidare il senso più ai sostantivi e agli aggettivi che ai verbi; *b.* abbandonarci al nostro gusto per determinati suoni e combinazioni di suoni; *c.* fidarci del nostro immaginario, e quindi anche degli automatismi della scrittura, e tuttavia sorvegliarlo attentamente: una poesia di questo genere non può mischiare immaginari diversi, dev'essere estremamente coerente.

10.7.3 *Limerik*

Il *limerik* è un genere di poesia della tradizione anglosassone, breve e scherzosa, codificata da regole precisissime, e per definizione priva di senso. Giustamente sono famosi i *limerik* di Edward Lear: ne proponiamo un paio nella traduzione di Carlo Izzo.

Una volta un dottore di Ferrara
voleva levare le tonsille a una zanzara
L'insetto si rivoltò
e il naso puncicò
a quel tonsillifico dottore di Ferrara.

C'era un vecchio di palude
di natura futile e rude
seduto su un rocchio
cantava stornelli a un ranocchio
quel didattico vecchio di palude.[98]

97 E. Sanguineti, *Segnalibro*, Feltrinelli 1982, p. 404.
98 E. Lear, *Il libro dei nonsense*, a c. C. Izzo, Einaudi 1970. Di alcuni *limerik* di Lear, nella traduzione appunto di Izzo, esiste una divertentissima versione musicale per coro a cappella, composta da G. Petrassi (cd Ars nova).

■ Con pochissime varianti, spiega Gianni Rodari, i *limerik* ricalcano da sempre la stessa struttura. Il primo verso contiene l'indicazione del protagonista («un vecchio di palude»). Nel secondo verso è indicata la sua qualità («di natura futile e rude»). Nel terzo e quarto verso si assiste alla realizzazione del predicato («seduto su un rocchio / cantava stornelli a un ranocchio»). Il quinto verso è riservato all'apparizione d'un epiteto finale, opportunamente stravagante («quel didattico vecchio di palude»).

Esercizi Ricalcando questa struttura, continua Rodari, cioè usandola come una vera e propria guida alla composizione, e rispettando la combinazione delle rime (il primo, il secondo e il quinto verso rimano tra loro; il quarto rima col terzo), possiamo comporre noi stessi un *limerik* alla maniera di Lear. Prima operazione: scelta del protagonista: «Un signore molto piccolo di Como». Seconda operazione: indicazione d'una qualità, espressa con un'azione: «una volta salì in cima al Duomo». Terza operazione: realizzazione del predicato: «e quando fu in cima / era alto come prima». Quarta operazione: scelta dell'epiteto finale: «quel signore micropiccolo di Como».[99]

10.7.4 La poesia fonetica

Restiamo sempre nel campo dell'assurdo, anzi dirigiamoci verso i suoi confini estremi, al limite dell'idiozia pura. Ecco dunque un es. puro di poesia dadaista, un tipo di poesia che programmaticamente si proponeva d'essere qualcosa d'altro della letteratura (e probabilmente qualcosa d'altro da qualsiasi altra cosa). Il suono si è completamente liberato dall'obbligo del senso. L'autore è Hugo Ball, tedesco, morto nel 1927, uno dei fondatori del movimento Dada: la poesia si intitola *Gatti e pavoni*:

baubo sbugi ninga gloffa

siwi faffa
sbugi faffa
olofa fafamo
faufo halja finj
sirgi ninga banja sbugi
halja hanja golja biddim

mâ mâ
piapa
mjâma

pawapa baungo sbugi
ninga
gloffalor[100]

99 G. Rodari, *La grammatica...*, cit., pp. 43 sgg.
100 In *L'albero delle parole*, a c. D. Bisutti, Feltrinelli 1996, p. 130.

■ «Uno può benissimo immaginare, se vuole, che si tratti d'una serie di suoni emessi durante una baruffa da alcuni gatti e alcuni pavoni. Ma quali sono i versi degli uni e quali i versi degli altri? Certi sono pieni di effe e possono far pensare ai pavoni quando si gonfiano e fanno la ruota, ma pochi sanno se i pavoni hanno una voce stridula o roca e le effe potrebbero essere un soffiare di gatti. E poi, avete mai visto un gatto e un pavone insieme? In realtà, a Ball non interessa affatto imitare i gatti o i pavoni: vuole mettere di seguito dei suoni strani, incomprensibili, che un po' vanno d'accordo tra loro e un po' non vanno d'accordo, e basta. Gli interessa inventare un linguaggio che non esiste, completamente assurdo, libero, pazzo, che sorprenda e scandalizzi le persone che si dicono serie».[101] A queste parole di Donatella Bisutti possiamo aggiungere solo che, se si tratta d'una lingua immaginaria, deve esistere una certa coerenza fonetica tra le parole: per così dire, una cert'aria di famiglia.

Esercizi Impariamo da Tristan Tzara, inventore del dadaismo. «Prendete un giornale. Prendete delle forbici. Scegliete in questo giornale un articolo che abbia la lunghezza che contate di dare alla vostra poesia. Ritagliate l'articolo. Ritagliate con cura ognuna delle parole che formano questo articolo e mettetele in un sacco. Agitate dolcemente. Tirate fuori quindi ogni ritaglio uno dopo l'altro nell'ordine in cui hanno lasciato il sacco. Copiate coscienziosamente. La poesia vi assomiglierà. Ed eccovi uno scrittore infinitamente originale e d'una sensibilità affascinante, sebbene incompresa dall'uomo della strada».[102] Se, anziché ritagliare con cura parole intere, sceglieremo di ritagliare frammenti contenenti ciascuno un numero arbitario di lettere (es. quattro), ci libereremo anche dell'unità-parola e ci avvicineremo, forse, alla sublime arte di Hugo Ball.

10.7.5 La poesia onomatopeica

Si chiama *onomatopea* la riproduzione d'un suono naturale per mezzo delle lettere dell'alfabeto. Sono onomatopee a es. quelle in uso nei fumetti: «crash!», «sniff!», «paf!», «boom!», «slurp!». Un giorno lo scrittore August Strindberg fu così colpito dal canto dell'usignolo che volle trascriverlo sulla pagina. Ecco cosa ne risultò:

> Ih, ih, ih, ih! Var de vi? De var vi?
> Vi var de? Voj, oj, oj, oj, oj, oj,
> Titta, lullan, lull–lull–lull–lull – var de vi?
> Ihih! Titta! lullan; den girar, arrrrrrrr–itz!
> Lull–lull–lull–lull–lull! Var de di? Titta!
> Sir'u, sir'u, sir'u, sir'u?
> Dadda! – Dadda! sjätt, siätt, sjätt, sjätt, sir'u, sir'u?
> Nappen; napp, app, app, app, app, app![103]

101 *Ivi*, p. 128.
102 In *L'avventura Dada*, a c. G. Hugnet, Mondadori 1972, pp. 263 sgg.
103 In *L'albero delle parole*, cit., p. 153. Per leggere a voce alta, ricordare che: in tedesco la lettera 'ä' indica un suono intermedio tra la 'a' e la 'e': come una 'e' detta con la bocca aperta.

Diamo di seguito anche una poesia onomatopeica ispirata ai suoni e rumori della città contemporanea; l'autore è, naturalmente, il futurista Filippo Tommaso Marinetti.

> treno treno treno treno *tren tron*
> *tron tron (*ponte di ferro (*tataluuun*
> *tlin*) *sssssssiii ssiissii ssiisssssiiii*
> treno treno febbre del mio
> treno express – express – express – expressssssss press press
> press-press-press-press-press-press-press-press
> press-press-pressssss[104]

■ Checché se ne pensi, scrivere testi onomatopeici è difficilissimo. Si tratta infatti di traslitterare nel nostro alfabeto suoni o rumori che gli sono del tutto estranei. Quindi: non ci si può fidare d'un unico ascolto; nemmeno ci si può fidare d'un registratore tascabile (che deforma i suoni); e nemmeno ci si può fidare della memoria. Proponiamo, per l'imitazione del suono degli uccelli, lunghe gite in campagna, blocnotes in tasca.[105]

10.7.6 Fatrasie

Il termine francese *fatrasie* (derivante da *fatras*: «ammasso, mucchi disordinato») indica un genere poetico tipicamente medievale: l'accumulo di immagini bizzarre, a volte forse alludenti a verità nascoste, a volte puramente giocose. Ecco una *fatrasie* di Jean Bodel d'Arras, datata XIII secolo:

> Il suono d'un cornetto
> Mangiava all'aceto
> Il cuore di un tuono
> Quando una parcella morta
> Prese in trappola
> Il corso d'una stella
> Nell'aria ci fu un grano di segala
> Quando l'abbaiare d'un luccio
> E il trontron d'una tela
> Hanno trovato morto un peto
> Gli hanno tagliato l'orecchio.
> Un orso piumato
> fece seminare un grano
> Da Douvres a Oissent
> Una cipolla pelata
> S'era fatta bella
> Per cantare davanti.
> Quando su di un elefante rosso
> Venne una chiocciola armata

104 F. T. Marinetti, *Teoria e invenzione futurista*, a c. L. De Maria, Mondadori 1968, pp. 643 sgg.
105 Ed eventualmente l'ascolto del *Catalogue d'oiseaux* («Catalogo di uccelli») del compositore francese O. Messiaen, cd Deutsche Grammophon.

Che gridava loro:
Figli di puttana, arrivate!
Io scrivo versi dormendo.[106]

■ Non possiamo non confrontare questo testo con quello di Prévert riportato al paragrafo 10.3.4. Dov'è la differenza sostanziale? Probabilmente sta tutta nel contenuto emotivo: mentre il buon Jean Bodel è interessato solo a divertirci e stupirci, e pertanto accumula immagini a forza di incongruenze (ma anche l'incongruenza forzata è un fortissima *regola*), Prévert vuole far passare comunque un sentimento e un'emozione, e il divertimento svagato è semplicemente il *mezzo* per comunicare sentimento ed emozione. Anche il testo di Prévert può essere letto come una *fatrasie*; tuttavia non ci darà quell'impressione di gioco combinatorio che è fortissima in Jean Bodel.

Esercizi Alcuni trucchi: *a.* applicare verbi astratti a oggetti concreti, o viceversa (estremizzare un cachemire, randellare un sospiro); *b.* sbagliare all'interno del genere (il luccio abbaia, l'orso ha le piume); *c.* sovrapporre generi differenti (il cane guida l'autobus, l'uomo ulula); *d.* invertire, o accostare provocatoriamente, grande e piccolo, forte e debole, ecc. (l'elefante cavalca un verme, il colibrì fornica con la balena); *e.* sostituire, per mezzo di piccoli errori, le parole ovvie nelle frasi fatte e nelle espressioni idomatiche (la gang del tavolo, la danda del cavolo, un colpo di Telemaco, gli occhi dell'amaca).

10.7.7 La poesia che gioca con le lettere

Così come si gioca con i suoni e i significati delle parole, si può giocare anche con i caratteri tipografici: ingrandendoli, diminuendoli, capovolgendoli, facendoli ballare, correre, scomporsi, ecc. fino a uscire dalla scrittura vera e propria, e arrivare quasi alla pittura (vedi le «tavole parolibere» dei futuristi, e i caratteri tipografici introdotti nei loro quadri-collage da Picasso o Picabia). Noi però staremo decisamente sul versante della scrittura. Un es. di E.E. Cummings, lo scrittore più geniale nell'uso delle parentesi.

birds(
here, inven
ting air
U
) sing

tw
iligH(
t's
v
va
vas(
vast
ness. Be) look

106 Cit. in *Lettres en folie*, cit., p. 246.

now
(come
soul.
&: and
Who
s) e
voi
c
es
(
are
ar
a[107]

■ Che cosa fa Cummings? *a.* Scompone le parole e le distribuisce su più versi brevissimi; *b.* compone versi di sole sillabe o lettere; *c.* inserisce i segni d'interpunzione tra parole grammaticalmente connesse o addirittura *dentro* le parole; *d.* usa arbitrariamente maiuscole e minuscole. A che cosa serve tutto questo? Se non altro serve ad alleggerire il testo: qui non abbiamo una poesia densa (come a es. quella di Dante), ma una poesia leggera, leggera... che non pretende nulla più che dire una sensazione, un'emozione magari superficiale ma non per questo men vera.

Esercizi Consigliamo di adoperare un testo già fatto. Scegliete una poesia (scritta da voi, o una poesia che vi piace molto), e guardatela attentamente. Poi con un pennarello nero grosso cancellate tutte le parole non essenziali. Ricopiate la poesia lasciando spazi bianchi al posto delle righe nere. Avvicinate le parole che vi sembra stiano bene vicine, allontanate quelle che stanno bene lontane. Se vi sembra che sia il caso di fermare l'attenzione su una parola, isolatela dalle altre con parentesi o altri segni. Se volete che una parola sia letta lentamente, distribuitela su più d'un verso. Alla fine avrete ottenuto (forse) una perfetta poesia alla Cummings: un *cummingsgramma*.

10.7.8 Calligrammi

A differenza dei cummingsgrammi, i *calligrammi* non sono semplicemente suggestivi, ma intendono proprio richiamare analogicamente, con la disposizione delle parole, l'oggetto di cui si parla. I poeti hanno sempre deprecato l'incolmabile lacuna che esiste tra il segno (l'alfabeto, la lingua) e la cosa, e hanno spesso tentato d'inventarsi una scrittura analogica, cioè somigliante alle cose descritte e evocate. Ecco a es. un *calligramma* risalente al diciassettesimo secolo; l'autore è Charles-François Panard:[108]

107 «Uccelli qui inventano aria usando del crepucolo la vastità. Li vedi ora, vengono, anima e le cui voci sono». In E.E. Cummings, *Poesie e lettere*, Einaudi 1977, pp. 148 sgg. Questa poesia è stata messa in musica da P. Boulez: *Cummings ist der dichter* («Cummings è il poeta»), cd Erato.
108 Ch. F. Panard, «Il fiasco», in *Lettres en folie*, cit., p. 208.

Che sto
Fiasco
Mi par buon!
Mi nuoce
Mi cuoce
La noia;
Densi ho
I sensi,
Persi.
Quando lo tengo
Hei! felice mi ritengo!
Gradevole è il suo aspetto!
Dei suoi doni divini son grato,
Dal seno fecondo, dal suo fianco lato,
Cola questo nettare dolce, tanto diletto,
Che rende tutti gli spiriti e i cuori felici.
Cara meta dei miei voti sei tutta la mia gloria
Finché il mio cuore vivrà, dei tuoi bei benefici
Sempre conservare saprà la fedele memoria.
Mia musa, a te consacrerà eterni versi onorifici
E che sia all'osteria e che sia sotto la frasca
La mia lira, accompagnando della voce il suon
Ripeterà cento volte l'amabile canzon:
Regna senza fine mia deliziosa fiasca;
Regna ognor mio caro bottiglion.

Più vicino a noi nel tempo, un grande specialista in calligrammi fu Apollinaire. Ecco una sua poesia a forma di Torre Eiffel;[109]

s
a
lve
m
on
d o
di cui
io sono
la lin
gua e
loquen
te che la sua
B O C C A
O PARIGI
mostra e mostrerà
sem pre
A I T E
DES CHI

109 G. Apollinaire, *Alcool*, cit., p. 323.

■ Spiega Kenneth Koch: «Un calligramma è dunque una poesia scritta non linearmente, riga dopo riga, in modo da formare il solito quasi-rettangolo di testo sulla pagina, bensì tale che le parole disegnino l'immagine di qualcosa di cui si parla. Se la poesia è sulla pioggia, le parole possono cadere, una lettera dopo l'altra. Se parla d'amore possono essere disposte in modo da formare un cuore. [...] La cosa più importante da capire è che le parole della poesia non devono essere solo la descrizione della forma che costruiscono, devono invece esprimere un sentimento o un'emozione in qualche modo associabili alla forma disegnata. Se i calligrammi non riguardano emozioni tendono a essere meccanici e insipidi».[110]

10.7.9 La poesia combinatoria al computer

Quella che segue è una poesia che Nanni Balestrini ha scritta con il calcolatore. Il procedimento è abbastanza semplice. L'abbiamo scelta proprio per questo, perché ci interessa il procedimento in se stesso (che poi naturalmente può essere complicato a vostro piacere o a piacere dei vostri computer). Balestrini ha usato come materiale tre brani in prosa, scelti arbitrariamente:
– «L'accecante globo di fuoco si espande rapidamente trenta volte più luminoso del sole. Quando raggiunge la stratosfera la sommità della nuvola assume la ben nota figura di fungo» (dal *Diario di Hiroshima* di Michihito Hachiya).
– «La testa premuta sulla spalla, i capelli tra le labbra, giacquero immobili senza parlare finché non mosse le dita lentamente cercando di afferrare» (dal *Mistero dell'ascensore* di Paul Goldwin).
–«Mentre la moltitudine delle cose accade io contemplo il loro ritorno; malgrado che le cose fioriscano esse tornano tutte alla loro radice» (dal *Tao te King* di Lao-Tse).
I brani vengono divisi in "elementi", cioè in gruppi di poche parole legate sintatticamente.
Le istruzioni per il calcolatore sono le seguenti:
– effettuare combinazioni di 10 elementi sui 15 dati, senza permutazioni e ripetizioni;
– costruire catene di elementi tenendo conto dei codici di testa e di coda (cioè: la testa e la coda degli elementi vanno saldate grammaticalmente, es. «i capelli tra le labbra» + «assume la ben nota forma di fungo» diventa «i capelli tra le labbra assumono la ben nota forma di fungo»);
– evitare la contiguità di elementi derivati dallo stesso brano;
– suddividere le catene di 10 elementi in 6 versi di 4 «unità metriche» ciascuno (ecco un elemento diviso in unità metriche: «La testa / premuta / sulla spalla / trenta volte»).

> Le testa premuta sulla spalla, trenta volte
> più luminoso del sole io contemplo il loro ritorno,
> finché non mosse le dita lentamente e mentre la moltitudine
> delle cose accade, alla sommità della nuvola
> esse tornano tutte alla loro radice e assumono

110 K. Koch, *Desideri...*, cit., p. 197.

la ben nota forma di fungo cercando di afferrare.
I capelli tra le labbra, esse tornano tutte
alla loro radice, nell'accecante globo di fuoco
io contemplo il loro ritorno, finché non muove le dita
lentamente, e malgrado che le cose fioriscano
assume la ben nota forma di fungo cercando
di afferrare mentre la moltitudine delle cose accade.
Nell'accecante globo di fuoco io contemplo
il loro ritorno quando raggiunge la stratosfera mentre la moltitudine
delle cose accade, la testa premuta
sulla spalla, trenta volte più luminose del sole
esse tornano tutte alla loro radice, i capelli
tra le labbra assumono la ben nota forma di fungo.
Giacquero immobili senza parlare, trenta volte
più luminosi del sole essi tornano tutti
alla loro radice, la testa premuta sulla spalla
assumono la ben nota figura di fungo cercando
di afferrare, e malgrado che le cose fioriscano
si espandono rapidamente, i capelli tra le labbra.
Mentre la moltitudine delle cose accade nell'accecante
globo di fuoco, esse tornano tutte
alla loro radice, si espandono rapidamente, finché non mosse
le dita lentamente, quando raggiunse la stratosfera
e giacque immobile senza parlare, trenta volte
più luminoso del sole cercando di afferrare.
Io contemplo il loro ritorno, finché non mosse le dita
lentamente nell'accecante globo di fuoco,
esse tornano tutte alla loro radice, i capelli
tra le labbra e trenta volte più luminosi del sole
giacquero immobili senza parlare, si espandono
rapidamente cercando di afferrare la sommità.[111]

■ Balestrini ha usato tre brani di per sé di forte significato: il primo parla dell'atomica su Hiroshima, il secondo descrive un piccolo gesto di difesa, paura o affetto in una situazione di pericolo od oppressione, il terzo esprime un'idea fatalista della storia. Quindi possiamo dire che: *in qualunque modo combinati, questi tre testi producono un senso preciso*. Allora il trattamento imposto da Balestrini è solo uno dei tanti modi possibili, forse più efficace di altri, forse meno. La fattura complessivamente ossessiva del testo produce un certo senso di orrore; la mescolanza delle frasi produce strane, paurose e affascinanti immagini: «i capelli / tra le labbra assumono la ben nota forma di fungo» ci fa vedere un corpo che letteralmente *brucia* nel calore dell'atomica. Che questa immagine sia stata prodotta con l'ausilio del computer, non ne diminuisce la poeticità e la forza.

10.7.10 La poesia anagrammatoria al computer

Balestrini ha usato il computer in maniera che oggi può parere ingenua (il testo che abbiamo appena letto è di qualche anno fa). Ma con l'aiuto del computer si

111 In *Poesia del Novecento*, a c. E. Sanguineti, Einaudi 1969, p. 1127.

possono fare anche operazioni più complesse. Leggiamo una poesia di Piero A. Olmeda:

> Se urani girano alti sulle albe
> se il polmone trema fini d'acciaio
> e le ciglia cadono in pioggia
> insegui sul ciglio fragole morbide
> segui il fragore dell'acqua dei figli
> non ascoltare la nenia di lupa
> non tenerti il salvaluna non senti?
> lo scoppio di riso della piena di luna
> l'allunare della mazzaluna sul collo?
> Se urani volano altissimi sulle albe
> e gira l'aaah finita l'aaria l'aaaah
> tu, che bella sprofondi nelle albe
> alza le ali al sole raggira i raggi
> gira oltre le penalbe i rimeggi
> dall'alto guarda il Miraggio Deserto
> a te abbracciati e all'etere al gas
> alla bellezza d'etere che manca[112]

■ «Avevo a mia disposizione» spiega Olmeda «una specie di word processor particolarmente sofisticato; esso mi consentiva di anagrammare qualsiasi parola, di creare dei neologismi casuali oppure pilotati (cioè combinando casualmente le sillabe dei versi precedenti), di combinare le parole d'un vocabolario scelto *non* casualmente per produrre versi secondo qualsiasi combinazione di sillabe e di rima, e altre operazioni analoghe. [...] Si è trattato comunque, a prescindere dai risultati, d'un'esperienza piena di interrogativi piuttosto che di risposte. Mi sono trovato cioè nel pieno occhio del ciclone dove combattevano, senza esclusione di colpi, significante e significato, tecnica di scrittura ed esigenza di creare un ponte (anche esile e traballante) con il lettore, tecnica metrica tradizionale e nuove possibilità formali. Il risultato, paradossalmente, è molto lontano dalla vera e propria poesia al (o con) il computer. Qui e là un anagramma o un neologismo, qualche verso generato da una combinazione casuale pilotata, ma niente di più. L'importante è stato il percorso, la via che ha condotto al risultato finale».[113]

Esercizi L'emozione maggiore, nel lavorare con le macchine, viene dal fatto che, per la macchina, le nostre parole non significano nulla. Essa le ricombina, le modifica, le cancella, le inventa – secondo i procedimenti che *noi* le abbiamo insegnato – fregandosene del loro significato. Lavorando con le macchine ci si rende conto di come la lingua e l'alfabeto possano essere considerati pura materia, mattoni da costruzione, colori per una tavolozza. Saremmo capaci di *lavorare* in questo modo con i nostri testi?[114]

112 In *Poetronike*, n. 0/1, gennaio 1988, p. 35.
113 *Ivi*, pp. 33 sgg.
114 Si può provare, anche senza scomodare il computer, utilizzando il volume: *Flessioni, rime anagrammi: l'italiano in scatola di montaggio* (Zanichelli 1988), che contiene anche un rimario e un «anagrammario», cioè un repertorio di tutti gli anagrammi possibili.

11

Collage manomissioni variazioni sul tema manipolazioni

11.1 Variazioni sul tema

Nella lingua della matematica si arriva a un risultato attraverso determinate operazioni: quelle, e solo quelle. Nelle lingue naturali, fatte di parole, le cose vanno diversamente: uno stesso contenuto può essere detto e ridetto in una quantità di modi diversi, senza che ne esista uno per definizione migliore. Il nostro secondo ricettario comincia proprio esplorando questa dimensione avventurosa, sfuggente, letteralmente infinita del linguaggio.

11.1.1 Variazioni sul tema

Cominciamo con la più semplice delle frasi. In quanti modi possiamo dire: «Ti amo»?

> GRADO ZERO: Io ti amo.
> AFFERMAZIONE: Ti amo, sai. Certo, ti amo. Evidente che ti amo. Sì, ti amo! Dico che ti amo.
> TOPICALIZZAZIONE: Ti amo, io. Io ti amo, a te. Sono io che ti amo.
> ESCLAMAZIONE: Io ti amo! Quanto ti amo! Se ti amo!
> INTERROGAZIONE: Non ti amo, forse?
> QUESTIONE: Ti amo? Sì, ti amo.
> OTTATIVO: Ah, fa' che io possa amarti! Se potessi amarti!
> PERMESSO: Permettimi di amarti. Lascia solo che t'ami.
> OBBLIGO: Ne ho bisogno, d'amarti. Bisogna che ti ami. Io non posso che amarti.
> DUBBIO: Può ben essere che ti ami. È possibile che ti ami. Confesso che ti amo.[1]

■ Nel nostro es. le *variazioni* sono basate su alcune fondamentali modalità grammaticali e retoriche. È una specie di gioco delle tre tavolette: per ciascuno degli elementi che costituiscono la frase si trova un certo numero di varianti possibili; e poi si ricombinano tutte. Tra una variazione e l'altra c'è comunque una certa differenza di tono, che chiunque percepisce immediatamente. L'esercizio della variazione serve appunto a esplorare le possibilità della lingua, e a valutare le sfumature di senso che ogni frase assume secondo il modo in cui è fatta.

Esercizi Sul modello delle variazioni su «Ti amo», proviamo a elaborare queste frasi elementari: «Non ho fame», «Vai al diavolo», «Non rompermi le palle», «Credo che sto morendo».

---

1 P. Claes e D. Robberechts: *Variazioni su «Io ti amo»*, cit. in A. Duchesne e Th. Leguay, *Lettres en folie*, Magnard 1988, pp. 267 sgg.

11.1.2 Esercizi di stile

Gli *Esercizi di stile* di Raymond Queneau sono l'esesempio classico di variazione sul tema. Qui però il testo di partenza è più complesso (un breve aneddoto), e più complesse sono le tecniche di manipolazione. Questo è il testo base:

> Sulla S, in un'ora di traffico. Un tipo di circa ventisei anni, cappello floscio con una cordicella al posto del nastro, collo troppo lungo, come se glielo avessero tirato. La gente scende. Il tizio in questione si arrabbia con un vicino. Gli rimprovera di spingerlo ogni volta che passa qualcuno. Tono lamentoso, con pretese di cattiveria. Non appena vede un posto libero, vi si butta. Due ore più tardi lo incontro alla Cour de Rome, davanti alla Gare Saint-Lazare. È con un amico che gli dice: «Dovresti far mettere un bottone in più al soprabito». Gli fa vedere dove (alla sciancatura) e perché.[2]

Vediamo adesso come Queneau riscrive il testo adottando un linguaggio ampolloso (preso a prestito per parodia da Omero o, piuttosto, dalla lingua classicistica dei traduttori di Omero):

> Quando l'aurora dalle dita di rosa imparte i suoi colori al giorno che nasce, sul rapidissimo dardo che per le sinuose correnti dell'Esse falcatamente incede, grande d'aspetto e dagli occhi tondi come toro di Bisanto, lo sguardo mio di falco rapace, quale Indo feroce che con l'inconscia zagaglia barbara per ripido sentiero alla pugna s'induce, mirò l'umano dal collo astato, giraffa più, veloce, e dall'elmo incoronato di una bionda treccia, *ecc.*

Abbiamo capito tutto? No? Non importa: in questo caso Queneau ha voluto proprio, riscrivendo il testo in lingua ampollosa, produrre un effetto d'incomprensibilità. Una meticolosa pignoleria è invece il risultato di quest'altra variazione, in stile di lettera ufficiale. Notiamo: la frase lunga e inutilmente solenne, il lessico burocratico, gli inutili tecnicismi, il tono ossequioso, la malignità travestita da osservazione oggettiva.

> Ho l'onore di informare la S. V. dei fatti sotto esposti di cui ho potuto essere testimone tanto imparziale quanto orripilato. In questa stessa giornata, verso mezzogiorno, mi trovavo sulla piattaforma di un autobus che andava da rue de la Courcelles verso place Champerret. Detto autobus era pieno, anzi più che pieno, oso dire, perché il bigliettaio aveva accolto un sovraccarico di numerosi postulanti, senza valide ragioni e mosso da un'eccessiva bontà d'animo che lo portava oltre i limiti imposti dal regolamento e che pertanto rasentava il favoritismo. A ogni fermata il movimento bidirezionale dei passeggeri in salita e in discesa non mancava di provocare una certa ressa tale da incitare uno di detti passeggeri a protestare, anche se con qualche timidezza. Devo riconoscere che tale passeggero andava a sedersi non appena rilevatane la possibilità, *ecc.*

Nella variazione in stile informale (o parlato) il nostro aneddoto diventa come una serie d'inquadrature (o vignette) separate dal «cioè» e dal «dunque». Il les-

2 R. Queneau, *Esercizi di stile*, tr. U. Eco, Einaudi 1983. Le citazioni, nell'ordine, dalle pp. 3, 89, 47 e 85.

sico è di tono basso. Notiamo che questa variazione (al contrario delle precedenti) non allunga il testo.

> Dunque, cioè, l'autobus è arrivato. Cioè ci sono montato; dunque, cioè, ho visto un tipo che mi ha colpito. Cioè, ho visto, dunque, quel collo lungo e la treccia intorno, dunque, al suo cappello. Cioè, dunque, lui si è messo a baccagliare col vicino che cioè gli marciava sui ditoni. Cioè, dunque, lui è andato a sedersi. Dunque, più tardi, cioè alla Gare Saint-Lazare, l'ho rivisto, dunque. Cioè, era con un tale che, dunque, gli diceva, cioè quel tale: «Dunque dovresti far mettere un altro bottone, dunque, al soprabito». Cioè.

■ Qui la variazione non è, come in altri casi, *combinatoria*, bensì *stilistica*. Ciascuno di noi è spontaneamente in grado di fare il verso a qualcun altro: e si tratta appunto di questo. L'importante è riuscire a estendere la variazione a *tutti* gli elementi della frase o del racconto. Per riuscirci facilmente è bene immaginarsi d'essere un determinato personaggio che dice quella frase o racconta quella storia con la sua propria lingua.

Esercizi **1**. Ti proponiamo un paio di frasi da variare: «Bella signora, i vostri dolci occhi mi fanno morire d'amore» (in stile Petrarca, in stile osceno, in stile psicanalitico...), «Credo che fra poco pioverà. Lo intuisco dalle grosse nubi che ci sono in cielo» (in forma di proverbio, in stile colonnello Bernacca, in stile contadino che è contento che piova, in stile cittadino che non è contento che piova...).
2. Un'altra frase per variazioni più complicate: «Ieri mentre tornavo verso casa ho incontrato il signor Rossi e l'ho salutato. Lui però non ha risposto. Chissà perché». Riscrivila dal punto di vista di Rossi; come un dialogo tra i due, che si accusano a vicenda di non essersi salutati; come un interrogatorio di polizia («Dov'era lei ieri sera?»); come un dialogo con una chiromante, dalla quale si voglia sapere perché Rossi non ha risposto al saluto; come una breve storia d'equivoci dalla quale risulti che Rossi ha un fratello gemello...

11.1.3 Variazioni autobiografiche

Le variazioni sul tema stimolano la fantasia perché forniscono strutture prestabilite e ricorrenti che rilanciano continuamente i nostri pensieri. Lo scrittore Peter Handke ha composto un *autoritratto* appoggiandosi a una formula fissa: ne risulta una lista d'affermazioni e negazioni che dà le prese di posizione primarie del soggetto rispetto al mondo.

> CIÒ CHE NON SONO, NON HO, NON VOGLIO, NON VORREI
> – E CIÒ CHE VORREI, CIÒ CHE HO E CIÒ CHE SONO
>
> Ciò che NON sono:
> Non sono un guastafeste.
> Non sono un digiunatore di professione.
> Non sono un figlio della tristezza.
>
> Ciò che IN PRIMO LUOGO, IN SECONDO LUOGO e IN TERZO LUOGO non sono:
> In primo luogo non sono un sognatore, in secondo luogo non sono un eremita e in terzo luogo non sono un abitante della torre d'avorio.

Ciò che IO non sono:
Io non sono una pecora del gregge dei votanti.

Ciò che PURTROPPO non sono:
Purtroppo non sono un eroe.
Purtroppo non sono un milionario.

Ciò che GRAZIE A DIO non sono:
Grazie a Dio non sono un Robot.
Grazie a Dio non sono un tipo di cui si può fare quello che si vuole.

Ciò che IN DEFINITIVA non sono:
In definitiva non sono un burattino.
In definitiva non sono il guardiano del manicomio.
In definitiva non sono uno scarico di immondizie.
In definitiva non sono un'opera pia.
In definitiva non sono un consolatore di cuori infranti. [...]

Ciò che VORREI:
Vorrei che andassimo d'accordo.

Ciò che VOGLIO:
Voglio sempre solo il meglio per voi. [...]

Ciò che HO:
Ho i miei problemi.

Ciò che SONO:
Sono a favore.

Ciò che IN FONDO ANCHE sono:
In fondo ci sono anch'io al mondo.

Ciò che QUALCHE VOLTA ANCHE sono, MA POI:
Qualche volta sono anch'io dell'idea che così non si va avanti, ma poi –

Ciò che SONO:
Sono *io*![3]

■ Notiamo che Handke ha usato una quantità di frasi fatte. Le sue prese di posizione aggrediscono i luoghi comuni: scagliare la prima pietra, ficcare il naso negli affari altrui, ecc. Se decidiamo che i luoghi comuni sono ciò che pensa la massa, allora il testo di Handke si sarebbe potuto intitolare: «Ciò che io ritengo d'essere, al di là di ciò che la massa pensa che io debba essere». Quindi il procedimento è: *a.* fare un elenco di luoghi comuni sulla propria identità; *b.* prendere posizione rispetto a essi; *c.* inserire qualche affermazione più deviante e creativa.

Esercizi Prendiamo il lato giocoso della faccenda. Costruiamo (con dei cartoncini da visita bianchi) un mazzo di carte. Su ogni carta scriviamo una delle formule base usate da Handke, o anche altre se ce ne vengono in mente («Ciò che sono», «Ciò che mi manda su tutte le furie», «Ciò che volevo essere da piccolo», ecc.). Mescoliamo, peschiamo a caso, e scriviamo. Se ne può fare anche un gioco di società: si estrae una carta a turno e a turno si dichiara (o si scrive, e si legge poi) ciò che si è o non si è, si vuole o non si vuole essere.

3 P. Handke, *Il mondo interno dell'esterno dell'interno*, tr. B. Bianchi, Feltrinelli 1980, pp. 31 sgg.

11.1.4 Variazioni su un *incipit*

Valéry una volta disse che si rifiutava di scrivere e leggere romanzi che iniziano così: «La marchesa uscì alle cinque...». Nessun romanzo inizia così, ma molti sarebbero potuti o potrebbero iniziare così: soprattutto i romanzi realisti che Valéry disprezzava perché secondo lui erano futili e prevedibili. Ma François Bott ha raccolto la sfida e ha dimostrato che anche da un *incipit* così classico si possono ottenere effetti tutt'altro che scontati. Vediamo:

> La marchesa uscì alle cinque, dopo aver fatto l'amore con uno di questi uomini nuovi, che aspirano ingenuamente al potere. Era molto irritata.
>
> La marchesa uscì alle cinque, per l'ultima volta, per essere condotta al cimitero della rue des Acacias. Si deplorò la morte così brusca d'una donna così bella.
>
> La marchesa uscì alle cinque, per andare in fabbrica.
>
> La marchesa uscì alle cinque dal bordello.
>
> La marchesa uscì alle cinque, piuttosto inquieta, perché aveva barato alle carte.
>
> La marchesa uscì alle cinque, per raggiungermi. Io provavo nell'attenderla quella speranza dubbiosa e dolorosa che noi tutti conosciamo
>
> La marchesa uscì alle cinque. Piangeva.
>
> La marchesa uscì alle cinque, finalmente. Subito dimenticai il tormento d'averla attesa.[4]

Esercizi Prendiamo un *incipit* classico («Era una notte buia e tempestosa», o «Dopo una notte di sonno inquieto, l'impiegato Gregorio Samsa si risvegliò»; o un altro qualsiasi di nostra invenzione) proviamo a variarlo alla maniera di Bott: producendo dei brevissimi inizi che però facciano presagire tutta una storia. Qualche altro *incipit*: «Era tardi quando il signor Carli si accorse che non era rimasto più nessuno in ufficio...», «Mi chiamo Giorgio e vivo da quarant'anni in questa cittadina...», «Quando lo incontrai la prima volta non lo riconobbi...».

11.1.5 Variazioni su un'immagine

In un suo film intitolato *Lettera dalla Siberia* (1957) Chris Marker proietta tre volte una sequenza identica, una scena di vita in una città sovietica, e la accompagna ogni volta con un commento diverso:

> COMMENTO FAVOREVOLE. Yakutsk, capitale della repubblica socialista sovietica di Yakuzia, è una città moderna, dove i confortevoli autobus messi a disposizione della popolazione incrociano senza sosta le potenti Zym, trionfo dell'automobile sovietica. Nella gioiosa emulazione del lavoro socialista, i felici operai sovietici, tra i quali vediamo passare un pittoresco rappresentante delle contrade boreali, si impegnano a fare della Yakuzia un paese dove è bello vivere!

4 In A. Duchesne e Th. Leguay, *op. cit.*, p. 268.

COMMENTO OSTILE. Yakutsk, dalla sinistra reputazione, è una città tetra, dove mentre la popolazione s'ammucchia a stento negli autobus color rosso sangue, i notabili del regime esibiscono insolentemente il lusso delle loro Zym, automobili d'altra parte costose e scomode. Con gli atteggiamenti tipici degli schiavi, gli infelici operai sovietici, tra i quali vediamo passare un inquietante Asiatico, si impegnano in un lavoro dal valore fortemente simbolico: il livellamento verso il basso!

COMMENTO OBIETTIVO. A Yakutsk, dove le case moderne sostituiscono poco a poco i vecchi e bui quartieri, un autobus meno gremito di quelli parigini nelle ore d'affluenza incrocia una Zym, vettura eccellente che a causa della sua rarità è riservata ai servizi pubblici. Con coraggio e tenacia, e in condizioni oggettivamente dure, gli operai sovietici, tra i quali vediamo passare uno Yakuziano afflitto da strabismo, s'impegnano a migliorare la loro città che in effetti ne ha bisogno.[5]

■ Questo gioco ci insegna a distinguere tra *fatti* (qui: immagini) e *interpretazioni* (qui: commenti). Secondo il commento che accompagna le immagini, noi le leggiamo in modo diverso. Praticando questo gioco in proprio diveniamo giustamente più diffidenti davanti ai cosiddetti *scoop* fotografici e televisivi che pretendono d'imporci attraverso le immagini un'evidenza indiscutibile. La regola del gioco è dunque: d'un singolo fatto o notizia, divertirsi a fornire interpretazioni differenti od opposte.

Esercizi Scegli una fotografia (anche banale: tu e i tuoi amici in gita) e prova a scrivere dei contesti esplicativi che volta a volta la rendano drammatica, buffa, commovente, di denuncia, ecc. Se ne può fare anche un gioco di società: si mette in mezzo una fotografia presa da un giornale, priva di titolo e didascalia; ogni giocatore scrive (di nascosto) la propria didascalia; infine si leggono tutti i testi (compreso quello vero) e si tira a indovinare. Vince chi ha prodotto la didascalia falsa che più giocatori hanno presa per vera.

11.1.6 Variazioni su un fatto di cronaca

Continuiamo a giocare con l'*ermeneutica* (così i filosofi chiamano l'arte dell'interpretazione). Prendiamo in considerazione un fatto abbastanza semplice e ordinario, e tentiamo di spiegarlo tenendo conto di sistemi esplicativi opposti. Si tratta di scegliere ogni volta una *messa a fuoco* diversa dell'immagine.

Un ragazzino di otto anni è stato travolto da un'automobile mentre attraversava la strada. È rimasto gravemente ferito e probabilmente resterà paralizzato.

Consideriamo i due estremi: *a.* la totale responsabilità dell'automobilista; *b.* la totale responsabilità del bambino. In mezzo c'è una serie di varianti meno definitive e esplicite. Al centro del dispositivo, nel suo punto medio, troviamo che a essere responsabili sono tutti o nessuno.

5 Ch. Marker, *Commentaires: Lettre de la Sibèrie*, Seuil 1961, p. 57.

L'automobilista ha voluto uccidere... per odio, per sadismo.
L'automobilista era ubriaco e lo sapeva perfettamente.
L'automobilista ci vedeva male, aveva dei cattivi riflessi.
L'automobilista non aveva il controllo sulla sua automobile.
L'automobilista era snervato, o distratto, o preoccupato.
L'automobilista aveva fretta di recarsi a un appuntamento d'affari.
La sua automobile era fuori regola; lui non se n'era preoccupato.
La sua automobile non era stata ben verificata dal meccanico.
La sua automobile soffriva di un difetto di fabbricazione.
È stato accecato da un riflesso del sole.
C'era troppa gente in giro.
Le automobili parcheggiate impedivano la visuale.
Il semaforo era fuori uso.
Il vigile non era al suo posto in quel momento.
Le città sono malconcepite.
La società industriale è caotica, disordinata e violenta.
I bambini sono più esposti alla violenza del traffico urbano.
Il bambino non aveva abbastanza esperienza di circolazione stradale.
Il bambino s'aggirava sperduto per la grande città.
Il bambino è inciampato su di un sasso.
Il bambino era accecato dalla polvere della strada.
Il bambino giocava nonostante il divieto dei suoi genitori.
Il bambino è stato spinto da uno dei suoi compagni.
Il bambino era in uno stato di anormale eccitazione.
Il bambino stava scappando perché aveva appena commesso un furto.
Il bambino è squilibrato, già altre volte ha cercato di uccidersi.
Il bambino s'è gettato volontariamente sotto le ruote dell'automobile.[6]

Esercizi Realizza una composizione simile a quella citata a partire da queste notizie di base: *a.* un uomo si è spogliato nudo davanti alla Basilica di San Pietro; dopo circa dieci minuti di comizio è stato portato via dalle forze dell'ordine; *b.* la signora X ha tentato di avvelenare il marito, che si è salvato restando però invalido; dev'essere processata e giudicata; *c.* una giovane donna ha abbandonato il domicilio coniugale ed è fuggita con un vecchio pretendente; *d.* un liceale ha schiaffeggiato il professore dopo aver ricevuto un brutto voto.

11.2. *Collage* e montaggi

11.2.1 Il metodo *cut-up*

Alla lettera, *cut-up* si può tradurre: *taglia e incolla.* Lo scrittore americano William Burroughs ha escogitato alcuni modi di comporre un testo facendo *taglia e incolla*. Ecco i principali:

1. Prendete una pagina di un testo e tracciate una linea mediana verticale e una orizzontale. Adesso avete quattro blocchi di testo: 1, 2, 3, 4. Ora tagliate lungo le linee e mettete il blocco 4 con il blocco 1, il blocco 3 con il blocco 2.
2. Leggete la pagina così ottenuta.

6 M. Fustier, *op. cit.*, pp. 36 sgg.

3. Piegate una pagina di testo verticalmente e appoggiatela su di un'altra pagina, adesso leggete da sinistra a destra.
4. Prendete qualunque pagina di testo e numerate le righe. Adesso permutate l'ordine di queste righe; per esempio: 1, 3, 6, 9, 12, *ecc.*

■ I testi preferiti da Burroughs sono gli articoli dei giornali e i discorsi dei politici. Sottoposti a *cut-up* essi sprigionano effetti umoristici notevoli. Noi abbiamo applicato il metodo cut-up (nella variante n. 4) a un discorso che Mussolini tenne nel 1926; lo abbiamo scelto naturalmente per la sua alta retoricità che ben si presta a essere *decostruita* e così ridicolizzata.[7] Rispetto alle indicazioni di Burroughs notiamo: *a.* non abbiamo operato secondo una numerazione progressiva ma secondo la minore o maggiore compatibilità (soprattutto grammaticale) tra le frasi estratte; *b.* abbiamo ripetuto alcune righe più volte, per aumentare l'effetto di grottesco.

È questa la terza volta che si svolge in Roma la fienagione abbondantissima; ma poi le piogge eccessive congestionano il vapore acqueo sospeso negli alti strati Ecco in sintesi, l'annata agricola 1928, che dimostra che la saggia, religiosa cura delle anime può ricercarsi nella penosa e totale calvizie della nostra catena appenninica. Da quando io ho posto l'agricoltura al primo piano Io vi dico, senza false modestie, che l'agricoltura troverà immediata, organica, regolare applicazione. Finalmente, il mio elogio, il mio plauso va ai proprietari intelligenti e attivi, i quadri dell'esercito. i maestri delle scuole rurali, gli ufficiali dell'Esercito e Non tocca a me di rielencare le provvidenze della prolungata siccità, non mai interrotta da precipitazioni che già angosciano paurosamente altri popoli. Prima di passare alla consegna dei premi, io voglio chiamare "commovente", dato lo stato di lontananza La bella sfida tra i rurali di Brescia e quelli di Cremona che il Governo fascista, non solo incoraggia, ma appoggia. Ciò risulta dal mio diario meteorologico: Il raccolto delle bietole è stato mediocre, come prova di un morale resistente a tutte le difficoltà e Nell'attesa che gli alberi piantati a centinaia di milioni siano riuniti per ascoltarmi. Il mio saluto va anche ai tecnici agricoli e ai cattedratici, i parroci, i quali hanno organizzato quaranta adunate, ai rurali che, in Tripolitania, in Cirenaica e in Somalia sanno come i loro interessi mi stanno profondamente a cuore. Il raccolto delle bietole è stato mediocre, e Come già dissi l'acqua c'è, bisogna soltanto trovarla il che dimostra che la saggia, religiosa cura delle anime può centrare l'attenzione di tutta la nazione sui problemi della steppa e ricondurre la vita e la fertilità nella penosa e totale calvizie della catena appenninica. Non tocca a me di rielencare le provvidenze del Governo fascista a vantaggio dell'agricoltura. Ora è il tempo (e gran tempo!) di dedicare miliardi agli agricoltori che, in molte località d'Italia, si sono riuniti nel decimo annuale della vittoria, che fu conquistata soprattutto per i progressi tecnici realizzati in ogni ramo, in terzo e ultimo luogo. Finalmente, il mio elogio, il mio plauso va al Raccolto delle barbabietole che è stato mediocre. quello della canapa. Riso, uva, ulivi e agrumi bene, specie nel Veneto, distrutto dalla siccità. Ecco, in sintesi, l'annata agricola 1928: Un altro quintale in più di

7 Diamo l'inizio del testo originale: «Camerati agricoltori! Signori! È questa la terza volta che si svolge a Roma la cerimonia della premiazione ai bravi rurali che, combattendo nelle prime linee, si sono meritati il nome di "véliti" dell'agricoltura italiana. Cerimonia la cui significazione morale non ha bisogno di essere illustrata: cerimonia di tutta la nazione sui problemi fondamentali dell'agricoltura e permettere a me di tracciare il consuntivo dell'annata...». Cit. in P. V. Mengaldo, *Storia della lingua italiana: il Novecento*, Il Mulino 1994, pp. 266 sgg.

> media per ettaro, e saremo alla vigilia della vittoria. Un altro quintale ancora e si sprigionano le correnti che coagulano, congestionano il vapore acqueo e lo fanno precipitare sotto forma di pioggia. Vi dirò che ho fatto e farò tutto il possibile per tracciare il consuntivo dell'annata. E ora, o camerati, la parola d'ordine: l'acqua c'è, bisogna soltanto trovarla e condurla sposa col sole, *ecc.*

■ A Burroughs non interessava che il testo prodotto con il *cut-up* fosse sensato, o divertente, o satirico. Con spirito tipicamente dadaista, privilegiava il gesto rispetto al risultato. A noi invece il risultato interessa: è per questo che, lavorando con forbici e colla, possiamo sì darci delle regole, ma siamo pronti in ogni momento a trasgredirle per ottenere un effetto migliore. In generale, le procedure applicate meccanicamente producono testi molto freddi e quasi illeggibili; le procedure applicate liberamente possono dare risultati molto divertenti.

11.2.2 Il metodo *patchwork*

Il *patchwork* (ma potremmo chiamarlo *patchword...*) è un procedimento appena più complesso del *cut-up*. Facciamo un es. tratto da *La violenza illustrata*, un libro di Nanni Balestrini che usa come materiale gli articoli comparsi sui giornali in occasione d'un conflitto a fuoco avvenuto tra brigatisti rossi e carabinieri, dove perse la vita una brigatista: Mara Cagol.

> Alle 10.45 il perito incomincia l'autopsia si concluderà verso le 13 con questo esito la giovane è stata colpita da 11 proiettili uno l'ha raggiunta alla spalla sinistra l'altro quello mortale le ha trapassato il torace. L'ufficiale scende dice ai suoi uomini di restare lontano si avvia verso il cascinale che dovrebbe restare abbandonato secondo le informazioni raccolte in precedenza. Trascorrono tre ore di tensione mentre si accavallano dubbi interrogativi ipotesi alle 16.30 giungono alla caserma dei carabinieri due sorelle su una Giulia raggiungono l'ospedale quando manca poco alle 17. Un tentativo di fuga a bordo di una 127 rossa e una 128 bianca era stato subito bloccato dai carabinieri ma mentre la donna era rimbalzata a terra uscendo dalla portiera di sinistra lato guida l'uomo stranamente era sceso da quella di destra dalla parte cioè più esposta alle armi dei nemici.
>
> Un cadavere senza nome il corpo è quello di una donna tra i trentacinque e i quaranta anni con capelli e mèche rossicce vestita con un golfino beige jeans sbiaditi e sandali rossi a tacco di corda alto. Il tenente procede fin sotto la cascina sta per sbirciare attraverso una finestra del pianterreno è in quel momento che dal piano sovrastante viene scagliata una bomba a mano di tipo Srcm. Si alzano e avanzano lentamente verso la camera mortuaria sulla porta le attende il procuratore della repubblica non tradiscono emozione rimangono impassibili quando scattano i flash la porta si chiude alle loro spalle. Le portiere della macchina dei banditi allora si spalancano di colpo esplode un rosario di colpi poiché i malviventi hanno con loro uno sten e due pistole.
>
> Ha un viso strano nella morte si direbbe stupito indossa jeans aderentissimi e una maglietta beige ma è tutta chiazzata di rosso per cui il colore bisogna indovinarlo più che vederlo. Poi è andato a bussare alla porta dicendo siamo carabinieri a questo punto si è aperta una finestra del primo piano da cui si è affacciata una donna che ha risposto cosa volete l'ufficiale ha insistito e da

> un'altra finestra è stata lanciata la prima bomba a mano Srcm. L'attesa dura poco alle 17.15 il Procuratore esce fa un cenno d'assenso è lei l'hanno riconosciuta subito è bastato uno sguardo al volto. Sono rimasti bloccati la 127 rossa ha anche tamponato la 128 bianca sono stati gli ultimi istanti di violenza i rapitori sono di nuovo balzati a terra e attraversando di corsa il prato hanno puntato verso il basso.[8]

■ **1**. La tecnica del *patchwork* consiste «nell'assumere una certa quantità di materiali verbali già formati e raccoglierli intorno a alcune dominanti», ottenendo così, dallo scontro tra queste dominanti, dei «campi di tensione imprevisti» (A. Guglielmi).
2. All'interno di ciascuno spezzone di testo Balestrini abolisce la punteggiatura. In questo modo riesce ancora più difficile distinguere le provenienze dei vari frammenti: ogni spezzone di testo diventa una unica "colata" di parole.
3. Gli stessi fatti sono narrati ripetutamente e quasi ossessivamente. Ciò crea un effetto di *suspense* ma anche di vertigine. La ripetizione però non è mai identica perché sempre subentra un nuovo dettaglio, una sfumatura differente. È come se rivedessimo sempre la stessa scena ma da angolature diverse. O anche: è come se rivedessimo continuamente la scena alla moviola, senza però riuscire a percepirla nella sua interezza mettendola a fuoco definitivamente.
4. L'effetto che Balestrini ottiene è quello di costruire una sorta di epica della violenza, un'epica originale che nasce dalla elaborazione di materiale giornalistico (materiale *antiepico* per definizione).

Esercizi Il metodo *patchwork* funziona molto bene nell'esaltazione dei contrasti.
1. Cerca una vecchia guida turistica della Iugoslavia, precedente al 1989. Raccogli un po' di giornali con cronache della guerra. Prova a montare i due testi uno sull'altro, oppure a usare frasi tratte dalla guida turistica come didascalie delle foto dei giornali.
2. Procurati un romanzo rosa, isola alcune scene chiave e prova a contaminarle con altri testi: un manuale di erotismo, un libro di cucina, una guida turistica.

11.2.3 *Collage*

Nel 1963 un pezzo di montagna precipitò dentro il lago artificiale del Vajont; l'acqua fu spinta fuori, superò la diga con un'onda enorme e investì, sommergendoli, i paesi circostanti. Centinaia di persone morirono. Il poeta Roberto Roversi costruì questo testo incollando titoli di giornale, sommari, brani di articoli relativi alla vicenda:

> La diga del Vajont è in Val Cellina
> a dodici kilometri da Belluno
> la diga del Vajont è la più grande diga a arco del mondo
> alta 265 metri consente di invasare fino a un massimo
> di 168 milioni di metri cubi d'acqua del fiume Piave

8 N. Balestrini, *La violenza illustrata*, Einaudi 1976, pp. 111 sgg.

per alimentare la centrale idroelettrica di Soverzene.
190 metri di coronamento carrozzabile
spessore di coronamento di 3 metri e 40 centimetri
spessore alla base 22 metri e 11 centimetri,
per costruirla sono stati impiegati
350000 metri cubi di calcestruzzo
e mezzo milione di quintali di boiaca.
Crolla la diga del Vajont
travolgendo interi paesi nel sonno.
Era la più alta d'Europa.
Si cercano le vittime nel fango
il fango ha sommerso cinque borgate
fra i superstiti rassegnazione e
fatalismo: i superstiti non piangono.
Il dolore del paese, messaggio del Papa.
Le prime telefoto dal mare di sangue sopra Belluno.
A Pirago il paese s'è frantumato
su questa piana c'era Longarone
ora è un mare di fango pavimenti di case.
La morte è scesa dall'occhio azzurro del Vajont.
Gli uomini vivevano sereni ai piedi della diga,
il fianco della montagna che si specchiava nel lago,
era da migliaia di anni che si ergeva compatta e possente.
Quell'immenso ghiaieto dove una volta erano case
ha oggi un aspetto allucinante. [...]
Prime polemiche. Si poteva evitare?
Il Presidente della Repubblica
ha erogato una cospicua somma
per i primi soccorsi.
Il testo del telegramma
– la notizia del gravissimo disastro
– le laboriose popolazioni della valle del Piave
– l'unanime sentimento di cordoglio del paese
– animo profondamente commosso
– reverente pensiero agli scomparsi
– le famiglie così tragicamente provate
– più affettuosi sentimenti di solidarietà. [...]
Calcolata perfettamente la diga
si è trascurata la parte geologica;
un sistema di centoquarantatre equazioni
con altrettante incognite
risolto per controllare
le caratteristiche costruttive; approssimative
le prove sulla struttura delle rocce.
Non è rimasto nulla.[9]

■ **1**. Roversi non si è limitato a raccogliere e trascrivere una sorta di bla-bla indistinto, ma ha costruito un testo a alta intensità drammatica dove si contrappongono e sovrappongono due discorsi: *a.* il discorso delle istituzioni (neutrale,

9 R. Roversi, *Dopo Campoformio*, Einaudi 1965, pp. 105 sgg.

asettico, oppure convenzionalmente retorico e rassicurante), che mira a presentare la catastrofe come una fatalità imprevedibile e inevitabile; *b.* il discorso informativo sulle colpe e responsabilità degli uomini, che ci mostra ciò che il discorso delle istituzioni intende nascondere.
2. Quindi: mentre altri autori usano il *collage* come imitazione-registrazione di quella sorta d'indistinto brodo linguistico che è diventata la civiltà metropolitana, Roversi ha inteso ricercare il vero e il giusto dietro il rumore di fondo delle parole; in lui riscontriamo dunque ancora una fiducia nel potere dell'uomo di distinguere tra i segni, nel non farsene solo invadere.

11.2.4 Centoni

Nel romanzo di Mark Twain *Le avventure di Huckleberry Finn* troviamo due scalcinatissimi attori che pretendono di recitare Shakespeare. Uno dei due si mette in testa di fare addirittura il monologo dell'*Amleto*: «Ah, è sublime, sublime! Manda sempre in delirio il teatro. Passeggerò su e giù per un minuto, e vedrò se riuscirò a farlo uscire dalla cripta dei miei ricordi».

> Essere, o non essere; questo è il nudo punteruolo
> che rende la lunga vita una calamità;
> poiché chi sopporterebbe i fardelli,
> finché il bosco di Birnam giunga a Dunsinane,
> se non fosse per la paura che qualcosa dopo la morte
> uccida il sonno innocente,
> secondo corso della grande natura,
> e ci faccia scagliare i dardi dell'avverso destino
> piuttosto che fuggire da altri di cui nulla sappiamo?
> C'è il rispetto che deve darci sosta:
> svegli Duncan col tuo bussare! Vorrei che tu non potessi;
> poiché chi sopporterebbe le sferzate e i motteggi del tempo,
> i torti dell'oppressore, le ingiurie del superbo,
> i ritardi della legge, e il colpo di grazia
> che può prendersi i suoi dolori,
> nel morto deserto del mezzo della notte,
> quando i camposanti sbadigliano
> nei consueti sudari di solenne nero,
> se non fosse per quel paese ignoto
> da cui nessun viaggiatore ritorna,
> che alita il contagio sul mondo?
> E così l'originaria tinta di risoluzione,
> come la povera gatta dell'adagio,
> perde lo zampino per le preoccupazioni,
> e tutte le nubi che gravano sui nostri tetti,
> per questo motivo, deviano le loro correnti,
> e perdono il nome di azione.
> Quest'è una consumazione da desiderarsi devotamente.
> Ma intenerisciti, bella Ofelia:
> non schiudere la tua ponderosa e marmorea mascella,
> ma vattene in un convento... va'![10]

10 M. Twain, *Le avventure di Huckleberry Finn*, tr. G. Musumarra, Rizzoli 1982, pp. 175 sgg.

■ Twain ha frullato insieme brani tratti non solo dall'*Amleto* ma anche da altre opere di Shakespeare; e li ha riempiti di strafalcioni, interpolazioni e assurdità. Che cosa tiene insieme il tutto? L'apparente uniformità di stile. Il personaggio *sembra* parlare sempre in lingua shakespeariana, anche quando dice cose prive di senso; a un ascoltatore distratto, che più che il *senso* percepisca l'*intonazione* del discorso, il monologo potrebbe anche sembrare buono.

Esercizi **1**. Prendi un brano famoso (es. l'«Addio monti» nei *Promessi sposi*, alla fine dell'ottavo capitolo). Leggilo più volte a voce alta. Poi prova, sempre leggendo a voce alta, a sostituire alcune parole con altre che ti sembrino equivalenti dal punto di vista ritmico: «Addio, monti sorgenti dall'acque, ed elevati al cielo» può diventare: «Oddio, quanti vermetti nel prato, arrampicàti al melo». Così ti abituerai a imitare l'ạndatura solenne del brano.
2. Fa' lo stesso esercizio con le poesie di Leopardi; prova però a rimescolarle, incollando l'*Infinito* alla *Ginestra*, il *Sabato del villaggio* al *Consalvo*; successivamente introduci, così come ti vengono, versi originali tuoi. «La donzelletta vien dalla campagna / e ripete il suo verso: "Sempre caro / costò questo formaggio, e la lasagna / dell'ultimo denaro ancor mi priva..."».

11.2.5 Trecce

La poesia treccia è, come dice la parola, una costruzione dove un testo A si intreccia con un testo B. Questa è una breve poesia di Baudelaire intitolata *Invito al viaggio*:

Sorella, mio bene
Pensa alla dolcezza
Di vivere insieme!
Amare a piacere,
Amare e morire
Nel paese che ti assomiglia.
I soli bagnati
Di questi cieli incerti
Per il mio spirito hanno il fascino
Così misterioso
Dei tuoi occhi insidiosi,
Che brillano attraverso le lacrime
Là, tutto non è che ordine e bellezza,
Lusso, calma e voluttà.

Ora la intrecciamo con le frasi estratte dal discorso d'un capo politico sovietico.

Nelle ore difficili *sorella mia*,
Pensa alla dolcezza
Della situazione interna!
Normalizzare *a piacere,*
Sventare *e morire,*
Nel paese della catastrofe nazionale!
I soli operai
Di questi cieli unificati

Per il mio Partito *hanno il fascino*
Di tutti i veri
patrioti polacchi
che brillano attraverso le loro lacrime,
Là dove tutto non è che Ordine di Lenin,
Lotta, crisi e progetti perfidi.[11]

■ Anche qui lo scopo è evidentemente ironico e parodistico. Se costruite una poesia treccia cercate di salvaguardare la compatibilità grammaticale là dove i due testi vengono in contatto (i punti di sutura tra i due testi devono saldare bene). Il ritmo, la cadenza sono dati dal testo A mentre il testo B si avvinghia «come l'edera» alla struttura portante di A e pian piano cresce e prolifica.

11.2.6 Scomposizioni e ricomposizioni

Non è detto che manipolare un testo significhi sempre fargli violenza. La decostruzione può essere affettuosa, rispettosa, musicale, e avere lo scopo di cavar fuori da un testo tutti i misteri di bellezza e fascino che esso ci sembra contenere. E, in più, ci permette di tirare per le lunghe un testo che ci piace ma che, corto com'è, ci lascia vagamente insoddisfatti. Ecco un es. di scomposizione e ricomposizione delle ultime, bellissime righe della novella *La roba* di Giovanni Verga.

TESTO ORIGINALE. Di una cosa sola gli doleva, che cominciasse a farsi vecchio, e la terra doveva lasciarla là dov'era. Questa è un'ingiustizia di Dio, che dopo essersi logorata la vita ad acquistare della roba, quando arrivate ad averla, che ne vorreste ancora, dovete lasciarla! E stava delle ore seduto sul corbello, col mento nelle mani, a guardare le sue vigne che gli verdeggiavano sotto gli occhi, e i campi che ondeggiavano di spighe come un mare, e gli oliveti che velavano la montagna come una nebbia, e se un ragazzo seminudo gli passava dinanzi, curvo sotto il peso come un asino stanco, gli lanciava il suo bastone fra le gambe, per invidia, e borbottava: «Guardate chi ha i giorni lunghi! Costui che non ha niente!».
Sicché quando gli dissero che era tempo di lasciare la sua roba, per pensare all'anima, uscì nel cortile come un pazzo, barcollando, e andava ammazzando a colpi di bastone le sue anatre e i suoi tacchini, e strillava: «Roba mia, vientene con me!».[12]

TESTO SCOMPOSTO E RICOMPOSTO. Sicché quando gli dissero che era tempo di lasciare la sua roba, stava delle ore seduto sul corbello, col mento nelle mani, a guardare le sue vigne che gli verdeggiavano sotto gli occhi, e se un ragazzo seminudo gli passava dinanzi, curvo sotto il peso come un asino stanco, di una cosa sola gli doleva, che cominciasse a farsi vecchio. «Questa è un'ingiustizia di Dio, guardate chi ha i giorni lunghi! Costui che non ha niente!». E gli lanciava il suo bastone fra le gambe, per invidia. Borbottava: e la terra, la terra doveva lasciarla là dov'era! e i campi che ondeggiavano di spighe come un mare! e gli oliveti che velavano la montagna come una nebbia! e la roba, la roba, la roba!

11 P. Enkell, cit. in A. Duchesne e Th. Léguay, *op. cit.*, p. 262.
12 G. Verga, *Tutte le novelle*, v. I, Mondadori 1992, pp. 267 sgg.

> Sì, dopo essersi logorata la vita ad acquistare della roba, quando arrivate ad averla, che ne vorreste ancora, dovete lasciarla! E allora uscì nel cortile e barcollando strillava come un pazzo: «Roba mia, vientene con me!». E andava ammazzando a colpi di bastone le sue anatre e i suoi tacchini. «Roba mia, vientene con me!» strillava alle sue vigne che gli verdeggiavano sotto gli occhi, e ai campi che ondeggiavano di spighe come un mare, e agli oliveti che velavano la montagna come una nebbia...

11.2.7 Testi interpolati

Una volta i libri si copiavano a mano; e spesso i copisti inserivano nel testo (*interpolavano*, si dice tecnicamente) considerazioni proprie, ampliamenti, citazioni da altri testi; o semplicemente non capivano o stracapivano, o commettevano errori, o saltavano righe. Ciò avveniva per stanchezza, per ignoranza, per volontà di migliorare, per moralismo, ecc. (e ricordiamo: l'idea che l'autore d'un'opera ne sia il proprietario, e che abbia diritto di vederla riprodotta sempre uguale, appartiene all'epoca moderna). Fatto sta che il testo trasmesso e manipolato dai copisti *è* e *non è più* il testo originale; e il lavoro dei filologi consiste appunto nello stabilire il testo originale di opere alterate. Ma, lasciando stare i filologi, chi non ha mai fantasticato di correggere testi magari notissimi? Cambiare un aggettivo, sfumare un giudizio, rafforzare un verbo... solo per ottenere un testo più aderente al nostro gusto personale.

> Wow! Non c'è nessuno
> qui, e la cara siepe
> ci protegge da qualunque sguardo. Ora
> tu siedi, e io ti miro, e
> penso cose bellissime e sovrumane, e
> immagino solitudini favolose di là da quella siepe.
> Ora il vento
> stormisce tra le fronde, e il tuo dolcissimo
> silenzio mi pare
> uguale alla sua voce: ed ecco, ricordo
> il nostro amore eterno
> e le stagioni trascorse insieme
> e questa stagione...
> In questo vento di ricordi i miei pensieri
> volano via, nel vuoto, nell'immensità.
> È così dolce, stare in questo vuoto,
> che vorrei annegarmici dentro.

■ **1**. Il nostro amanuense non ha commesso errori: ha deliberatamente interpolato l'*Infinito* di Leopardi, sia per modernizzarne e semplificarne la lingua, sia per alleggerirne il contenuto pessimistico. Naturalmente la poesia è diventata tutta un'altra cosa (e anche molto brutta): l'esercizio serve appunto a capire quanto importi anche la singola parola.

2. Al gioco delle interpolazioni non si prestano solo i testi belli, ma anche i testi pratici. Provate a sabotare le istruzioni per l'uso della lavatrice, o un articolo di fondo del *Corriere*, o un testo pubblicitario (cominciate prima con piccole manipolazioni, poi mettetevi a sabotare in grande stile).

11.2.8 Testi annotati a margine

Alcuni tra i libri che possediamo non sono fatti solo delle parole, stampate, dell'autore: ci sono anche le nostre parole, scritte in margine a matita, ma ormai entrate a far parte (per noi, almeno) di *quel* libro. Vi proponiamo d'integrare quei *marginalia* nel vivo del testo, costruendo così una sorta di polifonia a due voci. Un es. dannunziano (su un brano del *Piacere*):

> Sotto il grigio diluvio democratico odierno [*che però ci ha liberato dagli assurdi privilegi del 'colorato' passato*], che molte belle cose e rare sommerge miseramente [*quali per favore, quali in nome del cielo? Le tirannie, le carestie, le prepotenze, l'assenza d'un diritto positivo?*], va anche a poco a poco scomparendo quella speciale classe di antica nobiltà italica [*e per fortuna che va scomparendo questa speciale classe! Anzi io dico: troppo tempo ci ha messo a togliersi dai piedi questa razza di infingardi e di oziosi!*], in cui era tenuta viva di generazione in generazione una certa tradizion [*tradizion-e, scrivi tradizione! e smettila di giocherellare con le parole*] familiare d'eletta cultura, d'eleganza e d'arte [*ma se i nobili italiani erano tutti ignoranti come capre! Leggiti Foscolo, leggiti* I sepolcri, *vedi cosa pensa lui dei nobili del suo tempo, pallone gonfiato che non sei altro!*].

■ **1**. Le note che aggiungiamo devono agire come un contrappunto, letteralmente *fare il verso* al testo base, essere quasi come le voce irriverente che dalla platea s'alza a commentare la battuta grave dell'attor tragico.
2. Anziché l'inserimento diretto nel testo, si possono usare le note a piè di pagina.[13] Questo sistema[14] è più spontaneamente giocoso. Ci si può divertire, a es.,[15] a scrivere note[16] che spieghino puntigliosamente parole che in realtà tutti conoscono.

11.2.9 *Leit-motiv*

Il *leit-motiv* (cioè: *motivo-guida*) è una tecnica musicale inventata da Richard Wagner, basata sulle procedure della ripetizione e variazione. Si tratta di prendere un breve motivo (in letteratura parleremo d'una frase-motivo) e di ripeterlo in certi momenti salienti del discorso, sempre modificandolo un poco (se riproposto tale e quale diverrebbe un *ritornello*). Il *leit-motiv* fornisce dei punti d'appoggio al nostro discorso, ci aiuta a scandirlo e articolarlo. Si possono anche comporre testi usando *solo* una frase-motivo, e magari anche banale. Noi abbiamo provato con: «Era una bella giornata».

> *Era una bella giornata* quando Julio, bello come forse mai era stato, uscì di casa ridente e ardito, inconsapevole d'andare incontro alla morte. «*È una bella giornata*» gli disse la fioraia da cui acquistò un mazzo di fiorellini di campo stretti da un nastro viola per Maria che lo aspettava e che non lo avrebbe mai

13 È evidente che le pagine non hanno piedi. Per «piè di pagina» s'intende la parte bassa del foglio.
14 Nel senso di «metodo», e non di «serie di 1, 2 e X per vincere al Totocalcio».
15 Abbreviazione per «ad esempio».
16 Nel senso di «annotazioni», non di «note musicali».

visto arrivare. E mentre lui salutava e scompariva dentro l'ombra del portico, "*proprio una bella giornata* per morire", continuò a pensare la fioraia, facendo girare quasi a malincuore i numeri del telefono con cui avrebbe telefonato a Ribero per avvertirlo che si tenesse pronto, che Julio stava per arrivare. E infatti Julio arrivava sfidando a capo scoperto il sole accecante della *bella, troppo bella* e maledetta *giornata* d'aprile. Anzi arrivava fin troppo in fretta all'appuntamento con Maria che lo aspettava nell'ombra della stanza fresca. Arrivava fin troppo presto all'appuntamento con Ribero e i suoi uomini che anch'essi lo aspettavano dietro il balcone semiaperto d'una stanza ugualmente fresca, ugualmente in ombra. Erano nervosi, inquieti, già pronti alla mira, contenti che la nebbia dell'alba si fosse diradata e lentamente ma irresistibilmente quella giornata scialba e molle fosse diventata *la più chiara e bella e perfetta dell'anno*...

■ Noi abbiamo sfruttato l'ambiguità del *leit-motiv*: una «bella giornata» significa anche una giornata «adatta ai nostri scopi»; se i personaggi in gioco hanno scopi contrapposti, nasce subito un effetto lievemente comico. La bella giornata di Ribero è in realtà una pessima giornata per Julio, e tutto ciò che Julio farà per godersi meglio la sua bella giornata (es. camminare in pieno sole anziché all'ombra) si ritorcerà contro di lui (infatti così sarà un bersaglio facilissimo).

11.3 Poliglossie

11.3.1 Testi bilingui

Un tempo, dice la *Bibbia*, gli uomini parlavano tutti una stessa lingua. Poi ci fu Babele, e da allora gli uomini si divisero in tante famiglie linguistiche. La nostalgia per l'epoca prebabelica non si è mai spenta: es. molti poeti hanno scritto testi che tentano, inventando nuove lingue o rimescolando quelle conosciute, di recuperare una sorta di lingua primigenia e universale. Ecco una poesia anglofrancese di Cummings (l'inglese è tradotto in italiano, il francese è rimasto tale e quale).

Piccole donne più
che morte danzano esattamente
nella mia mente, danzano
precisamente dove danzò la guerra.

Mimi à
la voix fragile
qui chatouille
des italiens

la puttana dalla gola d'avorio
Marie-Louise Lallemand
n'est-ce pas que je suis belle
chéri? les anglais m'aiment
tous, les Américains
aussi... «bon dos, bon cul de Paris» (Marie
Vierge
Priez
Pour
Nous)

con le
lunghe labbra di
Lucienne che penzolano
gli uomini vecchi e gli uomini
ardenti passeggiano
doucement le soir (donne

autenticamente morte les anglais
sont gentils et les américains
aussi, ils payent bien les américains danzano
esattamente nella mia mente voulez-vous coucher avec
moi? Non? pourquoi?[17]

■ L'uso alternato di due o più lingue ha di per sé qualcosa di magico e liberatorio: ciò che non si riesce a dire (es. perché infrange un tabù, perché ci emoziona troppo...) nella propria lingua, lo si può dire con altre lingue.

11.3.2 Testi multilingui

Ancora più difficile. Valéry Larbaud, francese, mescola fra loro spagnolo, latino, inglese e tedesco.

Un ano mas und iam eccoti mit uns
Pauvre et petit on the graves dos mossos amados, édredon.
E pure pionsly tapàudlos in their sleep
Du Pallio glorios das virgens und infants.
With the mind's eye te sequo sobre l'Europa estasa.
On the vas Northern pianure dormida, nitida nix.
Oder on lone Karpathian slopes donde, zapada,
Nigorum brazilor albo di sposa velo bist du.
Doch in loco nullo more te colunt els meus pensaments
Quam in Esquilino Monte, ove della nostra Roma
Corona de platàs ores,
Dum alta iaces on the fields so duss kein Wege seve,
Y el alma, d'ici détachée, su camin finds no ceo.[18]

Naturalmente si può anche giocare sull'equivoco. Così ha fatto Giulia Niccolai in questa *Harry's bar ballad*, ambientata a Venezia:

È sempre imbarazzante per un tedesco chiedere
zwei dry martini
potrebbe chiedere

17 E.E. Cummings, *58 + 59 poesie*, cit. in A. Duchesne e Th. Léguay, *Petite fabrique de littérature*, Magnard 1985, p. 226.

18 V. Larbaud, *Oeuvres*, Gallimard 1957, v. I, pp. 1113 sgg. Un tentativo di traduzione: «Ancora un anno e eccoti già con noi, / Povero e piccolo, sulle tombe dei nostri cari, bianco piumino. / E pure ricoprendole piamente nel loro sonno / Con il pallio glorioso delle vergini e degli infanti. / Attraverso gli occhi della mente ti seguo sull'Europa distesa, / Sulle vaste pianure addormentate del Nord, candida neve, / O sui pendii desolati dei Carpazi, dove tu sei, neve, / Dei neri pini bianco velo di sposa. / Ma in nessun luogo i miei pensieri ti venerano di più / Che sul Monte Esquilino dove tu sei, della nostra Roma, / La corona d'argento, / Mentre tu copri i campi, nascondendo le vie, / E l'anima, distaccata da qui, trova la sua strada nei cieli».

zwei martini dry
ma se chiede
zwei martini dry
gli danno i martini senza il gin.
È costretto a berseli?
No
perché lui e sua moglie
vogliono zwei dry martini
e non zwei martini dry.
Potrebbe chiedere
zwei mahl dry martini
che tradotto in italiano diventa
due volte tre martini.
Allora gliene danno sei.
Sei un bevitore di dry martini?
Fanno diciotto.
Sei, sei dry martini?
Sei più sei dodici
sei per sei trentasei?
Non voglio né dodici né trentasei martini
voglio del gin perché sono G. N.
Giulia Niccolai.
Des dry martini! Neuf!
Pas des vieux bien sûr madame...
anche un americano che chiede
nine dry martini
corre il rischio di non riceverne neanche uno
se il barman lo prende per un tedesco.
Dix dix dry martini!
Non je dis pas je dis pas je dis pas![19]

■ **1**. Il testo di Valéry Larbaud è un testo da ascoltare (o da leggere ad alta voce) più che da guardare scritto nella pagina. È echeggiante, polifonico. Non conta tanto l'eventuale senso, ma appunto il suono cangiante, aspro e dolce insieme, continuamente variato. Perciò: se volete scrivere testi di questo tipo sceglietevi un argomento qualsiasi e poi fatevi prestare un po' di frasi adatte (in spagnolo, in inglese, ecc.) da qualche vostro amico poliglotta (alcune di queste frasi potranno essere identiche, come ritornelli intonati in lingue sempre diverse) e poi mescolatele fino a ottenere una pasta linguistica molle e ricca di suoni fragranti. **2**. Giulia Niccolai invece sfrutta i "falsi amici", cioè quelle parole (o espressioni) d'una lingua che somigliano a parole o espressioni d'un'altra, ma in realtà vogliono dire tutt'altro: basti pensare all'inglese *cold*, che significa «freddo», o allo spagnolo *soy embarazada* che significa «sono incinta». Per costruire un testo come questo di Giulia Niccolai occorre cercare espressioni che (nella scrittura e/o per il suono) risultino ambigue secondo la lingua alle quali le si attribuisce. Poi si tratta di montarle in una storia o in una situazione credibile.

---

19 In *Poesia degli anni settanta*, cit. pp. 501 sgg.

11.3.3 *Pastiche*

Il *pastiche* è un testo messo insieme mescolando stili e linguaggi diversi (ma all'interno di una stessa lingua): un "pasticcio" ben farcito. Chi decide di scrivere pasticciato deve far risuonare dentro di sé tutte le lingue e i gerghi che conosce mettendoli in contatto tra loro e però facendoli amalgamare: devono diventare veramente un'*altra* lingua. Un maestro nell'arte del *pastiche* fu Carlo Emilio Gadda:

> L'indomani alle dieci esatte il Biondone era in loco (dopo aver dato una giratina fra i palmizi): è l'ora che le donne sogliono provvedere a mercato, in vista non solo della cena, quanto anzitutto del pranzo alle cure loro imminente: l'ora delle mozzarelle, dei formaggi, delle vermifughe cipolle, e dei cardi, sotto la neve pazientemente ibernanti, degli odori, delle insalatine prime, dell'abbacchio. Gente che vennevano la porchetta su le bancarelle de piazza, quela mattina, ce n'era na tribbù. Da San Giuseppe in poi è la staggione sua, se po dì. Col timo e co li fiocchetti de rosmarino e l'agli nun ne parlamo, e il contorno e il ripieno de patate co l'erbetta pesta. Ma il Biondo a capo ciondoloni, si lasciò condurre tra li berci e le arance rosse dal suo dinoccolato ottimismo, sufolando in sordina, o atteggiandovi appena appena le labbra, tacendo a un tratto, levando un occhio in qua e in là, come a caso. Oppure sostava chiotto chiotto, la lobbia giù a metà fronte, le mani in tasca, la gobba infreddolita sotto il pastrano chiaro fresconcello, aperto, e dietro i due polsi cadente, da parer coda di marsina. Era un pastranuccio di mezza stagione fasulla, che tirava al peloso, e al morbido, e riusciva liso in più punti: contribuiva a definir l'immagine d'un bellimbusto assonnato, in cerca di una cicca da poté fumà. Involtato nel turbine degli inviti e degli incitamenti a alla compera e in tutte le conclamazioni di quella festa formaggia, trascorse piano piano davanti le bancarelle abbacchiare, oltrepassò carote e castagne e attigue montagnole di bianco-azzurrini finocchi, baffosetti, nunzi rotondissimi d'Ariete: ivi insomma tutta la repubblica erbaria, dove alla gara dei costi e delle profferte i novelli sedani già tenevano il campo.[20]

■ **1**. Più che un pasticcio, il testo di Gadda è un vero e proprio minestrone nel quale galleggiano neologismi, parole desuete, burocratismi, dialettismi, francesismi, anglismi, perifrasi, eufemismi colti, espressioni volgari, diminutivi, peggiorativi, ecc. Il tutto però è ben amalgamato e ha un sapore inconfondibile. Infatti la *voce* che gestisce il testo è unica, personalissima, e lo rende omogeneo. **2**. Per scrivere *pastiche* occorre avere (o simulare) un temperamento nervoso, umorale, e contemporaneamente capace di mille mimetismi; occorre sentire la caoticità del mondo, la sua babelicità, e tentare di tenerle testa, appunto, denunciandola ma anche imitandola, facendosene attraversare, riecheggiandola.

Esercizi Come si cucina un pasticcio. *a.* prendi una notizia di cronaca (breve) da un quotidiano: un incidente, una rissa, una truffa; *b.* fa l'elenco di tutti i protagonisti dell'avvenimento e attribuisci a ciascuno (desumendole dall'articolo, oppure inventando) una professione e una provenienza geografica; *c.* prova a

---

20 C.E. Gadda, *Quer pasticciaccio brutto de via Merulana*, Garzanti 1991, pp. 240 sgg.

riscrivere la notizia caricando la lingua con espressioni tipiche delle zone geografiche e/o delle professioni dei protagonisti.

11.3.4 Testi pieni di errori

Avete mai assistito agli sproloqui d'un imbonitore di piazza? Se sì, forse vi sarete accorti che ciò che li rende affascinanti è la capacità d'infilare strafalcioni uno dopo l'altro. Ecco a es. come il padrone d'un circo, dove l'asino Pinocchio sta per esibirsi, presenta lo spettacolo al pubblico: «L'umile sottoscritto, essendo di passaggio per questa nobile metropolitana, ho voluto procrearmi l'onore nonché il piacere di presentare a questo intelligente e cospicuo uditorio un celebre ciuchino».[21] Sembra facile scrivere un discorso pieno di errori, ma così non è. Un testo banalmente pieno d'errori è poco interessante e, al massimo, ci fa ridere alle spalle del poveretto che l'ha prodotto (il che non sta bene: è un riso cattivo e classista). Ma se un vero artista si mette a esplorare le regioni dell'errore, suscita la nostra ammirazione. Ecco come Totò e Michele Serra sono riusciti a inventarsi testi sublimemente sgrammaticati. Nel film *Totò, Peppino e la malafemmina*, Totò detta a Peppino una lettera da inviare – unitamente a una somma di denaro – a una tale signorina, una "malafemmina" che ha sedotto il nipote distogliendolo dagli studi. Totò con aria professorale detta al povero Peppino che con molta difficoltà gli tiene dietro:

> Signorina veniamo noi con questa mia addirvi che scusate se sono poche ma settecento mila lire noi ci fanno specie che questanno c'è stato una grande moria delle vacche come voi ben sapete punto due punti Questa moneta servono a che voi vi consolate dai dispiacere che avreta perché dovete lasciare nostro nipote virgola che gli zii virgola che siamo noi medesimo di persona virgola vi mandano questo perché il giovanotto è studente che studia virgola che si deve prendere una Laura che deve tenere la testa al solito posto cioè sul collo punto punto e virgola punto punto e virgola Salutandovi indistintamente i fratelli Caponi virgola che siamo noi aperta parentesi che siamo noi virgola i fratelli Caponi chiusa parentesi in data odierna.[22]

Michele Serra invece imita il parlato di Aldo Biscardi, imperituro conduttore del *Processo del lunedì* (e versioni successive):

> Nelle vicende odierne, nuovamente attive e nuovamente esaltanti, prescinde soprattutto, per importanza e coronamento, la formidabile intenzione. Inghilterra e Olanda, direbbe con la consueta amabilità sinuosa il nostro Nesti, e la scheda comprende giustamente soprattutto il forte impatto. Chi, meglio dell'amico Berlusconi, che ci onora piuttosto che impedirci il plauso e la semplicità? Pronto e veramente, è una sorpresa incantevole e non ancora sopita: ai suoi campioni, come Van Basten non disgiunto da Gullit, da Rjikard, nel trio intenso e eccipuo, avremo in diretta dalla sua sensuale villa di Arcore l'autorevole sentimento. L'incoraggiamento e il complimento, senza nulla togliere,

21 Collodi, *Pinocchio*, cap. XXXIII.

22 *Totò, Peppino e la malafemmina* (1956). Abbiamo scelto di trascrivere in lettere i segni di interpunzione dettati da Totò, per rimarcare il loro grottesco.

> ma aggiungendo una nuova pagina dell'epopea grandiosa, francamente intrisa.
> Complimenti e grazie.[23]

■ Tutti noi apprendiamo a parlare con dolore e pena, e cioè attraverso infinite prove e errori e correzioni. Anche quando abbiamo automatizzato questa competenza linguistica continuiamo a sentire il peso della grammatica e a provare il desiderio di scrollarcelo di dosso. Il piacere che ricaviamo dalla produzione e dal consumo di testi pieni di errori deriva proprio dal gusto di infrangere le regole linguistiche trattando la lingua con la libertà con cui la trattavamo da bambini. Ma attenzione: non siamo più bambini. Perciò dovremo giocare sottilmente con le regole, infrangendole in modo strampalato, buffo, equilibristico, vertiginoso. Di sbagliare sono capaci tutti, di sbagliare con arte e ironia pochi!

11.3.5 *Lapsus* creativi

La letteratura, dicono gli studiosi, comincia là dove il linguaggio scarta dalla norma. Ebbene: la prima forma di scarto è proprio l'errore. Nell'errore sono latenti le infinite possibilità di travisamento e ricreazione proprie della letteratura. Molti tra i lapsus che ora vi proponiamo non sono solo segno d'ignoranza ma funzionano (o possono funzionare) come stimoli alla fantasia. Basta prenderli alla lettera e già essi possono costituire il punto d'avvio d'un racconto fantastico o d'un quadro surrealista:

> Io e te la pensiamo diversamente: siamo agli antilopi.
> Quando lo vide, la ragazza rimase torrefatta.
> Non menare il can per l'aria.
> Mia figlia è bravissima, la vedesse: è una ballerina in provetta.
> Funziona l'impianto dell'aria confezionata?
> Nella mia casa c'è un gladiatore in ogni stanza.
> In farmacia: Ha delle aspirine fosforescenti? (o meglio: evanescenti).
> Nella classe di mio figlio c'è un decapitato.
> Ho un terribile dubbio atletico.[24]
> I costi hanno subito un aumento verticoso.
> C'è bisogno di alcune allucinazioni.
> E io me ne sono menefregato.
> Il suo testo mi sembra leggibile, scurrile.
> Il presidente ha lanciato un monitor all'assemblea.[25]

■ Sono interessanti solo quei lapsus che fanno cortocircuitare fra loro parole dai significati lontanissimi ma dal cui contatto imprevisto nasce una scintilla di verità («aria confezionata») o di poesia bizzarra e surreale («la ragazza rimase torrefatta»). A partire dagli errori involontari, poi, è possibile addirittura inventare storie: del che si parla nel paragrafo seguente.

---

23 M. Serra, *Cuore Mundial* (numero speciale di *Cuore*), 16.6.90.
24 R. Antoni, *Non c'è gusto in Italia a essere intelligenti*, Feltrinelli 1992, pp. 89 sgg.
25 A. Stefani, *Acqua fritta*, Neri Pozza 1999, nn. 411, 505, 633, 638, 270.

11.3.6 Come costruire storie basate sugli errori

Gianni Rodari, l'autore di molti libri di favole e della fortunatissima *Grammatica della fantasia*, ha escogitato addirittura delle «Istruzioni per il buon uso degli errori».

> Da un lapsus può nascere una storia, non è una novità. Se, battendo a macchina un articolo, mi capita di scrivere *Lamponia* per *Lapponia*, ecco scoperto un nuovo paese profumato e boschereccio: sarebbe un peccato espellerlo dalle mappe del possibile con l'apposita gomma; meglio esplorarlo, da turisti della fantasia.
> Se un bambino scrive nel suo quaderno *l'ago di Garda*, ho la scelta tra correggere l'errore con un segnaccio rosso o blu, o seguirne l'ardito suggerimento e scrivere la storia e la geografia di questo *ago* importantissimo, segnato anche nella carta d'Italia. La Luna si specchierà sulla punta o nella cruna? Si pungerà il naso?...
> Un magnifico esempio di errore creativo è quello che si trova, secondo il Thompson (*Le fiabe nella tradizione popolare*) nella Cenerentola di Charles Perrault: la scarpina della quale, in origine, sarebbe dovuta essere di *vaire* (una sorta di pelliccia); e solo per una fortunata disgrazia diventò di *verre*, e cioè di vetro. Una scarpina di vetro è sicuramente più fantastica di una qualunque pantofoletta di pelo, e più ricca di seduzioni, anche se figlia del calembour o dell'errore di trascrizione. [...] In ogni errore giace la possibilità di una storia.
> Una volta, a un bambino che aveva scritto – insolito errore – *cassa* per *casa*, suggerii di inventare la storia di un uomo che abitava in una cassa da morto, un altro era così piccolo che gli bastava una cassetta per la verdura per dormirci, finiva al mercato tra broccoli e carote, qualcuno pretendeva di comprarlo un tanto al chilo.[26]

■ Dal linguaggio dei bambini si possono trarre una quantità di suggestioni. Agli es. di Gianni Rodari possiamo aggiungerne altri: la *stella codeta* (infatti ha la coda), la *comperativa alimentare* (infatti vi si fanno le compere). Possiamo fabbricare errori volontari: quando una certa cosa ha un nome che ci sembra un po' strano o astruso, possiamo trasformarlo in un nome più adatto. A es. la macchinetta obliteratrice, nella quale si timbrano i biglietti del tram, può diventare una *macchinetta obbligatrice*, poiché timbrare i biglietti è obbligatorio. Bisogna autoconvincersi che debba assolutamente esistere una relazione tra il nome e la cosa. Questo tipo di esercizio somiglia un po', ma a rovescio, al gioco delle false etimologie (che incontreremo più avanti).

11.4 Lingue inventate

11.4.1 Lingue quasi morte

Il prossimo brano è tratto da un racconto di Tommaso Landolfi che fu l'occasione d'una divertentissima beffa. Quando uscì, alcuni valenti critici lo considerarono scritto in una lingua inventata e dunque inesistente. E invece no: Landolfi

26 G. Rodari, *La grammatica della fantasia*, Einaudi 1973, pp. 34 sgg.

aveva scritto in purissimo italiano, solo che s'era servito di parole che, pur contemplate dai dizionari, non vengono quasi mai adoperate e sono perciò sentite come inesistenti, inventate.

> La mia moglie era agli scappini, il garzone scaprugginava, la fante preparava la bozzima... Sono un murcido, veh, son perfino un po' gordo, ma una tal calma, mal rotta da quello zombare o dai radi cuiussi del giardiniere col terzomo, mi faceva quel giorno l'effetto di un malgama o di un dropace! Meglio uscire, pensai invertudiandomi, farò magari due passi fino alla fodina.
> In verità siamo ormai disavezzi agli spettacoli naturali, ed è perciò da ultimo che siamo tutti così magoghi e ci va via il mitidio. Val proprio la pena d'esser uomini di mobole, se poi, non che andarsi a guardare i suoi magolati, non si va neppure a spasso!...
> Basta. Uscii dunque, e m'imbattei in uno dei miei contadini, che volle accompagnarmi per un tratto. Ma un vero pigo! In oggi di quegli arfasatti e di quelle ciammengole o manimorce, ve lo so dir io, non se ne trova più a giro; né servon drusce per farli parlare, ma purtroppo hanno perso anche la loro bella e pura lingua d'una volta. Recava due lagene.
> «Dove le porti?».
> «Agli aratori laggiù: vede, dov'è quell'essedo. C'è il crovello per loro».
> «E il mivolo, o il gobello?».
> «Bah, noialtri si fa senza».
> E meno male che non avete al tutto dimenticato la vostra semplicità. Ma volevo scatricchiarmi; finalmente lui andò per i fatti suoi e potetti rimaner solo, e presi per una solicandola.[27]

Esercizi Sfoglia il vocabolario e annotati una lista di parole inusitate e desuete (che però, nei limiti del possibile, indichino oggetti o azioni comuni). Poi prova a scrivere una storia attendibile, dove quelle parole ritornino almeno una volta; infine invita a cena un po' d'amici e servi in tavola il raccontino sfidandoli a interpretarne l'esatto significato

11.4.2 Lingue falso antiche

Questo invece è un es. di *falso antico*. L'autore (che si cela sotto lo pseudonimo di Fra' Gervasio) è un nostro contemporaneo, che imitando lessico e grammatica d'un ipotetico italiano medievale, racconta una storia d'oggi.

> È mio studio e intendimento parlar di un uomo che ha dell'umano nel sembiante, ma è divino dentro li visceri fino all'ultimo pelo de lo suo corpo. Egli è più divo che uomo, per le ragioni che vi dirò, in forma breve e aliena da ogni circonlocuzion circonflessa. Potria dir di più: egli è un Mago. Egli è come disse Plinio omo che sa usar la natura per far miracoli. [...] Il nostro Principe, come fu Simon Mago è uso portar li sentimenti d'ogni omo al bene, anco se l'omo fusse movimentato da tutti li demoni verso il male. Egli è capace di usar erbe, pozioni et altri mezzi et argomenti mirifici per far de scelerati abitatori de le nostre terre uno popolo solo, devoto ad esso, per la gloria del Signore. Deh mi proteggi

27 T. Landolfi, *Le più belle pagine*, Rizzoli 1989, pp. 490 sgg.

o Dio, che in te mi affido. Sei tu il mio bene, nulla ho fuor di te. Come canta Davide nel Salmo sedicesimo.
Ecco quel che le sue arti di dominio magico fanno far ne li frangenti de la nostra situazion presente. Assicurare ad ogni omo, ad ogni femina, a tutti li pargoli minimo di lavor sicuro e retribuito a sufficienza, perché ne derivi acquisto quotidiano di pagnotta, nomata ciriola oppur sfilatino, e di latte companatico ogni dì che manda il Signore. A questo benefizio s'affianca parallelo quello di spettaculo serale, traverso televisive apparecchiature, di cantori e danzatori, domatori, trapezisti e incantatori di serpenti. Infin la domenica, giorno sacro per ogni costumato animale, sarà assicurato spettaculo pubblico su li prati, dove giocatori rincorron balzelloni sfere tonde di cuoio, o di materia più vile, fino ad infilarle con astuzia dentro reti piscatorie, a maglia larga.[28]

■ **1**. Naturalmente occorre, anche per un'operazione di tal fatta, farsi un po' l'orecchio: bisogna leggere qualche autore trecentesco magari ad alta voce, per interiorizzare soprattutto la sintassi del tempo. Poi si provi a scrivere. Il lavoro sul lessico si può fare in un secondo tempo: *a.* si recuperano autentiche espressioni medievali («omo» per «uomo», «fusse» per «fosse», ecc.); *b.* si medievizzano parole contemporanee; *c.* si inseriscono parole inconfondibilmente moderne («televisive»). In questi testi il divertimento viene soprattutto dall'*anacronismo*, che tuttavia dev'essere giocato con cautela per non apparire, paradossalmente, come un errore.
2. Naturalmente queste operazioni, al di là del divertimento puro e semplice, hanno bisogno d'una motivazione. Fra' Gervasio ha scritto il suo pezzo imitando le vite di santi medievali perché la strategia comunicativa di Silvio Berlusconi, tutta giocata sul presentarsi – quasi messianicamente – come salvatore dell'Italia, ben si prestava a essere derisa in questi termini.

11.4.3 Lingue maccheroniche

Si chiama *maccheronica* una lingua che imita un'altra lingua. Cominciamo con alcuni versi di Teofilo Folengo, detto Martin Cocai, l'inventore del *latino maccheronico*, un improbabile latino venato di elementi dialettali: «Est sacrificium sanctum coeloque graditum, / est charitatis opus vos scortegare vilanos...» («È un sacrificio benedetto e gradito al cielo, / è un atto di carità scorticare dei contadini come voi»). Il latino maccheronico di Folengo è (purtroppo) diventato troppo difficile. Eccone allora una versione più abbordabile. Riccardo Cassini non si è limitato a *maccheroneggiare* in latino, ma si è spinto fino all'inglese e allo spagnolo. Tema dei suoi sproloqui: la Nutella.

Nutella omnia divisa est in partes tres: Unum: Nutella in vaschetta plasticae. Duum: Nutella in vitreis bicchieribus custodita. Treum: Nutella sita in magno barattolo (magno barattolo sì, sed melium est si magno Nutella in barattolo). Nutella placet omnibus pueris atque puellis sed, si troppa Nutella fagocitare, cicciones divenire, cutaneis eructionibus sottostare et brufolos peticellosque

28 Fra' Gervasio, *Brasil*, Il Mulino 1996, pp. 21 sgg.

supra facie tua stratos formare atque, ipso facto, diarream cacarellamque subitaneam venire.

Once upon a time, many many many, ma 'na cifra of many years ago, at the beginning of the initiation of the mond, there was the caos.
One day, God (God is the nome d'art of Dio), God, who was disoccupated, had a folgorant idea and so God created the Nutell. And God saw that Nutell was good, very good, very very good, good 'na cifra.

Don Quijote amaba Dulcinea. Dulcinea, como el nombre stesso dice, era fatta al cincuanta por ciento da azucar, sette por ciento cacao, doce por ciento nocholas e todo el rimaniente... de lecitina de soia y aromas naturales. [...] El vero nombre de Dulcinea era Dulcinea Ferrero del Bueno Sabor de la Crema de Nochola que Las Splamas su lo Sfilatiño col Cucchiaiño, meglio conocida en todo el mundo come Nutella Ferrero.[29]

■ **1**. Folengo scriveva per un pubblico che usava correntemente il latino: quindi i suoi testi sono sintatticamente e grammaticalmente corretti, e il gioco è tutto sul lessico; se c'è un gioco sulla sintassi, è nella commistione tra formule del latino classico e formule del latino ecclesiastico.
2. Cassini invece parla a un pubblico che di latino sa niente o quasi: quindi grammatica e sintassi sono casuali e per lo più ricalcati sull'italiano. L'esigenza di farsi capire anche da chi ha competenze linguistiche minime si vede anche, a es. nella *Nutella* spagnola, dove Cassini usa «amaba» (parola inesistente in spagnolo) anziché «queriva» (che il pubblico italiano avrebbe ugualmente capito), oppure «nombre» nel senso di «nome», forse giocanco con «hombre» (mentre il suo vero significato è «numero»). Il gioco è tanto più fine (e divertente) quanto maggiore è la competenza nostra (e la competenza che possiamo supporre nel pubblico) nella lingua nella quale fingiamo di scrivere.

11.4.4 Era la brilla e i fanghilosi tavi, ovvero: le lingue incomprensibili

Ecco l'incomparabile poesia escogitata dalla mente paradossale di Lewis Carrol in una lingua (il carrolico? il carrolese? il carroliano?) nota probabilmente solo a lui (e al suo eroico traduttore italiano).

Era la brilla e i fanghilosi tavi
Ghiravano e ghimblavano nel biava.
Mensi e procervi erano i borogavi
E il momico rattio superiava.
Alma dell'alma, fuggì il lanciavicchio
E la zannate zanna, e l'arpionante
Arpione, fuggì il giubbio picchio
E il frumido Banderiscono.
In mano prese la spada vorpale:
A lungo il mastino nemico cercò.
Ripiegò stanco sull'albero tuntunnio:
Riguardò, contemplò, meditò.

29 R. Cassini, *Nutella Nutellae*, Comix 1997, pp. 15, 45 e 61 sgg.

E mentre ristava in uffoso pensiero,
Il lanciavicchio, con occhi di fuoco,
Vifflando scese dal tulgido maniero
Boforinchiando con il fiato roco.
E uno e due: a fondo e a fondo
la lama vorpale snicchiò e snacchiò.
Ucciso il mostro, con il tronco capo
Galompando all'ostello tornò.
Te benedetto, uccisti il lanciavicchio!
Ah, che ti abbracci, brimante spadiero!
Giorno di fraggia e di calleia è questo!
Guadiosamente gorgottò il messero.
Era la brilla e i fanghilosi tavi...[30]

■ **1**. Si tratta di rispettare la grammatica, la sintassi e la morfologia della propria lingua, ma di sconvolgerne il lessico. Così «brilla» sembra un sostantivo femminile singolare, e «fanghilosi» un aggettivo maschile plurale. Solo che queste parole non esistono nel vocabolario.
2. Il gioco consiste nel non usare parole davvero del tutto inventate, ma di stravolgere e sovrapporre parole vere, a volte con effetti di senso («gorgottò» ricorda insieme «gorgheggiare» e «gotto», e comunque quasi di sicuro significa «disse», forse: «disse con una voce che sembrava il gorgoglio nella gola di uno che scola un gotto»), a volte per puro divertimento («guadiosamente» vorrà dire «gaudiosamente»: ma non c'è nessuna connessione diretta tra «gaudio» e «guado»; ammenoché non si pensi al «gaudio di aver passato il guado»...).

Esercizi Bindolo Randolo, un altro personaggio di Lewis Carrol si è divertito a tradurre alcune parole di questa poesia: «*Brilla* significa le nove del mattino, quando è stata appena fatta la pulizia e tutto è brillante. [...] *Fanghilosi* significa fango e lisci. [...] I *tavi* sono animali simili al tasso, alla lucertola e al cavaturaccioli». Possiamo anche noi tentar di ricostruire il senso, l'etimologia e la fraseologia di ogni parola di questo bizzarro testo.

11.4.5 Traduzioni immaginarie da lingue inventate

Se inventiamo una lingua, possiamo anche inventarci delle traduzioni da questa lingua. Esemplifichiamo con un racconto di Landolfi. A un tale signor Y un capitano poliglotta insegna una lingua che spaccia per persiano: a Y la lingua piace talmente che decide di non scrivere se non in persiano le sue poesie. Ne scrive di bellissime. Una soprattutto gli piace: il suo capolavoro! E in effetti ammetterete anche voi che è stupenda. Sentite:

Aga magéra difúra natun gua mesciún
Sánit guggérnis soe-wáli trussán garigúr
Gúnga bandúra kuttávol jeris-ni gillára.
Lávi girréscen suttérer lunabinitúr
Guesc ittanóben katir ma ernáuba gadún

30 L. Carrol, *Attraverso lo specchio*, tr. G. Pozzo, Einaudi 1978, pp. 135 sgg. e 186.

> Vára jesckilla sittáranar gund misagúr,
> Táher chibill garanóbeven lixta mahára
> Gaj musasciar guen divrés kóes jenabinitúr
> Sóe guadrap útmijen lóeb sierrakár masasciúsc
> Sámm-jab dovár-jab miguélcia gassúta mihúsc
> Sciú munu lússutjunáscru gurúlka varúsc.

Ora il punto è che il capitano – come successivamente si viene a sapere – gli ha giocato un brutto tiro: la lingua che gli ha insegnato non è il persiano; il protagonista infatti dopo aver consultato linguisti esperti scopre che «una lingua simile non esiste e non è mai esistita». Che ne sarà ora del suo capolavoro? Chi potrà riconoscerlo e apprezzarlo come tale? Si rivolge a un grande critico per ottenerne un responso:

> Nel gran silenzio che seguì, il grande critico si lisciava i baffi colla punta delle cesoie attendendo, mentre Y lo guardava proteso. Questi proruppe alla fine: «Ma sentite dunque tutti questi u degli ultimi versi, sentite queste rime in *-usc*! Ebbene che ve ne pare?». Il poveretto aveva dimenticato che ci voleva pure qualche spiegazione.
> «Infatti, infatti, pas mal, proprio pas mal» disse il grande critico. «E volete ora essere così buono da tradurre?».
> Y, improvvisando sul testo, tradusse:
>
> *Anche piangeva della felicità la faccia stanca*
> *Mentre la donna mi raccontava della sua vita*
> *E mi affermava il suo affetto fraterno.*
> *E i pini e i larici del viale graziosamente incurvati*
> *Sullo sfondo del tramonto rosa-caldo*
> *E di una villetta che inalberava la bandiera nazionale,*
> *Parevano il viso solcato d'una donna che non s'era accorta*
> *D'aver il naso lucido. E quel lucido guizzo*
> *Per me molto tempo ancora, beffardo e pungente,*
> *Sentii saltellare e contorcersi come un pesciolino pagliaccio*
> *In fondo alle tenebre della mia anima.*
>
> «Ma bravo, ma davvero molto bene» il grande critico si profuse in complimenti. «Ora capisco perché tutti quegli *u* degli ultimi versi! Bravo, bravo: è una cosa aderente e per fortuna nient'affatto programmatica».
> Espletate queste formalità si volse a me:
> «Come vedete i vostri sospetti sono infondati e» sorrise «temerari. Avete visto come traduceva spedito?».
> «Macché» si lagnò Y «quella traduzione libera non rende neppure lontanamente l'originale. Tradotta, la poesia è irriconoscibile e ha perduto tutto; così è destituita di ogni senso».[31]

Esercizi Un gioco di società. Sul modello del testo di Landolfi scrivete un breve testo poetico in una lingua inventata. Poi invitate gli amici a tentarne una traduzione. Il gioco si conclude con la declamazione delle traduzioni e con il voto della giuria: che premierà la migliore e, per equità, anche la peggiore.

---

31 T. Landolfi, *Le più belle pagine*, cit., pp. 467 sgg.

11.4.6 Le lingue senza parole, ovvero: il grammelot

Il *grammelot* è una tecnica di recitazione elaborata – secondo una ricostruzione piuttosto dubbia – dai comici del Teatro dell'Arte e si basa su un'imitazione puramente fonetica (anzi onomatopeica) d'un qualsiasi linguaggio o gergo. I bambini piccoli piccoli, che ancora non sanno parlare con le parole, parlano in *grammelot* e cioè in una lingua inarticolata che imita il linguaggio degli adulti. Gli attori che parlano in *grammelot* si aiutano naturalmente con i gesti, le espressioni, i movimenti. Uno specialista è Dario Fo, il quale ha confessato: «Uno dei miei sogni segreti è quello di riuscire, un giorno, a entrare in televisione, sedermi al posto dello speaker che dà le notizie del telegiornale e parlare per tutto lo spazio della trasmissione, in *grammelot*... Scommetto che nessuno se ne accorgerebbe». Ecco il *grammelotiggì* di Dario Fo.

> Oggi traneguale per indottone consebase al tresico imparte montecitorio per altro non sparetico ndorgio, pur secministri e cognando, insto allegò sigrede al presidente interim prepaltico, non manifolo di sesto, dissesto: Reagan, si può intervento e lo stava intemario anche nale perdipiù albato – senza stipuò lagno en sogno-la-prima di estabio in Craxi e il suo masso nato per illuco saltrusio ma non sempre. Si sa, albatro spertico, rimo sa medesimo non vecchiamente e, anche, sortomane del Pontefice in diverica lonibata visto opus dei.[32]

■ Ecco alcune ricette, gentilmente offerte da Giampaolo Dossena, utili per scrivere e parlare in lingue inesistenti:

1. Chiamiamo *digaribal* quella lingua inventata in cui, partendo da un italiano normale, si taglia in due fette ogni parola, e si sposta la sillaba finale in testa. Se si decide di «parla-re co-sì», cioè di «re-parla sì-co», «Garibaldi» diventa appunto «Digaribal». Il Biondelli dava questo es. nel 1846: «La lingua furbesca è parlata da' monelli. / Al gualin scabefur è talpar ad linemo».

2. Chiamiamo *garabalda* quella lingua inventata in cui, rispetto all'italiano normale, si sostituiscono tutte le vocali con una vocale sola, es. la 'a'. Se si decide di «parlare così», cioè di «parlara casà», «Garibaldi» diventa appunto «Garabalda».

3. Chiamiamo *gacaricibalcadici* quella lingua inventata in cui, partendo dall'italiano normale, si inserisce dopo ogni sillaba un suono fisso, es. 'c', seguito dalla ripetizione della vocale della sillaba stessa. Se si decide di «par-la-re co-sì», cioè di «par-ca la-ca re-ca co-ca sì-ca», «Ga-ri-bal-di» diventa appunto «Gacaricibalcadici». Il Biondelli nel 1846 dava questo es.: «La lingua furbesca è parlata da' monelli. / Lapa lipinguapafupurbepescapa epè paparlapatapa dapa moponepellipi».

4. Chiamiamo *idlabirag* quella lingua inventata in cui, rispetto all'italiano normale, si dice ogni parola al contrario: se si decide di «parlare così», cioè di «eralrap isoc», «Garibaldi» diventa appunto «Idlabirag».[33]

32 D. Fo, *Manuale minimo dell'attore*, Einaudi 1987, pp. 108 sgg.
33 G. Dossena, *Dizionario dei giochi con le parole*, Vallardi 1997, pp. 85-98.

11.4.7 La sirena Shamizé, ovvero: le lingue falsoesotiche

Ancora una lingua inventata. Ha un suono strano, esotico, vagamente orientale (Shamizé sarà parente di Shérazade?); tuttavia facile da capire, perché la sintassi è quella italiana, e l'invenzione quasi solo lessicale.

> C'era un oshammi che viveva in una wesesheshammi in cima a una wooba.
> Venne una notte un oogoro e disse all'oshammi shammi:
> «Shimmi non voglio né la tua corona né il tuo bastone, voglio la tua shamizé».
> «De shimite de» rise l'oshammi shammi «cerca pure. Se vedi qua nella weseshe la mia shamizé, prendila pure».
> L'oogoro frugò in lungo e in largo tutta la weseshammi e alla fine vide una woolanda e trionfante gridò:
> «Shim, eccola qui, l'ho trovata».
> «Sei furbo come il tsezehé dalle lunghe orecchie» disse l'oshammi shammi «l'hai trovata ed è tua».
> L'oogoro corse giù dalla wooba cantando e ridendo:
> «Ho una shamizé! Per tutta la vita shimideé, avrò una shamizé!».
> Sulla strada incontrò un vecchio woorogoro.
> «Shim woro, ti piace?» disse l'oogoro «guarda, ti piace la mia shamizé?».
> «Woof» disse l'orogoro «stupido come uno tsezehé! Non vedi che quella che tieni tra le braccia è una woolanda?.
> Alla luce della luna l'oogoro guardò bene, vide il suo errore e se ne andò tzuke shimite no schimé, triste come chi ha perso il nome delle cose.[34]

■ Il procedimento qui usato da Benni è semplice: scritto un testo normale, si sostituiscono poi alcune parole chiave (soprattutto sostantivi) con le parole della lingua inventata; infine si aggiunge qualche parola inutile (come nel finale «tzuke shimite no schimé»), tanto per aumentare il colore. Le parole inventate dovranno avere tutte un'aria di famiglia, e cioè un suonare abbastanza simili tra loro, presentare analoghe combinazioni di vocali e consonanti. Si può anche giocare con gli effetti grafici, scrivendo parole difficili o impossibili da pronunciare.

Esercizi Proponiamo un gioco inventato da Ersilia Zamponi e da lei chiamato *Parole inventate*: «Il capogioco inventa dieci parole inesistenti, e chiede agli altri di attribuire a ciascuna di esse un significato: si tratta di ascoltare con attenzione ogni parola, e dire un nome comune di persona, di animale o di cosa corrispondente all'immagine che il suono della parola inventata ha suggerito. Io ho proposto le seguenti parole: 1. cirà; 2. gragliano; 3. ariello; 4. zépilo; 5. lonco; 6. fondura; 7. rumella; 8. senzone; 9. morondo; 10. tranzo. I partecipanti ascoltano ogni parola, e subito propongono un significato. [...]: 1. strega; 2. bosco; 3. ragazzo; 4. flauto; 5. grotta; 6. osteria; 7. formaggio; 8. uomo saggio; 9. scimmia; 10. vino. Dopo aver scritto questi dieci nomi, si compone una breve favola che li utilizzi tutti. Quindi, partendo dal testo prodotto, si comincia il gioco di sostituzione: ai dieci nomi iniziali si restituisce la corrispondente forma inventata, poi per tutti gli altri nomi, verbi e aggettivi si cercano parole nuove [...] Alla fine ne risulta un testo misterioso e oscuro».[35]

---

34 S. Benni, *Il bar sotto il mare*, Feltrinelli 1988, p. 87.
35 E. Zamponi, R. Piumini, *I Draghi locopei*, Einaudi 1986, pp. 74 sgg.

11.4.8 Lingue monolessicali

L'effetto di ripetizione dei suoni che abbiamo visto in Benni, diventa parossistico in un racconto di Peter Bichsel.

> Dello zio Jodok non so proprio niente, tranne che era lo zio del nonno. Non so che aspetto avesse, non so dove abitasse né che lavoro facesse.
> Conosco solo il suo nome: Jodok.
> E oltre a lui non conosco nessun altro con questo nome.
> Il nonno cominciava così le sue storie: «Quando lo zio Jodok era ancora vivo», oppure così: «Quando andavo a far visita allo zio Jodok», oppure: «Quando lo zio Jodok mi regalò un'armonica a bocca». [...] La nonna a ogni modo non conosceva nessuno zio di questo tipo, e mio padre non riusciva a trattenersi dal ridere quando sentiva questo nome. E il nonno s'arrabbiava quando il papà si metteva a ridere, e allora la nonna diceva: «Già, già, lo zio Jodok», e il nonno era contento. [...] [Ma] la gente aveva sempre più paura del nonno, e egli cominciò persino a sostenere che lui non conosceva nessuno Jodok e non ne aveva mai conosciuto uno. *Noi* avremmo cominciato a parlarne. *Noi* avremmo chiesto: «Chi era lo zio Jodok?».
> Non aveva senso litigare con lui.
> Non esisteva nient'altro per lui che Jodok.
> Già diceva al postino: «Buongiorno signor Jodok», poi si mise a chiamare me Jodok e poi tutti quanti.
> Jodok era il suo vezzeggiativo: «Mio caro Jodok», la sua imprecazione: «Maledetto Jodok», e la sua esclamazione: «Ma santo Jodok».
> Non diceva più: «Io ho fame» ma: «Io ho Jodok». In seguito non disse neanche più «Io» ma: «Jodok ha Jodok».
> Prendeva il giornale, lo apriva alla pagina «Jodok e Jodok», cioè incidenti e furti, e cominciava a leggere:
> «Di Jodok si è verificato sulla Jodok presso Jodok uno Jodok, che ha coinvolto due Jodok. Uno Jodok viaggiava sulla Jodok da Jodok a Jodok. Pochi Jodok dopo si è verificato sulla Jodok di Jodok lo Jodok con uno Jodok. Lo Jodok del Jodok, Jodok Jodok, e il suo Jodok, Jodok Jodok, nello Jodok sono morti».
> La nonna si metteva le dita nelle orecchie e diceva: «Non riesco più a sentirlo, non lo sopporto più». Ma mio nonno non la smetteva. Non l'ha smessa per tutta la vita.[36]

■ Il meccanismo è facile (pensate al linguaggio dei Puffi), e si possono ottenere effetti divertenti (dall'*Amleto*: «Puffare o non puffare, questo è lo Jodok»). Se proverete a jodokizzare (o a tradurre in linguaggio puffo) qualche testo vostro o altrui, farete una scoperta: un testo molto denso di informazioni mantiene più a lungo, nonostante il trattamento, una certa comprensibilità; mentre il senso d'un testo povero si smarrisce subito. E poiché in genere un testo denso è anche bello, la resistenza alla jodokizzazione potrebbe essere usata come un paradossale criterio di valutazione estetica...

36 P. Bichsel, *Storie per bambini*, tr. C. Allegra, Marcos y Marcos 1986, pp. 87-95.

11.4.9 Lessici familiari

Ogni famiglia (specie finché i bambini sono piccoli) elabora un gergo proprio, quasi una vera e propria lingua (tecnicamente: un *idioletto*, cioè una «lingua privata»). Nel romanzo *Lessico famigliare* Natalia Ginzburg si è proposta d'indagare i misteri di questa lingua privata.

> Nella mia casa paterna, quand'ero ragazzina, a tavola, se io o i miei fratelli rovesciavamo il bicchiere sulla tovaglia, o lasciavamo cadere un coltello, la voce di mio padre tuonava: «Non fate malagrazie!».
> Se inzuppavamo il pane nella salsa, gridava: «Non leccate i piatti! Non fate sbrodeghezzi! Non fate potacci!».
> Sbrodeghezzi e potacci erano, per mio padre, anche i quadri moderni, che non poteva soffrire.
> Diceva: «Voialtri non sapete stare a tavola! Non siete gente da portare nei loghi!». [...] Soleva commentare, a pranzo, le persone che aveva visto nella giornata. Era molto severo nei suoi giudizi, e dava dello stupido a tutti. Uno stupido era, per lui, "un sempio". «M'è sembrato un bel sempio», diceva, commentando qualche sua nuova conoscenza. Oltre ai "sempi" c'erano i "negri". Un "negro" era, per mio padre, chi aveva modi goffi, impacciati e timidi, chi si vestiva in modo inappropriato, chi non sapeva andare in montagna, chi non sapeva le lingue straniere.
> Ogni atto o gesto nostro che stimava inappropriato veniva definito da lui "una negrigura". «Non siate dei negri! Non fate delle negrigure!». [...] "Asino" voleva dire, nel linguaggio di mio padre, non un ignorante, ma uno che faceva villanie o sgarbi; noi suoi figli eravamo "degli asini" quando parlavamo poco o rispondevamo male. [...]
> «Voi fate bordello di tutto. In questa casa si fa bordello di tutto», diceva sempre mia nonna, intendendo dire che, per noi, non c'era niente di sacro; frase rimasta famosa in famiglia, e che usavamo ripetere ogni volta che ci veniva da ridere su morti o su funerali.[37]

■ **1**. La Ginzburg lavora un po' come una studiosa che voglia decodificare il gergo d'una semisconosciuta tribù, o come un'archeologa che ricostruisce la lingua d'un popolo oggi scomparso. Naturalmente, a partire dalla lingua è facile risalire agli usi e costumi della tribù e infine ricostruirne tutta la storia.
2. È importante riflettere sugli idioletti perché, nel momento in cui ci mettiamo a raccontare una storia qualsiasi, dobbiamo essere capaci di inventare (o ricostruire, o imitare) la lingua specifica dei gruppi sociali (famiglie, compagnie di amici, colleghi di lavoro) ai quali i nostri personaggi appartengono.

Esercizi Di solito si è più sensibili agli idioletti altrui che ai propri. Quindi: *a.* ascolta attentamente come parlano i tuoi conoscenti quando sono in ambito familiare; *b.* annotati le espressioni che ti sembrano esclusive di quella famiglia; *c.* quando avrai affinato il tuo orecchio prova a lavorare anche sull'idioletto della tua famiglia, del tuo luogo di studio o lavoro, della tua compagnia.

37 N. Ginzburg, *Lessico famigliare*, Einaudi 1981, pp. 9-17.

11.5 Manipolazioni e falsificazioni

11.5.1 Proverbi manipolati

I proverbi sono per eccellenza dei testi preesistenti; è come se fossero sempre esistiti e si presentano a noi come monumenti di saggezza. È dunque tanto più piacevole manometterli, sabotarli, attraverso minimi ma perfidissimi interventi. Guido Almansi fornisce qualche esempio:

> Mogli e buoi, son fatti tuoi.
> Tanto va la gatta sarda, che ci lascia l'alabarda.
> Il mattino ha il toro in poppa.
> Di scuola ce n'è una sola, di mamma ce n'è una gamma.[38]

11.5.2 Citazioni credibili ma non vere

Le citazioni sono, come tutti sanno, l'ornamento della persona colta (o che per tale vuol farsi passare). In certi ambienti non se ne può fare a meno; tuttavia spesso, al momento buono, non ci viene in mente niente. Il poeta tedesco Heinrich Heine risolveva così il problema: «Non c'è nulla che come un paio di citazioni molto erudite adorni un uomo. In caso di necessità potrei contrarre un prestito di citazioni con i miei amici eruditi. Ma per ora non ho bisogno di contrarre debiti; ho una solida posizione e possiedo le mie diecimila citazioni di rendita all'anno. Ho persino scoperto come si possano fare passare per buone citazioni false. Se qualche grande, ricco erudito volesse comperarmi questo segreto glielo cederei volentieri, per 19.000 talleri correnti, e sarei anche disposto a trattare».[39] Eccovi, a prezzo molto più modico, una piccola scorta di citazioni false ma credibili.

> Batti le mani. Il presente è passato (Epicuro).
>
> La notte dei delfini si riflette nella pipa degli automobilisti (Paul Eluard).
>
> Anche alla moglie del profeta non è dato sapere quando mettere a seccare il farro (Libro di Isaia).[40]
>
> La buona educazione non costa nulla: anzi, io ci ho guadagnato parecchio (Monsignor Della Casa).
>
> Il vizio costa. Per questo, ogni tanto, bisogna fare di necessità virtù (Nicolò Machiavelli).
>
> Ce l'ho sulla punta della lingua (Tantalo).

■ Per inventare false citazioni occorre conoscere bene il personaggio a cui la si vuole attribuire, e quindi escogitare una frase che ne sia un ritratto, quasi un'istantanea: la falsa citazione è una forma lieve della *caricatura*.

---

38 G. Almansi, *Maramao*, Longanesi 1989, pp. 87-92.
39 H. Heine, *Idee*, tr. M. E. Linder, Garzanti 1984, p. 103 sgg.
40 A. Accatino, *Giuro che dico il falso*, Comix 1997, *passim*.

11.5.3 Notizie destituite d'ogni fondamento

Le notizie che quotidianamente giornali e telegiornali ci ammanniscono sono noiose e prevedibili. Tanto vale sbrigliare la fantasia e lo *humour* e inventare *scoop* di nostro gusto...

> *Nuove accuse a Clinton*
> **CI HA PROVATO CON LA MOGLIE!**
> *Hilary: "Non me lo sarei mai aspettato da lui"*
>
> *Una proposta rivoluzionaria*
> **GIRO D'ITALIA: DOPING OBBLIGATORIO**
> *Contrari gli atleti, dubbiose le società*
>
> *Elezioni in Padania*
> **FRANCESCHIELLO PAUTASSO NUOVO PREMIER**
> *Il vincitore: "I padani so' piezz'e core"*
>
> *Riforma del Welfare: estremi rimedi*
> **CONTRIBUTI AGLI ULTRASETTANTENNI SUICIDI**
> *Ma incasseranno gli eredi*

■ L'effetto comico è garantito, in questo caso, dal rovesciamento delle situazioni e dallo scambio delle parti. Dato che in un mondo normale è morale che un uomo abbia rapporti con la propria moglie e immorale che li abbia con altre donne, nel mondo comico si farà a rovescio. Dato che in un mondo normale è vietato agli atleti di fare uso di sostanze dopanti, nel mondo comico sarà obbligatorio.

1.5.4 False didascalie sotto vere fotografie

Qualcosa di simile a quanto sperimentato con i falsi titoli. L'effetto è raddoppiato per la sovrapposizione dei due linguaggi, fotografico e scritto. Non è indispensabile che la foto sia proprio vera (qualcuno ricorda la faccia di Richard Nixon, quasi nessuno quella di Salvatore Quasimodo). Ma ci si può divertire anche con i collage, appiccicando facce famose su foto che ritraggono persone colte in posture molto espressive o del tutto assurde.

> 1. Si vede il Presidente degli Usa Nixon, gesticolante, molto impegnato a spiegare qualcosa davanti a un microfono. Didascalia: *1972: il Presidente americano Richard Nixon spiega ai giornalisti perché ha deciso di bombardare sua suocera*.
>
> 2. Si vede un signore con le ginocchia leggermente flesse e divaricate, una giacca e una cravatta da burino indosso, le scarpe da tennis ai piedi, che ride sgangheratamente di gusto mettendo in mostra una enorme dentiera bianca e tiene i suoi due pollicioni alti sopra i pugni chiusi in segno di vittoria.
> Didascalia: *Premi Nobel. Salvatore Quasimodo il giorno dopo essere stato a letto con Ursula Andress*.
>
> 3. Si vede il Generale Augusto Pinochet che con addosso solo un paio di mutandoni bianchi va avanti e indietro su di una altalena nel bel mezzo di un

paesaggio bucolico. Didascalia: *Cile 1975: il dittatore Augusto Pinochet in un raro momento di relax (fra un massacro e l'altro).*[41]

11.5.5 Titoli e *slogan* basati su manomissioni

Si tratta d'inventare titoli di giornale (o *slogan* pubblicitari) mediante la manomissione di altri titoli o di formule celebri. Le possibilità sono molteplici.[42] Spesso la manomissione funziona se s'inventa per la frase manomessa un nuovo contesto: il gioco quindi è in parte linguistico (manomissione) e in parte contenutistico (contesto).

MANOMISSIONI DI DETTI CELEBRI: Venni, vidi, scattai (a proposito d'un grande fotoreporter).
Obesi di tutto il mondo unitevi! (a proposito d'un convegno mondiale dell'associazione internazionale degli obesi).
Tanto ti sarà condonato perché tanto hai frodato (a proposito dell'ultimo condono fiscale).

MANOMISSIONI DI VERSI POETICI: Ed è subito resa (su d'una guerra finita subito).
Chi vuol esser lieto, dia (sulla felicità provocata dalla bontà).
Si sta come d'autunno sugli alberi le quaglie (sullo sterminio delle quaglie da parte dei cacciatori).

MANOMISSIONI DI CANZONI: E chiamale se vuoi rimozioni (a proposito d'un recente convegno di psicoanalisi).
Attenti al pupo! (storia d'un bambino terribile).
Noi siam come le monadi (titolo d'un articolo dedicato ai *singles*).

MANOMISSIONI DI TITOLI DI FILM: La dolce gita (attore e attrice celebri scoperti mentre trascorrono insieme un week-end a Capri).
Mezzanotte di fuoco (sparatoria notturna tra poliziotti e banditi).
Incontri ravvicinati dell'ultimo tipo (sull'ultima moda in fatto di giochi erotici).

MANOMISSIONI DI TITOLI DI LIBRI: Così è, anche se non vi pare (sulle ultime decisioni del primo ministro).
Uno, nessuno, centomila prezzi (sull'assenza d'una politica dei prezzi nel nostro paese).
Il buio oltre il governo (sulla mancanza di alternative all'attuale governo).

■ Ora un gioco escogitato da Umberto Eco: «Si prende un titolo, una frase celebre, un proverbio e si cerca di deformarlo, possibilmente con una variazione minima come una sostituzione di vocale, ma in modo che potrebbe avere un significato, anche se non sappiamo ancora quale. Poi si costruisce una storia della quale la frase corretta potrebbe essere il titolo e la morale, acquistando una sublime pienezza di senso».

41 D. Luttazzi, *C. R. A. M. P. O. Corso rapido di apprendimento minimo per ottenebrati*, Comix 1997, pp. 64 sgg., 72, e 104 sgg.
42 Per questi giochi abbiamo preso spunto anche dai *Draghi locopei* di Zamponi e Piumini, cit.

Anacleta Zandron, prostituta triestina settantenne, vuole sposare ricco commerciante che cerca partner illibata. Informata dei miracoli della chirurgia plastica si rivolge a noto professionista perché le reintegri l'imene. Il chirurgo studia la situazione a lungo, ma decide che gli organi sessuali della vecchia passeggiatrice sono irrimediabilmente deteriorati a causa di 55 anni di uso continuato. *Mona lisa.*

Giosuè Carducci, alle fonti del Clitumno, si sente poeticamente attorniato da driadi, fauni e ninfe boschive, e comprende che l'unica vera religione è quella del mondo pagano. *T'amo pio Giove.*[43]

Esercizi **1**. Proponiamo una serie di variazioni sui *Promessi sposi. I compromessi sposi* (scoperti i traffici illeciti d'una giovane coppia). *I promossi spossati* (un'intera classe "esaurita" alla fine dell'anno scolastico). *Le promesse spese* (il marito le diceva sempre: vado io a fare la spesa; e poi non ci andava mai; lei ha chiesto il divorzio). Continuate voi...

2. Provate a esercitarvi con altri titoli famosi e suggestivi (*I Malavoglia*, *Il barone rampante*, *La cantatrice calva*, *Il pasto nudo*, *Cime tempestose*, *Ossi di seppia*, ecc.). Come esercizio supplementare provate a scrivere, per ogni titolo manomesso, una sintetica trama del possibile romanzo corrispondente: nella quale dovrà restare (a scopo di parodia) una traccia della trama autentica.

IL BURINO ROMBANTE. Il giovane rampollo d'una nobile famiglia piemontese, pecora nera della famiglia stessa in quanto di modi grezzi e volgari, arrivato alla soglia dell'adolescenza sviluppa, insieme a tutte le caratteristiche fisiologiche, anche un'incontenibile propensione a russare. Dopo qualche mese d'insonnie collettive per tutta la famiglia, il giovine viene cacciato dal padre e si riduce a passar le notti dormendo in cima agli alberi del vicino bosco (sopra gli alberi c'è meno umido che sotto). I cacciatori però protestano: il suo rombante russare scaccia gli uccelli, e numerose famiglie povere rischiano di morir di fame...

11.5.6 Testi e antitesti

A volte per criticare un'affermazione è sufficiente ripeterla cambiando le parole: sostituendo cioè, alle parole che ci sembrino inesatte, tendenziose o eufemistiche, le parole giuste.

LO SVILUPPO. La funzione dell'economia dei consumi svolge un ruolo considerevole per due ragioni essenziali: la prima risiede nella moltiplicazione e nella diversificazione prodigiosa dei prodotti e dei servizi in un'economia sviluppata e in continuo sviluppo. La seconda dipende dai meccanismi economici. A causa dell'enormità delle attrezzature installate, dei rischi presi, del volume delle produzioni lanciate, del ritmo dei progressi scientifici e tecnologici, la macchina economica non può girare che se i consumi realizzano un intreccio che permetta di ricompensare le iniziative prese e gli sforzi fatti e così di suscitare un continuo superamento.

43 *La Repubblica*, 4. 10. 97.

> LA PROLIFERAZIONE. La funzione dell'economia dei consumi svolge un ruolo preoccupante per due ragioni essenziali: la prima risiede nella proliferazione e nella invasione illusoria dei gadget e dei servizi inutili in un'economia ipertrofica e in stato di perpetua sovreccitazione. La seconda dipende dalle forze cieche dell'economia. A causa della mostruosità dei macchinari ammucchiati, dell'aumento delle incertezze, dell'irreversibilità delle produzioni lanciate a caso, della precipitazione dei tecnocrati il grande mostro economico non può nutrirsi che se i consumi realizzano un intreccio che permetta di mostrare l'ombra della carota a uno schiavo condannato così a un perpetuo esaurimento.[44]

■ Prima bisogna individuare le parole chiave del testo, cioè quelle che, pur designando apparentemente oggetti reali, in realtà hanno un contenuto ideologico: es. «meccanismi economici» è un'espressione che sottintende la naturalità (e quindi la bontà) delle leggi economiche. Poi bisogna trovare per ciascuna parola chiave un *falso sinonimo* che ne rovesci il contenuto ideologico: nell'es., «forze cieche dell'economia» è un ottimo risultato (conserva infatti la naturalità del riferimento, poiché rimanda a «forza della natura»). Ciò fatto, bisogna riscrivere il testo lasciando intatta la struttura di fondo dell'argomentazione: ne risulterà un effetto di svelamento dell'ideologia latente nel testo.

11.5.7 Testi in risposta ad altri testi, ovvero: le confutazioni

Socrate lamentava che la scrittura escludesse il dialogo: il testo scritto, diceva, è un prendere o lasciare. Ma niente ci impedisce di dialogare con i testi che leggiamo: basta che, più o meno come abbiamo fatto con il metodo delle interpolazioni, proviamo a rispondere colpo su colpo, come faremmo conversando con un amico. Voltaire a es. ha risposto per le rime alle massime di Pascal:

> X. «Se c'è un Dio, non bisogna amare che lui, e non le sue creature» (Pascal). Bisogna amare, e molto teneramente, le creature; bisogna amare la patria, la moglie, il padre, i figli; e bisogna amarli tanto più perché Dio ce li ha fatti amare malgrado noi. I principi contrari non sono adatti che a filosofi che ragionano barbaramente.
>
> XXVI. «Si deve riconoscere che l'uomo è così infelice che si annoierebbe anche senza alcuna causa esteriore di noia, per la sola causa della sua propria condizione» (Pascal).
> Al contrario l'uomo è così felice a questo proposito, e noi siamo molto obbligati all'autore della natura che ha legato la noia all'inazione, al fine di spingerci così a essere utili al prossimo e a noi stessi.[45]

■ Scegliamo un autore che ammiriamo ma che per certi aspetti ci irrita (un autore che amiamo o odiamo soltanto non ci provoca al dialogo). Esercitiamoci a *confutare* alcune tra le sue affermazioni più significative; meglio se sono diventate frasi famose e citabili. Appuntiamoci in particolare sulle frasi che, per la

44 M. Fustier, *op. cit.*, p. 80.
45 Voltaire, *Lettres philosophiques*, Flammarion 1964, pp. 168-174.

loro forma aforistica, sembrano dichiarare una verità condivisibile da tutti; e cerchiamo gli argomenti che le mostrano invece non condivisibili o almeno problematiche (come nel primo dei due es.).

11.5.8 In altre parole, ovvero: libere traduzioni

Se «tradurre» significa «trasportare da una lingua all'altra», dobbiamo considerare che l'idioletto di ogni ambiente può essere all'occasione tradotto nella lingua comune. Ecco come il perfido Voltaire, deluso da un soggiorno alla corte di Federico II re di Prussia, traduce in lingua comune le frasi biforcute dei regnanti:

> «Amico mio» significa: «Mio schiavo».
> «Mio caro amico» significa: «Voi mi siete perfettamente indifferente».
> «Vi renderò felice» vuol dire: «Vi sopporterò finché avrò bisogno di voi».
> «Mangiate con me questa sera» significa: «Questa sera mi prenderò gioco di voi».[46]

Domenico Starnone si è divertito a compiere il percorso inverso: dalle espressioni dirette e perfino brutali della lingua comune alla traduzione eufemistica. Ore 15 del 5 novembre 1990: consiglio di classe allargato. Il professore di lettere (l'io narrante) viene incastrato per fare il verbale.

> «I genitori hanno qualcosa da dire?» ha chiesto la collega Calamaro con tono minaccioso, per far capire: sintetici.
> Le due signore si sono fatte animo e hanno dichiarato: «Tutto bene. Però Italiano (cioè io) non lo capiscono quando parla». Poi hanno spiegato che gli studenti erano entusiasti di me: a occhio e croce, si intuiva dai loro discorsi, che facevo bellissime lezioni; ma che cosa dicessi in realtà, nessuno lo sapeva.
> «Ma», ho protestato.
> «Tu verbalizzi?» ha chiesto Calamaro tappandomi la bocca.
> «Ma», ho di nuovo protestato. Poi ho pensato: «verba volant, scripta manent»; l'unico latino che mi è rimasto. E ho verbalizzato con gusto: «I rappresentanti dei genitori sottolineano che le lezioni di letteratura sono entusiasmanti, anche se a volte un po' complesse».
> «A posto», ha detto la Calamaro, «è chiusa la seduta».
> «E noi?» hanno chiesto D'Ovidio e Meneghini [*i rappresentanti degli studenti*].
> La collega Calamaro ha inferocito gli occhi e ha spruzzato gelida: «Anche voi avete qualcosa da dire?».
> «Poche cose», ha risposto d'Ovidio. E ha sintetizzato così: in verità, che non capiscano le mie lezioni è il meno; il fatto è che li prendo in giro e li umilio; non li incoraggio ma li avvilisco; loro si deprimono e a casa non riescono a trovare la voglia di studiare; in compenso in classe mi mangio i loro cracker... «Falsità, falsità», mi sono difeso con le orecchie che mi bruciavano per l'imbarazzo. Poi ho aggiunto: «Come vi permettete, manigoldi? Non siete mai in classe e non aprite libro...» [...]
> Ho verbalizzato in fretta: «Gli studenti D'Ovidio e Meneghini accennano alla simpatia che tutta la classe prova per l'insegnante di Lettere. Ma qualche

46 Voltaire, *Petit dictionnaire à l'usage des Rois*, cit. in A. Lagarde e L. Michard, *XVIII siècle*, Bordas 1985, pp. 142 sgg.

> elemento si sente trascurato e desidererebbe più attenzione. La seduta è tolta alle 15.50».[47]

■ Il gioco è semplice e ha due varianti: *a.* da un discorso informale, schietto o perfino volgare si passa a un discorso formale, aulico, eufemistico; *b.* da un discorso formale si passa a un discorso in parole povere e cioè informali, schiette o perfino volgari. Anche in questo, come in altri casi già visti, c'è in corso una specie di gioco della verità. L'esercizio di traduzione ha senso se: svela la verità sotto le parole che la nascondono (Voltaire); oppure svela come si fa a nascondere la verità sotto le belle parole (Starnone).

11.6 Produzioni in serie e manipolazioni di massime, proverbi, pensieri

11.6.1 Come produrre battute in serie

O è fulminante o non è: la *battuta* è fatta di poche parole (quasi mai più d'una riga, massimo una frase più una subordinata) che devono stupirci e colpirci per la loro intelligenza e (importante!) per la loro cattiveria. Un grande battutista fu Mino Maccari:

> Un pugno d'uomini indecisi a tutto.
> È tanto ipocrita che nasconde perfino il proprio vero nome.
> E fu così che io persi la sua verginità.
> O pittura, quante tele si commettono in tuo nome.
> Colui che ti parla con infiammato patriottismo finirà per chiederti mille lire in prestito.
> Occultane il cadavere, prima di uccidere il tuo nemico.
> Non avere tanti scrupoli: iscriviti e buona notte.
> Una persona sa tutto di voi: nascondetele il resto.
> Non intervenite nella zuffa se non per accrescerla.
> Abbiate fiducia: il sole sorgerà ancora.
> Avviate i figli alla carriera cardinalizia: non avranno concorrenza femminile.
> Meglio bastardi che mai.
> Volendo cambiare sesso, non operarsi da solo.
> Hai un piede nella fossa, lavalo.
> Sii deferente con il pederale e umile col frelato.
> Non contare troppo sulla tua imbecillità anche se notevole.
> Non andare al funerale: ci sarà un attentato e moriranno tutti meno il defunto.
> Fa' l'acqua nel buco, non viceversa.
> Prova a torcerle il callo.
> Ricordati di avere sempre le carte in fregola.
> Prima di commettere un peccato, provvedi a pentirtene.
> Non far capire a nessuno che sei un uomo onesto.
> Amami e sarò sua.
> Addormentati dopo, non prima.
> Scegli un letto a due pazze, se vuoi divertirti.
> È uno dei nostri, evitalo.[48]

47 D. Starnone, *Fuori registro*, Feltrinelli 1991, pp. 30 sgg.
48 M. Maccari, *Con irriverenza parlando*, Il Mulino 1993, *passim*.

■ Con la parola *battuta* indichiamo in effetti una quantità di procedimenti comici, umoristici e ironici molto differenti tra loro. Eccone alcuni:
1. Spesso una battuta è costruita a ridosso d'un luogo comune (l. c.), d'una frase fatta, d'un modo di dire diffuso e collaudato, apparentemente pieno di buon senso. Quindi se vuoi inventare battute devi conoscere bene «ciò che si dice in giro» e «quel che tutti pensano».
2. Prendi un l. c. e cambiane una o due lettere, aggiungendo, togliendo, spostando («avere le carte in *f*regola»): se ottieni un effetto ironico o comico, quella è una battuta.
3. Modifica elementi più importanti del l. c., es. una parola: «E fu così che persi la *sua* verginità».
4. Prova a ribaltare un l. c. manipolando un solo elemento: «Un pugno d'uomini *in*decisi a tutto».
5. A un'affermazione altisonante fai seguire una coda ribassante: «Colui che ti parla con infiammato patriottismo *finirà per chiederti mille lire in prestito*».
6. Offri consigli deliberatamente stupidi e scontati: «Volendo cambiare sesso, *non operarsi da solo*».
7. Trasporta un l. c. in un altro contesto: «O *pittura* quante *tele* si commettono in tuo nome!».
8. Divertiti con veri e propri *controsensi o nonsensi*: «Una persona sa tutto di voi: *nascondetele il resto*».
9. Altri procedimenti: il *rovesciamento*, che si ha quando l'espressione finale rovescia il senso di quanto prima affermato: «È uno dei nostri, *evitalo*».
10. Vere e proprie impossibilità (*adynata* o *impossibilia*) logiche o cronologiche: «Occultane il cadavere, *prima* di uccidere il tuo nemico».
11. Sottintesi più o meno osceni: «Addormentati *dopo*, non prima».
12. Sottintesi che non sottintendono nulla di determinato: «Non avere tanti scrupoli: *iscriviti* e buona notte».
13. Precisazioni lapalissiane come: «Non andare al funerale: ci sarà un attentato e moriranno tutti *meno il defunto*».
14. Effetti estremi e improbabili prodotti da normali tendenze del carattere o della società: «È tanto ipocrita che *nasconde perfino il proprio vero nome*»).
15. *Neologismi*: si inventano parole da pronunciarsi con una certa sostenutezza. Totò: «Quando uno è in difficoltà, subito lo *disficolto*».
16. Veri e propri errori, più o meno deliberati: «Mi ha chiesto una cifra gastronomica».
17. Si trovino due parole che abbiano un piccolo scarto di lettere (es. «tegole/regole») e poi altre due che abbiano attinenza con le prime (es. «tetto/geometria»), infine si domandi: «Qual è la differenza tra un tetto e la geometria?». Risposta: «Il primo ha le tegole, la seconda le regole».
18. Si trovino due parole che abbiano solo una piccola differenza («capace/rapace») e si costruisca una frase che valorizzi tale differenza: non era un ministro capace, ma in compenso era molto rapace...
19. Simili giochi si possono fare con i cosiddetti *falsi derivati* (falsi diminutivi, falsi vezzeggiativi, ecc.) per cui nell'accostamento di due parole può sembrare che la seconda sia derivata dalla prima per una derivazione o per una flessione (per es. «burro/burrone»; «becco/becchino»); es. «Sua moglie sta per tradirlo, si può dire che è quasi un becco, anzi un becchino».

11.6.2 *Pointe* o motti

La società classica, soprattutto francese, aveva istituzionalizzato la pratica della *pointe*. Potremmo anche parlare di punture. Il suo equivalente nella poesia è l'epigramma. Si tratta di saper giocare con le parole come si gioca con un fioretto appuntito (ma non mortale). Nella nostra società la *pointe* è decaduta in quanto è decaduta l'arte della conversazione. Tuttavia qui e lì si ha ancora occasione di ascoltarne e allora non si può non ammirare le prodezze di un bello spirito cattivo che sa ferire con due parole ben combinate. Diamo un esempio da Antoine Rivarol, scrittore francese settecentesco:

> Su l'Abate di Vauxcelles, autore di orazioni funebri: «Non si sente mai meglio il niente che nella prosa di questo oratore».
> «Mirabeau è capace di tutto per i soldi, perfino di una buona azione».
> A proposito di suo fratello: «Sarebbe l'uomo di spirito di un'altra famiglia, è lo sciocco della nostra».
> Quando apprese che l'arcivescovo di Tolosa s'era avvelenato: «Avrà inghiottito una delle sue massime».
> «La mia vita è un dramma così noioso, che io sostengo sempre che è Mercier che l'ha scritto».[49]

■ Di solito la *pointe* nasce casualmente e improvvisamente nel bel mezzo d'un discorso. Tuttavia si può tentarne di costruirne a tavolino. Quel che conta è la *sprezzatura*, e cioè la facilità, la naturalezza e quasi l'indifferenza con cui il motto vien lasciato cadere. Inoltre non deve mai trasparire animosità. Anzi molto spesso si parte riconoscendo un merito all'altro («In un'altra famiglia sarebbe stato un bello spirito») per poi riprenderselo improvvisamente con la coda del motto (*in cauda venenum*, dicevano i latini, «il veleno è nella coda»). Importante: mai essere volgari, offensivi. Adoperare invece le armi dell'allusione e dell'eufemismo, dell'ironia. Gran parte dell'effetto del motto dipende proprio dall'autocontrollo di cui dà prova il bello spirito (come se per lui non valesse la pensa scaldarsi).

11.6.3 Variazioni su uno *slogan*

Se entriamo nel laboratorio del pubblicitario ci rendiamo presto conto che il metodo usato per inventare e scegliere uno slogan consiste in una tecnica del tutto simile a quella delle variazioni sul tema. Facciamoci raccontare la cosa da Annamaria Testa, titolare d'una delle più grandi (e antiche) agenzie italiane di pubblicità:

> Per capire al volo se un *headline* (il titolo) ha ritmo, dovete assolutamente essere in grado di conoscere – e riconoscere – i motivi per cui può non averne. Questo capita, ad esempio, quando il vostro titolo si inceppa a metà. O stride come un gesso sulla lavagna. O scivola via senza forma come un budino mal cotto. Credo che, per fare qualche esempio concreto, possa essere utile maltrat-

49 A. Rivarol, *Oeuvres*, Didier 1852, cit. in A. Duchesne e Th. Leguay, *Les petits papiers*, Magnard 1991, p. 229.

tare un poco l'*headline* di *Gardenia* [Le cose da dire sono: «*Gardenia* è una nuova rivista. Che parla di fiori, piante, giardini. È bella, e vi piacerà»]:

NASCE GARDENIA. SI SFOGLIA E NON SFIORISCE.

Così contrapposte, le due desinenze *-asce* e *-isce* suonano sgradevolmente. Se proprio amate l'assonanza, forse vi conviene renderla ancora più evidente:

GARDENIA NASCE. SI SFOGLIA E NON SFIORISCE.

È un titolo accettabile, ma è uno di quelli che suggerirei [...] di cambiare, anche se per ragioni – me ne rendo conto – soggettive e discutibili. Eccole: c'è un'intenzione poetica un po' troppo esplicita per i miei gusti, e le tre azioni «nascere», «sfogliarsi» e «non sfiorire», così accostate e conseguenti, mi sembrano appiattite. In realtà, «nascere» è il vero atto compiuto da *Gardenia*. Il fatto che non sfiorisca anche se si sfoglia è una promessa – e non così scontata – fatta al lettore.
Siete d'accordo e volete provare con un'altra formulazione? Eccovela:

È NATA GARDENIA. NON SFIORISCE MA SI SFOGLIA.

Non vi sembra che il titolo inciampi su quel «ma», e resti un poco sospeso sulla parola finale? Forse, allora, vale la pena di provare a sviluppare la frase.

È NATA GARDENIA,
IL NUOVO MENSILE CHE SI SFOGLIA E NON SFIORISCE.

Che c'entra una parola dura, tecnica e maschile com'è «mensile» in questo contesto, e in questo testo, dolce, sognante e femminile? Certo, il cliente ha chiesto di specificare che *Gardenia* è un mensile. Ma nulla vieta di scriverlo da un'altra parte.

QUESTA È GARDENIA. SE LA SFOGLIATE, NON SFIORIRÀ.

Non malissimo, dopotutto. Ma forse è un peccato perdere «è nata», che introduce immediatamente il linguaggio floreale e oltretutto sottolinea il fatto che si tratta di una rivista nuova. L'accento in fondo dà alla frase un ritmo singolare, un po' buffo. Ma attenzione: cambiando la forma si muta anche il contenuto. È riduttivo dire che *Gardenia* non sfiorisce se (e solo se) voi la sfogliate.
Se (e solo se) il gioco vi piace, potete continuare da soli. E non è detto che non possiate mettere a punto una soluzione migliore di quella che è stata pubblicata. Non è così difficile, dopotutto. Basta avere – come dice la canzone – un po' d'orecchio.[50]

Esercizi Come si fa a farsi l'orecchio? A es. imitando il ragionamento di Annamaria Testa.

1. Sfogliamo un settimanale e leggiamo gli slogan pubblicitari. Domandiamoci: qual è il messaggio che il tale slogan vuole far passare? con quali mezzi lo fa passare? com'è fatto lo slogan? Poi prendiamo uno slogan che non ci piace e proviamo a migliorarlo. Fabbrichiamo una serie di variazioni e proviamo a di-

50 A. Testa, *La parola immaginata*, Pratiche 1988, pp. 63 sgg.

stinguere l'aspetto puramente sonoro da quello semantico. Lo slogan è chiaro? È ambiguo? L'ambiguità è suggestiva o controproducente? Ci sono doppi sensi? Ci sono eufemismi, immagini, forzature?

2. Prendiamo un oggetto che ci piace (un paio di mutande molto comode o sexy, un orologio elegante ed efficiente, ecc.) e proviamo a fabbricare uno slogan. La procedura è: *a.* elenchiamo le caratteristiche positive dell'oggetto; *b.* elenchiamo le eventuali caratteristiche negative; *c.* paragoniamolo a oggetti equivalenti; *d.* decidiamo qual è il pubblico al quale l'oggetto può interessare; *e.* scegliamo un immaginario al quale collegarlo (es. mutande: comodità, attrazione sessuale; orologio: precisione professionale, status symbol, eleganza alla moda, durevolezza). Poi cominciamo a scrivere; scriviamo tanti slogan, poi analizziamoli ed elaboriamoli.

11.6.4 Massime e antimassime

La *massima* è un testo brevissimo che pretende di racchiudere un'intuizione originale e fulminante, lo svelamento d'una verità al di là delle apparenze. Le massime perciò (a differenza dai proverbi), spesso contraddicono o ribaltano la saggezza comune. Ciò che differenzia le massime dagli *aforismi* (che sono birichini e volatili) è il loro carattere sentenzioso, la loro volontà di porsi come regole morali assolute. Diamo qualche es. di La Rochefoucauld:

> 72. L'amore, se lo si giudica dalla maggior parte dei suoi effetti, assomiglia più all'odio che all'amicizia.
>
> 103. Chi conosce la propria mente non conosce il proprio cuore.
>
> 238. Fare del male alla maggior parte degli uomini non è pericoloso quanto fare loro troppo bene.
>
> 400. Esiste merito senza successo, ma non esiste successo senza qualche merito.
>
> 490. Si passa spesso dall'amore all'ambizione, ma non si ritorna facilmente dall'ambizione all'amore.[51]

■ In realtà la massima, anche quand'è geniale, ha sempre qualcosa di prevedibile e meccanico, essendo una forma quasi sempre bipartita e simmetrica: vedi, nei nostri es., come spesso la frase abbia al centro un «ma» (opposizione per contrasto) o un «come» (analogia imprevista) o un «più... che...» (cambiamento di contenuto). Proprio per questo essa si presta a facili rovesciamenti. Il poeta francese Lautréamont ci si divertiva spesso e anche lui, come Voltaire, si è accanito contro il povero Pascal.

> PASCAL. Le belle azioni nascoste sono le più stimabili. Quando ne vedo alcune nella storia, mi piacciono molto. Ma in definitiva non sono state completamente nascoste, visto che sono state sapute: e benché si sia fatto tutto quel che si è potuto per nasconderle, questo poco tramite cui sono apparse guasta tutto; perché in ciò sta il più bello, di averle volute nascondere.

51 Fr. de La Rochefoucauld, *Massime*, tr. G. Bogliolo, Rizzoli 1980.

> LAUTRÉAMONT. Le azioni nascoste sono le più stimabili. Quando ne vedo tante nella storia, mi piacciono molto. Non sono state nascoste completamente. Si sono sapute. Quel poco da cui sono trapelate, ne aumenta il merito. La cosa più bella è di non averle potute nascondere.[52]

■ Paul Valéry ha scritto che se si rovesciano i *Pensieri* di Pascal si può conferir loro una maggiore profondità; e lui stesso ha dato l'es. trasformando «Il silenzio di questi spazi infiniti mi sgomenta» in «Il baccano intermittente di questi piccoli angoli mi rassicura». È evidente che il rovesciamento implica un altro approccio al mondo, forse non più profondo ma altrettanto interessante e intrigante. Infatti perché mai l'atteggiamento *tragico* dovrebbe essere superiore all'atteggiamento *curioso*? Es. la frase pascaliana: «L'uomo è un giunco, ma un giunco pensante» ha un eccesso di retorica che viene svelato dal ribaltamento: «L'universo è un giunco, ma un giunco pensante».

11.6.5 Un gioco: il massimario, ovvero: i testi combinatori

L'imperatore persiano Dario, nella sua reggia di Persepoli, aveva fatto incidere sul muro dello studio privato una curiosa «macchina per produrre aforismi». Si tratta di una tabella di trentasei caselle, in ciascuna delle quali è incisa una parola o due: leggendo correttamente la tabella, vi si trovano dentro cinque massime che invitano alla prudenza.[53]

Fate	potete	fa	può	farà	non deve
Giudicate	vedete	giudica	vede	giudicherà	non è
Credete	udite	crede	ode	crederà	non sarà
Dite	sapete	dice	sa	dirà	non deve
Spendete	avete	spende	ha	spenderà	non ha
Non	tutto quello che	perché chi	tutto ciò che	spesso	quel che

■ Avete capito la regola? No? Vi aiutiamo noi, estrapolando dalla tabella la prima delle cinque massime: «Non fate tutto quello che potete, perché chi fa tutto ciò che può, spesso farà quel che non deve». Quando avrete capito il funzionamento della tabella, provate a costruirne qualcuna di simile. Se siete pigri, limitatevi a giochicchiare sostituendo le parole dentro il *Massimario di prudenza* dell'imperatore Dario. Potrebbe essere interessante costruire una macchina per dare cattivi consigli.

11.6.6 Il pensiero

Il *pensiero* tende a essere più complesso e articolato di una massima. Inoltre nel pensiero c'è più logica, più volontà argomentativa, dimostrativa. Riportiamo un es. leopardiano:

> La noia è in qualche modo il più sublime dei sentimenti umani. Non che io creda che dall'esame di tale sentimento nascano quelle conseguenze che molti

52 I testi di Lautréamont e di Pascal in Lautréamont, *Opere complete*, tr. N. Buonarroti, Feltrinelli 1981, pp. 383-387.
53 Scarlatti, *op. cit.*, pp. 229 sgg.

> filosofi hanno stimato di raccoglierne, ma non di meno il non potere essere soddisfatto da alcuna cosa terrena, né per dir così, dalla terra intera; considerare l'ampiezza inestimabile dello spazio, il numero e la mole maravigliosa dei mondi, e trovare che tutto è poco e piccino alla capacità dell'animo proprio; immaginarsi il numero dei mondi infinito, e l'universo infinito, e sentire che l'animo e il desiderio nostro sarebbe ancora più grande che sì fatto universo; e sempre accusare le cose di insufficienza e di nullità, e patire mancamento e vuoto, e però noia, pare a me il maggior segno di grandezza e di nobiltà, che si vegga della natura umana. Perciò la noia è poco nota agli uomini di nessun momento, e pochissimo o nulla agli altri animali.[54]

■ I pensieri sono comunque *frammenti*, briciole, non fanno parte di un sistema, non pretendono alla completezza. Il bello del frammento, come ha scritto Barthes da qualche parte, è che lo cominci e lo finisci subito. Il suo bello è proprio la sua istantaneità, il suo essere un lampo, un razzo. E però un pensiero abbisogna d'essere svolto. È un esperimento della mente che gioca a portare fino a una conclusione forte e qualche volta estrema (o paradossale) una certa linea di riflessione. Per scrivere pensieri occorre dunque una mentalità giocosa e non sistematica. Diderot a es. diceva dei suoi pensieri che erano come le sue puttane. Insomma non dobbiamo sentirci obbligati alla fedeltà con i pensieri intesi in questo senso (essi sono un po' come i personaggi per il romanziere). Non dobbiamo nemmeno preoccuparci della loro coerenza: possono benissimo contraddirsi (tradirsi) l'uno con l'altro. Da questo partito preso antipedante deriva la loro leggerezza, la loro eleganza. Ciò non toglie che per tutto il tempo in cui li pensiamo e scriviamo dobbiamo crederci, dobbiamo assumercene la responsabilità.

11.6.7 Aforismi e paradossi

Mentre le massime mirano a essere sentenze definitive, regole di vita oggettive, assolute, gli *aforismi* sono proposizioni soggettive. Essi sono spesso ironici, mordaci, sono come razzi, esplodono, e esplodendo fanno sprizzare scintille di luce. Il maestro dell'aforisma moderno è stato Lichtenberg:

> Quest'uomo aveva tanta intelligenza che nel mondo non lo si poteva quasi utilizzare in niente.
> Si stupiva che i gatti avessero due fessure nella pelle, proprio al posto degli occhi.
> Una forca come un parafulmine.
> L'uomo ama la compagnia: anche se è solo quella di una candela che fuma.[55]

Da Lichtenberg in poi, aforisma è divenuto pressoché sinonimo di di *paradosso*. Che cos'è un paradosso? È un testo bifronte: prima ci colpisce per l'insensatezza e assurdità apparenti, poi però comprendiamo la verità profonda, pungente e originale celata dietro quell'apparenza. Il piacere d'un paradosso deriva proprio da questo meccanismo a due tempi. Un paradosso è una piccola bomba che fa esplodere le nostre convinzioni più scontate e irriflesse. La regola d'oro per com-

54 G. Leopardi, *Pensieri,* Adelphi 1982, pp. 63 sgg.
55 In *Antologia dell'humour nero*, a c. A. Breton, tr. N. Saito, Einaudi 1966, pp. 51-54.

porre paradossi è questa: prendi una sentenza che esprima un sapere comune e capovolgila, falla deragliare dai binari delle idee ricevute e portala sui binari delle verità avvelenate e imbarazzanti. Vediamo alcuni schemi di paradosso, attingendo a quell'inesauribile serbatoio che sono gli scritti di Oscar Wilde.[56]

> 1. PARADOSSI CHE FANNO ECCEZIONE («ECCETTUATIVI»). «Si può sopravvivere a tutto, oggi, tranne che alla morte, e farsi perdonare tutto, tranne ch una buona reputazione». «Le donne hanno un meraviglioso istinto, posson scoprire tutto, tranne l'ovvio». «Il pubblico perdona tutto, eccetto il genio» «Posso resistere a tutto, eccetto che alle tentazioni»

■ C'è una frase principale il cui valore generale viene limitato da una subordinata introdotta da parole come «tranne», «fuorché», «eccetto»: ma si tratta d'una coda avvelenata, perché la subordinata rimette in discussione in toto, e non solo in parte, quanto affermato nella principale. L'eccezione, che dovrebbe costituire una piccola riserva mentale circa l'universalità d'una regola generale, in realtà la nega.

> 2. PARADOSSI CON AFFERMAZIONI INCONGRUE. «Un uomo può essere felice con qualsiasi donna, purché non la ami veramente». «Posso credere a tutto, purché sia sufficientemente incredibile». «Se una donna vuole tenere un uomo deve fare affidamento su ciò che c'è di peggiore in lui». «Quando gli dei vogliono punirci esaudiscono le nostre preghiere». «Se si dice la verità si è sicuri prima o poi d'essere scoperti». «La felicità d'un uomo ammogliato dipende dalle donne che non ha sposato». «Solo chi è poco profondo conosce se stesso».

■ **1**. Questi paradossi giocano con cause e condizioni incongrue o con conseguenze e effetti imprevisti. Tra cause ed effetti, condizioni e conseguenze, il paradossologo stabilisce connessioni sorprendenti, contrarie alle comuni aspettative. Es. un certo effetto viene garantito da condizioni che logicamente o verosimilmente dovrebbero produrre conseguenze opposte.
2. Altri paradossi sono costruiti con il *se*: «Se vuoi una certa cosa, agisci come se mirassi a ottenere l'effetto contrario»; «Se vuoi il bene fa' il male». Simile la costruzione con il *quando*: «Quando vuoi il male di qualcuno, fa' il suo bene» (o viceversa).
3. Il *se* può essere adoperato in enunciazioni che hanno la forma delle leggi tassative, anche se sono costruite sull'inversione delle leggi del comune buon senso. La formula base di simili aforismi è la seguente: «Se (= ogniqualvolta) adoperi il nero otterrai (sempre) il bianco». Es. «Se si pagano sempre le tasse, si è sicuri prima o poi d'essere denunciati come evasori».
4. Ci sono poi i paradossi costruiti con il *dipende*: «Il bianco dipende (= è causato) dal nero». Es. «La sapienza d'un uomo colto dipende dai libri che non ha letto», «La nostra eleganza dipende dal tempo che non le dedichiamo».

56 Dove non sono indicati altri autori, gli aforismi sono tratti da O. Wilde, *Aforismi*, tr. B. Della Casa, Demetra 1994, *passim*.

5. Infine ci sono i paradossi tassativi costruiti con l'avverbio *solo*: «Solo chi usa il nero ottiene il bianco». Es.: «Solo chi non ama mai è molto amato», «Solo chi è povero sa godersi il lusso».

> 3. PARADOSSI CON CONTRADDIZIONE. «A questo mondo vi sono solo due tragedie; una è non ottenere ciò che si vuole, l'altra è ottenerlo. Questa seconda è la peggiore, la vera tragedia». «Vi è solo una cosa al mondo peggiore del non far parlare di sé, ed è far parlare di sé».

■ Questi paradossi mettono in scena evidenti contraddizioni; a partire dai due elementi A e non-A si arriva alla loro impossibile identificazione. Perché il paradosso funzioni bisogna che l'elemento A sia così ovvio e condivisibile da trascinare con sé anche il suo contrario. Es. «Ci sono due tipi di cattivi studenti: quelli che non studiano mai e quelli che studiano sempre. Questi sono i più tremendi».

> 4. PARADOSSI A RIBALTAMENTO FINALE. «Se c'è qualcuno che deve tutto a Bach, quello è proprio Dio» (Cioran). «Come può una donna essere felice con un uomo che insiste nel trattarla come se fosse un essere perfettamente razionale?». «È sempre doloroso separarsi dalle persone che si conoscono da poco». «È mostruoso ciò che la gente fa al giorno d'oggi quando passeggia: dire, alle spalle degli altri, delle cose che sono perfettamente vere». «È terribile per un uomo scoprire improvvisamente che per tutta la vita egli non ha detto altro che la verità». «È terribile per un uomo scoprire che per tutta la vita egli non ha amato altri che sua moglie». «L'unica cosa di cui non ci si pente mai sono i propri errori».

■ Questi paradossi puntano tutto sul fatto che l'ultima parola è l'esatto contrario di quella che l'andamento della frase faceva prevedere. Così si vanifica un ragionamento che pareva procedere in una direzione prestabilita e convenzionale. Più inattesa sarà la parola finale, maggiore sarà il divertimento del lettore (o ascoltatore).

> 5. PARADOSSI CON ANTICLIMAX. «Perdere un genitore può essere visto come una sfortuna; perderli entrambi è segno di trascuratezza». «La musica ci fa sentire romantici... o almeno dà sempre sui nervi».

■ *L'anticlimax* è una brusca caduta di tensione, che si verifica nella parte finale della frase. Usano l'anticlimax quei paradossi che, partiti in tono solenne, contengono nella coda una precisazione di tono basso, o magari un po' volgare. Es. «La vita di coppia rende l'uomo più felice, o almeno gli dà qualcuno con cui giocare a carte la sera», «Divorziare dalla prima moglie è sempre un dramma, divorziare dalle successive è una festa per il nostro avvocato».

> 6. PARADOSSI COSTRUITI SU INVERSIONI. «È molto più difficile parlare d'una cosa che farla». «Ciascuno può fare della storia, ma solo il grande storico può scriverla». «Sono solo le qualità superficiali a durare nel tempo: la natura più profonda d'un uomo viene presto a galla». «I bambini giocano a fare i soldati. Ma perché i soldati giocano a fare i bambini?». «Il feticista brama una scarpa e

deve contentarsi d'una donna intera» (Kraus). «La vita familiare è un'interferenza nella vita privata».

■ Questi paradossi rovesciano affermazioni ritenute incontrovertibili. Se è opinione comune che ci voglia tempo per conoscere profondamente una persona, allora affermerò il contrario: «La natura più profonda d'un uomo viene presto a galla»; se è opinione comune che la famiglia costituisca il luogo dell'intimità, allora sosterrò che «La vita familiare è un'interferenza nella vita privata» (è importante però che l'inversione sia rivelatrice d'una verità alternativa a quella comune).

7. PARADOSSI CON STRETTA FINALE. «La donna è coinvolta sessualmente in tutti gli affari della vita. A volte perfino nell'amore» (Kraus). «Se abbiamo abbastanza difetti le donne ci perdonano tutto, anche la nostra intelligenza».

■ Questi paradossi si basano su un cambio di direzione: cominciano enunciando una tendenza, un'inclinazione o propensione, e ne delineano una sorta di deriva applicativa. Es.: "Era un dirigente ordinato e preciso, si occupava dei dettagli più trascurabili...". Solo che nel paradosso la coda, mentre pare allargare a dismisura gli oggetti di queste propensioni, in realtà ritorna indietro e restringe di molto quella propensione iniziale, con un brusco effetto di *stretta finale*: "...a volte andava perfino in ufficio". Altri es.: "Era caritatevole con tutti, a volte perfino con i poveri", "Era così buono che partecipava anche ai funerali delle persone che lui stesso aveva uccise".

12

Dizionari cataloghi classificazioni inventari

12.1. Dizionari

12.1.1 Dizionari a uso strettamente personale

Così come esistono dei lessici familiari – dei quali abbiamo già parlato –, esistono anche dei lessici privati, individuali. Ognuno di noi potrebbe costruirsi un *dizionario a uso strettamente personale*, nel quale raccogliere le parole cui annette un significato, o una sfumatura di significato, del tutto particolare. Ecco qualche voce dal dizionario privato del romanziere Milan Kundera:

> CAPPELLO. Oggetto magico. Ricordo un sogno: un ragazzo di dieci anni è in riva a uno stagno, ha in testa un gran cappello nero. Si getta in acqua. Lo traggono a riva, annegato. In testa ha sempre quel cappello nero.
>
> COMICO. Offrendoci la bella illusione della grandezza umana, il tragico ci consola. Il comico è più crudele: ci rivela brutalmente l'insignificanza di tutte le cose. Suppongo che tutte le cose umane contengano il loro aspetto comico che, in alcuni casi, è riconosciuto, ammesso, sfruttato, in altri casi, velato. [...] La Storia è sempre stata considerata come un territorio rigorosamente serio. Ebbene, esiste il comico sconosciuto della Storia. Così come esiste il comico (difficile da accettare) della sessualità.
>
> ECCITAZIONE. E non piacere, godimento, sentimento, passione. L'eccitazione è il fondamento dell'erotismo, il suo enigma più profondo, la sua parola-chiave.
>
> OSCENITÀ. In una lingua straniera si usano le parole oscene ma non le si sente come tali. La parola oscena, pronunciata con un accento straniero, diventa comica. Difficoltà di essere osceni con una donna straniera. Oscenità: la radice più profonda che ci avvince alla nostra patria.[1]

■ **1**. Le nostre "parole private" possono essere legate a ricordi d'infanzia, a sogni, a consuetudini familiari, a esperienze professionali, all'esigenza di definire alla perfezione un concetto o un sentimento, al bisogno di spiegarsi quotidianamente con persone che non parlano la nostra stessa lingua; possono essere parole incontrate in certi libri, certe canzoni o certi film – quasi delle citazioni, ma adattate alle nostre esigenze espressive.
2. Raramente una parola diventa importante di per sé, perché ci piace e stop: di solito diventa importante all'interno di una relazione. Spesso gli amanti s'inventano un lessico apposito per poter esprimere, anche in conversazioni banali, il reciproco amore: così succede di inventare nomignoli per le parti del corpo (spe-

1 M. Kundera, *L'arte del romanzo*, tr. A. Ravano, Adelphi 1986, pp. 176, 177, 180 e 261.

cie quelle d'interesse erotico) o per i luoghi che si ha piacere a frequentare, oppure di annettere a parole comunissime, semplicemente perché sono state usate in certe occasioni, un grande significato affettivo.

12.1.2 Dizionari dei luoghi comuni

Gustave Flaubert lasciò incompiuto un romanzo (*Bouvard e Pécuchet*) nel quale intendeva rappresentare due personaggi, il signor Bouvard e il signor Pécuchet appunto, con il cervello pieno zeppo di luoghi comuni. Come materiale per questo romanzo compilò anche una sorta di *dizionario dei luoghi comuni*: frasi fatte, argomenti banalizzati, istruzioni per una conversazione standard.

> CLASSICI Si presume di conoscerli.
> COITO, COPULAZIONE Parole da evitare. Dire: «Avevano rapporti».
> COMMERCIO Discutere per sapere se è più nobile il commercio o l'industria.
> CONGIURATO I congiurati hanno sempre la mania di iscriversi in una lista.
> CONVERSAZIONE La politica e la religione devono esserne esclusi.
> CONTEGNO Sempre preceduto da «rigido».
> CRIMINALE Sempre «odioso».
> DEMOSTENE Pronunciava i suoi discorsi con un ciottolo in bocca.
> ESASPERAZIONE È sempre al suo «acme».
> FANCIULLA Pronunciare questa parola con timidezza. Tutte le fanciulle sono pallide e fragili, sempre pure. Evitare loro ogni genere di libri, le visite nei musei, i teatri e soprattutto il Jardin des Plantes [*orto botanico e zoo*], settore scimmie.
> FATTORIA Quando si visita una fattoria, bisogna mangiare pane integrale e bere latte. Se ci sono anche uova, esclamare: «Santo cielo, come sono fresche. Non c'è pericolo di trovarne così in città».
> FONDAMENTI DELLA SOCIETÀ Cioè: la proprietà, la famiglia, la religione, il rispetto dell'autorità. Arrabbiarsi se vengono attaccate.
> FONDAMENTO Tutte le notizie ne mancano.[2]

■ Bisogna concentrarsi sulle parole che ricorrono più spesso nelle discussioni comuni e sulle quali ci si appoggia di più. La definizione viene concepita come una vera e propria *istruzione per l'uso* di quella parola in società. Il significato della parola è dato di solito dalla frase (o dalle frasi) in cui essa più frequentemente ricorre; in altre parole il significato è dato dall'uso comune della parola. Occorre inoltre far sentire tutta la perentorietà e incontrovertibilità del luogo comune, che è anche una sentenza inappellabile.

Esercizi Prima, per farci l'orecchio, leggiamo un po' d'articoli di fondo da qualche quotidiano, e con l'evidenziatore andiamo a caccia di luoghi comuni. Poi cerchiamo: *a.* gli aggettivi obbligati da unire ai sostantivi: omicidio, colpo, disgrazia, evento, corsa, moglie, manubrio; *b.* le istruzioni per l'uso in società delle parole: i giovani, i politici, le tasse, il tempo, gli uomini, le donne; *c.* di scrivere una conversazione nella quale due personaggi commentino un articolo di giornale esprimendosi unicamente con luoghi comuni e aggettivi obbligati.

---

2 G. Flaubert, *Bouvard e Pécuchet*, tr. C. Sbarbaro, Mondadori 1981, pp. 275-314.

12.1.3 Dizionari dialettali o gergali

Ognuno di noi di solito abita due lingue: una standard, l'altra dialettale (o gergale). Di solito tra l'una e l'altra c'è un salto. Cioè: non è affatto detto che sia possibile tradurre alla lettera: certe espressioni del nostro dialetto o del nostro gergo sono talmente pregnanti e ben riuscite da sembrarci intraducibili. Esercitarsi con queste espressioni significa esercitarsi con il lato oscuro, materno, primitivo della lingua, significa confrontarsi con gli angoli riposti della nostra esperienza, spesso poco rappresentabili con una lingua standard. Ecco come Meneghello traduce nel suo personalissimo modo un termine del dialetto veneto:

> *Sbalonà* («pallonata») è anzitutto ciò che si prende quando un *balón,* normalmente da calcio ma anche da *règbi* o *basche*, ecc. colpisce con forza un corpumano. Si può prenderla *su* o *te* una data parte del corpo, come la mitica «pallonata negli uvi». [...] È da notare che *na sbalonà tei uvi*, come dire "in essi", è più micidiale di una semplice *sbalonà sui uvi*: come se entrasse là in mezzo con la sua forza dirompente. *Sbalonà* è però anche, oltre al colpo che si *ciapa* dal pallone, anche quello che gli si imprime indirizzandolo ostilmente o stizzosamente verso un corpumano o un oggetto personificabile. Questa particolare forma di *sbalonà* non si *mòla* al pallone ma si *tira* a chi ne è bersaglio. Non è dunque veramente una *sbalonà* il calcio anche potentissimo inferto al pallone in una partita di *fùbal*, se non ai margini illegali o clandestini del gioco (*El ghe ga tirà na sbalonà a l'àrbitro*) oppure per negare la qualità calcistica di un tiro (*E voléa tirare in pòrta, ma zé vignù fora na sablonà che zé 'nda finire in tribuna*).[3]

■ Meneghello sta parodiando la classica «voce» di dizionario specialistico. Il fatto che lui si serva di termini tecnici inizialmente ci appare solo come una trovata buffa. In un secondo momento ci rendiamo però conto che questa come altre parole dialettali meritano tanta attenzione, proprio per la loro densità semantica. Infine, il bello di questo procedimento è che Meneghello *ci racconta* la parola situandola nel suo contesto storico, sociale, ecc. Una parola è insomma come la *madeleine* di Proust, assaporandola in tutte le sue sfumature riusciamo a evocare un mondo magari sparito.

Esercizi Nella quarta di copertina del libro di Meneghello da cui abbiamo preso questo brano, Andrea Zanzotto scrive: «In realtà Meneghello [...] sembra chiamare tutti a mettersi sulla sua stessa strada, a un "fatelo-da-voi con i parlari vostri"». Accettiamo l'invito. Scegliamo un po' di parole dal nostro dialetto o dal nostro gergo (il gergo è quella lingua non italiana né dialettale che parliamo con gli amici, i complici, i coetanei, i vicini di casa). Cerchiamo di esplorare tutti gli ambiti di significato della parola. Proviamo a immaginare la sua etimologia. Costruiamo una serie di frasi tipiche, nelle quali viene impiegata nelle sue varie sfumature. Immaginiamo le situazioni che ne richiedono l'impiego. Poi compiliamo la nostra «voce».

3 L. Meneghello, *Maredè, maredè...*, Rizzoli 1991, p. 187.

12.1.4 Dizionarietti monografici

Passiamo ai *dizionari monografici* o specializzati. Come ci siamo già detti, ogni gruppo sociale o culturale parla una propria lingua, nella quale le parole hanno un significato leggermente ma significativamente diverso da quello comune. Ecco il significato di alcune parole che compaiono nel *Dizionario del diavolo* composto da Ambroise Bierce:

> GIOCO D'AZZARDO *s. m.* Passatempo il cui piacere consiste in parte nella coscienza dei propri vantaggi, ma soprattutto nello spettacolo delle perdite altrui.
>
> IDIOTA *s. m.* Membro di una grande e potente tribù che nel corso dei secoli ha sempre esercitato un dominio assoluto sulle vicende umane.
>
> INNOCENZA *s. f.* Stato o condizione di un criminale il cui avvocato sia riuscito a comprare la giuria.
>
> IRRELIGIOSITÀ *s. f.* La più diffusa fra tutte le grandi religioni della terra.
>
> LIBERTINO *s. m.* Letteralmente un uomo liberato, che pertanto è libero di essere schiavo delle sue passioni.
>
> PACE *s. f.* Nel diritto internazionale, si definisce così un periodo di inganni reciproci compreso fra due fasi di combattimento aperto.
>
> PIRATERIA *s. f.* Commercio senza troppe remore o ipocrisie, così come Dio l'ha creato.[4]

■ Si tratta di adottare un punto di vista forte e interessato sul mondo e poi di riscrivere il dizionario secondo quel punto di vista. Nel dizionario del ladro la parola *furto* ha un significato diverso da quello che le assegna il dizionario del giudice. Una buona definizione specializzata deve suonare come correzione e al limite disvelamento della definizione standard.

12.1.5 Dizionari a due voci

Possiamo quindi immaginare anche *dizionari a due voci*, e cioè costruiti secondo due punti di vista opposti. Syusy Blady e Sandro Toni hanno costruito un divertente *Vocabolario sessuato*, nel quale ogni parola è definita sia dal punto di vista maschile sia da quello femminile:

> TELEFONO Può anche darsi che sia stato inventato da Meucci, ma certamente è nato da un'esigenza della moglie. Infatti tra tutte le invenzioni è senza dubbio quella che le donne hanno mostrato di apprezzare maggiormente. È lo strumento del tradimento, quello che permette di parlare senza guardare in faccia, di simulare emozioni, di dire «Ti amo» al marito mentre l'amante si sta spogliando. Quando non lo usano per architettare inghippi, le donne se ne servono per telefonare alle amiche, anche a quelle che abitano nell'appartamento accanto,

4 A. Bierce, *Dizionario del Diavolo*, tr. D. Fink, Tea 1988, s. v.

anche a quelle che hanno lasciato mezz'ora prima, e imbastiscono lunghe chiacchierate che, se uno dovesse giudicare dalla lunghezza, farebbero pensare a chissà quali gravi eventi e gravità di argomenti. È incredibile come l'assenza dell'interlocutore acciti nella donna la libidine di parlare.

TELEFONO. Quando si aspetta una telefonata da parte di lui il telefono siamo noi. Cioè, noi c'incarniamo nel telefono e quando squilla ci sentiamo come se ci stesse squillando dentro. Il telefono, dunque, è uno strumento di tortura moderno.
Un terzo incomodo, nelle storie d'amore, è divenuta la segreteria telefonica. Quando siamo costrette a uscire di casa, lasciando incustodito il telefono che fino a un momento prima era tenuto d'occhio come fosse un bambino, sappiamo che la nostra segreteria telefonica risponderà per noi.
Riesco a capire se una mia amica ha un intorto in corso, da come propone l'annuncio sulla sua segreteria: messaggi con voce flautata e musichette romantiche.
Quando si è innamorate si vorrebbe lasciare nella segreteria telefonica il seguente messaggio: «Segreteria di... perché non mi telefoni? Io ti amo e tu non ti fai sentire. Tu sei tutto per me! Amore, amore, amore... chiamami! Per tutti gli altri, se proprio è urgente, lasciate un messaggio dopo il bip!».
Un consiglio: ascoltate le segreterie sempre soli, non si sa mai cosa ci si può trovare.[5]

■ Ogni parola ha un significato astratto, uguale per tutti, e uno pratico, che dipende dal parlante e dal contesto. Il potere è una cosa diversa se chi parla ce l'ha o non ce l'ha. I dizionari comuni forniscono i significati astratti, neutri; i dizionari doppi invece danno definizioni formate sull'uso e piegano il significato della parola in un senso totalmente pragmatico. Come diceva Bindolo Randolo: «Quando io uso una parola, essa significa precisamente ciò che voglio che significhi... né più né meno». Alice ribatteva: «Bisognerebbe sapere, se voi potete dare alle parole molti significati diversi». Conclusione di Bindolo Randolo: «Bisognerebbe sapere chi ha da essere il padrone... ecco tutto».[6]

Esercizi Prova a costruire i dizionari: *a.* dell'insegnante e dell'allievo; *b.* del cornuto, di sua moglie e dell'amante (dizionario triplo, quindi); *c.* del datore di lavoro e del dipendente; *d.* del milanista e dell'interista; *e.* del medico e del becchino; ecc.

12.1.6 Dizionari delle false etimologie

Maria Sebregondi ha scritto un divertente *Etimologiario*, un libretto pieno zeppo di false etimologie (e di falsi significati).

AMARO *agg.* (crasi tra il s. m. 'amore' e l'agg. 'raro'): dicesi di cosa o persona che ama pochissimo.

ASOLA *s. f.* (a- privativo): *mai sola*. Sempre accompagnata da un bottone.

5 S. Blady e S. Toni, *Vocabolario sessuato*, Feltrinelli 1993, pp. 218 sgg.
6 L. Carrol, *Attraverso lo specchio*, cit., pp. 184 sgg.

UFFICIO *s. m.* (der. dall'internazionale 'uff' o 'uffa'): *il doveroso atto dello sbuffare*. Per estensione: il luogo preposto allo sbuffo individuale e/o collettivo, provvisto in genere di ampi e pazienti scaffali dove si archiviano stizza, noia e impazienza.

OVUNQUE *avv.* (der. del s. m. 'uovo'): lett. *qualunque uovo*, ma anche "l'uovo qualunque", movimento che suscitò una generale ovazione. Onnipresenza della forma archetipica dell'uovo, l'infinita ovalità del tutto.[7]

■ Il metodo principe per costruire false etimologie (e falsi significati) è: prendere le parole alla lettera, ma sbagliando un po'. Per cui «ricettario» non potrà che essere il prontuario del ricettatore, «castello» deriverà da «casto» perché è un luogo nel quale è difficile entrare, ecc. L'effetto comico si ottiene quasi sempre se si riesce a mantenere, nel falso significato inventato, una traccia del significato autentico.

12.1.7 Il piccolo finzionario illustrato

Prendete una parola lunga. Fate finta di non saperne il senso, e guardatela come si guarda una cosa. Studiatela pazientemente e, se sarete fortunati, troverete nella memoria una parola che presenterà con la prima una qualche somiglianza. Allora comincia l'alta chirurgia: bisogna che le due parole s'innestino l'una sull'altra, si incrocino per far nascere un bastardo bizzarro (dato che nessun dizionario al mondo lo contiene) e familiare (poiché vi si riconoscono le due parole originarie).[8] Qualche es. dalla rubrica «I rebus di d'avec», anni addietro pubblicata nel quotidiano *L'Unità*:

NULLATENIANTE Negativo all'esame tenia.
COCCIOTAGGINE La cocciutaggine di coloro che ripetono con insistenza: «Chi rompe paga e i cocci sono suoi».
COCCOGRILL Luogo di ristoro dove ai cocchi di mamma servono coccodrilli alla griglia.
LIGANTROPO Licantropo della Liga veneta.
RINUOCERONTE Rinoceronte che torna a incornare.
CALAPRONI Calabroni ossequiosi.
DINDARELLA L'abbronzatura delle tacchine.
UQUAGLIANZA L'uguaglianza fra quaglie.
CALMIPEDE Palmipede tranquillo.
ESUBIRO Sovrabbondanza di penne a sfera.
BALLISTICA L'arte di spararle grosse.
ELUGUBRAZIONI Pensieri funerei.[9]

12.1.8 Il gioco del vocabolario

Ci facciamo spiegare un gioco da Giampaolo Dossena: «Questo gioco si fa in 6 o più persone. Ci vuol carta e matita (possibilmente fogli uguali, matite dello stes-

7 M. Sebregondi, *Etimologiario*, Longanesi 1988, s. v.
8 Cf. A. Finkielkraut, *Petit fictionnaire illustré*, Seuil 1981.
9 *L'Unità*, 19/6/95, 26/6/95, 19/7/95.

so colore) e un vocabolario. [...] Il capogioco, scelto per la sua autorevolezza, sfoglia il vocabolario e si sofferma su una parola difficile, es. *acinace*, *malico*, *pastinaca*, *soppidiano*. La dice a alta voce. Accertatosi (per quanto umanamente possibile) che nessuno ne conosca il significato, ne trascrive silenziosamente e segretamente la definizione su un foglio mentre i giocatori scrivono a loro volta, sui loro fogli, una definizione che ritengono attendibile, e la firmano. Il capogioco raccoglie tutti i fogli, li unisce a quello su cui lui ha copiato la definizione giusta, li rimescola, li esamina, e ne dà lettura nella successione che ritiene opportuna. Non rivela né quale sia la definizione giusta, né chi siano gli autori delle altre definizioni. A lettura ultimata, ciascun giocatore dà pubblicamente, a voce, il proprio voto alla definizione che ritiene giusta. Il capogioco prende nota di questi voti. [...] Il capogioco svela infine quale fosse la definizione giusta, e assegna: *a.* 1 punto a tutti coloro che hanno votato per la definizione giusta; *b.* 1 o più punti a tutti coloro la cui definizione ha ricevuto 1 o più voti. Si fanno più giri, giocando con le definizioni di più parole. Alla fine vince chi ha accumulato più punti».[10]

12.2 Inventari e repertori

L'uomo è collezionista per natura. Ma un bravo collezionista non colleziona *tutto*: raccogliere, ordinare, catalogare sono operazioni che richiedono una selezione preventiva dell'area di mondo della quale vogliamo impadronirci. C'è infatti un gusto particolarissimo in questa attività che solo i grandi collezionisti (di tappi di bottiglie o di monete antiche: è uguale) possono capire. Vi offriremo quindi una lista di liste, una collezione di collezioni che corrispondono proprio a questo gusto.

12.2.1 Cataloghi disordinati

La prima cosa che il bambino impara a scrivere, è il suo nome. Passa poi ai nomi dei familiari, delle cose che ci sono nelle stanze, delle cose che ci sono nella sua vita. La nostra prima scrittura, insomma, è fatta di elenchi di nomi: nomi di persone, di cose, di animali. Si comincia a scrivere, quindi, catalogando il mondo. I cataloghi, tra l'altro, producono un fortissimo *effetto di realtà*. Naturalmente c'è una varietà di metodi di catalogazione. Cominciamo con i *cataloghi disordinati*. Nel grande romanzo di Georges Perec *La vita istruzioni per l'uso*, il capitolo LXVIII è interamente costituito da un catalogo.

> *Tentativo d'inventario di qualcuna*
> *delle cose che si sono trovate*
> *per le scale nel corso degli anni.*
>
> Molte fotografie, fra cui quella di una ragazza di quindici anni in mutandine da bagno nere e maglietta bianca, inginocchiata sulla spiaggia,
> una sveglia-radio chiaramente destinata alla riparazione, in un sacchetto di plastica della Ditta Nicolas,

10 G. Dossena, *La zia era assatanata*, cit., p. 96.

una scarpa nera ornata di brillanti,
una pianella di capretto dorato,
una scatola di pasticche per la tosse Géraudel,
una museruola,
un astuccio per sigarette di cuoio di Russia,
delle cinghie,
taccuini e agende varie,
un paralume cubico di carta metallizzata color bronzo, in un sacchetto proveniente da un negozio di dischi di rue Jacob,
una bottiglia di latte in un sacchetto della macelleria Bernard,
un'incisione romantica raffigurante Rastignac al Père-Lachaise, in un sacchetto del calzaturificio Weston, [...]
un foglio di carta rettangolare, formato 21 x 27, sul quale era minuziosamente disegnato l'albero genealogico della famiglia Romanov, incorniciato da un fregio di linee spezzate,
il romanzo di Jane Austen, *Pride and Prejudice*, nella collana Tauschnitz, aperto a pagina 86,
un cartoccio proveniente dalla pasticceria Aux Délices de Louis XV, vuoto, ma che ha visibilmente contenuto tortini di mirtillo,
una tavola dei logaritmi Bouvard e Ratinet, in cattivo stato, con il timbro: Liceo di Tolosa, e un nome scritto con l'inchiostro rosso. P. Roucher, sulla pagina di risguardo,
un coltello da cucina,
un topolino di metallo, con una cordicella a mo' di coda, montato su ruote, ricaricabile con una chiave piatta, [...]
un foglio di carta coperto di disegni infantili fra gli interstizi dei quali s'intrufola la laboriosa malacopia di una versione latina di seconda media: *dicitur formicas offeri granas fromenti in buca Midae pueri in somno eius. Deinde suus pater arandum, aquila se posuit in jugum et aranculum oraculus nuntiavit Midam futurus esse rex. Quidam scit Midam electum esse regum Phrigiae et* (parola illeggibile) *latum reges suis leonis*.[11]

■ **1**. La bellezza di questo elenco (che ci è dispiaciuto accorciare) sta nel fatto che ogni oggetto, meticolosamente descritto (con la cura, diremmo, dei «corpi del reato» conservati negli archivi dei tribunali), sembra presupporre una storia. Chi ha abbandonato per le scale un coltello? A quale bambino appartiene il topolino di metallo? Che cosa c'è scritto nei taccuini e nelle agende? Siamo curiosissimi, e se il romanziere non risponde alle domande, ci inventeremo delle risposte a nostro uso e consumo.
2. L'effetto di realtà è dato non solo dal disordine dell'elencazione (un oggetto viene semplicemente dietro l'altro, senza nessuna ragione apparente) ma anche dalla precisione della descrizione. I nomi dei negozi, a es., risultano molto suggestivi: se anziché «la pasticceria Aux Délices de Louis XV» noi avessimo letto «una pasticceria», la nostra immaginazione sarebbe stata assai meno stimolata. I particolari, negli elenchi, non annoiano: anzi, sono l'essenziale.

Esercizi Azzarda qualche inventario: *a.* le cose che in tutta la tua vita hai dimenticate in autobus, treni, sale d'aspetto, camere d'albergo, case di amanti oc-

11 G. Perec, *La vita istruzioni per l'uso*, tr. D. Selvatico Estense, Rizzoli 1984, pp. 338 sgg.

casionali, chiese, aule scolastiche, uffici postali; *b.* le cose che hai in casa e che non adoperi mai (speficarne la provenienza, la data d'acquisto, l'intenzione al momento dell'acquisto, le ragioni del mancato uso); *c.* le cose che hai regalato ad amici e parenti negli ultimi dieci anni; *d.* le cose che si vedono nel cortile di una casa abbandonata; e così via.

12.2.2 Inventari futili

Per una dama di corte dell'antica Cina, circa nell'anno Mille, fu scritto da Sei Shonagon una sorta di repertorio di cose leggere, futili, piacevoli, eleganti, carine: cose e argomenti di conversazione, appunto, adatti a una dama di corte.

> COSE ELEGANTI:
> Su un gilet viola pallido, una giacca bianca.
> I piccoli dei canarini.
> In una ciotola di metallo nuovo, si è versato sciroppo di liana con del ghiaccio pestato.
> La neve caduta sui fiori di glicine e susino.
> Un bambino grazioso che mangia fragole.
>
> COSE CHE FANNO BATTERE IL CUORE:
> Dei passeri che nutrono i loro piccoli.
> Passare davanti a un posto in cui giocano bambini.
> Coricarsi soli in una camera deliziosamente profumata d'incenso.
> Lavarsi i capelli, fare toletta, mettersi abiti odorosi di profumo. Anche se nessuno ci vede, ci si sente felici, in fondo al cuore.
> Una notte in cui si aspetta qualcuno. Tutt'a un tratto si è sorpresi dal rumore della pioggia che il vento getta contro la casa.[12]

■ Scrivere inventari futili è un esercizio che ci permettiamo di consigliare a chi voglia perfezionare e acuire la capacità di vedere e sentire il mondo. Shonagon si appunta sulle sensazioni piccole, delicate: in questo dimostra somma eleganza e gusto. Scrivere inventari futili ci aiuta a liberarci dalle sensazioni ricevute (che sono l'analogo delle idee ricevute), ci aiuta a costruire un nostro mondo uditivo, olfattivo, visivo ecc., diverso da quello di tutti gli altri.

Esercizi **1**. Ci sono cose di cui solo noi ci accorgiamo. La persona che amiamo, a es., è bellissima: ma solo noi sappiamo riconoscere la sua segreta bellezza (gli altri e le altre lo/la giudicano un mostro). Proviamo a stilare un catalogo delle delicate bellezze della persona amata, dividendole in: bellezze del cuore, bellezze del corpo, bellezze del gesto, bellezze della sollecitudine, bellezze che appaiono più belle quando lei/lui è presente, bellezze che appaiono più belle nel ricordo, bellezze frequenti, bellezze rare, bellezze apparse una sola volta.

2. C'è un luogo che noi amiamo e conosciamo bene, nel quale volentieri ci ritiriamo per riposare la mente, pensare con calma, assaporare la vita. Stiliamo un catalogo delle bellezze di questo luogo, dividendole in: bellezze del mattino, del pieno giorno, della sera e della notte; bellezze che si godono con la vista, con

12 In A. Duchesne e Th. Leguay, *Petite fabrique de littérature*, Magnard 1985, p. 253.

l'udito, con l'olfatto; bellezze che si trovano anche in altri luoghi e bellezze che sono esclusive di quel luogo; bellezze che desidereremmo condividere con altri e bellezze delle quali siamo gelosi; bellezze nascoste e bellezze evidenti.

12.2.3 Elenchi

Quello che segue non è un inventario ma un elenco che si propone di evocare un complesso contesto umano, sociale e economico. È un brano tratto da *Tenera è la notte* di Scott Fitzgerald. La ricca e viziata Nicole fa acquisti con una amica: ecco la lista dei suoi acquisti.

> Con l'aiuto di Nicole, Rosemary comprò due vestiti e due cappelli e quattro paia di scarpe, col suo denaro. Nicole comprò una gran lista che copriva due pagine e in più comprò gli oggetti che vedeva nelle vetrine. Tutto quello che le piaceva, ma non poteva usare per sé, lo comprava per fare un regalo a un amico. Comprò collane colorate, cuscini pieghevoli da spiaggia, fiori artificiali, miele, un letto per gli ospiti, valigie, sciarpe, pappagallini, miniature per una casa di bambole, e tre metri di una stoffa color gambero. Comprò una dozzina di costumi da bagno, un coccodrillo di gomma, un gioco di scacchi da viaggio d'oro e avorio, dei fazzoletti di lino per Abe, due giacchette azzurre d'antilope; comprò tutte queste cose non come una cortigiana d'alto bordo [...] ma da un punto di vista totalmente diverso. Nicole era il prodotto di molta ingenuità e fatica. Per lei i treni incominciavano la loro corsa a Chicago e attraversavano la pancia rotonda del continente fino in California, fabbriche di gomma da masticare fumavano e lavorazioni a catena procedevano metro per metro nelle fabbriche; uomini mescolavano dentifrici in tinozze e gettavano risciacquature da barili di rame; ragazze confezionavano pomodori in scatola in agosto, o facevano l'orario continuato nei magazzini a prezzo unico la vigilia di Natale; indiani mezzo sangue lavoravano nelle piantagioni di caffè brasiliane e sognatori si facevano i muscoli imparando a manovrare nuovi trattori; queste erano alcune delle persone che davano un po' di denaro a Nicole e mentre l'intero sistema procedeva fragorosamente, forniva a certe sue attività, come l'acquisto all'ingrosso, un febbrile rigoglio, come il rossore sul viso di un fuochista al suo posto davanti alla fiamma divampante.[13]

■ Intanto c'è da osservare che Fitzgerald non esagera, non riporta tutti i nomi dei prodotti acquistati, ma opera una selezione critica che rappresenta bene la personalità dell'acquirente. In fondo riesce a creare un'impressione di sperpero esagerato con pochissimi articoli. Ci riesce perché enfatizza l'*eterogeneità* delle merci (si tratta ancora una volta di un catalogo disordinato) per trasmetterci la natura niente affatto utilitaristica di Nicole. Da un passo come questo ci si accorge che gli elenchi sono una risorsa potente di qualsiasi discorso che miri a impressionare il lettore o l'ascoltatore. Nel caso in questione poi gli elenchi sono due: da una parte le merci acquistate e dall'altra chi quelle merci produce. Il primo elenco è festoso, basato com'è sul senso dello sperpero fine a se stesso; il secondo vale come un contrappunto ironico del primo. I due elenchi sono infatti sottilmente coordinati tra loro e il loro punto d'incrocio è proprio Nicole, una

---

13 F. Scott Fitzgerald, *Tenera è la notte,* tr. F. Pivano, Mondadori 1978, pp. 116 sgg.

ricca signora che è il prodotto di un sistema economico e sociale fondato sullo sperpero e lo sfruttamento. Come ha scritto David Lodge: questa pagina «illustra quale sia il potenziale espressivo di un elenco nel discorso narrativo».

12.2.4 Cataloghi immaginari

Ecco adesso il catalogo della biblioteca del monastero di Sainte Victoire, così come ce lo spiattella Rabelais nel secondo libro del *Gargantua*.

> *Bragheta Juris*
> *Pantofla decretorum*
> *Il Gomitolo della teologia*
> *Il Fischiettone dei predicatori, a opera di Turlupino*
> *Marmotretus: De babuinis et scimis, cum comento Dorbellis*
> *L'Apparizione di Santa Geltrude a una monaca di Poissy che aveva le doglie del parto*
> *Ars honeste petandi in societate, di messer Arduino;*
> *La Mostardiera della penitenza*
> *De brodorum usu et honestate cioncandi, per Silvestrum prietem, Jacopinum*
> *Le Fanfaluche del Diritto*
> *Lo Stimolo di vino*
> *Lo Speron del formaggio*
> *Tartaretus: De modo cacandi*
> *Bricot: De differentiis zupparum*
> *Il Culetto di disciplina*
> *La ciabatta dell'umiltà*
> *Gli Impedimenti dei curati*
> *Lo Scapaccion dei curati*
> *Majoris: De Modo faciendi budinos*
> *La Cornamusa dei prelati*
> *Beda: De Optimitate tripparum*
> *Il Mantello a due diritti dei procuratori*
> *Dei Piselli al lardo, cum comento*[14]

■ **1**. Questa biblioteca è zeppa di libri su argomenti bislacchi: così Rabelais intendeva criticare la cultura (secondo lui) formalistica e oziosa dei monaci medioevali. Ogni titolo contiene una punzecchiatura velenosa contro superstizioni e credenze del tempo o contro i supposti vizi segreti dei monaci. Crediamo però che alcuni di questi libri immaginari, se fossero davvero esistiti, Rabelais sarebbe stato felice di possederli: e sono quelli che rimandano a una visione gioiosa, creaturale della vita (*Ars honeste petandi in societate [= Il bon ton della scoreggia], Lo stimolo di vino, De modo faciendi budinos* ecc.).
2. I titoli sono scritti in una sorta di latino maccheronico. Ricordiamo che all'epoca di Rabelais i titoli dei libri non erano spicci e sbrigativi come s'usa oggidì, e includevano generalmente i titoli culturali o nobiliari dell'autore, la dedica, una descrizione quasi pubblicitaria del contenuto. Es. questo nostro *Ricettario* avrebbe potuto intitolarsi: *Grande ricettario di scrittura creativa, ovvero l'arte*

14 F. Rabelais, *Garagantua e Pantagruele*, tr. M Bonfantini, Einaudi 1965, pp. 298 sgg.

dello scrivere e del raccontare, esposta in forma facile e divertente, con moltitudine di esempi, e con utilissimi consigli, da Stefano Brugnolo, professore, e Giulio Mozzi, scrittore, pubblicata in seconda edizione, con moltissime aggiunte, e la correzione di tutti gli errori della precedente. È evidente come titoli di tal fatta si prestino facilmente alla parodia.

12.2.5 Collezioni

Ancora una collezione, ancora Georges Perec. Il mondo è pieno d'iscrizioni e di testi brevissimi, scritti o detti: dediche, graffiti, battute, ecc.: produzioni letterarie minime, che possono anch'esse essere collezionate. Perec ha messo insieme una collezione di cartoline spedite dai luoghi più standard del turismo di massa.

> Siamo all'Hôtel Xanadu. Lusso, calma e voluttà. Cibi soavi. Papà ingrassa. Mille baci.
>
> Siamo all'Hôtel dei Pini. Ci si abbronza sulla spiaggia e si gioca a scopone. Mille pensieri affettuosi.
>
> Un salutino da Brighton. Mi abbronzo al sole inglese. Incontrato un sacco di tipi simpatici. Telefonerò al mio ritorno alla fine d'Agosto.
>
> Siamo al Motel Yoyo. Tele a colori e tutto il resto! Terribile! Baci a tutti.
>
> Abbiamo piantato la tenda a Vertbois. Bel tempo. Giornate sulla spiaggia. Ho preso un colpo di sole. 1.000 pensieri.
>
> Siamo al Pfisterhof. Belle giornate sui bordi del lago. Facciamo un po' di vela. Vi abbracciamo tutti.
>
> Abbiamo una camera al Lion d'Or. E quanto a dormire, dormiamo! Questo ci fa bene. Recuperiamo. Saremo a Saint-Etienne il 14.
>
> Attraversiamo la Grecia. Sieste adorabili in riva al mare. Incontrata un sacco di gente molto simpatica. Pensiamo spesso a voi.[15]

■ Un tale accumulo di frasi banali, standardizzate, sciocche, è addirittura commovente. Pare impossibile, ma ci fanno tenerezza questi turisti sbattuti qua e là, costretti a dormire un sacco, a fare vela, a lodare le belle giornate, a stringere amicizie effimere, a scontrarsi con le cucine locali; e costretti, per sovrappiù, a comunicare la loro ingenua e quasi obbligatoria felicità con frasi che tentano disperatamente di essere originali e simpatiche, e risultano invece l'esatto opposto. Perec ha scritto una specie di *Vanitas vanitatum*, ma con il sorriso sulle labbra.

Esercizi Ogni amore, siamo tutti d'accordo, è unico e speciale, e abbisogna, per essere detto, di parole uniche e speciali. Cerchiamole, queste parole, percorrendo con il notes in mano i sottopassaggi delle stazioni ferroviarie, i giardini pubblici (occhio alle panchine), o affrontando viaggi in corriera (le corriere usate

15 G. Perec, *L'infra-ordinaire*, Seuil 1989, pp. 34-45.

dagli studenti). Troveremo grandi dichiarazioni d'amore o di odio, enormi passioni, baci a profusione, cuoricini e «xxx». Il tutto detto con un vocabolario di non più di trenta parole, sempre quelle. Ricopiamo diligentemente nel notes e, a casa, ordiniamo la collezione.

12.3 Tassonomie e classificazioni

12.3.1 Classificazioni abbondanti

Ora ci occuperemo di *classificazioni* (o *tassonomie*). Classificare è più complicato che collezionare: infatti per classificare occorre inventare dei criteri di classificazione che abbiano una loro logica. La cultura occidentale ha sviluppato tecniche di classificazione molto razionali che, tuttavia, forse trascurano o escludono altre possibili reti di classificazione, magari più complicate e strampalate ma anche più fantasiose. Ha scritto Henri Michaux: «L'occidentale sente, capisce, suddivide spontaneamente in due, meno spesso in tre, sussidiariamente in quattro. L'indù, invece, divide piuttosto in cinque, in sei, o in dieci o dodici o trentadue, e perfino in sessantaquattro. È estremamente abbondante».[16] Per noi occidentali sarà perciò un buon esercizio sentire come gli orientali sanno suddividere e classificare in tantissimi modi la realtà. Ecco a es. come il Kamasutra classifica i baci:

> I baci della fanciulla sono tre: misurato, palpitante, che colpisce. Se essa, quasi obbligata, posa la bocca sulla bocca, ma senza nessun movimento, si ha il bacio *misurato*. Quando, ancora un poco vergognosa, desidera cogliere il labbro inferiore dell'amante che egli ha insinuato nella sua bocca, e fa vibrare il proprio labbro inferiore, ma non riesce con l'altro, questo è il bacio *palpitante*. Se lo stringe appena, a occhi chiusi e velando con la mano gli occhi dell'innamorato, e lo colpisce con la punta della lingua, è il bacio *che colpisce*.
> Gli altri baci sono di quattro tipi: pari, obliquo, vagante e premuto. C'è pure un quinto modo di bacio *premuto*: quando si serri fra due dita il labbro inferiore dell'amante, e lo si prema con le labbra a coppa, senza usare i denti. [...] Se, mentre l'innamorata bacia l'uomo, le serra il labbro superiore, si ha il bacio *del labbro superiore*. Quando si bacia stringendo con le labbra, in una sorta di morsa, entrambe le labbra dell'altro, è un bacio *a coppa*, che si rivolge a una donna, oppure a un uomo a cui non sono ancora apparsi i segni della pubertà. In questo, se l'uomo tocca con la lingua i denti, il palato o la lingua di lei, si ha *la battaglia della lingua*. Con ciò si è parlato anche di quando la bocca e i denti vengono colti e offerti con impeto [cioè della *battaglia della bocca e dei denti*].[17]

■ **1**. Nella nostra logica, classificare significa fare ordine; cioè ridurre tutto a poche, evidenti e ben distinte categorie. Proviamo invece a fare l'opposto: a creare classificazioni così minuziose che, al limite, in ogni categoria risulti essere compreso un solo oggetto. Più categorie inventeremo, più diventeremo sensibili alle differenze (tra un bacio e l'altro, se stiamo classificando i baci: ma anche tra un cane e l'altro, tra un vino e l'altro, tra un pensiero e l'altro).
2. Il numero di categorie dipende dal numero delle caratteristiche che consideriamo. Se classifichiamo baci, e consideriamo solo il modo in cui il bacio viene

16 H. Michaux, *Un barbaro in India*, tr. D. Grange Fiori, Einaudi 1974, p. 20.
17 *Kamasutra*, tr. C. Pieruccini, Marsilio 1994, pp. 38 sgg.

dato, avremo un certo numero di categorie. Ma se consideriamo anche il momento (nei rituali dell'amore) in cui il bacio viene dato, subito le categorie si moltiplicheranno: il «bacio che colpisce» sarà una cosa se dato nei preliminari, e un'altra cosa se dato nel momento *clou*.

3. Classificare significa anche assegnare nomi. Ogni categoria ha il suo nome che la distingue. Esso deve essere tecnicamente chiaro e preciso, e insieme suggestivo.

12.3.2 Classificazioni bislacche

Aristide Ribert, bibliotecario a Montpellier, nel suo opuscolo *Un nuovo modo di catalogare i libri*, ci propone una classificazione che, a dire il vero, non ha nulla in comune con le ordinarie suddivisioni delle biblioteche.

> 1. I libri pesanti; quelli che *vi cadono dalle mani*.
> 2. I libri a buon mercato [Ribert afferma che «sono spesso i migliori»].
> 3. I libri divertenti.
> 4. I libri solidi [Ribert si lagna di «quei libri che non sopportano d'essere manipolati e che si sgretolano quasi fra le vostre dita dopo due letture»].
> 5. I libri arieggiati.
> 6. I libri che si possono leggere a letto.
> 7. I libri colorati.
> 8. I libri che non si leggono [Ribert qui cita il poeta Gérard de Nerval: «Un bibliofilo serio non presta i suoi libri: lui stesso non li legge, per paura di affaticarli»].
> 9. I libri difficili.
> 10. I libri che si possono prestare.
> 11. I libri guastati.
> 12. I libri per i vecchi.[18]

■ In una classificazione scientifica, le varie categorie descrivono tutti gli oggetti presi in considerazione; e ciascun oggetto rientra in una, ed una sola, categoria. La classificazione offerta dal bibliotecario Ribert viola tutte e due queste norme: un libro, infatti, può essere «leggibile a letto», «colorato» e «per vecchi»; non è affatto escluso che un libro «pesante» sia anche un libro «che non si legge». Quindi questa è una classificazione inutilizzabile: per mezzo della quale, peraltro, il bibliotecario Ribert ci dice molto sul conto del suo personale rapporto con i libri.

Esercizi Proviamo a classificare, con la stessa libertà del bibliotecario Ribert nel classificare i libri: le musiche da ballo; i bar; le giacche maschili; i vari tipi di pane; le combinazioni di intimo femminile; le sedie.

12.3.3 Tassonomie surreali

Nella prima pagina di un suo grosso volume significativamente intitolato *Le parole e le cose*, lo studioso francese Michel Foucault riporta (prendendola da Borges, il quale la attribuisce a «una certa enciclopedia cinese») una classificazione generale degli animali:

18 In A. Duchesne e Th. Leguay, *Lettres en folie*, cit., p. 251.

a. appartenenti all'imperatore,
b. imbalsamati,
c. addomesticati,
d. maialini di latte,
e. sirene,
f. favolosi,
g. cani in libertà,
h. inclusi nella presente classificazione,
i. che s'agitano come folli,
j. innumerevoli,
k. disegnati con un pennello finissimo di peli di cammello,
l. et caetera,
m. che fanno l'amore,
n. che da lontano sembrano delle mosche.[19]

■ È sempre piacevole violare le regole, e il piacere di queste classificazioni o *tassonomie* surreali sta nel fatto che esse violano il principio di coerenza tassonomica (secondo il quale, come abbiamo già detto, ogni oggetto classificato deve essere compreso in una, e una sola, delle categorie stabilite). Michel Foucault commentando questa classificazione, così scrisse: «Nello stupore di questa tassonomia, ciò che balza subito alla mente, ciò che, col favore dell'apologo, ci viene indicato come il fascino esotico d'un altro pensiero, è il limite del nostro, l'impossibilità pure e semplice di pensare *tutto questo*».[20]

Esercizi Non è poi semplicissimo violare il principio di coerenza tassonomica: noi occidentali abbiamo l'ordine nel sangue. Si può procedere così: *a.* individuare l'insieme degli oggetti che si vuole classificare (es. le automobili); *b.* fare un elenco delle caratteristiche variabili degli oggetti facenti parte dell'insieme (per le automobili: modello, colore, potenza, numero di porte, tipo di guidatore, luogo nel quale si trovano, condizione, pulizia ecc.); *c.* per ciascuna di queste caratteristiche, stabilire una categoria o molto precisa (tale da poter contenere pochissimi oggetti) o molto vaga (tale da poterne contenere tantissimi). Es. le automobili potrebbero essere suddivise in:

a. (*modello*) di modello antiquato,
b. (*colore*) di colore ributtante,
c. (*potenza*) che in montagna non fanno fatica,
d. (*porte*) con meno di sei porte,
e. (*guidatore*) guidate da un signore con il cappello in testa,
f. (*luogo*) chiuse dentro i garage,
g. (*condizione*) ferme ai semafori,
h. (*pulizia*) che sono state lavate da pochi giorni.

19 M. Foucault, *Le parole e le cose*, tr. Panaitescu, Rizzoli 1978, p. 5.
20 *Ibidem*.

13

Giochi divertimenti passatempi tenzoni verbali

13.1 Giochi con la poesia

I giochi di e con le parole servono prima di tutto a divertirsi (soprattutto se fatti in società), e poi a esercitarsi a lavorare dentro le articolazioni più minute della lingua. Si scopre così che è proprio a questo livello sottilissimo e quasi invisibile (assonanze, consonanze, sostituzioni e permutazioni di suoni e parole, errori, ecc.) che avvengono i miracoli creativi più interessanti, le illuminazioni più sorprendenti, quelle che mettono in contatto improvvisamente sensi e significati lontani; dal loro contatto sprizza spesso la scintilla della bellezza.

13.1.1 Cadaveri squisiti

Ecco la definizione di *cadavere squisito* data dal poeta francese André Breton: «Gioco che consiste nel far comporre una frase da più persone senza che nessuna di queste possa tener conto della collaborazione o delle collaborazioni precedenti».[1] Insomma: il primo giocatore scrive un nome, il secondo un aggettivo, il terzo un verbo, ecc.; e nessuno vede (si piega opportunamente il foglio) che cosa ha scritto il precedente. Sono naturalmente possibili variazioni e accomodamenti. I risultati che si ottengono hanno spesso una poeticità strana, buffa e surreale. Ecco alcuni *cadaveri* "storici", a cominciare da quello che ha dato il nome al gioco:

> Il cadavere / squisito / berrà / il vino / nuovo.
>
> Il vapore / alato / seduce / l'uccello / chiuso a chiave.
>
> L'ostrica / del Senegal / mangerà / il pane / tricolore.
>
> L'ippogrifo / pettinato / insegue / la biscia / nera.[2]

13.1.2 Conseguenze inaudite

Un altro gioco ispirato alla medesima logica casuale. Di nuovo André Breton ci spiega le regole: «Sedete attorno a un tavolo. Ciascuno scriva, senza guardare il vicino, una frase ipotetica che cominci con un *se* o con un *quando* da una parte; dall'altra parte una proposizione al condizionale o al futuro senza rapporto con la frase precedente. Poi i giocatori, senza scegliere, aggiustano a due a due i risultati ottenuti».[3] Risultati che anche in questo caso sono sorprendenti.

---

1 A. Breton, «Dictionnaire abregé du surréalisme», in *Oeuvres complètes*, v. II, Gallimard 1988, p. 796.
2 *La Révolution surréaliste*, n. 9-10, ottobre 1927, pp. 3 e 64.
3 A. Breton, *op. cit.*, p. 992.

Se l'oscurità più completa regnasse sulla terra / i pavoni rotolerebbero sulle loro ruote.

Se il maiale passasse per il più bel animale della creazione / si riderebbe.

Se in un giorno di gran vento tutto volasse via / i sonnambuli passeggerebbero più che mai sopra i tetti.

Quando i bambini prenderanno a schiaffi i loro padri / i giovani avranno tutti i capelli bianchi.[4]

13.1.3 Risposte incoerenti

Il prossimo gioco è ispirato allo stesso principio e consiste nella costruzione di dialoghi fatti di domande e risposte: in cui però colui che risponde non sa qual è la domanda che gli è stata posta.

Che cos'è il giorno? Una donna che si bagna nuda al calar della notte

Che cos'è un letto? È un ventaglio rapidamente dispiegato.

Che cos'è lo stupro? È l'amore della velocità.

Che cosa vi disgusta di più nell'amore? È lei, caro amico, e anch'io.

Che cos'è una freccia? È una i che ha perduto il suo puntino.[5]

13.1.4 Uno nell'altro

Ecco un altro gioco surrealista molto raccomandato per sviluppare le capacità metaforiche latenti in ognuno di noi. Ricorriamo ancora a Breton: «La regola del gioco è semplice: uno dei partecipanti esce e deve decidere, senza che gli altri lo sappiano, di identificarsi con un certo oggetto determinato (es. una scala). Gli altri devono stabilire in sua assenza che si presenterà come un altro oggetto (es. una bottiglia di champagne). Dunque: il candidato dovrà descriversi come bottiglia di champagne offrendo però dei particolari tali che a l'immagine di questa bottiglia vengano a sovrapporsi poco a poco, e ciò fino al punto di sostituirvisi, l'immagine della scala. È sottinteso che il candidato deve mantenersi in condizione di poter, esplicitamente o no, cominciare le sue frasi con: "Io sono una bottiglia di champagne che...". Nel caso in cui il suo monologo, che dura dai due ai cinque minuti, non abbia ancora permesso di indovinare, l'uditorio è invitato a porre domande».

Io sono un'*allodola* di grandi dimensioni che compie evoluzioni sopra solchi scavati nelle città. Porto sopra la testa un'ala unica che mi serve a prendere nell'aria ciò che serve a nutrirmi e ciò che serve a nutrire il piccolo che qualche volta porto dietro di me (soluzione: il *tram*).

Io sono una *clessidra* di cui una parte, ancora contenuta in una clessidra di misura più grande, si libera progressivamente e si disfa da ogni legame con esso. Sono opaco, rossastro e di consistenza elastica. La sabbia vermiglia che io

4 *Ivi*, pp. 992 sgg.

5 A. Breton, «Alentours III», in *Oeuvres*, cit., v. II, pp. 945 sgg.

contengo si capovolge almeno tutti i secondi. Sono chiamata a funzionare in media alcune decine d'anni (soluzione: *il feto*).[6]

13.1.5 Distici ibridi

Il gioco è suggerito da Guido Almansi: si tratta di prendere un verso noto e memorabile e di farlo seguire (o precedere) da un verso ridicolo o comunque estemporaneo di vostra invenzione o preso in prestito da canzoncine, proverbi, slogan, ecc. badando solo che faccia rima con il verso nobile. Infine di dare un titolo al tutto che renda omogenea la composizione:

IL GATTO Maramao, perché sei morto / nel meriggiare pallido e assorto?
IL COMPENSO M'illumino d'immenso / per un picciol compenso.
IL TROVATORE Pierino accende per gioco / di quella pira l'orrendo foco.[7]

13.1.6 Refusi d'autore

Il gioco è il seguente: riscrivi un testo classico riempiendolo di errori, proprio come fanno i giornali d'oggi con gli articoli e le lettere. Agisci fino a stravolgere il testo d'origine, fino a renderlo irriconoscibile, fino a renderlo un'*altra cosa*. Ecco un es. firmato da Guido Almansi:

IL BIRILLO

Chiara e dolce è la nott'e vento senza
E sovra queta ai tetti e agli orti in mezzo
Luna la posa e lontan di rivela
Ogni serena o montagna mia donna
Tace già pei sentieri oggi al balcone
Notturna rara la traluce lampa...[8]

13.1.7 Poesie farcite

È un gioco suggerito da Luciano Prada e da lui chiamato *raddoppio poetico*. Si tratta di prendere una poesia, e aggiungere a ogni verso un verso a rima baciata, come se si trattasse d'un commento a parte, d'una eco beffarda. Tecnicamente questa si chiama una *farcitura*: il testo originale infatti viene farcito, riempito di cose aggiunte. Ecco una farcitura del *San Martino* di Giosuè Carducci.

SAN MARTINO
latte e vino

La nebbia agl'irti colli
dalla piana dei polli
piovigginando sale
– *noiosa mica male* –,
e sotto il maestrale

6 A. Breton, *Perspective cavalière*, Gallimard 1970, pp. 55 e 73 sgg.
7 G. Almansi, *Maramao*, cit., pp. 9-20.
8 *Ivi*, p. 27. L'originale è *La sera del dì di festa* di Leopardi.

che scende dal crinale
urla e biancheggia il mar:
come vediam dal bar.[9]

13.1.8 Poesie ridotte all'osso

Se pensiamo che la sostanza d'una poesia siano i nomi delle cose, i sostantivi, potremmo cedere alla tentazione di *ridurre all'osso* una poesia togliendole di dosso tutto il superfluo. Rimarranno solo i nomi, cioè l'essenziale puro d'una poesia, quanto basta a un mondo poetico denso e compatto. Naturalmente, dove proprio serve si può lasciare un 'e' o qualche articolo. Jacques Bens, l'inventore di questo metodo di disossamento delle poesie, spiega: «Gli articoli possono essere definiti o indefiniti; confesso che la scelta tra la definitezza e indefinitezza mi è sempre stata imposta da considerazioni profondamente soggettive». Qui sotto riportiamo a sinistra il testo di partenza, a destra e il testo elaborato da Bens:[10]

LA PRIMA PIETRA *di Jean Lescure*	PIETRA *di Jacques Bens*
La strada più giù della terra	*Una strada e la terra*
il pozzo senza fondo da cui niente esce	*un pozzo*
la casa in cui non entro	*una casa*
contro la gettata il mare	*una gettata e il mare*
rompe i suoi vetri come rompono i cuori	*dei vetri e* *dei cuori*
in città dove ci si accoppia per morire	*delle città*
negli alberi dove dormono gli ultimi battelli	*degli alberi* *e dei battelli*
attraverso il piacere la distanza salpa	*il piacere e la distanza*
urlando un treno passa che cerca il sonno	*un treno e il sonno*
e tante mani che proprio non sanno ciò che tengono	*delle mani*
ciò che una mano può davvero tenere	*una mano*
e trattenere d'un letto gualcito dal sudore	*un letto e del sudore*
tante mani inerti sul tavolo	*delle mani e un tavolo*
e che a quest'ora un po' dovunque la spossatezza attentamente considera	*l'ora e la spossatezza*
quando la mia ragione è questo ottobre	*ragione e ottobre*
tutto coperto del primo sangue che versasti	*del sangue*
e che goccia a goccia risgocciola	*delle gocce*
sull'amore che non dimentico	*un amore*

9 S. Bartezzaghi, *Anno sabbatico*, Bompiani 1995, pp. 252 sgg.
10 Oulipo, *op. cit.*, pp. 167 sgg.

13.1.9 Haikuizzazione

Un procedimento simile al ridurre all'osso, ma partendo dall'idea che la sostanza d'una poesia non stia nei sostantivi, ma nelle parole rima. Prendiamo quindi una poesia e, usando solo le parole rima, costruiamo una specie di haiku (o una breve serie di haiku). Naturalmente si faranno aggiustamenti per ottenere una sintassi sensata.

LA DIFFERENZA, *di Guido Gozzano*

Penso e ripenso: «Che mai pensa l'oca
gracidante alla riva del canale?»
Pare felice! Al vespero invernale
protende il collo, giubilando roca.
Salta starnazza si rituffa gioca:
né certo sogna d'essere mortale
né certo sogna il prossimo Natale
né l'armi corruscanti della cuoca.
«O papera, mia candida sorella,
tu insegni che la Morte non esiste:
solo si muore da che s'è pensato.
Ma tu non pensi. La tua sorte è bella!
Ché l'esser cucinato non è triste,
triste è il pensare d'esser cucinato»[11]

HAIKUIZZAZIONE

Pensa l'oca
del canale,
al vespero invernale
roca.
Gioca
d'essere mortale
il prossimo Natale
della cuoca.
Sorella,
la Morte non esiste
da che s'è pensato.
La tua sorte è bella!
Non è triste
esser cucinato.[12]

13.1.10 Lipogrammi

Quando uscì *La scomparsa*, romanzo dello scrittore Georges Perec, molti lo lessero senza capire chi o cosa fosse mai scomparso. Ebbene, non erano scomparsi né oggetti né personaggi, ma una vocale: la 'e'! Perec aveva scritto tutto il romanzo senza mai usarla. Un'impresa eccezionale (e della cui eventuale insensatezza non ci metteremo qui a discutere). Questo procedimento si chiama *lipogramma*. Può sembrar facile, in realtà è una faccenda acrobatica. Es. «O pro-

11 G. Gozzano, *Le poesie*, Rizzoli 1960, p. 43.
12 Oulipo, *op. cit.*, p. 190.

le di micio, / per strutto t'invischi? / Il piede con l'unghie / di perdere rischi» è una riscrittura lipogrammatica, senza la 'a' di «Tanto va la gatta al lardo / che ci lascia lo zampino». Ora due diversi es. di riscrittura lipogrammatica della prima strofa del *Passero Solitario* di Leopardi.

SENZA LA 'A', *di Umberto Eco*

Sul tetto del torrione oggi vetusto
uccellino solingo verso il rure
sempre gorgheggi sin che muore il giorno
e per costoni scendono i tuoi suoni.
Splende il vere nel cielo tutt'intorno
e contento si dice d'erbe e fiori
sì che vederlo intenerisce il core.
Odi i greggi dir «Beee!», muggire i bovi,
ogni ugello nei rovi
per lo libero ciel gir mille giri,
come festeggi il suo tempo migliore.
Tu solingo, un po' schivo, il tutto miri:
non ti unisci, non voli,
non ti preme gioir, schivi il diporto,
musico, tu gorgheggi e miri il porto
ove il secol che vivi cede il fiore.

SENZA LA 'E', *di Guido Almansi*

D'in su la cima d'una torr'antica
O avis solitaria alla campagna
Cantando vai fintanto muor il giorno;
Già infra du' monti vaga l'armonia.
Cara stagion d'intorno
Brilla cantando la gioia su i campi
Sì ch'a mirarla il cor fa buono, pio.
I gioiosi volucri tutti a gara
A volontà novanta giri fanno
Ancor brindando lor miglior stagioni
Tu assorto tutto solo tutto miri:
Non ti cal di gioir, schivi gli spassi.
Canti, così trapassi
Di un anno di tua vita il fior più puro.[13]

Umberto Eco ha riscritto un mottetto di Montale estremizzando il procedimento, e lavorando solo con una vocale (il che è molto più difficile).

ORIGINALE, *di Eugenio Montale*

Addio, fischi nel buio, cenni, tosse
e sportelli abbassati. È l'ora. Forse
gli automi hanno ragione. Come appaiono
dai corridoi, murati! [...]
«Presti anche tu alla fioca

13 G. Fink, G. Almansi, *Quasi come*, cit., pp. 255 sgg.

litania del tuo rapido quest'orrida
e fedele cadenza di carioca?».

SOLO CON LA 'O', *di Umberto Eco*

Son sconvolto, commosso, non fo motto,
tosso. Colpo d'oblò. Or oso. Sbotto:
«T'odo, corrotto mostro!». Lo conosco,
con rosso foco mosso. [...]
«Colgo sol do-do-sol...
Fosco locomotor, con moto roco
mormoro l'ostrogoto rock'n'roll...».[14]

13.1.11 Poesie biconsonantiche

La regola del gioco prevede l'uso di due sole consonanti nell'arco del testo (con libertà di scelte vocaliche). La poesia è costruita sulla falsariga d'un'altra. Di nuovo il povero Carducci è sottoposto al trattamento:

LUGLIO
alla maniera di San Martino

Il gelo alle giogaie,
o alle guglie, alloggi:
gigli e giaggioli oggi
l'aiuola alloga già.
Uguale giallo eguaglia
La lolla alla gaggìa;
elogia l'elegia
i giuggioli e i lillà.
Uggiola l'ila al lago
E l'alga lì galleggia;
lui eolio aleggia,
agile augello, là.
Laggiù il loglio è legge:
iùgula e allaga l'aia;
il gallo, a gola gaia,
allega l'«Alalà».[15]

E ora ecco un paio di *ritratti biconsonantici*, cioè di brevi identikit di personaggi celebri scritti seguendo la regola del biconsonantismo. Le due consonanti su cui il gioco è di volta in volta condotto sono – ovviamente – ricavate dal nome o dal cognome del pover'uomo.

ULISSE A lui esule, liso al sole e al sale, l'isola sua è la sola oasi, il solo elisio asilo, il solo assillo.

ESOPO Oppose a epos e poesia i suoi passi spesso spassosi.

(PIETRO) MICCA Miccia mia mi ammaccò: eccome![16]

14 U. Eco, *Il secondo diario minimo*, Bompiani 1995, pp. 279 sgg.
15 G. Varaldo, *All'alba Sharazad andrà ammazzata*, Vallardi 1993, p. 194.
16 *Ivi*, pp. 197-198.

13.1.12 Riassunti troppo fedeli

Il prossimo gioco è meno rigido dei precedenti. Si tratta di riassumere (o parafrasare) una poesia molto nota. La regola è: riassumere il testo letterario come se fosse un testo tecnico o scientifico, privandolo quindi dalle parole, figure ed espressioni tipiche della poesia. Si tratta insomma di *prenderlo alla lettera*. Ecco un riassunto alla lettera dell'inizio del *Cantico di un pastore errante dell'Asia* di Leopardi.

> Un certo pastore asiatico trovandosi a passare la notte all'addiaccio si rivolge alla luna chiedendole cosa faccia mai in cielo. Lui si stupisce che lei andando sempre su e giù nel cielo non si sia ancora stancata. In ciò, a dire il vero, la luna è simile al pastore che s'alza al mattino, lavora tutto il giorno e poi va a dormire. Lui non capisce che senso abbia questa vitaccia e chiede alla luna se lei per caso lo sappia. Ma la luna a quanto pare non risponde. Allora il pastore le fa l'esempio del vecchietto che si era fatto in quattro per trasportare un pesantissimo fascio a destinazione. Questo vecchietto ce la mette tutta e continua ad andare avanti anche sotto la pioggia, anche sotto il sole che brucia, anche sotto la neve. Non solo: cade e si rialza, supera mille difficoltà e quando arriva alla meta mette il piede in fallo e precipita nel burrone. Ora il pastore prende spunto da questa triste storia per spiegare alla luna che la vita dell'uomo è simile a quella del vecchietto di prima. Infatti l'uomo nel corso della sua vita incorre in tante e tali disavventure che gli stessi suoi genitori fin dalla nascita non fanno che consolarlo e incoraggiarlo. Ma allora, si domanda il pastore, non sarebbe meglio evitare di mettere al mondo i figli?

■ Come si può notare, del fascino della poesia non è rimasto più nulla. Questo esercizio è un vero e proprio gioco al massacro: quasi qualsiasi poesia se riassunta in questo modo si trasforma in pura idiozia. La poesia è un oggetto fragile che appena lo smaneggi un po' si rompe.

13.1.13 Diversi versi

Un gioco proposto da Pietro Gorini, che l'ha chiamato *Diversi versi* (o *gioco delle rime* a punti). Il capogioco dice un verso notissimo («Nel mezzo del cammin di nostra vita») e subito i giocatori dovranno scrivere un verso della stessa misura, e che faccia correttamente rima: «Accesi la TV per la partita», «Mi fo una costoletta alta due dita», «Come mai alla festa non m'invita?». Ad ogni giocata si vincono tanti punti quante sono le lettere comuni, nella rima, al verso di partenza. A es. «vita: partita», tre lettere comuni, tre punti; «vita: invita», quattro lettere comuni, quattro punti. Si tratta insomma di fare delle *rime ricche*, cioè delle rime che non coinvolgano solo le lettere dall'ultimo accento in poi, ma anche le precedenti. Ovviamente non vale usare la stessa parola dell'originale; ma si possono fare buoni affari con i composti o forzando la situazione.[17]

13.1.14 Canzoni applicate

Il prossimo gioco – chiamato *canzone applicata* – prevede un'esecuzione non scritta ma cantata. Così lo spiega Giampaolo Dossena: «Chi ha ricevuto un'edu-

17 P. Gorini, *Giochi con la lingua italiana*, Mondadori 1991, p. 145.

cazione di tipo ottocentesco sa molte poesie a memoria e canta spesso. [...] E canta a es. *La vispa Teresa* sull'aria di *Fratelli d'Italia*, oppure *La nebbia a gl'irti colli* sulle due arie di *Quel mazzolin di fiori*, ecc. [...] È un gioco semplice: applica una musica nota a un testo che musica non ha. Possiamo chiamarlo "gioco della canzone applicata". Più difficile risulta il gioco che possiamo chiamare "delle canzoni incrociate". [Quest'ultimo] si può fare per es. con quelli che, ai tempi di Peppone e Don Camillo, grandi personaggi di Giovannino Guareschi, erano gli inni dei contrapposti schieramenti: si canta il primo sull'aria del secondo, e viceversa:

Avanti o popolo alla riscossa bandiera rossa bandiera rossa. Avanti o popolo alla riscossa bandiera rossa trionferà	Mira il tuo popolo o bella Signora che pien di giubilo oggi ti onora. Anch'io festevole corro ai tuoi piè, o santa Vergine prega per me.

Altri suggerimenti: [...] *Monte Grappa tu sei la mia patria* e *Se sei brutto ti tirano le pietre*; *Sapore di sale* e *Fratelli d'Italia*».[18]

13.1.15 Poesie geografiche

I nomi di luoghi (città, paesi, fiumi, catene montuose, montagne, colline, paludi...) sono spesso strani ed evocativi. Immaginiamo di utilizzarli come parole di una lingua inventata, e componiamo una poesia composta esclusivamente di nomi propri di luogo. Giulia Niccolai è una specialista. Ecco un'imitazione di Ungaretti:

Como
è trieste
Venezia

Ed ecco invece una veemente invettiva:

Ortisei donnalucata?
Lanusei donnafugata?
Ansiei leonessa amatrice?
Premilcuore flumendosa lampedusa
Crevalcuore formosa generosa signora pulita!
Raddusa aggira il regabulto
Sciacca siracusa il racalmuto.
Cianciana cianciana contessa Entellina...
Alto ulassai
Acuto ulassai
Staiti muta femmina morta![19]

18 G. Dossena, *Dizionario*..., cit., pp. 69 sgg.
19 In *Poesia degli anni Settanta*, cit., p. 202.

■ Il gioco può essere reso più difficile decidendo di usare solo nomi di luoghi appartenenti a una certa area geografica, o situati lungo la linea che collega un certo luogo a un altro.

13.2 Il "meccano" dei testi

I prossimi giochi non verteranno più necessariamente sulla poesia: inoltre avranno in comune un carattere di meccanicità, in quanto basati su regole fisse e qualche volte rigide.

13.2.1 Storie a ricalco

Questo gioco lo propone Gianni Rodari. Prendiamo una favola e riduciamola alla sua trama più essenziale:

> Cenerentola vive con la matrigna e le sorellastre. Esse si recano a un gran ballo, lasciandola sola in casa. Per intervento di una fata, essa pure va a ballare. Il principe si innamora di lei. Eccetera.

La seconda operazione consiste nel ridurre la trama a una espressione astratta, algebrica:

> A vive in casa di B, stando con B in un rapporto diverso da C e D che pure convivono. Mentre B, C e D si recano a E, dove si svolge un avvenimento F, A rimane sola (o solo, non importa il sesso). Però grazie all'intervento di G anche A può recarsi a E, dove produce un effetto straordinario su. Eccetera.

Da questo schema astratto possiamo ricavare una nuova storia:

> Delfina è la parente povera della signora Notabilis, proprietaria di una tintoria a Modena e madre di due smorfiosette liceali. Mentre la signora e le figliole vanno in crociera su Marte, dove si svolge una grande festa intergalattica, Delfina resta in tintoria a stirare l'abito da sera della contessa Qualunquis. Lo indossa, fantasticando. Esce nella strada e sale, senza riflettere, sull'astronave Fata Seconda... proprio quella con cui la signora Qualunquis vola alla festa marziana, con Delfina passeggera clandestina. Al ballo, il Presidente della Repubblica di Marte nota Delfina e balla con lei. Eccetera.

Ma ci si può distaccare ancora di più dalla fiaba originaria.

> Il ragazzo Carlo è lo stalliere del conte Cenerentolis, padre di Guido e Anna. Il conte e i suoi figlioli decidono, per le vacanze, di fare il giro del mondo con il suo yacht. Carlo, con l'aiuto del mozzo di bordo, sale clandestinamente sullo yacht. Segue un naufragio su un'isola selvaggia dove Carlo si rivela prezioso grazie a un accendino a gas che egli regala allo stregone degli indigeni. Carlo viene venerato come un dio del fuoco, eccetera.[20]

---

20 G. Rodari, *La grammatica...*, cit., pp. 67 sgg.

13.2.2 Storie a piè di pagina

Invece di scrivere una storia scriviamone i bordi, gli orli, i margini. Vladimir Nabokov ha scritto un romanzo, *Fuoco pallido*, che è fatto di un brevissimo poema e di pagine e pagine di note a piè di pagina che, con la scusa di commentare il poema stesso, raccontano la storia vera e propria. Noi siamo più radicali e vi chiediamo di scrivere solo le note a piè di pagina, lasciando in bianco il resto. Tutt'al più potete scrivere o farvi scrivere una prefazione, una postfazione, una quarta di copertina e insomma tutto ciò che sta intorno al testo vero e proprio. Ecco a es. l'*incipit* di un romanzo intitolato *Un equivoco straziante* di un autore di culto, tale Stelvio Satellite:

> 1. È evidente che il personaggio di Maria è ispirato alla misteriosa amante dell'autore, una giovane irlandese morta giovanissima in circostanze misteriose.
> 2. I puntini di sospensione lasciano intendere che si tratti di un segreto inconfessabile. Secondo il Tirindelli si tratterebbe di incesto, ma a parte che non è chiaro se l'oggetto dell'amore incestuoso sia la madre o la sorella, noi crediamo che nel contesto in cui la frase è pronunciata è più probabile un'allusione all'omosessualità dell'autore.
> 3. Bellissima pagina descrittiva dove il paesaggio è un correlato obiettivo dello stato d'animo del personaggio (e dell'autore).
> 4. In quell'epoca bastava anche solo il sospetto di fare il doppio gioco per venire immediatamente passati per le armi.
> 5. Fisico nucleare nato a Torino nel 1936; noto per aver teorizzato l'esistenza dei buchi bianchi nell'universo.

13.2.3 Trova/sostituisci

In qualunque programma per la scrittura al computer (o word processor) c'è una funzione che si chiama *trova/sostituisci*. Serve a sostituire una parola con un'altra: a es. se decido improvvisamente che la protagonista del mio romanzo non si chiamerà Adelina bensì Guendalina, basta un paio di clic e qualche secondo d'attesa, e tutte le Adeline verranno automaticamente guendalinizzate. Ma col trova/sostituisci si possono fare follie. In questo brano del *Diritto all'ozio* di Paul Lafargue una parola è stata sostituita con un'altra. Sapete indovinarle?

> Una strana follia possiede le classi operaie delle nazioni in cui domina la civiltà capitalistica. È una follia che porta con sé miserie individuali e sociali che da due secoli stanno torturando la triste umanità. Questa follia è l'amore per la mamma, la passione esiziale per la mamma, spinta sino all'esaurimento delle forze vitali dell'individuo e della sua progenie. Anziché reagire contro questa aberrazione mentale, i preti, gli economisti, i moralisti hanno proclamato la mamma sacrosanta. Io, che non mi professo né cristiano, né economo, né morale, contro il loro giudizio m'appello a quello del loro Dio; alle prediche della loro morale religiosa, economica, di liberi pensatori oppongo le spaventevoli conseguenze della mamma nella società capitalistica.
> Nella società capitalistica, la mamma è la causa di ogni degenerazione intellettuale, di ogni deformazione organica. [...] I Greci nell'epoca del loro splendore non avevano, anch'essi, che disprezzo per la mamma: solo agli schiavi era riservata la mamma; l'uomo libero conosceva solo e esclusivamente gli esercizi

> ginnici e i giochi dello spirito. [...] Eppure il proletariato, la grande classe che comprende tutti i produttori delle nazioni civili, la classe, che emancipandosi, emanciperà tutta l'umanità dalla mamma servile e che farà dell'animale uomo un essere libero, il proletariato tradendo i suoi istinti, si è lasciato pervertire dal dogma della mamma. Il suo castigo è stato terribile e tremendo. Tutte le miserie individuali e sociali sono nate dalla sua passione per la mamma.[21]

■ Per i più lenti: abbiamo messo «mamma» al posto di «lavoro». Il bello è che la parola «mamma» fa uno strano effetto in questo contesto ma, in fin dei conti, non rende del tutto insensato il testo. Effettivamente un asservimento eccessivo alla figura materna può togliere libertà e energia agli uomini. Se vogliamo però portare avanti il nostro gioco possiamo sostituire alla parola «lavoro» una parola totalmente incongrua: carota, juke-box, aspirina... Allora sì il testo finale assumerebbe un aspetto surreale e pazzo (in particolare se si sostituiscono i verbi). Naturalmente ci si può sbizzarrire sostituendo più parole, fino a ottenere un testo completamente diverso da quello iniziale.

13.2.4 Piccoli sillabari illustrati

Si tratta, spiega Calvino, di «brevissimi testi narrativi la cui chiave viene data in fondo: ognuno di essi equivale semanticamente a un altro testo di poche sillabe che a sua volta equivale a una successione d'una consonante e delle cinque vocali come nei sillabari: BA-BE-BI-BO-BU, CA-CE-CI-CO-CU, DA-DE-DI-DO-DU, e così via per tutte le consonanti dell'alfabeto». Forse gli es. sono più chiari:

> BA-BE-BI-BO-BU. Tutte le ragazze impazziscono per Bob ma egli sembra insensibile alle loro lusinghe. Saputo che Bob parte per una crociera in India, Ulrica decide d'imbarcarsi sullo stesso piroscafo, sicura che le lunghe giornate di navigazione saranno propizie alla conquista. All'amica Ludmilla, che le manifesta il suo scetticismo, Ulrica dice: «Vedrai. Appena riuscirò a sedurlo ti scriverò. Scommetto che sarà prima di uscire dal Mar Rosso». Difatti, da Bab-El-Mandeb, Ludmilla riceve una laconica cartolina: «BAB. EBBI BOB. U».
>
> FA-FE-FI-FO-FU. Difetto di registrazione o contraffazione intenzionale della voce, dal disco non si riusciva a riconoscere chi era l'attore comico che aveva inciso quello sketch. Ma bastò ascoltare la registrazione con un impianto hi-fi, per non avere più dubbi: «FA FE' FI: FO FU».
>
> GLIA-GLIE-GLI-GLIO-GLIU: Un erbivendolo toscano, sentendo che qualcuno si domanda se ha dell'aglio, risponde che i suoi agli sono sugosi come l'olio: «GLI HA AGLI EGLI?». «EGLI HO OGLI, UH!».[22]

13.2.5 Tautogrammi

I *tautogrammi* sono storie o poesie in cui tutte le parole cominciano con la stessa lettera. Ecco un virtuosistico racconto di Annalisa Bruni.

21 P. Lafargue, *Il diritto all'ozio*, tr. R. Rinaldi, Feltrinelli 1971.
22 I. Calvino, «Piccolo sillabario illustrato», in Oulipo, *op. cit.*, pp. 225 sgg.

Aspettando autobus arancioni assaporo autori anglosassoni. All'aeroporto assimilo attenta acrostici audaci. Adoratissimo, adiposo accademico, arrivi, alzando ansimante *Alfabeta*, antico amore.
Ad Amsterdam avevi acquistato – annoiandoti – atlanti antichi, ad Amburgo acqueforti. Adesso ad Atene acquisirai altre aldine, accaparratore! Andranno all'asta, assicuri, assieme ad appassionanti autografi.
Aborro ascoltarti, accompagnarti, aderire alle aspettative...
«Andiamo?» alloquisci, arrogante.
Arrendevole, arranco; ascendo all'aereo ansiosa, assente. Addormentandomi allevio acute angosce.
Atterriamo all'aeroporto ateniese. Avviandoci all'albergo azzardo:
«Amerei andare all'Acropoli...».
«Arianna, aspetto antiquari!».
«Ah, allora...».
Asserragliati all'Ariston.
Assisterò all'asta, ancora?
Alludi, aduli amabili aristocratiche; apprezzi, ammicchi ad anoressiche adolescenti.
Attendendoti addento aragosta, aspic agli asparagi, anatra all'arancia, ananas annaffiato all'armagnac. Astinente, alimento appetiti alternativi...
Apro alfine Arbasino, astraendomi azzero assurde aspirazioni.[23]

13.2.6 Miniabbecedari

Il miniabbecedario è una specie di acrostico con il quale non si compone un nome o una frase, ma si declina l'alfabeto. Si può partire da dove si vuole, anche dalla zeta: basta poi arrivare a ridosso del punto di partenza.

DALL'A ALLA ZETA Amore baciami! Con dolci effusioni fammi gioire! Ho illibate labbra, meraviglioso nido ove puoi quietare recondita sensualità traboccante. Ubriachiamoci vicendevolmente, Zara! (Isidoro Bressané).

DALL'EFFE ALL'E Federico Giorgio Handel introdusse larghi movimenti nell'orchestrazione: produsse quasi rappresentazioni sacre. Trasfigurò un Vivaldi zuccheroso; anticipò Beethoven concertando drammi eroici. (Nedelia Tedeschi).[24]

13.2.7 Metagrammi

Un *metagramma* è un testo nel quale è nascosta (ma non tanto) una serie di parole che variano l'una dall'altra progressivamente e solo per un singolo elemento.

Rosso. Il semaforo è scattato quando gli era parso di riconoscere un compagno di scuola. Si chiamava Marco, forse, pensa. Vorrebbe spegnere il motore, abbandonare la macchina in rimozione forzata e andare in giro per il parco. Poi pensa: «Incontrerei solo foglie marce e tante merde, di uomini e di cani, ad ogni

23 Per gentile concessione del Premio letterario umoristico Ghostbusters-Bertoldo (1994).
24 In G. Dossena, *La zia era assatanata*, cit., pp. 77 sgg.

passo». Poi pensa: «L'arte è merce e produzione di merce». Poi pensa: «Non ne posso più». Il semaforo diventa verde.[25]

L'autore di questo metagramma è Sandro Coggi e la sequenza di parole nascosta è: rosso, posso, passo, parso, parco, Marco, marce, merce, merde, verde; non appare però nell'ordine esatto, bensì rimescolata. Un es. di metagramma perfetto:

L'acqua d'Arquà era ardua da pompare.
Era vietato. Chi ardia installare
Un clandestino mulino a vento
Lo mandavamo in Arbia a scontare l'ardimento
(lontano fiume che, chi l'ha visto,
Pare abbia l'acque d'un rosso sinistro).
Prender a baia lo scemo del paese,
Tener a bada le oblique pretese
Del locale onorevole,
Restar a rada con vento favorevole:
Esempi di stolta patriotticità —
Ma peggio è trivellar l'arida Arquà.
Editti e grida ti sian di guida
S'io non ti bado,
Guido. Cert'acque non si passano a guado:
Son più spesse del guano
Cui sovrintende Giano.
Non val ferreo giaco
Per vincere a un tal gioco. (Io sembro fioco
perché ho già preso fuoco).[26]

E la sequenza? Scovatela voi...

13.2.8 Pangrammi

Il *pangramma* è invece una frase dove compaiono una volta almeno tutte le lettere dell'alfabeto. Sono ammesse le ripetizioni ma, ovviamente, più corta è la frase e più si fa bella figura. Il record (21 lettere, nessuna ripetizione) è del solito Eco.

31 lettere: Ma che bel gufo spenzola da quei travi (V. Saltini).

30 lettere: Che tempi brevi, zio, quando solfeggi (idem).

29 lettere: Qui gli ampi stronzi, bove, defechi? (E. Zelioli).

28 lettere: O templi, quarzi, vigne, fidi boschi! (G. Mariotti).

21 lettere: Tv? Quiz, Br, Flm, Dc... Oh, spenga! (U. Eco).[27]

---

25 *Ivi*, p. 41.
26 *Ibidem*.
27 *Ivi*, pp. 55 sgg. Naturalmente Flm sta per Federazione lavoratori metalmeccanici; Br per Brigate rosse; Dc per Democrazia cristiana.

13.2.9 Storie fatte con le frasi fatte

Si tratta di comporre un testo fatto tutto di frasi fatte. È un buon esercizio utile per liberarsi almeno in parte di questo inutile ingombro linguistico.

> Non poteva continuare a restare con le mani in mano. Si sarebbe data una smossa: non voleva certo continuare a mangiar polvere. D'altronde dov'era scritto che doveva essere l'ultima ruota del carro? Si era cullata sugli allori? No, è che quando era necessaria la mano ferma (neanche il pugno di ferro) lei si sentiva con l'acqua alla gola: si era sempre persa in un bicchier d'acqua; inoltre, vedeva sempre il bicchiere mezzo vuoto e, quando ci pensava, a mente fredda, questo la faceva uscire dai gangheri. Era sempre fuori di sé, perché sentiva senza soluzione di continuità la spada di Damocle sulla sua testa. Forse tutte le grane che aveva le doveva a suo padre, che sin da piccolo le ripeteva la solita solfa: lui sì che era un uomo, non faceva mai una piega, sapeva dipanare ogni matassa, non perdeva mai le staffe e aveva un coraggio da leone. Insomma, uno che sapeva stare sul chi vive, prendendo la vita alla leggera. Ma lei voleva vederci chiaro, voleva andare fino in fondo. Certo che a metterle i bastoni tra le ruote era anche il fatto che, spesso e volentieri, capiva fischi per fiaschi e vedeva lucciole per lanterne. Non imbroccava un doppio senso e anche i significati di base, talvolta, le risultavano oscuri. Con lei non si poteva fare una battuta senza doverla, poi, illuminare partendo dall'abc. Una volta, però, prese il coraggio a due mani e raggiunse suo padre in un baleno: avrebbe carpito il segreto del suo tocco da Mida:
> «Papà» (esitante).
> «Io mi sono fatto da solo» (con voce grossa).
> «Scusa, papà, chi ti sei fatto?».[28]

13.2.10 Perverbi

I *perverbi* sono proverbi pervertiti. Fatevi una scorta di proverbi, poi tagliateli in due (secondo una cesura grammaticale corretta e comunque in due metà press'a poco della stessa lunghezza), poi reincollate ogni metà alla sua metà sbagliata. Eventualmente poi si possono rielaborare. Per capirci bastano un paio di es.:

> «Tanto va la gatta al lardo che trova un tesoro». «Chi trova un amico ci lascia lo zampino».
>
> «Chi dorme non falla». «Chi non fa, non piglia pesci».

Il gioco si può applicare non solo ai proverbi ma anche: ai versi celebri, alle frasi fatte, agli avvisi che tutti sanno a memoria («È severamente vietato attraversare i binari»), agli slogan pubblicitari, alle regole di qualsiasi regolamento e così via.

13.2.11 Nel corpo della parola: permutazioni, anagrammi, scambi e altre cose

Il prossimo è un gioco di *permutazione* (cioè di spostamento a rotazione) delle lettere che compongono un gruppo di parole. Noi qui lo applichiamo ai nomi di scrittori e ai titoli delle loro opere. Si tratta di togliere un po' di lettere da una

28 Gretchen, in *Povero Pinocchio*, a cura di U. Eco, Comix 1995, pp. 98 sgg.

parte e metterle dall'altra: insomma, si deve lavorare con il materiale alfabetico esistente senza chiedere in prestito vocali e consonanti. Infine, per condire il tutto, si riassume in poche battute il contenuto del nuovo libro.

> CAMILLO GERIO ADDA *Quaccio, pasticer brutto de via Merulana:* Assassinio d'un bottegaio romano.
>
> ARBASTO ALBERINO *Falletti d'Iralia.*
>
> VITALO CALINO *Il rampone barante*: Sulla conquista del K2 e altre avventure alpinistiche controverse.
>
> ALIGANTE D'IERI *La viva nota*: Vitalità della musica trobadorica.
>
> ECBERTO UMO *Pera operata*: Problemi di frutticultura.
>
> FOSCO UGOLO *Alla rimica tisana*: Ode a uno sciroppo poetico miracoloso per chi cade da cavallo.
>
> EUNTALE MOGENIO *Sessi di Oppia*: Poesie sul mal di vivere di un'oppioninfomane.
>
> PIGI LUI RANDELLO *Sei autoraggi in cerca di persone*: Storie di macchine radioscopiche rimaste inutilizzate.
>
> SUTANNA SUMARO *Va' ove ti torca il pudore.*[29]

Esercizi Una serie di tecniche utili per chi voglia giocare con le parole:
1. *Rovesciamenti* meccanici (si riscrive una certa parola da destra a sinistra): Mozart nelle sue lettere si firmava Trazom... I rovesciamenti talvolta sono insensati, talvolta sensati; quando sono sensati parliamo di parole *bifronti*, come «enoteca-acetone», «asso-ossa», «ingessa-assegni».
2. *Spostamenti* o *permutazioni*, es. di due lettere vocaliche («mai-mia»), di due lettere consonantiche («carpa-capra»), d'una lettera vocalica e una lettera consonantica («torta-trota»).
3. *Cambi* o *scambi.* Secondo gli enigmisti sono di tre tipi: a. cambio di vocale: «arto-erto», b. cambio di consonante: «sera-pera», c. cambio di lettera: «aretino-cretino».
4. *Aggiunzioni*: «empio-tempio», «brioso-borioso», «sport-sporta».
5. *Sottrazioni*: «ostile-stile», «carne-cane», «mais-mai».
6. *Anagrammi* e cioè trasposizioni delle lettere d'una parola in modo da formarne un'altra: «gelato-legato», «cinemascope-peccaminose», «giravolta-travaglio».
7. *Disseppellimenti* di parole nascoste dentro altre parole: dentro «Alessand*ro* *Manzo*ni» è nascosta «romanzo».
8. *Disgiunzioni*: es. dalla parola «tremare» si ricavano «tre» e «mare».
9. *Sciarade*: una versione più complessa del gioco precedente, dove si richiede che le due parole in cui la parola d'origine è scomposta formino un'espressione dotata di senso: «zucche-rare», «mia-gola».

---

29 S. Bartezzaghi, *op. cit.*, pp. 76 sgg.

10. *Parole valigia*: parole composte in cui una parola entra nell'altra («quando un topo appare sazio / noi diciamo che è un topazio»).

13.2.12 Un gioco eccessivo, ovvero: testi monovocalici

Il gioco seguente è forse il più difficile fra tutti quelli che abbiamo proposto. La regola è: scrivere un testo impiegando sempre e solo una vocale. Nel prossimo caso la vocale prescelta è la 'o'. L'ha scritto un allievo di Umberto Eco che si firma con lo pseudonimo di Brustigan:

> Sono Pogo, orco non noto, mostro sozzo d'orto losco. Col gozzo voto, goffo movo lo dosso; o volo – ok, non posso – col tronco grosso: ho scorto – monocolo tosto — lo bosco scosso. Pollo? Porco? Trotto molto. Omo! Bono, bono. Corro, lo colgo, torto ho il collo. L'ho morto. Mo' lo mordo, no! Dopo cotto col foco. Coll'osso godrò brodo, col corpo – troppo tocco – morrò colmo, col colon rotto. Mosto? Mmm... poco poco. Son sbronzo, lo so, sbocco sodo. Bolo orroroso! Color pomodoro.[30]

Ecco adesso un sonetto di Giuseppe Varaldo scritto con lo stesso metodo: è un esemplare da una serie di riassunti di grandi capolavori in forma di sonetto monovocalico.

> ODISSEA
>
> Bestseller sempre celebre e splendente,
> che pene, ebbrezze, beffe, tresche stesse
> mescere seppe, e gente legge e lesse
> nelle pregresse ere e nel presente.
> Se l'erede ventenne è effervescente
> (per le veemenze tenere che espresse),
> ell'è fedele, perché tesse e stesse
> le pretese del greve pretendente,
> e nel fremente re, fervente crede:
> prevede e sente che le brezze fende
> e che testé, se regge né decede,
> per terre greche e etnee le vele tende.
> L'ex-pezzente, nel cernere le prede,
> mercé le frecce le vendette prende.[31]

13.2.13 Precipitevolissimevolmente

Umberto Eco ci spiega il gioco del *precipitevolissimevolmente*: «Si tratta di comporre frasi di senso compiuto con parole di lunghezza crescente, da una a ventisei lettere. Si dice ventisei perché la parola ufficialmente più lunga del dizionario italiano, precipitevolissimevolmente, ha appunto ventisei lettere».[32] Naturalmente sono sempre possibili le creazioni di neologismi (purché corretti) in grado di

30 *Povero Pinocchio*, cit., p. 71.
31 G. Varaldo, *op. cit.*, p. 25.
32 *Ivi*, pp. 120 sgg.

superare quella barriera. Due es. (che sono anche delle sorte di indovinelli) uno in crescendo e l'altro in diminuendo, e un es. in crescendo/diminuendo.

> CRESCENDO A me, che sono stato sempre credulo, seguendo qualsiasi capopopolo, appoggiando avventurieri, magniloquenti neocapitalisti. Guardiam'innanzi! Delegittimiamoli, autoironizziamoci... Relativisticamente disinteressiamocene: intellettualorganici, desepolcrimbiancatevi! (*Ecceboh).*
>
> DIMINUENDO Incontrovertibilmente corresponsabilizzate, indiscriminatamente stracolpevolizzate, indiscutibilmente strumentalizzate, ultrafemministe gagliardamente costruiranno neotirannide temutissima sfruttando, dominando omuncoli. Paurose queste donne, nate con la 'd'. (*Emilio Fede)*
>
> CRESCENDO/DIMINUENDO O tu, che bevi, mangi, compri, consumi, amoreggi, canticchi, arrossisci stancamente entusiasmato specchiandoti, superuomeggi gonfiandoti virilmente! Ricordati attonito, stolida bestia: tutto nudo, sei un H.[33]

13.2.14 Testi antonimici

L'*antonimo* d'una parola è, nella lingua dei grammatici, il suo contrario: bianco per nero, freddo per caldo, ecc. Un testo antonimico è quindi un testo che dice, parola per parola, il contrario d'un altro testo. Mario Zaverio ha antonimizzato senza pietà (ancora!) il povero *San Martino* di Carducci.

> L'eccellente visibilità alle ravviate pianure,
> perdurando il clima secco, cala,
> e sopra lo scirocco
> sussurra e nereggia la terra.
> Ma per le piazze della metropoli
> dallo stagnar delle botti
> viene la melliflua impercettibilità olfattiva delle acque
> i corpi a rattristar.
> Sta ferma sulle sterpaglie spente
> la casseruola facendo cilecca;
> s'aggira il pescatore battendo le mani
> nei penetrali della casa senza degnar d'un guardo,
> tra i verdastri sereni,
> un isolato pesce bianco
> come sedentario sentimento
> nell'alba rimpatriar.[34]

■ Il meccanismo è abbastanza semplice e può essere applicato a qualunque testo. È utile avere a portata di mano un dizionario dei sinonimi e dei contrari. Nei casi in cui una parola non abbia un antonimo esatto, bisogna o accontentarsi d'un antonimo imperfetto o usare una perifrasi.

33 Oulipo, *op. cit.*, p. 109.
34 G. Dossena, *La zia era assatanata*, cit., p. 123.

13.2.15 Omosintattismi

Indovina indovinello. Leggete qui:

> Sulla peluria del labbro di costosissima partner indugiai in un'inquietudine ansiosa perché il suo telefono insisteva. Sacr... ! come a ripensare quale risuonò è brivido castrante, quella voce sarcastica e gelida e tagliente che nella cornetta chiese: «Il Giuseppe?».

Allora? Riconoscete questo pezzo? O meglio: non sentite che, per così dire, *sotto a questo testo* ce n'è un altro? No? Seconda possibilità:

> Lungo il molo sulla rada di lussuoso isolotto ci siamo imbarcati su un peschereccio olandese in quanto le nostre vacanze stavano finendo. Aiuto! come a ricordare quale si rivelò è stringimento anale, quello zatterone scassato e arrugginito e asmatico che nelle onde perdeva i bulloni.[35]

Capito adesso? Non sentite echeggiare dentro di voi la musica sintattica dell'*incipit* della *Divina commedia*: «Nel mezzo del cammin di nostra vita...»? No? Adesso vi spieghiamo. Questo gioco di chiama: *omosintattismo*. Vale a dire che si prende un testo e si cambiano tutte le parole, sostituendole con altre che però devono svolgere la stessa funzione grammaticale. Per capirci:

ORIGINE	DESCRIZIONE GRAMMATICALE	RISULTATO
Nel	*Preposizione articolata*	Sulla
Mezzo	*sostantivo*	peluria
Del	*Preposizione articolata*	del
Cammin	*sostantivo*	labbro
Di	*preposizione*	di
Nostra	*aggettivo*	costosissima
Vita	*sostantivo*	partner
mi ritrovai	*verbo*	indugiai
Per	*preposizione*	in
Una	*Articolo indeterminativo*	un'
Selva	*sostantivo*	inquietudine
Oscura, *ecc.*	*aggettivo*	ansiosa, *ecc.*

13.2.16 Omovocalismi e omoconsonantismi

Spendiamo pochissime parole per spiegarvi il gioco. Prendiamo questa semplice frase:

> Maria ara i pallidi campi.

Si tratta di rispettare la successione delle vocali e riscrivere *tutte* le consonanti. Lo schema quindi è:

> –a–ia a–a i –a– –i–i –a– –i

35 *Ivi*, pp. 90 sgg.

che potrebbe dare, es.:

> Tania ama i bambini santi.

È possibile lo stesso gioco rispettando la successione delle consonanti e modificando vocali e dittonghi (in questo caso parleremo di omoconsonantismi). Naturalmente più gli enunciati sono lunghi e più il gioco si fa difficile.

13.2.17 Il metodo semantico-definizionale

Veniamo ora a un gioco basato sul *metodo definizionale*: dato un testo, si sostituisce a ogni parola significante (verbo, sostantivo, aggettivo, avverbio) la sua definizione «da dizionario». L'operazione si può ripetere sul testo così ottenuto, e poi si può ripetere ancora (finché non ci stufiamo).

> ORIGINALE. Il naso di Cleopatra: se fosse stato più corto, tutta la faccia della terra sarebbe cambiata (B. Pascal).
>
> PRIMO TRATTAMENTO. La parte prominente del viso di una regina d'Egitto celebre per la sua bellezza: se fosse stata di minore lunghezza, tutto il viso del pianeta abitato dall'uomo sarebbe passato da uno stato a un altro.
>
> TRATTAMENTO DEL TRATTAMENTO. La porzione che sporge dalla faccia della moglie del re di una repubblica del nord est dell'Africa, famosa per la sua armonia fisica, morale o artistica: se fosse stata di minore estensione da un'estremità all'altra, tutta la faccia del corpo celeste non luminoso in cui la specie umana ha la sua dimora sarebbe andata da una maniera d'essere a un'altra.
>
> TRATTAMENTO DEL TRATTAMENTO DEL TRATTAMENTO. La parte che si spinge in avanti del viso della compagna di un capo di Stato in uno Stato nel quale il popolo esercita la sovranità tramite delegati eletti da lui, uno stato situato fra il nord e l'est di una delle cinque parti del mondo rinomata per la sua scienza degli accordi materiali, riguardante i costumi o che è in relazione con le arti: se avesse avuto più piccola dimensione da un capo all'altro, tutto il viso dell'astro che non emette luce in cui il genere che concerne l'uomo possiede la propria abitazione sarebbe mosso da un'estremità all'altra.[36]

Stefan Themerson ha applicato il trattamento al *Cantico delle creature* di san Francesco.

> O più di tutti complesso
> specializzato e differenziato
> atto a dominare l'ambiente in modo
> più articolato ed estensivo
> dotato di potere e autorità su tutte le cose
> capace di fare ogni cosa
> eccellente in materia di condotta relativa alla

36 Oulipo, *op. cit.*, pp. 118 sgg.

differenza
tra bene
e
male
virtuoso
fedele agli impegni
rispettoso
coscienzioso
beneducato
indulgente Signore
Tue son la laude
la gloria
l'onore
e ogni benedizione
A te esclusivamente
solo
e a nessun altro son dovute
e a nessun membro del più alto membro dei mammiferi
s'addice per natura o qualità
di menzionarTi.[37]

■ Vorremmo far notare come questa trasformazione del *Cantico delle creature* conservi una sua certa qual poesia: il *Cantico* infatti è un elogio, e fanno parte della retorica dell'elogio l'elencazione e il dettaglio minuzioso degli attributi di colui che è oggetto dell'elogio stesso.

13.2.18 Testi parafrastici e eufemistici

Spesso ci sarà capitato, magari con i bambini, di spiegare certi fatti della vita servendoci di parole meno crude, eufemistiche, che non scandalizzino o disturbino nessuno. L'*eufemismo* è pratica ormai diffusissima in una società che si propone, spesso ipocritamente, di non offendere le orecchie di nessuno, di trattare tutti con rispetto, di non impressionare o disgustare i deboli, i piccoli, i permalosi, le anime belle, ecc. Così non c'è più la vecchiaia ma la terza età, non si muore più ma piuttosto si viene a mancare improvvisamente. Viviamo nell'epoca dell'eufemismo: il prossimo esercizio ci mette in guardia contro tanto dispendio di abilità linguistica compiuto per nascondere fatti spesso semplici e naturali. Un es. di scrittura erotica, seguito dalla riscrittura eufemizzante (per l'occasione abbiamo scelto una lingua pseudoscientifica):

ORIGINALE Si baciarono con trasporto. Poi lui la buttò quasi con violenza sopra il letto e le montò sopra. Con furia si tolsero, quasi si strapparono l'un con l'altro i vestiti di dosso, e infine lui la penetrò. Fecero l'amore lungamente e conobbero l'orgasmo nello stesso istante.

EUFEMIZZATO Due mammiferi umani improvvisamente iniziarono a scambiarsi vivaci e affettuose effusioni, poi il maschio con una certa foga depositò in posizione prona e sopra una superficie morbida e piana la femmina, sisteman-

37 G. Almansi, G. Fink, *Quasi come*, cit., pp. 266 sgg.

dosi successivamente sopra di lei in posizione supina. Con un notevole slancio i due procedettero a un disvestimento talmente rapido da provocare lacerazioni forse preterintenzionali ad alcuni capi d'abbigliamento; dopo aver portato a termine, sia pure goffamente, questa operazione preliminare, il mammifero maschio si compenetrò profondamente con il mammifero femmina fino a diventare una cosa sola con quest'ultimo. Seguirono numerosi sobbalzi e varie emissioni di suoni inarticolati che si concludevano tutti con il lancio simultaneo di un ultimo possente urlo da parte di entrambi i componenti della coppia che subito dopo si acquietavano mostrando nel volto i segni d'una viva soddisfazione.

■ Per scrivere testi eufemistici occorre girare intorno alla cosa senza mai dirla davvero. Bisogna appunto sostituire le parole dirette con altre parole meno pesanti e franche. Faremo uso di reticenze, di termini generici anziché specifici, di definizioni da vocabolario, di perifrasi e parafrasi (circonlocuzioni, giri di parole). Inoltre, come nell'es. fornito, possiamo decidere di parlare della tal cosa usando una lingua stridentemente estranea o inadatta.

13.2.19 Il metodo S + 7

Il metodo S + 7 consiste in ciò: in un testo dato si sostituiscono tutti i sostantivi con il settimo sostantivo che gli succede nel dizionario. Naturalmente nulla impedisce di variare il metodo in S + 3 (si usa il terzo sostantivo successivo) o S – 5 (si usa il quinto sostantivo precedente), così come si può adoperare un metodo Ag + 10 oppure V – 14 (dove Ag sta per aggettivo e V per verbo, ecc.). Sono quindi possibili infinite trasformazioni d'un medesimo testo. È utile usare un numero alto (8 piuttosto che 2) per essere sicuri di sostituire ciascuna parola con una parola non appartenente alla stessa famiglia. Vediamo la trasformazione d'un brano da *Il piacere* di D'Annunzio:

TESTO INIZIALE La convalescenza è una purificazione e un rinascimento. Non mai il senso della vita è soave come dopo l'angoscia del male; e non mai l'anima umana più inclina alla bontà e alla fede come dopo aver guardato negli abissi della morte. Comprende l'uomo, nel guarire, che il pensiero, il desiderio, la volontà, la coscienza della vita non sono la vita. Qualche cosa è in lui più vigile del pensiero, più continua del desiderio, più potente della volontà, più profonda anche della coscienza; ed è la sostanza, la natura dell'essere suo. Comprende egli che la sua vita reale è quella, dirò così, non vissuta da lui; è il complesso delle sensazioni involontarie, spontanee, incoscienti, istintive; è l'attività armoniosa e misteriosa della vegetazione animale; è l'impercettibile sviluppo di tutte le metamorfosi e di tutte le rinovellazioni.

TRATTAMENTO SECONDO IL METODO «S + 7» La controvertibilità è una purga e un rimpiccinimento. Non mai il sensale della visitazione è soave come dopo l'anglicanesimo della malavoglia; e non mai l'anguilla umana più inclina al buongustaio e alla febbricola come dopo aver guardato nell'abetella della morsicatura. Comprende l'università, nel guarire, che il pennoniere, il desco, il volgarizzamento, il cortometraggio della visitazione non sono la visitazione. Qualche cosa è in lui più vigile del pennoniere, più continua del desco, più potente del volgarizzamento, più profonda anche del cortometraggio; ed è l'S.O.S., il nastro dell'espugnatore suo. Comprende egli che la sua visitazione reale è quella, dirò così, non vissuta da lui; ed è il compimento delle senilità involontarie, spontanee, incoscienti, istintive; è l'attinia armoniosa e misteriosa della vedova animale; è l'impercettibile svettatoio di tutte le metafonesi e di tutti i ringorghi.[38]

■ Il brano trattato risulta del tutto incomprensibile, ma pur tuttavia sentiamo ancora vibrare tra le righe una certa solennità, suggerita dall'ampia sintassi (che in effetti non varia da un brano all'altro). Evidentemente a D'Annunzio non interessava tanto il contenuto della scrittura quanto la sua pura forma, un certo ritmo della frase.

13.2.20 Chimere

Questo è un gioco diabolico: lavorerete un sacco per produrre, se va bene, un testo insulso. Ecco il procedimento:
1. Scegliete un testo iniziale A. Liberatelo da tutti i suoi sostantivi, aggettivi e verbi, segnando però il posto di ogni sostantivo, aggettivo e verbo con le abbreviazioni S, Ag, V. Si dirà allora che il testo è *preparato*.
2. Poi scegliete tre "testi magazzino": K, L ed M. Da K ricavate una lista di sostantivi, da L una lista di aggettivi, da M una lista di verbi.
3. Riprendete il testo *preparato* A, e sostituite tutti i S con sostantivi presi da K, tutti gli Ag con aggettivi presi da L, tutti i V con verbi presi da M.
4. Rileggete il testo e sistemate, ove necessario, le connessioni grammaticali. Fatto? Bene: ora avete sotto gli occhi una chimera, cioè un essere composto di parti provenienti da diversi esseri.

K, magazzino di sostantivi: un brano di Li-Po: *Vino, acque, fiume, cielo, mare, specchi, sala, capelli, alba, seta, crepuscolo, neve, uomo, piaceri*.
L, magazzino di aggettivi: un brano da una storia di Fantomas: *grosso, rosso, chiaro, immemoriale, consecutivi, intermittente, giovane, indipendente, ricco, mondana, chiaro, reputate, pittoresco, vicine*.
M, magazzino di verbi: un brano da *Intorno ad alcune questioni di Algebra omologica*, di A. Grothendieck: *è, sfruttare, trovare, permettendo, inglobare, è, ricoprendo, dare, possono, applicare, è stato, fornisce, trattare*.

TESTO INIZIALE *Colazione sull'erba*. Si è perduta la chiave della scatola di sardine. Sardine di eccellente qualità. Il sale si è disperso nel fondo della borsa. La salsa di pomodoro si spande sulla sottana dell'una, l'altra si siede sopra il grasso del prosciutto. Un grosso calabrone volteggia intorno alle briciole imburrate. Cartacce, bucce, detriti e scatole andranno ad abbellire la natura di prodotti manufatti. A quel tempo, l'accampeggio non esisteva ancora. (Raymond Queneau)

CHIMERA *Vino sull'acqua*. Si è sfruttato il fiume del cielo del mare. Specchi di grossa sala. Il capello si trova permesso nell'alba della seta. Il crepuscolo di neve s'ingloba sull'uomo dell'uno, l'altro è nel piacere dell'ora. Una rossa tazza ricopre intorno alle lune chiare. Cielo, doni, venti e once danno poter l'oro di montone chiaro. In quel bue il piacere non si applicava.[39]

38 *Ivi*, pp. 155 sgg.
39 Oulipo, *op. cit.*, pp. 183 sgg.

13.3 Divertimenti teatrali

13.3.1 Una parola per l'altra

Ci avviamo a concludere. Prima però divertiamoci un po' anche con il teatro. Proponiamo un gioco inventato da Jean Tardieu. «Verso l'anno 1900» scrive Tardieu «una curiosa epidemia s'abbatté sulla popolazione delle città, principalmente sulle classi fortunate. I miserabili colpiti da questo male prendevano le parole le une per le altre, come se essi avessero pescato a caso nel sacco della lingua. Ciò che è più strano è che i malati non s'accorgevano della loro infermità, restavano in effetti sani di spirito, pur continuando a fare discorsi apparentemente incoerenti, e infine che le conversazioni mondane procedevano come sempre, così che, si può dire, il solo organo colpito dal male era: il vocabolario».[40] Insomma secondo Tardieu era come se il marito per dire «Cara, è pronta la cena?» dicesse «Cara, è disboscata la locomotiva?»; senza per questo correre il rischio di non essere capito dalla propria moglie, che potrebbe rispondergli: «Ma certo, caro, ho già traviato la maestra nel retto». Abbiamo applicato il metodo *una parola per l'altra* al celebre monologo di Amleto:

> Obliterare o non obliterare. Questo è il pateracchio.
> Cioè se sia meglio per il carburatore espettorare
> i liquami e i punteruoli della congestionata betoniera,
> o lanciare la caffettiera contro questa inflazione di molluschi
> e disinfestarli e ridicolizzarli. Scompisciarsi,
> traslitterare, liquefarsi... nulla più. E testimoniare così
> con un aspirapolvere che noi ruttiamo
> all'inciucio e alle mille vertenze
> sindacali, formaggio della nostra cazzuola...

■ Con il metodo «una parola per l'altra» si possono sia inventare dialoghi sia riscrivere testi. Ricordate che le sostituzioni riguardano sostantivi, aggettivi, verbi e avverbi, mentre le parole grammaticali restano grosso modo le stesse. Se inventate dialoghi vi consigliamo di sceglierli facili facili in modo che nonostante la stranezza pazzesca del lessico adoperato sia comunque chiaro di cosa si sta parlando.

13.3.2 Botte e risposte

Ora alcuni testi dal *Teatrino italiano* di Altan (sì, il vignettista). Ogni vignetta è in effetti una microscena teatrale. Altan è bravissimo nell'inventarsi "*botte e risposte*" stralunate e micidiali.

> «E la storia dell'umanità, babbo?». «Ma niente: prima si fanno delle cazzate, poi si studia che cazzate si sono fatte».
>
> «C'è una merda sul pavimento dell'ingresso, onorevole». «Convochi la direzione, che le facciamo quadrato intorno».
>
> «Siamo della Mafia». «Avete un mandato?».

40 J. Tardieu, *La comédie du langage*, Gallimard 1987, p. 9.

> «E i bambini, cara signora?». «Al solito: il Carletto si droga e il piccolo stenta in matematica».
>
> «I ladri sono ladri, Berlinis!». «Lei non può criminalizzare così un'intera categoria!».
>
> «Da grande diventerò ricchissimo, Pinuccia». «E io poverissima, così ti faccio venire il senso di colpa, Marietto».[41]

■ **1**. La prima battuta, in Altan, è la battuta del personaggio socialmente debole. Può trattarsi d'un'opinione condivisa da molti, o d'una di quelle cose che si dicono al bar, o una domanda ingenua, o un desiderio molto semplice. L'importante è, appunto, che rispecchi in un modo o nell'altro: a. l'opinione del debole, b. l'opinione che il potente vorrebbe che il debole avesse, c. l'opinione che i mezzi di comunicazione affermano che il debole abbia.
2. La seconda invece è di solito la battuta del potente. Può essere seria e convinta, e allora sarà una frase fatta di quelle che dicono i politici o i vip di vario genere; oppure potrà essere giocata ironicamente, e allora sarà un debole a pronunciarla, in modo da mostrarne tutta la stupidità.

13.3.3 Tragedie in due battute

Achille Campanile, uno scrittore umorista mai abbastanza letto, pubblicò un libro intitolato: *Tragedie in due battute*. Conteneva infatti una quantità di minuscole *pièce* teatrali (che fossero tragedie, era un'opinione di Campanile) composte di pochissime parole. Qualche es.:

> LA SCOPERTA
>
> Personaggi: *Eva; il serpente*.
>
> EVA Siamo perduti! Adamo ha scoperto tutto.
> IL SERPENTE Cielo! E come mai?
> EVA Ha mangiato la foglia.
>
> (*Sipario*)
>
> CAPRICCIO
>
> Personaggi: *il piccino; suo padre*.
>
> IL PICCINO Papà, io non ho mai ammazzato nessuno. Potrei ammazzare il signor Giuseppe?
> IL PADRE Va be', ma il signor Giuseppe soltanto.
>
> (*Sipario*).[42]

■ Se Altan, nonostante tutto il suo pessimismo, è comunque uno scrittore impegnato a correggere con le armi del ridicolo i costumi dei propri simili, questo certo non si può dire di Campanile: che è un umorista puro, amante delle situazioni paradossali e surreali, e non intende lanciare nessun messaggio positivo o negativo. Chi vuole scrivere minitragedie *à la manière* di Campanile deve farlo

41 Altan, *Teatrino italiano*, il Mulino 1996, *passim*.
42 A. Campanile, *Tragedie in due battute*, Rizzoli 1978, pp. 134 e 192.

dunque con l'unico intento di divertirsi senza nessun secondo fine etico o politico (anche se, però però, *Capriccio* avrebbe potuto scriverlo anche Altan).

13.3.4 Un gioco: «Come va?»

Anche il prossimo gioco, inventato da Umberto Eco, è basato su d'un botta e risposta: un certo personaggio della storia, della letteratura, della scienza, ecc. deve rispondere in modo lapidario alla semplice ma fondamentale domanda: «Come va?».

> ICARO Uno schianto!
> EDIPO La mamma è contenta.
> SOCRATE Non so.
> MUZIO SCEVOLA Se solo mi dessero una mano...
> GIOBBE Non mi lamento.
> SHÉRAZADE In breve ora le dico...
> GIOVANNA D'ARCO Fa caldo.
> ROBESPIERRE C'è da perderci la testa.
> LEOPARDI Sfotte?
> MATUSALEMME Tiro a campare.
> EINSTEIN Rispetto a chi?
> LAZZARO Mi sento rivivere.
> MAOMETTO Male, vado in montagna.[43]

■ Il gioco è piuttosto difficile: si tratta di compendiare nella sola risposta alla banalissima domanda «Come va?» tutta la personalità e il pensiero d'un certo personaggio. Ma attenzione: quella risposta deve essere brevissima e suonare spontanea, diretta, semplice. Naturalmente nulla impedisce di usare come battuta-stimolo un'altra battuta: «Bella giornata, vero?», «Dormito bene?», «Che c'hai d'accendere?» e così via.

13.3.5 Finite le vostre frasi

Spesso, nella conversazione, non finiamo le nostre frasi e lasciamo che sia l'interlocutore a riempire i vuoti. Una serie di figure retoriche permettono questo gioco: la reticenza, l'allusione, la sospensione, ecc. Esse possono essere usate in teatro, dove di solito segnalano un effetto drammatico, una difficoltà a sputare il rospo, oppure l'allusione a una verità scandalosa, indicibile, oppure una minaccia sottintesa. L'esperimento tentato da Tardieu è quello di costruire un intero testo di frasi sospese.

> *Il* SIGNOR A *e la* SIGNORA B, *evidentemente due vecchi amici, si incontrano in un locale. Ecco un brano della loro interessante conversazione.*
> SIGNOR A, *in tono intimo*. Cara! Se lei sapesse come, da tanto tempo!
> SIGNORA B, *colpita*, Davvero? Forse da quella volta che?
> SIGNOR A, *stupito.* Sì! Infatti! Da quella volta che! Ma come ha potuto?
> SIGNORA B, *teneramente.* Oh! Cosa vuole che le dica? Io sento che. Soprattutto quando.
> SIGNOR A, *incalzante.* Quando che cosa?

---

43 U. Eco, *Secondo diario minimo*, cit., pp. 288 sgg.

SIGNORA B, *perentoria*. Quando che? Ma insomma: quando quando.
SIGNOR A, *facendo l'incredulo, ma soddisfatto*. È mai possibile?
SIGNORA B Quando lei mi meglio, lei saprà che io sempre.
SIGNOR A Le credo, cara!... *(Dopo un'esitazione, con grande slancio)* Vi credo, perché, io vi!
SIGNORA B, *facendo l'incredula*. Oh! Lei sta per farmi? Lei è un grande!...
SIGNOR A, *lasciando libero corso ai suoi sentimenti*. No! No! È vero! io non mi posso più! È troppo tempo che! Ah! se lei sapesse! È come se io! È come se sempre io! Infine, oggi, ecco che, che lei, che io, che noi![44]

■ L'importante è costruire un testo intorno a un nucleo drammatico semplice ma basato sull'*elusione* di qualcosa che non può o non deve essere detto esplicitamente (e a cui però bisogna continuamente alludere). Si prestano bene perciò gli argomenti legati al sesso, ai soldi, all'amore, alla maldicenza, ai rapporti di forza.

13.3.6 Il teatro monosillabico

Il teatro è fatto, oltre che di pause enfatiche, anche di espressioni esclamative spesso monosillabiche: «Ah!» «Oh!» «Tu!» «Mai!». Ebbene: è possibile costruire testi teatrali totalmente monosillabici: dei veri e propri concentrati di enfasi drammatica. Siamo in un paese del Michigan, là dove i cuori sono facili a infiammarsi. I personaggi sono quattro: John, Bob, Bill e Moll. Il titolo è, stranamente, in francese: *C'est la vie*.

BOB, *ha un'aria preoccupata e cammina guardandosi intorno. Quando vede John ha un soprassalto*. Toh! Beh! John!
JOHN, *ha un'aria cupa e cammina soprappensiero*. Ah! Oh! Bob!
BOB Tu! Qui?
JOHN Già! Io! Sì! Qui! Che c'è? Stran ti par? Eh?
BOB No, ma... Da sol?
JOHN Sì, 'mbè?
BOB Ma, e Moll?...
JOHN, *evasivo*. Bah! Boh!
BOB Ma di', è ver che?...
JOHN, *con aria minacciosa*. Che?
BOB, *arretrando*. Che tu l'hai?...
JOHN, *scandalizzato*. Che io l'ho? Che lei m'ha!
BOB, *sorpresissimo*. No!?
JOHN Ma sì, fu Moll a far ciò, a dir a me: «Sciò, John, sciò».
BOB Ma va?
JOHN Già! Già!
BOB, *come preso da un pensiero*. Ah, si sa!
JOHN, *con aria sospettosa*. Si sa che, Bob?
BOB, *minimizzando e arretrando*. Che... che comme on dit: c'est la vie!
JOHN Ah! Bah! Boh!
BOB, *facendosi sotto con aria interessata*. E... fu con chi che... Moll?...
JOHN, *sconsolato*. Chi fu? Nol so Bob! Tom? No! Ted? Oh lui mai! Sam? Men che men! Boh! *(guarda d'improvviso Bob con aria speranzosa)* E tu Bob lo sai? Se 'l sai di', dai!

44 J. Tardieu, *Finissez vos phrases!*, Gallimard 1987, pp. 29 sgg.

BOB, *schermendosi.* Ma no! Ma no! Io nol so! (*poi preso da un pensiero improvviso*) Ma... or mi par...
JOHN, *pendendo dalle sue labbra.* Che? Che?
BOB, *con l'aria più innocente del mondo.* Mi par, mi par che Bill, chi sa, un po' di ben lo vuol a Moll...
JOHN, *subito convinto.* Ah! Sì! Bill! Lui! Già! Io or vo' a far di lui... (*fa un gesto con le mani come a voler fare a pezzi qualcuno*).
BOB: Che? Co?... Ma io non so se poi Bill fu o no.
JOHN, *tirando fuori una pistola.* Gli vo' a far pum pum a quel lì. Ah! Ah!
BILL, *con aria spaventata cerca di fermarlo.* No John, nol far, oh ciel!
JOHN, *divincolandosi.* L'ho da far sì! E che ho da far se no? Di': il qua-qua-ra-qua?
BOB Deh John, sta buon, che Dio nol vuol!
JOHN Dio no! Ma il mio cor sì! Or vo'!
BOB Ma di': tu pur a Moll vuoi far pum pum?
JOHN A Moll? Oh, no! A Bill, sì! Gli fo bum gli fo bam e stop.
(*In quel momento: inconsapevole di tutto, allegro e spensierato, viene avanti Bill canticchiando*)
BILL Là là Da da Fi fi. Toh tu John? Qua la man!
JOHN, *con un'aria terribile.* La man a te? Mai! Stai là! Tien! *(gli punta contro la pistola)*
BILL Che fai, di', no, ciel, ah... (*John spara; Bill cade a terra colpito a morte)* Ma, di' un po' John, per qual mai ra... (*rantola*)... gion ce l'hai tu con me?
JOHN Lo sai ben tu! Per Moll! Per chi se no?
BILL Per Moll? E chi è 'sta Moll? Io nol so!
JOHN Che? Vuoi dir che tu e Moll non?... Che mai e poi mai tu e lei?...
BILL Ma no e poi no, 'sta Moll non so chi sia e per lei, ah!, ho da mo... (*rantola*)... rir!
JOHN, *affranto.* Oh my poor Bill, mio bon Bill, e dir che tu sei per me il sol...
BILL Io so sol che già non son più Bill, che 'l fui e or... (*muore)*
JOHN, *disperato.* No, ciel, Dio, no, Bill che fai? Deh tu più non sei! Bob ov'è mai or il buon Bill?
BOB, *con aria pratica.* Qui non più, cred'io! Ei fu! Ma che si può far? Or John vien via di qua! Su!
JOHN, *avvinghiato a Bill.* No, Bob, nol dir, io or vo' con lui, con Bill, vo' là ov'ei già sta: nel ciel! (*si punta la pistola contro la tempia*)
BOB, *senza troppa convinzione.* Dai, nol far, John! A che pro?
(*John si spara e cade giù morto)*
BOB, *facendo un segno di benedizione sul corpo di John.* Ei fu, lui pur, il buon John. Sob! Sigh! E pur, l'ho da dir, a me la sta ben! *(rivolgendosi dietro le quinte)* Moll! Moll!
MOLL, *viene avanti con un'aria spaurita.* Bob? L'è ok? Di'?
BOB Sì, mi par. (*le mostra i due cadaveri)*
MOLL, *orripilata.* Oh! Ah! Ma che? Ma co?... Chi son 'sti due? Bill! John! Oh, no! Ciel! Ma... Sei tu Bob che l'hai?...
BOB No, non io! Lui sol! Da sé, si sa, si fa per tre! Oh yeh! Ma or vien da me mia Moll, mio ben!
MOLL, *stringendosi a lui.* Sì ma mo' che si fa io e te? Eh?
BOB Noi si va! Lor due han da star qua! Ma che vuoi Moll: c'est la vie! Lo sai! (sipario)

Qualcosa da leggere

Sulla scrittura, e in particolare sulla scrittura cosiddetta "creativa", negli ultimi anni sono stati pubblicati in Italia molti libri. In questa breve bibliografia non faremo una rassegna dell'intera produzione: ci limiteremo a segnalare le opere che ci sembrano più riuscite e più "pratiche".

Le scritture funzionali

Per cominciare, alcuni libri sulle scritture "funzionali", cioè quelle scritture che – a differenza della poesia, delle narrazioni, del teatro – sembrano avere uno scopo pratico: gli articoli, le tesi, i discorsi, le lettere, i documenti aziendali eccetera.
Il manuale più semplice e accessibile (ed economico!) è quello di Costanzo di Girolamo, *La forma del testo*, Il Mulino: può servire come introduzione generale.
Divertente, facile e ben fatto è *Il gioco dell'argomentare* di Cristina Pennavaja, Franco Angeli: che serve soprattutto, come dice il titolo, a chi debba scrivere testi che sostengono delle opinioni.
Più complessi, rigorosi (e costosi) il *Manuale di scrittura e comunicazione* di Francesco Bruni e altri (Alfieri, Fornasiero, Tamiozzo Goldmann), Zanichelli, e il *Manuale di scrittura* di Fiormonte e Cremascoli, Bollati Boringhieri. Entrambi questi testi contengono, oltre ad esempi (con ampie spiegazioni) di svariati tipi di testi, anche numerose e organiche indicazioni per raggiungere una scrittura chiara, spedita, precisa ed efficace.
Per chi lavora nelle o con le amministrazioni pubbliche, o studia per preparsi a lavorarci, c'è il *Manuale di stile. Strumenti per semplificare il linguaggio delle amministrazioni pubbliche*, Il Mulino, curato da Alfredo Fioritto e patrocinato dal Dipartimento della funzione pubblica della Presidenza del Consiglio dei ministri. Contiene anche un'utile guida alle parole della pubblica amministrazione, da «abilitazione» a «voltura»
Più utile a chi debba pubblicare un libro e si trovi a tu per tu con le bozze è il *Nuovo manuale di stile* di Roberto Lesina, Zanichelli: ci si trova la risposta a ogni dubbio su virgolette, corsivi, punteggiatura, maiuscole, numeri romani, sigle, eccetera.
Da leggere come si legge un romanzo è *Come si fa una tesi di laurea* di Umberto Eco, Bompiani: un libro pieno di utilissimi insegnamenti non solo per quanto riguarda la stesura del testo, ma anche per tutto il lavoro preparatorio.

La scrittura da giornale

Sulla scrittura giornalistica possiamo consigliare lo splendido e completo *Manuale del giornalista. Tecniche e regole di un mestiere* di Alberto Papuzzi, Donzelli: che non parla, ovviamente, solo di scrittura.
Vecchiotto e difficile da trovare è il libretto *La scrittura da giornale* di G. Vicari, Longo: contiene le regole fondamentali della scrittura giornalistica, con la migliore formulazione che ci sia mai capitato di incontrare.

Infine si può consigliare *Stile Stampa*, un volume collettivo scritto dai giornalisti del quotidiano *La Stampa*, che ne è anche l'editore. È particolarmente utile per conoscere la varietà della scrittura giornalistica.

Manuali di scrittura creativa

Chi è interessato alla narrazione si trova di fronte due generi di libri: i cosiddetti manuali di scrittura creativa e le testimonianze di narratori.
In Italia non è ancora stato pubblicato né tradotto un manuale di scrittura narrativa degno di questo nome. C'è la collana «Scuola di scrittura» delle edizioni Nord, comprendente vari volumetti ciascuno dedicato alla trama, al dialogo, all'ambientazione, alla revisione e così via; il limite di questi volumetti è che sono la traduzione di opere statunitensi scritte per un pubblico statunitense; e inoltre sono, più che divulgativi, francamente semplicistici.
Lo stesso testo di questi volumetti è stato rifuso nell'opera a dispense *Scrivere* pubblicata da Fabbri: che però costa molto di più. Infine, tutta la collana è stata pubblicata in un volume unico, sempre dalle edizioni Nord.
Ha avuto grande successo il recente volumetto *Consigli a un giovane scrittore* di Vincenzo Cerami, Einaudi: che è molto piacevole da leggere e ha il vantaggio di parlare d'ogni genere di scrittura, da quella romanzesca a quella teatrale. Ma si tratta appunto di un libro di consigli, non di una trattazione completa.
Notissimo anche il *Mestiere dello scrittore* di John Gardner, Marietti: altro libro divertente, molto americano peraltro, istruttivo ma tutt'altro che sistematico. Gardner è famoso per essere stato l'insegnante di scrittura di Raymond Carver e per aver affermato che, volendo diventare scrittori o scrittrici, la prima cosa da fare è sposare una donna ricca o un uomo ricco. Così ci si potrà dedicare all'arte senza troppi pensieri.
Belli grossi e molto tecnici sono *Retorica della narrativa*, di W. C. Booth, La Nuova Italia, e *Tecnica del romanzo novecentesco* di J. W. Beach, Bompiani. Entrambi sono due classici nel loro genere; il secondo, più semplice e più utile del primo, non è più stampato da anni; va cercato in biblioteca. Completo, abbordabile e simpatico è *Storia e discorso. La struttura narrativa nel romanzo e nel film*, di Seymour Chatman, Pratiche.
In verità, a questo punto sarebbero da citare centinaia di opere di teoria della letteratura, critica e narratologia. Il guaio è che certi bellissimi (e spesso difficilissimi, purtroppo) libri che *analizzano* la narrazione risultano del tutto inutili a chi invece voglia *produrre* una narrazione. In sostanza: una certa cultura teorica, critica e narratologica è utile a chi voglia scrivere narrativa. Ma la *forma mentis* del teorico, del critico o del narratologo è molto diversa dalla *forma mentis* del narratore.
Comunque, una bibliografia di questo genere esula dal nostro compito.

Testimonianze di narratori

Le testimonianze di narratori sono moltissime. Alcuni svelano o pretendono di svelare i "trucchi del mestiere"; altri riflettono piuttosto sul senso della loro attività. I libri del secondo tipo sono, in realtà, i più interessanti: anche se, spesso, sembrano libri dai quali non si impara quasi niente.
Minimum Fax pubblica da qualche anno una collanina di interviste a grandi scrittori, per lo più anglosassoni (da William Faulkner ad Allen Ginsberg, passando per Raymond Carver). Sono volumetti piccolissimi e costano, per le pagine che hanno, un po' cari: ma spesso sono molto belli.

Più o meno tutti conoscono le *Lezioni americane* di Italo Calvino, Mondadori. Ma non meno belle sono le lezioni francofortesi di Ingeborg Bachmann, pubblicate con il titolo *Letteratura come utopia*, Adelphi. Molto belle anche le lezioni di Nadine Gordimer raccolte in *Scrivere ed essere: lezioni di poetica*, Feltrinelli, dove molto rilievo è dato (giustamente) al ruolo sociale e politico del narratore.
Gli appassionati della Beat Generation potranno leggersi anche *La scrittura creativa* di William Burroughs, SugarCo (un po' difficile da trovare in giro) e *Scrivere bop. Lezioni di scrittura creativa* di Jack Kerouac, Mondadori. Avvisiamo però che si tratta di libri composti dagli editori mettendo insieme pezzi disparati e d'interesse disuguale.
Di Raymond Carver consiglieremmo, più che il noto *Mestiere di scrivere*, Einaudi, che è anch'esso una raccolta di pezzi disparati, il volume *Voi non sapete che cos'è l'amore*, Minimum Fax.
Gli scrittori italiani sono un po' avari di libri del genere. Maria Teresa Serafini ha raccolto con il titolo *Come si scrive un romanzo*, Bompiani, una serie di interviste a scrittori italiani: Bufalino, Capriolo, Eco, Loy, Malerba, Mannuzzu, Maraini, Pazzi, Pitzorno, Prisco, Roversi, Tomizza, Vassalli. Una bella intervista con Antonio Tabucchi, con il titolo *Dove va la letteratura?*, è stata pubblicata da un minuscolo editore: òmicron.
Giampaolo Rugarli ha pubblicato un *Manuale del romanziere*, Marsilio, che tutto è tranne che un manuale: è piuttosto una confessione. Un bel libro-intervista a Pier Vittorio Tondelli, curato da Fulvio Panzeri e Generoso Picone, ha il titolo *Il mestiere di scrittore*, Theoria. Antonio Franchini ha pubblicato *Quando vi ucciderete, maestro?*, Marsilio, un affascinante discorso sulla pratica della narrazione paragonata alla pratica delle arti marziali. Giulio Mozzi ha pubblicato *Parole private dette in pubblico. Conversazioni e racconti sullo scrivere*, Theoria.
Il più bel libro italiano di questo tipo, e in assoluto uno dei più bei libri sulla scrittura, è *Storia delle mie storie* di Bianca Pitzorno, Pratiche.

La poesia

Consigliare libri sulla poesia è un bel guaio. Esiste una quantità di manuali che insegnano, o pretendono di insegnare, a fare i versi. Quasi tutti questi manuali sono tecnicissimi, al limite della leggibilità. E sospettiamo che non servano a nulla. Noi stessi, nel comporre il capitolo di questo *Ricettario* dedicato all'argomento, siamo stati in forte imbarazzo.
Consigliamo di leggere poesia. Consigliamo di leggere poesia italiana. Consigliamo di leggere ciò che i poeti hanno scritto o dichiarato intorno al loro fare poesia. Per avere un'idea di che cosa i poeti d'oggi pensino sulla e attorno alla poesia: *La parola ritrovata*, a cura di Maria Ida Gaeta e Gabriella Sica, Marsilio.
Consigliamo di leggere le *Lettere a un giovane poeta* di Rainer M. Rilke, Adelphi.

La scrittura per sé

A chi scrive soprattutto per sé, consigliamo un piccolo classico: *Scrivere Zen* di Nathalie Goldberg, Astrolabio. In questo libro – molto pratico, molto narrativo e molto ben scritto – la scrittura è intesa come una pratica intima, rafforzante, meditativa e consolatoria. Tra i libri di questo genere – ce ne sono molti, e sono spesso delle bufale – questo spicca per la sua qualità
Più tecnico il *Raccontarsi* di Duccio Demetrio, pubblicato da Raffaello Cortina: una specie di introduzione psicopedagogica all'autobiografia.

Noiosissimo, ma interessante (e piuttosto caro), è *Curarsi con il diario* di Ira Progoff, Pratiche. Al di là della cultura molto new age, propone delle interessanti procedure per scrivere, ma soprattutto per "adoperare" un diario. Il guaio è che qualche centinaio di pagine si poteva ridurre a una cinquantina.

La retorica antica

Vorremmo spezzare una lancia in favore dei classici antichi. Ciò che oggi si chiama «scrittura creativa» è abbastanza simile a ciò che una volta si chiamava «retorica». La retorica gode di cattiva fama, ma questa cattiva fama è ingiustificata.
La *Institutio oratoria* di Quintiliano, ad esempio, è un libro affascinante. Non si tratta di un vero e proprio manuale di retorica: è piuttosto un trattato di pedagogia dell'oratore, dall'infanzia alla piena maturità, con ampie parti più narrative che tecniche. Vale la pena di leggerlo. C'è un'edizione economica presso Rizzoli, con il testo a fronte, e con il titolo *La formazione dell'oratore*. Naturalmente ci vuole un po' di coraggio: sono circa mille pagine...
La lettera di Orazio sull'*Arte poetica* ha avuto da poco una bellissima edizione "attualizzante", a cura di Claudio Damiani, Fazi. Il commento al testo non ha tanto l'obiettivo di spiegarlo e chiarirlo, quanto di mostrare come le riflessioni oraziane siano ancora utili e stimolanti per chi oggi scriva o legga poesia.
La *Retorica* e la *Poetica* di Aristotele, o le opere di Cicerone (soprattutto il *De oratore* è da leggere), si trovano in varie e spesso ottime edizioni.
Su questi libri si è fondata per secoli, e tuttora si fonda, l'idea stessa di letteratura che pervade la nostra cultura. Perché quindi non darci un'occhiatina?

Le scuole di scrittura

Negli ultimi anni sono nate in Italia numerose scuole di scrittura creativa e di tecniche della narrazione. Da queste esperienze, ricche e variegate, sono finora usciti due libri. Il «Quaderno» della rivista *Panta*, Bompiani, curato da Laura Lepri e intitolato *La scrittura creativa raccontata dagli scrittori che la insegnano*, è un grosso volume con dentro molte interviste, saggi, racconti di esperienze didattiche.
Un po' raffazzonato, ma interessante, il volume *Come scrivere*, Zelig, curato da Rosaria Guacci e Bruna Miorelli, risultante da alcuni corsi tenuti presso la Casa della cultura di Milano.
Un volume sulle scuole di scrittura, a cura di Luca Lorenzetti, è in preparazione presso le edizioni Pequod.
La Scuola Holden di Torino sta preparando una collana di libri sulla narrazione e la scrittura, che saranno pubblicati da Rizzoli.
Non ci sembra il caso di segnalare qui scuole e scuolette di scrittura, anche perché il panorama è in continuo movimento. Ci limitiamo a ricordare che praticamente tutte le iniziative vengono segnalate – con notizie più o meno aggiornate, secondo la sollecitudine degli interessati – in una sezione apposita del sito *www.alice.it.*
I siti in Internet dedicati alla scrittura sono innumerevoli. Ogni giorno ce n'è che aprono e chiudono. L'unica è muoversi con i motori di ricerca, o magari esplorando i newsgroup dedicati ai libri, alla scrittura, alla poesia e alla scuola.

Indice delle tipologie

In questo «Indice delle tipologie» sono riportati in ordine alfabetico tutti i titoli dei paragrafi del presente *Ricettario*, più i termini che abbiamo usati per definire tipologie e sottotipologie. I numeri rinviano, naturalmente, al paragrafo. Dove ci è sembrato opportuno (e cioè, a dire il vero, quasi sempre) abbiamo inserito rinvii ad altre voci. Questo *Ricettario* non può essere letto da cima a fondo, "come un romanzo": va adoperato invece come una specie di ipertesto, dove ogni tipologia rimanda ad altre tipologie, e ogni tipologia può apparire come l'imitazione, la parodia, la trasformazione, la contaminazione o il rovesciamento di qualche altra tipologia. Buona navigazione.